Ulrich Heinemann
Ein konservativer Rebell

Deutscher Widerstand 1933–1945

Zeitzeugnisse und Analysen

Herausgegeben von Karl Otmar von Aretin,
Ger van Roon und Hans Mommsen

Ulrich Heinemann

Ein konservativer Rebell

Fritz-Dietlof
Graf von der Schulenburg
und der 20. Juli

im
Siedler Verlag

Inhalt

Hans Mommsen Geleitwort IX

Einleitung XVII

I Zwischen Neokonservativismus und
Nationalsozialismus 1

*Entwicklungsjahre: Herkunft – Ausbildung – frühe politische
Prägung · Politik als Standesinteresse: Als Beamter gegen
die Weimarer Republik · Der Mythos Preußen · Alles für das
Volk, nichts durch das Volk: Paternalismus im völkischen
Gewande · Für Strasser und die norddeutsche Richtung: Der
Eintritt in die NSDAP · Das Ziel: Nationalsozialismus als
neue Form des Preußentums*

II Von der Kooperation zur Konfrontation 35

*Wo gehobelt wird, fallen Späne: Personalreferent in Königs-
berg (1933/34) · Erfüllung und Enttäuschung: Landrat in
Fischhausen (1934–1937) · Gegen SS und Gestapo: Polizeivizepräsident in Berlin (1937–1939) · Um die Ehre des Beamtentums ·»Neuland Schlesien«: Regierungspräsident in
Breslau (1939/40)*

III Krieg und Kriegserlebnis 66

*Der Krieg kommt zu früh · Die Schlacht als Gottesdienst:
Das Fronterlebnis ·»Die Auslöschung des Bolschewismus« ·
Die nationalsozialistische Kriegs- und Besatzungspolitik ·
Unfähig zur Selbstreinigung: Als Verwaltungsbeamter im
Kriege*

IV Der Weg in den Widerstand 92

*Im »Grafenkreis« 1937–1940 · Konspirative Begegnungen
1941/42 · Handlungsmöglichkeiten des 20. Juli*

V Ein konservativer Rebell:
   Planungen und Erwartungen   115

   Reichsreform und Neuordnung der Länder: Die Zusam-
   menarbeit mit der Reichsstelle für Raumordnung 1942/43 ·
   Autoritärer Staat – Charismatische Führung – Ständische
   Ordnung: Verfassung und Gesellschaft nach Hitler ·»Refeuda-
   lisierung« und Rationalisierung: Sozial- und Wirtschaftspo-
   litik nach Hitler

VI Im Zentrum der Verschwörung   132

   Der Untergang der alten Welt und der Entschluß zum Wider-
   stand · Der Mittler · Die Entscheidung drängt · Der 20. Juli
   1944 · Vor der Gestapo und dem Volksgerichtshof

   Anmerkungen zum Text   261

   Anmerkungen zu den Selbstzeugnissen   310

   Quellen- und Literaturverzeichnis   334

   Namenregister   349

Verzeichnis der Selbstzeugnisse

Schulenburg an seine Braut, 17. Oktober 1932   180
Schulenburg an seine Braut, 22. Oktober 1932   181
Schulenburg an seine Braut, 23. Oktober 1932   182
Schulenburg an seine Braut, 6. November 1932   183
Schulenburg an seine Braut, 10. November 1932   183
Schulenburg an seine Braut, 3. Dezember 1932   184
Schulenburg an seine Braut, 13. Dezember 1932   185
Schulenburg an seine Braut, 18. Januar 1933   186
Schulenburg an seine Braut, 1. März 1933   186
Schulenburg an Hermann Göring, 1. April 1933   187
Schulenburg an seine Frau, 24. August 1933   188
Schulenburg an Erich Koch, 31. Dezember 1935   188
Das preußische Erbe und der nationalsozialistische Staat, Vortrag, März 1938   194
Schulenburg an seine Frau, 8. Juni 1940   208
Schulenburg an seine Frau, 11. April 1941   208
Schulenburg an seine Frau, 19. April 1941   209
Schulenburg an seine Frau, 25. Mai 1941   210
Schulenburg an seine Frau, 1. Juni 1941   211
Schulenburg an seine Frau, 18. Juni 1941   212
Schulenburg an seine Frau, 19. Juni 1941   214
Kriegstagebuch, Juli/August 1941   215
Denkschriftfragment, vermutlich 1943   226
Denkschrift: Bombenzerstörung und Aufbau, September 1943   241
Schulenburg an seine Frau, 4. April 1943   247
Schulenburg an seine Frau, 10. Juni 1943   250
Schulenburg an seine Frau, 11. Juni 1943   251
Schulenburg an seine Frau, 14. Juni 1943   252
Schulenburg an seine Frau, 17. Juni 1943   253
Schulenburg an seine Frau, 21. Juni 1943   254
Schulenburg an seine Frau, 24. Juni 1943   255
Schulenburg an seine Frau, 24. Juli 1943   256
Abschiedsbrief aus Plötzensee, 10. August 1944   258

Hans Mommsen

Geleitwort

Die Geschichte des deutschen Widerstands gegen Hitler handelt vom tragischen Scheitern des Versuchs, Deutschland und Europa vor dem Ausmaß der Katastrophe zu bewahren, das von dem bis zum bitteren Ende geführten Zweiten Weltkrieg ausging. Während im historischen Bewußtsein das unterlegene Prinzip im allgemeinen der Vergessenheit anheimfällt, scheint es sich bei der Opposition gegen den Nationalsozialismus umgekehrt zu verhalten. Sein historisch-politisches Vermächtnis mißt sich nicht an den Kategorien des äußeren Erfolges. Allein die Tatsache, dem Regime bis zum letzten widerstanden zu haben, selbst angesichts des offenkundigen Scheiterns, sichert den Verschwörern des 20. Juli 1944 und den vielen, die an anderer Stelle und unter anderen Bedingungen gegen den Nationalsozialismus gekämpft haben, unsere historische Erinnerung. Denn gerade in der Aussichtslosigkeit des Widerstehens, das sich als Akt zur Wahrung der eigenen Identität gegenüber dem Absinken in bloße Anpassung darstellt – sei es aus Furcht, aus Korruption, Besitztrieb oder Verblendung –, lag die Chance der »Wiederherstellung des Bildes des Menschen im Herzen unserer Mitbürger«, wie Helmuth James von Moltke das zentrale Anliegen des Kreisauer Kreises und der Widerstandsbewegung überhaupt in unvergeßlicher Präzision umschrieb.

Der Blick des Historikers wendet sich von den äußeren Ereignissen, zu denen eine Reihe ergebnisloser Anläufe zur Durchführung eines Anschlags auf Hitler gehörte, den Motiven und Zielsetzungen der Akteure zu, dem sozialen Hintergrund, der sie prägte, den leitenden Ideen, die ihr Handeln bestimmten, den Interessenlagen, die den Entschluß zum Widerstand beeinflußten. Dabei geht es nicht darum, aus den vielfältigen und häufig auch gegensätzlichen politischen Anschauungen der Verschwörer eine politische Philosophie abzuleiten, die zur Rechtfertigung oder Abstützung gegenwärtiger Standpunkte dienen könnte. Die Geschichte des Widerstands ist kein Arsenal, aus dem interessenpolitische oder ideologische Positionen heutiger Kontrahenten bestätigt oder falsifiziert werden können. Das Studium der politischen Vorstellungswelt der Verschwörer zielt vielmehr darauf ab, die Bedingungen unter der nationalsozialistischen Herrschaft besser zu verstehen. Denn wenn es je politische Alternativen zur Politik des Dritten Reichs gab, müssen sie im Denken und Handeln der Gegner des Systems sichtbar werden.

Trotz der in den vergangenen vier Jahrzehnten betriebenen umfassenden Widerstandsforschung ist die politische Vorstellungswelt der Verschwörer und deren soziale Repräsentanz noch nicht hinreichend untersucht. Die programmatischen Erörterungen der beiden wichtigsten zivilen Widerstandsgruppen, des Goerdeler- und des Kreisauer Kreises, spiegeln nur einen Ausschnitt aus den Überlegungen, die das Handeln der Verschwörer beeinflußt haben. Zugleich bedarf es einer genaueren Erörterung der Frage, wann und unter welchen Bedingungen der Entschluß gefällt worden ist, den Weg des Hochverrats und des kompromißlosen Widerstands zu gehen. Die Antwort darauf fällt bei den Mitgliedern der Bewegung des 20. Juli 1944 unterschiedlich aus. Auch infolge der unter den Bedingungen der Diktatur beträchtlich eingeschränkten Informations- und Kommunikationsmöglichkeiten war es nicht leicht, sich zu der Einsicht durchzuringen, daß es des vollständigen Umsturzes des Regimes bedurfte, um dessen verbrecherischen und selbstzerstörerischen Kurs zu beenden. Sieht man von den Kommunisten und Sozialisten ab, die nur von einem revolutionären Umbruch die Verwirklichung ihrer Ziele erwarten konnten, hofften die Vertreter des späteren nationalkonservativen Widerstands darauf, durch einschneidende innenpolitische Reformen und einen Wechsel in der Regierung den Amoklauf des Regimes anhalten zu können, ohne dessen außenpolitische Erfolge preisgeben zu müssen. Die schrittweise Lösung von dieser Illusion ist für den Weg des nationalkonservativen Widerstands charakteristisch, und sie hängt aufs engste mit der Entwicklung der militärischen Situation zusammen.

Die politische Biographie Fritz-Dietlof Graf von der Schulenburgs ist in diesem Zusammenhang von besonderem Interesse. Von einem dezidierten Parteigänger des Nationalsozialismus entwickelte er sich in einem langwierigen Prozeß der Desillusionierung zu dessen kompromißlosem Gegner. Noch vor der Machtergreifung hatte er, selbst auf das Risiko hin, Nachteile in der eingeschlagenen Beamtenlaufbahn in Kauf zu nehmen, als Anhänger Gregor Strassers die NSDAP unterstützt und sich persönlich für die Einsetzung von Erich Koch als Oberpräsident in Ostpreußen verwandt. Anders als Ludwig Beck, Carl Goerdeler, Ulrich von Hassell und andere, die ihre führenden Positionen innerhalb des nationalsozialistischen Systems aufgeben mußten, blieb Schulenburg ein vielumworbener Fachmann für Spitzenpositionen in der Verwaltung. Die hergeholten Beschuldigungen gegen die Verschwörer des 20. Juli 1944, sie hätten aus blindem Karriereehrgeiz gehandelt, waren, wie die vernehmenden Gestapobeamten einräumen mußten, im Falle Fritz-Dietlof von der Schulenburgs vollends gegenstandslos. Er galt als ausgeprägter Exponent des Regimes und genoß hohes Ansehen bei der Parteikanzlei; ihm konnte also schwerlich unterstellt werden, die inneren Verhältnisse des Systems in defaitistischer Verzerrung zu beschreiben. Die schonungslose Kritik, die er an der um sich greifenden Korruption übte – er sprach vom Versagen einer ganzen Führungsschicht –, wurde von den Vernehmungsbeamten im Grunde geteilt. Das mag erklären, warum der Kern seiner Aussagen in den Kaltenbrunner-Berichten unverfälscht wiedergegeben worden ist. Die persönliche Ausstrahlungskraft Schulenburgs, die alle, die mit ihm zusammengetroffen sind, bezeugt haben, wurde auch durch die Last der Anklage nicht gemindert und nötigte selbst den Gegnern Respekt ab. Sie beruhte darauf, daß sich Schulenburg bis zuletzt treu blieb und an einmal gewählten Grundsätzen unbedingt festhielt.

Schulenburgs Bedeutung innerhalb der Widerstandsbewegung des 20. Juli ist von der Forschung vielfach nicht hinreichend hervorgehoben worden, obwohl er seit 1943 neben Claus Schenk von Stauffenberg, dem er sich auf das engste verbunden fühlte, den eigentlichen Motor des Umsturzversuches darstellte. Er war ein konsequenter Anhänger eines gewaltsamen Vorgehens gegen Hitler und teilte die grundsätzlichen Bedenken, die Goerdeler und Moltke gegen den Attentatsplan erhoben, nicht. Durch seine ausgedehnten persönlichen Beziehungen, seine Zugehörigkeit zum Infanterieregiment Nr. 9, vor allem aber durch seine verblüffende Direktheit, mit der er Sympathisanten anzusprechen pflegte, wurde er zu einer Schlüsselfigur der Verschwörung, vor allem was die personelle Rekrutierung betraf. Namentlich für den Bereich der inneren Verwaltung legte er umfassende Besetzungspläne vor. Zugleich war er unermüdlich darum bemüht, die Verbindungen zwischen den verstreuten Gruppen des Widerstands zu intensivieren und bei den auftretenden Konflikten, nicht zuletzt zwischen der jüngeren und der älteren Generation, zu vermitteln.

Über die ausgedehnte konspirative Tätigkeit Schulenburgs ist schriftliches Material nicht erhalten geblieben; er selbst vermied es, in persönlichen Aufzeichnungen oder im Briefwechsel mit seiner Frau auch nur Andeutungen darüber zu machen. Dies ist eine Erklärung dafür, daß sein Wirken auf lange hinaus nur geringe Berücksichtigung fand. Hinzu kommt, daß er trotz seiner engen Kontakte zum Kreisauer Kreis keiner der Widerstandsgruppen im engeren Sinne zuzurechnen ist. Zu Moltke bestanden, wie dieser berichtet, eher unterkühlte Beziehungen, und Schulenburg sprach etwas abfällig von einem »Verein der Literaten und Schöngeister«. Er selbst verstand sich als Pragmatiker, und in den Monaten vor dem Attentat kam es ihm vor allem darauf an, eine möglichst breite Abstützung nach links hin sicherzustellen. Im Auftrag Stauffenbergs knüpfte er direkte Kontakte zu Julius Leber und Wilhelm Leuschner, was ihm das Mißtrauen Goerdelers eintrug, der sich in die Vorstellung hineinsteigerte, daß Stauffenberg und Schulenburg eine »Arbeiter- und Bauernregierung« ins Leben rufen wollten, wie Hans Bernd Gisevius dem amerikanischen Geschäftsträger in Zürich, Allen Dulles, einzureden versuchte. Davon konnte nicht im geringsten die Rede sein. Wohl aber erkannte Stauffenberg die Notwendigkeit, mit Julius Leber einen herausragenden Repräsentanten der Arbeiterschaft für die Mitwirkung in der Umsturzregierung zu gewinnen. Schulenburg teilte offensichtlich die Überlegung, daß das zu bildende provisorische Kabinett mit einem möglichst starken linken Flügel versehen sein müsse, um dem von der anwachsenden illegalen KPD ausgehenden Druck auf die arbeitenden Massen standzuhalten. Jedenfalls war er wie selbstverständlich bereit, auf das für ihn vorgesehene Amt des Reichsministers des Innern zu verzichten und statt dessen als Staatssekretär unter Leber zu fungieren.

Abgesehen von seiner unentbehrlichen Funktion als Verbindungsmann zwischen ziviler und militärischer Opposition galt Schulenburg als Fachmann für die unumgänglich erscheinende umfassende Reform der öffentlichen Verwaltung. Die Vorschläge, die Schulenburg zunächst im Einvernehmen mit dem Reichsministerium des Innern vorlegte, unterschieden sich nur unwesentlich von den Überlegungen, die auch auf seiten der NSDAP vorgetragen wurden. Sie zielten auf die Schaffung einer Einheitsverwaltung auf der Ebene der Mittelinstanz, durch die der Konflikt zwischen Partei- und Staatsapparat beigelegt werden sollte, und waren darauf gerichtet, einer handverlesenen Beamtenelite weitreichenden Handlungsspielraum zu verschaffen, was faktisch die Übertragung des Führerprinzips auf die Verwaltung bedeutete. Schulenburgs Vorstellungen waren von den hohen Anforderungen geprägt, die er an sich selbst stellte. Zentral dabei war die gesinnungsmäßige Erziehung des Beamten, von dem er die Verinnerlichung des preußischen Tugendkatalogs – Pflichterfüllung, Leistungsbereitschaft und Rechtsdenken im Sinne des suum cuique – erwartete. Schulenburgs Neuordnungspläne, die keineswegs auf die Reform der öffentlichen Verwaltung und die Neugliederung der Verwaltungsbezirke beschränkt waren, sondern auch die grundlegende Veränderung der Sozial- und Wirtschaftsordnung betrafen, wiesen starke Affinitäten zu nationalsozialistischen Vorstellungen auf. Er verkannte die Notwendigkeit, gegenüber dem nationalsozialistischen Schlagwort von der »Menschenführung« klare institutionelle Prioritäten zu setzen. Daher war er auch nicht hinreichend in der Lage, die tieferen Ursachen für den um sich greifenden Zerfall der öffentlichen Verwaltung, für die Ausbreitung von Korruption und Bonzentum, von Cliquenherrschaft und Kadavergehorsam zu erfassen. Seine Neuordnungsvorschläge unterschieden sich im Kern von denjenigen des Kreisauer und des Goerdeler-Kreises durch das Fehlen repräsentativ-staatlicher Elemente und den völligen Verzicht auf die Einbeziehung gesellschaftlicher Kräfte in die Regierungsentscheidungen, die in seiner Vorstellung weithin den Charakter von Verwaltungsakten annahmen. Die ungewöhnlich stark ausgeprägten sozialpaternalistischen Züge und die Idealisierung agrarischer Lebensformen abstrahierten vollends von den Bedingungen fortgeschrittener Industriegesellschaften. Vielleicht gerade weil er kein politischer Theoretiker und als Jurist in erster Linie Praktiker war, spiegeln seine Auffassungen das ungleichzeitige Denken von Teilen der deutschen Oberschicht wider und beleuchten die Ambivalenz des neokonservativen Denkens, dem er in vieler Hinsicht verbunden war, wenngleich er es in einer ausgeprägt patriarchalisch-etatistischen Spielart repräsentierte, die seiner preußisch-aristokratischen Herkunft zu verdanken war.

Die Rätsel, die der »konservative Rebell«, wie er von Ulrich Heinemann bezeichnet wird, dem nachlebenden Betrachter aufgibt, werden in der vorliegenden Biographie gewiß nicht vollständig gelöst, zumal es dazu einer umfassenden Analyse der Einstellung der deutschen konservativen Eliten in der Zwischenkriegszeit bedürfte. Aber es gelingt dem Autor, auf der Grundlage einer sorgfältigen Materialerschließung, für die die Volkswagenstiftung seinerzeit die finanziellen Grundlagen bereitstellte, ein weitgehend neuartiges und fesselndes Bild Fritz-Dietlof von der Schulenburgs zu zeichnen, das, gerade weil es die Schattenseiten nicht retouchiert, die Unbedingtheit seines Eintretens für einen »Widerstand ohne Wenn und Aber« deutlich hervortreten läßt. Mit Umsicht und Sorgfalt geht Heinemann der Frage nach, wann sich die früh zu konstatierende Teilopposition in systemsprengenden Widerstand verwandelte. Im Gegensatz zu der älteren Biographie von Albert Krebs und den Annahmen in der Literatur widerlegt er das liebgewordene Bild, es hätten sich sowohl im »Königsberger

Kreis« als auch in der Reichsstelle für Raumordnung in erster Linie Regimegegner zusammengefunden. Kritisch beleuchtet er die Haltung Schulenburgs zu den gegen die Polen gerichteten Zwangsaussiedlungen, die trotz einer gewissen Rivalität zwischen der noch preußischen Gesinnungen verpflichteten Zivilverwaltung und den von der SS beherrschten Polizeiorganen durchaus mit den völkischen Zielsetzungen des Regimes übereinstimmte. Auch Schulenburgs anfängliche Einstellung zur »Judenfrage« entsprach den in der deutschen Oberschicht verbreiteten antisemitischen Ressentiments, wenngleich Exzesse von ihm scharf abgelehnt wurden. Erst unter dem Eindruck der gegen Juden massenhaft verübten Verbrechen modifizierte er seine Haltung. Unter den Verschwörern stand er wohl am stärksten im Bann des »deutschen Drangs« nach Osten, und seine Träume von einem deutscher Hegemonie unterworfenen »Europa mit Ostglacis« sind erst spät von der nüchternen Einsicht in die sich ankündigende militärische Katastrophe zurückgedrängt worden. Die erhalten gebliebenen Briefe und Denkschriften aus den Kriegsjahren spiegeln eine eigentümliche Mischung aus Agrarromantik, einer Idealisierung Rußlands und einem in der Kulturüberlegenheit wurzelnden, für selbstverständlich gehaltenen deutschen Recht auf Kolonisierung. Es fiel Schulenburg nicht leicht, sich einzugestehen, daß die deutsche Besatzungsherrschaft die Sympathien, die die deutschen Truppen anfänglich bei der sowjetischen Bevölkerung vorgefunden hatten, gründlich zunichte machte. Ebenso führte er Klage darüber, daß die deutschen Soldaten und die Angehörigen der Zivilverwaltung jedes Interesse am »Osten« verloren hatten.

Vor diesem Hintergrund wird deutlich, wie schmerzhaft der Lernprozeß gewesen sein muß, den Schulenburg durchmachte, bis er im Herbst 1942 definitiv ins Lager der Opposition wechselte. Stalingrad wurde von ihm als Bestätigung dieses Entschlusses empfunden. Während er zuvor wie viele andere die Erwartung gehegt hatte, nach dem Krieg die notwendigen grundlegenden Reformen des Systems zu erzwingen, wurde er sich nunmehr endgültig darüber klar, daß man die militärische Katastrophe nicht mehr abwarten durfte. Bei seiner Vernehmung schilderte er seinen Entschluß zum Widerstand als Ergebnis eines kontinuierlichen Prozesses, der während der Fritsch-Krise eingesetzt habe. »Je mehr ich über die Entwicklung nachdachte«, bemerkte er, »desto klarer wurde mir, daß alle ihre Züge im Grunde eine Wurzel hatten: Gewalt ohne Maß, innen und außen. Anfangs suchte ich noch nach Möglichkeiten, dies Übel im Wege der Reform zu heilen. Allmählich kam ich zu der Erkenntnis: eine Reform hilft nicht mehr, da alles ineinander verkettet ist und in Grundtatsachen beruht, die mit dem Charakter des Systems unwandelbar verbunden sind.« Konsequenter, gradliniger konnte der Weg zum Hochverrat nicht gegangen werden.

Die Schulenburg-Biographie Ulrich Heinemanns, eines Historikers der jüngeren Generation, die nicht mehr selbst in die Geschichte verstrickt ist, räumt mancherlei traditionelle Harmonisierungen hinweg, die vielfach auf Aussagen von Zeitzeugen beruhen, von denen viele erst nach dem Krieg aufgezeichnet wurden. Die Zwiespältigkeit der politischen Einstellung Schulenburgs gegenüber dem Regime, dessen Unrechtscharakter ihm klar wurde, das aber in seinen Augen ·immer noch das Reich blieb, dem er in unbedingter Loyalität gegenüberstand, tritt in Heinemanns Schilderung eindrücklich hervor. Sie war nicht nur für Schulenburg, sondern für die übergroße Mehrheit der Verschwörer des 20. Juli kennzeichnend. Die Bindung an die nationale Idee war auch für den größeren Teil der Sozialisten, die mit Stauffenberg zusammengingen, selbstverständlich. Die scharfe Trennungslinie, die die frühen Widerstandsdarstellungen, insbesondere die grundlegende Studie von Hans Rothfels, zwischen den Anhängern des Nationalsozialismus und dem »anderen Deutschland« gezogen haben, bestand in Wirklichkeit nicht. Die Einbindung in eine Vielzahl einander überlagernder, aber auch ausschließender Loyalitäten ist ein alltägliches Phänomen. Unter den Bedingungen des Dritten Reiches verhielt sich dies nicht anders, nur war es auf Dauer unmöglich, mit immer stärker auseinanderklaffenden Loyalitätsanforderungen zu leben, ohne die eigene Identität preiszugeben.

Der Weg Fritz-Dietlof von der Schulenburgs vom Parteigänger Gregor Strassers bis zum Hochverräter mit innerer Konsequenz läßt die inneren Bedingungen der nationalsozialistischen Herrschaft in einzigartiger Weise hervortreten. Schulenburg war ein Mann des Handelns, nicht der Kontemplation, und er wußte, daß er entweder auf dem Schafott oder als Minister enden würde. Weniger die aristokratische Herkunft und das spezifische Milieu, dem er entstammte, als der Wille, den eigenen Prinzipien treu zu bleiben, trieben ihn zum Bruch mit dem Regime. Allerdings ist die allgemeine Erscheinung, daß der Gegensatz zum Regime und zu dessen pseudopopulistischer Legitimierung zu verstärkter Besinnung auf die eigenen historischen Wurzeln führte, auch für Schulenburg gültig, dessen betont sozialpaternalistische Einstellung sich in den letzten Kriegsjahren verstärkte. Deshalb mag es auch fraglich erscheinen, ob Schulenburg aus dieser junkerlichen Einstellung heraus mit dem zwar ausgeprägt national eingestellten, aber doch klar sozialistisch denkenden Julius Leber ein Team hätte bilden können.

Jenseits des politischen Wollens und der politischen Zuordnung ist es die individuelle Persönlichkeit Schulenburgs, die auch den Historiker in ihren Bann zieht. Aufrichtigkeit gegen sich selbst, Offenheit gegenüber Mitarbeitern und Untergebenen, die Fähigkeit zu Humor, Sarkasmus und dort, wo es not tat, Verachtung kennzeichneten sein Wesen. Die preußischen Tugenden, denen er anhing und die er so bitter bei den Satrapen des Dritten Reiches vermißte, verkörperte er gutenteils selbst. Das ermöglichte ihm eine ungewöhnlich große Distanz gegenüber den Dingen. Sie mag an einer Episode verdeutlicht werden, die mir Gräfin Charlotte von der Schulenburg vor nun mehr als zwanzig Jahren berichtete. Dienstlich gezwungen, mit dem Reichsminister für Volksaufklärung und Propaganda häufig zu telephonieren, pflegte er sich vor dessen überlauter Diktion dadurch zu schützen, daß er, wenn Goebbels auf ihn einredete, den Hörer einen Meter von sich weghielt und nur heranzog, um mit dem gehörigen »Jawohl« und stets knappen Antworten zu reagieren. Innere Distanz, die in dieser Gebärde zum Ausdruck kam, war die Grundvoraussetzung dafür, sich den pervertierenden Einflüssen zu entziehen, die vom nationalsozialistischen Unrechtsregime ausgingen, und sich seiner verbrecherischen Politik entgegenzustellen.

XVI

Einleitung

*»Wer nicht Gutes und Böses = Summa: Lebendiges und
Schicksal zusammenschauen kann, der lasse die Geschichte
und lese Romane, wo man einander am Ende kriegt.«*

Jacob Burckhardt

»Als die formalen Inhaber der Staatsgewalt versagten und sich fremden internationalen Mächten versklavten, schuf der unbekannte Soldat des Weltkrieges Adolf Hitler einen neuen Kern des Widerstandes in der NSDAP. In ihr ballte sich alles zusammen, was noch Glauben und Willen, Opfermut und Tatbereitschaft hatte. In ihr stand das deutsche Volk auf und organisierte sich, um nach seinen eigenen Gesetzen und nach seiner eigenen Art sein Leben zu gestalten. In Kampf und Terror gehärtet, wurde die Partei zum absoluten Träger der nationalsozialistischen Idee, zur Inkarnation des Glaubens und des Willens des deutschen Volkes.«[1]

Ein Jahr nach der Machtergreifung sind diese Sätze geschrieben, zehn Jahre später, am 10. August 1944, wird ihr Verfasser, Fritz-Dietlof Graf von der Schulenburg, in Plötzensee hingerichtet. Wie wird aus einem gläubigen Nationalsozialisten einer der entschiedensten Verfechter des Staatsstreichs und des Attentats auf Hitler? Von dieser Frage handelt das vorliegende Buch.

Wer war dieser Mann, dem Zeitzeugen große Ausstrahlungskraft bescheinigen, dessen schillernde Persönlichkeit aber auch so manchen irritierte, der ihm begegnete? »Ihm war es gegeben«, schrieb Lutz Graf Schwerin von Krosigk, »von allen Menschen, mit denen er zu tun hatte, stets als der Führende anerkannt zu werden.«[2] Alle hätten ihn freilich keineswegs »verstanden«, urteilt dagegen Karl von Rumohr, als ehemaliger schlesischer Regierungspräsident ein Kollege Schulenburgs. »Er erschien den meisten äußerst kompliziert und mindestens undurchsichtig. Es gab auch Leute, die ihn für inkonsequent hielten . . . – Ich glaube, ihn so gut gekannt zu haben, daß ich sagen kann: ›Ja, er war ein Frondeur.‹ Aber er war es nicht, weil er ein sturer Neinsager, destruktiv oder inkonsequent gewesen wäre, sondern im Gegenteil, weil er bei ungewöhnlich scharfem und schöpferischem Verstand immer seinem Instinkt nachging, eine unerbittlich gerade Linie innehielt. Diese Linie war sein Preußentum im ›altfritzischen‹ Sinne.«[3]

Preuße, Nationalsozialist und Widerstandskämpfer, in dieser paradoxen Einheit verkörpert Schulenburg alle Widersprüche, durch die die im Kern großbürgerlich-aristokratische Widerstandsbewegung des 20. Juli gekennzeichnet war. An Schulenburgs Lebensweg läßt sich in exemplarischer Weise jene »Dialektik von Mitmachen und Widerstehen, Zusammenarbeit und Verweigerung, von Loyalität und Opposition«[4] aufzeigen, die auch die Haltung der meisten seiner späteren Mitverschwörer prägte. Schulenburgs Feindschaft gegenüber der Demokratie westeuropäischer Prägung, die er im Weimarer Staat realisiert sah, war typisch für viele Angehörige des 20. Juli, wenn sie auch bei den wenigsten zur aktiven Mitarbeit in der NSDAP führte. Ähnlich verhielt es sich mit dem Wunsch nach Wiederherstellung einer deutschen Großmachtstellung, notfalls unter Einsatz militärischer Mittel. Schließlich gehörte Schulenburg, obgleich auf andere Weise und mit anderen Erwartungen als Alfred Hugenberg und Franz von Papen, zu den Befürwortern jenes »Machtkartells«[5] zwischen den »alten« Eliten und den Nationalsozialisten, das Hitler im Januar 1933 an die Macht brachte und damit das deutsche Verhängnis einleitete. Die qualitative Strukturveränderung des Hitlerstaates ins abgrundtief Verbrecherische war für Schulenburg freilich nicht vorhersehbar. Sein Verhältnis zum Regime wandelte sich in dem Maße, in dem die mörderische Radikalität der nationalsozialistischen Politik evident wurde.

Der Verwaltungsbeamte, der eine bemerkenswerte Karriere durchlief, spürte früh am eigenen Leibe, wie wenig monolithisch das Regime bei allem Führerabsolutismus in Wirklichkeit war. Schulenburg widersetzte sich von Anfang an dem »Ämterdarwinismus«[6] der Apparate und nationalsozialistischen Sonderbehörden, aus deren verbissenem Kampf untereinander der NS-Staat einen Teil seiner kriminellen Energie bezog. Aus der Erfahrung dieses Kampfes speiste sich zu einem Teil Schulenburgs Oppositionshaltung.

Daß sich diese Haltung zu aktivem Widerstand verdichtete, hängt sicherlich auch mit den Informations- und Handlungsmöglichkeiten zusammen, die Schulenburg offenstanden. Seine Biographie liest sich deshalb, wie eigentlich jede Widerstandsgeschichte, als »eine Geschichte aus Milieus«.[7] Denn die Milieus waren es, die, gerade indem sie von den Nationalsozialisten angegriffen oder diffamiert wurden, »dem einzelnen Zuflucht und Rückhalt, Verstecke und Verbindungen, praktische Solidarität und innere Stärkung«[8] boten. Das galt in besonderer Weise für die großbürgerlich-aristokratische Schicht, aus der Schulenburg und die meisten der Angehörigen des 20. Juli stammten.

Mit dem Hinweis auf die starke soziokulturelle Gebundenheit soll das Denken und Handeln der Männer des 20. Juli moralisch keineswegs abgewertet werden, im Gegenteil. Schulenburg und seine Freunde ließen das Gros ihrer Berufs- und Standesgenossen weit hinter sich. Die »Genauigkeit des Gewissens über jede Opportunität hinaus«[9] stand nicht a priori fest, sondern mußte in aller Regel in einem langen und schmerzhaften Prozeß errungen werden.

Die Briefe, Tagebuchauszüge, Vorträge und Denkschriften Schulenburgs, die im zweiten Teil abgedruckt werden, spiegeln diesen Lernprozeß beispielhaft wider. Über die weitgefächerte konspirative Tätigkeit Schulenburgs sagen sie dagegen wenig aus. Was die Situation an der »inneren Front« gegen Hitler anbetrifft, bleiben die mündlichen und schriftlichen Überlieferungen der Überlebenden des 20. Juli und der Zeitzeugen für die Darstellung unverzichtbar. Viele dieser Schilderungen, die in ihrer Mehrheit aus der frühen Nachkriegszeit beziehungsweise aus den fünfziger Jahren stammen, können allerdings die zeitbedingte Optik und damit die Anlehnung an die damals verbreitete Totalitarismustheorie ebensowenig verleugnen wie den Hang zur Heroisierung der Widerstandskämpfer und zur Idealisierung ihres Denkens und Handelns.[10]

Diese »Tendenz« der Zeitzeugenberichte hatte nachvollziehbare Gründe, galt es doch, die Attentäter angesichts einer von der nationalsozialistischen Ideologie noch keineswegs in allen Teilen freien Bevölkerung von dem Verdacht des Vaterlandsverrats zu befreien.[11] Eine nüchterne Analyse des 20. Juli kommt beim heutigen Stand der Forschung nicht umhin, diese »Zeitgebundenheit« der Erlebnisberichte aus dem Widerstand zu reflektieren und sie wie alle übrigen Dokumente den Maßstäben herkömmlicher Quellenkritik zu unterziehen.[12] In dieser Hinsicht sind die abgedruckten Selbstzeugnisse Schulenburgs ein gutes Korrektiv. Sie belegen, entgegen einer weit verbreiteten Ansicht, daß man sich in so exponierten Stellungen, wie Schulenburg sie bekleidete, innerhalb bestimmter Grenzen durchaus freimütig und kritisch über die Fehler und Schwächen des Regimes äußern konnte, ohne sich einer Tarnsprache bedienen zu müssen.

Die Auswahl der Selbstzeugnisse konzentriert sich stark auf das politische Profil Schulenburgs. Charakteristische persönliche Eigenschaften dringen hier nicht durch. Das gilt etwa für seinen ausgeprägten Humor, den Freunde als einen stets präsenten Wesenszug bezeichneten und den sie als eine Mischung von »Eulenspiegelei« und trockenem Sarkasmus umschrieben.[13] Unterbelichtet bleibt auch die

Sphäre von Ehe und Familie, aus der Schulenburg im wesentlichen lebte und aus der er einen Teil seiner Kampfbereitschaft zog. Bei allem Temperament, bei aller geistigen Beweglichkeit, aller Aufgeschlossenheit, aller Neugier: der Rückzug in die Geborgenheit der Familie bedeutete für Schulenburg viel. »Wir müssen uns einen so festen Pol in unserem Haus schaffen«, schreibt er an seine Frau am 28. Dezember 1937, »daß der Sturm der Zeit ihn nicht erschüttern kann; gerade da die nächsten Jahre hart werden, müssen wir innerlich um so fester sein.«[14]

Mit seiner Frau Charlotte wußte sich Fritz-Dietlof von der Schulenburg »verschworen«.[15] Sie kannte, jedenfalls in groben Zügen, die oppositionelle Einstellung ihres Mannes, und sie teilte seine Sorgen um das Schicksal der Kinder, falls das Attentat mißlingen sollte. Charlotte von der Schulenburg hat den Verhören der Gestapo, den Anfeindungen aus dem privaten Umfeld und den Diskriminierungen ihres Mannes in der frühen Nachkriegszeit mit bewundernswerter Tapferkeit standgehalten. Sie hat, wie viele andere Frauen ermordeter Widerstandskämpfer auch, aus ihrem Geschick nie Aufhebens gemacht. Es wäre gleichwohl der Mühe wert, diesen stillen Beitrag zur Opposition gegen Hitler in die Widerstandsgeschichte einzubeziehen. Mir bleibt vorerst nur, Charlotte Gräfin von der Schulenburg zu danken, ohne die diese Biographie nicht hätte geschrieben werden können. Die Gespräche mit ihr waren für mich ein großer persönlicher Gewinn, weit über die eigentlichen Recherchen hinaus.

Schwester Paula (Tisa von der Schulenburg) erschloß mir durch ihre einfühlsamen Schilderungen den Zugang zu einer vergangenen Welt. Mein akademischer Lehrer, Prof. Dr. Hans Mommsen, hat die Beschäftigung mit Schulenburg angeregt und von Anfang an begleitet. Seinen Forschungen zum deutschen Widerstand fühle ich mich verpflichtet.

Die Stiftung Volkswagenwerk unterstützte mich über längere Zeit durch eine großzügige finanzielle Förderung; Katharina Grundmann sowie Dietrich Scheibe haben mir bei Teilarbeiten aktiv geholfen. Auf den wissenschaftlichen Rat meines Kollegen, Dr. Michael Krüger-Charlé, konnte ich mich stets verlassen, ebenso auf das wohlwollende Verständnis von Dr. Günter Wichert. Gute Freunde haben den Fortgang der Arbeiten an der Biographie solidarisch begleitet. Auch ihnen sei dafür herzlich gedankt.

Anmerkungen

1 Fritz-Dietlof Graf von der Schulenburg, Reichsreform, BA Koblenz, Nachlaß v.d. Schulenburg (NL 301/1), Bl. 58–93, hier Bl. 58.

2 Lutz Graf Schwerin von Krosigk, Memoiren, Stuttgart 1977, S. 238.

3 Karl von Rumohr an Charlotte Gräfin von der Schulenburg, 16. 4. 1946, Privatbesitz Charlotte Gräfin von der Schulenburg, München.

4 Klaus Hildebrand, Das Vermächtnis des anderen Deutschland. Diktatur und Widerstand – Zur Gegenwärtigkeit des Vergangenen, in: Frankfurter Allgemeine Zeitung, Nr. 167 v. 22. 7. 1989.

5 Martin Broszat, Der Zweite Weltkrieg: Ein Krieg der »alten« Eliten, der Nationalsozialisten oder der Krieg Hitlers?, in: Ders./ Klaus Schwabe (Hrsg.), Die deutschen Eliten und der Weg in den Zweiten Weltkrieg, München 1989, S. 25–71, hier S. 26f.

6 Zu diesem Begriff vgl. Reinhard Bollmus, Das Amt Rosenberg und seine Gegner. Studien zum Machtkampf im nationalsozialistischen Herrschaftssystem, Stuttgart 1970, S. 245. Zur Diskussion über Struktur und Charakter des NS-Herrschaftssystems vgl. zusammenfassend Ian Kershaw, Der NS-Staat. Geschichtsinterpretationen und Kontroversen im Überblick, Reinbek bei Hamburg 1988, S. 89ff.

7 Christian Graf von Krockow, Die Deutschen in ihrem Jahrhundert – 1890–1990, Reinbek bei Hamburg 1990, S. 224.

8 Ebenda.

9 Ebenda, S. 230.

10 Zu dieser Sehweise merkt Martin Broszat an:»Die Tendenz zur Identifizierung des Widerstands mit großem Märtyrertum korrespondiert mit dem falschen Bild des Dritten Reiches als eines monolithischen Systems totaler Macht und Herrschaft, demgegenüber nur eine alles aufopfernde, alles riskierende Oppositionshaltung möglich gewesen sei.« Martin Broszat, Grenzen der Wertneutralität in der Zeitgeschichtsforschung: Der Historiker und der Nationalsozialismus, in: Ders., Nach Hitler. Der schwierige Umgang mit unserer Geschichte, München 1988, S. 162–184, hier S. 183.

11 Vgl. dazu Peter Steinbach, Vergangenheit als Last und Chance. Vergangenheitsbewältigung in den fünfziger Jahren, in: Jürgen Weber, Die Bundesrepublik wird souverän. 1950–1955, München 1986, S. 309–350, hier S. 318ff.

12 Vgl. dazu die Kapitel über Schulenburgs Tätigkeit als Regierungspräsident in Schlesien und über seine Zusammenarbeit mit der Reichsstelle für Raumordnung, unten, S. 54ff. und S. 115ff..

13 Hugo Kükelhaus an Albert Krebs, Nachlaß Albert Krebs, Privatbesitz Richard Krebs, Hamburg.

14 Schulenburg an seine Frau, 28. 12. 1937, Privatbesitz Charlotte Gräfin von der Schulenburg, München.

15 Schulenburg an seine Frau, 19. 4. 1941, unten, S. 209.

I
Zwischen Neokonservativismus und Nationalsozialismus

Entwicklungsjahre:
Herkunft – Ausbildung – frühe politische Prägung

Fritz-Dietlof Graf von der Schulenburg wurde am 5. September 1902 in London geboren. Der Vater, Friedrich Bernhard Graf von der Schulenburg, hatte im gleichen Jahr den Posten des Militärattachés an der deutschen Botschaft in London übernommen. Die Schulenburgs, deren »weißem Stamm« der Vater angehörte, waren ein altes angesehenes Adelsgeschlecht und zählten zu den größten Grundbesitzern in Preußen.

Die Mutter, Freda-Marie, im Jahre 1873 geboren, aus dem Hause der Grafen von Arnim und mütterlicherseits mit den Bismarcks verwandt, galt als warmherzige, künstlerisch begabte und genealogisch interessierte Frau. In den zwanziger Jahren veröffentlichte sie eine Reihe von entsprechenden Arbeiten über die weitläufige Verwandtschaft der Arnims und der Schulenburgs.[1]

Traditionelle Werte, nicht zuletzt die des preußisch-deutschen Heeres, allgegenwärtig durch die Autorität des Vaters, und die des Standes, vermittelt durch die Erzählungen der Mutter, spielten in der Erziehung der Schulenburg-Kinder eine große Rolle. Einen aristokratischen Zug hat Fritz-Dietlof, wie Freunde berichten, zeitlebens nicht verleugnet.

Der Beruf des Vaters machte den häufigen Ortswechsel der Familie erforderlich. Kindheit und Jugend verbrachte Schulenburg zusammen mit seinen vier Brüdern und seiner um ein Jahr jüngeren Schwester in Berlin, Potsdam und Münster sowie auf dem 1862 bis 1865 erbauten Schloß der Schulenburgs in Tressow (Mecklenburg). Was über Kindheit, Jugend und die ersten Mannesjahre Schulenburgs bekannt ist, hat im wesentlichen die Schwester Elisabeth, genannt Tisa, überliefert.[2] Die Erziehung auf Tressow war demnach streng und lag, wie in den Kreisen der preußischen Aristokratie üblich, in der Hand einer Erzieherin. Noch Jahrzehnte später erinnert sich Tisa an die »harte Behandlung« durch die englische »Miss«.

Hatten die Kinder zur Mutter eine überaus zärtliche Beziehung, so

1

war das Verhältnis zum Vater längst nicht so eindeutig. Hier mischten sich Bewunderung und Ablehnung. Zweifellos war Friedrich von der Schulenburg ein strahlendes Vorbild, zumal da er im Laufe der Jahre eine glänzende militärische Karriere durchlief. Nach der Abberufung von seinem Posten als Militärattaché der deutschen Botschaft in London war er als Generalstabsoffizier zunächst in Münster und später beim Gardekorps in Berlin tätig. Im Frühjahr 1913 wurde er zum Kommandeur des Regiments Garde du Corps in Potsdam ernannt. Dem Kaiser diente er als Flügeladjutant. 1914 trat er im Range eines Oberstleutnants in den Krieg ein. 1915 wurde er zum Oberst, später zum Generalmajor befördert. Im September 1916 ernannte man ihn zum Chef des Generalstabs der 5. Armee, die unter dem Oberbefehl des preußischen Kronprinzen in Lothringen kämpfte.[3]

Die häufige Abwesenheit, das schroffe militärische Wesen und wohl auch standesübliche Gepflogenheiten ließen eine engere Beziehung zwischen Vater und Kindern nicht aufkommen. Tisa berichtet über dieses Verhältnis:»Wie er 1914 in den Krieg ging, war Fritzi 11, ich 10. Wir hatten wohl noch nie ein persönliches Wort mit ihm gewechselt: strammstehen, ja und nein, guten Morgen ... Im ganzen Krieg haben wir Kinder Vater einmal einen Tag und dann noch einen halben Tag gesehen. Er war als Bild präsent ... Wir lernten also im Frühjahr 1919 meinen Vater kennen. Da waren wir mit unseren Interessen weit von ihm entfernt. Wir schwärmten ... für Barlach, Kollwitz und Munch, für die französischen Impressionisten, für Alfred Weber. Zurück kam Vater als ›gebrochener Mann‹, wie wir es nannten. Außer sich über den Verlust von allem ... Abends ließ er sich im Familienkreis von den Söhnen in politische Gespräche ziehen und war dann gescheit, und er imponierte uns.«[4]

Fritz-Dietlof verehrte den Vater sehr, was ihn nicht daran hinderte, sich von Zeit zu Zeit gegen dessen überstrenge Erziehung aufzulehnen. Später stand er ihm, wie Tisa schreibt,»mit einem leicht spöttischen Vorbehalt gegenüber, um nicht seinem Zauber zu verfallen«. In gewisser Weise war das typisch für Schulenburg. Der ausgeprägte Selbstbehauptungswille ist eine der Charaktereigenschaften, die ihm von frühester Jugend an nachgesagt werden.

»Er konnte beides sein: offenherzig und zurückhaltend«, schreibt die Schwester.»Er ließ sich nicht gern ›in die Karten sehen‹ ... Schnell und unerwartet war der Wechsel, wie er sich gab; verschlossen, wortkarg, fast mürrisch, dann wieder strahlend, witzig, übermütig, aggressiv. Er sagte mir einmal, das ›immer neu sich eingewöhnen müssen‹ in der Kindheit, da wir als Offizierskinder von Stadt zu Stadt zogen, habe uns so ›schillernd‹ gemacht.«[5]

Schillernd erscheint Schulenburg auch in den Erinnerungen der Jugendfreunde. Er wird als romantisch und realistisch zugleich, als »wild« und in sich gekehrt geschildert. Von frühester Jugend an las, ja verschlang er historisch-politische Literatur. Vor allem die Soziallehren des nationalliberalen Friedrich Naumann und des christlichsozialen Hofpredigers Adolf Stoecker hatten es ihm angetan. Daneben liebte er die Musik,[6] und wie viele Jugendliche seiner Zeit begeisterte er sich für die Natur und für das Wandern. Alles in allem verlief Schulenburgs Jugend trotz der aufgewühlten Zeit in ruhigen Bahnen. Auffällig ist vielleicht sein Entschluß, nicht wie der Vater Offizier, sondern Beamter zu werden. Gründe dafür mögen in der Konstitution des jungen Grafen gelegen haben, der nicht eben sehr robust war. Aus der Art schlug Schulenburg jedoch nicht. Eine ganze Reihe seiner Vorfahren war in der Verwaltung tätig gewesen.

Nach dem Abitur – 1920 in Lübeck – studierte Schulenburg an den Universitäten Göttingen und Marburg Rechtswissenschaften. Als Korpsstudent der Göttinger »Saxonia« liebte er es offenbar, den Draufgänger zu spielen. Ein guter Freund aus dieser Zeit, Karl Graf von der Groeben, erinnert sich, daß Fritz-Dietlof gegenüber anderen Verbindungen stets provozierend aufgetreten sei und sich bewußt über bürgerliche und studentische Konventionen hinweggesetzt habe.[7] Schulenburgs Kapriolen erlangten denn auch unter den Studenten Göttingens und Marburgs eine gewisse Berühmtheit. Er galt als leidenschaftlicher Fechter, und sein Wagemut auf dem Paukboden stand ihm ein Leben lang auf dem vernarbten Gesicht geschrieben. »Er liebte das Fechten sehr«, schreibt die Schwester, und sah »als junger Student darin eine Schulung, wollte er doch geschickt und kaltblütig sein. Ich mußte in den Ferien mit ihm üben, unentwegt mit einem Stock vor seinen Augen herumschlagen, bis er es gelernt hatte, nicht mit der Wimper zu zucken. Vielleicht war es nicht nur seine Kaltblütigkeit, sondern auch die Nonchalance seines Sekundanten, meines Bruders Wolfi [Wolf-Werner], der es dazu kommen ließ, daß bei einer Mensur sein Gesicht richtig zerhackt wurde, so daß die ohnehin knorpelige Nase noch knorpeliger wurde. Er machte gern später einige tänzelnde Schritte, so als ob er noch auf dem Fechtboden stünde. Die Geschmeidigkeit blieb ihm sowie das blitzschnelle Reagieren.«[8]

Das erste juristische Staatsexamen legte »Fritzi«, wie ihn seine Freunde und Bekannten riefen, im Herbst 1923 in Celle ab. Es folgte eine fünfjährige Ausbildung als Regierungsreferendar, die er im wesentlichen bei der Regierung in Potsdam und am Landratsamt Kyritz (Priegnitz) absolvierte.[9] Hier sollte er auch seine spätere Frau, Char-

3

lotte Kotelmann, die Tochter eines im Ersten Weltkrieg gefallenen Kaufmanns, kennenlernen.

Wie es scheint aus Abenteuerlust, unterbrach Schulenburg im Frühjahr 1924 seine Referendarausbildung. Zusammen mit einem Freund heuerte er auf einem Kohlendampfer an, der nach Südamerika fuhr. Nach drei Monaten kehrte er wieder zurück – um viele Eindrücke reicher, nicht zuletzt aus der Welt der Seeleute.

Das Assessor-Examen verzögerte sich noch einmal durch eine längere Krankheit im Winter 1927. Am 29. September 1928 legte Schulenburg die Prüfung mit der Note »voll befriedigend« ab.

Nach dem Südamerika-Aufenthalt hatte er sich dem Referendariat mit großem Engagement zugewandt. Die stark an der Praxis orientierte Verwaltungsausbildung kam seinen Neigungen und Begabungen offenbar entgegen. Einer seiner Ausbilder, der Landrat von Kyritz, Hans Egidi, hob die Talente, aber auch die Eigenheiten Schulenburgs in seinem Abschlußzeugnis hervor. Er schildert seinen Schützling als einen »über dem Durchschnitt befähigten jungen Menschen«, dessen Arbeiten allerdings »hin und wieder den Stempel genialer Flüchtigkeit« trügen.

Dazu paßt, was der Schulenburg-Biograph Albert Krebs über den jungen Regierungsassessor schreibt, den er als einen Beamten charakterisiert, der es »sorgfältig ... vermied, seinen Vorgesetzten beflissenen Fleiß und korrekte Einhaltung der Dienststunden vorzuführen. Im Gegenteil, so wie er Menschen, die ihm aus nicht immer stichhaltigen Gründen unsympathisch waren, einen zynischen, arroganten oder blasiert-degenerierten Aristokraten vorspielte, so gab er sich auch im Dienst zuweilen lässig, gleichgültig, ja als Verteidiger einer gesunden Faulheit. Seine Fähigkeit, eine Situation schnell zu übersehen, ein Problem durch ein paar gezielte Fragen und eine überlegte Umschau an Ort und Stelle im Kern zu erfassen, erlaubte es ihm, langwieriges Aktenstudium und umfangreichen Papierkrieg zu vermeiden. Wenn es freilich darauf ankam«, so Krebs, »arbeitete er wie ein Pferd und wurde, wo er echte, der Sache schädliche Lässigkeit und Gleichgültigkeit entdeckte, scharf bis zur Rücksichtslosigkeit.«

Politisch sympathisierte Fritz-Dietlof mit der politischen Rechten. Darauf verpflichtete ihn schon das Vorbild des Vaters. Dieser hatte sich in den ersten Jahren der Republik für die Deutschnationalen in den Reichstag wählen lassen. Kriegsniederlage und Novemberrevolution konnte der General nie verwinden. Wie in seinen Kreisen üblich, machte er die radikale Linke und die Sozialdemokratie für das Schicksal des Reiches und vor allem für die »Schmach« von Versailles verantwortlich. Im Unterschied zu den meisten seiner Standes-, Berufs- und Altersgenossen verschonte er aber auch die militärische und politische Führung des wilhelminischen Deutschland nicht mit Kritik. In seinen Erinnerungen geißelte er die Umständlichkeit des Militärkabinetts im Krieg, die Verantwortungsscheu vieler Befehlshaber, die Scheu, junge unverbrauchte Kräfte in verantwortliche Positionen zu bringen, und sogar den Kaiser, der »kein Menschenkenner« gewesen sei.[10]

Auch Fritz-Dietlof konnte der neuen Zeit, die nach der Abdankung des Kaisers angebrochen zu sein schien, nichts abgewinnen. In seinem Abituraufsatz zum Thema »Wie läßt sich die Forderung ›Mehr Goethe‹ begründen?« malte er die Gegenwart vornehmlich in dunklen Farben. Schulenburg fand den »Drang nach Erkenntnis und die Wahrheitsliebe« im nachrevolutionären Deutschland unterdrückt und die Menschen »versunken im dunklen Egoismus. Ekelhafte Lust an Sinnenfreuden«, konstatierte der Abiturient, »Gier nach Geld und Gut, Lug und Betrug«, wohin man blicke. Die neue Kunst sah er »vielfach auf Abwegen . . ., verworrene Köpfe« versuchten in der deutschen Sprache »von alten Regeln abzuweichen und zerrissene Brocken an die Stelle von Satzgebilden zu setzen«. In dieser Situation erhalte die Forderung »Mehr Goethe« sowohl literarisch als auch volkspädagogisch ihren Sinn. In Goethes Gedichten sei, so Schulenburg, »die Gefühlswelt des deutschen Volkes vereinigt«, in ihnen poche »der Herzschlag Deutschlands«.

Auch im Staatsleben bewähre sich das Wort: »Nach ewigen, ehrnen, großen Gesetzen müssen wir alle unseres Daseins Kreise vollenden.« In Revolutionen, so Schulenburg, »beim Aufstieg und Absturz der Völker [könne man] immer dieselbe Entwicklung erkennen. Es [gehe] alles nach ewigen, ehernen Gesetzen. Das sollten sich die vor Augen halten, die alles Gute durch Sitte und Tradition Gefestigte stürzen, die sogar die Bande der Familie, der Ehe, sprengen wollen . . . Gebt ihnen Goethe zu lesen«, so schloß der Abiturient aus aristokratischem Hause, »auf daß sein Geist der Ordnung sie durchdringe!« Mit seinem Aufsatz traf Schulenburg den Ton, der damals an Deutschlands Gymnasien herrschte. Sein Deutschlehrer, Direktor Rosenthal, bewertete die Arbeit wie auch die Leistung Schulenburgs insgesamt mit der Note »gut«.[11]

Der Kritik sollten vorerst noch keine Taten folgen. Für die erste Hälfte der zwanziger Jahre ist ein politisches Engagement des jungen Aristokraten nicht bekannt. Seine Zugehörigkeit zum Studentenbataillon »Generalfeldmarschall von Hindenburg«, das sich im Frühjahr

1921 an den Grenzkämpfen in Oberschlesien beteiligte, blieb Episode. Ob er aktiv in die Auseinandersetzungen verwickelt war, ist unklar. Sicher ist aber, daß ihn die politische Passivität dieser Jahre später erstaunte. Er habe jahrelang nur seinen Studien gelebt, »ohne politisch aktiv zu kämpfen«, schrieb er im Oktober 1932 an seine Braut.[12] Und in der Tat: Politische Abstinenz war nicht eigentlich typisch für Leute seines Alters und seines Standes. Immerhin gehörte Schulenburg dem vielbeschworenen »Jahrgang von 1902« an, auf dem zumindest im Lager der Rechten die Hoffnungen der Älteren ruhten.

Die Radikalisierung der Politik in den zwanziger Jahren drängte den einzelnen geradezu zur politischen Entscheidung, vor allem dann, wenn er jung war und seinen Platz in der Gesellschaft noch nicht gefunden hatte. Die wenigsten hatten das. Es waren Jahre erschreckender Jugendarbeitslosigkeit und großen Studentenelends, ganz zu schweigen von den miserablen Berufschancen junger Akademiker jedweder Disziplin. Aber es waren auch Jahre, in denen der Jugendkult eine bis dahin nicht gekannte Blüte erlebte. Der Schriftsteller Ernst-Günther Gründel sprach in einem zeitgenössischen Bestseller von der »Sendung der jungen Generation«. Die alte Welt, so Gründel, sei »morsch« geworden, der Jugend gehöre die Zukunft. Aus der Generation der »Enterbten« von Versailles werde dereinst die Generation der »Berufenen« und später die Generation der »Erwählten«[13] entstehen.

Auch wenn sich Schulenburg später engagierte als andere, so nahm er doch seit seiner Jugend Anteil am politischen Geschehen der Zeit. Er las viel, besonders politische Literatur, wobei er neokonservative Autoren wie Ernst Jünger und Franz Schauwecker, Werner Beumelburg und Arthur Moeller van den Bruck, Karl Haushofer und Wichard von Moellendorff bevorzugte. Natürlich gehörten auch »Rembrandt als Erzieher« sowie das Ernst-Moritz-Arndt-Büchlein »Wanderungen und Wandlungen mit dem Reichsfreiherrn vom Stein« zu Schulenburgs Lektüre.[14]

Gegen Ende der zwanziger Jahre wird auch Schulenburg von der politischen Aufbruchsstimmung ergriffen, die als Reaktion auf die sich abzeichnende Weltwirtschaftskrise die Jugend auf der Linken wie auf der Rechten befällt. »Ich glaube«, schreibt er im Juli 1929 an Bärbel Borchmeyer, »keine andere Zeit in Deutschland stellt größere Aufgaben, keine Zeit kann wunderbarer werden, als die, in der wir leben.«[15]

Bärbel Borchmeyer, Schulenburgs Schwarm in diesen Jahren, war die Frau seines Freundes Dr. Joseph Borchmeyer. Borchmeyer, einer der jüngsten Mitglieder der deutschnationalen Reichstagsfraktion und zugleich einer der wenigen Katholiken in der Führungsspitze der DNVP, hatte seinen Wahlbezirk im Landkreis Recklinghausen, dem neuen Betätigungsfeld Schulenburgs. Dorthin war der frischgebakkene Assessor im Oktober 1928 versetzt worden, den Ort hatte er sich selbst ausgesucht. Er sei in den industriellen Westen gekommen, bemerkte er den Borchmeyers gegenüber, um die soziale Frage und die »Machenschaften« des katholischen Zentrums aus der Nähe kennenzulernen.[16] Zunächst löste Schulenburg in seiner neuen Umgebung jedoch Naserümpfen aus. Sein Morgenlauf in Badehose in den Waldanlagen Recklinghausens schockierte die gut katholische Nachbarschaft. »Habt ihr einen Verrückten bei euch wohnen?« fragte man konsterniert die Familie Werne, bei der Schulenburg untergekommen war.[17]

In sein neues Aufgabengebiet arbeitete sich der Assessor rasch ein. Er wurde dem Landrat Max Schencking zugeordnet, der dem Zentrum angehörte und den Schulenburg trotz stark abweichender politischer Überzeugungen schätzen lernte. Bei Schenckings Tod im Frühjahr 1933 schrieb er an Bärbel Borchmeyer: »Jetzt, wo er tot ist, merke ich eigentlich erst, wie gern ich ihn trotz vieler Gegensätze, die zwischen uns bestanden haben, doch hatte. Er war in seinen Grundeigenschaften ein echter bodenständiger Westfale mit Führerblut in den Knochen. Ein Mann, der trotz aller seiner Schranken noch herrschen konnte wie sonst nur wenige.«[18]

Unter Schencking tat sich Schulenburg besonders in den Verhandlungen über den Bau des Halterner Stausees hervor.[19] Im Kreisausschuß, dem er zeitweise präsidierte, wurde er hautnah mit den im Zuge der Krise anwachsenden wirtschaftlichen und sozialen Problemen der Region konfrontiert.[20] In dieser Zeit festigte sich seine politische Einstellung, und seine Kritik an der Weimarer Demokratie nahm schärfere Formen an. Als Neokonservativer teilte er jedoch nicht den Exklusivitätsanspruch, wie ihn der Schriftsteller Ernst Jünger prototypisch verkörperte.[21]

Sozialpolitische Fragestellungen hatten Schulenburg von Jugend an interessiert. Mit Problemen der Bodenreform und der Siedlungspolitik war er als Student näher bekanntgeworden.[22] Die schriftliche Hausarbeit zum Assessor-Examen hatte er der Agrarverschuldung gewidmet. Die völkische Bodenreformbewegung und ihr Hauptprotagonist Adolf Damaschke zogen ihn besonders stark an.[23] Der Pädagoge und Publizist Damaschke hatte die Bodenreform als »organische Einwurzelung deutschen Volkstums in den deutschen Boden« und ihr Gelingen als eine »Schicksalsfrage des deutschen Volkes«

bezeichnet. In der Landvergabe an Arbeiter sah Damaschke das einzige Mittel, den Klassenkampf zu neutralisieren und die sozialen Auseinandersetzungen in eine »Kameradschaft aller Stände« zu überführen.[24]

Die Verbindung völkischer Agrarromantik mit sozialem Harmoniedenken faszinierte Schulenburg. Seit er politisch denken konnte, bemängelte er, daß den meisten seiner Standes- und Berufsgenossen eine solche Perspektive des sozialen Ausgleichs fehlte. Die häufig sarkastischen Bemerkungen über die in seinen Kreisen nicht selten anzutreffende soziale Ignoranz trugen ihm schon in der Potsdamer Ausbildungszeit das Etikett »roter Graf« ein.[25] Schulenburg faßte diesen Beinamen als Ehrentitel auf und pflegte ihn ganz offensichtlich. Auch kam es häufiger vor, daß er seine Umgebung durch Marxzitate überraschte. Soziale Berührungsängste kannte er nicht. Aber obwohl er in Recklinghausen den Umgang mit sozialistischen Arbeitern und mit Kommunisten geradezu suchte,[26] vermochte er der Ideenwelt der sozialdemokratischen und kommunistischen Arbeiterbewegung nichts abzugewinnen. Gegen den Marxismus bezog er unversöhnlich Position, und die SPD bezeichnete er als »verbonzt und parteibürokratisch erstarrt«.[27] In dieser Beziehung berief er sich gern auf den ehemaligen Sozialdemokraten August Winnig.[28]

Im Hause Winnigs, des ehemaligen Oberpräsidenten der Provinz Ostpreußen, der im Frühjahr 1920 zu den Putschisten um Kapp und Lüttwitz übergelaufen war, hatte Schulenburg schon während seiner Potsdamer Ausbildungszeit verkehrt. Dort war man in vielen nächtlichen Gesprächen der Frage nachgegangen, wie das Proletariat aus seiner Bindung an die kommunistische und sozialdemokratische Arbeiterbewegung zu lösen sei. Winnig, der in der bündischen Jugend großen Einfluß besaß, war in dieser Beziehung optimistisch. Er glaubte die Zeit heraufgekommen, in der sich das Proletariat »im Erlebnis der völkischen Schutzgemeinschaft« zum »Arbeitertum« wandeln, dem »fruchtlosen Klassenkampfdenken« abschwören und ein Bewußtsein als »Stand« entwickeln könne.[29] Das Vorbild Winnigs hat zeitlebens die soziale Perspektive Schulenburgs geprägt. Bärbel Borchmeyer gegenüber bezeichnete er den ehemaligen Gewerkschaftsführer als »Verfechter eines neuen deutschen Geistes, dem die Zukunft gehört«.[30]

Auf die gleiche Stufe wie Winnig stellte Schulenburg den völkischen Erzähler Hans Grimm. Grimms Thema war der Raum und die vergangene Herrlichkeit des deutschen Kolonialbesitzes. Mit seiner weitschweifigen Prosa traf er den politischen Nerv des lesenden Publikums in Deutschland bis weit ins liberale Lager hinein.[31]

8

Daß Deutschland nach Versailles zu klein geworden sei, war eine stehende Redewendung in den Kreisen derjenigen, die sich mit der Weltkriegsniederlage und dem Verlust der Großmachtposition nicht abfinden wollten. Andererseits mochte es in der Tat vielen so scheinen, als sei dem Reich durch den Friedensvertrag die Luft zum Atmen abgeschnürt worden. Unter dem Eindruck verschärfter Jugend- und Akademikerarbeitslosigkeit sahen sich vor allem junge Erwachsene mit zunehmender sozialer Enge konfrontiert.[32]

So verwundert es nicht, daß Themen wie die Raumfrage, der Siedlungsgedanke oder Begriffe wie »Geopolitik« bei vielen Studenten und jungen Akademikern großen Anklang fanden. Bücher und Broschüren, die sich mit der deutschen Stellung in Ost- und Mitteleuropa oder mit der sogenannten kolonialen Frage beschäftigten, wurden viel gelesen und entsprechend diskutiert. Ein solcher Bestseller war Hans Grimms Roman »Volk ohne Raum«.[33] Die Handlung dieses umfangreichen Opus spielt vornehmlich im kolonialen Afrika. Der Roman war eine Hymne auf das freie Farmleben der weißen Siedler,[34] »Volk ohne Raum« gab den aus der Frustration über die sozialen Verhältnisse geborenen Ausbruchshoffnungen vieler junger Leute literarisch verbrämt eine politische Richtung. Ins Visier genommen wurden dabei ein weiteres Mal die Siegerstaaten des Weltkriegs, die diese Hoffnungen mit dem »Schmachfrieden von Versailles«, dem »Raub der Kolonien« und der Abschnürung des Weges nach Osten zunichte gemacht hatten.

Schulenburg war begeistert von Grimms Botschaft. Bärbel Borchmeyer gegenüber bezeichnete er den Roman als »erschütterndes Epos des deutschen Volkes«. Dem politischen Urteil des Romans mochte er allerdings nicht ganz folgen. Schulenburg setzte andere Prioritäten als Grimm. Stand für den Schriftsteller die äußere Expansion Deutschlands im Vordergrund, so war für den jungen Assessor die innere Neuordnung das Nahziel, wenngleich auch Schulenburg »jetzt schon den Sinn für die Raumfrage« geweckt sehen wollte. Entscheidender für den Aufstieg Deutschlands war für ihn jedoch, »daß an die Stelle der Äußerlichkeit und des Materialismus ein Geist der Innerlichkeit und der Unterordnung unter das Ganze« trete.[35]

Materialistisch war Schulenburg gewiß nicht eingestellt. In finanziellen Dingen bewahrte er sich eine Großzügigkeit, die nach Aussagen seiner Frau bisweilen zu weit ging. Dies war sicherlich Teil des aristokratischen Erbes, das Schulenburg nicht verleugnete. Wie und wofür der junge Referendar sein Geld ausgab, darin unterschied er sich freilich sehr von den gleichaltrigen Standesgenossen. Noch in der

Recklinghäuser Zeit unterstützte er zwei Siedlerfamilien mit Mitteln aus der ihm zugefallenen Erbschaft, und Charlotte von der Schulenburg berichtet über eine Fülle von Rechnungen, die sie kurz nach der Hochzeit im »Junggesellenkoffer« ihres Mannes fand. Es waren Rechnungen über Bücher und Musikinstrumente, die Schulenburg an deutsche Schulen in dem von ihm heißgeliebten Südtirol weiterverschenkt hatte.[36] »Unterordnung« hingegen war Schulenburgs Sache nicht, obwohl er dieses Prinzip ständig im Munde führte. Es war ein Leitsatz, der als Maxime eher für die große Allgemeinheit als für ihn selbst gelten mochte. Im Beruf hat sich Schulenburg schon früh durch Tatkraft und Durchsetzungsvermögen ausgezeichnet. An einer einmal gefaßten Meinung hielt er fest, auch wenn er sich damit in Gegensatz zu seinen Vorgesetzten brachte.

Ein Beispiel dafür ist der in privaten Briefen dokumentierte Streit mit dem Königsberger Regierungspräsidenten Werner Friedrich. Schulenburg war im Herbst 1932 nach Heiligenbeil in Ostpreußen versetzt worden. Dort hatte er sogleich auf sich aufmerksam gemacht. Anlaß war der Ausbruch der sogenannten Haff-Krankheit, die viele Fischer des Kreises befallen und arbeitsunfähig gemacht hatte. Schulenburg führte die Ursachen dieser Krankheit auf verschmutzte Abwässer der umliegenden Zellulosefabriken zurück. Vor den Betroffenen machte er keinen Hehl daraus, wen er für verantwortlich hielt. Er attackierte den »Großaktionär« der Fabriken und warf der Königsberger Regierung »laue Maßnahmen« vor. Der Regierungspräsident drohte daraufhin mit einer Disziplinarmaßnahme; Schulenburg blieb ungerührt bei seiner Ansicht und entschuldigte sich auch nicht für die wenig moderate Form seiner Kritik.

Sein direkter Vorgesetzter, Landrat Friedrich Gramsch, vermittelte, und die Königsberger Regierung ließ es bei einem milden Verweis bewenden. Der Assessor scheint diesen Streit kaum ernst genommen zu haben. Seiner Frau schrieb er nicht ohne Stolz: »Der Krach mit dem Regierungspräsidenten ist erfrischend. Auf eine offene Darstellung der Stimmung unter den Fischern und eine Kritik der halben Regierungsmaßnahmen warf er mir in einer Verfügung unsachliche und ganz ungehörige Kritik vor. Ich habe ihm scharf geantwortet. Ich hatte einige so wunderschöne Sätze gebaut, daß ich sie direkt liebhaben mußte. Dir zur Freude zwei: ›Nach den Grundsätzen preußischer Verwaltung kann die vorgesetzte Behörde ungeschminkte Darstellung verlangen, auch dann, wenn diese ihr nicht genehm sein sollte.‹ – ›Ich hielt dabei für selbstverständlich, daß eine ehrliche Überzeugung auch dann geachtet wird, wenn sie für falsch gehalten wird.‹«[37]

Dieser Mut war gewiß nicht typisch für einen preußischen Beamten, auch nicht für einen des höheren Dienstes. Aber der junge Assessor war ein Schulenburg, und das erlaubte ihm, seine Meinung offen zu sagen, was manch anderem seiner jungen Berufskollegen mit weniger berühmten Namen kaum möglich gewesen wäre. Die weitverzweigten verwandtschaftlichen Kontakte und die sozialen wie beruflichen Verbindungen der Schulenburgs wirkten immer noch wie ein sozialer Kokon. Daran hatte auch die politische Neuordnung nach 1918 nichts Wesentliches geändert. Die Novemberrevolution nahm zwar den Privilegien der ostelbischen Adelsfamilien ihre Selbstverständlichkeit, ein Stück soziale Realität waren sie aber nach wie vor. Das zeigt auch die Karriere Schulenburgs: Ihm öffnete sich der nur wenigen vorbehaltene Weg in den Vorbereitungsdienst für die höhere Verwaltung, die Eliteausbildung des preußischen Staates.[38] Man darf vermuten, daß bei der einstellenden Behörde der Name Schulenburg, die Tradition der Familie und vor allem die Persönlichkeit des Vaters ebenso sehr gewogen wurden wie die im Ersten Staatsexamen erbrachten, ohne Zweifel sehr ordentlichen Leistungen.

Herkunft und Milieu sollten ein herausragender Bezugspunkt in Schulenburgs Leben bleiben, auch wenn er sich ständig bemühte, seinen sozialen Gesichtskreis zu erweitern. Es verwundert deshalb auch nicht, daß der Assessor seine ersten politischen Schritte auf vertrautem Terrain unternahm. Zur Jahreswende 1930/31 trat er der »Bündischen Reichsschaft« bei, nachdem im Frühjahr 1930 eine Fühlungnahme mit der Berliner NSDAP vorausgegangen, aber folgenlos geblieben war.[39] Die »Bündische Reichsschaft« hatte ihre Zentrale in Berlin beziehungsweise in Potsdam. Sie zählte zu den vielen kleinen rechtsorientierten Gesprächszirkeln, die in der Krise Weimars wie Pilze aus dem Boden schossen. Ihre Mitglieder stammten, wie Ernst von Salomon sich später erinnerte, ganz überwiegend aus »guter Familie«. Man fühlte sich der bündischen Idee verpflichtet, dachte national und natürlich auch revisionistisch. Die politischen Parteien wurden genauso wie der Weimarer Parlamentarismus strikt abgelehnt. Einig war man sich in der doppelten Frontstellung gegen die satte Biederkeit der deutschnationalen Vätergeneration und gegen die klassenkämpferische Haltung und den Internationalismus der sozialdemokratischen und kommunistischen Arbeiterbewegung.[40]

Durch die Vermittlung eines Freundes, des späteren Mitverschwörers Cäsar von Hofacker, war Schulenburg zur Dortmunder Ortsgruppe der »Bündischen Reichsschaft« gestoßen.[41] Kurze Zeit später knüpfte er den Kontakt zu Kleo Pleyer, dem spiritus rector der

11

Gruppe.[42] Pleyer, in völkisch neokonservativen Kreisen gut bekannt und in der NS-Zeit als Geschichtsprofessor mit antifranzösischer und antisemitischer Propaganda beschäftigt,[43] war schon 1923 beim Hitler-Putsch in München dabeigewesen. Zu Beginn der dreißiger Jahre wirkte der ehemalige Mitarbeiter des DNVP-Reichstagsabgeordneten Martin Spahn als Vermittler zwischen der neokonservativen und der nationalsozialistischen Szene.[44]

Pleyer und vor allem Hofacker waren es, die Schulenburg zu einem ersten öffentlichen Auftreten animierten. Hofacker trat im November 1930 mit der Bitte an Schulenburg heran, einen Vortrag über die »Quintessenz Deiner verwaltungspolitischen Erfahrungen« zu halten.[45] Im März 1931 sprach Schulenburg vor einem ausgesuchten Kreis Berliner Mitglieder über »Preußisches Beamtentum«. Er nahm dabei die Gelegenheit wahr, sich grundsätzlich mit der politischen und sozialen Situation in Deutschland auseinanderzusetzen. Der Vortrag ist überliefert.[46] Er veranschaulicht, daß sich das Weltbild des jungen Verwaltungsbeamten in diesen Jahren abzurunden begann.

Politik als Standesinteresse:
Als Beamter gegen die Weimarer Republik

»Die Beamten wurden aufgrund ihrer Stellung und Leistungen Träger der Staatsidee, Führer des Volkes. Beamte wurden Minister. Der König war unumstrittener Herrscher, sichtbarer Repräsentant des Staates. Aber auch er war Diener des Staates wie die Beamten; er war in gewissem Sinne als ihr oberster Führer Exponent des Beamtentums. Die Beamten repräsentierten den Staat; sie bestimmten seine Politik. Diese durch sachliche Qualitäten erworbene, beherrschende und gesicherte Stellung des Beamten im Staate war charakteristisch für seine Bedeutung und Aufgabe.«[47]

Schon dieser kurze Auszug aus dem erwähnten Vortrag Schulenburgs offenbart eine starke Identifizierung mit der Anspruchshaltung und dem Korpsgeist der höheren Beamtenschaft. Selbstvertrauen wie Irritation einer durch die demokratische Neuordnung nach 1918 in die Defensive geratenen Elite kamen hier gleichermaßen zum Ausdruck. Als historischer Maßstab diente das Preußen des 17. und 18. Jahrhunderts, für Schulenburg das eigentlich goldene Zeitalter. Die jüngeren Epochen der Geschichte, mit Ausnahme der preußischen Reformära, schnitten demgegenüber schlechter ab. Wie viele junge Leute aus dem Lager der Rechten kritisierte Schulenburg auch die Verhältnisse im

Deutschen Kaiserreich. Dort hatte sich, wie er vor seinen Freunden aus der »Bündischen Reichsschaft« ausführte, die Beamtenschaft selber »ohne schöpferische Ideen, ohne Kraft und Offensivgeist« gezeigt.[48] Waren schon Schulenburgs Ansichten über das Kaiserreich nicht gerade von Sympathie getragen, so fiel sein Urteil über Weimar, das Gemeinwesen, dem zu dienen er sich eidlich verpflichtet hatte, geradezu vernichtend aus. In Weimar sei der Staat, »früher ein lebendiger, mit dem Ganzen verbundener Organismus, . . . zur Dachgesellschaft von Interessenten und Funktionären« verkommen.[49] Aus der Verwaltung sei ein »Schlacht- und Beutefeld« der Parteien geworden. Die Beamten entwickelten sich immer mehr zu »willfährigen Dienern der Parteibonzen« und zu »blutleeren Verwaltungstechnikern«.[50] Unter solchen Verhältnissen hätten die »Mächte des Judentums, des Kapitals und der katholischen Kirche« ihre Herrschaft weiter ausbauen können. Deutschland sei »unter der Maske des Sozialismus« in die Versklavung durch den westlichen Imperialismus geführt worden.[51]

Wie Schulenburg dachten viele höhere Beamte, namentlich in Preußen. Dort hatte sich die Regierung Braun nicht ohne Erfolg um eine Republikanisierung der höheren Verwaltung bemüht.[52] Von den Betroffenen waren diese Bestrebungen mit einiger Berechtigung als Angriff auf ihre nach wie vor herausgehobene Stellung und auf die »wohlerworbenen Rechte« angesehen worden. Man fühlte sich in dem ohnehin großen Mißtrauen gegenüber der Weimarer Demokratie bestätigt und suchte die eigene Bedeutung für Staat und Gesellschaft um so stärker herauszustreichen. Schützenhilfe leistete dabei die zeitgenössische Staatsrechtslehre. Ein vielbeachteter Jurist wie Arnold Koettgen sprach der Mehrheit der höheren Beamten aus dem Herzen, wenn er in seinen Beiträgen die Verwaltung zum »eigentlichen Organ« des Staates stilisierte und in der Berufsbeamtenschaft die einzig berufene Trägerin der »Staatsidee« sah.[53]

Koettgen forderte damit für die Verwaltung und die höhere Beamtenschaft einen Spielraum, den sie nie besessen hatte. Waren die Beamten bis dahin, so schreibt der Rechtshistoriker Hans Hattenhauer, das »gehorsame und freie Instrument in der Hand des auf Ausgleich und parteipolitische Neutralität bedachten Staatsorgans ›Monarch‹ gewesen, so wollten sie nun . . . jenes Stück königlicher Befugnis, das sie bisher in dienender Rolle vollzogen hatten, mangels eines anderen Funktionsnachfolgers selbst herrschend wahrnehmen«.[54]

Beamtenherrschaft oder, wie Oswald Spengler schrieb, »Beamtenaristokratie«[55] wurde für viele konservative und neokonservative Zirkel

13

seit Ende der zwanziger Jahre der Königsweg aus der Staats- und Gesellschaftskrise Weimars. Die Verfechter dieses Weges knüpften direkt an die Diskreditierung der demokratischen Gewaltenteilung an, die in der deutschen Oberschicht und in weiten Teilen des Bürgertums seit langem virulent war. Staatsrechtler wie Arnold Koettgen und mehr noch Carl Schmitt[56] haben diese Geringschätzung in vielgelesenen Abhandlungen wissenschaftlich legitimiert und damit den Weg in die nachfolgende Diktatur geebnet.

Mit Koettgen war Schulenburg aus gemeinsamen Referendartagen in Potsdam bekannt. Wie sich aus seinem Vortrag vor der »Bündischen Reichsschaft« unschwer herauslesen läßt, zeigte er sich von den Vorstellungen des Staatsrechtlers stark beeindruckt. Ähnlich wie Koettgen hielt es auch Schulenburg für die ureigene Aufgabe der Verwaltung und des höheren Beamtentums, »nicht nur das staatliche, sondern auch das gesellschaftliche Leben und Handeln des Volkes« zu beeinflussen und zu gestalten.[57]

Zum Vorbild nahm er dabei die großen preußischen Reformer und hier besonders den Freiherrn vom Stein.[58] Die Reformer hatten sich, wie Schulenburg meinte, als »Pioniere, Schaffer und Schöpfer« erwiesen und dabei Gesellschaft und Staat ihren Stempel aufgedrückt.[59] Diese Sicht der Reformära entsprach der herrschenden Meinung. Die Mehrheit der Weimarer Historiker sah in den preußischen Reformern Männer, die breite Schichten des Volkes in eine positive Beziehung zum Staat gebracht und dabei bewußt Distanz zu den westeuropäischen Ideen der Menschenrechte und zum Gedanken der Volkssouveränität gehalten hatten. Im Verlauf der preußischen Reformen waren die Beamten wieder zu dem geworden, was sie nach Schulenburgs Ansicht im alten Preußen gewesen waren, »gesellschaftlich führend und ausschlaggebend ..., äußerlich bevorrechtigte und anerkannte Führer«.[60]

Diese herausgehobene Rangstellung der Beamtenschaft wünschte sich Schulenburg auch für das zukünftige Deutschland. Wie viele höhere Beamte identifizierte auch er Staats- mit Standesinteressen. In einer bezeichnenden Verengung des politischen Blickwinkels bewertete er Vergangenheit und Gegenwart danach, welche Rolle in ihnen das Berufsbeamtentum gespielt hatte und noch spielte. Aufstieg und Niedergang Deutschlands seit Mitte des 18. Jahrhunderts erschienen somit als eine Funktion der Beamtenpolitik. Die Aufgabe der Gegenwart war klar umrissen: Im Zeichen der preußischen Tradition muß die »Politisierung« des Berufsbeamtentums gegen die Weimarer Demokratie erfolgen. Kompromisse zu schließen war die Sache Schulenburgs nicht. Mit einem Staat, der die wohlerworbenen Ansprüche seiner legitimen Trägerschichten so schmählich mit Füßen trat und ihre Bedeutung in so unverzeihlicher Weise mißachtete, machte man keinen Frieden. Zehn Jahre später sollte Schulenburg ähnlich über das auch von ihm herbeigesehnte »Dritte Reich« denken.

Der Mythos Preußen

Das »Dritte Reich« war eine Vision des Schriftstellers Arthur Moeller van den Bruck, die dieser schon zu Beginn der zwanziger Jahre in einem gleichnamigen Buch entwickelt hatte.[61] Die wesentlichen Denkfiguren des Neokonservativismus waren hier bereits vorgeformt worden. Ausgangspunkt Moellers war die Fundamentalkritik an der Moderne. In der Aufklärung und im Liberalismus sah er Anzeichen des Verfalls und der »Selbstauflösung der Menschheit«. Das demokratische Prinzip westlicher Prägung interpretierte er als einen »Moloch, der Massen und Klassen und Stände und alle Unterschiede der Menschen frißt«. Die Weimarer Demokratie war für ihn nur die »Abarbeiterin des Friedensvertrages«. Sie verhinderte, daß Deutschland machtpolitisch wieder »das Reich der Mitte« wurde.[62]

Zurück hinter die Moderne, diesem Leitziel folgte auch das Denken Schulenburgs. In seiner Sicht der Dinge hatten fremde Übermächte seit Jahrhunderten, genauer seit der Epoche des »gläubigen Mittelalters«, das Leben in Deutschland bestimmt. Die »ländlichen Lebensgemeinschaften des Dorfes ...«, die Kristallisationskerne des Volkslebens, die um die Pole Blut und Boden kreisten«, waren im Zuge dieser Entwicklung in ihren Grundfesten erschüttert worden. Die »politischen Strömungen des Individualismus und der Demokratie« hatten den »großen Stromkreis des Lebens« unterbrochen, in dem ehedem Volk und Staat verbunden waren. Industrie und in ihrem Gefolge die Großstadt hatten dem Lande »wertvolle Volkskräfte« abgefordert und das gewachsene Leben durch künstliche, zentralistische Organisationen verdrängt. Nach Schulenburgs Ansicht unterhöhlte diese Entwicklung alle natürlichen Bindungen der Menschen. Besonders die Arbeiter seien dadurch ihrer Bodenständigkeit beraubt worden und der Ausbeutung durch kapitalistische Kräfte anheimgefallen. In der Großstadt würden sie »körperlich und seelisch entwurzelt«. Die »Vermassung« war für Schulenburg die notwendige Folge dieser Entwicklung und die Signatur einer Gegenwart, in der Staat und Volk der Atomisierung schutzlos preisgegeben seien.[63]

15

Eine fundamentale Umkehr war für Schulenburg das Gebot der Stunde. Seine Devise lautete: Zurück zur Ordnung und Harmonie der agrarischen Dorf- und Lebensgemeinschaft, zurück zur ständischen Struktur der Wirtschaft, zurück zum starken, nach innen und außen wehrhaften Staat.[64] Die Umkehr war für Schulenburg nur mit Hilfe einer neuen, zu allem entschlossenen Führerschaft zu bewerkstelligen. Diese sollte sich deutlich von der politischen Elite Weimars unterscheiden, die nur diskutiert und nicht geführt hatte. »Große Kämpfer« schwebten Schulenburg für die Rettung des Vaterlandes vor, »große Menschen mit fleckenlosem Ehrenschild«, eisernem Willen und unbedingter Autorität. Die »deutsche Faszination durch das Führerprinzip«, wie Christian Graf von Krockow es nennt, hatte auch den jungen Schulenburg voll erfaßt.[65]

Den Maßstab für seine visionären Ziele fand Schulenburg erneut im Preußen des 17. und 18. Jahrhunderts, dem Staat des Großen Kurfürsten, Friedrich Wilhelms I. und Friedrichs II., die »Wesen und Gesetz« des Staates hervorgebracht und alle seine Zweige »unter einen einzigen Willen« gezwungen hatten. Das von ihnen gestiftete Preußen bildete nach Schulenburgs Auffassung eine gelungene Symbiose von zentralstaatlichem Über- und ständischem Unterbau. Dort waren Verwaltung und Heer noch die Säulen des Gemeinwesens gewesen. Gleichzeitig hatte der Monarch als Träger der Staatsgewalt die Staatsidee verkörpert; Pflichtgefühl und fachliches Können, Zucht und Leistungswillen hatten, so Schulenburg, Haltung und Tätigkeit des Beamten und des Offizierkorps bestimmt, und das ständische suum cuique war der Kompaß im staatlichen und gesellschaftlichen Leben gewesen. Über allem habe jedoch die Pflicht zur Leistung gestanden. »Viel leisten, wenig hervorheben, mehr sein als scheinen«, auf diese einprägsame Formel brachte Schulenburg das Ethos »seines« Preußen.[66]

Schulenburgs Denkfiguren waren wenig originell. Sein Kulturpessimismus war Mode im Lager der Rechten und strahlte von dort weit in die deutsche Gesellschaft aus. Die Idealisierung des Ständischen und des Völkischen hatte selbst bei der organisierten Jugend der republikanischen Parteien Konjunktur.[67] Auch war Schulenburg kein Einzelfall, wenn er für die Beschreibung politischer Sachverhalte Begriffe heranzog, die aus den Naturwissenschaften, vorzugsweise aus der Biologie beziehungsweise der Physik, entlehnt waren. Daß er dabei das sonst vielgeschmähte rationalistische 19. Jahrhundert nachahmte, fiel kaum ins Gewicht. Er tat es einfach Vorbildern wie Karl Haushofer nach, der in seiner berühmten »Geopolitik« eine große Vorliebe für

16

Begriffe wie »Nervenstränge«, »Kraftfelder«, »Kraftlinien« entwickelt hatte.[68]

Die Preußen-Euphorie übernahm Schulenburg von Oswald Spengler. Dieser hatte nicht nur den »Untergang des Abendlandes« beschworen, sondern auch den »preußischen Sozialismus« popularisiert. »Preußentum und Sozialismus«, die 1920 erschienene und bis 1924 in 65.000 Exemplaren verbreitete Schrift Spenglers,[69] sollte in den frühen dreißiger Jahren auch Schulenburgs Sicht der Dinge erheblich beeinflussen. In seiner Apotheose Preußens knüpfte der Kulturkritiker Spengler an die Wertschätzung an, der sich der Hohenzollern-Staat bei konservativen Historikern und Publizisten der Zeit insgesamt erfreute.[70] Auf der rechten Seite des politischen Spektrums sah man in der preußischen Entwicklung den unwiderleglichen Beweis für die Richtigkeit des »deutschen Sonderweges« in Europa. Das friderizianische Preußen hatte jedoch auch in der deutschen Sozialdemokratie hochmögende Freunde.[71]

Wie in anderen Fällen auch waren es die Nationalsozialisten, die sich die Faszination, die von Preußen ausging, am besten zunutze zu machen verstanden. Die Hitler-Bewegung gab sich als Erbe Preußens, als Verkörperung der preußischen Tradition und gewann damit viele Sympathien, auch in der sogenannten guten Gesellschaft, die zunächst äußerst skeptisch und voller Verachtung auf die Partei der Parvenus mit ihrer braunen Soldateska herabgeschaut hatte.[72]

Das Preußenbild, das Schulenburg und anderen vorschwebte, war Utopie und Mythos zugleich.[73] In der beschworenen Wiederkehr Preußens wurde die Vergangenheit zum Leitbild für die Zukunft. Galt in den großen Visionen der Aufklärung die neue immer auch als die bessere Zeit, so zogen die Neokonservativen in Weimar den Fortschritt generell in Zweifel und glorifizierten die Vergangenheit. Mit der historischen Realität hatten ihre Geschichtsbilder indessen so gut wie nichts zu tun, wie das Beispiel Schulenburgs zeigt. Im März 1938, schon voller Vorbehalte gegen das Hitler-Regime, begründete er in einem Vortrag vor westfälischen Freunden die vorgeblich hochentwickelte Rechtsstaatlichkeit des Hohenzollern-Staates mit einer Legende aus den Lesebüchern der sogenannten einfachen Leute. »Das Vertrauen auf preußische Gerechtigkeit«, so Schulenburg, »wurzelte tief im Volk. Der Müller von Sanssouci widersetzte sich dem König, als dieser ihm seine Mühle nehmen wollte: Majestät, es gibt noch ein Kammergericht in Berlin.« Es war die Mißachtung des realen Ablaufs der Geschichte zugunsten der romantisierenden Legende,[74] die Schulenburgs Preußenbild bestimmte.

Mythen aus der Geschichte abzuleiten und sie zu Leitbildern für die Zukunft zu machen, darauf verstanden sich die Neokonservativen. Ihre Propagandisten von Spengler bis Jünger waren »Konstrukteure«.[75] Die Geschichte diente ihnen als »Steinbruch« für ihre Monumente der neuen Ordnung. Der Bauplan war ebenso genial wie einfach: Historische Sachverhalte wie die mittelalterlichen Stände oder der Staatsapparat im alten Preußen wurden aus dem geschichtlichen Zusammenhang gerissen, stilisiert und dienten allein dem Zweck, aktuelle politische Botschaften mit dem Anspruch auf historische Wahrheit zu versehen. Tradition wurde für politische Zwecke ausgebeutet; komplexe Realität auf einfache Nenner reduziert.

Im vorliegenden Falle wurde das friderizianische Preußen mit der in soziale Klassen und politische Lager scharf gespaltenen Weimarer Republik kontrastiert. Das Ergebnis war eindeutig und diente als Beweis für die haushohe Überlegenheit autoritärer Staatsgebilde gegenüber demokratischen Gemeinwesen und auch für den gleichsam überzeitlichen Wert jeder klaren Trennung von oben und unten.

Der Preußenmythos entsprach noch in anderer Hinsicht dem Zeitgefühl im Lager der jungen Rechten. Er suggerierte Einheit und Eindeutigkeit in einer politisch, sozial und kulturell als zerrissen empfundenen Welt; er ersetzte die Forderung nach persönlicher Autonomie durch die Suche nach Authentizität. Hugo von Hofmannsthal hat dieses Zeitgefühl in einer berühmten Rede auf eine einprägsame Formel gebracht: »Suche nach Bindung anstelle der Suche nach Freiheit, Suche nach Einheit und Ganzheit anstelle immer weiterer Aufteilungen und Spaltungen«.[76]

Alles für das Volk, nichts durch das Volk: Paternalismus im völkischen Gewande

Hofmannsthal drückte aus, was Schulenburg empfand: »Ich möchte«, schrieb er im Juli 1929 an Bärbel Borchmeyer, »mit Deutschlands Not und Schicksal fest verwachsen, die Not der Deutschen als die eigene spüren, die Sehnsucht von Millionen unerlöster Deutscher im eigenen Herzen tragen und für sie arbeiten, als gelte es mein eigenes Schicksal.«[77] Wenig später hieß es in einem Brief an die gleiche Adresse: »Ich spüre, daß ich mit großer heißer Liebe mit Deutschland verwachsen bin, so stark, daß ich manchmal meine, ich spürte, wie es lebt und atmet, ich fühlte seine Schmerzen und seine Not am eigenen Leibe. Und ich sehe es als hohe Aufgabe, die ein Menschenleben wert ist, es in seiner Vielgestaltigkeit begreifen zu lernen, so daß man dafür kämpfen und sich opfern kann.«[78]

Solche Zeilen waren trotz ihres Pathos gewiß aufrichtig gemeint. Der Idealismus, der aus ihnen sprach, war jedoch nicht interessenlos. Sich opfern, wenn es not tat, unter Einsatz von Leib und Leben, war für Neokonservative und Nationalsozialisten gleichermaßen die Legitimation ihres ausgeprägten Elitebewußtseins. Aus der Radikalität ihres Opferwillens leiteten sie die Rechtmäßigkeit ihrer Ansprüche ab. Eine neue Führerschaft hatte, wie Schulenburg im Juli 1929 an Bärbel Borchmeyer schrieb, »ihr Leben für das Volk zu leben, in ihrer Sicherheit und strengen Selbstzucht beispielgebend zu wirken«.[79]

»Für das Volk zu leben«, diese Art der Legitimation von Führerschaft war Schulenburg aufgrund seiner Erziehung und Ausbildung nicht fremd. Immerhin hatte die Geschichte des Adels und auch die des preußisch-deutschen Beamtentums gezeigt, daß sich Disziplinierung und Selbstdisziplinierung nahtlos mit Privilegierung verbinden ließen.[80] Eliteherrschaft als Pflichterfüllung und Dienst am Vaterland, diese Sicht hatte in Preußen eine lange Tradition. Auf seine unverbildet-drastische Weise hatte schon der erzkonservative Ernst Ludwig von Gerlach auf den engen Zusammenhang von Dienstideologie und Herrschaftsinteresse hingewiesen. »Gegen Eigentum ohne Pflichten«, so Gerlach im Revolutionsjahr 1848, »hat der Kommunismus recht. Darum dürfen wir die jetzt bedrohten Rechte: Patronat, Polizei, Gerichtsbarkeit nicht aufgeben, denn sie sind mehr Pflichten als Rechte. Bloß konservieren – diese negative Haltung, die Front gegen den Mist, den Rücken gegen den Ansprüche machenden Staat – das ist eine Stellung, die allenfalls den Bauern verziehen werden kann ... Aufopfern, zu Felde ziehen, erobern (ohnehin die stärkste Form der Verteidigung), den Rücken gegen den Mist, die Front gegen den Feind, das ist adelig.«[81]

Schulenburgs Verschmelzungssehnsucht und Opferwille waren mithin die zeitgemäße Form, in der der Herrschaftsanspruch des Aristokraten mit dem Sendungsbewußtsein der jungen Weimarer Rechten zur Deckung kam. Unter ihnen war es Mode, die eigene emotionale Identifizierung mit dem Volk und der »Volksgemeinschaft« als erwünschte »Identität« von Regierenden und Regierten auszugeben. Einer, der den Neokonservativen und den Nationalsozialisten viele Stichworte in ihrem Kampf gegen die Weimarer Demokratie lieferte, der Staatsrechtler Carl Schmitt, hat das die »wahre Demokratie« genannt, die er gegen die »leere Formalität« des Parlamentarismus, gegen das »Registriersystem geheimer Abstimmungen« abgrenzte, in dem er nur die Herrschaft der Interessenparteien erkennen mochte. Für Schmitt hatte die Führung des Staates »den Willen des Volkes [zu] bilden und eine Homogenität [zu] schaffen«. »Das Volk«, so Schmitt, »kann nur ja und nein sagen; es kann nicht beraten, deliberieren oder diskutieren; es kann auch nicht normieren, sondern nur auf eine ihm vorgelegte Frage mit Ja oder Nein antworten ... Die Frage kann nur von oben gestellt werden, die Antwort nur von unten kommen ... Autorität von oben, Vertrauen von unten.«[82]

Schulenburg dachte hier ähnlich wie Schmitt. Auch für ihn ersetzte das »Leben für das Volk« und damit die Identifikation der Führer mit den Geführten die reale Machtteilhabe der letzteren. Dies geht aus seinem Vortrag vor der »Bündischen Reichsschaft« mit aller Deutlichkeit hervor. Den Repräsentationsorganen des »Gesamtvolkes«, wie er es nannte, maß er darin wenig Gewicht bei. In wörtlicher Anlehnung an Oswald Spengler plädierte er für eine Art »Aufsichtsrat« als Repräsentationsorgan der Gesamtheit; diesem sollten für die Kontrolle der Verwaltung ein »Rechnungshof« beziehungsweise ein »Reichskommissar« assistieren. Ausdrücklich plädierte Schulenburg für das Volksbegehren beziehungsweise den Volksentscheid. Er bezog sich dabei auf Vorbilder wie das Volksbegehren gegen den Young-Plan, durch das »das deutsche Volk wirklich aufgewühlt worden« sei.[83] Volksbegehren und Volksentscheid waren für ihn allerdings weniger Mittel der unmittelbaren Machtteilhabe der Regierten im plebiszitär-demokratischen Sinne. Die Richtung der Einwirkung dachte sich Schulenburg eher umgekehrt. Der Volksentscheid müsse »natürlich auch von der Regierung provoziert werden können, um das ganze Volk für die großen Fragen seines Schicksals zu erwärmen und immer wieder den einheitlichen Volkswillen in seiner geschlossenen Kraft zum Träger der Staatspolitik zu machen«. Seit Bismarcks bonapartistischer Herrschaftspraxis hatte diese Art der »Provokation« des Volkswillens in Deutschland Tradition. Hitler sollte daran schon kurz nach der Machtergreifung erfolgreich anknüpfen.

Auf den Staat und seine Politik lief im Denken des jungen Schulenburg alles zu. Den staatlichen Interessen hatten sich auch die Berufsstände und die Wirtschaft unterzuordnen. Ihnen wollte er erst nach einer »Übergangszeit« die Lösung der sie betreffenden Aufgaben und Probleme »eigenverantwortlich an die Hand geben«. Diejenigen Aufgaben, die nur »einheitlich« in Angriff genommen werden konnten, bedurften nach Schulenburgs Ansicht auf jeden Fall auch weiterhin »der Planwirtschaft, die vom Ganzen, vom Staat aus, plant«.[84] Die etatistische Grundhaltung Schulenburgs wird hier trotz aller ständischen Rhetorik deutlich sichtbar. Sein Plädoyer für einen starken Staat auch in der Wirtschaft weist ihn nicht gerade als einen Anhänger ausgesprochen ständestaatlicher Modelle aus, wie sie der in neokonservativen Kreisen Weimars einflußreiche Österreicher Othmar Spann vertrat. Auch der katholische Universalist Spann setzte sich für einen autoritären Staat und das Führerprinzip ein, wollte aber auf dem Gebiet der Wirtschaft den Einfluß des Staates eingeschränkt wissen auf die Aufsicht über die sich prinzipiell selbst verwaltenden Berufsstände; nur in Konfliktfällen sollte der Staat in den Kompetenzbereich der Stände eingreifen.[85]

Auch die Idealisierung der Selbstverwaltung in den frühen Selbstzeugnissen Schulenburgs widerspricht seinem ausgeprägten Etatismus nur auf den ersten Blick. Seine Forderung, die Kompetenzen der Selbstverwaltung zu erweitern, zielte nicht etwa auf eine stärkere Beteiligung der Bürger an der Politik, sondern auf die Erweiterung der Handlungsspielräume administrativer Instanzen; was er anstrebte, war die Verlagerung von Entscheidungsbefugnissen auf die mittlere Verwaltungsebene. Damit wurde einer unbeschränkteren Herrschaft der Exekutive das Wort geredet. Bei Lichte besehen, richteten sich Schulenburgs Forderungen auf die Ersetzung der Politik und der Berufspolitiker durch die Verwaltung und das höhere Beamtentum. Zwar sollten, wie Schulenburg später einmal formulierte, die »engeren Lebenskreise«, das heißt Gemeinde, Kreis und Stadt, ihr »volles Daseinsrecht« behalten.[86] Lokale und regionale Interessen und Bedürfnisse vermittelten sich für ihn jedoch nicht durch die Bürger selbst beziehungsweise durch ihre Institutionen, sondern wurden durch die Verwaltungseliten dieser »Lebenskreise«, die Regierungspräsidenten, Landräte und Bürgermeister, gewissermaßen sensorisch erfaßt, politisch umgesetzt und, wie Schulenburg es nannte, in das »große Kraftfeld« des Staates eingebracht.

Alles für das Volk, [fast] nichts durch das Volk, auf diese vielleicht etwas vereinfachende Formel könnte man sein Credo in den frühen dreißiger Jahren bringen. Schulenburgs soziales Ideal lief auf einen Paternalismus in völkischem Gewande hinaus. Ungeachtet aller ständischen Rhetorik sollten die Regierten in der Rolle von Objekten staatlichen Handelns verbleiben. Wich das »Volk« von dieser Rolle ab, nahm es seine Belange selbst in die Hand oder stellte es gar Forderungen nach Machtteilhabe, schwand die gerade noch sentimental verklärte Sympathie. Aus dem »geliebten Volk« wurde die gefürchtete Masse. Die Masse, schrieb Schulenburg zu Anfang des Krieges, »sperrt sich gegen jede gegliederte Ordnung, gegen jede Führung, gegen jede

Tradition, sie löst an sich Form und Grenzen auf [und überläßt] sich ihren trägen, dumpfen und dann doch wieder überspannten hysterischen Trieben«.[87]

Die Unterscheidung zwischen Volk und Masse war populär im Lager der deutschen Rechten; sie wurde von den Neokonservativen und den Nationalsozialisten ebenso übernommen wie von der DNVP und vom konservativen Establishment Weimars. Schulenburg dachte in dieser Beziehung in den Kategorien seines Standes. Das »wahre deutsche Volk«, das waren für ihn »die einfachen und geraden Leute in den Bauernhäusern«,[88] die, so muß man ergänzen, Autorität und vorgegebene Hierarchie noch ungefragt anerkannten.

Die Grenzen zwischen Volk und Masse waren fließend, das wußte man in Schulenburgs Kreisen nur zu gut. Metamorphosen in die eine wie in die andere Richtung waren jederzeit möglich. Die Novemberrevolution hatte dies den Angehörigen der deutschen Mittel- und Oberschichten plastisch vor Augen geführt. Ihr Ergebnis, die »Massendemokratie« und die Republik von Weimar, war im Zeichen der weltweiten Wirtschaftskrise unerwartet zur Disposition gestellt worden. Stand jetzt nicht die Wiedergeburt preußischer Autorität und preußischer Tradition auf der Tagesordnung? Eine neue Elite schickte sich an, die Erbschaft des Hohenzollernstaates anzutreten. Sie erhob den Anspruch, den Sonderweg deutscher Staatlichkeit mit letzter Konsequenz zu Ende zu gehen und die »Sendung des Reiches« in der Welt zu erfüllen. Diese Elite proklamierte alles, was sich Schulenburg für sein zukünftiges Deutschland erträumte. Konnte da, wer dachte wie er, abseits stehen?

Für Strasser und die norddeutsche Richtung:
Der Eintritt in die NSDAP

Die »Bündische Reichsschaft« befriedigte schon bald nicht mehr den wachsenden politischen Tatendrang Schulenburgs. Sie war, wie er im Oktober 1932 rückblickend schrieb, »nicht die kämpfende Front«, die er sich erhofft hatte.[89] Am 1. Februar 1932 trat er mit der Mitgliedsnummer 948.412 in die NSDAP ein.[90] Sein Entschluß, in dieser Partei politisch aktiv zu werden, fand in der Familie volle Zustimmung. Dort zeigte man sich – mit Ausnahme der Schwester und vielleicht des jüngsten Bruders – von Hitler und seiner Bewegung begeistert. Die älteren Söhne waren mit dem Vater einig. Dieser sollte noch vor dem 30. Januar 1933 aus der DNVP, der er als Reichstagsabgeordneter angehörte, austreten und sich um eine NSDAP-Reichstagskandidatur für Mecklenburg bemühen. Wie er Hitler im Juni 1932 schrieb, dachte er daran, sich der Partei als »Verbindungsmann zur Reichswehr« zur Verfügung zu stellen. Fast unterwürfig fügte der General a.D. und ehemalige Flügeladjutant des Kaisers hinzu: »Wünschen Sie mich nicht im Reichstage, so bin ich überzeugt, Ihnen auch auf anderen Wegen dienen zu können, wann immer Sie meine Ansicht zu hören wünschen.«[91]

Nicht nur was die Familie betraf, standen die Zeichen für den Parteieintritt günstig, auch Schulenburgs neues Betätigungsfeld bot sich für das nationalsozialistische Engagement geradezu an. Im Januar 1932 war er im verwaltungsüblichen Verfahren von Recklinghausen nach Ostpreußen versetzt worden, um dort im folgenden Jahr in den Kreisen Labiau, Gerdauen und Heiligenbeil als Regierungsassessor, zeitweise auch als Vertreter des Landrats Dienst zu tun.[92] Die Versetzung kam Schulenburg sehr gelegen. Nirgendwo sonst in der Partei wurde der Preußenmythos mit gleicher Vehemenz vertreten wie in der vom Reich abgeschnittenen Provinz, und kaum anderswo war die soziale Propaganda der NSDAP ausgeprägter als hier.[93]

Schulenburg schaltete sich sogleich aktiv in den Aufbau des nationalsozialistischen Landvolks ein. Hier stand er an einem besonders erfolgreichen Frontabschnitt im Kampf der NSDAP um die Staatsmacht. In einer gewissermaßen vorgezogenen Gleichschaltung war es der Partei seit 1929 gelungen, eine Reihe von Berufs- und Interessenorganisationen, vom Einzelhandel bis zu den mittleren und unteren Beamten,[94] zu unterwandern, noch bevor ihr der große Einbruch in das bürgerliche Parteienspektrum glückte.[95] Bei den landwirtschaftlichen Verbänden erwies sich der agrarpolitische Apparat der NSDAP unter Richard Walther Darré als besonders erfolgreich.[96] Aus den preußischen Landwirtschaftskammerwahlen ging die NSDAP Ende 1931 als Sieger hervor, und im März 1932, anläßlich der Reichspräsidentenwahlen, stimmte der vorher großagrarisch beherrschte ostpreußische Reichslandbund für Hitler statt für Hindenburg.

In diesem Umfeld operierte Schulenburg, und hier nutzte er seine Stellung, um die Honoratioren des landwirtschaftlichen Verbandswesens zum Übertritt in das NS-Landvolk zu bewegen.[97] Dies mußte heimlich geschehen,[98] denn als höherer Beamter hatte Schulenburg den Eid auf das demokratische Preußen geleistet. Seine »Überzeugungsarbeit« brachte ihn obendrein in Gegensatz zu seinen Standesgenossen, den adligen Großagrariern Ostpreußens. Für sie empfand der junge Assessor nur wenig Sympathie. Nach seiner Ansicht hatten sie durch ihre schwächliche und kleinlich interessenbezogene Haltung die »Führerstellung« verspielt. Die traditionsreiche Herrschaft des ostpreußischen Adels über das Land sei – schrieb er im Oktober 1932 – zur bloßen »Form ohne Inhalt« abgesunken. Im »nächsten Jahrzehnt« werde sich »eine neue Führerschicht auf dem Lande [bilden]. Aus Bauern und bäuerlichem Adel.«[99]

Noch im Frühjahr 1932 schloß sich Schulenburg dem »Königsberger Kreis« an, einem kleinen Zirkel von jungen nationalsozialistischen Beamten und Akademikern um den ostpreußischen Gauleiter Erich Koch. Diesem Kreis gehörten aus der höheren Beamtenschaft unter anderem die Vettern Klaus und Karl von der Groeben und Hellmuth von Wedelstaedt an. Alle drei waren zeitweise im Reichsinnenministerium tätig. Zum »Königsberger Kreis« gehörten ferner Dr. Hans Bethke, seit 1932 Präsident der Landwirtschaftskammer in Königsberg, Dr. Hans-Bernhard von Grünberg, Schriftleiter des von Koch herausgegebenen Parteiblatts, der »Preußischen Zeitung«, Paul Dargel, der Gau-Organisationsleiter der Partei, sowie Ferdinand Großherr, der stellvertretende Gauleiter in Ostpreußen.[100]

Für die Beamten im »Königsberger Kreis« – Schulenburg nannte ihn einen »Block von Kameraden . . ., der zusammenhält«[101] – traf man in der Parteispitze besondere Vorsichtsmaßregeln. Innerhalb der Partei gehörten sie organisatorisch nicht wie sonst üblich ihren jeweiligen Ortsgruppen an, sondern wurden in entsprechenden Geheimlisten zentral bei der Gauleitung in Königsberg geführt.[102]

Über ihre spezifische Funktion in der aufstrebenden Partei hatten sich Schulenburg und die Vettern Groeben bereits im Sommer 1932 verständigt. Im Falle einer Koalition der NSDAP mit den bürgerlichen Rechtsparteien wollte man in der inneren Verwaltung so etwas wie eine »Auffangstellung« bilden und der Partei mit administrativem Sachverstand gegen die Deutschnationalen beistehen. Den Nationalsozialisten dürfe aus mangelnder Erfahrung mit dem Staatsapparat nicht Ähnliches passieren, was den Linksparteien in der Novemberrevolution widerfahren war, als sich diese ohne große Gegenwehr von den alten Kräften hatten beiseite schieben lassen.

Schulenburg und die Vettern Groeben hatten bei ihren Überlegungen aber nicht nur die konservative Konkurrenz im Auge. Von Anfang an zeigten sich die drei jungen Beamten auch argwöhnisch gegenüber bestimmten Strömungen in der NSDAP. Besonders Röhm und das Münchener Umfeld Hitlers erschienen ihnen suspekt. In der Partei, schrieb Schulenburg im Oktober 1932, gebe es noch immer genug »ekles Gewürm«, das man »planmäßig« kaltstellen müsse.[103] Die »guten Kräfte« seien gegen die »Bonzen« zu unterstützen. Wem seine Sympathien galten, stellte Schulenburg in den Briefen an seine Braut deutlich heraus: »Ich bin Nationalsozialist geworden«, so hieß es dort, »einmal unter dem Eindruck der Verhältnisse im Norden Deutschlands. Die nationalsozialistische Partei ist dort zur Volksbewegung geworden. Sie hat dort auch gute Führer. Dann habe ich bei der Vorbereitung auf das, was in Preußen in der Verwaltung zu machen ist, eingesehen, daß unter einer anderen Fahne keine Sammlung möglich ist. Ich kenne die Schattenseiten der Partei; ich weiß, daß manche der Führer nichts taugen, aber auch dort ist alles in Bewegung. Es scheint, als ob das norddeutsche und preußische Element sich sehr durchzusetzen beginnt.«[104]

Schulenburg setzte in diesem Zusammenhang besonders auf Gregor Strasser, den Reichsorganisationsleiter der NSDAP. Der junge Assessor verehrte Strasser, die Integrationsfigur der sogenannten Linken in der NSDAP, als »neue[n] Typ des Führers«. Strasser sei, so bekannte Schulenburg gegenüber seiner Braut, »Volksmann und Führer zugleich«.[105] Vor allem das Wirtschaftsprogramm der »Linken« in der Partei fand seine volle Zustimmung. Die Forderung nach Verstaatlichung des Bankenapparates hob er besonders hervor. Sie entsprach seiner Auffassung vom Primat des Staates über die Wirtschaft und ließ die Neutralisierung der großen Banken erwarten, die von der nationalsozialistischen »Linken« als Herzstück des auch von ihnen bekämpften Kapitalismus angesehen wurden.

Die übrigen Punkte des Strasser-Programms wurden von Schulenburg ebenfalls befürwortet. Strassers »Sozialismus« war – und das mochte Schulenburg besonders anziehen – an vorindustriellen handwerklichen Produktionsverhältnissen orientiert. Ständisch-organologisches Denken prägte auch die verfassungspolitischen Vorstellungen Strassers. Er sprach sich für ein autoritäres Regime, den Wegfall der parlamentarischen Demokratie und die Institution eines starken, verfassungsrechtlich ungebundenen Reichspräsidenten aus.

Außenpolitisch muteten Strassers Pläne weit gemäßigter an als die Hegemonialträume Hitlers. Da, wo Strasser mit Spitze gegen den »kapitalistischen Westen« eine Anlehnung an die »jungen Völker« des Ostens und ein Zusammengehen mit der Sowjetunion forderte, verrieten seine Pläne den Einfluß neokonservativer Autoren wie Spengler und Moeller van den Bruck. Hitlers Russophobie und seine Vorstellung, die deutsche Hegemonie über Europa auf der Basis eines Ausgleichs mit Großbritannien errichten zu können, hatten in Strassers Überlegungen keinen Platz.[106]

Schulenburg war »Strasserist« und ein Anhänger der norddeutschen Richtung in der NSDAP. Sein Verhältnis zu Hitler schien dagegen eher ungeklärt. Unzweifelhaft zog ihn der Redner in seinen Bann. »Hitler sprach hinreißend«, berichtet Schulenburg am 22. Oktober 1932 nach dem Besuch einer »Führer-Rede« in Königsberg seiner Braut, »mit ungeheurem Ernst, es ist alles erlebt, was er spricht . . ., es spricht aus ihm fester Glaube, da steht ein Mann, der an etwas glaubt, hinter jedem Wort steht der Glaube, und bei allem ist er doch schlicht geblieben. Da steht ein Mann, der zum Führer geworden ist und sich doch nicht von uns getrennt hat, sagt das Volk. Mag er Fehler und Schwächen haben. Er ist Prophet, Erzieher, Glaubenspol von Millionen.«[107]

Hitler war für Schulenburg die authentische Verkörperung des »Kampfes und Leidens des ganzen Volkes«.[108] Gleichzeitig bezweifelte der junge Assessor jedoch, »ob Hitler der große Staatsmann [sei], der das politische Schachspiel sicher und zielklar durchspielen« könne, oder ob ihm dazu nicht »die letzte Härte« fehle.[109] Der politische Konflikt zwischen Hitler und Strasser über die Beteiligung an der Reichsregierung, der Ende 1932 zur Ablösung des Reichsorganisationsleiters führte, irritierte ihn sehr. In der Sache gab er Hitler recht. Die Konservativen hatten auch in seinen Augen abgewirtschaftet, Verhandlungen mit den Regierungen Papen und Schleicher erschienen ihm nutzlos. Persönlich stand er aber nach wie vor hinter Strasser. Dieses Dilemma suchte Schulenburg durch einen Kompromiß zu umgehen: »Hitler Reichspräsident, Strasser Kanzler«,[110] dies war ein ebenso sehnlicher wie naiv anmutender Wunsch, für ihn aber nach Lage der Dinge die beste politische Lösung.

Das ambivalente Verhältnis zu Hitler und mehr noch die Furcht vor einer vorzeitigen »Verbonzung« der NSDAP hinderten Schulenburg daran, sich vorbehaltlos hinter die Partei zu stellen. »An die Idee«, schrieb er an seine Braut, »glaube ich felsenfest. Aus diesem Grunde bin ich zur Partei gegangen. Ich bleibe bei ihr, es sei denn, daß man das Volk und seinen Glauben verrät.«[111] Daß es in der NSDAP Leute gab, die eines solchen »Verrates« fähig waren, davon scheint Schulenburg – die Münchener Partei-Kamarilla vor Augen – schon vor der Machtergreifung ausgegangen zu sein. Die Tatsache, daß sich die sogenannte norddeutsche Richtung gegenüber diesen Kräften nicht behaupten konnte, löste knapp zwei Jahre später die erste Vertrauenskrise in seinem Verhältnis zur Partei aus.

Das Ziel: Nationalsozialismus
als neue Form des Preußentums

Vorerst fand die »nationalsozialistische Revolution« in Schulenburg einen ihrer eifrigsten Verfechter. Im Nationalsozialismus sah er eine »neue Form des Preußentums«,[112] ein Amalgam zwischen der altpreußischen Staatsidee des 18. Jahrhunderts und den völkischen Idealen und Elitevorstellungen der jungen Rechten Weimars. An der Gestaltung des »neuen Deutschland« wollte sich Schulenburg nach Kräften beteiligen. In den folgenden Jahren hat er sich deshalb wieder und wieder in die verwaltungs- und verfassungsrechtliche Diskussion eingeschaltet. Die geplante »Reichsreform« und das Verhältnis zwischen staatlichen Zentral- und Mittelinstanzen beschäftigten ihn dabei besonders, aber auch die Beziehung von Partei und Staat, die Rolle und die Funktion der zukünftigen nationalsozialistischen Führungseliten und nicht zuletzt die höhere Beamtenausbildung.

Ganz »auf der Höhe« seiner Zeit plädierte Schulenburg in seiner Reichsreform-Denkschrift von Pfingsten 1934 für die Durchsetzung des »unbeschränkten« Führerprinzips in Staat und Gesellschaft. Allein dieses Prinzip entsprach in seinen Augen dem »starke[n] Gefühl der Deutschen für Autorität und Unterordnung«.[113] Unter Hitler, der als oberster Führer die »Einheit des Reiches«[114] verkörperte, sollten Gau- und Kreisleiter als »Einheitsführer« der in ihren Bereichen angesiedelten Partei- und Staatsorgane tätig werden und gleichzeitig auch den lokalen beziehungsweise regionalen Berufs- und Wirtschaftsverbänden vorstehen. Schulenburg favorisierte damit die Personalunion von Kreisleiter und Landrat, die sich jedoch auf Dauer nicht durchzusetzen vermochte. Außerdem sprach er sich für die Einheit von Gauleiter- und Oberpräsidentenamt aus; hier lag er ganz auf der Linie höchster Parteistellen, die der NSDAP ungeschmälerte Kompetenzen auf der staatlichen Ebene einräumen wollten.[115] So wie Hitler ein »Ordensrat«[116] zur Seite stehen sollte – zusammengesetzt jeweils zur Hälfte aus Gau- beziehungsweise Kreisleitern und Vertrauten –, sah Schulenburg auch für die »Einheitsführer« entsprechende Beratungsorgane vor.

Hatte er noch 1931 in Anlehnung an Oswald Spengler dem »Gesamtvolk« eine Art repräsentativen »Aufsichtsrat« einräumen wollen,[117] war in seinen Reformvorschlägen nach 1933 kein Platz mehr für Wahlen und Repräsentationsorgane. Die im neuzeitlichen Verfassungsstaat ausgebildeten Mechanismen relativer Machtkontrolle waren damit aufgehoben. Die politische Führerschicht, so Schulenburg, habe »im Führerstaat die absolute Führung. Jeder Führer ist nur dem höheren Führer verantwortlich.«[118]

In diesen Vorschlägen spiegelte sich die in der nationalsozialistischen Staatsrechtslehre nach 1933 intensiv geführte Diskussion um Wesen und Funktion der Führung im »Führerstaat« wider.[119] »Führung« wurde in diesem Zusammenhang von »Regierung« unterschieden. Letztere begriff man als »oberste Leitung des Staates [und] zentrale Verwaltung«. In der »Führung« sah man hingegen »die aus dem Volk gewachsene und es verkörpernde Leitung des aus Volk, Bewegung, Staat bestehenden Gemeinwesens«, die ohne das »herrschaftliche Element des Befehls, ja sogar vielleicht des Zwanges nicht denkbar« sei. Ein Führer sei deshalb nicht »frei im alten liberalistischen Sinne«, da er nicht als Individuum, als unabhängige Einzelpersönlichkeit, sondern als »Gemeinschaftspersönlichkeit«, als Träger und »Verwirklicher von Gemeinschaftsgeist« verstanden werden müsse. Als solcher hatte er Anspruch auf die höchste Autorität und den unbedingten Gehorsam seiner Gefolgschaft.[120]

Soweit die wissenschaftliche Diskussion. In der nationalsozialistischen Praxis nahm man davon jedoch nur wenig Notiz. Führung hatte hier nichts mit der in wissenschaftlichen Abhandlungen ebenso dunkel wie pathetisch beschriebenen »Gemeinschaftspersönlichkeit«, dafür um so mehr mit kämpferischen Instinkten und wenn nötig mit brutalem Durchsetzungswillen zu tun. Durch administratives und damit immanent regelhaftes und kalkulierbares Handeln sahen sich die neuen NS-Eliten eher behindert. Schon wenige Jahre nach der Machtergreifung galten die Ausübung bürokratischer Funktionen und die sogenannte »nationalsozialistische Menschenführung« als miteinander unvereinbar.

Auch Schulenburg trennte zwischen »politischer Führung und Regierung«. Den »Einheitsführern« stellte er sogenannte Verwaltungschefs zur Seite, denen die Leitung »sämtlicher Zentralbehörden im jeweiligen Bezirk« oblag.[121] Der Führer selbst sollte über der Verwaltung stehen und den Blick frei haben für die entscheidenden Dinge des Staates und die »unwägbaren Stimmungen des Volkes«.[122] Sein Charisma verhindere das Abgleiten der Staatsverwaltung in eine seelenlose »Bürokratie«.

Der administrativen Effizienz durfte dies jedoch keinen Abbruch tun. Schulenburgs Ziel blieb ein »straff gegliederter Staatsapparat«,[123] der auf Knopfdruck reagierte. Zeitlebens sollte er Verfechter einer durchrationalisierten und strikt normierten Aufbau- und Ablauforganisation in der staatlichen Verwaltung bleiben.[124] Großzügig setzte er sich darüber hinweg, daß jede entsprechende Verwaltungsreform zwangsläufig zu einer schärferen Abgrenzung der Kompetenzen führen mußte, also dem Prinzip der »absoluten« und damit prinzipiell kompetenzüberschreitenden Führung zuwiderlief. Unbeachtet ließ er auch, daß Rationalisierung und Normierung im Bereich der Verwaltung der »Herrschaft der formalisierten Unpersönlichkeit« (Max Weber)[125] den Weg bereiteten und damit die von ihm bekämpfte »Bürokratisierung« noch verschärfen mußten. Charismatische Führung und – in zweiter Linie – Dezentralisation hielt er für die geeigneten Mittel, um diesen zwangsläufigen Tendenzen moderner Administration entgegenzuwirken. Auffällig ist schließlich, daß ein Mann mit langjähriger rechtswissenschaftlicher Ausbildung wie Schulenburg das Problem der Gesetzgebung im neuen Staat kaum beachtete und die Aufgabenfelder der Rechtssprechung ebenfalls überging.

Den »Einheitsführern« schenkte er dagegen große Beachtung. Unter ihnen sollten kleine, überschaubare und organisatorisch auf einem »knappen Mindestmaß« gehaltene Verwaltungsapparate arbeiten.[126] Führung und Ausführung sollten streng voneinander getrennt werden – eine Forderung, die ebenfalls der in Deutschland berühmte Rationalisierungsexperte Frederick W. Taylor erhob.[127]

Schulenburg widmete auch der Gau-, Kreis- und Gemeindeebene viel Aufmerksamkeit. Es waren vor allem die staatlichen Mittelinstanzen, die er in ihren Kompetenzen gestärkt wissen wollte. Auf diese Weise sollte zum einen die »überspitzte Zentralisation«[128] auf Reichsebene vermieden, zum anderen dem schon bald nach 1933 grassierenden Unwesen der nationalsozialistischen Sonderbehörden begegnet werden. Institutionen wie den zentralistisch organisierten und außerhalb der allgemeinen Verwaltung angesiedelten »Reichsnährstand«, aber auch die Gestapo, wollte Schulenburg in die allgemeine Verwaltung eingliedern. Dies gebot die Logik der »Einheitsführung« und der Dezentralisation – gleichzeitig spielten aber die Erfahrungen eine Rolle, die der junge Regierungsrat schon bald in den harten Machtkämpfen zwischen den NS-Sonderbehörden Ostpreußens und dem Königsberger Oberpräsidium machte.[129]

Was das Verhältnis von Partei und Staat betrifft, blieb Schulenburg in seiner Reichsreform-Denkschrift eine klare Antwort schuldig. Einerseits forderte er, die NSDAP müsse den Staat erobern und beherrschen.[130] Im gleichen Atemzug wollte er jedoch die Partei »ausschließlich [auf] die weltanschauliche Führung« beschränkt und alle Verwaltungsaufgaben des öffentlichen Lebens auf den »Staat und die Selbstverwaltung« übertragen wissen. Darin drückte sich die Unentschiedenheit Schulenburgs in den ersten Jahren des Dritten Reiches aus: Auf der einen Seite stand die Begeisterung für die mitreißende politische Dynamik der Hitler-Bewegung, auf der anderen Seite das elitäre Standesbewußtsein jener Beamtenelite, die sich als eigentliche Trägerin der Staatsidee begriff, ihre Verwaltungsarbeit als die immer noch beste Politik ansah und unter Bezugnahme auf historische Vorbilder wie Stein und Vincke[131] herausragende Beamte als die eigentlichen »Gestalter und Schöpfer« im politischen Leben idealisierte.

Ganz auflösen läßt sich dieser Widerspruch nicht. Erhellend wirken in dieser Beziehung die Bemerkungen Schulenburgs zu der von ihm gewünschten Entwicklung der NSDAP, über deren Zukunft er sich großen Illusionen hingab. Schulenburg griff die während der Machtergreifungsphase auf der konservativen Rechten weit verbreitete Meinung auf, daß der »Parteienstaat« und damit auch die NSDAP in ihrer gewachsenen Form über kurz oder lang verschwinden würden. Entsprechende Äußerungen Görings über das Schicksal der Partei im nationalsozialistischen Deutschland nährten diese Hoffnungen. Aus der Hitler-Bewegung, die seit 1930 zur Massenpartei geworden war, sollte nach Schulenburgs Ansicht ein »Orden der Besten« werden.[132] Ihrer »Parteischlacken« entkleidet, sollte sich die NSDAP zur »beherrschende[n] Führerkameradschaft« entwickeln. Eine neue Aristokratie sollte entstehen, die – »von belastender sachlicher Arbeit« befreit – ihre Hauptaufgabe darin fand, »die Idee reinzuhalten« und vor allem für die »Auslese und Erziehung« des Führernachwuchses zu sorgen.[133]

Dieser Zukunftsaspekt war es, der Schulenburg am Nationalsozialismus besonders interessierte. Daß Deutschland neue Führer brauche, »große Kämpfer, große Menschen mit fleckenlosem Ehrenschild«, hatte er schon 1932 öffentlich bekannt. Die alten Herrschaftseliten, zu denen er selbst gehörte, hatten nach seiner Auffassung in der »Systemzeit« allzu stark an Substanz eingebüßt.[134] Unter der Fahne des Nationalsozialismus sollte eine neue Führerschicht aus den »biologisch besten Bestandteilen des gesamten Volkes« heranwachsen.[135] Männer wie Strasser und Hitler, aber auch so rabiate Leute wie Koch, waren für Schulenburg Prototypen dieser Führerschicht. Seine Legitimation erhielt dieser neue Typus weniger aus der Überzeugungskraft seiner Ideen oder gar aus seinem politischen Sachverstand, sondern vielmehr aus seiner bedingungslosen Kampf- und Opferbereitschaft.[136]

Doch so sehr Schulenburg von der Notwendigkeit überzeugt war, die alten Herrschaftseliten für neue Kräfte zu öffnen, so wenig geriet ihm dabei das Standesinteresse seiner Berufsgenossen aus dem Blick. Natürlich mußte auch der Teil der Beamtenelite, der die Zeichen der

Zeit begriff, zur neuen Führerschicht zählen. Ohne die »entscheidende Mitwirkung« des Beamtentums und selbstverständlich auch der alten Militäreliten war für Schulenburg der Neubau des Staates nicht zu leisten.[137] »Beamter« sollte in Zukunft jedoch ein Ehrentitel sein, der denen vorbehalten war, die staatlich-hoheitliche Schlüsselstellungen bekleideten. Wer als ein solcher Beamter »vollgültiger Nationalsozialist« war, sollte prinzipiell auch in der Lage sein, »Einheitsführer« seines Gebietes zu werden.[138]

Diese Führer, davon war Schulenburg überzeugt, würden sich »im Kampf des Lebens zur Führung hin durchringen«.[139] Das klang wie eine Hymne auf den Sozialdarwinismus der Nationalsozialisten, zielte aber eigentlich in eine andere Richtung. Auch auf diesem Gebiet siegte in Schulenburg der preußische Beamte über den »alten Kämpfer«. Deutschland brauche, schrieb er schon 1931, nicht »den Kampf mit den Ellenbogen gegen die Kameraden . . ., sondern den Kampf vorwärts, gegen die Widerstände auf ein großes sachliches Ziel zu«.[140]

Führererziehung hieß folgerichtig die Schlüsselkategorie in Schulenburgs frühen Denkschriften. Die »Grunderziehung« für die zukünftigen Führer begann für ihn in der Hitler-Jugend, setzte sich in politischen Führerschulen, im Arbeitsdienst und der wehrsportlichen Ausbildung fort und mündete in »praktischen Jahren«, die in Verwaltung und Wirtschaft abzuleisten waren.[141] Der Grunderziehung hatten sich Partei- und Beamtenelite gleichermaßen zu unterziehen. Die »Heranziehung eines nationalsozialistischen Nachwuchses« hielt Schulenburg für schlechthin entscheidend, um das »Leben von Volk und Staat« nach nationalsozialistischem Vorbild zu gestalten.[142] Die Beamten der Zukunft sollten sich von den Beamten der Gegenwart so unterscheiden »wie der Stoßtruppführer des Weltkrieges vom Wachsoldaten der Duodez-Fürstenzeit«.

In den Vorstellungen Schulenburgs zur Beamtenausbildung schlug sich der weitverbreitete antiintellektuelle Affekt seiner Zeit nieder. »Rein wissensmäßige« und formaljuristische Ausbildung hielt Schulenburg für zweitrangig. Statt dessen wollte er im Rahmen der Beamtenausbildung Tugenden wie Treue, Ehre, Kameradschaft und Opfermut wiederbeleben. Daneben nahmen die sportliche Ertüchtigung und die paramilitärische Ausbildung einen hohen Rang ein. Was Organisation und Inhalte anbetraf, schwebte Schulenburg die Wiederbelebung der preußischen Regierungsassessoren-Ausbildung vor, die wegen ihrer reaktionären Ausbildungsinhalte und der starken Tendenz zur Selbstrekrutierung konservativer beziehungsweise aristokratischer Kräfte im Jahre 1927 abgeschafft worden war. Vorbildcharakter hatte jedoch auch die Ausbildung des preußisch-deutschen Offizier-korps. Diese Elite war für ihn »ein lebendiger Beweis dafür, wie sehr eine echte Standesgemeinschaft mit großen edlen Menschen an der Spitze ihre Glieder formen und tragen kann; wie aus der Fülle von Menschen eigener Art ein einheitlicher Typ mit einheitlich straffer und doch ritterlicher Haltung geschaffen werden kann«.[143]

Das an den früheren Kadettenanstalten vorherrschende Leitziel der »Charakterbildung« reklamierte Schulenburg auch für die Beamten-ausbildung. Damit legte er sich – mehr unbewußt als bewußt – auf den Primat aristokratischer Werte und Einstellungen in der national-sozialistischen »Führererziehung« fest. »Charakterbildung« war in der Offiziersausbildung nämlich nie eine sozial wertfreie Maxime gewe-sen. Die Tatsache, daß mit der Zunahme bürgerlicher Offiziere um die Mitte des 19. Jahrhunderts die Homogenität des Offizierkorps zu zerbrechen drohte, ließ an den Militärakademien und Heeresschulen die Einübung adliger beziehungsweise für aristokratisch gehaltener militärischer Verhaltensmuster immer bedeutsamer werden. Die Summe dessen wurde seit der Jahrhundertwende terminologisch un-ter dem Rubrum »Charakterbildung« erfaßt. Charakterliche Reputa-tion als Ersatz für adlige Geburt leitete »den sozialen Aufstieg des bürgerlichen Offiziers auf seinem Weg zum Teilhaber am Zauberkreis der Elite des Reiches«.[144]

Schulenburgs Überlegungen zur Reichs- und Verwaltungsreform und zur Erziehung der Partei- und Beamtenelite lesen sich somit nur auf den ersten Blick wie eine emphatische Zustimmung zum totalen Machtanspruch der Hitler-Bewegung. Bei genauerem Hinschauen zeigt sich, daß Schulenburg das Herrschaftsmonopol der NSDAP im wesentlichen auf den ideologischen Bereich beschränkt wissen wollte. Für die Sphäre des Staates beharrte er nachdrücklich auf dem Primat der allgemeinen inneren Verwaltung und auf der Sonderstellung des Berufsbeamtentums. Demzufolge pochte er schon in seinen frühen Denkschriften darauf, daß sich die Partei aus den Geschäften der Administration herauszuhalten habe, ebenso aus dem Heer, dessen preußische Tradition Schulenburg für ungebrochen hielt und dessen politische Eigenständigkeit für ihn selbstverständlich war. Nur in der Trinität von Heer, Beamtentum und Partei konnte sich nach Schulen-burgs Ansicht der nationalsozialistische »Führerstaat« im preußischen Geiste realisieren.

Auf seine Weise war Schulenburg damit ein Befürworter jener »Entente« zwischen den traditionellen deutschen Machteliten und der NS-Bewegung, auf deren Grundlage das Kabinett Hitler-Papen am

30. Januar 1933 zur politischen Macht gekommen war.[145] In seiner Einstellung zu dieser Allianz unterschied er sich jedoch deutlich von reaktionären Politikern wie Papen und Hugenberg, die das Bündnis mit Hitler seinerzeit geschmiedet hatten. Zeigten sich diese nur äußerlich beeindruckt von der Dynamik der nationalsozialistischen Massenbewegung, die sie zur eigenen Machtsicherung und Machterweiterung auf der Grundlage eines autoritären Staates von wilhelminischem Zuschnitt zu instrumentalisieren gedachten, so schwebte Schulenburg eine tatsächliche »Erneuerung« Deutschlands vor, dessen traditionelle Führungsschichten, mit Ausnahme des Heeres, seiner Meinung nach in Weltkrieg und Novemberrevolution versagt hatten.[146] Das Plädoyer für die »konservative Revolution« war im Falle Schulenburgs kein Lippenbekenntnis. (Sozial)revolutionär war seine Position dort, wo er die soziale Öffnung der bislang exklusiven deutschen Herrschaftseliten für neue unverbrauchte Kräfte aus allen Schichten forderte,[147] eine Forderung, die sich später anders als erhofft realisieren und dann seinen Widerstandsgeist provozieren sollte. Konservativ blieben Schulenburgs Vorstellungen in Hinblick auf die Werte und Ziele, die er auch für die Zukunft als verbindlich nannte. Die neuen Führer sollten nicht im Doppelsinne des Wortes »roh« in die Machtzentren von Staat und Gesellschaft einrücken. Der Ausübung »absoluter Führung« hatte ein Prozeß strengster Erziehung vorauszugehen. Die von Schulenburg propagierte Rekrutierung erwies sich bei Licht besehen als eine Art Kooptation: Die Werte der preußisch-deutschen Oberschichten wirkten als verbindliche Kriterien für die Auslese fort. Selbst in der Zeit größter Nähe zur NS-Bewegung konnte Schulenburg die Ideale seines Standes nicht leugnen, seine Herkunft nicht abstreifen. Daraus erklärt sich, daß er – übrigens in Übereinstimmung mit dem Reichsinnenministerium[148] – einer modifizierten Wiedereinführung des »Regierungsassessors« das Wort redete, und deshalb stellte er die Offiziersausbildung als Leitbild der nationalsozialistischen Beamtenerziehung heraus. Schulenburgs Forderung, den Beamtenstatus allein dem höheren Dienst vorzubehalten, wird ebenfalls unter dieser Perspektive verständlich, desgleichen sein Plädoyer, verdienten Beamten einen gewissermaßen halbfeudalen Status zu verleihen. Solche Beamte sollten, so ließ sich Schulenburg schon 1931 vernehmen, vom Staat die Möglichkeit eingeräumt bekommen, unter »besonders günstigen Bedingungen zu siedeln«, da »gesunde Tradition nur durch echte Bodenständigkeit« erreicht werde.[149]

Rückbildung der nationalsozialistischen Massenbewegung zu einer handverlesenen Elite, »Refeudalisierung« dieser Elite durch Bindung an Grundbesitz, ihre ideologische Überformung durch die Werte der alten preußisch-aristokratischen Oberschichten bei gleichzeitiger Beibehaltung der Machtreservate des Berufsbeamtentums und des Heeres – soweit ihre Vertreter bereit waren, sich den Zeichen der neuen Zeit anzupassen –, das waren, pointiert formuliert, die Zielsetzungen Schulenburgs in den Jahren nach der Machtergreifung. Auf dieser Grundlage stellte er sich in den Dienst der nationalsozialistischen Bewegung und suchte Gleichgesinnten aus dem eigenen Milieu wie Graf Nikolaus von Üxküll und seinem alten Freund Cäsar von Hofacker den Weg in das neue Regime zu bahnen.[150]

Von der Kooperation zur Konfrontation

Wo gehobelt wird, fallen Späne:
Personalreferent in Königsberg (1933/34)

Hitlers Machtergreifung erlebte Schulenburg in Heiligenbeil/Ostpreu-
ßen.[1] Von dort wurde er am 1. März 1933 unter Ernennung zum
Regierungsrat an das Oberpräsidium in Königsberg versetzt.[2] Wenige
Tage später heirateten Fritz-Dietlof Graf von der Schulenburg und
Charlotte Kotelmann. Die beiden hatten sich nach Schulenburgs
Referendariat für längere Zeit aus den Augen verloren. Fritz-Dietlof
war ins Ruhrgebiet gegangen, Charlotte hatte ein Philologiestudium
aufgenommen, zunächst in Marburg, dann in Königsberg, unterbro-
chen durch ein Wintersemester, das sie in München verbrachte. In
Ostpreußen traf man sich wieder und kam sich rasch näher. Schon bald
wurde Charlotte Kotelmann in die Familie Schulenburgs eingeführt
und fand ausgesprochen herzliche Aufnahme. Das Paar verlobte sich
am 4. Juni 1932. Am 11. März 1933 fand die Trauung in der Berliner
»Dreifaltigkeitskirche« statt. Als Trautext hatte sich das Brautpaar die
Worte des Johannes-Evangeliums 12,36 ausgewählt:»Glaubet an das
Licht, dieweil Ihr es habt, auf daß Ihr des Lichtes Kinder seid!« Aus der
Ehe gingen sechs Kinder hervor, fünf Mädchen und ein Junge.

In Königsberg übernahm Schulenburg das politische Referat und
wurde gleichzeitig Leiter des politischen Amtes bei der NSDAP-
Gauleitung. Gewissermaßen über Nacht war der junge Regierungsrat
zu einem Mann von beträchtlichem Einfluß in Ostpreußen geworden,
und er verstand es, diesen zu nutzen. Zu seinen Aufgaben gehörten
die Bearbeitung aller Personalangelegenheiten der inneren Verwaltung, ferner Minderheiten- und sogenannte Rassefragen. Als Referatsleiter war er außerdem persönlicher Referent des Oberpräsidenten.[3]

Schulenburg gehörte unzweifelhaft zu den Aktivisten der nationalsozialistischen Gleichschaltung in Ostpreußen und erwies sich dabei
als treuer Gefolgsmann des Gauleiters Erich Koch. Kaum im Amt
setzte er sich dafür ein, den amtierenden Oberpräsidenten der Provinz, Dr. Wilhelm Kutscher,[4] der durch seine frühere Funktion als
geschäftsführendes Vorstandsmitglied des deutschen Landwirtschafts-

rates den Großagrariern nahestand, abzulösen und Koch an dessen Stelle zu setzen. In seiner Eigenschaft als Leiter des politischen Amtes der NSDAP Ostpreußens richtete Schulenburg eine Eingabe an den neuen preußischen Ministerpräsidenten Hermann Göring. Darin verwies er darauf, daß Kutscher mit der politischen Linie des Nationalsozialismus nicht übereinstimme und daß die Politik des Oberpräsidenten in grundsätzlichen Fragen oft in direktem Gegensatz zur nationalsozialistischen Politik stehe.[5] Gleichzeitig beklagte Schulenburg das geringe Tempo der Gleichschaltungsmaßnahmen.

Göring, der mehr als andere führende Nationalsozialisten auf eine gewisse Kontinuität im Staatsapparat bedacht war, reagierte nicht sofort. Es kostete erhebliche Mühen, bis Kutscher am 1. Juni 1933 entlassen und Koch zum neuen Oberpräsidenten der Provinz ernannt worden war.[6] Hinter dem alten Oberpräsidenten standen lange Zeit der Reichspräsident und die Großagrarier, die von Koch begreiflicherweise nichts Gutes erwarteten und wegen vorgeblicher Veruntreuung von Osthilfegeldern sogleich gegen den Gauleiter zu Felde zogen.[7] Der Reichspräsident selbst verwandte sich bei Hitler für Kutscher. »Ich würde es bedauern«, schrieb er am 12. April 1933 an den neuen Reichskanzler, »wenn der gegenwärtige Oberpräsident Kutscher, der außerordentlich sachkundig ist und das Vertrauen weitester Kreise Ostpreußens genießt, durch einen Parteimann ersetzt würde, der fachlich nicht ausreichend vorgebildet ist.«[8]

Daran, daß Hindenburg schließlich seine Meinung änderte und der Ernennung Kochs zustimmte, war Schulenburg offenbar nicht unwesentlich beteiligt. Zusammen mit Karl von der Groeben gewann er in Hermann Graf zu Dohna-Finckenstein den Mann, der sich beim Reichspräsidenten für Koch verwandte.[9] Graf zu Dohna, SS-Ehrenführer und preußischer Staatsrat, galt lange Zeit selbst als Anwärter auf das Amt des Oberpräsidenten, verzichtete aber schließlich unter dem Druck der Königsberger Gauleitung auf seinen Anspruch.

Das Geschick und der gute Name Schulenburgs trugen vermutlich auch dazu bei, daß sich die Eingliederung des ostpreußischen Stahlhelms in die SA relativ reibungslos vollzog.[10] Auf Schulenburgs und Groebens Initiative hin hatte Graf zu Dohna bei Hindenburg die kaum verhüllte Feindschaft des Stahlhelms gegenüber der neuen Reichsregierung besonders stark herausgestellt und damit den alten Generalfeldmarschall und Stahlhelm-Ehrenvorsitzenden gegen die eigenen Kameraden eingenommen. Hindenburg dahin zu bringen, war ein hartes Stück Arbeit gewesen, denn die ostpreußische NSDAP-Gauleitung hatte ihn während der zurückliegenden Wahlen nicht eben mit

Samthandschuhen angefaßt. Gerade der Name Koch weckte bei Hindenburg höchst ungute Erinnerungen.

Es gelang jedoch, den Reichspräsidenten versöhnlich zu stimmen, wobei eine großzügige Landschenkung zur Arrondierung seines Neudecker Besitzes nicht ungünstig gewirkt haben dürfte.[11] Die offizielle und propagandistisch groß aufgemachte Versöhnung zwischen der ostpreußischen NSDAP und Hindenburg anläßlich der Tannenberg-Feiern 1933 bedeutete das Aus für den Stahlhelm. Die Auflösung dieser gerade in Ostpreußen einflußreichen paramilitärischen Organisation und ihre Eingliederung in die SA folgten dann umgehend.

Schulenburg sah von Anfang an seine Aufgabe nicht allein darin, die nationalsozialistische Politik in der inneren Verwaltung zu verankern und ihre Träger in der ostpreußischen Oberschicht hoffähig zu machen. Der junge Regierungsrat scheute auch nicht davor zurück, sich während der Konsolidierungsphase selbst in die Niederungen der nationalsozialistischen Politik zu begeben. »Wo gehobelt wird, fallen Späne«, nach diesem Motto verfuhr man gerade in Ostpreußen, wo eine Welle der Gewalt über Demokraten, Sozialisten, Kommunisten und Juden hereinbrach.[12] Von dem, was geschah, hatte Schulenburg durch Oberregierungsrat Dr. Rudolf Diels von der politischen Gruppe des preußischen Innenministeriums sehr genaue Kenntnis. Diels, ein alter Freund aus gemeinsamen Studientagen, vom Frühjahr 1933 an eine der zentralen Figuren der Gestapo, informierte Schulenburg eingehend über die Greueltaten der SA. Nach Auskunft Groebens zeigte sich dieser lediglich über die Offenheit seines Freundes erstaunt, nicht aber über den Terror gegen Regimegegner, den er für notwendig hielt, wenn sich der Nationalsozialismus in Deutschland durchsetzen wollte. Schulenburg war in dieser Zeit auch bereit, Gewalttaten politischer Freunde zu decken.

Ein Beispiel dafür ist der Fall des wegen Mordes, schwerer Körperverletzung und Brandstiftung einsitzenden Chauffeurs des Gauleiters Koch, Phillipp. Eine Gruppe ostpreußischer Nationalsozialisten hatte Phillipp am Abend des 7. März 1933 in einem handstreichartigen Unternehmen aus der Königsberger Untersuchungshaft befreit und dabei den zuständigen Oberstaatsanwalt, einen Deutschnationalen, zur Unterzeichnung der Entlassungspapiere genötigt. Zusammen mit Koch und dem Vorsitzenden der NSDAP-Untersuchungs- und Schlichtungskommission, Oppermann, mußte sich Schulenburg wegen des Vorfalls bei Göring persönlich verantworten.[13] Der preußische Ministerpräsident ließ es zu Schulenburgs Erstaunen bei einer mit Augenzwinkern erteilten Rüge bewenden.[14]

In den Konflikten innerhalb der Partei, die bereits kurz nach der Machtergreifung losbrachen, bezog Schulenburg eindeutig Position. Sowohl in der Auseinandersetzung mit dem Agrarpolitischen Apparat, der unter dem Landesbauernführer Egbert Otto starke Selbständigkeitstendenzen zeigte,[15] als auch im Streit mit dem eigenwilligen Königsberger SA-Führer Litzmann, der gegenüber dem Gauleiter und Oberpräsidenten seine Bindung an Röhm und die Münchner SA betonte,[16] stärkte Schulenburg Koch den Rücken. Dieser versuchte, die nach dem 30. Januar 1933 auseinanderdriftenden Sonderorganisationen und Fachapparate der ostpreußischen NSDAP stärker auf die politische Organisation der Partei zu verpflichten.

Das Eintreten für Koch entsprach Schulenburgs Fixierung auf den Führerstaat und das Modell der »Einheitsführer«.[17] Zumindest was den Agrarpolitischen Apparat anbetraf, war sie jedoch auch Ausdruck der sozialpolitischen Linie Schulenburgs, die am besten als »Strasserismus«[18] zu bezeichnen ist. Wie Strasser und übrigens auch Koch sah Schulenburg in der Agrarideologie und Personalpolitik Richard Darrés und des Agrarpolitischen Apparates eine Anbiederung an die verhaßte »Reaktion« des ostpreußischen Landadels. Diese Meinung kam nicht von ungefähr: Darré hatte schon früh gegen die »sozialistische« Orientierung der ostpreußischen Gauleitung Stellung bezogen. Der Konflikt entzündete sich am Industrialisierungsplan für Ostpreußen, den die Königsberger Gauleitung unter Federführung Grünbergs und Bethkes entworfen hatte. Der Plan sah die Ansiedlung von Betrieben und Arbeitern aus den Industriegebieten im Westen des Reiches vor und suchte damit der östlich der Elbe besonders bedrohlichen Landflucht zu begegnen. Außerdem sollte die landwirtschaftliche Monostruktur der Provinz endlich aufgebrochen werden. Unter Ausnutzung der »freien Unternehmerinitiative«, jedoch mit massiven staatlichen Hilfen, suchte man die Infrastruktur der Provinz zu verbessern und vor allem weiterverarbeitende Gewerbe anzusiedeln; Vorbild war die wirtschaftliche Mischstruktur Württembergs.[19]

Schulenburg unterstützte diese Pläne und beteiligte sich besonders aktiv an der Errichtung der »Erich-Koch-Stiftung«, deren Satzung er maßgeblich mitgestaltete.[20] Die Stiftung sollte eine Art Katalysator für die Industrialisierung Ostpreußens werden. Mit Hilfe der Gauleitung, die das Parteiorgan, die »Preußische Zeitung«, in das Stiftungsvermögen einbrachte, gelang es ihr in relativ kurzer Zeit, sich eine Reihe von Wirtschaftsbetrieben einzuverleiben. Die ursprünglichen Absichten der Gründer, die auf Sozialisierung zielten, wurden jedoch rasch aufgegeben. Die Erich-Koch-Stiftung entwickelte sich unter der ebenso geschickten wie skrupellosen Führung des ehemaligen Wirtschaftsprüfers Bruno Dzubba zu einem beachtlichen Konzern. Ihr ursprünglicher Zweck geriet bald schon in Vergessenheit; Koch selbst benutzte die Einrichtung zur Erweiterung seiner Hausmacht in Ostpreußen. Für Schulenburg, der diese Entwicklung offenbar früh vorausgesehen hat und der den Geschäftspraktiken Dzubbas, wie Groeben berichtet, mit größtem Mißtrauen begegnete, sollte die Stiftung schließlich zu einem Anlaß für seine Entfremdung von Koch und der Gauleitung werden. Meinungsverschiedenheiten gab es sehr früh auch in der Personalpolitik. Viele der sogenannten alten Kämpfer in der Umgebung der Gauleitung wollten jetzt auch beruflich die Ernte für ihre jahrelangen politischen Anstrengungen einfahren. Mit zum Teil recht skrupellosen Mitteln versuchten sie in einflußreiche und gut dotierte Positionen zu gelangen. Nach Groebens Bericht hat sich Schulenburg diesen Bemühungen entgegengestemmt.[21] Er ging davon aus, daß der auch außenpolitisch schwierigen Lage der Provinz durch eine umsichtige Personalpolitik Rechnung getragen werden müsse. Deshalb setzte er sich, ganz gegen seine sonstige Überzeugung, für das Verbleiben von Beamten der alten Administration ein; auf einige von ihnen wollte er in der Konsolidierungsphase des neuen Staates, zumindest im grenznahen Ostpreußen, nicht verzichten.

Ein Beispiel dafür war der Regierungspräsident in Marienwerder, Dr. Carl Budding,[22] der für seine auf Ausgleich bedachte Politik gegenüber der polnischen Minderheit bekannt war und deshalb über ausgezeichnete Kontakte zu den polnischen Behörden jenseits der Grenze verfügte. Budding, der als Katholik dem Zentrum nahestand, war für Schulenburg einer der Garanten dafür, daß die polnische Seite gegenüber der deutschen Minderheit ebenfalls eine Politik des Ausgleichs praktizierte. Der junge Regierungsrat tat alles, um zwischen Koch und Budding zu vermitteln. Dies stieß jedoch auf das tiefe Mißtrauen der Umgebung Kochs. Rücksichtnahmen dieser Art wertete man dort als Bremsversuche auf dem Weg zur endgültigen Durchsetzung des nationalsozialistischen Staates.

Nach einer vorübergehenden Annäherung zwischen dem nationalsozialistischen Oberpräsidenten und seinem katholischen Regierungspräsidenten trat bald wieder eine Entfremdung ein. Anlaß war die Personalpolitik Kochs, die Budding freimütig kritisierte. In dem Antrag, in dem Koch die Ablösung Buddings forderte, hieß es denn auch: »Der Regierungspräsident Budding kann bei aller seiner vorhandenen Regsamkeit und Wendigkeit nicht aus dem Denken heraus, das er in seinem ganzen Leben bestätigt hat. Das tritt in der letzten Zeit mehr und mehr in den Vordergrund und führt zu Entscheidungen, die nicht mit dem nationalsozialistischen Grundgefühl in Übereinstimmung zu bringen sind.«[23]

Auch der Landrat im ostpreußischen Stuhm, Dr. Zimmer, war ein Beamter, dessen geschickte Minderheitenpolitik Schulenburg zu schätzen wußte, zumal da Zimmers Kreis wegen der dort ansässigen deutsch-polnischen Mischbevölkerung als besonders schwierig galt. Der Zentrumsmann Zimmer gehörte jedoch seit langem zu den Intimfeinden des Gau-Organisationsleiters Dargel, der selbst aus dem Kreise Stuhm stammte. Obgleich sich Schulenburg sehr für Zimmer einsetzte, wurde dieser auf Betreiben Dargels durch den NSDAP-Kreisleiter Franz, einen Bauern, den Schulenburg für ungeeignet hielt, ersetzt.[24]

Als nicht hinreichend qualifiziert sah der Personalreferent im Königsberger Oberpräsidium auch den ehemaligen Rittmeister Walter Barkowski an, einen alten Kämpfer, den man für die Position des Bürgermeisters von Marienwerder vorgesehen hatte. Doch auch im Fall Barkowski konnte sich Schulenburg nicht durchsetzen. In der Gauleitung herrschte die Ansicht vor, daß verdiente Parteigenossen für die Unbill der Kampfzeit entschädigt werden müßten.

Schulenburgs Position wurde durch die vergebliche Opposition gegen diese und andere Personalentscheidungen nicht gerade gestärkt. Das Verhältnis zum Vize-Oberpräsidenten Bethke, mit dem er sich ursprünglich darüber einig gewesen war, daß »staatlichen Belangen jederzeit Vorrang vor Parteiinteressen einzuräumen« sei, verschlechterte sich zusehends.[25] Daß er mit Kritik nicht sparte, verärgerte die Gauleitung. Selbst gegenüber subalternen Beamten bekannte Schulenburg offenherzig, »daß er von drei freien Stellen zwei durch Parteileute besetzen müsse, von denen er wisse, daß sie nicht geeignet seien, Städte und Kreise zu führen«.[26]

Neben den Praktiken der Koch-Stiftung und der Personalpolitik der Königsberger Gauleitung gab es noch einen dritten Aspekt, der Schulenburgs Begeisterung für die neuen Machthaber dämpfte: der immer offener zutage tretende Byzantinismus des Gauleiters und die offen zur Schau getragene Arroganz seiner engsten Mitarbeiter. Eine Legende ist es freilich, daß der junge Personalreferent schon im Frühjahr 1934 eine »Oppositionsgruppe« um sich geschart habe. Auch die Vermutung, Schulenburg habe schon früh Material über Mißstände in der Gauleitung gesammelt, trifft nicht zu.[27] Seine Korrespondenz zeigt, daß sich zur Jahreswende 1933/34 zwar Ernüchterung über die

40

Politik Kochs einstellte, daß sich diese aber in Grenzen hielt. An Bärbel Borchmeyer schrieb Schulenburg im November 1933, gerade von einer Lungenkrankheit genesen, die ihn den Sommer über außer Gefecht gesetzt hatte:»Ich habe mir vieles doch anders vorgestellt nach der Machtergreifung durch den Nationalsozialismus, trotzdem ich auch vorher gewisse Schwächen klar sah. Aber es schadet nichts. Man wird klarer in der Betrachtung der Dinge und härter. Die Idee, an die ich nach wie vor fest glaube, wird alles überwinden.«[28] Es waren wohl erst die Ereignisse des 30. Juni 1934, die Schulenburg ernsthafter beunruhigten.[29] Gewiß schockierte ihn das brutale Vorgehen gegen die SA-Führung. Aber auch er hatte Röhms Einfluß auf Hitler schon immer für äußerst schädlich gehalten,[30] und wie viele Deutsche dürfte Schulenburg in der blutigen Liquidierung der SA-Führung die Quittung für deren als maßlos empfundenen Machtanspruch gesehen haben. Im übrigen war man auch in Ostpreußen nach der Machtergreifung Hitlers mit terroristischen Mitteln gegen»Staatsfeinde« vorgegangen. Ordnung, wenn nötig durch Terror wiederherzustellen, das war in Deutschland seit langem eine akzeptable Variante staatlichen Handelns. Vor der juristischen Öffentlichkeit rechtfertigte der Staatsrechtler Carl Schmitt die Morde des 30. Juni in einem viel beachteten Aufsatz.»Der Führer«, so Schmitt,»schützt das Recht vor dem schlimmsten Mißbrauch, wenn er im Augenblick der Gefahr kraft seines Führertums als oberster Gerichtsherr unmittelbar Recht schafft ... Der Führer ist immer auch Richter.«[31] Aufschlußreich an der Argumentation Schmitts war, daß der Staatsrechtler sich nicht nur auf das Notstandsargument berief, sondern eine neue, spezifisch nationalsozialistische Rechtsquelle, den Führerwillen, einführte. Die durch nichts als den Willen und die Entscheidung des Führers beschränkte Willkürherrschaft war damit staatsrechtlich legitimiert. Die wenigsten, die Schmitt damals lasen und ihm zustimmten, mögen sich über diese Konsequenz im klaren gewesen sein. Das Naheliegende – die Ausschaltung der auch bei vielen bürgerlichen und aristokratischen NSDAP-Sympatisanten verhaßten SA – bestimmte die Sicht der Dinge.

Besonders höhere Beamte und vor allem Militärs dürften in dieser Frage ähnlich gedacht haben wie Schulenburgs Vater. Der SA-Ehrenführer Friedrich-Bernhard von der Schulenburg schrieb am 1. August 1934 an seinen alten Regimentskameraden Ludwig Beck:»Ich bin von einem Alpdruck befreit, daß ich aus der Zwangsjacke heraus bin, wo, von der für mich ganz unerträglichen und unwürdigen Stellung ganz abgesehen, ein Kadavergehorsam verlangt wurde, der weder im Heere noch in der Beamtenschaft jemals möglich war, sondern in dieser krassen Form nur bei den Jesuiten bestand.«[32]

Was Fritz-Dietlof von der Schulenburg so tief traf, war etwas anderes: Im Zusammenhang mit der Röhm-Affäre war auch der von ihm verehrte Gregor Strasser ermordet worden. Strasser war für den jungen Regierungsrat, der wie viele seiner Zeitgenossen stark zur Personalisierung des Politischen neigte, die lebendige Verkörperung von Preußentum und Sozialismus gewesen. Schulenburgs Glaube an die nationalsozialistische Idee war durch den Mord an Strasser schwer in Mitleidenschaft gezogen worden. In den bewegten Tagen des Sommers 1934 mag darüber hinaus zum ersten Mal auch ein Gefühl persönlichen Bedrohtseins bei ihm erwacht sein. Unmittelbar nach Bekanntwerden der Ereignisse zog sich Schulenburg »mit seiner jungen Frau in das Landhaus seines Freundes Werne irgendwo in Masuren« zurück.[33]

In den Monaten nach dem Röhm-Putsch wurde das Verhältnis zur ostpreußischen Gauleitung zunehmend gespannter, und Schulenburg fand jetzt auch die Verhältnisse andernorts »ziemlich deprimierend«. Im Reich wie in Ostpreußen, schrieb er seiner Frau im Oktober 1934, habe sich die »falsch verstandene Parole« durchgesetzt, »die Partei befiehlt dem Staat«. Hess stehe »gegen Frick«, und überall dränge »die Partei gegen den Staat«.[34] Seine Hauptkontrahenten in Königsberg wurden jetzt Dargel und Großherr; der Stein des Anstoßes war nach wie vor die Personalpolitik. Auch Koch selbst ließ nun vernehmen, Schulenburg habe in der Personalpolitik »Fehler« gemacht. Es schade gar nichts, wenn er »einmal fortkäme« und sich »vier Jahre in einem Landratsamt als Verwaltungsbeamter« bewähren müsse.[35]

Erfüllung und Enttäuschung:
Landrat in Fischhausen (1934–1937)

Schulenburgs Übertritt in das Amt des Landrats von Fischhausen, das er seit dem 20. November 1934 »vertretungsweise« verwaltete, gestaltete sich trotz der Konflikte mit der Königsberger Gauleitung alles in allem erträglich. Koch, der mit Nationalsozialisten, die seiner Politik im Wege standen, für gewöhnlich nicht eben sanft umsprang, gab seinem persönlichen Referenten eine äußerst günstige Personalbeurteilung mit auf den Weg. In seinem Zeugnis vom 6. Juni 1935 betonte er, daß »Regierungsrat Graf von der Schulenburg in seiner Tätigkeit als mein politischer Referent sich mein volles Vertrauen erworben hat«.[36] Auch der im August 1935 erfolgenden endgültigen Bestellung Schulenburgs zum Landrat[37] stand er positiv gegenüber. Schulenburg sei für die Position »in charakterlicher, politischer und fachlicher Beziehung bestens geeignet«.[38]

Auch Schulenburg scheint in seiner Versetzung keine Strafaktion gesehen zu haben. Der preußische Landrat als »König« in seiner Region, das war das Leitbild während der elitär-konservativen Verwaltungsreferendar-Ausbildung gewesen. Zeitlebens hat Schulenburg diesem Amt als »Element freier Selbstverantwortung in einem im übrigen straff geführten Staate«[39] eine fast verklärende Bedeutung beigemessen.[40] Seine Bewunderung für den Freiherrn vom Stein resultierte nicht zuletzt aus Anekdoten, die man sich in der preußischen Verwaltung über dessen Volksverbundenheit während seiner Zeit als Landrat erzählte.

Landrat östlich der Elbe zu werden, das war etwas ganz Besonderes. Hier wirkte der »Mythos des deutschen Ostens«[41] nach, der Schulenburg, wie viele seiner neokonservativen und nationalsozialistischen Gesinnungsgenossen, stark berührte. An Bärbel Borchmeyer schrieb er im Oktober 1933: »Ostpreußen [ist] das phantastischste Land, das ich mir vorstellen kann. Und wenn es irgend möglich ist, werde ich hier bleiben und kämpfen und arbeiten.«[42]

Der frisch gebackene Landrat ging ganz in seiner neuen Tätigkeit auf. Rasch arbeitete er sich in die schwierigen Verhältnisse des wirtschaftlich schwachen und durch die große Krise angeschlagenen Kreises ein.[43] Bereits im Juni 1935 fand er lobende Erwähnung in dem Bericht seines Regierungspräsidenten an das Innenministerium. Er sei, hieß es dort, »schnell mit der Bevölkerung in engere Fühlung gekommen und [habe] vor allen Dingen auch stets mit den Dienststellen der Partei gut zusammengearbeitet«.[44]

Neben der Sanierung der Kreisfinanzen, die Schulenburg überaus aktiv betrieb, fanden die in Ostpreußen besonders umfangreichen Aufrüstungsmaßnahmen seine Aufmerksamkcit. Sein Hauptaugenmerk galt jedoch der Sozialpolitik und Maßnahmen der regionalen Wirtschaftsförderung. Er setzte sich für eine bessere Qualität der Landarbeiterwohnungen ein, veranlaßte die Gründung einer Kreissiedlungsgesellschaft, der »Heimbau-Samland«, und beauftragte einen unabhängigen Wissenschaftler mit der Erforschung der berüchtigten Haff-Krankheit, deren Ursachen er in der Wasserverschmutzung durch die ansässige holzverarbeitende Industrie sah. Er ließ Bäder für den Fremdenverkehr bauen und gehörte zu den Initiatoren des »Heimwerks Samland«, einer Einrichtung, die das heimische Kunsthandwerk förderte. Sah man es ideologisch, war das »Heimwerk« als Alternative zur industriellen Massenproduktion gedacht, unter praktischen Gesichtspunkten sollte es die Winterbeschäftigung der Fischerfamilien sichern.[45]

Die Tätigkeit in Fischhausen trug wesentlich zur Festigung des exzellenten Rufs bei, den Schulenburg im Reichsinnenministerium genoß. Das Verhältnis zu Koch und zur Königsberger Gauleitung verbesserte sich jedoch nicht. Im Gegenteil: Immer schärfer stach dem ethischen Rigoristen die Herrschaftspraxis seiner ehemaligen Kampfgefährten in die Augen. Diese kosteten die Privilegien ihrer neugewonnenen Macht in vollen Zügen aus, während er selbst sich in Fischhausen spartanisch einrichtete. Das entsprach seinem preußischen Ideal, war aber wohl auch als Signal in Richtung Königsberg gedacht. Wie Klaus von der Groeben berichtet, schaffte er »den zweiten großen Dienstwagen ab, räumte einen Teil der weitläufigen Dienstwohnung für Büros oder zur Unterkunft der Mitarbeiter und zahlte die Kosten für Heizung und Strom aus der eigenen Tasche«.[46]

Trotz seiner Kritik an der Amtsführung Kochs zeigte sich der Fischhausener Landrat solidarisch mit seinem ehemaligen Chef, als dieser im Herbst 1935 zur Hauptfigur eines Skandals wurde, der über die Grenzen der Provinz hinaus Wellen schlug. Die »Koch-Affäre«,[47] ausgelöst durch eine Denkschrift des Königsberger Stadtrates Paul Wolff an Hitler, spiegelte die Ämterpatronage und den Machtmißbrauch in Ostpreußen wider und wurde von Himmler und Göring zum Anlaß genommen, den mächtigen ostpreußischen Gauleiter als lästigen Konkurrenten loszuwerden. Schulenburg, aus diesem Anlaß eingehend vernommen,[48] hielt sich auffällig zurück.[49] Offenbar erkannte er die machtpolitischen Dimensionen der Affäre,[50] zumal da er Himmler und Göring mit unüberwindbarer Ablehnung gegenüberstand und dies nicht erst seit der Ermordung Strassers.

Das hinderte ihn freilich nicht daran, dem Gauleiter, der wenige Tage zuvor von Hitler persönlich rehabilitiert und in seinen Ämtern bestätigt worden war,[51] am 31. Dezember 1935 einen längeren persönlichen Brief zu schreiben, der einer Abrechnung mit Kochs Politik in Ostpreußen gleichkam.[52] In diesem Brief, den er unter schweren Nierenkoliken verfaßte,[53] erinnerte Schulenburg daran, unter welcher Fahne die NSDAP in Ostpreußen angetreten war: »Kampf gegen Interessenegoismus der Reaktion wie überhaupt jedes Standes, weitmöglichste Einheit von Partei und Staat, Kampf gegen Bonzentum und Korruption, für ein sauberes und leistungsfähiges nat. soz. Führertum«, das seien die Leitziele der Gauleitung vor 1933 gewesen. Die

»fundamentale[n] Voraussetzungen« für diese Politik hielt Schulenburg jetzt für gefährdet. »Einen gefährlichen Dreh in der ganzen Entwicklung« sah er insbesondere im Führungsstil der Gauleitung und in ihrer Personalpolitik. Das Auftreten der Verantwortlichen entspreche nicht der »Bescheidenheit und Einfachheit«, die man in der Kampfzeit gepredigt habe, Kochs Name werde überdies »in byzantinischer Form immer wieder in den Vordergrund gedrängt«. In der Personalpolitik, in die man ihm als verantwortlichem Referenten immer wieder hineinregiert und aus der man ihn schließlich herausgedrängt habe, herrsche ein verheerender Mangel an scharfer Zucht und Auslese. Sie sei getragen von einer »falsch verstandenen Kameradschaft« zu den alten Kämpfern.

Um dieser Entwicklung Einhalt zu gebieten, verlangte Schulenburg, der in diesem Brief auch auf sein getrübtes persönliches Verhältnis zu Koch und dessen engsten Mitarbeitern einging, »entscheidende Maßnahmen«. Ein »Treibenlassen der Dinge« provoziere »ausweglos [den] Verfall der Führung überhaupt«. Anzeichen für einen solchen Verfall sah Schulenburg bereits gegeben. Die politische Organisation, so stellte er fest, »hat in weiten Kreisen der Provinz an Boden verloren. Der tüchtige, ordentliche Bauer, Bürger, Arbeiter, auf den wir Wert legen müssen, hat, soweit er nicht unmittelbar als politischer Leiter erfaßt ist, durchweg kein Verhältnis mehr zu ihr.«

Koch hat auf diesen Brief seines ehemaligen persönlichen Referenten offiziell nicht reagiert.[54] Unter der Hand jedoch versuchte der Gauleiter, den unbequemen Mahner loszuwerden. Diese Bestrebungen sind Schulenburg natürlich zu Ohren gekommen. An seine Frau schrieb er Anfang Mai 1936: »Koch hat neuerdings auf mich geschimpft und gemeint, mit mir würde es auf Dauer nicht gehen. Er wird jetzt wahrscheinlich versuchen, ... meine Abberufung durchzudrücken.«[55]

Vorerst blieb Schulenburg jedoch auf seinem Posten in Fischhausen. Die Abberufung von dort – bezeichnenderweise in Form eines weiteren beruflichen Aufstiegs – erfolgte erst eineinhalb Jahre nach der Abfassung seines Mahnbriefes an Koch. Im Juli 1937 wurde Schulenburg zum Polizeivizepräsidenten von Berlin ernannt. Dem Gauleiter von Ostpreußen sollte er erst Jahre später, zu Beginn des Krieges, wiederbegegnen.[56]

45

Gegen SS und Gestapo:
Polizeivizepräsident in Berlin (1937–1939)

Die Gründe, die das Reichsinnenministerium bewogen, Schulenburg
– zunächst vertretungsweise[57] – mit dem Amt des Berliner Polizeivizepräsidenten zu betrauen, sind nicht mehr eindeutig zu klären. Möglich, daß man Koch die Dauerfehde mit einem seiner Landräte nicht
länger zumuten wollte; wahrscheinlicher aber, daß Schulenburg durch
Kompetenz überzeugte. Der Landrat empfahl sich durch eine auch
unter höheren Beamten seltene Mischung von Fähigkeiten. Er galt als
durchsetzungsfähiger Praktiker und zugleich als glänzender Verwal-
tungsjurist, der gewohnt war, über die Kirchturmspitzen seines Land-
kreises hinauszublicken. Außerdem lagen seine Vorschläge zur geplanten Reichsreform ganz auf der Linie des Innenministeriums. Auch
Schulenburg sprach sich für eine hierarchisch straff gegliederte Reichs-
verwaltung mit Spitze in Berlin aus.[58]

Daß seine Ausarbeitungen in der Reichshauptstadt aufmerksam zur
Kenntnis genommen wurden, dafür sorgten zwei Freunde aus der
Königsberger Zeit: Hellmuth von Wedelstaedt und Klaus von der
Groeben.[59] Sie waren beide im Innenministerium tätig – und auf ihre
Fürsprache war es zurückzuführen, daß Schulenburg im Mai 1937,
noch bevor der Wechsel ins Berliner Polizeipräsidium spruchreif
wurde, das Angebot erhielt, in der Kommunalabteilung des Innenministeriums zu arbeiten.[60] Schulenburgs guter Ruf im Ministerium
sollte nicht verblassen. Noch Jahre später, als er Berlin längst den
Rücken gekehrt hatte, griff Staatssekretär Wilhelm Stuckart, einer der
starken Männer des Innenministeriums, auf Schulenburgs Memoranden zurück. Wie Schulenburg forderte auch Stuckart immer wieder
»ein bodenständiges Beamtentum«,[61] und auch die im Jahre 1940
verfaßte Denkschrift des Staatssekretärs zur Ausbildung des Beamten-
nachwuchses lehnte sich eindeutig an Schulenburgs Denkschrift zum
»Neubau des Beamtentums« vom April 1933 an.[62] Noch im März 1944
griff der Staatssekretär in seinem Memorandum zur »Hebung der
Verwaltungskraft des flachen Landes« fast wörtlich auf Schulenburgs
Reformvorschläge für die Verwaltung der kreisangehörigen Gemeinden aus den Jahren 1936/37 zurück.[63]

Es ist deshalb zu vermuten, daß das Innenministerium auch ohne
das Drängen Kochs auf Schulenburgs Ablösung diesen in die engere
Wahl gezogen hätte, als die Stelle des Berliner Polizeivizepräsidenten
vakant wurde. Das Ministerium sah in Schulenburg den geeigneten
Mann, dem Polizeipräsidenten und alten SA-Haudegen Wolf Heinrich

Graf von Helldorf Paroli zu bieten. Helldorf, kein Kind von Traurigkeiten, war durch eine Reihe von Affären und eine selbst unter Würdenträgern der Partei außergewöhnliche Verschuldung aufgefallen. Der Staatssekretär im Innenministerium, Ludwig Grauert, mußte sich persönlich um die Angelegenheiten des weit über die Grenzen Berlins hinaus bekannten SA-Führers kümmern.

Zu allem Überfluß war Helldorf im März 1937 mit dem Chef der Ordnungspolizei, SS-Obergruppenführer Kurt Daluege, in Streit geraten. Der Polizeipräsident hatte seinen Mitarbeitern daraufhin jeden direkten dienstlichen Umgang mit dem Stab Dalueges untersagt.[64] Dieser protestierte in einem scharfen Schreiben an Helldorf und betonte,»daß mein Amt und ich vorgesetzte Dienststelle von Dir und Deinem Polizeipräsidium sind«.[65] Daluege, der gleichzeitig das Amt eines Ministerialdirektors im Reichsinnenministerium bekleidete, war der Favorit Fricks und durfte sich deshalb der Parteinahme des Ministers sicher sein.[66] Helldorf berief sich auf Himmler, von dem er wußte, daß sich dieser nur zu gut der alten Kompetenzstreitigkeiten mit Daluege aus der Zeit vor Übernahme der Politischen Polizei durch den»Reichsführer-SS« erinnerte.

In diese Situation fiel die Berufung Schulenburgs, gegen die sich Helldorf lange gewehrt hatte.[67] Die Rechnung des Ministeriums ging jedoch nicht auf. Schulenburg und Helldorf – zwei Männer völlig unterschiedlichen Naturells, preußischer Asket der eine, notorischer Lebemann der andere – verstanden sich auf Anhieb. Bei Schulenburg scheint es Sympathie auf den ersten Blick gewesen zu sein. Über den Antrittsbesuch bei Helldorf berichtete er seiner Frau:»Er hat mich nicht haben wollen, seine anderweitigen Vorschläge sind abgelehnt worden. Er stellte aber nach Schluß der Unterhaltung Einigkeit über die wesentlichen Fragen fest. Er machte einen gescheiten, witzigen Eindruck. In seinem Amt absolut Mann des Staates und energischer Vertreter seiner Sache. Was tief drinnen steckt, übersehe ich noch nicht. Doch macht er einen offenen und keinen hinterhältigen Eindruck. Ich glaube, daß sich mit ihm arbeiten lassen wird.«[68]

Dieser erste Eindruck sollte sich verfestigen. Zwischen den beiden nach Charakter und Lebensstil so unterschiedlichen Männern entwikkelte sich in der Folgezeit ein Verhältnis gegenseitiger Achtung, wenn nicht mehr. Schulenburg schlug sich schon bald in einem weiteren Konflikt zwischen Helldorf und Daluege – in der Frage der Herauslösung der Schutz- und Kriminalpolizei aus dem Kompetenzbereich des Vizepräsidenten – auf die Seite seines neuen Vorgesetzten.[69]

Über die eigentliche Tätigkeit Schulenburgs im Berliner Polizeipräsidium ist wenig bekannt. Nach der Erinnerung des Leiters der Berliner Staatspolizei, Paul Kanstein, hat er im Präsidium eine größere Verwaltungsreform durchgeführt und vor allem Personal eingespart.[70] Mit der Zeit scheint er auch bei den Kommandeuren der Schutzpolizei, die sich ihm zunächst hatten entziehen wollen, an Ansehen gewonnen zu haben. Die anfänglichen Konflikte entschärften sich.

Vieles spricht dafür, daß Schulenburg eines seiner besonderen Steckenpferde auch weiterhin pflegte; den Aufbau einer – wie man heute sagen würde – bürgernahen Verwaltung. Die »Amtlichen Nachrichten des Polizeipräsidiums« veröffentlichten im Februar 1938 eine »Rundverfügung über die Sprache im amtlichen Schriftverkehr«[71], bei der Schulenburgs Einfluß mit Händen zu greifen ist. Die Verfügung war unter das Motto gestellt: »Die Behördensprache muß endlich volksnah werden«. Sie entsprach in Merksätzen wie »fasse dich kurz . . ., vermeide Schachtelsätze [und] überflüssige Redensarten« ganz den Vorlieben Schulenburgs. Schon als junger Assessor hatte er sich entschieden gegen hölzernes Deutsch und gegen die »Papiersprache« der Bürokraten gewandt.[72]

In Berlin gewann er neue Freunde und pflegte alte Bekanntschaften. Zwei langjährige Bekannte wurden jetzt zu verschworenen Vertrauten. Beide arbeiteten im Berliner Büro des Reichspreiskommissars Josef Wagner: Es handelte sich um den Juristen und Oberregierungsrat Peter Graf Yorck von Wartenburg, der als Organisationsreferent tätig war, und um Nikolaus Graf von Üxküll-Gyllenband, kurz »Nux« genannt, bei dem Schulenburg während der Vorbereitungszeit auf sein Assessorexamen gewohnt hatte. Peter Yorck war ständiger Gastgeber eines Freundeskreises von zumeist jüngeren, aristokratischen oder großbürgerlichen Diplomaten und Beamten. Bei den Treffen wurde mit Kritik an der Innen- und Außenpolitik des Dritten Reiches nicht gespart. In den Aufzeichnungen der Gestapo wurden die Freunde Yorcks später als »Grafenkreis« oder »Grafengruppe« bezeichnet.[73]

In Berlin lernte Schulenburg auch den späteren schlesischen Landeshandwerksmeister Hugo Kükelhaus kennen.[74] Wie Schulenburg hatte Kükelhaus ein Faible für sozialpolitische Fragen. Seine Vorstellungen zur »schaffenden Selbsthilfe« sollten Schulenburg noch Jahre später stark beeinflussen. Kükelhaus war es auch, der Schulenburg und Helldorf einander noch näher brachte.

Das Verhältnis Schulenburgs zu seinem unmittelbaren Vorgesetzten wurde vor allem durch ein Ereignis gefestigt, das im Frühjahr 1938 die Gemüter erregte, die Blomberg-Fritsch-Affäre. Diese Affäre weckte sowohl beim Berliner Polizeipräsidenten als auch bei seinem Stellvertreter ungute Erinnerungen. Der SA-Führer Helldorf hatte die blutige Entmachtung der SA durch die SS während des sogenannten Röhmputsches vielleicht verdrängt, aber bestimmt nicht vergessen, und auch Schulenburg erinnerte sich noch lebhaft des Mordes an Gregor Strasser im Sommer 1934. Strassers gewaltsamer Tod hatte auf sein bis dahin makelloses Bild vom Dritten Reich erste Schatten geworfen. Im Frühjahr 1938 brachen die alten Wunden unversehens wieder auf. Die Verantwortlichen von damals, Göring, Goebbels, Himmler, die SS und die Gestapo, hatten erneut zugeschlagen. Ihre Opfer waren diesmal der Reichskriegsminister Werner von Blomberg und der allseits verehrte Oberbefehlshaber des Heeres, Generaloberst Werner Freiherr von Fritsch.

Der mit Billigung Hitlers in den Februarwochen inszenierte Schlag gegen die Heeresführung, die Errichtung des Oberkommandos der Wehrmacht unter dem fügsamen General Keitel und die Übernahme des unmittelbaren Oberbefehls über die Wehrmacht durch Hitler selbst leiteten nicht nur für Schulenburg eine Wende im Verhältnis zum NS-Regime ein. Weniger die auch in Offizierskreisen als Mesalliance empfundene zweite Heirat des verwitweten Blomberg[75] als vielmehr das Bemühen der Gestapo, General Fritsch mit fadenscheinigen Belegen eine homosexuelle Veranlagung nachzuweisen, rief bei zahlreichen Militärs und Zivilisten im Umfeld des alten Oberbefehlshabers tiefe Entrüstung hervor.

Es bildete sich ein Kreis von Fritsch-Helfern, die das »Komplott« auf den hochangesehenen General wenn nötig mit gewaltsamen Mitteln abzuwehren bereit waren.[76] Neben Friedrich Hoßbach, dem Heeresadjutanten bei Hitler, und Rüdiger von der Goltz, dem Rechtsanwalt Fritschs, zählten zu diesem Kreis spätere Widerstandskämpfer des 20. Juli wie Hans Oster und sein Chef, Vizeadmiral Wilhelm Canaris, vom Amt Ausland-Abwehr im OKW. Den Fritsch-Helfern ging es freilich noch nicht um die Beseitigung des NS-Regimes als Ganzes, sondern darum, die übermächtig werdende SS und die Gestapo in ihre Schranken zu weisen.

Bei den jüngeren Opponenten, etwa bei Oster, hatte Hitler durch sein »mindestens undurchsichtiges Verhalten« die Aura eines »armeewohlwollenden Schiedsrichters« verloren.[77] Bei den älteren wie Canaris, Goerdeler und Ludwig Beck, dem Generalstabschef des Heeres, wirkte der »Hitler-Mythos« nachweislich noch längere Zeit nach.[78] Eines freilich hatte die Affäre drastisch vor Augen geführt: Der alte Esprit de corps des Heeres galt nur noch bedingt. Die neue Heeresführung unter Walther von Brauchitsch war zu schwach und wohl auch zu eigennützig, um sich gegen den konzentrierten nationalsozialistischen Druck behaupten zu können. Das zeigte sich auch daran, daß Fritsch später zwar rehabilitiert, aber nicht wieder in sein Amt eingesetzt wurde. Bei Oster und seinen Freunden verstärkte sich das Gefühl, in den eigenen Kreisen isoliert zu sein.

Schulenburg gehörte nicht zum engeren Kreis der Fritsch-Helfer, aber auch er sah in SS und Gestapo die eigentlichen Drahtzieher, auch er fand, daß es an der Zeit sei, die »Auseinandersetzung mit SS und Bonzokratie«[79] zu suchen. Der Angriff galt ja nicht Fritsch allein. Er richtete sich mindestens ebensosehr gegen eine Institution, die in Schulenburgs Vorstellungswelt dazu berufen war, neben der Verwaltung die zweite tragende Säule des neuen Staates zu werden. Im Heer, besonders im Offizierkorps, der beruflichen Heimat des Vaters, verkörperte sich für Schulenburg das »Sinnbild der überlegenen deutschen Ordnungs- und Gestaltungskraft überhaupt«.[80] Deshalb zeigte er sich entschlossen, die Ehre des Oberbefehlshabers und damit die Machtstellung des Heeres mit allen Mitteln zu verteidigen.

Es ist glaubhaft bezeugt, daß sich Schulenburg auf dem Höhepunkt der Fritsch-Krise zum Oberbefehlshaber des Wehrkreises Berlin, General Erwin von Witzleben, begab, um »das bewaffnete Eingreifen der Armee« vorzubereiten.[81] Für diesen Fall sicherte er – offenbar im Einverständnis mit Helldorf – die »neutrale Haltung der Berliner Polizei« zu.[82]

Den Boden des Dritten Reiches hatte Schulenburg damit allerdings noch nicht verlassen. Deutlich wird dies in seinem Vortrag über »das preußische Erbe und den nationalsozialistische[n] Staat«, den er im März 1938 vor »Freunden in Westfalen«[83] hielt und dem man die emotionale Erregung über die Entlassung Fritschs noch heute anmerkt. Das Heer, so betonte Schulenburg in diesem Vortrag, habe die »preußischen Grundkräfte der Zucht, der Ehre und Verantwortung in seiner soldatischen Gemeinschaft« über die »Systemzeit« von Weimar hinweggerettet. An seinem Vorbild müßten sich daher alle Kräfte des Dritten Reiches ausrichten.[84] Die Partei, der »politische Willensträger der Nation«, die die politischen Richtlinien vorgebe,[85] habe sich aus den Bereichen der Armee und der Staatsverwaltung herauszuhalten. Wie es der Auftrag des Heeres sei, »den politischen Willen der Führer auf den Schlachtfeldern Tat werden zu lassen«, so sei es der »Auftrag des Staates und seines Beamtentums, den politischen Willen auf den inneren Schlachtfeldern in die harte Wirklichkeit umzusetzen«.[86]

Um die Ehre des Beamtentums

Nicht von ungefähr hatte Schulenburg in seinem Vortrag die Rolle des Beamtentums im neuen Staat besonders herausgehoben. Denn auch was die nationalsozialistische Beamtenpolitik betraf, drohten die anfänglich hochfliegenden Wünsche und Erwartungen enttäuscht zu werden. Seine Feindschaft gegenüber der Weimarer Demokratie war einst durch die von der preußischen Regierung Braun vorsichtig in Gang gesetzte »Republikanisierung« des höheren Dienstes weiter aufgeladen worden. Von Hitler hatte sich Schulenburg die große Wende auf diesem Gebiet erhofft. Das Berufsbeamtentum als einer der Stützpfeiler des neuen Staates, das war seine Hoffnung nach der Machtergreifung gewesen. Die Beamten sollten im Geiste des Nationalsozialismus, die NS-Eliten nach den Werten des alten Preußentums erzogen werden. Auf diese Weise ließen sich, so glaubte Schulenburg, das alte und das neue Deutschland verbinden und die preußisch-deutschen Oberschichten an den nationalsozialistischen Staat heranführen.[87]

In den wesentlichen Fragen der Beamtenpolitik und der Beamtenausbildung wußte sich Schulenburg einig mit dem Reichsinnenministerium. Dort setzte man alles daran, das elitäre Regierungsreferendariat wiedereinzuführen. Die Berliner Behörde machte keinen Hehl daraus, wen sie in Zukunft bevorzugt einzustellen wünschte; gesucht wurden Kandidaten von »vornehmer«, möglichst adliger Herkunft, die gleichzeitig auch die SA- oder SS-Mitgliedschaft vorweisen konnten.[88]

Viele deutsche Beamte, vornehmlich die höheren Ränge, dachten ähnlich wie Schulenburg und seine Vorgesetzten. Nach der Novemberrevolution und den »grauen« Weimarer Jahren konnte es, wie sie glaubten, nur besser werden. In der Justiz beispielsweise reagierte man regelrecht euphorisch, als Hitlers Leibjurist Hans Frank im Juli 1933 vor ausgesuchten Richtern die »Stärkung der richterlichen Autorität« und den Schutz des Richters vor »sozialer Nivellierung« als Auftrag des NS-Staates proklamierte. Frank sprach in diesem Zusammenhang von »Richterkönige[n]« und von »aufgeklärte[n] Despot[en]«, die zukünftig nur dem Gesetz unterworfen seien.[89]

Diese Erwartungshaltung wich im Laufe der Zeit merklicher Ernüchterung. Die Nationalsozialisten dachten gar nicht daran, dem Berufsbeamtentum den Platz einzuräumen, den das Deutsche Beamtengesetz vom Januar 1937 so wohltönend reklamiert hatte. Dort war der Beamtenstand als »Grundpfeiler des nationalsozialistischen

Staates« bezeichnet worden.[90] Die Realität sah anders aus: Die neuen nationalsozialistischen Machteliten und vor allen Dingen Hitler selbst machten aus ihrer Verachtung für die »peinlich genaue Bürokratie« keinen Hehl. In der Vorstellung des »Führers« waren die zukünftigen Verwalter des »Großdeutschen Reiches« keine trockenen und peniblen Schreibtischbeamten, sondern Männer, denen »die Pistole locker« saß.[91] Reichsinnenminister Wilhelm Frick versuchte Hitlers starke Vorurteile gegen alles Juristische im allgemeinen und das Beamtentum im besonderen wenigstens abzuschwächen.[92] Er konnte jedoch nicht verhindern, daß das Berufsbeamtentum mehr und mehr an Ansehen verlor, obwohl es von Säuberungen großen Stils weitgehend verschont blieb.[93]

Schulenburg mußte ernüchtert feststellen, daß die Erfahrungen, die er als Beamter in Königsberg und Fischhausen gemacht hatte, nicht die Ausnahme, sondern die Regel darstellten. In einer Denkschrift, die er im September 1937 verschiedenen amtlichen Stellen, darunter dem Innenministerium und dem Wirtschaftsministerium, zuleitete, zeichnete er die Situation seiner Berufsgenossen in düsteren Farben: Das Memorandum trug den Titel »Beamtentum: Krise und Abhilfe«,[94] und sein Verfasser sparte nicht mit harter Kritik an den Gegebenheiten. Er sah die Voraussetzungen sinnvoller administrativer Arbeit durch die zahlreichen nationalsozialistischen Sonderbehörden unterhöhlt und damit den Staat selbst in Gefahr. Die Beamten würden als »treulos verschrieen«, in steigendem Maße diffamiert und wirtschaftlich weitgehend proletarisiert. In dieser Lage finde sich niemand, der die »Herabsetzungen der staatstragenden Schicht amtlich« zurückweise.

»Abhilfe« war nach Schulenburg nur zu erreichen, wenn die »zersplitterte Staatsgewalt« wieder zusammengefaßt und die Macht der Parteibehörden auf ihre »wesenseigene« und das hieß für ihn ideologische Aufgabe beschränkt werden würde. Die »politische Sonderbehandlung« des Beamtentums müsse aufhören, und den Beamten müßten wieder neue Beförderungschancen eröffnet werden. Beides sei eine Notwendigkeit, um die Substanz eines Berufsstandes zu retten, ohne den der Staat nicht bestehen könne.

Zwei Jahre später, im April 1939, hatte sich die Situation des Beamtentums nicht wesentlich gebessert. Während einer Tagung des Reichspreiskommissars in Stuttgart wiederholte Schulenburg seine Kritik, sparte aber jetzt auch seine Berufsgenossen davon nicht aus. Ihnen warf er vor, ihre »wohlerworbenen« Rechte allzu defensiv zu verteidigen. Unverhohlen rief Schulenburg seine Kollegen zur Gegenwehr gegen die Übergriffe der Partei und der nationalsozialistischen Sonderbehörden auf.

»Die Stellung des Beamtentums«, so Schulenburg, würde sich nie ändern, wenn nicht die Beamten selbst sich von ihrem »chronischen Minderwertigkeitsgefühl« befreiten, wenn sie nicht Kämpfer würden. »Wir leben nun einmal nicht in einer ausgewogenen staatlichen Ordnung«, fügte er hinzu, »sondern wir leben in einer Zeit, in der dynamische Kräfte gegeneinander gestellt sind und sich durchsetzen müssen. Das Beamtentum kann sich nur durchsetzen, wenn es sich als Kraft erweist. Das erfordert vom einzelnen Mut, Verantwortung, nicht Feigheit, nicht sich ducken. Wenn jemand auf die Beamten schimpft, dann schimpfe man wieder! Wenn jemand uns zu knechten sucht, dann behaupten wir uns!«[95]

Das war eine andere Sprache, als Schulenburg sie noch in seiner Reichsreformdenkschrift von Anfang 1934 geführt hatte, auch wenn er sich in seinem Stuttgarter Redebeitrag – offensichtlich zur Absicherung – auf die »ruhmvollen Worte« Hitlers über das »saubere« und uneigennützige Beamtentum berief. Noch gehörte Schulenburg allerdings zu denen, die an die prinzipielle Reformierbarkeit des Dritten Reiches glaubten, noch wußte er seine vorgesetzte Behörde hinter sich, in der er sich ungebrochener Wertschätzung erfreute, und noch warteten auf ihn größere Aufgaben und neue Herausforderungen, denen er sich – wie es scheint – mit unverzagtem Optimismus stellte.

Anderen war dieser Optimismus längst abhanden gekommen, vielleicht auch deswegen, weil ihnen das Regime in der Vergangenheit weit härter zugesetzt hatte. Zu diesen Skeptikern gehörte Carl Goerdeler, bis 1936 Leipziger Oberbürgermeister und später von der Partei ausgebootet. Schon Ende 1938 hatte Goerdeler darüber nachgedacht, der NSDAP ihre »öffentlich rechtliche Monopolstellung« zu nehmen und den Staatsapparat von der »politischen Parteiwillkür« zu befreien.[96] Beamte müßten wieder »von der Pike auf« dienen und ebenso wie Offiziere gesellschaftliche Vorbilder sein. Die Selbstverwaltung von Wirtschaft und Administration sei genauso wie der Rechtsstaat wieder herzustellen. Verfassungsmäßig müsse durch ein eingeschränktes, über Wahlmänner ausgeübtes Wahlrecht die Regierung unter »öffentliche Kontrolle« gestellt werden. Die Exekutive müsse jedoch jederzeit die Möglichkeit besitzen, bestimmte, gegen ihre Vorhaben gerichtete Mehrheitsentscheidungen für längere Zeit auszusetzen. Am Ende seiner Ausführungen plädierte Goerdeler für die Wiedereinführung der Monarchie und empfahl »unserem Vaterland wieder eine billige, gute und gerechte Verwaltung zu geben. Wir hatten sie bis etwa 1900.«

»Neuland Schlesien«:
Regierungspräsident in Breslau (1939/40)

Im August 1939 wurde Schulenburg als Regierungspräsident und Vertreter des Oberpräsidenten von Schlesien, Josef Wagner, nach Breslau versetzt. Das neue Amt löste bei ihm eine Art Hochstimmung aus: »Der Flug im schönsten Sonnenschein über mein Neuland Schlesien«, berichtete er seiner Frau, »war ein guter Auftakt . . . Nachmittags Einführung im Landeshaus. Wagner betonte erfreulicherweise die Stellung und notwendige Autorität des Vizeoberpräsidenten. Dann sprach er über die notwendige Harmonie zwischen Partei und Staat. Abends Buffet mit Bier. Im ganzen eine kameradschaftliche Atmosphäre ohne Rabaukeneinschlag. Alle Beamten sagen, daß Schlesien eine Luft ist, in der der Beamte gedeihen kann. Ich glaube, daß alles trotz einer Fülle schwierigster Aufgaben und einzelner personeller Schwierigkeiten gut gehen wird.«[97]

In Breslau wirkte Schulenburg ein knappes Jahr; es war eine ereignisreiche Zeit. Im September 1939 überfielen Hitlers Armeen Polen, und im Zuge dieser Ereignisse wurden ehemals polnische Gebiete wie die Woiwodschaft Schlesien und Teile der Woiwodschaften Krakau und Kielce der Provinz »eingegliedert«. Mit Kattowitz als Mittelpunkt entstand ein neuer Regierungsbezirk.[98]

Die politischen Verhältnisse in Schlesien wurden durch die »Eingliederungen« maßgeblich berührt. Über die Art und Weise, wie die Verwaltung unter Wagner und Schulenburg auf die veränderte Lage reagierte, kann man aus zwei Quellen Aufschluß erhalten: aus den Zeitzeugenberichten ehemaliger schlesischer Beamter[99] und aus den deutschen Verwaltungsakten jener Zeit, die von polnischen Historikern in den »Documenta Occupationis« zusammengestellt worden sind.

Nach den Angaben des ehemaligen schlesischen Landrats Dr. Seifarth übernahm Schulenburg sein Amt erst, nachdem ihm Oberpräsident Wagner Zusicherungen für eine rechtsstaatliche Verwaltung Schlesiens gemacht hatte: Schulenburg, so Seifarth, verfolgte das Ziel, »in Schlesien den Parteieinfluß soweit zurückzudrängen, daß die Provinz zu einer Zelle staatlicher Ordnung werden sollte«.[100]

Schlesien durch Verwaltungsvereinfachung auch administrativ zu einer »Musterprovinz« zu machen,[101] daneben das Handwerk zu fördern[102] und Breslau zu einem großen Hafen- und Handelsplatz auszubauen, von diesem Vorhaben berichtet auch Albert Krebs.[103] Zu diesem Zweck habe Schulenburg eine Reihe hervorragender jüngerer

Fachbeamter nach Schlesien geholt und bald einen Kreis verläßlicher Kräfte um sich geschart. Der Schulenburg-Biograph nennt hier den erwähnten Dr. Friedrich-Constanz Seifarth, den Regierungspräsidenten Walter Springorum, den Regierungsvizepräsidenten Dr. Erich Keßler, den bekannten Staatsrechtler Professor Dr. Arnold Koettgen, den Oberregierungsrat beim Oberpräsidium Breslau, Fritz von Wrangel und die schlesischen Landesplaner Gerhard Ziegler und Hermann Liedecke. Laut Krebs waren dies allesamt Beamte, die »zum Grabenkrieg mit Braun und Schwarz«, das heißt mit Partei und SS, bereit waren. Daß »außerdem unnötige Härten gegen den polnischen Bevölkerungsteil unterblieben, [sei] der Wunsch Wagners wie auch Schulenburgs« gewesen.[104]

Nach Seifarths Bericht begann Schulenburg »mit Ausbruch des Krieges ... den Widerstand gegen das Hitler-System in Schlesien zu organisieren. Er besuchte persönlich die von ihm als zuverlässig angesehenen leitenden Persönlichkeiten in Staat und Wirtschaft, um sie kritisch gegen Rechtsverletzungen zu machen und zur Aufrechterhaltung der staatlichen Grundordnung anzuhalten.« Gegen die Judenverfolgungen in Schlesien sei er ebenso aktiv vorgegangen wie gegen die willkürliche Konfiszierung jüdischen und polnischen Vermögens. Schulenburg, so Seifarth, »ordnete mich im Frühjahr 1940 zu der Treuhandstelle Kattowitz ab. Mein Auftrag war, diese ›Pestbeule‹ Oberschlesiens unter der Leitung des Gauamtsleiters Jacob zu säubern. Leider erhielt ich damals nicht die notwendigen Vollmachten durch den Oberpräsidenten, dessen Stellung in Breslau bereits sehr erschüttert war. Meine Verhandlungen mit dem Leiter der Haupttreuhandstelle in Berlin, dem Oberbürgermeister Winkler, die die Rechtsgrundlagen gegen das polnische und jüdische Vermögen betrafen, waren ergebnislos. Mit dem Sturz des Oberpräsidenten Wagner in Schlesien, der im Sommer 1940 erfolgte, verließ ich die Treuhandstelle Ost, ohne den Auftrag erfüllt zu haben.«[105]

Aus den Erinnerungen Seifarths geht hervor, daß sich Schulenburgs Aufgabenbereich im Zuge der »Eingliederungen« stark erweiterte. Gerade nach Kriegsausbruch hofft der frisch gebackene Regierungspräsident demonstrieren zu können, wie erfolgreich eine nationalsozialistische Verwaltung zu arbeiten vermag, wenn sie von preußisch gesinnten Berufsbeamten geführt wird.

Die Zeichen dafür standen nicht schlecht, waren doch in den »eingegliederten« Gebieten anders als im Altreich auf ausdrückliche Weisung Hitlers die wild wuchernden, nationalsozialistischen Sonderverwaltungen zunächst der allgemeinen inneren Verwaltung unterstellt.

Im neugebildeten Regierungsbezirk Kattowitz erhielt der Oberpräsident überdies spezielle Weisungsrechte, die sein Amt gegenüber SS und Gestapo stärkten.[106] Andererseits hatte Hitler dem »Reichsführer SS« in einem unveröffentlichten Erlaß vom 7. Oktober 1939 den Befehl zur Ausschaltung der »Fremdvölkischen« aus den okkupierten Gebieten und zur »Gestaltung neuer deutscher Siedlungsregionen durch Umsiedlung« erteilt. So wie die Dinge im Dritten Reich lagen, war damit der Konflikt zwischen SS und Gestapo einerseits und der allgemeinen Verwaltung andererseits vorprogrammiert. Daß es dabei allerdings – wie die Schulenburg-Mitarbeiter nachträglich glauben machen wollten – um die Erhaltung administrativer Rechtsstaatlichkeit und Gesetzmäßigkeit, mithin um den Kampf des Normen- gegen den Maßnahmestaat ging, widerlegen die Akten. Zumindest anfangs, als Himmlers Apparate noch nicht so übermächtig waren wie gegen Ende des Krieges, arbeitete man teilweise zusammen, vor allem dort, wo man glaubte, von ähnlichen Interessen ausgehen zu können.

Schlesien und vor allem die eingegliederten Gebiete »polen- und judenfrei« zu machen, in diesem Punkte trafen sich die staatlichen Ämter und die Sonderbehörden des SS- und des Parteiapparates. Der SS-Gruppenführer Erich von dem Bach-Zelewski war am 4. November 1939 von Himmler persönlich beauftragt worden, »die Eindeutschung« der Provinz und die Aussiedlung von Polen und Juden in »Rekordzeit« zu leisten.[107] Die allgemeine Verwaltung hatte gegen dieses Vorhaben nichts einzuwenden. Oberpräsident Wagner verwandte sich am 12. Februar 1940 während eines Treffens mit Göring, Himmler und anderen nationalsozialistischen Größen dafür, »100.000 bis 120.000 Juden sowie 100.000 unzuverlässige Polen aus seinem Verwaltungsgebiet abzuschieben«.[108] Wie rasch dieser »Reinigungsprozeß« durchzuführen sei und wer als »fremdvölkisch« zu gelten habe, darüber gab es häufig Konflikte zwischen den staatlichen Behörden und der SS.

Der Apparat Himmlers betrachtete das Problem sehr prinzipiell und ideologisch, während man im Oberpräsidium Breslau und beim Regierungspräsidenten von Kattowitz die Frage eher pragmatisch anging. Angesichts des dramatischen Arbeitskräftemangels in der Provinz waren die Beamten, was die Polen betraf, zu großzügigeren Regelungen bereit. Auch ging die allgemeine Verwaltung in Schlesien bei der Durchführung ihrer Politik bei weitem nicht so brutal vor wie etwa die SS im sogenannten Warthegau und im Generalgouvernement. Im Verhältnis zur Situation dort herrschten in den »eingegliederten« Gebieten Schlesiens für die Betroffenen nach dem Urteil Diemut Majers »einigermaßen erträgliche Lebensverhältnisse«.[109]

Grundsätzlich befürwortete aber auch die schlesische Verwaltung die Aussiedlung rein polnischer Bevölkerungsteile, die man in bestimmte Kategorien unterteilte. »Unverzüglich«, so ein enger Mitarbeiter Schulenburgs, der Regierungspräsident von Kattowitz, Springorum, am 21. November 1939, sollten diejenigen Polen »verschwinden . . ., die sich deutschfeindlich gezeigt« hätten.[110] Das waren vornehmlich die sogenannten A-Fälle. Hierbei handelte es sich, wie Schulenburg am 7. Dezember an die Regierungspräsidenten von Oppeln und Kattowitz schrieb, »um Aufständische, die mit der Waffe in der Hand gegen Deutschland gekämpft hatten, sowie um Polen, die sich aktiv gegen Deutschland und Deutsche betätigten«. Diese Personen seien als »staatsfeindlich« zu bezeichnen und unverzüglich auszuweisen, »wobei ihre Familien mit einbegriffen sind«. Die ganze Aktion habe, so Schulenburg, »im Einvernehmen mit der Gestapo und dem SD« zu erfolgen.[111]

Den A-Fällen sollten zu gegebener Zeit die B- und C-Fälle folgen. Dazu zählte das Oberpräsidium Breslau zunächst »die Polen, die stark mit dem Polentum sympathisierten, ausgesprochen deutschfeindlich eingestellt [waren], aber nicht zu den führenden Schichten gehörten«, sowie – in der C-Kategorie – »Menschen, die unzweifelhaft zur polnischen Minderheit gehören, aber nicht als Aktivisten anzusehen« seien.[112]

Für die Verwaltung hatten die Aussiedlungsmaßnahmen einen begrüßenswerten Nebeneffekt. Sie schafften die notwendigen Vorbedingungen für eine, wie es hieß, »aktive Siedlungspolitik«. Die Landesplaner Ziegler und Liedecke, die im nachhinein ebenfalls zum oppositionellen Mitarbeiterkreis um Schulenburg gezählt wurden, schlugen vor, auf die Bauernstellen, von denen man die polnischen Eigentümer vertrieben hatte, »Wolhyniendeutsche und besser noch Tiroler« anzusiedeln. Für die Deutschen sollten dabei »nur die guten Böden im Osten« vorbehalten bleiben.[113]

Die Aussiedlungsaktion besaß jedoch auch eine negative Seite. Sie verstärkte den Arbeitskräftemangel, der besonders in den landwirtschaftlichen Gebieten Schlesiens seit Kriegsbeginn dramatische Formen angenommen hatte.[114] Um hier Abhilfe zu schaffen, gleichzeitig aber die einmal begonnene Aussiedlungsaktion fortsetzen zu können, plante man, »die Auszusiedelnden . . . mit Einwohnern des Generalgouvernements, insbesondere mit Landarbeitern aus Gegenden, in denen der Volkstumskampf unbekannt« sei, auszutauschen.[115] Verhandelt wurde darüber am 8. Dezember 1939 aus Anlaß einer Besprechung bei Landrat von Wrangel.[116] Wrangel war »Beauftragter für die

Umsiedlung in Ostoberschlesien« und gehörte, so Albert Krebs, zum Kreis der Schulenburg-Mitarbeiter in der Provinz. Das vorhandene polnische Arbeitskräftereservoir betrachtete die schlesische Verwaltungsspitze vor allem unter dem Aspekt der ökonomischen Verwertbarkeit. Ganz in diesem Sinne hieß es in einem Erlaß Schulenburgs vom 21. Dezember 1939: »Polnische Landarbeiter, die schon im Frühjahr d. Js. als Facharbeiter in die Landwirtschaft vermittelt wurden und jetzt von den bäuerlichen Betrieben oder auch von den Großbetrieben entlassen werden, sind weitestgehend beim Aufbauprogramm heranzuziehen. Ich hoffe, daß es sich vermeiden läßt, daß sie besondere Unterkunftsmöglichkeiten erhalten, g[egebenen] F[alls] müssen längere Anmarschwege in Kauf genommen werden. Über allem steht die Notwendigkeit der Durchführung des Aufbauprogramms.«[117]

In Schlesien waren Polen fortan Menschen minderen Rechts. Für polnische Arbeiter und Arbeiterinnen wurde eine neue Tarifordnung festgelegt, die im Vergleich zu den deutschen Arbeitskräften deutlich niedrigere Löhne und ungünstigere Arbeitsbedingungen vorsah.[118] Die systematische Einschränkung der Freizügigkeit begleitete diesen Prozeß der ökonomischen Ausbeutung. Den Polen wurde untersagt, »deutsche Veranstaltungen kultureller, kirchlicher, sportlicher und geselliger Art« sowie Gaststätten zu besuchen und öffentliche Verkehrsmittel ohne vorherige Genehmigung der zuständigen Ortspolizeibehörde zu benutzen. Ihnen war nicht erlaubt, »in der Zeit vom 1. April bis 30. September während der Stunden von 21.00 bis 5.00 Uhr und in der Zeit vom 1. Oktober bis zum 31. März während der Stunden von 20.00 bis 6.00 Uhr ihre Unterkunft zu verlassen«. Diese Anordnung wurde am 1. Juni 1940 in das Amtsblatt des Regierungspräsidiums Kattowitz aufgenommen. Unterzeichnet hatte sie der Schulenburg-Mitarbeiter Walter Springorum.

Gegen angeblich unbotmäßige polnische Arbeitskräfte ging man seitens der Behörden scharf vor. So lautet eine Anordnung Schulenburgs an den Regierungspräsidenten von Kattowitz vom 11. Dezember 1939: »Die Klagen über die polnischen Landarbeiter, die sich weigern, die Arbeit wieder aufzunehmen, mehren sich derart, daß die Angelegenheit zu einer Plage geworden ist. Darüber hinaus verweigert die Polizei wie auch die Geheime Staatspolizei die Annahme dieser arbeitsscheuen Elemente, so daß eine Abschiebung nach dem Gouvernement Polen nur noch in Frage kommt. Ich ordne daher an, daß polnische Landarbeiter, die ihre Arbeitsstelle verlassen haben und sich weigern, eine neue Arbeitsstelle wieder aufzunehmen oder nach wiederholtem Einsatz die zweite Arbeitsstelle wiederum verlassen haben, unverzüglich über die Polizei- und Zollgrenze in das Gouvernement Polen abzuschieben sind.«[119]

Ein halbes Jahr später, im Juni 1940, hatten sich die staatlichen Behörden und die Gestapo auf ein gemeinsames Vorgehen gegen »kontraktbrüchige polnische Arbeiter« geeinigt. Als das »geeignete Mittel« wurde jetzt die Verbringung in ein Konzentrationslager angesehen.[120] Für diese Maßnahme hatte sich besonders der Vertreter der Regierung Kattowitz stark gemacht. Es war der Staatsrechtler Arnold Koettgen, der sich nach dem Krieg ebenfalls zu den oppositionellen Mitarbeitern Schulenburgs in der schlesischen Verwaltung zählte.[121]

Es wirft ein Schlaglicht auf den von dem Schulenburg-Biographen Albert Krebs beschworenen »preußischen Geist« in Breslau und Kattowitz, daß bei sogenanntem Kontraktbruch die Einweisung in ein Konzentrationslager »aus allgemeinen staatspolizeilichen Erwägungen« ebenso für »Volksdeutsche« vorgesehen wurde. Auch diese Gruppe, die sich vornehmlich aus Angehörigen der polnisch-deutschen Zwischenschichten in Ostoberschlesien zusammensetzte, glaubte man – wenn nötig mit Gewalt – an die Standards der Arbeitsdisziplin und der Ordnung, wie sie im Reich herrschten, heranführen zu müssen.[122]

So sehr die staatliche Verwaltung und die SS in der Frage der polnischen Arbeitskräfte an einem Strang zogen, so unterschiedlich behandelten sie das Problem der starken deutsch-polnischen Mischpopulation in den »eingegliederten« Gebieten. Die Behörden sprachen sich hier für eine großzügige Auslegung des Begriffs der deutschen Volkszugehörigkeit aus, während sich NSDAP und SS unter dem Eindruck verschiedener, zunächst in Posen auftretender volksdeutscher Aktivisten und getreu ihrer fanatisch-rassistischen Linie weigerten, allen deutsch Gesinnten oder auch nur entfernt Deutschstämmigen die deutsche Staatsangehörigkeit zuzusprechen. In diesem Punkt und nicht in der mehr oder weniger rechtsstaatlichen Behandlung der polnischen Bevölkerungsteile lag die entscheidende Konfliktlinie zwischen der staatlichen Bürokratie und den nationalsozialistischen Sonderbehörden in Schlesien.[123] Die Beamten in Breslau, Kattowitz und Oppeln setzten sich dafür ein, die vom Reichsinnenministerium herausgegebenen strengen, an der Beherrschung der deutschen Sprache ausgerichteten Richtlinien für die »Eindeutschung« zu entschärfen; sie verfolgten gegenüber den betroffenen Zwischenschichten eine flexible Politik, die Diskriminierung und gesellschaftliche Gettoisierung wenn möglich vermied.

Regierungspräsident Springorum lehnte beispielsweise die Einführung einer »Grußpflicht der Polen gegenüber Hoheitsträgern von Partei und Staat« unter Hinweis auf unliebsame Reaktionen bei den deutsch-polnischen Zwischenschichten ab. In Anbetracht der Abgrenzungsschwierigkeiten, die eine solche Grußpflicht hervorrufen würde, sei »ihre Einführung nicht erforderlich und nicht erwünscht«.[124] Der Regierungspräsident stellte sich aus dem gleichen Grunde gegen die von NSDAP und SS geforderte Verabschiedung einer Rechtsverordnung, die den »außerehelichen Geschlechtsverkehr eines Polen mit deutschen Frauen« unter Strafe stellte.[125] Am deutlichsten zeigten sich die Unterschiede in der Behandlung der deutsch-polnischen Zwischenschichten auf dem Gebiet der Kirchenpolitik. Während ein NS-Ultra wie der Gauleiter Richard Greiser im Warthegau die polnische Kirche als Institution brutal zerstörte und die Geistlichkeit blutig verfolgte,[126] schlug Springorum im Bistum Kattowitz eine andere Richtung ein. Der Regierungspräsident ließ über das bischöfliche Generalvikariat verbreiten, daß die Regierung »kein Verbot polnischer Gottesdienste erlasse« und ein solches Verbot in Zukunft auch nicht erwäge.[127]

Springorums Absichtserklärung war freilich kein Bekenntnis zu kultur- oder kirchenpolitischer Toleranz. Die Politik seiner Verwaltung war vielmehr darauf gerichtet, die noch unentschiedenen deutschpolnischen Zwischenschichten nicht unnötig zu verprellen und gegen die neuen Herren einzunehmen. Im internen Behördenverkehr wurde dies auch mit aller Deutlichkeit angesprochen.[128] Der stellvertretende Regierungspräsident von Kattowitz, Keßler, benachrichtigte im Mai 1940 die Landräte und Polizeipräsidenten im Regierungsbezirk darüber, daß man Gottesdienste in polnischer Sprache künftig Zug um Zug zurückzudrängen beabsichtige. Zu diesem Zweck sollten verstärkt deutschsprachige Gottesdienste in allen Kirchen des Bistums abgehalten und diesen Veranstaltungen »die günstigsten Zeiten eingeräumt werden«. Außerdem plädierte Keßler für die strikte Beschränkung des polnischsprachigen Kommunionunterrichts und für die polizeiliche Überwachung und Registrierung von Beerdigungen, Trauungen und Taufen in polnischer Sprache. Als wichtigste Maßnahme betrachtete er jedoch die Besetzung der »bestehenden Kirchenausschüsse« mit einer »unzweifelhaft deutschen Mehrheit«.[129] Von dieser Mehrheit erhofften sich die Behörden den entsprechenden Druck von unten. »Auf ausdrückliche Weisung des Herrn Oberpräsidenten«, so Keßler, »sollen Einwirkungen auf die Geistlichkeit in bezug auf gottesdienstliche Fragen vom Laienelement ausgehen, um nicht den Staat und die Partei der Anschuldigung kirchenfeindlicher Maßnahmen auszusetzen.«[130]

Eine ähnliche Linie verfolgte man in der sogenannten Sprachenfrage, dem, wie es hieß, »Kernproblem des Volkstumkampfes« in Schlesien. Auf diesem Gebiet war nach Ansicht der Regierung in Kattowitz eine »Propagandawelle« vonnöten, an der sich Staat, Partei und Bauernschaft beteiligen sollten. Die untergeordneten Behörden wurden angewiesen, peinlich genau darauf zu achten, »daß die polnische Sprache nicht mehr von irgendwelchen Gesuchstellern gebraucht wird, die die deutsche Sprache beherrschen«. Außerdem sei dafür Sorge zu tragen, daß die Amtsblätter nur noch in deutscher Sprache erschienen.[131] Um den Germanisierungsprozeß noch nachdrücklicher zu fördern, dachte das Oberpräsidium Breslau auch an eine Zurückverlegung der schlesischen Zoll- und Verwaltungsgrenze.

Schlesien hatte sich durch die gewaltsam eingegliederten Gebiete um fast 10.000 km² vergrößert. Hinzugekommen waren auch Gebiete, die eine fast rein polnische Bevölkerung aufwiesen.[132] Mit seinem Antrag auf Zurückverlegung der schlesischen Zoll- und Verwaltungsgrenze suchte Oberpräsident Wagner die ganz überwiegend von nichtdeutschen Bevölkerungsteilen bewohnten kongreßpolnischen und galizischen Gebiete wieder loszuwerden. Diese Gebiete sollten nach Wagners Vorstellungen dem Generalgouvernement einverleibt werden.

Schulenburg hat dieses Anliegen Wagners aktiv unterstützt und das Projekt im Februar 1940 im Reichsinnenministerium und bei den übrigen beteiligten Behörden persönlich vertreten. Seinem mündlichen Vortrag lag eine längere Denkschrift zugrunde, an deren Erstellung er maßgeblich beteiligt gewesen sein dürfte.[133] In dieser Denkschrift wurden für die gewünschte Ausgliederung der polnisch bevölkerten Gebietsteile aus den Regierungsbezirken Oppeln und Kattowitz in erster Linie »rassische und volkspolitische Gründe« angegeben. So hieß es unter anderem, daß die in den betreffenden Regionen lebenden 400.000 Nationalpolen »allein durch ihr Dasein den Volkstumkampf im umstrittenen Ostoberschlesien aufs schwerste« belasteten. Wirtschaftspolitisch gehe eine große Gefahr von dem dort herrschenden hohen Preisniveau aus, das zum Teil über dem des Altreichs liege, da »eine Preisdisziplin der polnisch-jüdischen Bevölkerung ... durchaus lebensfremd« sei. Im rüstungswirtschaftlichen Teil der Denkschrift war vermerkt, daß »die Ausnutzung der Betriebe« in dieser Region nach einer Verlegung ins Generalgouvernement »besser und billiger« erfolgen könne, da diese Gebiete dann »von der Angleichung an die deutschen Verhältnisse auf dem Gebiet der Löhne und der Versorgung« ausgeschlossen wären.[134]

Die Verlegung der Zoll- und Verwaltungsgrenzen Schlesiens wurde von Hitler, wie Martin Broszat schreibt, »wohl vor allem aus Prestigegründen«[135] abgelehnt, und auch gegenüber der SS geriet die Verwaltung in Schlesien Zug um Zug ins Hintertreffen. Obwohl sachlich vielfach unkundig, mischten sich die Himmler-Apparate immer stärker in die Politik der Verwaltungsorgane ein, vor allem bei Aussiedlungen, Eigentumsbeschlagnahmen sowie in der Nationalitäten- und Kirchenpolitik.[136] Naturgemäß wurde der auch sonst im Reich allerorten virulente Gegensatz von Staat und Partei in den »eingegliederten« Gebieten besonders hart ausgefochten.[137]

Schulenburgs Ausscheiden aus dem Amt als Regierungspräsident im Sommer 1940 hing damit nur mittelbar zusammen. Anlaß war die Ablösung Wagners als Oberpräsident der Provinz. Auch Wagners unfreiwilliges Ausscheiden kann nicht unmittelbar auf die beschriebenen Konflikte zurückgeführt werden. Der Gauleiter und Oberpräsident war bei Hitler persönlich in Ungnade gefallen. Konkurrenzkämpfe und Intrigen spielten dabei – wie häufig in der Geschichte des Dritten Reiches – eine ausschlaggebende Rolle. Dem alten Kämpfer Wagner waren offenbar seine wenig schmeichelhaften Äußerungen über Partei und SS, vor allem aber sein offen demonstriertes Festhalten am katholischen Glauben zum Verhängnis geworden.[138]

Schulenburg machte für die Ablösung Wagners dessen Nachfolger Fritz Bracht verantwortlich. Nach seiner Ansicht hatte Bracht »laufend über Wagner und seine beliebten pessimistischen Äußerungen nach Berlin berichtet« und ihn damit »aller Voraussicht nach zu Fall gebracht«.[139] Von Bracht befürchtete Schulenburg »einen Kurswechsel um 180 Grad, der das Halten der alten Linie hoffnungslos« mache. Besonderen Anstoß nahm der Regierungspräsident an dem Vorhaben Brachts, die Provinz in ein Nieder- und ein Oberschlesien zu teilen. Gegen diese Teilung hatte er sich gemeinsam mit Wagner bis zuletzt gewehrt.

Schon aus der wenig später erfolgten Trennung von Ober- und Niederschlesien läßt sich ablesen, daß Schulenburgs und Wagners Ausscheiden aus der Verwaltungsspitze der Provinz einen tiefen Einschnitt für Schlesien bedeutete. Dies galt gerade für die sogenannte Volkstumspolitik. Vor allem nachdem im September 1940 Dr. Fritz Arlt zum Vertreter des »Reichskommissars für die Festigung des deutschen Volkstums« in Kattowitz berufen worden war, ließen sich die nationalsozialistischen Sonderbehörden das Heft nicht mehr aus der Hand nehmen.[140]

Bis dahin war die sogenannte Kolonisierungs- und Germanisie-

rungspolitik der schlesischen Verwaltung weit hinter dem zurück-
geblieben, was Gauleiter Greiser im Warthegau an Brutalität inszenierte. Die Beamten um Schulenburg und Wagner deshalb als
frühe Widerstandskämpfer gegen das Hitler-Regime zu stilisieren,
liefe jedoch auf Schönfärberei hinaus. Wenn die Akten nicht täuschen,
ging es dem Oberpräsidium Breslau um die Durchsetzung einer eigenen »kolonialpolitischen Linie« und darum, die angestammten administrativen Einflußbereiche gegenüber NSDAP, SS und Gestapo zu
behaupten. Im Verhältnis zur »genuin-nationalsozialistischen« Position Himmlers und Greisers vertrat die schlesische Verwaltung eine
»konservativere« Politik. In Breslau orientierte man sich eher an der
Durchführbarkeit einer Maßnahme als am nationalsozialistischen Ras-
sendogma und gab sich im Urteil unabhängig von der Parteiführung.[141]
Man wollte die sogenannten Ostvölker »streng aber gerecht« behandelt wissen und vertrat die Überzeugung, daß die Angehörigen dieser
Völker – abgesehen von den Bolschewiki – freiwillig die Übermacht
Deutschlands anerkennen würden, daß es also der brutalen Unter-
drückungs- und Ausrottungsmaßnahmen, wie sie von Himmler und
Heydrich befohlen wurden, gar nicht bedürfe.[142] Offenkundig stand
hinter diesem Kalkül ein starkes Gefühl kultureller und zivilisatorischer Überlegenheit.

Deutliche Spuren davon finden sich auch in Schulenburgs Korrespondenz. »Der Pole« habe, stellte er im September 1940 in einem
Brief an seine Frau lapidar fest, »kein Verhältnis zu Baum und Strauch,
überhaupt zur Landschaft«.[143] In den Städten herrsche, so schrieb er
wenig später aus dem Warthegau, »das übliche chaotische Bild polnischen Städtebaus, kein Plan, keine Ordnung, kein Rhythmus«.[144]

Andererseits sprach sich der Graf mit aller Entschiedenheit gegen
die brutale Unterdrückungs- und Ausrottungspolitik der SS und
der Gestapo aus. Greisers Kirchenpolitik im Wartheland nannte er
»dumm . . . gemein [und] wenig überzeugend für Volksdeutsche und
Polen«.[145] »Ohne zu überzeugen, kann niemand herrschen«, diese
Einsicht unterschied Schulenburg von Anfang an von den Rassenfana-
tikern der NSDAP. Nach diesem Prinzip handelte auch die schlesische
Verwaltung im ersten Jahr nach dem Überfall auf Polen. Voraussetzung dafür war jedoch, daß die Überlegenheit alles Deutschen und die
prinzipielle Berechtigung des deutschen Kolonisierungs- und Herr-
schaftsanspruchs im Osten Europas nicht in Frage gestellt wurde. Auf
Schlesien bezogen bedeutete dies, daß die Verwaltungen in Breslau,
Oppeln und Kattowitz den Anpassungsschwierigkeiten der unentschiedenen polnisch-deutschen Zwischenschichten durchaus Rech-

nung zu tragen gedachten, daß sie aber mit kompromißloser Härte gegen alle Polen vorgingen, die polnisch bleiben wollten. In den »eingegliederten« Gebieten sollte kein Platz mehr sein für einen Bevölkerungsteil mit eigenständigem polnischen Kultur- und Nationalbewußtsein, geschweige denn für Juden.

Die Unnachgiebigkeit, mit der man dabei vorging, hatte Tradition. Sie knüpfte an die Germanisierungspolitik in den preußischen Ostprovinzen vor und während des Ersten Weltkriegs an. Die neuen Möglichkeiten, die mit dem deutschen Überfall auf Polen und der Zerschlagung des polnischen Staates gegeben waren, sollten ausgeschöpft werden. So wurde etwa die Existenz des Generalgouvernements als Abschiebungsgebiet für Polen und Juden in die Planungen miteinbezogen. Dies war in der Aussiedlungsfrage ebenso der Fall wie bei der Behandlung kontraktbrüchiger polnischer Arbeiter und nicht zuletzt bei der vom Oberpräsidium Breslau aktiv betriebenen, dann aber gescheiterten Zurückverlegung der schlesischen Zoll- und Verwaltungsgrenze.

Die Umstände, unter denen Schulenburg sein Amt als schlesischer Regierungspräsident aufgab, haben sicherlich zu seiner weiteren Desillusionierung über den Charakter des Hitler-Regimes beigetragen. Sie bedeuteten aber noch nicht die Wende in seiner Haltung zum nationalsozialistischen Staat. Noch glaubte er an dessen Reformierbarkeit. Mit Helmuth James Graf von Moltke war er im Sommer 1940 bereit zu wetten, daß »innerhalb von zehn Jahren ein Staat bestehen werde, den wir voll billigen können«.[146] Im Sommer 1940 meldete sich Schulenburg freiwillig an die Front. Albert Krebs hat diesen Schritt als eine Art stillen Protest, als Emigration ins Heer, bezeichnet. Davon ist in Schulenburgs Briefen nichts zu merken. »Ich fühle mich richtig befreit!« schrieb er Anfang Juni 1940 an seine Frau, »es ist ein schönes Gefühl, nachdem man seine Pflicht an einer Aufgabe getan hat – bis zur Neige getan hat – an eine neue Aufgabe heranzugehen. Der ganze politische Wust liegt jetzt wie Ballast hinter mir, den ich abgeworfen habe.«[147]

Die nächsten Monate sehen Schulenburg als Beobachter des Kriegsgeschehens. In Potsdam bildet er zunächst Rekruten aus, eine Aufgabe, die ihn wenig befriedigt. Er sehnt sich danach, »hinauszukommen«, und nennt sich schon selbstironisch einen »verhinderten Helden«.[148] Anfang Juli 1940 bringt er zehn Fahnenjunker nach Frankreich zu seinem Regiment, dessen Stab bei Meursault, in der Nähe der Waffenwerke Le Creusot, liegt. Im August ist er wieder in Potsdam, und Ende September reist er mit einem Sonderauftrag im Zusammenhang mit dem »Unternehmen Seelöwe«[149] nach Paris, Reims und Brüssel. In der belgischen Hauptstadt trifft er den Militärbefehlshaber Belgien/Nordfrankreich Alexander Freiherr von Falkenhausen, einen späteren Mitverschwörer, von dem er sich sehr beeindruckt zeigt.[150] Anfang November wirft ihn eine schwere Gelbsucht aufs Krankenlager und schaltet ihn für den Rest des Jahres aus. In den ersten Monaten des Jahres 1941 finden wir ihn in Potsdam und Berlin und aus Anlaß einer kurzen Dienstreise auch in Warschau. Im Mai dieses Jahres wird sein Regiment nach Südostpreußen verlegt. Der Angriff auf die Sowjetunion steht vor der Tür. Vergeblich hat sich das Innenministerium in der Zwischenzeit bemüht, Schulenburg in die Verwaltung zurückzuholen. Alle Bemühungen scheitern, und in eine vergleichsweise normale Laufbahnposition soll der Regierungspräsident auch nie mehr zurückkehren.

Krieg und Kriegserlebnis

Der Krieg kommt zu früh

»Wir müssen begreifen, daß die Einigung Deutschlands ein Jugend-
streich war, den die Nation auf ihre alten Tage beging und seiner
Kostspieligkeit halber besser unterlassen hätte, wenn sie der Abschluß
und nicht der Ausgangspunkt einer deutschen Weltmachtpolitik sein
sollte.«[1] Dieses Zitat stammt aus der berühmten Freiburger Antritts-
vorlesung Max Webers im Mai 1895. Schulenburg mag ganz ähnlich
über den Sinn der nationalsozialistischen Machtergreifung und über
die Bestimmung des Dritten Reiches gedacht haben. Jedenfalls durchziehen Gedanken über die Expansion Deutschlands und den militärischen Ernstfall wie ein roter Faden seine verwaltungs- und verfas-
sungsrechtlichen Aufsätze und Memoranden der dreißiger Jahre.

Der Staat müsse, so hieß es in seiner Reichsreformdenkschrift vom
Frühjahr 1934, »auf einen militärischen und [einen] Wirtschaftskrieg
gerüstet sein«.[2] Selbst die Reform der Landkreise wollte Schulenburg
an den »Erfordernisse[n] des Krieges« ausgerichtet wissen.[3] Die innere Formierung des Staates hatte der Expansion mithin vorauszugehen. Der Staat, schrieb er 1934, »kann nur dann die Schlachten schlagen, die ihm bevorstehen, wenn er bis in die letzte Zelle straff und
einheitlich organisiert ist«.[4]

Die Bilanz, die Schulenburg nach den Erfahrungen in Königsberg,
Fischhausen, Berlin und Breslau ziehen mußte, fiel in dieser Hinsicht
alles andere als positiv aus. Im Kampf um die Führung hatten sich
gerade nicht die befähigten Führer wie Gregor Strasser, sondern mit
Erich Koch ein ganz anderer Typus durchgesetzt; ein Typus, der sich
bedenkenlos über die Werte der preußischen Tradition und der preußischen Staatsidee hinwegsetzte, wenn es nur der Steigerung der
eigenen Macht diente. Negativ schlug in Schulenburgs Augen auch zu
Buche, daß das Beamtentum einem Prozeß der schleichenden Macht-
aushöhlung ausgesetzt war. Zu offensichtlich war das Unverständnis
der neuen Eliten für die administrative Regelhaftigkeit, zu unverhohlen ihre Mißachtung der gewachsenen Kompetenzen der staatlichen
Verwaltung.

Kaum verhüllt hat Schulenburg seine Unzufriedenheit über den inneren Zustand der Staatsverwaltung in die Öffentlichkeit getragen. In der »Württembergischen Verwaltungs-Zeitschrift« vom Herbst 1937 schrieb er: »Die 4 Jahre seit der Machtübernahme brachten rastlose Arbeit, große staatspolitische Reformen. Aber niemand wird behaupten können, dieser Staat sei heute schon die knappe, harte Form, die das Volk zum Lebenskampf braucht! Die großen Aufgaben stehen noch bevor!«[5]

Fast mehr noch berührte ihn das Schicksal der militärischen Macht im Dritten Reich. Als geradezu empörend empfand Schulenburg den Angriff von SS und Gestapo auf General Fritsch. Das Ausscheiden des Generalstabschef des Heeres, Ludwig Beck, im Sommer 1938[6] mußte ihm das Gefühl vermitteln, das Heer habe nun endgültig den letzten Halt an Fachkompetenz und militärischer Erfahrung verloren. Ohne Zweifel war jetzt mehr denn je Vorsicht in der Außenpolitik geboten, kam jede militärische Auseinandersetzung zu früh.

Die Gespräche mit Peter Yorck und seinen Freunden, unter denen sich viele jüngere Diplomaten befanden, bestärkten Schulenburg in diesem Eindruck und auch darin, daß Hitler und sein neuer Außenminister Ribbentrop Außenpolitik in der Manier von Hasardeuren betrieben.[7] Die inzwischen erzielten »Erfolge«, die einseitige Ablösung vom Versailler Vertragssystem und die unbestreitbaren Fortschritte auf dem Wege einer deutschen Hegemonialstellung in Europa, drohten damit ernsthaft in Frage gestellt zu werden.

Schulenburg reagierte mit dem ihm eigenen Rigorismus. Im Herbst 1938 finden wir ihn zum zweiten Mal in konspirative Zirkel verstrickt, deren Absichten aus der Sicht des Regimes als Hoch- und diesmal auch als Landesverrat erscheinen mußten. Während der Sudetenkrise stellte er sich erneut dem Abwehroffizier Hans Oster zur Verfügung. Nach den Berichten des Diplomaten Erich Kordt erklärte er sich bereit, einen Stoßtrupp in die Reichskanzlei zu führen, um die Staatsspitze festzusetzen. Mit Kordt zusammen soll er bereits die Örtlichkeit sondiert haben, unmittelbar bevor die Münchener Konferenz, die durch das Einlenken der Briten zustande kam, den Opponenten gegen Hitlers Kriegspolitik allen Wind aus den Segeln nahm.[8]

Den Höhepunkt der Sudetenkrise und die Monate bis zum Überfall auf Polen erlebte Schulenburg in gedrückter Stimmung. Als »ziemlich mulmig« empfand er Ende August 1938 »die Sache mit der Tschechei«.[9] Unmittelbar vor der Münchener Konferenz bat er seine Frau, Berlin mit den Kindern zu verlassen, und am 28. März 1939, knapp vierzehn Tage nachdem die deutschen Truppen die Tschechoslowakei besetzt hatten, schrieb er an Charlotte Gräfin von der Schulenburg: »Die nächsten Jahre werden überhaupt von einer Härte und von Erschütterungen sein, die wir uns heute kaum vorstellen können.«[10] Nach dem 1. September 1939, dem Tag des Überfalls auf Polen, war Schulenburg wie ausgewechselt. Wenig, so schien es, hielt ihn jetzt noch im Amt. Aus Breslau schrieb er Anfang September 1939: »Ich fühle, daß ich nicht in die Heimat gehöre, sondern an die Front. In diesem Augenblick, in dem ich im Beruf wieder so etwas wie Erfüllung spüre, bohrt in mir der Gedanke, ich gehöre im Innersten ja doch nicht hierher. Vorderhand ist mein Platz aber unwiderruflich hier. Vorläufig habe ich hier meine Pflicht zu tun – aufzubauen. Vielleicht kann ich mich nach einem halben bis dreiviertel Jahr an die Front melden.«[11]

Für eine Weile war Schulenburg jetzt sogar bereit, über die inneren Unzulänglichkeiten des Dritten Reiches und die immer ungleicher werdende Konkurrenz von Staat und Partei hinwegzusehen. Anläßlich des Blitzkriegs im Westen hieß es Mitte Juni 1940 in einem Schreiben an seine Frau: »Das sind kaum erwartete und entscheidende Siege für den äußeren Bestand des Reiches. Das Ringen um den inneren Aufbau wird nach dem Kriege beginnen.«[12]

Nach dem Sieg über Frankreich war auch die während der Fritsch-Affäre und der Sudetenkrise aufgetauchte Sorge um die mangelnde militärische Schlagkraft Deutschlands wie weggewischt. Die Wehrmacht sei, so Schulenburg im Juli 1940, »die vollendetste Kriegsmaschine seit Jahrhunderten, wenn nicht Jahrtausenden. So ist sie auch Sinnbild der überlegenen deutschen Ordnungs- und Gestaltungskraft, die sich in der Wehrmacht in ihrem Fachgebiete vollendet verkörpert.«[13] Überhaupt kommentierte Schulenburg den Sieg im Westen mit unverhohlener Euphorie. Das deutsche Volk, schrieb er im Juli 1940, habe »das französische im besten Sinne ›gefangengenommen‹, der äußere Zusammenbruch Frankreichs [offenbare] mit einem Schlag das Zurückbleiben« der inneren Lebenskraft« dieses Landes. Schulenburg sah Frankreich im »unerbittliche[n] Abstieg von der Großmacht zur Macht zweiten Ranges«.[14]

Diese Zeilen belegen: Im Sommer 1940 hatte Schulenburg mit dem Staat Hitlers eine Art Waffenstillstand geschlossen. Die Bedenken der unmittelbaren Vorkriegszeit stellte er jetzt fürs erste zurück. Die kriegerische Auseinandersetzung hatte er früher oder später ohnehin auf das Reich zukommen sehen, ganz unabhängig davon, wer an der Spitze des wiedererstarkten Deutschland stand. Seine Hochstimmung hing auch damit zusammen, daß ihn der Krieg als Abenteuer faszinierte.

Die Schlacht als Gottesdienst: Das Fronterlebnis

»Daß dem Kriegssoldaten Schulenburg die Lust am Soldatsein immer stärker zuwuchs«,[15] hat bereits Albert Krebs konstatiert. Ganz sicher war der Leutnant und spätere Oberleutnant mit einer Leidenschaft Soldat, die man auch unter den Bedingungen der Zeit als außergewöhnlich bezeichnen muß. Besonders offenkundig wurde dies auf dem Vormarsch in die Sowjetunion, im Sommer und Herbst 1941. Schulenburg selbst beschrieb die Empfindungen, die das Frontgeschehen bei ihm auslösten, in religiösen Kategorien. Nach einem erfolgreichen Angriff umfange ihn ein »Hochgefühl, wie nur selten in begnadeten Augenblicken meines Lebens«. Im Sturmangriff fühle er sich »ganz erfüllt von Gott. [Gott] war der einzige Gedanke, der mich ganz in Besitz nahm . . ., wie im Traum nur gewahrte ich den Gegner, das giftige Surren der Kugeln, das Krachen der Granaten, gab meine Befehle, sah Kameraden fallen. All das ließ mich unbewegt. Ich war voll von Gott.«[16]

Das Faszinosum des religiös verklärten Schlachterlebnisses findet sich in Schulenburgs Kriegsbriefen und Kriegsberichten noch an anderer Stelle. Erst als Soldat in der Sowjetunion scheint der aristokratische Verwaltungsbeamte ganz zu sich selbst gekommen zu sein. Fast meint man, aus seinen einschlägigen Bemerkungen jene Attitüde herauszulesen, die Joseph Schumpeter als »kriegerische Disposition« des Adels beschrieben hat.[17] Und in der Tat: Aristokratie und »Kriegertum« gehörten für Schulenburg unauflöslich zusammen. Ihr gemeinsamer Nenner war der Gegensatz zur bürgerlichen Welt. Noch auf dem Höhepunkt der deutschen Blitzkriegerfolge in Frankreich äußerte Schulenburg heftige Vorbehalte gegen den Typus des »Bürgersoldaten, [dem] nichts am ursprünglichen Soldatsein und Kämpfen, sondern alles an Laufbahn, Gehalt und wirtschaftlicher Sicherung« liege.[18] Auf der gleichen Linie stellte er im Sommer 1941, angesichts des Todes vieler seiner aristokratischen Offizierskameraden, fest:»Der Adel bringt wieder sein Blutopfer. Solange er das tut, hat er noch sein Daseinsrecht als staatstragende Schicht.«[19]

Nicht von ungefähr wählte Schulenburg deshalb auch das Potsdamer Infanterieregiment 9 zu seiner Stammeinheit. Dort war er im Sommer 1938 ausgebildet worden.[20] Das »Graf Neun«, wie das Regiment wegen seines hohen Anteils an adeligen Offizieren scherzhaft genannt wurde, trug offiziell die Tradition mehrerer preußischer Garderegimenter, darunter des Ersten Garderegiments zu Fuß, in dem die meisten Hohenzollern gedient hatten. »Eine Schlacht ist nie verloren, solange das Regiment Garde du Corps nicht angegriffen hat«, soll Friedrich der Große über eines der Vorläufer-Regimenter des I.R. 9 gesagt haben. Neunzehn Angehörige und Ehemalige des I.R. 9 sollten später zu den Aufständischen des 20. Juli gehören. Kein anderes Wehrmachtsregiment führte so viele Widerstandskämpfer in seinen Reihen.[21]

Etwas von der beschriebenen »feudalen« Disposition ist offenbar auch in Schulenburgs Aussehen und Habitus eingeflossen. Freunde beschreiben ihn als »nicht gerade groß, mit einem verwegenen Gesicht voller Schmisse, in dem eine Hakennase etwas schief saß ... Romantisch, ziemlich wild und insgeheim sentimental, übte er auf seine Umgebung und vor allem im Krieg auf seine jüngeren Kameraden einen großen Zauber aus ... In seinen Adern floß das Blut eines Frondeurs, der Rechtlosigkeit und Terror zutiefst verabscheute.«[22]

Schulenburgs Verklärung der verschworenen Männergemeinschaft im Kriege trug beinahe erotische Züge. Das von ihm unter dem Pseudonym Detlev Friedrichsen verfaßte Reclam-Bändchen »Ein Leutnant von der Infanterie« setzte der soldatischen Frontgemeinschaft im allgemeinen und einem Kriegskameraden, dem Oberleutnant Dietrich Constantin, im besonderen ein Denkmal.[23] Es steckt viel vom Selbstverständnis rechter paramilitärischer Kampfbünde aus der Zeit der Weimarer Republik in dieser Schrift. Krieg als Schicksal, Kampfmetaphorik, existentialistische Bildersprache und das »Motiv des verlorenen Haufens«,[24] all das findet sich in dem Reclam-Bändchen von 1942.[25]

»Wir marschierten in langen Märschen nahezu pausenlos durch die Weite Rußlands, Seite an Seite vor der Kompanie; auf sandigen Wegen, durch Sonne, Hitze und Staub; durch das Dunkel langer Nächte, die sich vor Mitternacht wie Blei in das Blut hängten, dem Dämmern des Morgens entgegen. Ich sehe noch Deine Gestalt an meiner Seite, straff und hager, zu allen Stunden ungebeugt, auch wenn die Dauer des Marsches sich immer schwerer auf alle legte, in gleichbleibendem Rhythmus ausschreitend. Du gingest im festen Schritt der Land- und Forstleute, seltsam vorwärtsdrängend, als zöge Dich ein Ziel mächtig in die Ferne, mit erhobenem Haupte und einem Blicke, der sich in die Weite richtete ...

So zogen wir Seite an Seite im Zuge des grauen Heeres, das sich in mächtiger Ordnung in die östlichen Weiten ergoß, schweigend, hin und wieder ein Wort wechselnd, die Blicke in die Landschaft tauchend. In uns brannte, wie in allen, eine Frage, ein Gedanke: Kommen wir Männer vom deutschen Fußvolke noch zum Kampfe? Oder gewinnen die Panzer den Krieg? Sind wir nur verurteilt, hinterherzumarschieren? ...

Am 20. Juli, mittags 2.00 Uhr griffen wir an, Dein Zug und mein Zug nebeneinander. Alles ging zunächst leicht vonstatten. Als ich während des Angriffs einen Blick zu Dir hinüber warf, stürmtest Du weit vorn, die Maschinenpistole an der Hüfte, schießend und mit Deinen prächtigen Oberjägern und einigen beherzten Männern die Spitze eines Keiles bildend. In diesem Bild lag alles: Du warst die Spitze, die alle Kraft und allen Vorwärtsdrang in sich zusammenraffte und Bahn brach ...

Vor uns gingen die Russen in Stellung. Maschinengewehrgarben peitschten in unsere Reihen, das Angriffsgelände war unübersichtlich und ungünstig. Wir trauten dem Angriff nicht. Aber Befehl war Befehl. Wir traten an. Und in uns war wieder alles Sicherheit und Vorwärtsdrang. Aus dem Angriff wurde eine lärmende, fröhliche ›Jagd‹, wie wir [es] später nannten. Unsere Leute stürmten voller Schwung vorwärts, schossen stehend freihändig und räucherten mit lauten Rufen und Lachen die verdutzten Russen aus ...

Gemeinsam nahmen wir dann die Verbindung mit der Nachbarkompanie auf ... Als wir in die Stellung einrückten, schob sich der Russe in unsere rechte Flanke und eröffnete das Feuer auf meinen Zug. Es kostete Verluste und drohte übermächtig zu werden. Ich mußte alle Kräfte anspannen um zu halten und bat Dich, mir zwei Maschinengewehre zur Verfügung zu stellen. Wie selbstverständlich entblößtest Du Deine nur schwach besetzte Front. Dadurch wurden wir der Lage Herr, die Kraft des Feindes brach sich, das Feuer klang langsam ab. Ich ging, nur durch Armschuß verwundet, zum Truppenverbandsplatz, kehrte aber am Abend auf eigene Verantwortung zur Truppe zurück. In der Fürsorge ohne Worte, mit der Du mich umgabst, spürte ich Dein Einverständnis ...

Du hattest in einem Dorf gesessen, als uns der Befehl zurückrief. Die Panzer drangen ein. Dein Wille hielt die Schar zusammen ... bis zum letzten Schuß. Dann schlugst Du Dich durch dichte Wälder zur Division durch. Dein Fuß wurde von einer Gewehrkugel durchschossen. Du marschiertest weiter, ohne einen Schmerzenslaut. Den letzten Teil des Weges rittest Du – wie in einer Sage – auf einem Schimmel, den Deine Leute für Dich eingefangen hatten. Dein ungebrochener Wille hatte auch diesmal den Strudel um Dich bezwungen ...

Die Stunde des Abschieds schlug. Dem Ruf, an anderer Stelle dem Reiche zu dienen, dem ich mich vor der Schlacht bei W[Jasma] versagte, konnte ich mich nicht mehr entziehen. Es war, als schnitte eine grausame Hand mich von allem ab, was mich gerade in diesem letzten halben Jahr erfüllt hatte. Es war unsagbar schwer, sich von dieser einfachen, derben und tapferen Welt loszureißen, von den Männern meines Zuges, die mir alle ans Herz gewachsen waren, von Dir, dem Kämpfer, dem Kameraden, dem Freunde ... Am nächsten Morgen hatten wir beide die Schwere des Abschieds von uns geworfen. Wir scherzten wie zwei Ritter eines Glaubens und eines Heerbannes, die sich voneinander trennten, um kurze Zeit verschiedene Wege zu ziehen.«

Es war das Ideal des »Stoßtruppführers«, das Schulenburg hier voller Überzeugung propagierte.[26] Ihn reizte die Ausnahmesituation. Und dies war es wohl auch, was ihn für seine spätere Rolle im Widerstand prädestinierte.

»Die Auslöschung des Bolschewismus«

Im Sommer 1941 scheint Schulenburg dem NS-Regime noch einmal ein gutes Stück nähergekommen zu sein. Der Angriff auf die Sowjetunion fand seine volle Billigung. »Entscheidend ist aber«, heißt es im Kriegstagebuch von der russischen Front am 28. August 1941, »daß die Führung des Reiches einen Auftrag des Schicksals vollzieht. Ihr ist vom Schicksal übertragen die Auslöschung des Bolschewismus, die Schaffung des Reiches und [des] Großwirtschaftsraumes Europa mit östlichen Aufbaugebieten, die Auflösung Rußlands und die Ersetzung des parasitären Kapitalismus durch eine neue Gemeinschaftsordnung.«[27]

Im Feindbild des Bolschewismus brachte Schulenburg seine Obsessionen gegen die vorgeblich seelen- und gottlose Welt der Moderne auf den Begriff. Der Bolschewismus verkörperte für ihn den »Traum von der Allmacht der Technik« und die »Vergötzung« des Verstandes. »Der Mensch wird zum Gott«, heißt es im Kriegstagebuch, »und sein Verstand zur alles wirkenden Kraft.«[28] Im Sowjetstaat sah Schulenburg Natur und Familie gleichermaßen zerstört, die Frau als Arbeitssklavin ausgebeutet und die Kirche zu weltlichen Zwecken mißbraucht. Dem Bolschewismus sei es gelungen, »die Menschen wenigstens äußerlich gleichzumachen, d. h. sie verflachen, verkümmern zu lassen, damit sie zur Masse werden, die sich von den Machthabern auf Grund des Mangels an Persönlichkeit und Urteilskraft kneten und knechten läßt«.[29]

Ganz offensichtlich betrachtete Schulenburg das »Unternehmen Barbarossa« als eine Art Weltanschauungskrieg. Auch in seinen Augen durfte dem Gegner »kein Pardon« gegeben werden, da auch dieser mit größter Erbarmungslosigkeit kämpfte. Von Anfang an wandte sich Schulenburg jedoch gegen das »planlose Erschießen« von Gefangenen, wenn auch nicht aus humanitären Gründen oder aus völkerrechtlichen Erwägungen, sondern aus Sorge um die »Disziplin« der Truppe. »Zweifellos«, so heißt es im Kriegstagebuch, »steckt eine Gefahr für die Disziplin darin, wenn unsere Leute anfangen auf eigene Faust ›umzulegen‹. Wenn wir das zulassen, begeben wir uns auf die Ebene der SS. Zweifellos verdient der Russe nach [seiner] Kampfesweise keinen Pardon mehr. Aber dann müssen sie im Kampf oder nur auf Befehl von Offizieren erschossen werden. Alles andere beseitigt schlechthin alle Hemmungen und läßt keine Möglichkeit mehr, die einmal losgelassenen Triebe einzufangen.«[30]

Wenig später zeigt sich Schulenburg erleichtert über einen »klaren Befehl« seiner Vorgesetzten: »Nur wer mit der Waffe in der Hand im Kampfe steht, wer aus dem Hinterhalt schießt, wer sich als Gefangener widersetzt oder flieht, darf erschossen werden. Sonst nur auf Befehl eines Offiziers, der verantwortlich ist. Ich freue mich, das Heer hat wieder rasch und entschieden seine Grundsätze klargestellt, ohne die es zerfallen muß.«[31]

Befohlene, durch Offiziere verantwortete Gewalt ja, »wilde« Erschießungen nein. Mit dieser Haltung stellte Schulenburg, wie viele seiner Offizierskameraden an der Ostfront, die förmliche Disziplin der Truppe über das Kriegs- und Völkerrecht. Die Geschichte des Krieges im Osten sollte zeigen, daß sich das Beharren auf preußisch-militärischen Sekundärtugenden sehr wohl mit der Akzeptanz offenkundig völkerrechtswidriger Befehle in Einklang bringen ließ. Der berühmtberüchtigte »Kommissarbefehl« und die Unterstützung, welche die deutsche Wehrmacht den sogenannten Einsatzgruppen im Krieg gegen die Sowjetunion gewährte, sind der Beweis.[32] Kaum einer von denen, die »planlos« kriegsgefangene Polen, Russen und Juden erschossen, wurde belangt – und dies angesichts einer Wehrmachtsjustiz, die kleinste Vergehen drakonisch bestrafte.[33]

Daß den Deutschen in den östlichen Regionen Europas das »Regiment«[34] wie selbstverständlich zustehe, darüber gab es für Schulenburg keinen Zweifel. »Das Reich der Zukunft [wird] Staaten, Völker und Bewegungen im mittel- und osteuropäischen Raum unter einer Führung zusammenfassen«,[35] schrieb er schon bald nach der nationalsozialistischen Machtergreifung. Die Sowjetunion spielte von Anfang an eine besondere Rolle in seinen Überlegungen. Dieses »rätselhafte Land«, hieß es 1941, verlange »geradezu ... nach der schöpferischen Kraft, der ordnenden Hand und dem rechtlichen Sinn der Deutschen«.[36]

»Osten«, das war für Schulenburg mehr als nur eine geographische Kategorie. Es war ein Zauberwort, in dem sich der Mythos einer Welt jenseits der modernen westlich-demokratischen Kultur verdichtete. Im Osten, davon war Schulenburg überzeugt, würden sich die Deutschen auf jene Kraft besinnen, die das alte Preußen groß und mächtig gemacht hatte, auf den Geist der Kolonisation. In der Besiedlung dieser Gebiete sah er deshalb die »Riesenaufgabe« des Reiches, das »große soziale Befreiungswerk von der Enge und Not des deutschen Raumes«. Die Bewältigung dieser Aufgabe entscheide darüber, ob das Volk endgültig der »städtischen Zivilisation« verfalle oder im Osten noch einmal Wurzeln schlage und sich von innen her erneuere.[37]

Über den Krieg gegen die Westalliierten dachte Schulenburg nüchterner. Die Kampfkraft Großbritanniens und der USA, besonders die wirtschaftliche Stärke dieser beiden Länder, schätzte er hoch ein, auch wenn er das Gesellschaftssystem der Westmächte als Symbol des »alt gewordenen Kapitalismus und Imperialismus« bezeichnete.[38] Was den Kriegsausgang betraf, blickte Schulenburg im August 1941 noch optimistisch in die Zukunft. Er prognostizierte, »daß wir Europa und den Osten nach schweren Kämpfen behaupten«. Im Westen erwarte er ein militärisches Patt, das immerhin die Möglichkeit biete, sich »à la Hubertusburger zu verständigen, etwa 1943«.[39]

Von den Vormarscherfolgen in der Sowjetunion ließ sich anfangs auch Schulenburg blenden. Wie viele Deutsche glaubte er, die kommunistische Führung sei weder in der Bevölkerung noch in der kämpfenden Truppe verankert, und die Kampfkraft der Roten Armee werde allein unter dem Druck der Kommissare aufrechterhalten.

Diese kämpften mit dem Mut der Verzweiflung, da »die Möglichkeit einer Flucht ... der führenden Schicht als ganze« nicht bleibe. Die Herrschaft der Kommissare trug für Schulenburg aber »den Zersetzungskeim in sich«. Sie wirke wie eine »Kampferspritze, die im Augenblick zwar noch einmal die Ordnung stärken kann, diese aber dann mit reißender Gewalt zerstören muß, da sie einer truppenfremden Stelle die Befehlsgewalt gibt und sie den Kommandeuren nimmt«.[40]

Der Frontalltag belehrte Schulenburg schon bald eines besseren. In die wachsenden Zweifel, ob der Krieg im Osten mit einem Schlage zu gewinnen sei, und in die Erkenntnis, daß von einem »Spaziergang« keine Rede mehr sein könne, mischte sich bald auch Anerkennung der

Leistung des Gegners und seiner Kriegführung. »Die Russen schlagen sich hervorragend und zäh, . . . ausgezeichnet aufgebaute Stellungen«, vermerkte Schulenburg bereits Mitte August in seinem Kriegstagebuch. Ein Jahr später, im September 1942, sollte er mit Helmuth von Moltke darin übereinstimmen, »daß das Verhältnis zwischen Offizier und Mannschaft in der Roten Armee . . . einfach schlechthin vorbildlich und eigentlich unerreichbar« sei.[41]

Das Bild von den morschen inneren Grundlagen des Bolschewismus und die Vorstellung einer ausschließlich vom Terror der roten Kommissare zusammengehaltenen Armee verloren angesichts der Realität an Bedeutung. Schulenburg gestand sich ein, daß ein »starker Geist der Solidarität« Zivilbevölkerung und Armee zusammenhielt. Damit bewies er weit mehr Wirklichkeitssinn als Hitler und seine Satrapen, unterschied sich aber auch von einem Großteil der Wehrmachtsoffiziere, die zumindest bis zum Stalingrad-Desaster höchst abschätzig über die russische Kampfkraft urteilten.[42]

Als Folge dieser zunehmend realistischeren Einschätzung der Lage an der Ostfront rückte in Schulenburgs Überlegungen ein Faktor in den Vordergrund, dessen letztlich kriegsentscheidende Bedeutung er bereits während der Besetzung Polens und später im Krieg gegen Frankreich immer wieder hervorgehoben hatte: die Zivilbevölkerung und deren Behandlung durch die deutsche Besatzung.

Die nationalsozialistische Kriegs- und Besatzungspolitik

»Ohne zu überzeugen, kann niemand herrschen.«[43] An dieser Maxime mußte sich für Schulenburg die deutsche Besatzungspolitik im Westen wie im Osten orientieren, und darin unterschied er sich grundlegend von nationalsozialistischen Eiferern wie Greiser, Koch oder Himmler. Das bedeutete keineswegs, daß nicht auch Schulenburg von einem starken Gefühl kultureller und zivilisatorischer Überlegenheit alles Deutschen durchdrungen gewesen wäre. Seine Beurteilungen des Nationalcharakters der Polen und Franzosen[44] geben darüber genauso Aufschluß wie die Kriegstagebuch-Eintragungen über den »Sowjetmenschen«. »Der Russe«, heißt es im Juli 1941, »hat im Sowjetstaat sein Gesicht verloren. Hat er je eines gehabt? Wahrscheinlich nur das der führenden Schicht! Richtig ist: Es fehlt eigentlich ganz das hochgezüchtete, scharf geschnittene Intelligenzgesicht. Wenn man bei uns einen Haufen Soldaten sieht, so spiegelt sich in den vielfältigen Gesichtern das gegliederte Gefüge des Volkes, das aus dem Rohstoff des primitiven Menschen in verschiedenen Stufen des Übergangs immer schärfer Form und Geist herausmeißelt. Hier gibt es dem Geblüt und dem Gesicht nach Führer, Unterführer und Geführte. Demgegenüber starrt einen im grauen Heer der Gefangenen aus den Gesichtern die dumpfe, ungegliederte Masse an, das russische Gesicht im ganzen, unglaublich breit und flach gewalzt. Es leidet deutlich daran, daß dies Volk seine Führerschicht verloren hat.«[45]

Auch Schulenburg versprach sich von der Zukunft die Vorherrschaft des Deutschen Reiches in Europa. Über das Schicksal der nichtdeutschen Völker hatte er jedoch eine sehr eigene, von der nationalsozialistischen Untermenschenpropaganda und -politik gänzlich abweichende Ansicht. Sein Kriegstagebuch gibt auch darüber Aufschluß:»Wenn die imperialistische Politik der Verbündeten« – so hieß es dort mit Spitze gegen die Westalliierten –»ein Volk nach dem anderen einem Zwangsregiment unterwirft, so muß unser Regiment den Völkern, die unter unserer Führung stehen, ihre völkische Eigenart, die Freiheit, sich politisch und kulturell zu entfalten, ungehindert lassen und über ihr das Fundament einer neuen Ordnung errichten, die sich sowohl auf eine Neugeburt der abendländischen Werte wie auf eine europäische Großraumwirtschaft gründet und zwar mit möglichst wenig Apparat und Zwang. Wir haben die Kraft und das Können, ein neues Europa mit Ostglacis zu planen, zu ordnen, aufzubauen. Wir vollziehen damit den Auftrag des Schicksals! Daher wird die innere Zustimmung der unter unserem Schutz stehenden Völker sich auf Dauer von selbst ergeben, wenn die Politik nur von der Sache bestimmt wird und von dem Maß, das die Sache fordert. Je höher die Ordnung steht, desto mehr wird sie sich von innen festigen, selbstverständlich werden und den Gegnern die Waffen der Propaganda aus der Hand schlagen.«[46]

Schulenburgs Hegemonialträume waren unleugbar eine Spielart imperialistischer Politik. Sein Verwaltungsregiment in Schlesien hatte gezeigt, wie er sich deutsche Superiorität in der Praxis vorstellte. Und dennoch: Schulenburgs moralische Grundhaltung einerseits, die Tatsache, daß die brutale Unterdrückungs- und Ausrottungspolitik den Widerstandsgeist der Unterworfenen nur noch anstachelte, andererseits machten ihn zum entschiedenen Gegner jeder unterschiedslos schlechten Behandlung der von den deutschen Truppen unterworfenen Zivilbevölkerung und der Kriegsgefangenen. Schon im Juni 1941 hatte Schulenburg die Politik des Gauleiters Greiser im Wartheland »dumm . . ., gemein [und] wenig überzeugend für Volksdeutsche und Polen«[47] genannt. Zunehmend kritisch sollte er bald auch der deutschen Besatzungspolitik im Westen gegenüberstehen. In dieser Hinsicht wurde seine Skepsis von Cäsar von Hofacker bestärkt, seinem alten Freund aus den Tagen der »Bündischen Reichsschaft«.

Hofacker war Ende Juni 1940 vom Reichsluftfahrtministerium nach Paris versetzt und dem Militärverwaltungschef als Leiter des Referats »Eisenschaffende Industrie und Gießereien« zugeteilt worden.[48] Der Major der Reserve hatte auf diese Versetzung selber hingewirkt. In Paris vertrat er vor allem die Belange der Vereinigten Stahlwerke, deren Angestellter er vor dem Krieg gewesen war. Auch und gerade im Interesse seines früheren Arbeitgebers arbeitete Hofacker an einer Verbesserung der Beziehungen zwischen dem Reich und Vichy-Frankreich.[49]

Dieses Interesse sollte seinen Blick für die Mißstände der deutschen Besatzungspolitik in Frankreich noch schärfen. Das Grundübel sah Hofacker, wie er Ende Oktober 1941 an Schulenburg schrieb, vor allem in der völligen Unfähigkeit der deutschen Seite, dem unterworfenen Frankreich »wenigstens noch ein Minimum an eigener Macht, einen Schein von Souveränität« zuzugestehen. Man steuere statt dessen »die unmittelbare, uneingeschränkte, sofortige zentrale Diktatur von Berlin« an. Verantwortlich dafür sei, so Hofacker, derselbe »Totalitätsfanatismus auf außenpolitischem Gebiet, den wir innenpolitisch in den letzten acht Jahren durchexerziert haben«. Die Franzosen empfänden die deutsche Besatzungspolitik »als unehrlich, hinterhältig, napoleonisch, jedenfalls uneuropäisch. Den Respekt vor unserer Verwaltung haben sie verloren.« Er persönlich glaube aber, schloß Hofakker seinen Brief, »daß es trotz alledem, trotz aller gemachten Fehler und aller Versteifung der Situation auch heute noch nicht zu spät ist, Frankreich zu uns herüberzuziehen«.[50]

Schulenburg stimmte mit Hofacker in allen Punkten überein. Schon einige Monate zuvor, im Sommer 1941, hatte er gegenüber dem als Militärverwaltungsrat in Frankreich tätigen Carlo Schmid geäußert, ihm »gefalle die Art und Weise, wie man [in Frankreich] Staat und Volk behandle, gar nicht. Ein siegreiches Deutschland werde doch dereinst Nachbarn brauchen, die sich zu ihm hingezogen fühlen; er halte es für eine Illusion zu glauben, man werde die deutsche Hegemonie über ein neues Europa allein auf der Gewalt der Waffen und der Macht der Polizei aufbauen können.«[51]

Was für Frankreich galt, mußte in Schulenburgs Augen im Prinzip auch für Rußland gelten. Die Goebbelssche Propagandaformel, der Feldzug richte sich nicht gegen das russische Volk, sondern gegen die Rote Armee, die Rote Luftwaffe und die Rote Kriegsmarine,[52] wurde von ihm für bare Münze genommen. »Wir kommen als Befreier des russischen Volkes vom Bolschewismus«, hatte er Anfang Juli 1941 in sein Kriegstagebuch geschrieben und sich ganz entschieden dagegen gewandt, die deutsche Kriegführung »auf die Ebene der SS« absinken zu lassen. In sein Kriegstagebuch notierte er ohne Kommentar, aber sicher voller Abscheu und Mißbilligung die Greueltaten der Sonderkommandos.[53] Sein Leitbild eines Kreuzzugs zur Befreiung Rußlands vertrug sich wenig mit Himmlers Vorstellungen vom slawischen Untermenschen und mit der in der offiziellen Propaganda üblichen Degradierung der Bevölkerung Rußlands zu »Heloten«. In einem Land, das gerade vom Bolschewismus befreit sei, so Schulenburg, könne man »nur nach Grundsätzen regieren, die den bolschewistischen entgegengesetzt sind. Eigentum, Freiheit der Person, der Meinungsäußerung, der Religion [müssen] die unabdingbaren Elemente der Politik« werden.[54]

Angesichts des Rassenwahns und des brutalen Vernichtungswillens, den nicht nur die SS und die nationalsozialistischen Sonderbehörden, sondern auch viele militärische Stellen an den Tag legten, zerschlug sich Schulenburgs Traum vom russischen Bauerntum als natürlicher Hilfstruppe im Kampf gegen den Sowjetstaat und als »Kern des neuen Rußland«. Seine Überlegung, die wirtschaftliche Privatinitiative der Landbevölkerung zu fördern und ihr in diesem Zusammenhang das »Eigentum an Haus, Hof, Garten« zurückzugeben sowie ein reichlich bemessenes Deputat vom Ernteertrag zuzugestehen,[55] erwies sich in der Realität als undurchführbar. Dieser Gedanke scheiterte nicht allein an der SS, sondern auch am weitverbreiteten Vandalismus der deutschen Landser, die – oftmals angestachelt, auf jeden Fall aber legitimiert durch die offizielle Herrenmenschenpropaganda – das Land regelrecht kahlräuberten und damit die Zivilbevölkerung zusätzlich in Not und Elend stürzten.[56]

Schulenburg hat seiner Enttäuschung über die deutsche Politik in den besetzten Gebieten im Verlaufe des Krieges immer unverhohlener Ausdruck gegeben. Noch im Sommer 1941 hegte er die Hoffnung, »daß wir die besten Männer in die besetzten Gebiete zu unseren Schutzvölkern entsenden, Männer von sachlichem Können, persönlicher Sauberkeit und überlegenem Menschentum«.[57] Diese Hoffnung wurde gründlich enttäuscht. In einem Schreiben an seine Frau aus dem Jahre 1942 zeigte er sich abgestoßen von dem arroganten und selbstherrlichen Verhalten vieler Deutscher in den Kriegsgebieten und von den »sich widersprechenden Maßnahmen verschiedener Stellen«, die auf die einheimische Bevölkerung vielfach »enttäuschend« wirkten und sie zunehmend der deutschen Seite entfremde-ten.[58]

Ein weiteres Jahr später, nach einem Aufenthalt in Paris, fiel die Bilanz noch düsterer aus. In Frankreich, so Schulenburg, hätten die Deutschen »die Maßstäbe für Ehre und Sauberkeit« verloren und damit nicht nur politisch, sondern auch moralisch allen Kredit ver-spielt.[59] Im Westen habe man sich »weder zur Klarheit einer schroffen noch zu einer persönlichen Politik durchringen können«; das »Gros unserer Männer«, so Schulenburg, sei dem französischen Geist erle-gen und »formlos und matt geworden«. Die Franzosen seien es, die sich »im Grunde genommen heute schon als Sieger« fühlen könn-ten.[60]

Das war im Juni 1943, als Schulenburg längst nicht mehr an die Reformierbarkeit des Dritten Reiches glaubte. Zwei Jahre zuvor hatte er in der zukünftigen Ostorientierung Deutschlands die zentrale Vor-bedingung für eine fundamentale kulturelle und politische Rückbe-sinnung des deutschen Volkes erblickt. Fern von den Zentren westli-cher Zivilisation mochte das Reich die »undeutsche Bürde« der Aufklärung, des Individualismus und des Liberalismus abstreifen, um für sich und den ganzen Kontinent zu einer »höheren Ordnung« zu kommen, die auf der »Neugeburt der abendländischen Werte« grün-dete. Diese Ordnung blieb auch jetzt, in den Aufzeichnungen des Kriegstagebuchs, führerschaftlich organisiert und in einem sehr au-toritären Sinne rechtsstaatlich. Verpflichtung auf das Gemeinwohl, »Wahrung der grundsätzlichen Freiheit der Person, des Eigentums, der Meinungs- und Religionsäußerung«, »Recht statt Willkür«, das waren für Schulenburg ihre tragenden Werte. Ihr Grundgesetz sollte ein mili-tanter Antibolschewismus werden. Letzterer diente auch als Integra-tions- und Legitimationsformel, um die unterworfenen »Schutzvöl-ker« auf die deutsche Seite zu ziehen und der »Pax Germanica« in Europa Überzeugungskraft zu verleihen.

Für dieses von Schulenburg im Sommer 1941 entworfene Szenario mochte in den ersten Jahren des Krieges in der Tat einiges sprechen. Ganz erstaunlich war das »Ausmaß an Zustimmung, das die Deut-schen anfangs bei faschistischen, nationalistischen und prodeutschen Gruppierungen in fast allen besetzten Gebieten fanden«. Das änderte sich jedoch rasch. Aufgrund ihrer Skrupellosigkeit waren die Deut-schen in allen besetzten Gebieten schon bald verhaßt, und der rigide deutsche Egoismus rief bei den betroffenen Völkern wachsenden Widerstand hervor.[61]

Unfähig zur Selbstreinigung:
Als Verwaltungsbeamter im Kriege

Die »höhere Ordnung«, die Schulenburg im Sommer 1941 vorschwebte, besaß für ihn eine unabdingbare Voraussetzung. »Wir müssen«,
schrieb er in sein Kriegstagebuch, »auch im inneren Regiment die
Bannerträger gegen den Bolschewismus werden.« Deshalb sei mit
allem aufzuräumen, was nicht dieser höheren Ordnung entspräche.
Ausschalten müsse man besonders »Kriegsgewinnler, Beutemacher
und Wirtschaftshyänen«.[62]

Hatte Schulenburg zur Zeit des Westfeldzuges die Reform von Staat
und Gesellschaft auf die Zeit nach dem Kriege verschieben wollen,
erschien sie ihm ein Jahr später – angesichts des Mehrfrontenkrie-
ges – geradezu als conditio sine qua non für die erfolgreiche Fortführung der militärischen Auseinandersetzung. »Die Zeit der großen Verwaltungsreformen« sei jetzt gekommen. Notwendig sei, sie im Kriege
durchzuführen, denn nur die »harte Faust des Krieges« könne »diesen
gordischen Knoten« durchhauen und »das Notwendigste wieder in
den Vordergrund« stellen. An der Zielrichtung der geforderten Reform ließ Schulenburg keinen Zweifel: Der Gegensatz von Partei und
Staat, ihre »Doppelorganisation« in den sachlichen Arbeitsgebieten
müsse verschwinden. »Die besten Männer«, so seine Forderung, müßten »im Staate an das Ruder, da es gilt Stürme zu durchschiffen«.[63]

Die Reform dürfe sich jedoch nicht auf die Spitze beschränken, sie
müsse sich bis in die Glieder fortsetzen: den »gesamten schreibenden
... und verwaltenden Apparat« hielt Schulenburg für »überkompliziert, übersetzt an Organisation und Menschen«. Hier müsse von
Grund auf Remedur geschaffen werden. Ziel sei es, »zu dezentralisieren, zu vereinfachen, überflüssige Reibungen auszuschalten, die Einheit der Befehlsgewalt herzustellen«.[64]

Schulenburgs Reformgedanken knüpften an eine Denkfigur an, die
vor und während des Ersten Weltkriegs im Lager der politischen
Rechten und in der akademischen Welt Deutschlands viele Anhänger
besaß. Es handelte sich um die Vorstellung, am Krieg und an der mit
ihm verbundenen sozialen Militarisierung und Disziplinierung würde
Deutschland genesen und zu seiner von der politischen Kultur Westeuropas deutlich unterschiedenen Eigenart zurückfinden. Der Glaube
an eine in diesem Sinne staats- und gesellschaftsbildende Dynamik
des Krieges überlebte die Niederlage von 1918. Noch in der Weimarer
Zeit war es gang und gäbe, denkwürdige historische Daten wie Taurog-
gen, Königgrätz und Sedan als geschichtsmächtige Beweise für den

positiven Zusammenhang von Krieg und gesellschaftlicher beziehungsweise staatlicher »renovatio« heranzuziehen.[65] Warum sollte das »historische Gesetz«, das in den Befreiungskriegen und in der Bismarck-Ära zugunsten der Machtentfaltung Preußens und des Reiches gewirkt hatte, ausgerechnet jetzt versagen, wo der Krieg totale Ausmaße angenommen und Deutschland nicht mehr nur einzelne Nationen, sondern die halbe Welt zum Feind hatte?

In den ersten Kriegsjahren war Schulenburg bereit, sich für eine Reform an Haupt und Gliedern zur Verfügung zu stellen und »an anderer Stelle [als an der Front], dem Reich zu dienen«.[66] An Angeboten mangelte es nicht. Im Innenministerium hielt man den Regierungspräsidenten für den geeigneten Mann, dem inflationären Machtschwund staatlicher Instanzen gewissermaßen vor Ort Einhalt zu bieten. Bereits kurz nach seinem Ausscheiden aus dem Oberpräsidium Breslau hatten Schulenburg einige hochkarätige Verwendungsangebote erreicht. Nicht von ungefähr betrafen sie hauptsächlich die okkupierten Gebiete, da sich die Sonderbehörden von SS und Partei dort noch weniger als im Altreich um die angestammten Kompetenzen der Verwaltung scherten.

Für den Fall, daß das Unternehmen Seelöwe gelungen wäre, war Schulenburg für eine höhere Position in der Militärverwaltung Englands vorgesehen.[67] Nachdem sich der Plan für die Invasion der Insel zerschlagen hatte, sollte Schulenburg im Januar 1941 als Verwaltungsvertreter des Reichskommissars in Norwegen, Joseph Terboven, nach Oslo gehen; im gleichen Jahr war er als Mitarbeiter des Gauleiters Karl Hanke in Niederschlesien[68], später dann als Regierungspräsident von Düsseldorf im Gespräch. Erich Koch reklamierte ihn im August 1941 für die Verwaltung in der Ukraine, und das Reichsinnenministerium beabsichtigte, ihn im Januar 1944 als Stellvertreter Hinrich Lohses in das Baltikum[69] und im Juni 1944 als Militärverwaltungschef nach Lyon zu senden.

Zweifellos war der Regierungspräsident bei seinen vorgesetzten Stellen ein gefragter und wohlgelittener Mann. Er konnte es sich erlauben, wählerisch zu sein, und er nutzte diesen Spielraum auch. Der geplante Einsatz in Großbritannien scheiterte ohne sein Zutun, die Tätigkeiten in Oslo und in Niederschlesien lehnte er dagegen rundheraus ab. Dem Ministerialdirektor im Innenministerium, Otto Ehrensberger, den er aus dem Freundeskreis Peter Yorcks kannte, teilte er im Januar 1941 mit, daß er es ablehnen müsse, unter dem ehemaligen Essener Gauleiter Terboven zu arbeiten, da er »mit seiner politischen Linie dort nicht einverstanden« sei. Die Verwaltungsaufgabe in Niederschlesien wurde Schulenburg von Staatssekretär Pfundtner persönlich angetragen. »Er [Pfundtner] war sehr nett und fragte, ob ich unter Hanke in Niederschlesien arbeiten wolle. Ich sagte nein, vor allem in Hinblick auf die Person Hankes, dann deshalb, weil ich Anhänger der Einheit Schlesiens sei und nun nicht eine entgegengesetzte Politik betreiben wolle.«[70]

Die Chance, in Düsseldorf Regierungspräsident zu werden, zerschlug sich durch Schulenburgs Fronteinsatz in der Sowjetunion.[71] Ohnehin zeigte er wenig Neigung, an den Rhein zu wechseln, da ihm, wie er schrieb, »der Westen und die rheinische Zivilisation ... im Grunde wenig« lägen.[72] Der Einsatz unter Koch, seinem ehemaligen Chef und Förderer,[73] scheiterte offenbar an Schulenburgs Mißtrauen gegen den ostpreußischen Gauleiter, das sich angesichts Kochs fürchterlicher Despotie in der Ukraine als nur zu berechtigt erweisen sollte.

Die Aufgabe selbst hätte Schulenburg ohne Zweifel gereizt, der Osten lockte ihn. Dort lag, wie er schrieb, »in Zukunft der Schwerpunkt des Reiches, das Schwergewicht seiner Aufgaben. Hier kann noch schöpferisch verwaltet werden.« Ob das Reich den Krieg wirtschaftlich durchstand, hing für Schulenburg entscheidend davon ab, inwieweit es »die wirtschaftlichen Kräfte der Ukraine, Korn, Kohle, Erz ... nutzbar« machen konnte. Die Ukraine, so Schulenburg, »kommt für uns als Siedlungsraum nicht in Frage. Daher ist sie kein Bereich für Experimente auf dem Gebiet der Siedlung.« Viel sprach dafür, den Sprung zu wagen und Kochs Angebot anzunehmen. Andererseits gab es eine Reihe offener Fragen: »Wie wird die Grenze gezogen? Wer bestimmt die Politik? Wie weit betrachtet man die Ukraine als Beuteobjekt für Beutehungrige? Wie weit kann ich – was sehr wesentlich, wenn nicht entscheidend ist – über die Personalien entscheiden?«[74] Dies sei ein noch ungeklärtes Feld. Jedenfalls entschied sich Schulenburg im Sommer 1941, vorerst noch Soldat zu bleiben. Die ihm im Jahre 1944 zugedachten Posten im Baltikum und in Lyon lehnte er vermutlich ab, um seine Beteiligung an den Attentatsplänen nicht zu gefährden.

Der Wertschätzung, die Schulenburg im Reichsinnenministerium genoß, tat dies offenbar keinen Abbruch. Das Ministerium sah in ihm auch weiterhin einen Mann für besondere Aufgaben. Vom Januar 1942 an arbeitete er als hochrangiger Beamter mit Sonderstatus und Sonderaufgaben in verschiedenen Ministerien und militärischen Stäben. Sein Tätigkeitsfeld erstreckte sich dabei in erster Linie auf kriegsbedingte Reorganisations- und Rationalisierungsmaßnahmen in Staat und Wirtschaft.

Vom Reichswirtschaftsministerium wurde er Anfang Februar 1942 damit betraut, einen Maßnahmekatalog für den Personalabbau und die Verwaltungsvereinfachung bei den Reichsstellen für die Rohstoffbewirtschaftung auszuarbeiten.[75] Anfang April hatte er diese gutachterliche Tätigkeit beendet. In seinem Abschlußbericht[76] beklagte er die »vielfach unnötig kompliziert[e], umfangreich[e] und daher arbeits- und zeitraubend[e]« Verwaltung der Reichsstellen, die als Träger der Rohstofflenkung fungierten.[77] Um hier Abhilfe zu schaffen, schlug er eine Reihe konkreter Verwaltungsvereinfachungen vor und brach eine Lanze für die Stärkung der »Vertreter der Wirtschaft, also der Praxis«.

Nach seinem militärischen Zwecken gewidmeten Aufenthalt auf der Krim[78] wechselte er im Oktober 1942 in die Abteilung »Personal und Organisation« des Reichsernährungsministeriums. Dort übernahm er die Aufgabe, »auf dem Gebiet der landwirtschaftlichen Verwaltung Vereinfachungsmaßnahmen großen Ausmaßes durchzuführen«.[79] Die Berufung verdankte er nicht allein dem Berliner Innenministerium, sondern auch der Münchener Parteizentrale, bei der er offenbar kein Unbekannter war. »Und dieser Mann ist mir von der Parteikanzlei empfohlen worden«, stöhnte Herbert Backe, der starke Mann des Reichsernährungsministeriums, Ende Juli 1944, als Schulenburgs Verwicklung in das Attentat auf Hitler bekannt wurde.[80]

Ende März 1943 schied Schulenburg aus dem Ernährungsministerium aus, um sich ganz der Arbeit im sogenannten Sonderstab von Unruh zu widmen,[81] die er bereits im Januar 1943 mit einem Gutachten über Personaleinsparungsmöglichkeiten im Heereswaffenamt aufgenommen hatte.[82] Im Juni 1943 reiste er mit dem Stab nach Paris, um dort den Personalstand in der militärischen und zivilen Etappe gründlich zu überprüfen und überzählige frontverwendungsfähige Männer zu rekrutieren.[83] In der französischen Hauptstadt entwarf er auch ein Gutachten über die »Verwaltung von Groß-Paris«, das er Ende Juli 1943 dem Militärbefehlshaber in Frankreich, Karl-Heinrich von Stülpnagel, überreichte.[84]

Die Erfahrungen, die Schulenburg im Rahmen seiner Sondereinsätze machte, ließen in ihm die Überzeugung wachsen, daß jeder Versuch, das Regime zu reformieren, einer Sisyphosarbeit gleichkam. Die Einblicke in die Rohstoffbewirtschaftung und in die Kriegsproduktion Deutschlands, die er während seiner Tätigkeit gewann, waren mehr als deprimierend. Der von den Nationalsozialisten propagierte und von Schulenburg stets geforderte, auf Knopfdruck reagierende und für den totalen Kriegseinsatz gerüstete Verwaltungs-, Wirtschafts- und Militärapparat entpuppte sich in der Realität als Schimäre. Kompetenzwirrwarr und Desorganisation auf allen Ebenen bestimmten das Bild. Hinzu trat die erbitterte Konkurrenz der militärischen und zivilen Stellen untereinander um die knappen Ressourcen.[85] In den besetzten Gebieten offenbarten sich die Mängel noch unverhüllter als im Reich selbst. Aus Paris berichtete Schulenburg im Juli 1943 von einer »bunten Fülle von Dienststellen, die sich gegenseitig bekriegen und sich dick aufgebläht haben. Ein Heer von Menschen, die alle angeblich mit kriegsentscheidenden Dingen beschäftigt, nicht entbehrlich sind und doch ein Leben führen, das mit der Härte dieses Krieges keine Berührungen mehr hat und auch die Maßstäbe für Ehre und Sauberkeit nicht mehr hat. Es ist ein Augias-Stall.«[86] Auf dem Gebiet der Ernährung sah die Lage nicht viel besser aus. Enttäuscht schrieb Schulenburg im April 1943 an Bärbel Borchmeyer, ihm behage »die ganze Linie der bestehenden Politik nicht, da sie gewissen Kräften gegenüber« anscheinend auf dem Prinzip des geringsten Widerstands beruhe. Im Ernährungsministerium sah er »ein Heer von Interessenten« am Werke, »denen ihre Person über die Sache« gehe.[87]

Im Frühjahr 1943 schien Schulenburg alle Hoffnungen aufgegeben zu haben, das Dritte Reich könne unter dem Druck des Krieges zu einer Art Selbstreinigung finden. Der allgemeine Zustand, in dem sich die staatliche Verwaltung in der zweiten Kriegshälfte befand, bestätigte seine persönlichen Erfahrungen, die er in den unterschiedlichen Positionen hatte machen müssen. Keine der Verfassungs- und Verwaltungsreformen, für die er seit der Machtergreifung so engagiert geworben und gestritten hatte, war in die Wirklichkeit umgesetzt worden. Der Versuch, eine nationalsozialistische Verfassung an die Stelle der Weimarer Reichsverfassung zu setzen und ein einheitliches Verwaltungsrecht auf nationalsozialistischer Grundlage zu schaffen, scheiterte auf der ganzen Linie. Die »Deutsche Gemeindeordnung« von 1935, die das Führerprinzip auf kommunaler Ebene verankerte, war das einzige vollendete Projekt der geplanten Reichsreform geblieben. Hitler verbot sogar – die ständigen Klagen der Gauleiter vor Augen – alle weiteren Planungen in diese Richtung, ein Verbot, das von den betroffenen Stellen freilich ständig umgangen wurde.[88]

Das Reichsministerium des Innern als Vertreter des Staates war schon vor dem Kriege weitgehend entmachtet worden. Himmler, seit dem 20. August 1943 Reichsinnenminister, blieb in dieser Funktion weitgehend untätig. An die Stelle des Ministeriums trat faktisch die Reichskanzlei unter ihrem Chef Hans Heinrich Lammers. Aber auch deren Einfluß sank ständig. Der Diktator verlor zunehmend das Interesse an allem, was nicht unmittelbar die Kampfhandlungen und den militärischen Verlauf des Krieges betraf. Außerdem gelang es dem mächtigen Chef der Parteikanzlei, Martin Bormann, mit der Zeit, Lammers von Hitler fernzuhalten.[89] Für die staatliche Verwaltung hatte Wilhelm Stuckart schon im Mai 1943 eine Art Offenbarungseid geleistet. Resignierend notierte er, daß nicht mehr das Innenministerium, sondern nur noch die Reichsverteidigungskommissare, also die Gauleiter, die »zusammenhaltende Klammer« für die sich atomisierende Verwaltung bildeten.[90] Was half es da, wenn die nationalsozialistische Verwaltungswissenschaft der frühen vierziger Jahre den Verwaltungspraktiker Schulenburg in den Grundlinien seines Denkens bestätigte und wenn sich viele Beiträge eines so renommierten Fachblattes wie der von Wilhelm Stuckart, Reinhard Höhn, Werner Best und Gerhard Klopfer herausgegebenen Zeitschrift »Reich, Volksordnung, Lebensraum« wie Paraphrasen der Denkschriften und Artikel Schulenburgs lasen. Auch von vielen Wissenschaftlern wurde ein »Mindestmaß an Rechtsförmigkeit« gefordert. »Hemdsärmeligkeit des Gesetzgebers«, so Herbert Krüger, führe »zu Ungewißheit über Bestand oder Nichtbestand von Recht, d.h. zu Rechtsunsicherheit im Sinne von Ungewißheit der Rechtsexistenz«.[91] Niemals dürfe, wie Heinrich Muth in Übereinstimmung mit Schulenburg schrieb, »auf die Vorteile der auf einer möglichst einfachen und klar überschaubaren Hierarchie von Ämtern und Behörden beruhenden anstaltlichen Organisation ... verzichtet« werden.[92]

Wie bei Schulenburg stand auch in der nationalsozialistischen Verwaltungswissenschaft das Thema der Ausbildung und Erziehung des höheren Verwaltungsnachwuchses ganz obenan. Dabei wurde den alten preußischen Tugenden das Wort geredet. Helmut Stellrecht, »Stabsleiter des Beauftragten des Führers für die Überwachung der gesamten geistigen, weltanschaulichen Schulung und Erziehung der NSDAP«, beschwor die entscheidende Bedeutung des »Vorbildes« für die Erziehung des höheren Verwaltungsnachwuchses und berief sich dabei auf das Beispiel des deutschen Offiziers und die Figur des königlich-preußischen Landrates.[93] Wilhelm Stuckart selber trat in diesem Zusammenhang für die Schaffung eines »Verwaltungsführerkorps« ein, für einen »einheitlich ausgerichteten Typ des deutschen Verwaltungsführers«, wobei der Bezug auf die elitäre preußische Regierungsreferendarausbildung ebenso offenkundig war wie das Bemühen, aus den höheren Beamten eine den Machtträgern der Partei gleichberechtigte Elite zu schaffen, um damit staatlichen Belangen stärker Genüge zu tun.[94]

Zur Verwirklichung dessen wurde sowohl eine grundlegende Reform der Nachwuchsausbildung als auch eine gänzliche Neuorientierung der Verwaltungswissenschaft gefordert. Paul Ritterbusch verlangte eine »Lösung der Ausbildung für den öffentlichen Dienst von der Verengung auf den juristischen Sektor«,[95] und Wilhelm Stuckart kündigte den Abbau von zivil- und strafrechtlichen zugunsten von staats- und verwaltungsrechtlichen, wirtschafts- und sozialpolitischen sowie praxisorientierten Studieninhalten an.[96] Ähnliches hatte Schulenburg schon in seiner Denkschrift zum »Neubau des höheren Beamtentums« aus dem Jahre 1933 gefordert.

Fast verzweifelt muteten die Bemühungen der nationalsozialistischen Verwaltungswissenschaft an, die staatliche Verwaltung aufzuwerten. Verwaltung sei, so Wilhelm Stuckart, nicht nur Erhaltung von Bestehendem, sondern »schöpferisches Gestalten ... Gemeinschaftserhaltung und Gemeinschaftsgestaltung nach den Richtlinien der Führung«.[97] Zwischen den Zeilen war auch Kritik an der nationalsozialistischen Wirklichkeit unüberhörbar. K. Rudolf Werner forderte »Sachlichkeit« auch gegen den »Ressortegoismus« und seine »Sonderzwecke«, Gerechtigkeit auch »gegenüber anderen Völkern, über die von Trägern des deutschen öffentlichen Dienstes namens der deutschen Volksordnung Herrschaft ausgeübt wird«.[98]

Das alles war graue Theorie und hatte mit der Wirklichkeit nichts gemein. Niemand wußte das besser als der ehemalige Landrat, Polizeivizepräsident und Regierungspräsident Fritz-Dietlof Graf von der Schulenburg. Anfang April 1943 verfaßte er einen längeren Brief an seine Frau, der sich vordergründig mit seinen Erfahrungen im Reichsernährungsministerium beschäftigte, in Wirklichkeit aber einer Abrechnung mit dem NS-Staat gleichkam.

Ausgangspunkt der Kritik war, wie so oft, die nationalsozialistische Beamtenpolitik. Man habe, so Schulenburg, »aus dem Beamtentum etwas ganz anderes gemacht, als es früher war, aus einer führenden Schicht eine rein ausführende. Und da die Politik der jetzt führenden Schicht autonom ist und der Tradition des Staates und seinem inneren Gesetz zuwiderläuft, heißt es für das Beamtentum als Ganzes, biegen oder brechen. Viele sind gebrochen, entweder äußerlich aus ihren Stellungen gestoßen oder innerlich, indem sie nach anfänglichem Kampf den Widerstand aufgegeben haben. Die Mehrzahl biegt sich, d. h. sie geht ängstlich den Weg der Vorsicht und sucht ihre Ansichten nur noch durch Hintertüren durchzusetzen. Die in einem so großen Apparat ohnehin vorhandene Neigung zur Intrige gedeiht üppig. Das Beamtentum als Gemeinschaft, als Stand, der den einzelnen trug, ist

Potsdam bei Kriegsausbruch
1914: der Kaiser und die
Kaiserin zu Besuch beim
Garde du Corps. Auf dem
oberen Foto ganz links
der zwölfjährige Fritz-Dietlof,

rechts die Mutter, Freda-Marie
Gräfin Schulenburg.
Unten: Wilhelm II. im
Gespräch mit Friedrich Graf
von der Schulenburg

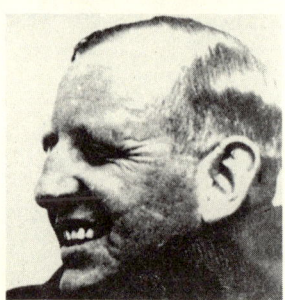

Oben: Fritz-Dietlof Graf von
der Schulenburg (rechts) mit
seiner Mutter und den
Brüdern Wolf-Werner und
Wilhelm; Tressow, etwa
1918
Links: an der Samlandküste,
Sommer 1934; rechts: Berlin
1938

Königsberg, Sommer 1932

Rechts: Friedrich Graf
von der Schulenburg
und der Chef des General-
stabs, Ludwig Beck, bei
Schulenburgs 50. Militär-
jubiläum, April 1938, im
Moltke-Zimmer des Großen
Generalstabs (im Hintergrund
die Generale Keitel und
Halder)
Unten: Hitler kondoliert
Fritz-Dietlof Graf von der
Schulenburg beim Staatsakt
für seinen Vater, Potsdam,
23. Mai 1939

nur noch in Resten vorhanden und hat für das Gros der Beamten keine Tragkraft mehr.«[99] Die aus diesen Zeilen deutlich hervorgehende Gleichsetzung von Staats- und Standesinteressen zeigt, wie wenig Schulenburg sich von jenem Denken zu lösen vermochte, das ihn als jungen Verwaltungsassessor auf die Seite der Nationalsozialisten gebracht hatte. Aber die Argumente von einst richteten sich jetzt gegen diejenigen, von denen er sich damals so viel versprochen hatte. Waren es seinerzeit die demokratischen, so waren es jetzt die nationalsozialistischen Eliten, die seiner Meinung nach verschwinden mußten, wollte man das Berufsbeamtentum als Stand und damit den Staat und seine Ordnung retten.[100]

Noch schien freilich nicht alles verloren: In die Kampfkraft des Heeres setzte Schulenburg weiterhin Vertrauen, und auch was die Entwicklungschancen des eigenen Standes betraf, glaubte er im Frühjahr 1943, daß »wahres Beamtentum wieder entstehen« könne.[101] Für Deutschland würde der Krieg zwar noch harte Prüfungen mit sich bringen, Staat und Nation würden diese jedoch bestehen. Eine Katharsis sei notwendig. »Dieses Volk«, heißt es in einem Brief an seine Frau vom Juni 1943, »muß ja vom Schicksal erbarmungslos hart geschlagen werden, damit die Scheinwerte zerbrechen und der echte Kern wieder wachsen kann. An der Front, in den unerbittlichen Kämpfen und in den Großstädten, über die der Luftkrieg apokalyptisch hinwegbraust, glühen schon die letzten Schlacken aus. Aber wir sind noch nicht am Ende dieser Not. Das ganze Volk wird noch hindurch müssen. Ich glaube nicht, daß es zerbricht oder auseinandergerissen wird. Aber erst dann kann es wieder gesunden.«[102]

Den Weg zu dieser Gesundung sah Schulenburg vorgezeichnet: »So glaube ich auch«, hieß es in dem bereits zitierten Brief vom April, »hinter dem tobenden Wirbel unserer Zeit zu sehen, wie sich die guten Kräfte zusammenfügen und wie trotz Sturm und Not, trotz allem, was wir noch an Menschen und Dingen verlieren werden, eine wahre Ordnung tief im Innern wie in den Zügen der staatlichen Ordnung im Werden ist. Ich selber spüre in allem, was mich betrifft, deutlich, wie sich alles fügt, wobei es gleichgültig ist, ob mich das Schicksal zu einer Aufgabe erwählt oder als Opfer fordert.«[103] War das ein versteckter Hinweis auf den sich formierenden 20. Juli? Hatte sich Schulenburg nach vielen vergeblichen Anläufen zur Verwirklichung der nationalsozialistischen Idee, wie er sie verstand, im Frühjahr 1943 endgültig dem Widerstand gegen Hitler verschrieben?

Der Weg in den Widerstand

Im »Grafenkreis« 1937–1940

Die Lösung des einstmals glühenden Nationalsozialisten Schulenburg vom NS-Regime vollzog sich nicht in einem einzigen »Damaskus-Erlebnis«, sondern in vielen kleinen Schritten. Schulenburgs Weg in den Widerstand glich streckenweise der Echternacher Springprozession: zwei Schritte nach vorn in Richtung auf eine entschiedene Ablehnung des Dritten Reiches, so kann man sein bereits konspiratives Engagement während der Fritsch-Affäre und der Sudetenkrise bezeichnen; einem Schritt rückwärts glich seine Haltung während der ersten Kriegsjahre.

Die zeitweilige Wiederannäherung an das Regime unterbrach den Prozeß der Distanzierung nur, um ihn nach neuen Enttäuschungen zu beschleunigen. Zweifellos waren es in diesem Zusammenhang die vielen klärenden Gespräche im Freundeskreis Peter Yorcks, die Schulenburgs zunehmende Ablehnung des Nationalsozialismus in politische Opposition umschlagen ließen.

Zu diesem sogenannten Grafenkreis zählte neben Peter Graf Yorck von Wartenburg[1] und Nikolaus Graf Üxküll Schulenburgs Freund und späterer Gewährsmann in Frankreich, Cäsar von Hofacker. Eine mit der Zeit immer bedeutendere Rolle spielte der junge Legationsrat im Auswärtigen Amt, Adam von Trott zu Solz. Ihn verband mit Schulenburg die gemeinsame Zugehörigkeit zu den »Göttinger Sachsen«.[2] Zum »Grafenkreis« gehörten ferner Ulrich Wilhelm Graf Schwerin von Schwanenfeld, Ordonnanzoffizier bei General von Witzleben, sowie Otto Ehrensberger, später Ministerialdirektor im Reichsinnenministerium. Den Kreis schlossen zwei junge Diplomaten, der Legationsrat im Auswärtigen Amt Eduard Brücklmeier und der Botschaftsrat Albrecht von Kessel, ebenfalls ein entfernter Verwandter Schulenburgs.[3]

Im Freundeskreis Peter Yorcks wurden die Ereignisse der deutschen Innen- und Außenpolitik aufmerksam verfolgt. Aufgrund seiner Zusammensetzung verfügte der Kreis über Hintergrundinformationen aus erster Hand. Sie ließen sich ohne Mühe zu einem aussagekräftigen Mosaik der politischen und gesellschaftlichen Wirklichkeit im Hitler-

Deutschland zusammenfügen, das für die Machthaber alles andere als schmeichelhaft war. Besonders die Außenpolitik des Dritten Reiches wurde kritisch unter die Lupe genommen, wobei sich Trott, aber auch Kessel und Brücklmeier hervortaten. Letztere gehörten zu den Vertrauten des Staatssekretärs im Auswärtigen Amt, Ernst von Weizsäkker, und standen wie dieser Hitlers außenpolitischem Vabanque-Spiel um die Tschechoslowakei und später um Polen mit außerordentlicher Skepsis gegenüber. Es ist gut möglich, daß ihre Situationsanalysen Schulenburg darin bestärkten,[4] sich in der Sudetenkrise dem Abwehroffizier Hans Oster zur Verfügung zu stellen.

Besonders Albrecht von Kessel hat später über die Vorkriegstreffen des »Grafenkreises« berichtet. Schon kurz nach 1933, so Kessel, sei man sich unter den Freunden Yorcks über den Unrechtscharakter des nationalsozialistischen Systems einig gewesen. Allerdings habe man sich der Illusion hingegeben, »es genüge, die Majorität des deutschen Volkes von den verbrecherischen Neigungen der Nazis zu überzeugen, um das Regime gleichsam automatisch zu stürzen«.[5]

Kessels Bemerkungen suggerierten eine ebenso frühe wie prinzipielle Gegnerschaft gegen das Hitler-Regime, die sicherlich nur die wenigsten der Freunde Yorcks empfunden haben dürften. Zweifel sind in dieser Beziehung nicht nur bei Schulenburg, sondern auch bei Hofacker und Üxküll angebracht, die gleichfalls Parteimitglieder waren. Daß sich Kessel und Brücklmeier später auf die Nähe zu Weizsäkker beriefen ist kein Beweis für ihren frühen Widerstand. Die Haltung des Staatssekretärs zur Politik des Dritten Reiches war durchaus ambivalent. Anders als Hitler, trat er im Falle der Tschechoslowakei für eine »chemische Lösung« ein, und an der gewaltsamen Liquidierung Polens störte ihn vor allem der Zeitplan, die übergroße Gefahr eines Eingreifens Frankreichs und Großbritanniens sowie der nicht nur in seinen Augen ungenügende Rüstungsstand des Reiches. Weizsäcker sprach sich gegen den »Großen Krieg« aus, aber eben auch für ein hegemoniales Großdeutschland, das seine territorialen und wirtschaftsimperialistischen Ansprüche notfalls auch mit Waffengewalt verwirklichen mußte.[6]

Nicht nur die Außen-, auch die Innenpolitik des nationalsozialistischen Deutschland wurde im »Grafenkreis« kritisch unter die Lupe genommen. Marion Gräfin Yorck von Wartenburg hat berichtet, wie sehr die Pogrome vom November 1938 die Freunde erschreckten und empörten.[7] In den brennenden Synagogen und verwüsteten jüdischen Geschäften sahen die jungen Diplomaten und Beamten ein Menetekel der zweiten nationalsozialistischen Revolution, die Wiedergeburt des verhaßten und längst totgeglaubten »braunen Bolschewismus« Röhmscher Prägung. Ein anderer Oppositioneller, der spätere Widerstandskämpfer Carl-Friedrich Goerdeler, hat die sogenannte Reichskristallnacht ganz in diesem Sinne als Auftakt einer neuen Welle von Verfolgungsmaßnahmen interpretiert, an deren Ende die Auflösung der bürgerlichen Ordnung in Deutschland und die Vernichtung ihrer Träger stehen werde. Gegenüber britischen Gewährsleuten äußerte Goerdeler Anfang Dezember 1938: »The persecution of the jews will continue with even greater ferocity. The persecution of the christians will be intensified and then will follow an onslaught on capital. Hitlerism desires the ultimate destruction of jews, christianity, capitalism.« Goerdeler gab hier eine weitverbreitete Stimmung wieder. »Wer kommt nach den Juden an die Reihe?« diese Frage beschäftigte nicht wenige Deutsche mehr als das Schicksal der betroffenen Juden.[8]

So sicher die Mitglieder des »Grafenkreises« die Verantwortlichen der Novemberpogrome und ihre Untaten verabscheuten, so unwahrscheinlich ist es, daß Yorck und seine Freunde bereits in der unmittelbaren Vorkriegszeit »Leitgedanken« für eine »klare demokratische, führungsfähige [Staats]konstruktion« und für einen »bundesstaatliche[n] Reichsaufbau unter einer mit genau begrenzten Rechten ausgestatteten Reichsregierung« entworfen hätten.[9] Otto Ehrensberger, von dem diese Information stammt, bezeichnet Schulenburg als einen der maßgeblichen Initiatoren dieser Planungen. Schulenburgs Selbstzeugnisse aus der fraglichen Zeit sprechen – wie gezeigt – eine andere Sprache. Nichts schien dem Grafen verhängnisvoller als eine Rückkehr zur Demokratie Weimarer Prägung, und hierin stimmte er mit Männern wie Hofacker und Üxküll voll überein.

Damit soll nicht die von Ehrensberger überlieferte, intensive verfassungs- und verwaltungsrechtliche Diskussion im »Grafenkreis« der späten dreißiger Jahre geleugnet werden. Die Reichsreform bildete schließlich bei allen, die auch nur am Rande mit der staatlichen Administration zu tun hatten, einen Hauptgesprächsstoff. Auszuschließen sind aber zu einem so frühen Zeitpunkt demokratisch-föderalistische Alternativentwürfe zum Staate Hitlers, dies um so mehr, als solche Alternativen auch auf dem Höhepunkt der Staatsstreichplanungen des 20. Juli die Ausnahme blieben.[10]

Schulenburg selbst hat in der Vorkriegszeit mit Sicherheit keinerlei Initiative zur Demokratisierung des Dritten Reiches ergriffen. Damals empfand er sich noch als Nationalsozialist, auch wenn die Realität weit hinter dem Ideal zurückblieb. Schulenburgs Vision war ein SS- und Gestapofreies Drittes Reich; ein Gemeinwesen auf altpreußisch-gesinnungsaristokratischer und gleichzeitig völkischer Grundlage; ein starker, konservativ-autoritärer Staat, der aber die bürgerlichen Grundrechte achtete; eine Ost- und Mitteleuropa beherrschende Großmacht, die mehr durch gewachsene kulturelle Überlegenheit als durch blanke Gewalt überzeugte. Und schließlich ein Deutschland ohne jüdischen Einfluß, jedenfalls im Kultur- und Staatsleben. Bezeichnenderweise forderte Schulenburg im März 1938 das »Ausscheiden der Juden und Judenstämmlinge« aus dem Beamtenkörper.[11]

Als ein Mann der Tat stellte sich der Graf in der Fritsch-Affäre und später in der Sudetenkrise Hans Oster zur Verfügung, um die Kluft, die sich zwischen Ideal und Wirklichkeit auftat, zu schließen. Der Kontakt zu dem Abwehroffizier, hergestellt bereits im Jahre 1937 durch Osters Referenten Julius von Lautz, einen früheren Potsdamer Referendarkollegen,[12] riß auch in den folgenden Jahren nicht ab. Im Februar 1939 fungierte Schulenburg für die Abwehr als eine Art Geldbriefträger. Anläßlich eines Urlaubs in Stuben am Arlberg übergab er 10.000 Reichsmark in Devisen an Südtiroler Kreise, die Canaris und Oster nahestanden. Das Geld hatte er vorher von dem Abwehroffizier Helmuth Großcurth erhalten.[13] Im Juni 1939 trafen sich Schulenburg, Yorck und Üxküll mit einem weiteren engen Mitarbeiter Osters, dem ehemaligen Freikorps-Kämpfer und SA-Führer Friedrich-Wilhelm Heinz.[14]

Inwieweit der Berliner Polizeivizepräsident im Vorfeld des Überfalls auf Polen in die militärische und diplomatische »Septemberverschwörung« einbezogen war, ist nicht bekannt. Die aus dem Jahre 1940 stammenden, von der Gestapo nach dem 20. Juli entdeckten Zossener Dokumente führten ihn bereits auf der Liste der Persönlichkeiten, die Oster fest in seine Widerstandsüberlegungen einplante.[15] Über Schulenburgs Bereitschaft, vor Beginn des Krieges am Sturz des Hitler-Regimes mitzuwirken, sagt dies allerdings wenig aus. Neben ihm, Helldorf und Goerdeler fanden sich auf der Liste auch Leute, die später nichts mit dem Widerstand gegen Hitler zu tun hatten, beispielsweise Hjalmar Schacht, Walter von Reichenau oder Hermann Göring. Der preußische Ministerpräsident, der den Überfall auf Polen mit einem »zweiten München« abzuwenden hoffte und dessen verzweifelte Bemühungen um einen deutsch-britischen Ausgleich im Auswärtigen Amt und in der Abwehr nicht verborgen geblieben waren, spielte in den Überlegungen der oppositionellen Diplomaten, Militärs und Beamten um Weizsäcker, Goerdeler und Oster eine herausragende Rolle – gewissermaßen als eine Art »Ersatzführer«.[16]

Görings Name auf der Zossener Liste zeigt, wie weit der Weg noch war zur fundamentalen Opposition gegen Hitler, der Weg zum 20. Juli 1944. Die Widerstandsliteratur, die auch in diesem Punkt auf den zumeist ungeprüft übernommenen Berichten von Zeitzeugen aufbaut, kommt hier freilich zu ganz anderen Ergebnissen. Schenkt man der Forschung Glauben, dann sprachen sich Männer wie Schulenburg bereits zu Beginn des Krieges »energisch für einen Gewaltakt« gegen Hitler aus.[17] Schulenburg selber, so der Historiker Peter Hoffmann, habe im Sommer 1940 geplant, zusammen mit Gerstenmaier eine Gruppe von »Offizieren etwa in Kompaniestärke« zusammenzustellen, die Hitler in Berlin beziehungsweise bei der dann abgesagten Siegesparade in Paris am 20. Juli 1940 verhaften und notfalls erschießen sollten.[18]

Diese Darstellung darf man getrost in das Reich der nicht eben seltenen Widerstandslegenden verweisen. Schulenburgs Selbstzeugnisse aus der fraglichen Zeit lassen den unbedingten Willen zum Widerstand nicht vermuten. Aus seinen Briefen spricht vielmehr spürbare Freude über die Siege im Westen und ein wieder wachsendes Vertrauen in die Reformfähigkeit des Systems. Sicherlich zählte er sich zur politischen Opposition, deren Lage sah er aber offenbar noch nicht als hoffnungslos an. In einem Schreiben aus dem südostpreußischen Aufmarschgebiet gegen die Sowjetunion vom 5. Juni 1941 heißt es: »Gestern abend war ich im Schillerfilm, der dadurch sehr interessant war, daß er – für mein Gefühl wenigstens – in vollendeter Form politische Opposition bot, mit Heinrich George an der Spitze. Es erstaunt mich immer wieder, in welcher unangreifbaren Form Dinge gesagt werden, die tatsächlich dem herrschenden Regiment ins Gesicht schlagen. Die öffentliche Meinung, die man unterdrückt, verschwindet nicht, sondern sucht andere Kanäle und kommt in verwandelter Form wieder zum Vorschein, ohne daß sie an Durchschlagskraft verliert, wenn sie auch Dinge feiner sagen muß«. Für Schulenburgs Distanz gegenüber Putsch- und Staatsstreichplänen im Sommer 1941 gibt es ein zuverlässiges und unverdächtiges Zeugnis. Er selber schrieb im August in sein Kriegstagebuch:»Jedermann weiß aber heute in Deutschland, was uns blüht, wenn wir den Krieg verlieren. Die alliierten Mächte werden daher vergebens auf eine defätistische Revolution warten.«[19]

Nach den ersten empfindlichen Niederlagen an der Ostfront, von der er im Herbst 1941 zurückkehrte, vollzog sich für Schulenburg ein grundlegender Wandel. Aus der Opposition gegen einzelne Maßnahmen der nationalsozialistischen Politik beziehungsweise aus dem Teilwiderstand gegen bestimmte nationalsozialistische Gruppen und Organisationen wurde prinzipieller Widerstand gegen das System als Ganzes. Hatte Schulenburg noch im Sommer 1940 das Ringen um den inneren Bestand des Reiches auf die Zeit nach dem Krieg verschieben wollen,[20] so war er im März 1942 zu der Auffassung gelangt, daß »die Entscheidung über den Ausgang des Krieges – den inneren wie den äußeren – hier im Inneren fällt«. »Was steht vor uns?« schrieb er einen Monat später, »ich glaube, daß wir in schwere Zeiten hineingehen, voller Not und Gefahr für das Volk und den einzelnen. Manchmal wird der Ausblick so düster, daß man glaubt, hinter diesem Dunkel lauere unmittelbar der Abgrund, dem wir unaufhaltsam entgegengehen, wie magisch angezogen. Und nirgends ein Ausweg, nirgends ein Ansatz, sich aus dieser Verstrickung zu befreien. Man sinnt und späht und denkt und sieht nirgends ein Licht, das in die Finsternis hineinleuchtet und Wege weist. Und doch fühle ich tief in meinem Inneren mein Herz die Antwort geben, die der Verstand vergebens sucht. So gewiß Gott unser Volk nach dem tiefen Fall 1918 nicht hat versinken lassen, so gewiß erschüttert er es durch tiefste Schuld, Gefahr und Not, damit es von den Schlägen des Schicksals am härtesten betroffen, sich tief innen besinne, die wahren Kräfte des Wesens erwecke, sich wandele und dann sich reiner erhebe. Das sagt mir mein Herz und mein Herz hat recht.«[21]

Schulenburgs Entschluß zum Widerstand sollte sich im Laufe des Jahres 1942 verfestigen, blieb aber auch weiterhin von der Kriegslage abhängig. Die militärische Situation stand auf des Messers Schneide; noch war in Schulenburgs Augen nichts verloren, und deshalb schien die Gefahr um so größer, daß eine politische Aktion gegen das Regime gleichzeitig die militärische Schlagkraft des Reiches schwächen und damit den Ausgang des Krieges gegen die Sowjetunion nachteilig beeinflussen konnte.

Dieses Dilemma wurde im Frühsommer 1942 offenkundig. Anlaß war Schulenburgs Begegnung mit dem Oberbefehlshaber der 11. Armee, General Manstein. Ende Mai war Schulenburg auf die Krim abgeordnet worden, wo er bis Mitte Juli im Stabe Mansteins Dienst tat. Gefangenenvernehmungen und die Auswertung von Feindnachrichten gehörten zu seinen Aufgaben.[22] Seine Tätigkeit brachte ihn in unmittelbare Nähe zum Oberbefehlshaber. Offenbar hat er dabei versucht, diesen für den sich formierenden Widerstand zu gewinnen. Das Unternehmen war nicht von Erfolg gekrönt. Manstein wollte von »Politik« nichts wissen. Er verkörperte einen neuen Typus des Weltkriegsgenerals, den erst durch Hitlers Kriegspolitik in höchste militärische Ränge aufrückenden »professional«, der allein an der »Sicherung optimaler Aufrüstung« und an der »Legitimation militärischen Vorgehens« interessiert war.[23]

Erstaunlicherweise zeigte sich Schulenburg von dem Fehlschlag seiner Bemühungen »nicht sehr enttäuscht«.[24] In seinen Briefen von der Krim findet sich zwar manch abfällige Bemerkung über das angenehme Leben beim Stab und in der Etappe,[25] aber kein Wort der Kritik über Manstein. Dem strategischen und taktischen Talent des Generals zollte er sogar hohen Respekt. Manstein, »klug – von ruhiger Entschlossenheit ... ein Künstler, der sein Instrument spielend beherrscht«, heißt es dazu in einem Brief an seine Frau.[26] August Winnig, der väterliche Freund, dem Schulenburg unmittelbar nach seiner Rückkehr von der Linientreue des Generals berichtete, fand eine plausible Erklärung dafür, daß Schulenburg von der Reaktion Mansteins kein Aufhebens machte: »Es hatten sich inzwischen andere Aussichten eröffnet, und außerdem hatte sich mit der Lage im Osten die Gesamtlage verändert. Südrußland war besetzt, die Krim und das Vorland des Kaukasus in deutscher Hand. Der harte Rückschlag vom vergangenen Winter war vergessen ... Der Glaube an Hitler ... hatte einmal etwas gewankt. Aber die, die da gewankt hatten, machten sich jetzt Vorwürfe und glaubten nun um so heftiger. Dies war nicht die Zeit für die Aktion.« Auch Schulenburg scheint erneut Hoffnung geschöpft zu haben. Nach wie vor vertraute er auf die Schlagkraft der Wehrmacht. Über sie urteilte er im Juni 1942: »In der Überlegenheit der Technik der höheren Führung, die auf jahrhundertealten Erfahrungen und mehreren Menschenaltern Generalstabsarbeit beruht, und in ihrer überlegenen Meisterung durch eine intelligente und völlig durchgebildete Führerschicht, liegt ein wesentliches Element unserer Siege.«[27]

Einige Monate später, im Herbst 1942, angesichts der sich ankündigenden Katastrophe von Stalingrad und der harten Rückschläge an der Nordafrika-Front, hatte sich die Lage wieder verschlechtert. Den »Dreifrontenkrieg gegen die drei stärksten Weltmächte« hielt Schulenburg jetzt für »endgültig verloren«.[28] Er war sich nun sicher, daß jede Woche, die Hitler länger herrschte, Deutschland militärisch ein

Stück näher an den Abgrund brachte. Nicht von ungefähr datierte er später im Verhör vor der Gestapo »die ersten praktischen Pläne für einen Umsturz« auf den »Winter 1942«.[29] Von diesem Zeitpunkt an setzte sich bei Schulenburg die Erkenntnis durch, daß eine »Reform« nicht mehr helfe, da »alles ineinander verkettet ist und in Grundtatsachen beruht, die mit dem Charakter des Systems unwandelbar verbunden sind«. Das militärische Desaster von Stalingrad gab offenbar den letzten Ausschlag für Schulenburgs jetzt unabänderlichen und endgültigen Entschluß zum Widerstand.[30]

Mit seiner Entscheidung wußte sich Schulenburg nicht allein. Mit den meisten der späteren Akteure des 20. Juli war er seit langem beruflich oder sogar freundschaftlich verbunden. Yorck, Trott, Schwerin, Üxküll und Hofacker hatten mit ihm schon vor dem Krieg im »Grafenkreis« über die Innen- und Außenpolitik des Dritten Reiches debattiert, und die Beziehungen zu Helmuth James Graf von Moltke, dem Kopf der »Kreisauer«, waren während der schlesischen Regierungspräsidentschaft intensiviert worden.[31] Insgesamt dreizehnmal, davon siebenmal allein im Jahre 1942, nahm Schulenburg an den Treffen des Kreisauer Kreises teil.[32] Damit besaß er die besten Kontakte zur sogenannten jungen Generation im 20. Juli.

Schulenburgs Verbindungen reichten weit über den »Grafen«- und den Kreisauer Kreis hinaus. In den Reihen des bürgerlich-aristokratischen Widerstands war er einer der wenigen, die mit Zivilisten wie mit Militärs gleich gut bekannt waren. Die alten Verbindungen des Vaters, aber auch seine frühere Tätigkeit als Berliner Polizeivizepräsident ermöglichten ihm ein glänzendes Entrée in Wehrmachtskreisen. Der Kontakt zu Hans Oster und der Abwehr, dem frühesten militärischen Oppositionszirkel, riß auch nach der Fritsch-Affäre und der Sudetenkrise nicht ab, und mit Henning von Tresckow, dem Kopf des militärischen Widerstandes in der Heeresgruppe Mitte, unterhielt sich Schulenburg im Spätherbst 1941 – während seiner Rückreise von der Front – in Smolensk lange über die militärische und politische Lage.[33]

Zu den jüngeren Oppositionellen zählend, suchte Schulenburg auch mit den »Honoratioren« des Widerstands ins Gespräch zu kommen. Carl Goerdeler, den ehemaligen Leipziger Oberbürgermeister, kannte er wahrscheinlich bereits aus der Fischhausener Zeit. General Beck war ein alter Freund und Verehrer des Vaters gewesen. Sie trafen sich beim Begräbnis des Vaters in St. Blasien im Mai 1939. Erwin von Witzleben hatte Schulenburg etwas früher, im Februar, in Frankfurt besucht.[34]

Der Krieg unterbrach diese Kontakte, die sicherlich noch wenig mit

Widerstand zu tun hatten. Das sollte sich ändern, als Schulenburg sie Ende 1941, nach seiner Rückkehr von der Front, wieder auffrischte. Im Dezember 1941 knüpfte er Beziehungen zu einem weiteren, wesentlich älteren Systemkritiker an, dem preußischen Finanzminister Johannes Popitz, den er ein gutes Jahr zuvor, im November 1940, kennengelernt hatte.[35] Fortan beteiligte er sich zusammen mit anderen »Jüngeren« wie Moltke, Yorck und Trott an der Diskussion um die Zukunft Deutschlands, die ältere Oppositionelle wie Popitz, Beck, Goerdeler und der ehemalige Botschafter in Rom Ulrich von Hassell schon seit längerem führten und die der Nachwelt vor allem durch die Tagebücher Hassells überliefert worden sind. In diesen Aufzeichnungen wurde Schulenburg unter den Decknamen »Dortmund« und »Lehrberg« geführt. Für Hassell war er der »nüchternste, am meisten politische unter den Junioren«.[36]

Die Älteren in dieser Gesprächsrunde sprachen sich, wie Hassell im September 1941 schrieb, einhellig dafür aus, daß der »Systemwechsel« eine »absolute Notwendigkeit« sei.[37] Diese Überzeugung war im Laufe des Krieges gewachsen. Schwerwiegende moralische Bedenken hatten die ursprüngliche, machtpolitisch motivierte Skepsis gegenüber Hitlers Kriegskurs noch verstärkt. Die Vorbehalte richteten sich nunmehr besonders gegen die deutsche Kriegführung in der Sowjetunion. Beck versuchte vergeblich, die deutsche Heeresspitze unter Brauchitsch zur Zurücknahme des eindeutig gegen jedes Kriegsrecht verstoßenden Kommissarbefehls zu bewegen, und einhellig verurteilten die »Honoratioren« – hier in voller Übereinstimmung mit Schulenburg –, daß der Krieg im Osten nicht allein gegen den Bolschewismus, sondern auch gegen das russische Volk geführt wurde.[38]

Einig war man sich im Kreis der »Alten« auch darüber, daß bei einer weiteren Verschlechterung der Kriegslage – »wenn die Gegenseite den Sieg vor Augen hat« – jede Chance, »durch Verhandeln zu einem vernünftigen Frieden zu kommen, zum Teufel« sei. Man müsse den Generalen deshalb die Augen öffnen und ihnen die »Eilbedürftigkeit« einer Aktion gegen Hitler begreiflich machen.[39] Allerdings gab man sich in der Hassell-Gesprächsrunde über Wesen und Inhalt eines »vernünftigen Friedens« zur Jahreswende 1941/42 beträchtlichen Illusionen hin. Noch stand hinter den Befürchtungen nicht die nach 1945 vielbeschworene »innere Tragik der Patrioten«, die dem Dritten Reich keinen Sieg, aber noch weniger eine Niederlage gönnen durften, weil bei einer Niederlage das Reich in seinem territorialen Bestand bedroht war.[40] Noch ging es nicht um Sein oder Nichtsein der Nation, sondern darum, die außenpolitischen und militärischen Erfolge seit 1933 zu sichern, die man nunmehr durch die gleiche Kraft gefährdet sah, die sie einst errungen hatte. Die Beseitigung Hitlers erschien im Kreise der zu den traditionellen Machteliten Deutschlands zählenden »Honoratioren« nicht zuletzt deshalb zwingend geboten, um »den mächtigen deutschen Staat mit seiner mitteleuropäischen Mission zu retten«.[41]

Was konkret damit gemeint war, zeigen die Konzepte, die Albrecht Haushofer zur Jahreswende 1941/42 für Popitz entwickelte. Haushofer, Sohn des berühmten Geopolitikers Karl Haushofer und bis zum Englandflug von Rudolf Heß dessen außenpolitischer Berater, ließ mit seinem Plan zur »Neugliederung des Reichsgebietes«, den er im November/Dezember 1941 vorlegte, die Grenzen des alten Bismarckreichs weit hinter sich. Der Plan bezog wie selbstverständlich Österreich mit ein und griff an der Westgrenze bis Belfort aus. In seiner kurz zuvor abgefaßten Denkschrift zur »Friedensordnung« faßte Haushofer außerdem die Auflösung der Sowjetunion und die Einrichtung einer Reihe autonomer, aber unter deutscher Kontrolle stehender Pufferstaaten, wenigstens an der russischen Westgrenze, ins Auge. Überdies setzte Haushofer ein Entgegenkommen der Westalliierten in der Kolonialfrage und auch eine zukünftige deutsche Hegemonie über Mittel- und Osteuropa voraus.[42]

In diesen Punkten dürfte sich der ehemalige Heß-Berater in Einklang mit Beck, Goerdeler, Hassell und Popitz befunden haben und nicht zuletzt auch mit Schulenburg, der seit Anfang 1942 auf Vermittlung von Popitz mit Haushofer und Mitarbeitern der »Reichsstelle für Raumordnung« über Probleme der »territorialen Neugliederung« nachdachte.[43] Eine solche Übereinstimmung konstatiert jedenfalls die Haushofer-Biographin Ursula Laack-Michel, wenn sie schreibt: »Aus den Entwürfen für die zukünftige weltweite Friedensordnung und dem Plan für die regionale Neugliederung des Reichsgebietes geht klar hervor, daß Haushofer wenigstens Ende 1941 – wie auch Schulenburg – an eine ›großdeutsche‹ Lösung dachte, die dem Reich eine beherrschende Stellung im kontinentaleuropäischen Raum zugesichert haben würde.«[44]

Wußte sich Schulenburg mit Haushofer und den »Honoratioren« einig in allen wesentlichen territorialen Fragen, so ging er, was die künftige Staatsform betraf, zu seinen Gesprächspartnern auf schärfste Distanz. Deutlicher noch als die übrigen Junioren, als Moltke, Yorck und Trott, äußerte er seine Bedenken gegen eine Restauration der Monarchie in Deutschland und vor allem gegen eine Rückkehr des Kronprinzen. Es sei der Vater Schulenburg gewesen, so Hassell Ende

Dezember 1941, der dem Sohn »geradezu zur Pflicht gemacht [habe], aufgrund des Verhaltens von Schmidt jun. [Kronprinz Wilhelm] in der Krise [November 1918] unbedingt gegen solche Möglichkeit Stellung zu nehmen«.[45]

Wie Hassells Tagebuchaufzeichnungen beweisen, rückte Schulenburg zur Jahreswende 1941/42 von der Peripherie ins Zentrum des sich formierenden Widerstands. Wenn jedoch behauptet wird, er habe sich bereits im Dezember 1941 – soeben von der Ostfront zurückgekehrt und nachträglich mit dem E.K.I ausgezeichnet – für die gewaltsame Beseitigung Hitlers und für den Staatsstreich eingesetzt,[46] so ist Vorsicht am Platze. Generell neigen die Zeitzeugen dazu, den Entschluß der Männer des 20. Juli zum kompromißlosen Widerstand möglichst früh zu datieren. Zweifel an der Korrektheit solcher Erinnerungen sind nur schwer zu belegen. Axel von dem Bussche etwa, einer der jüngeren Offiziere, die Schulenburg in seine Widerstandsabsichten einweihte, gab nach dem Krieg im berühmten Wilhelmstraßen-Prozeß zu Protokoll, er habe im Frühjahr 1942 von Schulenburg einen höchst brisanten Auftrag erhalten. Im Offizierkorps des Potsdamer Infanterieregiments sollte er »für den Umsturz geeignete Persönlichkeiten« ausfindig machen und dazu – gewissermaßen, um die Stimmung zu testen – Staatssekretär Weizsäcker als Redner für einen Regimentsabend gewinnen.[47] Eine Überprüfung dieser Aussage ergibt, daß Bussche den Auftrag mit großer Wahrscheinlichkeit ein ganzes Jahr vordatiert hat. Wie aus den persönlichen Erinnerungen des Staatssekretärs hervorgeht, hielt dieser seinen Vortrag erst im März 1943.[48] Zu diesem Zeitpunkt wurden in der Tat die von Bussche vor den Nürnberger Richtern erwähnten Rekrutierungsversuche unternommen. Letztere führten zu Schulenburgs kurzzeitiger Verhaftung im April 1943.

Handlungsmöglichkeiten des 20. Juli

Schulenburg blieb nur eine Nacht in Haft. Trotz des Verdachts, konspiriert zu haben, behandelte man ihn korrekt. Er selbst führte das auf seine langjährige Parteimitgliedschaft zurück, auf die er sich während des Verhörs berufen hatte.[49] Das allein dürfte jedoch nicht ausschlaggebend gewesen sein. Offenbar setzte man selbst im Frühjahr 1943 einen Mann vom Rang Schulenburgs nicht einfach fest, wenn keine hinreichenden Verdachtsmomente vorlagen.[50]

Bereits hier deutete sich an, was sich später noch vielfach bestätigte.

Schulenburg gehörte wie Goerdeler, Popitz, Beck und Hassell zu einer Opposition, deren Kommunikations- und Handlungsspielräume außerordentlich breit waren und sich grundsätzlich von den Ausgangsbedingungen etwa des Arbeiterwiderstands unterschieden. Anders als Kommunisten, Sozialdemokraten und Gewerkschafter kamen die Männer des 20. Juli nicht aus Gesellschaftsschichten, die von Anfang an in strikter Gegnerschaft zum NS-Regime standen, sondern aus der »Sphäre der Herrschaftsträger selbst«.[51] Männer wie Beck und Goerdeler, aber auch Oster und Schulenburg hatten jene »Entente« mit den Nationalsozialisten maßgeblich mitgetragen, die von den traditionellen Eliten in Militär, Verwaltung, Politik und Wirtschaft zur Zerschlagung der Weimarer Demokratie geschlossen wurde. Auf seiten der alten Kräfte galt es dabei, die Ergebnisse der verhaßten Novemberrevolution rückgängig zu machen, die eigene Position in Staat und Gesellschaft mindestens zu stabilisieren und die deutsche Großmachtstellung in Europa wiederzugewinnen beziehungsweise zur Hegemonie auszubauen.

Der Pakt war von Anfang an zerbrechlich. Der nationalsozialistische Partner spielte sich mit perfide-genialer Demagogie und krimineller Energie immer stärker in den Vordergrund. Das folgenschwere Ereignis der Fritsch-Affäre bewies, wie sich die Gewichte mittlerweile zugunsten Hitlers und seiner Partei verschoben hatten. Nicht von ungefähr gehörten diejenigen, bei denen sich der Oppositionsgeist schon vor dem Kriege dauerhaft regte, zu den Leidtragenden der nationalsozialistischen Verdrängungspolitik.

Im Falle Carl Goerdelers und Ludwig Becks wird man beispielsweise vermuten dürfen, daß ihre wachsende Kritik am Regime und ihre zunehmende Sensibilität für die nationalsozialistischen Rechtsbrüche und Verbrechen mit dem Gefühl persönlicher Zurücksetzung und enttäuschter beruflicher Erwartung eng verbunden waren.[52] Alles in allem waren es »realpolitische« Gründe – der Kampf um innenpolitische Machtpositionen und die außenpolitische Richtungsbestimmung –, die am Beginn der bürgerlich aristokratischen Opposition standen und diese noch lange beherrschen sollten. Die moralische Entrüstung über die flagranten Rechtsbrüche von Partei und Staat stellte sich bei den meisten der späteren Verschwörer erst nach und nach ein. Nicht von ungefähr sind Zeugnisse sittlicher Empörung über die brutale Zerschlagung der kommunistischen beziehungsweise der sozialdemokratischen Arbeiterbewegung und der Gewerkschaften von den Repräsentanten des 20. Juli so gut wie nicht überliefert. Nicht wenige hielten auch die Rassengesetze für »immerhin diskutabel«.[53]

Wie breit in der Vorkriegszeit die Gräben zwischen den späteren Angehörigen des 20. Juli und denen waren, die dem NS-Regime von Anfang an Widerstand entgegensetzten, mag das Beispiel von Hans Bernd Gisevius verdeutlichen. Gisevius, nach eigenen Aussagen zusammen mit Hans Oster einer der frühesten und konsequentesten Widerstandskämpfer gegen Hitler,[54] sprach sich als Vertreter des Reichsinnenministeriums Anfang Februar 1936 bei den interministeriellen Verhandlungen über das weitere Schicksal des am 3. März 1933 festgenommenen und seither inhaftierten KPD-Vorsitzenden Ernst Thälmann ganz entschieden dafür aus, Thälmann »sofort und für unbestimmte Zeit in Schutzhaft zu nehmen« und ihm auf keinen Fall ein ordentliches Gerichtsverfahren zu gewähren. Ohnehin müsse man Thälmann, so Gisevius weiter, auch nach Durchführung eines Strafverfahrens und nach der Verbüßung einer Haft »in sicherem Gewahrsam ... behalten ... Das Ausland werde dafür, daß das neue Deutschland das Haupt der KPD nicht wieder freilasse, volles Verständnis aufbringen.«[55]

Wie Gisevius dachten manche spätere Widerstandskämpfer aus bürgerlich-aristokratischen Kreisen. Wo gehobelt wurde, fielen eben Späne, und schließlich mußte man mit der »marxistischen Gefahr« ebenso wie mit dem jüdischen Einfluß aufräumen, wollte das Reich in Zukunft gedeihen. Erst nach der sogenannten Reichskristallnacht und vor allem mit der Radikalisierung der nationalsozialistischen Politik seit Kriegsbeginn änderte sich das Bild. In den Aufzeichnungen Goerdelers und Hassells finden sich Zeichen wachsenden Abscheus gegenüber den Verfolgungsmaßnahmen im Reich und in den besetzten Gebieten.[56] Noch lange freilich blieb bei vielen Oppositionellen die Haltung zur Staats- und Parteiführung ambivalent. Hitlers Kriegserfolge wurden in der Regel begrüßt und vielfach zum Ausgangspunkt der eigenen politischen Pläne gemacht. Den »Begleitumständen« stand man zwar zunehmend kritisch gegenüber, aber noch setzte man sie nicht gleich mit dem Charakter des Systems, sondern verstand sie als Einzelaktionen radikaler Kräfte wie Himmler, Heydrich, Goebbels, gegen die man ja selbst seit dem Frühjahr 1938 anzugehen versuchte.

Daß spätere Repräsentanten des 20. Juli ihre Militär- und Zivilkarrieren vor allem deshalb verfolgten, um Schlimmeres zu verhüten und damit »die Ordnung des Unrechtsstaates indirekt stabilisierten«,[57] war zumindest in den ersten Jahren nach Kriegsbeginn eher die Ausnahme als die Regel. Die Blitzkriegseuphorie erfaßte auch die Militär- und Zivilopposition der Vorkriegszeit und ließ ihre ehedem gemäßigten außenpolitischen Vorstellungen zum Teil ins Gigantische anwachsen. Die nach 1939 veränderte Haltung des Staatssekretärs im Auswärtigen Amt, Ernst von Weizsäcker, ist dafür ein gutes Beispiel.

Noch im Juli 1936 hatte Weizsäcker entschieden davon abgeraten, für das außenpolitische Ziel, den Wiedereintritt Deutschlands in die Reihe der Großmächte,»einen eigens dazu geführten Krieg (zu) planen«.[58] Im Jahre 1940, angesichts der Blitzsiege im Westen, feierte er dagegen den Triumph der»revolutionär vorstürmenden Brachialgewalt« und konstatierte:»Meine mehr evolutionären Methoden werden damit auf einige Zeit unverwertbar und damit die bisherige Schule des Ausw. Amtes überhaupt.«[59] Folgerichtig forderte er für Frankreich, wie Martin Wein schreibt,»die beliebige Ausplünderung des Nachbarlandes, die Internierung aller dortigen Exilregierungen sowie die strikte Kontrolle von Rundfunk und Presse«.[60]

Weizsäckers Einschwenken auf die deutsche Kriegspolitik belegt: die meisten derjenigen, die vor den Angriffen auf die Tschechoslowakei und Polen Hitler in den Arm fallen wollten, hatten zwischen 1939 und 1941 ihre alten außenpolitischen Ziele, die Revision von Versailles und die Wiederherstellung Deutschlands in den Grenzen von 1914, weit hinter sich gelassen. Auch die ersten militärischen Rückschläge im Herbst 1941 sollten daran wenig ändern. Nicht von ungefähr ähnelten die mit Popitz und wohl auch mit Hassell, Goerdeler und Beck abgestimmten»Friedens- und Neuordnungspläne« Albrecht Haushofers – ein von Deutschland beherrschtes Mitteleuropa sowie aus der Erbmasse der Sowjetunion gebildete Schutz- und Vasallenstaaten – frappierend den in der Hochphase des wilhelminischen Annektionismus, im Herbst 1914, verfaßten»Septemberprogrammen« von Bethmann Hollweg bis Claß.[61]

Erst als sich die militärischen Rückschläge häuften, fand man wieder auf den Boden der Tatsachen zurück. Ganz allmählich, so Martin Broszat,»in höherem Maße erst nach 1941/42, wurde es Teilen [der] alten Eliten, die inzwischen erheblich an Einfluß verloren hatten, bewußt, daß gegenüber den führenden Repräsentanten und Kräften des Nationalsozialismus ein grundsätzlicher Widerstand vonnöten sei. Jetzt schlug ein Teil ihrer vordem partiellen Resistenz in fundamentale Gegnerschaft um.«[62]

Die militärische Katastrophe von Stalingrad machte dann schlaglichtartig deutlich: Der Diktator mußte gestürzt werden, ehe Deutschland von ihm in den Untergang gerissen wurde. Erst angesichts der drohenden Zerstörung des Reiches entwickelte sich der 20. Juli zu einem Widerstand ohne Wenn und Aber. Als immer bedrückender empfanden einzelne Verschwörer jetzt auch die moralische Hypothek der nationalsozialistischen Verbrechen. Seit dem Sommer 1942 trat wie ein »Alpdruck« der Holocaust in das Bewußtsein der Akteure. Im Mai 1943 notierte Ulrich von Hassell in sein Tagebuch: »Unzählige Juden werden in besonders dazu gebauten Hallen vergast, jedenfalls Hunderttausende.«[63] Noch einmal verschob sich die Motivlage. Die moralische Katastrophe überblendete die militärische und sogar die politisch-territoriale. Hassell notierte voller Scham: »Hitler hat den Deutschen zum verabscheuten wilden Tier in der ganzen Welt gemacht.«[64] Der Aufstand des Gewissens markierte das Ende eines langen Weges, an dessen Anfang der realpolitisch motivierte Protest verdrängter Interessen und Vorrechte gestanden hatte.

Diese Feststellung muß sich Einschränkungen in die eine wie in die andere Richtung gefallen lassen. Es gab unter den späteren Repräsentanten des 20. Juli sehr wohl Hitler-Gegner der ersten Stunde. Der Theologe Dietrich Bonhoeffer gehörte ebenso dazu wie Hans Oster oder Helmuth von Moltke. Letzterer hat als Mitarbeiter der Völkerrechtsabteilung des Amtes Ausland/Abwehr im OKW in vielen Gutachten gegen die unmenschliche Kriegführung in der Sowjetunion, gegen Geiselerschießungen und für die humane Behandlung von Kriegsgefangenen gestritten.[65]

Andererseits stießen auch Männer zum 20. Juli, die, wie der spätere Militärbefehlshaber in Frankreich und General der Infanterie Karl-Heinrich von Stülpnagel oder Generaloberst Erich Hoepner, an der Ostfront auf das engste mit den mörderischen Einsatzkommandos zusammengearbeitet hatten.[66] SS-Brigadeführer Arthur Nebe, später ebenfalls zum 20. Juli zählend, führte zeitweilig sogar eine Einsatzgruppe, die nach eigenem Bekunden über 40.000 Juden tötete.[67] Nebe beteiligte sich darüber hinaus an der Ermordung von russischen Geisteskranken in Weißruthenien. Bei diesen Tötungen wurde mit Sprengstoff und Gaswagen, den Vorläufern der Gaskammern, experimentiert.[68]

Nebe war im Zivilberuf Chef des Amtes V (Reichskriminalpolizeiamt) im Reichssicherheitshauptamt. Seine Zugehörigkeit zum 20. Juli läßt ahnen, über wie hervorragende Informationsquellen dieser Widerstand verfügte. Die »maßlos[e] und nicht mehr zu befriedigend[e] Neugier« eines anderen Widerständlers, des Berliner Polizeipräsidenten Graf Helldorf, fiel im Sommer 1943 sogar dem SD auf. Man beschwerte sich bei Himmler persönlich, erhielt aber eine Abfuhr. Auf ausdrückliche Weisung des »Reichsführers« durfte sich Helldorf weiterhin der Informationsquellen und Hintergrundberichte des Sicherheitsdienstes bedienen.[69] Der Rückgriff auf diese Kanäle versetzte beispielsweise Schulenburg in die Lage, seine Mitverschworenen bei drohender Gefahr warnen zu können. Überliefert ist, daß er Goerdeler dringend riet, »sich für einige Wochen etwas zurückzuziehen, da Goerdelers Name in Berliner Gestapo-Kreisen häufiger im Zusammenhang mit oppositionellen Zirkeln genannt würde«.[70] Was den militärischen Sektor betraf, dürfte die Qualität der Informationen, über die der Widerstandskreis des 20. Juli verfügte, womöglich noch besser gewesen sein. Männer wie Hans Oster, Henning von Tresckow, Friedrich Olbricht und später Claus Graf Schenk von Stauffenberg gehörten zum inneren Zirkel der Wehrmacht. Dies wirkte sich positiv auf die Informations- und Kommunikationsmöglichkeiten derjenigen aus, die wie Beck, Goerdeler und Hassell aus den Schaltstellen der Macht gedrängt worden waren.

Gesellschaftlich isoliert oder der öffentlichen Ächtung anheimgefallen, waren aber auch letztere nicht. Goerdeler nahm seine umfangreichen und mit vielen Kontakten verbundenen Auslandsreisen erst nach seinem erzwungenen Ausscheiden als Oberbürgermeister und Reichspreiskommissar auf – zum großen Teil mit Unterstützung beziehungsweise im Auftrag Görings.[71] Ulrich von Hassell gehörte zu den bestinformierten Männern im Dritten Reich. Neben Kontakten zu akademischen Gesellschaften wie der berühmten Mittwochs-Gesellschaft[72] pflegte er Beziehungen zu »wirtschaftlichen Klubs, zum Auswärtigen Amt und zur Abwehr, zu Reichsministern wie Schacht, Schwerin-Krosigk und Popitz, zur Verwandtschaft Hermann Görings, zu ausländischen Diplomaten, zu hohen NS- und SS-Funktionären«.[73] Schon diese wenigen Beispiele deuten an, wie sehr sich die Bedingungen, unter denen die Repräsentanten des 20. Juli agierten, von den Möglichkeiten unterschieden, die etwa dem Arbeiterwiderstand oder der studentischen »Weißen Rose« zur Verfügung standen. In seinem sozialen Kern blieb der 20. Juli ein Widerstand der traditionellen Eliten, auch wenn er sich im Laufe der Zeit ganz bewußt anderen Schichten öffnete. Primär speiste er sich aber »aus gesellschaftlichen Residuen, die dem Zugriff der Nazifizierung widerstanden und gleichsam vorpolitische Kommunikationsfelder darstellten«.[74] Hieraus ergaben sich »zumindest potentiell auch relativ weitreichende Freiheiten und Verteidigungsmöglichkeiten gegenüber dem Nationalsozialismus, weit größere als im Bereich etwa des bürgerlichen Mittelstandes mit seiner viel stärkeren sozialen Abhängigkeit«.[75]

Weniger der politische Gleichklang der Meinungen und Ideale als vielmehr diese Zugehörigkeit zu ein und derselben relativ unberührten großbürgerlich-aristokratischen Schicht konstituierte und beförderte die Bewegung des 20. Juli und war das eigentlich verbindende Element, das so unterschiedlich denkende Männer wie Schulenburg und Moltke, Goerdeler und Stauffenberg gegen Hitler zusammenführte.[76]»Daß ein in der ganzen Provinz sattsam bekannter stockkonservativer Gegner des NS-Regimes wie Ewald von Kleist-Schmenzin, später ein Opfer des Regimes, während des Dritten Reiches jahrelang gesellschaftlichen Schutz durch seine Standesgenossen in Hinterpommern genoß und die Nazis ihn nolens volens gewähren lassen mußten, ist ein besonders markantes Beispiel einer derartigen aristokratischen Immunität.«[77]

Die Gestapo bedeutete für den sich formierenden bürgerlich-aristokratischen Widerstand zunächst keine große Gefahr. Der nationalsozialistische Unterdrückungsapparat ging bis zum Attentat über alle oppositionellen Regungen aus dieser Richtung in einer für seine Verhältnisse geradezu fahrlässigen Weise hinweg. Einer, der es wissen muß, der SS-General Werner Best, erinnert sich, daß die Gestapo »ein Übermaß an Eifer und Energie« aufwandte, um die Kader der alten Arbeiterbewegung im Blick zu behalten, daß aber die Observierung der alten Oberschichten als quantité neglig àble behandelt wurde.[78]

Eine Betroffene von damals, Marion Gräfin Yorck von Wartenburg, die Frau Peter Yorcks, bestätigt diese Beobachtung: »Wir haben«, so Gräfin Yorck, »immer so gelebt, als ob es keinen was anginge und keiner sich dafür interessiere. Wir hatten nie das Gefühl, daß die Hortensienstraße [der Treffpunkt des »Grafen-« und des Kreisauer Kreises] beobachtet würde. Wenn mal ein größerer Kreis da war, ging ich rauf und guckte ab und an schon aus dem Fenster, ob ich das Gefühl hätte, daß da ein Lauschposten war. Aber bis zum Januar 1944, als Moltke verhaftet wurde, war keiner da.«[79] Erregte doch einmal etwas das Mißtrauen der Gestapo, wurde der Gang der Ermittlungen nicht selten auf höhere Weisung gestoppt oder unterbrochen – so geschehen im Fall des Abwehrchefs Wilhelm Canaris. Himmler persönlich verbot trotz drückender Beweislast, gegen den Vizeadmiral vorzugehen.[80]

Daß es im Vorfeld des Attentats dennoch zu spektakulären Verhaftungen kam, wie im April 1943 bei Oster und seinem Mitarbeiter Hans von Dohnanyi und im Januar 1944 im Falle Moltkes, war nicht das Resultat langer Observierungen. Der Zufall und eine gewisse Ungeschicklichkeit der Betroffenen, sich den Gesetzen der Konspiration gemäß zu verhalten, spielte jedesmal eine große Rolle. Hinzu traten – im Falle Osters und Dohnanyis – der erbitterte Konkurrenzkampf zwischen dem Reichssicherheitshauptamt und der Abwehr sowie der verbissene Ehrgeiz einzelner, auch durch Himmler nicht zu stoppender Ermittler wie des SS-Gruppenführers Heinrich Müller und des Oberkriegsgerichtsrats Dr. Manfred Roeder.[81]

Die Bedingungen, unter denen die Betroffenen in Haft genommen wurden, waren nicht zu vergleichen mit den Maßnahmen, die die Gestapo gegen Vertreter des Arbeiterwiderstandes oder der studentischen und kirchlichen Opposition ergriff, wenn man ihrer habhaft werden konnte. Im Gefängnis durfte Moltke weiterhin Akten bearbeiten und den Besuch seiner Sekretärin empfangen. Himmler stand seiner Freilassung, die die Abwehr eifrig betrieb, zumindest nicht ablehnend gegenüber und verlangte lediglich den unbequemen Völkerrechtler zu versetzen. Erst das Attentat vom 20. Juli 1944 ließ Moltkes Entlassung gegenstandslos werden.[82]

Die Gründe dafür, daß die Verschwörung des 20. Juli bis zum Attentat unerkannt blieb, liegen kaum in der besonderen konspirativen Begabung der Verschwörer und wohl auch nicht darin, daß SS und Gestapo seit dem Desaster von Stalingrad und in nüchterner Abschätzung der hoffnungslosen Kriegslage auf Distanz zu Hitler gegangen waren.[83] Ausschlaggebend war vielmehr jene Mischung aus Überheblichkeit, Minderwertigkeitskomplexen und Berührungsängsten, mit der die NS-Eliten den Mitgliedern der traditionellen Führungsschichten und besonders der Aristokratie noch lange nach 1933 begegneten.

Zwar wurden die alten Eliten von NSDAP, SS und Gestapo seit der Fritsch-Affäre als Konkurrenten um die politische und militärische Macht nicht mehr sonderlich ernst genommen, doch blieb die Faszination der großen alten Namen nach wie vor erhalten. Insgeheim bewunderte man die soziale Exklusivität und den Lebensstil ihrer Träger und suchte ihnen auf diesen Gebieten nachzueifern.[84] Darüber hinaus glaubten gerade die Rassefanatiker der SS, beim Aufbau des zukünftigen Deutschland auf das biologische »Erbgut« der ostelbischen Rittergutsbesitzer nicht verzichten zu können.

Nicht von ungefähr überdauerte Himmlers Anhänglichkeit an die Familie Schulenburg sogar den 20. Juli 1944,[85] und obgleich es nach dem gescheiterten Attentat zu Verhaftungen und teilweise zu Verschleppungen von Angehörigen der Verschwörer kam, wünschte Hitler selbst, wie Reichsjustizminister Thierack am 24. Oktober 1944 an Himmler schrieb, eine »großzügige Versorgung der Hinterbliebenen der Gerichteten«.[86] Einen Rest von Faszination übte die sogenannte gute Gesellschaft offenbar noch immer auf die kleinbürgerliche Parteispitze aus, auch wenn deren tiefsitzender Haß auf Adel und Großbürgertum nach dem 20. Juli 1944 offen zutage trat.

Trotz des Schutzes, den die alten Namen und die guten Beziehungen gewährten, und trotz vorzüglicher Informationen über die Stimmungslage in Staat, Partei und Militär blieb der Widerstand ein lebensgefährliches Unterfangen. Die Gestapo war von Hause aus unberechenbar. Schulenburg bekam das im April 1943 zu spüren, als er kurzzeitig verhaftet wurde; ein anderer Verschwörer, der Ex-Oberbürgermeister Carl Goerdeler, war schon im Mai 1938 erstmals vernommen worden – vor ernsthaften Schwierigkeiten hatten ihn damals einflußreiche Gönner wie Hjalmar Schacht und wahrscheinlich auch Hermann Göring bewahrt. Daß die Vernehmungen in beiden Fällen ein für die Betroffenen gutes Ende nahmen, wußte man nicht im voraus. Bekannt dagegen war die Brutalität, mit der die Gestapo diejenigen zu drangsalieren pflegte, die ihr in die Hände fielen. Deshalb bedeuteten Staatsstreichüberlegungen, wie sie der bürgerlich-aristokratische Widerstand nach 1943 anstellte, und auch schon die konspirativen Planungen des Kreises um Oster in den Jahren 1938/39 das größte Wagnis, ein Spiel um Leib und Leben. Wie groß die Handlungsspielräume des 20. Juli auch immer gewesen sein mögen: ihr mutiges Handeln trennte Männer wie Moltke und Schulenburg, Hassell, Goerdeler und Beck um Welten von den meisten ihrer Standes- und Berufsgenossen, die im besten Fall über ein kritisch-modifiziertes Mitläufertum nicht hinausgelangten. Die Entschlossenheit, im Zweifel alles zu riskieren, zählt zu den entscheidenden Voraussetzungen für den weiteren Gang der Ereignisse.

Trotzdem bleibt festzuhalten: Ohne die vielfältigen Handlungsmöglichkeiten, die aus der sozialen Exklusivität der Verschwörer erwuchsen, hätten Attentat und Staatsstreich ganz sicher nicht bis zur Durchführungsreife geplant werden können. Und noch etwas darf in diesem Zusammenhang nicht übersehen werden. So einsam die Verschwörer waren, wenn es sich um Pläne zur gewaltsamen Beseitigung Hitlers handelte, so wenig isoliert waren sie, wenn es darum ging, kritische Ansichten über die offenkundigen Mängel und Defizite in Staat und Gesellschaft zu äußern und auszutauschen. Nirgendwo sonst war der totalitäre Anspruch der Nationalsozialisten so nichtig wie an der Spitze von Staat und Behörden. Während der größte Teil der Bevölkerung und besonders die Arbeiterschaft einem zunehmend brutaleren Terror ausgesetzt waren, wenn sich die geringsten Anzeichen für abweichendes Verhalten zeigten, während in den besetzten Gebieten die deutsche Kriegführung immer brutalere Formen annahm und der »Judeozid«[87] seinem Höhepunkt entgegentrieb, wurde im Staatsapparat entgegen allen Lippenbekenntnissen nicht »eiserne

Geschlossenheit« praktiziert, sondern erstaunlich freimütig kritisiert und diskutiert. Der Machtkampf aller gegen alle, der den Staat Hitlers von Beginn an charakterisierte,[88] förderte zahlreiche Gegenentwürfe zutage. Geäußert wurden sie in der Regel jedoch hinter verschlossenen Türen, und häufig genug erwiesen sich die Wortführer der Kritik nach außen als notorische Opportunisten.[89] Doch auch von dieser Regel gab es Ausnahmen. Nicht allein der unbestechliche Hassell kritisierte öffentlich und in kaum verhüllten Wendungen die nationalsozialistische Kriegs- und Besatzungspolitik, indem er 1942 für Südosteuropa die »verbürgten Lebensrechte fremden Volkstums in jedem einzelnen Staat« forderte und 1944 mit Blick auf Belgien und Holland die »organisierte, auf Ausgleich beruhende europäische Zusammenarbeit« propagierte.[90] Ähnlich ließ sich 1942 ein für Insider unschwer zu identifizierender Anonymus vernehmen: Werner Best veröffentlichte in der Zeitschrift »Reich, Volksordnung, Lebensraum« einen mit drei Sternen gezeichneten Artikel zum Thema »Herrenschicht oder Führungsvolk?«[91] Im pompösen völkisch-rassistischen Jargon, in dem sich die nationalsozialistische Verwaltungsrechtswissenschaft auszudrücken pflegte, bemühte Best das »Beispiel Roms«, um aufzuzeigen, was einem »Führungsvolk« fromme und was ihm schade. Kaum verhüllt diente dabei der Bezug auf die Vergangenheit und auf die »urewigen Wahrheiten« als Mittel der Gegenwartskritik. Es war offenkundig, was Best im Auge hatte, wenn er vor »kurzem Herrenwahn« warnte und sich dafür einsetzte, daß sich das »Führungsvolk einer Völkerordnung ... nicht auf fremde Leistungen stützen, sondern weiter nach der ihm möglichen ›Autarkie‹ streben soll(e)«. Es lag auch auf der Hand, gegen wen er sich aussprach, wenn er formulierte, daß »jedes Volk als Selbstzweck des Lebens anerkannt« werden müsse.

Das Fazit, das der »SS-Intellektuelle« zog, hätte auch von Schulenburg stammen können. Best schrieb: »Im Verhältnis des Führungsvolkes zu den übrigen Völkern der Großraumordnung ist zu beachten, daß Führung auf die Dauer nie ohne oder gegen den Willen der Geführten ausgeübt werden kann. Glaubt man aber, die Volkspersönlichkeit der geführten Völker aufheben und dennoch ihre menschliche Substanz dem eigenen Volk als eine Herrenschicht unmittelbar dienstbar machen zu können, so treten die Folgen ein, die hier an dem Beispiel des römischen Imperiums und an anderen Beispielen aufgezeigt worden sind. Das Leben läßt sich nicht zwingen und nicht betrügen. Wer seine Gesetze verletzt, entgeht den Folgen nicht, wer sich aber bemüht, den Lebensgesetzen zu folgen, pflanzt Lebensbedingungen, aus denen sich künftiges Leben entwickeln wird.«

Kritik, wenn auch in verdeckter Form, gab es nicht nur an der nationalsozialistischen Besatzungspolitik; Unmut wurde nachdrücklich auch über die Verwaltungswirklichkeit im Reich selbst geäußert. Der Chor der unzufriedenen Stimmen aus Verwaltung und Beamtenschaft schwoll immer stärker an. Schulenburg stand mit seiner Ansicht über den miserablen Zustand des Staates längst nicht mehr allein. Einer seiner Vorgesetzten, der Staatssekretär Wilhelm Stuckart, hatte der Kritik schon zu Beginn des Krieges die Richtung gewiesen. Wohl nicht zufällig nahm er ausgerechnet einen Beitrag für die Festschrift zum 40. Geburtstag Heinrich Himmlers zum Anlaß, auf die zerrütteten administrativen Verhältnisse in Deutschland hinzuweisen. Der Staatssekretär konstatierte ein »Übermaß an Sonderbehörden«, das in seinen Augen die Gefahr einer »Atomisierung der Verwaltung« heraufbeschwor. Stuckart sah den Staat in »Kompetenzkonflikten und Prestigekomplexen« versinken, für die »der gesunde Menschenverstand des Volkes kein Verständnis« habe. Vehement trat er für die »Einheit« der Verwaltung und für eine Stärkung der staatlichen Mittelinstanzen ein. Auf der mittleren Ebene sollten die »Sonderbehörden« nur noch als »besondere Abteilungen der allgemeinen Verwaltungsbehörden« fungieren. Im Klartext hätte das bedeutet, daß auch die Gestapo auf dieser Ebene in die Weisungsbefugnis etwa der Regierungspräsidenten zurückfiel.[92]

Das waren unmißverständliche Worte. An Deutlichkeit wurden sie nur noch übertroffen von einer Denkschrift, die eine Kommission von Verwaltungspraktikern im Auftrag des »Generalbevollmächtigten für die Verwaltung« im Herbst 1942 erarbeitete und die auf einer Umfrage bei 13 Dienststellen aus dem gesamten Reichsgebiet beruhte.[93]

Die Denkschrift brachte als eine Art empirischer Bestandsaufnahme die Stimmung innerhalb der Verwaltung im Kriege zum Ausdruck. Immer wieder sprach sie das Problem der »Polykratie« beziehungsweise des »pluralistischen Imperialismus« im gesamten Bereich der inneren Verwaltung an und monierte das Fehlen »exakter Zuständigkeitsabgrenzungen sowie die steigende Zahl der Kompetenzkonflikte«. Selbst Himmlers Imperium blieb von der Kritik nicht ausgespart, wobei besonders beklagt wurde, daß die Gestapo »praktisch den letzten Grad von Unabhängigkeit erreicht« habe.

Nach Ansicht der Kommission führte das den »Sonderressorts innewohnende Totalitätsstreben« zu ständigen Reibungen, und ihre Spezialisierung leistete der gerade von der Partei kritisierten »Bürokratisierung« Vorschub. »Immer größer werdende Ausschnitte aus dem zivilen Lebenskreis des deutschen Volkes«, so die Kommission, gingen »in die Beherrschung der Fachressorts über, und die entmachtete allgemeine Verwaltung [bedeute] aus diesem Grunde den einzelnen Volksgenossen immer weniger.« Wenn nicht »von höchster Stelle« bald eine Entscheidung falle, werde die allgemeine Verwaltung »praktisch in absehbarer Zeit zu Grabe getragen«.

Zur Lösung der Probleme sprach sich die Kommission für eine »ständige aktive Propaganda« zugunsten der Verwaltungseinheit aus, hielt aber auch eine Neuordnung der zentralen Führungsspitzen des Reiches für unerläßlich. In diesem Zusammenhang plädierten die Verfasser für »einen ständigen und intensiven Gedankenaustausch der leitenden Staatsmänner« und für die »Einheit der obersten staatlichen Lenkung unter Einschaltung eines ›Reichskabinetts‹«. Gerade der Vorschlag, das seit Jahren nur noch formal existierende Reichskabinett wieder zu aktivieren,[94] lief auf eine indirekte Kritik an Hitler und auf eine Einschränkung seines absoluten Führungsanspruchs hinaus. Schon von daher war das Gutachten eine mutige Meinungsäußerung. Die geäußerte Kritik verpuffte jedoch, ohne Wirkungen zu hinterlassen.[95]

Das Gutachten teilte damit das Schicksal vergleichbarer Reformpläne, und davon gab es eine erstaunliche Vielzahl, namentlich in den letzten beiden Kriegsjahren. Sie umfaßten praktisch alle Gebiete der Innenpolitik und griffen teilweise sogar darüber hinaus. Trotz Hitlers ausdrücklichem Verbot gingen die Überlegungen für die Reichsreform im Reichsinnenministerium, bei anderen Behörden und in der Reichsstelle für Raumordnung weiter. Das Justizministerium, dem eine Reihe von Klagen aus der Richterschaft zugegangen war, die sich sämtlich mit Übergriffen von NS-Funktionsträgern auf die Justiz beschäftigten, erstrebte mittels Reform eine umfassende Aufwertung des Richterstandes für die Zeit nach dem Kriege[96] und – natürlich – die Zurückdrängung der Gestapo, die im Laufe der Zeit beachtliche staatsanwaltliche und richterliche Kompetenzen an sich gerissen hatte.[97] Von 1943 an befaßte sich in Speers Rüstungsministerium ein »Arbeitsstab zum Wiederaufbau« mit Nachkriegs-Planungen, in die auch andere Ämter eingebunden wurden.[98]

Im Auswärtigen Amt tauchte im September 1943, angesichts der drohenden Niederlage, der Plan eines »Europäischen Staatenbundes« auf, dessen Mitglieder souveräne Staaten sein sollten, die sich gegenseitig Freiheit und Unabhängigkeit garantierten.[99] In den letzten Kriegsjahren schließlich beschäftigte sich auch die Reichsgruppe Industrie mit erstaunlich ideologiefernen Nachkriegsplanungen, in die Ludwig Erhards Konzept einer »gelenkten Marktwirtschaft« einfloß.

Erhards Plan sollte in leicht abgewandelter Form in den fünfziger Jahren beim Aufbau der westdeutschen Wirtschaft eine tragende Rolle spielen.

Die Männer des 20. Juli waren auf vielfältige Weise mit dieser Reform- und Wiederaufbaudiskussion verbunden. Schulenburgs im folgenden dokumentierte Zusammenarbeit mit der Reichsstelle für Raumordnung ist nur ein Beispiel dafür. Bezeichnenderweise trug die letzte von ihm verfaßte und verschiedenen offiziellen Stellen vorgelegte Denkschrift den Titel »Bombenzerstörungen und Aufbau«. Noch im Sommer 1943 arbeitete Schulenburg an einem Memorandum zur Neugliederung des Reiches und seiner Verwaltung, dessen Adressat Himmler war. In Schulenburgs Nachlaß findet sich ein handschriftlicher Gliederungsentwurf mit der Überschrift »Denkschrift für den Innenminister R. F. Himmler«. Dem Reichsfinanzminister Graf Schwerin von Krosigk trug Schulenberg, wie von Krosigk in seinen Memoiren festhielt, »in den Jahren 1943/44 ... mehrfach seine Gedanken über Verwaltungsreformen und die Neugliederung des Reichs vor«.[100]

Überpointiert ausgedrückt, bildete der 20. Juli die Spitze eines Eisberges – gewissermaßen den radikalen, auf Umsturz drängenden Flügel einer diffusen Reformströmung, die sich seit Stalingrad, vornehmlich aus Furcht vor der Niederlage, ständig verbreitete und die, wie das Beispiel der Waffen-SS zeigt,[101] bald auch auf die eigentlichen Bastionen des NS-Staates übergriff. Die meisten Pläne klammerten die Frage nach dem Schicksal Hitlers und der NSDAP wohlweislich aus; die in ihnen formulierte Kritik blieb insoweit im Rahmen des NS-Regimes. Das unterschied sie von den systemsprengenden Planungen der Männer des 20. Juli, für deren Mehrheit die Beseitigung Hitlers und des NS-Apparats die wesentliche Grundvoraussetzung war. Es hat zu mancherlei Verwirrung geführt, daß zahlreiche der an der Reform- und Wiederaufbaudiskussion beteiligten Planer, sofern sie mit dem 20. Juli in Berührung gekommen waren, sich nachträglich als Mitwisser stilisierten und ihre Überlegungen als aktive Beteiligung am Widerstand ausgaben.

V

Ein konservativer Rebell:
Planungen und Erwartungen

Reichsreform und Neuordnung der Länder:
Die Zusammenarbeit mit der Reichsstelle für
Raumordnung 1942/43

In den Fragen der Reichsreform und der territorialen Neuordnung der Länder berührten sich nach der Niederlage von Stalingrad systemkonforme und systemsprengende Neuordnungsüberlegungen.Wie bereits erwähnt, hatten Hitler und die Gauleiter dem Reform-Unternehmen hinhaltenden und letztlich erfolgreichen Widerstand entgegengesetzt, was das Innenministerium jedoch nicht daran hinderte, weiterhin Pläne für einen straff organisierten Einheitsstaat zu entwerfen.[1] Die Einzelheiten der gegen den Willen Hitlers geführten Reichsreformdiskussion wurden von den interessierten Stellen allenfalls vertraulich behandelt, selten jedoch geheimgehalten. Dies bestätigt ein Brief Schulenburgs an seine Frau vom 15. 7. 1942, in dem er – von einem Aufenthalt auf der Krim – schreibt:»Von Ehrensberger erhielt ich eine Reihe von Karten, die verwaltungsmäßige Gliederung Deutschlands betreffend, und [ich] habe Muße, in freien Stunden hin und wieder über diese außerordentlich vielschichtigen und ineinander verflochtenen Fragenkreise nachzudenken. Hoffentlich fällt mir auch etwas dabei ein.«[2]

Aus dieser Anmerkung ist unschwer herauszulesen, daß es für den 20. Juli keineswegs – wie die Gestapo später vermutete – eines»krummen Weges« bedurfte, um sich das Material für Neuordnungspläne zu beschaffen.[3] Das Innenministerium lieferte Männern wie Schulenburg und wohl auch Popitz und Yorck entsprechende Karten und Planungsskizzen»frei Haus«. Die Neuordnungsdiskussion reichte weit über den Kreis der zum Widerstand Entschlossenen hinaus. Das belegt nicht zuletzt Schulenburgs Zusammenarbeit mit der Reichsstelle für Raumordnung (RfR).

Diese Institution war im Juni 1935 aus der»Reichsstelle zur Regelung des Landbedarfs« hervorgegangen. Mit Gründungserlaß war ihr die»zusammenfassende, übergeordnete Planung und Ordnung des deutschen Raumes für das gesamte Reichsgebiet« übertragen worden.[4] Nach dem deutschen Überfall auf Polen hatte sich die Reichsstelle die Germanisierungspolitik in den »eingegliederten Gebieten« zur Aufgabe gemacht.[5] Einer ihrer Mitarbeiter, Dr. Gerhard Isenberg, sprach sich ! diesem Zusammenhang dafür aus, daß das Reich die in den »eingegliederten Gebieten« lebenden Polen »einstweilen möglichst im Generalgouvernement unterzubringen sucht«.[6] Dieser Vorschlag lag ganz auf der Linie der Politik Himmlers als »Reichskommissar für die Festigung des deutschen Volkstums« (RKF).

Gleichwohl geriet die Reichsstelle in den okkupierten Ostgebieten gegenüber den nationalsozialistischen Sonderbehörden und vor allem gegenüber dem RKF immer mehr ins Hintertreffen. Bereits 1941 war, wie das interne Papier eines RfR-Mitarbeiters festhielt, die Mitwirkung der Reichsstelle »auf ein sehr bescheidenes Maß gesunken«. Die Kompetenz, planerische Vorgaben zu machen, war der Reichsstelle »fast ganz entzogen« und vom Reichskommissar »fast ganz für sich in Anspruch genommen worden«.[7]

Wie viele andere Sonderbehörden im Dritten Reich auch, suchte die Reichsstelle ihre faktische Bedeutungslosigkeit durch umtriebigen Planungsehrgeiz auszugleichen. Noch im Mai 1944 reklamierte sie für den »Neuaufbau der zerstörten Städte und Siedlungen« die zentrale Planungskompetenz. Alle übrigen am Wiederaufbau beteiligten Stellen, etwa die Gauleiter und die Gemeindeverwaltungen, sollten, so hieß es in einem internen Protokoll, lediglich mit der »technischen Seite und der Beschaffung planlicher Unterlagen für den Wohnungsbau und die Wohnviertel« befaßt werden.

Real änderte sich indessen wenig am Schattendasein der Reichsstelle für Raumordnung. Bis zuletzt klafften Anspruch und Wirklichkeit weit auseinander. »Unser Planungsamt«, so erinnerte sich der Leiter der Planungsabteilung, Konrad Meyer-Hetling, nach dem Kriege, »besaß ... bei den Reichsstatthaltern und Oberpräsidenten keine Legitimation, was die Arbeit sehr erschwerte.«[8]

Zwei Mitarbeiter der Reichsstelle, Regierungsrat Dr. Walter Muthmann und der oben erwähnte, auf dem Gebiet der Germanisierungspolitik besonders rührige Referatsleiter Dr. Gerhard Isenberg, nahmen nach dem Kriege für sich in Anspruch, nicht nur – wie die gesamte Reichsstelle – in Konkurrenz zu anderen nationalsozialistischen Sonderbehörden gestanden, sondern innerhalb der RfR eine widerstandsnahe »Gruppe Schulenburg« gebildet zu haben.

Nach Isenbergs Auskunft hatte diese Gruppe »seit Ende 1942 Pläne für die territoriale Neugliederung Deutschlands ausgearbeitet«. Im März 1943 lagen diese Pläne vor, denn, so Isenberg, »damals rechnete man schon mit einer Aktion«.[9] Als Beweis für die Existenz der »Gruppe« und ihre Nähe zum 20. Juli legte Isenberg einen Vermerk Schulenburgs vor, den dieser im Rahmen seiner Tätigkeit im Reichsernährungsministerium angefertigt hatte und in dem er Isenberg um eine »kurze Äußerung zu der Einteilung der Bezirke der landwirtschaftlichen Marktverbände« bat.[10] Unter Berufung auf Isenberg konstruierte Schulenburgs Biograph Albert Krebs hieraus Vorüberlegungen zur Einteilung der »zukünftigen Reichsländer«, deren systemsprengender Charakter offenkundig gewesen sei.[11] Schulenburg hatte nämlich seinen Gesprächspartner gebeten, den Vorgang »delikat zu behandeln« und sich »rein an raumbedingte Gesichtspunkte bei der Einteilung zu halten, auch wenn vorhandene Gaugrenzen überschritten werden«.

Dieser Hinweis auf die Vertraulichkeit des Auftrags ist von Isenberg und Krebs als Beweis für den konspirativen Zuschnitt des Unternehmens gedeutet worden. Beide übersahen dabei allerdings großzügig, daß Schulenburg auch seinen unmittelbaren Vorgesetzten, Staatssekretär Backe, in die Planungen einweihte.[12] Backe aber war bis zur Kapitulation ein überzeugter Nationalsozialist, der sich an irgendwie gearteten Widerstandsüberlegungen wohl kaum beteiligt hätte.[13]

Für die Bitte Schulenburgs, seinen Auftrag vertraulich zu behandeln, gibt es indessen eine plausible Erklärung. Heinz Haushofer, der Bruder des im Zusammenhang mit dem 20. Juli ermordeten Albrecht Haushofer, hat sie nachträglich geliefert. Die Neueinteilung der Marktverbände, so Haushofer, »lief ... höchst vertraulich, weil die ganze Sache ja an den Gauleitern vorbeilief. Deren Interesse aber war, alle derartigen wirtschaftlichen Organisationen ... auf ihre Gaubereiche, d. h. auf die Gliederung nach den Gesichtspunkten der NSDAP, abzustellen.«[14] Damit standen die Gauleiter im direkten Interessengegensatz zur Reichsstelle für Raumordnung, die durch Erlaß Hitlers vom 26. Juni 1935 als zentrale Einrichtung für die übergeordnete Raumplanung im gesamten Reichsgebiet eingerichtet worden war und die diese Aufgabe in der Folgezeit ebenso hartnäckig wie erfolglos in die Praxis umzusetzen suchte.

Auch der RfR-Mitarbeiter Walter Muthmann billigte nach dem Kriege der Auftragsarbeit Isenbergs »besonderen dokumentarischen Wert« zu, weil sie zeige, »wie es möglich war, innerhalb der Verwaltung Vorarbeiten für den Umschwung zu leisten«. Damit wurde, so Muthmann, »die Voraussetzung geschaffen, daß wir innerhalb der Reichsstelle für Raumordnung auch unter Heranziehung außenstehender Persönlichkeiten ungestört eine Karte für die Reichs- und Verwaltungsreform erstellen« konnten.[15]

Muthmanns Äußerungen zeigen erst, wenn man sie gegen den Strich liest, ihren eigentlichen Kern, nämlich daß die Reichsstelle der Zusammenarbeit mit »außenstehenden Persönlichkeiten« große Bedeutung beimaß. Schulenburgs Wünsche waren für die RfR ein glänzendes Alibi, ungestört ihrer eigentlichen Aufgabe, der zentralen Raumplanung, nachzugehen, ohne von konkurrierenden Institutionen wie dem Reichskommissar oder den Gauleitern daran gehindert zu werden. Schulenburgs Anliegen überschnitt sich also mit der seit Jahren verfolgten, programmatischen Linie der Reichsstelle, und es bedurfte keines besonderen Widerstandsgeistes, dem Auftrag des Grafen, eines immerhin durch seinen Staatssekretär gedeckten Spitzenbeamten, nachzukommen.[16] Bei Lichte besehen spricht deshalb vieles dafür, daß es sich bei der »Gruppe Schulenburg« in der Reichsstelle für Raumordnung um einen jener nicht gerade seltenen Fälle handelt, in denen eine unbestreitbare Konkurrenzsituation innerhalb des NS-Systems nachträglich zum Widerstand gegen Hitler umgedeutet wurde.

Davon abgesehen, standen die Ausarbeitungen Isenbergs, die von der Widerstandsliteratur als Teil der Neuordnungsplanungen des 20. Juli bezeichnet worden sind,[17] ganz in der Kontinuität der nationalsozialistischen Raumplanung. Das im März 1943 dem zuständigen Staatssekretär Dr. Muß vorgelegte Gutachten Isenbergs ging von den Reichsgrenzen des Jahres 1940 aus und bezog Elsaß-Lothringen, das Sudetenland, Österreich und die ehemals polnischen Gebiete Westpreußens, Ostpreußens, Posens und Oberschlesiens mit ein. Die Gesichtspunkte, die Isenberg bei seiner »Auftragsarbeit« leiteten, machen deutlich, daß sich sein Konzept aufs engste an der von ihm und dem Raumplaner Walter Christaller speziell für den »neuen Osten« entwickelten »Zentrale-Orte-Theorie« orientierte.[18] In enger Anlehnung an diese Theorie nennt Isenberg als Ziel unter anderem:[19]
– »Erreichbarkeit des Verwaltungssitzes für die Bevölkerung, d.h. Herausstellung der zentralen Orte
– möglichste Zusammenfassung der stammes- und blutsmäßig zusammengehörigen Menschen[20]
– Zusammenfassung wirtschaftlich zusammengehöriger Gebiete; klare Herausstellung der Funktionen eines Gebietes für das Reichsganze
– Berücksichtigung der natürlichen Landschaftsgrenzen«.
Im Frühjahr 1944 wurden Isenbergs Arbeitsergebnisse, vor allem das Überschreiten der Gaugrenzen, im Umfeld der Reichsstelle offen diskutiert. In einem internen Vermerk forderte Isenberg – nunmehr

ohne die Bezugnahme auf einen »außenstehenden« Auftraggeber – die Anwendung der bislang lediglich in den besetzten Ostgebieten erprobten »Zentralen-Orte-Theorie« auf das Altreich.[21]

Schulenburgs Zusammenarbeit mit Isenberg ist ein gutes Beispiel für die in den letzten Kriegsjahren verschwimmenden Grenzen zwischen den Neuordnungsvorstellungen des Widerstands und den Reformplänen des Staatsapparates beziehungsweise verschiedener Sonderbehörden. Während Isenberg die gewiß nicht systemsprengenden Ziele der Reichsstelle verfolgte, dürfte Schulenburg die Arbeitsergebnisse des RfR-Mitarbeiters für seine Zwecke eingesetzt haben. Die Interessen der Akteure liefen also parallel, identisch aber waren sie damit noch lange nicht. Dies gilt für den der Zusammenarbeit zwischen Schulenburg und der Reichsstelle zugeschriebenen »Plan der großen Einheiten, der die Auflösung Preußens und die Einteilung des Reiches in zehn Länder mit geographisch und wirtschaftlich »ausreichender Tragfähigkeit« vorsah,[22] genauso wie für den auf Popitz zurückgehenden »Plan der kleinen Einheiten«, der die Einrichtung von dreißig Landschaftsgauen anpeilte. In den gleichen Kontext gehören vermutlich die »Mittellösung« von achtzehn Reichsländern, die Albrecht Haushofer entwarf[23], und – bei den bekannt guten Beziehungen Yorcks zu Ehrensberger – auch die Neuordnungspläne der Kreisauer, die in den drei Kartenskizzen von Yorck, van Husen und Pater König überliefert sind.[24]

Schulenburg selbst achtete offenbar verstärkt darauf, seine Kontakte zu den zwar nicht widerstandsbereiten, aber reformwilligen Kräften im Staatsapparat nicht abreißen zu lassen.[25] Dementsprechend legte er seine letzte, im September 1943 verfaßte Denkschrift über »Bombenzerstörungen und Aufbau«[26] gleich drei Behörden zur Diskussion vor; dem Reichsinnenministerium, dem Reichsarbeitsministerium und der Reichsstelle für Raumordnung. Die Absicht, die er damit verfolgte, läßt sich aus einem handschriftlichen Zusatz zur Denkschrift klar herauslesen. »Es ist notwendig«, so heißt es dort, »daß die Vorbereitungen aller Art unbedingt sofort ergriffen werden, da von dem Tage an, an dem die Waffen schweigen, mit Macht der Wiederaufbau einsetzen muß. Nur dann ist ein organischer Aufbau möglich, wenn über seine Richtung zwischenzeitlich entschieden ist und die Vorbereitungen auf allen Gebieten im Plane fertig sind.«[27]

Mit wachsendem Widerstand soll sich Schulenburg, der nach der Machtergreifung die Auflösung der föderativen Reichsstruktur begrüßt hatte, auch zum »gemäßigten Föderalisten« gewandelt haben. Diese Einschätzung stammt von Gerhard Isenberg, und auch Erich

Keßler, der frühere Mitarbeiter in Schlesien, nannte die Neuord-
nungsüberlegungen des Grafen nachträglich »weitgehend föderali-
stisch«. Lediglich die Finanzhoheit habe er beim Reich belassen wollen.[28]

Die in den Kaltenbrunner-Berichten erhalten gebliebenen Verfas-
sungs- und Verwaltungskonzepte des 20. Juli stützen dieses Bild.
Schulenburg nannte vor der Gestapo den »schädlichen Zentralismus«
des NS-Staates einen der ausschlaggebenden Gründe für seinen Widerstand.[29] Insgesamt orientierten sich die Widerstandspläne, auf deren Abfassung Schulenburg nach Ansicht der Gestapo »erheblichen«
Einfluß nahm,[30] an den Steinschen Reformen und am Gedanken der
Selbstverwaltung für Gemeinden und Gaue. Sie reflektierten die
»Mängel des bestehenden Verwaltungsaufbaus«, die »in einem unklaren Durcheinander von Sondervollmachten und Sonderverantwort-
lichkeiten ohne Rücksicht auf den bestehenden Zuständigkeitsauf-
bau« gesehen wurden. Als »Ziel der Verwaltungsreform« übernahm
der 20. Juli alte Forderungen Schulenburgs: die Rückkehr zu »klare[n]
Verantwortungen«, zu einem »klaren Aufbau der Ministerien«, den
Abbau einer »zu starken Zentralisation« und die »Freiheit zu selbstän-
digen Entschlüssen«.[31]

Aus Schulenburgs Zentralismuskritik einen Gesinnungswandel in
Richtung Föderalismus ableiten zu wollen, greift jedoch zu kurz;[32]
ebenso jeder Versuch, einen Gegensatz zur nationalsozialistischen
Verfassungs- und Verwaltungstheorie zu konstruieren. Der Staatszen-
tralismus als Doktrin und die Propaganda für eine »deutsche« Selbstverwaltung schlossen sich nicht aus, sondern ergänzten einander. Wie
gezeigt, hat sich Schulenburg auch als überzeugter Nationalsozialist
immer wieder gegen eine »überspitzte Zentralisation« ausgesprochen;[33] damit lag er ganz auf der Linie des Reichsinnenministeriums,
dem man beileibe keine besonderen Sympathien für eine föderalisti-
sche Reichsstruktur nachsagen konnte. Es war nicht von ungefähr
Wilhelm Stuckart, der 1940 dafür plädierte, eine »organische Syn-
these« zwischen dem »gesunden Eigenleben deutscher Gaue« und
der »starken Zentralgewalt« herzustellen.[34] Gerhard Mäding, einer der
Chefplaner des Ministeriums, führte 1942 aus, was Stuckart gemeint
hatte. Es entspreche, so Mäding, »alter deutscher Verwaltungsüberlie-
ferung, in der sich Wesenszüge des freiheitlichen, auf Selbstverantwortung gerichteten deutsch-germanischen Volkstums ausdrückten,
[daß] die öffentlichen, d. h. gemeinschaftlichen Angelegenheiten sowohl der örtlichen Siedlungseinheit wie der engeren und weiteren
Heimat in möglichster Vollständigkeit durch bodenständige Kräfte

selbstverwalte[t] [werden] ... In einer Zeit schärfster Heraushebung der einheitlichen Hoheit der Zentralgewalt als einer machtvollen Befehlsstelle [ist] deshalb eine angemessene Dezentralisation erforderlich. Nur so [kann] sich die Verstärkung der Staatshoheit als Festigung deutschen Volkstums auswirken.«[35]

Vor diesem Hintergrund ist den Hinweisen ehemaliger Mitarbeiter über Schulenburgs Wandlung vom zentralistischen Saulus zum gemäßigt föderalistischen Paulus mit Vorsicht zu begegnen.[36] Wie berechtigt diese Vorsicht ist, zeigen die letzten Selbstzeugnisse Schulenburgs aus dem Jahre 1943. Hier kommen der unverändert etatistische Grundzug seines Denkens und die ungebrochene Suprematie, die er zentralstaatlichen Interessen weiterhin einräumte, deutlich zum Ausdruck.

Autoritärer Staat – Charismatische Führung –
Ständische Ordnung:
Verfassung und Gesellschaft nach Hitler

Aus der Zeit, in der Schulenburg aktiv und uneingeschränkt auf die Beseitigung des Regimes drängte, sind nur zwei »politische« Dokumente überliefert: das bereits erwähnte Memorandum »Bombenzerstörungen und Aufbau« und ein nachgelassenes, unsigniertes Denkschriftfragment zu verfassungs-, verwaltungs-, sozial- und wirtschaftspolitischen Fragen der Neuordnung.[37] Inhalt und Stil dieses Fragments weisen Schulenburg unzweifelhaft als Autor aus;[38] auch dieses Papier bezieht den Bombenkrieg sehr stark in die Überlegungen mit ein und dürfte aus diesem Grunde im Laufe des Jahres 1943 entstanden sein. Ungesichert bleibt freilich, ob es sich hierbei um die dem Verwaltungsexperten des 20. Juli von Zeitzeugen zugeschriebene große Reichsreformdenkschrift handelt, die über die Gestapo an Staatssekretär Wilhelm Stuckart gesandt worden sein soll und die dieser vor Zeugen als »hervorragendes, richtungweisendes und umfassendes Gedankenwerk« gelobt habe.[39]

Das Denkschriftfragment und das Memorandum über »Bombenzerstörungen und Aufbau« zeigen noch einmal, wie sehr sich Schulenburg in den Grundlinien seines Denkens, in seinen politischen Vorlieben und Abneigungen über die Jahre treu geblieben ist. »Mit revolutionären Mitteln konservative Zwecke erreichen«,[40] dieser von Arthur Moeller van den Bruck geprägte Schlüsselsatz des Weimarer Neokonservativismus war ihm nach wie vor Programm. Nur daß er seit Stalingrad nicht länger an die konstruktiv-umstürzende Kraft des

Krieges, an dessen kathartische Auswirkungen auf das Regime glaubte, sondern paradoxerweise gerade von den destruktiven, auf die Urheber zurückschlagenden Kriegseinflüssen eine (Wieder)herstellung des Alten und Bewährten erhoffte.

In den Verwüstungen, die der Krieg in Deutschland hinterließ, sah Schulenburg ganz offensichtlich eine List der Geschichte. »Das Schicksal«, schrieb er in seinem letzten Memorandum, trage »in der einen Hand die grausige Zerstörung, in der anderen Hand die einmalige, unwiederbringliche Gelegenheit, den Hebel einer ungesunden Entwicklung ganz herumzuwerfen, eine neue Ordnung zu beginnen, welche die Landschaft stärkt.«[41] Angesichts der militärischen Katastrophe traten bei Schulenburg Züge jenes apokalyptischen Denkens hervor, das in Deutschland verbreitet war und das in der Vernichtung immer auch starke Elemente der Erlösung vermutete.[42] Bezeichnenderweise hieß es an anderer Stelle des Memorandums, »das, was unsere Gegner uns als Zerstörung zudachten, kann zu einem Gesundungsvorgang werden, wenn wir die Klarheit und Kraft haben, es zu verwandeln«.

Was die Inhalte anbelangt, weisen die letzten politischen Selbstzeugnisse Schulenburgs, besonders aber das Denkschriftfragment, gewichtige Unterschiede zu den Texten des Kreisauer Kreises und zu den im Umfeld Goerdelers entworfenen Reichsreformplänen auf.[43] Zum weiteren Mal erwies sich Schulenburg als Zentralist,[44] der sich zwar bereit zeigte, den Verwaltungseinheiten unterhalb der Reichsebene »große Selbständigkeit im kleinen« zu gewähren, aber eine straffe Reichspolitik dadurch nicht behindert sehen wollte.[45] Den Prinzipien von Repräsentation und Partizipation konnte er nach wie vor nur wenig abgewinnen. Zwar war im Denkschriftfragment von »Einheitsführern«, also von einer Verschmelzung der Partei- mit den Staatsämtern, nicht mehr die Rede; an die Stelle der »Einheitsführer« traten jetzt aber die »Regierungsträger« mit gleichfalls weit gespannten Befugnissen.[46]

Als »Regierungsträger« bezeichnete Schulenburg Bürgermeister, Landräte, Regierungspräsidenten und die »Reichsstatthalter«, aber auch die Gauleiter. Immerhin fehlte jetzt der Hinweis auf die nationalsozialistische Gesinnung als unbedingte Voraussetzung dafür, eine Führungsposition in Staat und Gesellschaft übernehmen zu können. Statt dessen betonte Schulenburg ausdrücklich die erwünschten Charaktereigenschaften der neuen Führer. Nur »hochgesinnte, kluge, tatkräftige und großzügige« Männer sollten als Chefs der Verwaltungen wirken. Ihrem persönlichen Einfluß sollte »keine Grenze« gesetzt sein. Nach wie vor galt also das Führerprinzip.

Den »Regierungsträgern«, wie Schulenburg sie sah, unterstanden alle in ihrem Machtbereich tätigen Behörden, Verbände und Vereine. Sie waren Mitglieder der Aufsichtsräte aller örtlichen beziehungsweise regionalen Kapitalgesellschaften und Genossenschaften und übten das Vorschlagsrecht für die Bestellung von Pfarrern, Lehrern, Ärzten und Beamten aus. Ihnen oblagen die Aufgaben der niederen Gerichtsbarkeit, sie konnten Anklage erheben und Polizeistrafen aussprechen. Kontrolliert wurden sie durch den »Reichsstatthalter« als höchsten »Regierungsträger«, der als »Anwalt des Volkes in seiner Heimatlandschaft« fungieren sollte. Ernennung und Abberufung einzelner Regierungsträger wurden durch den »Reichsstatthalter« in Abstimmung mit den jeweils höheren Führern vorgenommen.[47]

Während in den Verfassungsplänen des 20. Juli die Repräsentation und Partizipation der Bevölkerung von Anfang an eine zwar nicht herausragende, aber merklich wachsende Rolle spielte,[48] galt für Schulenburg – cum grano salis – noch immer das friderizianische Wort »alles für das Volk, nichts durch das Volk«. Eine Beteiligung der Bevölkerung wollte er lediglich in Form von Beratungs-, Beschwerde- und Akklamationsorganen zulassen. Für die Gemeinden sah er eine berufsständische Einrichtung, den Gemeinderat, als Beratungsorgan des jeweiligen »Regierungsträgers« vor. Seine Mitglieder, zu denen unter anderem Pfarrer, Hauptlehrer, Unternehmer, Handwerker, Klein- und Großbauern sowie »zwei von den vorgenannten [Personen] unabhängige Arbeiter« gehörten, sollten – soweit sie nicht kraft Amtes einen Sitz im Gemeinderat hatten – vom verantwortlichen »Regierungsträger« ernannt werden.

Als eine Art repräsentatives Kontrollorgan fungierte der Gemeindetag, der mit dem jeweiligen »Regierungsträger« und dem Gemeinderat Jahreshaushalt und Steuerplan beriet. Das aktive und passive Wahlrecht zu diesen Gremien waren an das gemeindliche Bürgerrecht gebunden. Die Beschlüsse des Gemeindetages sollten nach Schulenburgs Willen lediglich aufschiebende Wirkung besitzen. In letzter Instanz entschieden der »Regierungsträger« oder – wenn sich ein Drittel der Gemeindetagsmitglieder gegen den Haushalts- und Steuerplan ausgesprochen hatte – der Reichsstatthalter. Gemeindetag und »Bürgerpflichtversammlung« sollten die Repräsentations- und Legitimationsfunktionen wahrnehmen, die in der Weimarer Republik die demokratisch gewählten Gemeindeorgane innegehabt hatten. Aufgabe der »Bürgerpflichtversammlung«, die anläßlich der Gemeindetage »in der Kirche« stattfinden sollte, war es, »der Gemeinde über alles Trennende hinweg ihre Zusammengehörigkeit ins Bewußtsein [zu] rufen.

Reden, Ansprachen und Meinungsäußerungen von oben oder von unten« hatten dabei zu unterbleiben.[49] Auch als Widerstandskämpfer – und das kam in diesen Vorschlägen deutlich zum Ausdruck – hegte Schulenburg ein tief verwurzeltes Mißtrauen gegen die politische Willensbildung von unten und gegen die politische Kontroverse als legitimes Mittel zur Lösung von Problemen und zur Klärung von Positionen.

In den durch die Gestapo überlieferten Neuordnungsplänen des 20. Juli, an denen Schulenburg maßgeblich mitgewirkt hatte, ist der unmittelbaren politischen Beteiligung der Bürger später stärkeres Gewicht beigemessen worden. Jedenfalls auf regionaler und kommunaler Ebene sollten Gauhauptleute, Landräte und Bürgermeister direkt gewählt werden. Wahlen waren nach Ansicht des 20. Juli »zur Wiederbelebung des Vertrauens unerläßlich«. Wahlberechtigt waren dabei »Männer und Frauen vom 24. Lebensjahr ab«. Die Gewählten mußten »mindestens 28 Jahre alt und unbescholten sein«. Allzuweit sollten die Kompetenzen der »Selbstverwaltungsparlamente« allerdings nicht reichen. Ein noch immer beträchtlicher politischer Spielraum wurde in den Verfassungsplänen des 20. Juli den Inhabern politischer Ämter eingeräumt. Nur in Steuer- und Finanzangelegenheiten waren sie an die Beschlüsse der Repräsentationsorgane gebunden.[50] In Kenntnis des Denkschriftfragments wird man vermuten dürfen, daß Schulenburg selbst dieser sehr konservativen Form der parlamentarischen Repräsentation ohne große Begeisterung und nur unter dem Eindruck des rapiden Machtverfalls von Hitler-Deutschland zugestimmt haben dürfte.[51]

Der von Schulenburg in seinen letzten Selbstzeugnissen umrissenen Kommunalverfassung lag die Vorstellung vom Ende des säkularen Urbanisierungsprozesses in Deutschland zugrunde. Der Krieg, so hieß es in der Denkschrift »Bombenzerstörungen und Aufbau«, habe die »tödliche Schwäche der Großstadt« offenkundig werden lassen.[52] Dies sei gewissermaßen die Antwort des Schicksals darauf, daß sich die Großstadt seit langer Zeit treibhausartig entwickelt habe. Indem sie sich von den »gesunden Grundlagen des Lebens« gelöst habe, sei sie zum »Krankheitsherd« des Volkes geworden.

Nicht den großen Städten, sondern den ländlichen Gebieten und den kleineren und mittleren Gemeinden gehörte nach Schulenburgs Ansicht die Zukunft. Der Landflucht als einer Massenbewegung des 19. und 20. Jahrhunderts wollte er nach dem Kriege eine Siedlungsbewegung entgegensetzen, »die nur mit der Kolonisation des deutschen Ordens und der preußischen Könige zu vergleichen« sei. »Jedem sparsamen Deutschen, der siedeln« wolle, müsse dafür Land gegeben werden. Die Einwohner der Gemeinden wollte Schulenburg auf »Familien und Betriebe der näheren Nachbarschaft« begrenzt wissen. Landes- und Hauptstädte sollten auf 50.000 bis 200.000 Einwohner beschränkt bleiben und sich durch »aufgelockerte Weiträumigkeit mit kleinster City« ausweisen.

In Schulenburgs »Gemeinden« stand die Zeit still, war das Rad der Geschichte zurückgedreht worden. Fast meint man sich in das Jahr 1794 zurückversetzt, in dem das Allgemeine Preußische Landrecht in Kraft trat. Wie in diesem Gesetzeswerk waren auch in Schulenburgs Denkschriftfragment Stadt und Land streng geschieden.[53] Das Wohnrecht beschränkte sich im wesentlichen auf Bürger mit Hausbesitz, auf das »freie Handwerk«, die Beamtenschaft und »eine ausgesuchte Arbeiterschaft der Funktions-, Verkehrs- und Versorgungsbetriebe«. Industriebetriebe waren soweit als möglich aus der Stadt verbannt, um »jeden Ansatz einer Proletariatsbildung« zu vermeiden. Hingegen legte Schulenburg auf das Wohnrecht des »Geistes-, Schwert- und Werksadel[s]« großen Wert, ebenso auf die Anwesenheit des »Grundadel[s] der weiteren Landschaft«. Hier scheint unzweifelhaft neofeudales Gedankengut auf, und quasi feudal sollten auch die »Regierungsträger« für ihre Dienste entlohnt werden. Neben Grundgehalt und Tantiemen war ihnen ein großes Gut zur Bewirtschaftung zu überlassen.

Schulenburgs Gedanken haftete unverkennbar der Charakter einer rückwärts gewandten Utopie an. Auffallend ist die starke Rückbesinnung auf die aristokratische Welt, die in den früheren Memoranden längst nicht so deutlich hervorgetreten war. Daran läßt sich der Grad der geistigen und politischen Rückwendung Schulenburgs deutlich ablesen. Anstelle der dynamischen nationalsozialistischen Eliten aus den unteren und mittleren Bevölkerungsschichten, an deren gesellschaftsverändernde Kraft er nach der Machtergreifung geglaubt hatte, sollten jetzt die »edlen Geschlechter« den staatlichen und gesellschaftlichen Institutionen »kulturelle Schwerkraft« verleihen.[54]

»Refeudalisierung« und Rationalisierung: Sozial- und Wirtschaftspolitik nach Hitler

Auch in Schulenburgs letzten Aufzeichnungen spielte die Sozialpolitik eine herausragende Rolle. Der Autor widmete ihr ein eigenes Kapitel und bewies damit, wie sehr er seiner alten Vorliebe für die soziale Frage treu geblieben war. Die rückwärtsgerichtete Tendenz seines Denkens läßt sich freilich auch hier nur schwer übersehen. Erneut identifizierte er das Zeitalter der Großindustrie und der Großstadt als Ursprung allen Übels. Mit Industrialisierung und Urbanisierung war für Schulenburg der Anteil derjenigen, die den »Willen zur Selbsthilfe« nicht aufbrachten, »zur gewaltigen Mehrheit« angewachsen. Als Ergebnis dieser Entwicklung habe sich ein »gewaltige[s] Fürsorge- und Versicherungswesen« entwickelt, das auf »privatwirtschaftlicher oder staatlicher Grundlage . . . die Drohung des Lebens« zu beseitigen trachte. Gerade diese sozialpolitische Zielsetzung hielt Schulenburg für einen gefährlichen Irrweg. Damit werde auf Dauer der Kampf um die Existenz verdrängt, der als wesentlicher Bestandteil des Lebens überhaupt anzusehen sei. Auf den einzelnen bezogen, erzeuge eine solche am Sicherheitsdenken orientierte Sozialpolitik das Gefühl »falsche[r] Sicherheit«, und aufs Ganze gesehen gefährde sie den »Lebenswillen« des Volkes.[55]

Demgegenüber plädierte Schulenburg für eine grundlegende Kehrtwendung in der Sozialpolitik und für die Rückkehr zur »schaffenden Selbsthilfe«, wie sie auch sein Freund Hugo Kükelhaus vertrat.[56] Die normalen Lebensrisiken wollte Schulenburg den Betroffenen selbst aufbürden beziehungsweise in die unmittelbare Bezugsgruppe, in Familie, Nachbarschaft und Betriebe, zurückverlagert wissen. Den Schutz vor Katastrophen und »großen Schicksalsschlägen« sah er als »gemeindliche Aufgabe« an. Nur die jede kommunale Finanzkraft »übersteigenden Spitzen« sollten von den Ländern abgedeckt werden. Allenfalls eine geringe Altersrente, an deren Aufbringung sich die Unternehmen und der Staat zu beteiligen hatten, wollte er den Bürgern zur Sicherung eines »bescheidenen Lebensabends« gewähren. Für diese Rente hatte wie für die gesamte Sozialpolitik ein und dasselbe Prinzip zu gelten: »Je geringer die Belastung für das Alter«, so Schulenburg, »je länger ein jeder für sich selbst sorgt, desto leistungsfähiger bleiben Staat und Wirtschaft, das kommt der Jugend zugute. Eine gesunde, gutrassige Jugend aber ist die beste Bürgschaft für den Lebensabend kinderreicher Eltern. So wird es möglich sein, ohne große Belastungen eine hervorragende, gesunde Sozialpolitik durchzuführen, die mit einem Minimum an baren Mitteln und einem Höchstmaß an Selbsthilfeleistung arbeiten wird. Eine solche Fürsorge aber ist nicht lebensfeindlich, sondern eine starke Stütze für jede Familie und für jedes Volk.«

Es läßt sich kaum übersehen, daß Schulenburg hinter das moderne sozialstaatliche Denken, wie es sich in Deutschland seit der Bismarckschen Sozialgesetzgebung herausgebildet hatte, ein großes Fragezeichen setzte. Insbesondere die Ablösung des Fürsorge- durch ein immer umfassenderes Versicherungsprinzip rief seine Kritik hervor.

Schulenburgs Überlegungen zur »Neugliederung« der Sozialpolitik setzten damit nicht nur einen Kontrapunkt zur sozialstaatlichen Entwicklung in Deutschland, die in der Weimarer Republik mit der Arbeitslosenversicherung ihren vorläufigen Höhepunkt gefunden hatte. In ihnen artikulierte sich auch – bewußt oder unbewußt – ein entschiedener Gegensatz zu der sozialpolitischen Diskussion, die in der »Deutschen Arbeitsfront« geführt wurde. Die Vorstellungen der DAF liefen auf ein umfassendes, rein staatliches »Alters- und Gesundheitswerk« für alle »Volksgenossen« hinaus, knüpften aber die für die Nachkriegszeit geplanten, geradezu luxuriösen Leistungen an das politische wie soziale Wohlverhalten der Empfänger und natürlich an deren »rassereine« Herkunft.[57]

Schulenburgs sozialpolitisches Patentrezept dagegen vermischte den frühliberalen Selbsthilfegedanken mit der ständischen Eingliederung des einzelnen in »natürliche Bindungen und Herrschaftsverhältnisse«.[58] Dieses korporatistische Modell wollte Schulenburg auch auf die industriellen Arbeitsbeziehungen der Zukunft übertragen wissen. Für ihn garantierte nur die enge personale Bindung zwischen Arbeitgebern und Arbeitnehmern die notwendige Harmonie der »Betriebsgemeinschaft«. Die umfassende Fürsorgepflicht des »Betriebsherrn« fand ihr Äquivalent in der unbedingten Treuepflicht der Arbeiter und Angestellten. Zu den Pflichten der »Betriebsherrn« rechnete Schulenburg neben der Beteiligung an der erwähnten Altersrente die Kranken- und Invalidenversorgung der Arbeiter, die Beihilfe zum Bau von Heimstätten und Arbeiterwohnungen, die Bereitstellung von Deputaten und gegebenenfalls die Überlassung von Gartenland.

Die hohe Wertschätzung, die Schulenburg den Sachleistungen entgegenbrachte, verdeutlicht noch einmal den vormodernen, neofeudalistischen Grundzug seines sozialpolitischen Denkens. Um die in Weimar hautnah erlebten Macht- und Verteilungskonflikte der modernen Arbeitswelt zu bannen, beschwor er die paternalistische Welt des ostelbischen Gutshofes. Von daher ist es auch nicht erstaunlich, daß Gewerkschaften in seinen letzten schriftlichen Überlegungen keine Erwähnung fanden.

Die Idee einer Sozialpolitik ohne Gewerkschaften oder zumindest ohne kämpferische Arbeitnehmerorganisationen Weimarer Prägung war durchaus konsensfähig unter den Männern des 20. Juli. Der Kreisauer Kreis lehnte Gewerkschaftsorganisationen als zentrale Interessenvertretungen der Arbeitnehmer ab und konnte sich allerhöchstens mit wirtschaftsfriedlichen Betriebsgewerkschaften anfreunden. Die von Carl Goerdeler zusammen mit dem früheren freien Gewerkschafter Wilhelm Leuschner konzipierte »deutsche Gewerkschaft« war zwar zentralistisch angelegt, aber als eine Organisation ohne Streikrecht gedacht. Sie war damit jenes Grundrechts beraubt, das sie aller historischen Erfahrung nach überhaupt erst als Gewerkschaft qualifizierte.[59] Korporativ in ein berufsständisch verfaßtes Staats- und Gesellschaftssystem eingebunden, sollte die Gewerkschaft nach Goerdelers Willen vor allem als »Arbeitslosenversicherungsgesellschaft« für alle Arbeitnehmer fungieren und auf diese Weise den Staat und die Kapitaleigner entlasten.

Am Modell der »deutschen Gewerkschaft« wird deutlich, daß der stärksten Traditionslinie in der deutschen Arbeiterbewegung, dem sozialdemokratischen Reformismus, in den Zukunftsplänen des 20. Juli kaum Bedeutung zukam. Wenn etwas überdauerte, dann war es die christliche und »nationale« Gewerkschaftstradition, die sich bereits im denkwürdigen »Führerkreis-Beschluß« der deutschen Gewerkschaften vom April 1933 durchgesetzt hatte und in der schon zu Beginn der dreißiger Jahre autoritäre, antidemokratische und nationalistische Gedanken vorherrschten.

Die traditionellen Forderungen der einst so mächtigen Freien Gewerkschaften wurden offenbar selbst von den sozialdemokratischen Repräsentanten im bürgerlich-aristokratischen Widerstand, von Männern wie Wilhelm Leuschner, Julius Leber, Adolf Reichwein und Theodor Haubach, nicht mehr für aktuell gehalten.[60] Eine Ausnahme macht lediglich Carlo Mierendorffs Konzept der »demokratischen Volksbewegung«, die von den »christlichen Kräften« bis zur »kommunistischen Bewegung« reichen und für eine »sozialistische Ordnung« eintreten sollte. Im Kreisauer Kreis, dem Mierendorff angehörte, ist dieses Konzept freilich nicht mehr diskutiert worden.[61]

Zurück zu den Überlegungen, die Schulenburg in seinen letzten Denkschriften anstellte. Neben den unübersehbar reaktionären Grundzügen finden sich hier – als Erbschaft des Weimarer Neokonservativismus – unbestreitbar auch moderne Elemente. Bereits in seinen Denkschriften aus den dreißiger Jahren hatte sich Schulenburg von dem Gedanken einer durchgreifenden Rationalisierung von Staat und Wirtschaft fasziniert gezeigt. Unter dem Zwang des Krieges verstärkte sich diese Tendenz. Bei aller Idealisierung des ländlichen Lebens hat Schulenburg nie die durchgehende Reagrarisierung Deutschlands im Sinne eines vorweggenommenen Morgenthau-Plans beabsichtigt. Ihm ging es immer darum, Wirtschaft und Technik, jeweils auf höchstem Niveau, in den Dienst der nationalen Machtpolitik zu stellen, gleichzeitig aber die tendenziell chaotischen Folgen des ökonomischen und technischen Wandels mit administrativen Mitteln und im Rahmen statisch-vorindustrieller Gesellschaftsmodelle einzudämmen. Ganz in diesem Sinne plädierte er einerseits für eine ständische Ordnung in den Städten und sprach sich andererseits dafür aus, bestimmten urbanen Zentren eine großräumige Kooperation auf dem Wirtschafts- und Verwaltungssektor zu ermöglichen. Verwaltungs-, Verkehrs- und Dienstleistungszentren mit ähnlichen Schwerpunkten sowie Industriestandorte gleicher Verarbeitungsstufen sollten sich zu sogenannten Städteringen zusammenschließen, um»Zusammenarbeit, Erfahrungsaustausch, Leistungssteigerung und eine einheitliche Reichspolitik in der Funktionsbehandlung zu gewährleisten«.[62]

Schulenburgs Idee der»Städteringe« dürfte aus der Reichszentrale für Raumordnung stammen, und auch an anderen Stellen des Denkschriftfragments finden sich Spuren seiner administrativen Sondereinsätze. Das gilt besonders für das Kapitel»Handwerk und Technik«. Was die Fertigungstechnik, die arbeitsorganisatorische Rationalisierung und den Durchbruch zur Fließfertigung betraf, erlebte die deutsche Wirtschaft im Kriege einen weiteren»Stoß in die Moderne«.[63] Die Diskussion um Technik und Fortschritt stand seit dem Jahreswechsel 1941/42 bei den verantwortlichen Reichsstellen obenan.[64] Schulenburg war im Frühjahr 1942 im Reichswirtschaftsministerium tätig gewesen und dort mit den Problemen des kriegsbedingt beschleunigten industriellen Modernisierungsprozesses konfrontiert worden. In seinen letzten schriftlichen Überlieferungen suchte er eine Antwort auf die Frage zu geben, wie sich Technik und Produktion in der Kriegs- und Nachkriegszeit in Deutschland entwickeln sollten.

Unter den Bedingungen des Bombenkrieges hielt er die Auflösung der großen Fabriken und die Verlagerung der Produktion auf»10.000 kleine Werkstätten« für dringend geboten. Darin sah er bereits eine Grundsatzentscheidung für die Nachkriegszeit. Voraussetzung für das Gelingen der industriellen Entflechtung war in seinen Augen die konsequente Normierung und Standardisierung der Güterproduktion. Darunter verstand er das Einheitszahnrad, das bei der Montage von Drehbänken und Nähmaschinen ebenso Verwendung finden konnte wie beim Bau von Lastwagen und Flugzeugmotoren. Was die Konsumgüter anbelangte, plädierte er für die Einheitsware. Tintenfaß, Bleistift, Rasierapparat und Bürostuhl sollten nach Möglichkeit nur noch in standardisierten Formen und Größen hergestellt werden.[65]

Schulenburgs Reflexionen über das Einheitszahnrad und die Einheitsware unterstreichen den konstruktivistischen Zug seiner Weltsicht. In seinen Überlegungen gingen die Begeisterung für die technischen Möglichkeiten der modernen Industrie und soziale Romantik nahtlos ineinander über. Das zeigte sich etwa dort, wo er den kapitalistischen Großbetrieb zugunsten eines neuen »maschinenreichen« Typus des Handwerks auflösen und die ganze Wirtschaft in zunftähnliche Korporationen einbinden wollte. Staatliche Konzessionserteilung sollte einen »ungesunde[n] Wettbewerb zugunsten leistungsfähiger Meister mit mehr Hilfskräften beschränken«. Für die Bauindustrie schlug Schulenburg gar die Rückkehr zu den »alten Bauhütten« des ausgehenden Mittelalters vor. Dadurch würden Unternehmer in diesem Bereich nicht nur zur finanziellen, sondern auch »zur kulturellen Verantwortung herangezogen«.

Alles in allem waren Schulenburgs wirtschaftspolitische Vorstellungen in mehrfacher Hinsicht paradox. Er entwarf das Wunschbild einer gleichzeitig kleinräumig-dezentral produzierenden und zentralistisch gelenkten Wirtschaft, die einerseits nach vorindustriellen Mustern verfaßt war, andererseits nach modernen rationalisierten Verfahren arbeitete. Darüber hinaus sollte sie den Erfordernissen des »technischen Weltkampfes der Kontinente« genügen. Was hier verlangt wurde, war nichts weniger als die Quadratur des Kreises, spiegelte in gewisser Weise aber die Reformdiskussionen der verantwortlichen deutschen Behörden in den letzten Jahren des Krieges wider. Auch dort suchte man nach einem Modell, in dem sich die hoch arbeitsteilige industrielle Produktion mit der ständischen Sozialverfassung verbinden ließ, um, wie der Historiker Ludolf Herbst schreibt, die Folgen modernen Wirtschaftens sozial und ideologisch »einzukapseln«.[66]

So visionär und widersprüchlich die erörterten Gedanken Schulenburgs auch immer erscheinen mögen, so gewiß gehören sie in den Kontext der Reformdiskussion im Staatsapparat des von der Kriegsniederlage bedrohten Dritten Reiches. So stark sie das Bemühen spiegeln, die Gesellschaft des 20. Jahrhunderts in das Prokrustesbett vormoderner Gemeinschaftsvorstellungen zu pressen, so charakteristisch geben sie ein Zeitgefühl am Vorabend der Katastrophe wieder. Dieses geistige Klima überdauerte den 8. Mai 1945 und sollte sich in den ersten Nachkriegsjahren noch verbreitern. Nicht von ungefähr wurde im frühen Nachkriegsdeutschland von der Krise der Moderne gesprochen, die man im Aufstieg der totalitären Ideologien des Faschismus und des Kommunismus versinnbildlicht sah.

Die Ideologie Hitlers wurde dabei als »Endprodukt des Liberalismus« (Hans Zehrer) interpretiert. Man warnte in diesen Jahren vor einer »Überdemokratisierung« und ganz besonders vor einem beherrschenden Einfluß der Parteien. Statt dessen plädierte etwa Karl Jaspers für die Bildung einer »aristokratischen Schicht«, die sich ständig »aus der Gesamtbevölkerung nach Leistung, Verdienst, Erfolg« ergänze und die eine auf »Erziehung, Bewährung und Auslese« beruhende politische Elite darstellen müsse.[67] Es bedarf keiner großen Anstrengung, sich vorzustellen, daß Fritz-Dietlof von der Schulenburg dieser Sicht der Dinge vorbehaltlos zugestimmt hätte.

Im Zentrum der Verschwörung

Der Untergang der alten Welt
und der Entschluß zum Widerstand

Jaspers' Ruf nach einer aristokratischen Elite als Trägerschicht der westdeutschen Nachkriegsdemokratie blieb Episode. Die Geschichte war längst über diese Möglichkeit hinweggegangen. Der Adel, in der Weimarer Republik noch mächtig, spielte in der Bundesrepublik keine Rolle mehr.[1] In Konrad Adenauer, der beherrschenden Politikerpersönlichkeit der zweiten deutschen Demokratie, verkörperte sich der »Sieg des Bürgers« (H.-P. Schwarz) in Staat und Gesellschaft.

Es war ein Sieg, errungen von der Zuschauerbank aus oder sogar durch den nachträglichen Seitenwechsel. Die bürgerlichen Mittelschichten beteiligten sich – im Verhältnis zur Arbeiterschaft oder zur Aristokratie – kaum am Widerstand gegen Hitler. Das änderte sich auch nicht, als in den letzten Kriegsjahren die Agonie des Dritten Reiches offensichtlich wurde.

Diese Abstinenz, die – wie das Beispiel Adenauers zeigt[2] – auch bürgerliche NS-Gegner der ersten Stunde praktizierten, bedarf der Erläuterung. Der Hinweis auf mangelnden Mut und fehlende Standfestigkeit reicht zur Erklärung allein nicht aus; Adenauer etwa hat gegenüber den Machthabern des Dritten Reiches beides in hohem Maße bewiesen. Zu Recht hat Martin Broszat deshalb auf den engen Zusammenhang von aktivem Widerstand und »habituellen [beziehungsweise] psychologischen Voraussetzungen« aufmerksam gemacht. Für Broszat konnten neben »deklassierten Proletariern« gerade auch Adlige eine besondere Rolle im Kampf gegen das Dritte Reich spielen, weil sie dem »juste milieu« und dem bürgerlichen Verhaltenspragmatismus noch am wenigsten angepaßt waren.[3] Auf Schulenburg und einen Teil der jüngeren Offiziere trifft diese Beobachtung mit Sicherheit zu. Den Widerstand von Leuten wie Goerdeler, Hassell und Popitz erklärt sie dagegen kaum. Doch was verband die »Honoratioren« mit den »Heißspornen« des 20. Juli? Als Angehörige der traditionellen deutschen Führungsschichten waren sie von den neuen nationalsozialistischen Eliten gleichermaßen in eine schwere Verunsicherung, ja mehr noch, in einen tiefgreifenden Identitätskonflikt gestürzt worden. Der nach Kriegsbeginn an Tempo gewinnende soziale Wandel in der deutschen Gesellschaft hat diesen Konflikt weiter verschärft und zu jener Idealisierung der vormodernen Welt geführt, die bei den Jungen wie den Alten im 20. Juli anzutreffen ist und die ihren Zukunftsplänen den Charakter eines »Arsenal[s] konservativer Gegenutopien« verleiht.[4] Für den bürgerlich-aristokratischen Kern des 20. Juli verdichteten sich drei Grunderfahrungen zu einer zunächst partiellen, später prinzipiellen und dann immer stärker moralisch begründeten Feindschaft zum NS-Regime. Die erste dieser Grunderfahrungen muß als Konkurrenz der Eliten beschrieben werden. Sie hängt aufs engste zusammen mit den sozialen Verwerfungen im Gefolge der Machtergreifung. Nach 1933 entwickelte sich, wie David Schoenbaum schreibt, »eine Welt, die den Gesetzen der sozialen Schwerkraft Hohn sprach, ohne sie zu ersetzen«.[5] Ein Heer von meist jungen, ehrgeizigen, nicht selten akademisch gebildeten Nationalsozialisten, beinahe ausschließlich aus den Mittelschichten stammend, stand Gewehr bei Fuß, um in die Führungspositionen von Staat und Gesellschaft einzurücken. Wenn auch im einzelnen höchst heterogen,[6] waren neue soziale Kräfte auf den Plan getreten, die den Führungsanspruch der traditionellen deutschen Oberschichten weit nachhaltiger in Frage stellten, als es die Träger der Republik von Weimar je getan hatten. Diese Konkurrenz dachte nicht daran, sich dem umfassenden Vorbild- und Führungsanspruch von Aristokratie und Großbürgertum unterzuordnen. Der Tag von Potsdam am 21. März 1933 war für die alten Eliten in dieser Beziehung ein Pyrrhussieg gewesen, eine »Rührkomödie« (F. Meinecke), von der sie sich hatten blenden lassen. Die preußische Tradition und die preußische Staatsidee galten den jungen, aufstiegsorientierten Nationalsozialisten, von denen sehr viele in Weimar gesellschaftliche Außenseiter gewesen waren, nur insofern etwas, als sich der Preußen-Mythos vortrefflich gegen die angeblich traditionslose und undeutsche Weimarer Republik einsetzen ließ.

Schulenburg ist für die Zeichen der einsetzenden Verdrängungskonkurrenz nicht unempfänglich geblieben. Die Königsberger und Berliner Erfahrungen haben seine in den frühen dreißiger Jahren noch spürbare Distanz zum eigenen Milieu deutlich verringert und den späteren Schulterschluß mit den mehrheitlich großbürgerlich-aristokratischen Verschwörern des 20. Juli vorbereitet. Die als unerträglich empfundene nationalsozialistische Beamtenpolitik und die mit Mißtrauen beobachtete soziale Öffnung der Wehrmacht, die tatsächlich zu einer »Entfeudalisierung des Offiziersstandes« führte,[7] haben den Prozeß der Wiederannäherung nachhaltig gefördert.

In seinen Reisebeschreibungen aus dem Krieg gegen Frankreich beklagte Schulenburg im Juli 1940 die zahlenmäßige Aufstockung des Offizierkorps, die er nicht etwa auf kriegsbedingte Zwänge, sondern auf eine bewußte, gegen das alte Heer gerichtete Strategie der Nationalsozialisten zurückführte.[8] Und ein knappes Jahr später, im Juni 1941, schrieb er aus Polen: »Daß wir Offiziere gerade in dem scheußlichsten Viertel untergebracht wurden, während eine ganze Reihe von Privatquartieren in gut gebauten Häusern offenstanden, drückt offensichtlich die Einstellung der Partei- und Zivilstellen gegen die Wehrmacht aus. Wenn man in Lokalen sitzt und die Gesichter und Gesten dieser neuen Herrenschicht beobachtet, wenn sie über Offiziere ihre Glossen machen, erübrigt sich jedes weitere Wort: Der Tatbestand ist klar, es gehört schon viel Kälte und Vermessenheit dazu, daß man zu einem solchen schiefen Urteil über den Typus des Soldaten und die im ganzen sauberste und leistungskräftigste Institution Deutschlands gelangt.«[9]

Auch der Sprung in die Reservate aristokratischer und großbürgerlicher Exklusivität, den die »neue Herrenschicht« bedenkenlos vollzog, wurde von Schulenburg aufmerksam beobachtet. Daß ihr der neue Anzug häufig nicht paßte, wurde von ihm mit leicht bitterer Ironie kommentiert. Über die Umgebung seines alten Kampfgefährten und Vorgesetzten Erich Koch schrieb er im Juni 1941 an seine Frau: »Alles schön und lustig, aber ein Grad zu elegant gekleidet und zu vornehm und würdevoll sich gebend. Die Diener schlürfen leise und voller Würde durch die großen Räume, aber etwas zu leise und zu gravitätisch und servieren Bohnenkaffee und Kuchen. Hier herrscht nicht die Luft eines vornehmen, großen Landhaushalts, hier geht die Welt des Films um, hier gibt sich alles, wie die große Welt im Film aussieht. Was für ein Gegensatz zu der Zeit 32/33, wo dieselben Personen als revolutionäre Kämpfer für den preußischen Sozialismus auf den Plan traten und ihre Herkunft auch im Äußeren nicht leugneten. Dieselben Männer sind jetzt saturiert und äußerlich zivilisiert, in vollen Zügen Besitz und Macht genießend.«[10]

Schulenburg mochte sich nach diesen Beobachtungen wie der Zauberlehrling in Goethes Gedicht vorgekommen sein. Hatte er sich nicht, schon lange vor der Machtergreifung und anders als die meisten seiner Standesgenossen, für eine Blutauffrischung der traditionellen Eliten durch die neuen Kräfte des Nationalsozialismus eingesetzt? Nicht umsonst galt damals sein Hauptinteresse den Fragen der »Führerauslese«. »Ich bin immer der Ansicht gewesen«, schrieb er seiner Frau noch im Juli 1940 aus Frankreich, »daß es nötig ist, eine Führerschicht von unten zu erneuern, nur muß das, was aufsteigt, der Führergemeinschaft angeglichen werden. Die Dosis darf nicht zu groß werden.«[11] Jetzt aber drohte die Dosis tatsächlich zu groß zu werden, so groß, daß der »Adel als staatstragende Schicht«[12] in die Defensive geriet.

Ähnlich wie Schulenburg dachten auch andere spätere Oppositionelle und Widerständler. Ulrich von Hassell sprach in seinen Tagebüchern von der durch die NS-Führung systematisch »zerbrochenen« alten konservativen Oberschicht[13], und Albrecht von Kessel ließ seinen Gefühlen in den 1944/45 im Ausland entstandenen Erinnerungen noch nachträglich freien Lauf, wenn er die »Diplomaten alter Schule« gegen die »Ortsgruppen-, Kreis- oder Landesleiter« abgrenzte, die in seinen Augen »manierenlose überhebliche Spießer ... oder schamlose Bonzen voller Minderwertigkeitskomplexe« waren.[14] Vor der Gestapo gab schließlich eine Reihe von Verschwörern zu Protokoll, daß nach ihrer Auffassung »die zur Führung berufene Schicht des Adels und des intelligenten Bürgertums ... durch Emporkömmlinge, kenntnislose Schreier ohne Bildung und Kinderstube«, abgelöst worden sei. Diese Emporkömmlinge würden nunmehr »von der ihnen zur Verfügung stehenden Macht in absolut eigennütziger und selbstsüchtiger Weise Gebrauch machen«.[15]

Um ein Bonmot von Carl W. Deutsch über das reziproke Verhältnis von Macht und politischer Lernfähigkeit sinngemäß abzuwandeln: Ein Stück weit war es sicherlich der Verlust der bis dahin selbstverständlichen gesellschaftlichen und politischen Stellungen, der bei den Mitgliedern des späteren 20. Juli jene Lernprozesse in Gang setzte, aus denen die Qualifizierung des NS-Regimes als Unrechtsstaat und dessen moralische Verurteilung erwuchsen. Diese Lernprozesse waren um so schmerzhafter, als es von Anfang an um mehr ging als um das bloße Abgedrängtwerden von den Hebeln der politischen und militärischen Macht, von dem Schulenburg für sich genommen gar nicht berührt war. Unmittelbar betroffen waren er und seinesgleichen indessen von einer anderen Entwicklung, die ihre Dynamik sowohl aus dem politischen Machtwillen der NS-Eliten als auch aus den Modernisierungstendenzen der deutschen Kriegsgesellschaft bezog. Der Sozialhistoriker Michael Prinz hat kürzlich noch einmal darauf verwiesen, wie stark die gesellschaftlichen Leitbilder der höheren Beamtenschaft, des Adels und des Militärs zwischen 1933 und 1945 an Bedeutung verloren und wie sehr die Repräsentanten dieser Schichten von einstigen Bündnispartnern des NS-Regimes zu Funktionseliten ohne breitere Verankerung in der Bevölkerung absanken.[16]

Damit stand – und das war die zweite Grunderfahrung der Angehörigen des bürgerlich aristokratischen Widerstands – das Wert- und Lebensgefühl einer in ihren veralteten Traditionen fest verwurzelten, politischen und sozialen Klasse auf dem Spiel. Eine soziale Welt drohte zu versinken und ihre geborenen Führer mit in den Untergang zu reißen. Die Nationalsozialisten wurden als die Hauptverantwortlichen für diese Entwicklung angesehen. Die Verbündeten von einst, mit deren Hilfe man den altpreußischen Staat und seine Gesellschaft in neuen Formen entstehen lassen wollte, und zwar in deutlicher Abgrenzung zum westlichen Kapitalismus und Individualismus, hatten sich als Schrittmacher der alle Bindungen und Traditionen sprengenden Moderne entpuppt. Nicht von ungefähr warf Schulenburg den NS-Machthabern im Verhör vor, »das Volk zur Masse atomisiert« zu haben.[17]

Ralf Dahrendorf hat in seinem Buch »Gesellschaft und Demokratie in Deutschland« die Repräsentanten des bürgerlich-aristokratischen Widerstands als »absichtliche oder unabsichtliche Verteidiger des Ancien régime« bezeichnet. Er nannte den 20. Juli eine »gegenrevolutionäre« Bewegung und schrieb: »Wo die nationalsozialistische Revolution wider Willen Modernität hervorbrachte, strebte die Gegenrevolution nach der Erhaltung der traditionalen Bindungen von Familie und Klasse, Region und Religion. Während die soziale Revolution des Nationalsozialismus der Durchsetzung totalitärer Formen galt, aber damit zugleich die Grundlagen liberaler Modernität schaffen mußte, läßt die Gegenrevolution sich nur als Aufstand der Tradition, damit der Illiberalität und des Autoritarismus einer nachwirkenden Vergangenheit verstehen.«[18]

Der französische Soziologe Pierre Bourdieu empfiehlt, in den Kulturgütern eine Art Kapital zu sehen, um dessen Besitz und Verteilung häufig nicht weniger unbarmherzig gekämpft wird als um den Besitz und die Verteilung des ökonomischen Kapitals. Schulenburg und seine Freunde reagierten ganz ähnlich, wie es Bourdieu für soziale Gruppen beschrieben hat, die eine Enteignung und Entwertung ihres »kulturellen Kapitals« befürchten müssen und die sich dadurch in ihrer »kollektiven Zukunft« bedroht fühlen. In einer solchen Lage idealisieren die Betroffenen ihre Vergangenheit als Gruppe und stellen »traditionelle Wertsysteme« um so nachdrücklicher als allgemeinverbindlich heraus.[19]

Dies war die dritte Grunderfahrung: die Nationalsozialisten hatten

136

sich nicht nur alles angeeignet, was den Schulenburg, Yorck und Trott an deutschen Tugenden und nationalen Träumen heilig war, sie hatten es auch durch ihre Kriegs- und Vernichtungspolitik restlos diskreditiert. Angesichts des nationalsozialistischen Größenwahns, der menschenverachtenden Besatzungspolitik im Westen wie im Osten und der verheerenden Kriegslage war mit Zielen und Visionen wie völkischer Gemeinschaft, kolonialer Sendung und Pax Germanica buchstäblich kein Staat mehr zu machen. Die Rückkehr zu den unbeschädigt gebliebenen Werten von Tradition und Herkunft sowie ihre Stilisierung zu letzten Gewißheiten war die sozialpsychologisch verständliche Reaktion auf diese Entwicklung. Insbesondere der christliche Glaube erfuhr eine Neubewertung, die für den bürgerlich-aristokratischen Widerstand insgesamt konstitutiv war und die einen quasifundamentalistischen Charakter annahm.

Bei Schulenburg, aus dessen frühen Selbstzeugnissen eine besonders tiefgehende religiöse Überzeugung nicht herauszulesen ist, wuchs mit der Distanzierung vom Regime die Bedeutung des Glaubens als zentraler Bezugspunkt seines Lebens und seines Handelns. Bereits im Mai 1936 schrieb er an seine Frau, die Auseinandersetzungen mit Koch und der Königsberger Gauleitung noch frisch vor Augen und davon auch gesundheitlich mitgenommen: »Mein Kranksein im vergangenen und in diesem Jahr war ein Ausdruck des Nichtfertigwerdens mit den Dingen. Ich haßte, grollte, zürnte und ritt dauernd auf den kleinen Gegnern herum. Das ist alles unfruchtbar. Diese Dinge lassen sich nur von einer höheren Ebene aus überwinden. Ich glaube, daß ich jetzt den Weg zu Gott gefunden habe. In meinem ganzen Leben hatte er wie ein leises Motiv geklungen, das ich erahnt habe, jetzt ist es wie ein Orgelton, der mein Leben beherrschen wird.«[20] Persönliche Schicksalsschläge wie der Tod des jüngeren Bruders Wilhelm 1936, der Verlust der Eltern im Jahre 1939 und der Tod des Bruders Adolf-Heinrich 1940 verstärkten diese Entwicklung. Im Laufe der Jahre verlor sich mehr und mehr der »sozialistische« Zug im Denken Schulenburgs. »Ich glaube«, schrieb er 1936 an seine Frau, »daß Preußentum anders als christlich nicht zu deuten ist und daß wir beide – Preußentum und Christentum – gerade heute mehr brauchen denn je.«[21]

Diese Grundüberzeugung verfestigte sich mit der Zeit immer mehr. »Ich glaube an Gott, die überirdische Macht, die auf geheimnisvolle Art in unser Leben hineinragt, für uns mit dem Verstand nicht erkennbar und nur mit dem Herzen erfahrbar ist«, schrieb er am 19. Juni 1941 an seine Frau. »Ich glaube an eine Führung durch Gott; ich habe sie in meinem Leben des öfteren gespürt. Ich glaube, daß man seiner Kraft teilhaftig wird, wenn man ihn liebt, sich ihm hingibt und zu ihm betet. Worum ich noch ringe, ist, daß ich ganz in Gott ruhe, mich mit Zweifel, Sorge, Not an ihn wende und nicht versuche, ihrer mit meinem kleinen menschlichen Verstande Herr zu werden. Ich ringe um seine Gegenwart, daß er *die* beherrschende Kraft in meinem Leben werde. Alle Gebresten unserer Zeit – soweit sie eben nicht die ewigen Gebresten der Menschheit sind, rühren daher, daß wir weitgehend den Glauben an Gott und die Demut vor ihm verloren haben und schon munter um das goldene Kalb tanzen.«

Und zwei Jahre später, im Frühjahr 1943, schrieb Schulenburg: »Wieviel näher werde ich durch mein ganzes bisheriges Leben wie durch die letzten Sturmjahre an Gott herangeführt. Es ist wie ein Geheimnis, auf das ich immer wieder stoße, es ist wie eine Kraft, die sich im scheinbar wirren Trubel unserer Zeit, wenn man in Ruhe tief hineinsieht, immer wieder in wunderbar klaren Zusammenhängen offenbart.«[22] Die »religiöse Wiedererneuerung« hielt Schulenburg für die »entscheidende Aufgabe des Jahrhunderts«. Allerdings mußte diese »Wiedererneuerung« mit einer grundlegenden Reform von Kirche und Theologie einhergehen. Schon zu Anfang des Krieges hatte Schulenburg die »erstarrte Sprache und Theologie« kritisiert und den »Gegensatz katholisch-evangelisch längst [für] überholt« gehalten. Der Gegensatz dieses Jahrhunderts, so Schulenburg, sei »Christentum und Atheismus. Wenn die katholische Kirche klug wäre, würde sie große Züge machen und entgegenkommen in Ritus und Lehre, um die Einheit wieder herzustellen.«[23]

Wie entscheidend wichtig Schulenburg die Religion am Ende geworden war, läßt sich auch an seinen Aussagen im Verhör ablesen. Vor der Gestapo begründete er seine Feindschaft zum Hitler-Staat damit, daß der Nationalsozialismus »mit seinem Kampf gegen das Christentum die religiöse Basis schlechthin verlassen« habe.[24]

Schulenburg wußte sich in dieser Beziehung einig mit den meisten seiner Freunde, und fraglos setzte der bürgerlich-aristokratische Widerstand mit der starken Betonung christlicher Werte einen sittlichen Gegenpol zum verbrecherischen NS-Regime. Die Verschwörer nahmen damit jene Anstrengungen zur »Rechristianisierung« und zum Aufbau einer christlichen Lebensordnung vorweg, die in der unmittelbaren Nachkriegszeit von beiden Kirchen unternommen wurden und die in der deutschen Bevölkerung – wie die Zahl der Kircheneintritte nach 1945 zeigt – ein zunächst beachtliches, dann aber rasch wieder nachlassendes Echo fanden.[25]

Die religiöse Rückbesinnung hing aufs engste zusammen mit der sittlichen Empörung über den Mord an den deutschen und europäischen Juden. Der Holocaust hat bei zahlreichen Oppositionellen den Entschluß zum Widerstand ohne Wenn und Aber nachhaltig gefördert. Carl Goerdeler sprach in seiner Denkschrift für die Generalität vom 26. März 1943 davon, »daß in den besetzten Gebieten den Juden gegenüber Methoden der Menschenbeseitigung und der Glaubensverfolgung angewendet« würden, »die dauernd als schwere Belastungen auf unserer Geschichte ruhen werden«. Man könne sie ebensowenig wegwischen »wie die Blutspuren auf dem Schlüssel zu Blaubarts Kammer«.[26]

Doch so sehr gerade die christlich beeinflußten Vertreter des 20. Juli in den letzten Kriegsjahren aus ihrem Abscheu über den Juden- und Völkermord keinen Hehl machten, so wenig vermochten einige von ihnen über den Schatten ihres kulturellen und religiösen Antisemitismus zu springen. Sie erkannten nicht, daß ihre eigene Einstellung den Anfängen der nationalsozialistischen Judenpolitik bedenklich nahekam. Die Kaltenbrunner-Berichte konzedierten zwar der geplanten Regierungserklärung Goerdelers »einen geradezu judenfreundlichen Standpunkt«, und Yorck bekannte vor der Gestapo, »daß die über Recht und Gesetz hinausgehenden Ausrottungsmaßnahmen gegen das Judentum bei ihm einen innerlichen Bruch mit dem Nationalsozialismus herbeigeführt hätten«. Doch spürt man bei einer ganzen Reihe von Verschwörern noch im Verhör eine deutlich antisemitische Grundhaltung. Berthold von Stauffenberg etwa äußerte, »er und sein Bruder [der Attentäter] hätten die Rassengrundsätze des Nationalsozialismus an sich bejaht, hätten sie aber für überspitzt und übersteigert gehalten.« Ganz ähnliche Ansichten vertraten Heinrich Graf Lehndorff, Hermann Kaiser und Johannes Popitz vor der Gestapo. Schenkt man den zeitgleichen Aussagen Nikolaus Graf Üxkülls, dem Vertrauten Schulenburgs und Stauffenbergs, Glauben, dann beabsichtigte der 20. Juli nach gelungenem Staatsstreich »am Rassegedanken fest[zu]halten, soweit dies möglich war«.[27]

Auch Schulenburg hatte sich im März 1938 für die Ausschaltung der Juden aus Staat und Beamtenschaft ausgesprochen.[28] Ob er seine Meinung später geändert hat, entzieht sich unserer Kenntnis. Albert Krebs spricht davon, daß Schulenburg seine »Fremdgefühle... gegenüber der geistigen und materiellen Welt des Judentums« nie habe ablegen können.[29] Für einen militanten Antisemitismus gibt es indes keine Anzeichen, auch wenn Schulenburg als Regierungspräsident in Breslau die Politik seines Vorgesetzten Wagner unterstützt hat.[30]

139

Mit den Judenmorden im besetzten Osten war Schulenburg schon früh konfrontiert worden. Im Kriegstagebuch ist die Rede von »erschlagene[n] Juden«, auf die die SS »Hetzjagd« gemacht habe; auch davon, daß Himmlers Schergen »wie so oft die Juden in der Synagoge zusammengetrieben und diese dann angesteckt haben«.[31] Während Schulenburgs schriftliche Äußerungen über Judendiskriminierungen und -verfolgungen lapidar bleiben und ausnahmslos unkommentiert abbrechen,[32] berichten Zeitzeugen, daß er sich voller Empörung und Abscheu über die Greueltaten gegen die deutschen und europäischen Juden äußerte, deren Ausmaß er aufgrund seiner glänzenden Informationsquellen zumindest ahnte.[33] Dennoch standen, wie Ewald Heinrich von Kleist, ein enger Gefährte aus den letzten Monaten vor dem Attentat, berichtet, die Judenverfolgungen nicht im Mittelpunkt ihrer Gespräche. Die Greuel wurden als das zwangsläufige Ergebnis der allumfassenden nationalsozialistischen Rechtsbeugung angesehen.[34]

Im Verhör hat Schulenburg dann auch folgerichtig die Wiederherstellung der Rechtsstaatlichkeit als eines der wichtigsten Ziele der Verschwörer herausgestellt und »heiliges unverbrüchliches Recht« als Grundlage der neuen Ordnung bezeichnet.[35] Die Nationalsozialisten beschuldigte er, die »Rechtsbasis verlassen« und Deutschland in einen »Polizeistaat mit Eingriffen in alle Lebensbereiche« verwandelt zu haben.[36] Was die Wiederherstellung der Rechtsstaatlichkeit betraf, stand dem Widerstandskämpfer aber sichtlich nicht das liberale Weimar, sondern die autoritäre preußische Staatstradition vor Augen. So enthüllt sich etwa im Denkschriftfragment ein ausgeprägtes Law-and-order-Denken. Die Überlegungen zur Behandlung des sogenannten »Gesindels« im sozialpolitischen Teil des Fragments sind ein Beispiel dafür.

Das »Gesindel« wurde dort zunächst von den »Lebensschwachen« unterschieden. Letzteren, also denjenigen, die anlagebedingt oder wegen »ungesunde[r] Lebensverhältnisse« ihr Schicksal nicht selbst zu meistern vermochten, sollte der Staat sozialpolitisch unter die Arme greifen. In dieser Beziehung unterschied sich Schulenburg fundamental vom brutal praktizierten Sozialdarwinismus des Regimes, das parallel zur »Endlösung der Judenfrage« auch alle körperlich, seelisch und geistig Behinderten unbarmherzig verfolgte.[37] Für das »Gesindel« allerdings, daß »allen Einrichtungen feindlich gesinnt« sei, jede Fürsorge ausnütze und »in der Not oft meuter[e]«, verlangte Schulenburg die Anwendung der »vollen Schärfe des Gesetzes«. Ein Eingehen auf die Belange dieser Bevölkerungsgruppe sei nicht notwendig, den »besten Erfolg« garantierten hier »schonungslose Maßnahmen«.[38] Diese Forderung stand ganz in der Tradition des preußischen Obrigkeitsstaates, der dem »Pöbel auch militärisch zu imponieren« suchte. In der preußischen Verwaltungspraxis des 19. und frühen 20.Jahrhunderts war, wie der Historiker Alf Lüdtke urteilt, die direkte Gewaltanwendung gegen die sogenannten niederen Volksschichten gang und gäbe.[39]

Es war nicht zuletzt der Vorwurf an den liberalen Rechtsstaat von Weimar, er lasse falsche Milde und Humanität gegenüber den Randgruppen und Minderheiten der Gesellschaft walten, welcher die traditionellen Führungsschichten und die Nationalsozialisten am Vorabend der Machtergreifung zueinander finden ließ. Hermann Göring konnte sich des Beifalls der deutschen Richter- und Beamtenschaft sicher sein, als er im Jahre 1935 vor der »Akademie für deutsches Recht« allen denen »den rücksichtslosen Kampf und die Vernichtung« ansagte, die aus »Selbstsucht und asozialen Trieben die Gemeinschaft und ihre Glieder« störten.[40]

Im Dritten Reich ließ man den Worten Taten folgen. Im Rahmen der »Reichsaktion Arbeitsscheu« verhaftete die Gestapo beispielsweise im April 1938 nach vorbereiteten Listen der Fürsorge- und Arbeitsämter Arbeitslose und sogenannte Arbeitsscheue und verschleppte sie zur Zwangsarbeit in Konzentrationslager, wo viele von ihnen den Tod fanden. In einem für die Bediensteten der Arbeitsämter herausgegebenen Handbuch wurde die Aktion gerechtfertigt. »In der großen Gemeinschaft eines Millionenvolkes«, so hieß es dort, »finden sich immer vereinzelte Elemente, die sich von dem Aufbau am Werke der Gemeinschaft ausschließen, deren Heranführung also nicht ohne einen verschärften Druck oder ohne Zwangsmaßnahmen möglich ist. Solche asozialen und arbeitsscheuen Personen, die infolge von minderwertigen moralischen Anlagen, von Trunksucht oder anderen Lastern ihr Leben als Parasiten der Gemeinschaft zu fristen trachten, können im nationalsozialistischen Staat nicht geduldet werden. Ihnen muß beigebracht werden, daß auch sie ihre vollen oder beschränkten Kräfte dem Aufbauwerk zur Verfügung zu stellen haben. Es sind daher geeignete Maßnahmen ergriffen worden, um diesen Personenkreis für den Arbeitseinsatz zu erfassen.«[41]

Die Tatsache, daß Schulenburg – die nationalsozialistische Praxis der »Ausmerze« von Minderheiten vor Augen – in seiner letzten Denkschrift eine staatliche Ausnahmebehandlung für diejenigen Bevölkerungsteile forderte, die in ihrem Verhalten der allgemeinen sozialen Norm nicht entsprachen, ist ein Gradmesser dafür, wie fremd ihm der liberale Rechtsstaat im Grunde geblieben ist. Moralität und

Liberalität klaffen in seinem Falle weit auseinander. Zumindest auf ihn trifft zu, was Ralf Dahrendorf generell zur Einschätzung des 20. Juli geschrieben hat, daß seine Protagonisten gegen das Hitler-Regime im Namen einer Gesellschaft antraten, »die nur autoritärer Herrschaft die Basis liefern konnte«.[42] Friedrich C. Seifarth hat seinen ehemaligen Vorgesetzten in Schlesien eine Führerpersönlichkeit »zwischen den Zeiten« und den »letzten Samurai Preußens« genannt.[43] Betrachtet man Schulenburgs romantische Verklärung des Krieges sowie die Hartnäckigkeit, mit der er für die Wiedererweckung einer längst untergegangenen sozialen Welt focht, dann ist der von Seifarth hergestellte Vergleich durchaus zutreffend. Die Charakterisierung des Widerstandskämpfers als Samurai bringt dessen Überzeugungen ebenso auf den Begriff wie seinen Lebens- und Leidensweg. Schulenburg war ein Kämpfer, dem die Ausnahmesituation auf verlorenem Posten besonders zu behagen schien. Mit dieser Eigenschaft gelangte er ins Zentrum der Verschwörung gegen Hitler und entwickelte sich zu einem der herausragenden Mittler zwischen den einzelnen konspirativen Gruppen und Personen.

Der Mittler

Vom Frühjahr 1943 an gehörte Schulenburg zu denjenigen, die am entschiedensten auf den Umsturz drängten. Dies belegen die Tagebuchaufzeichnungen eines Mitverschwörers, des Hauptmanns Hermann Kaiser, der als enger Vertrauter Olbrichts, des Amtschefs des Allgemeinen Heeresamtes, in der Bendlerstraße tätig war. Folgt man Kaisers Notizen, so fürchtete Schulenburg vor allem einen Bruch der sogenannten Inneren Front, an der seit Mitte der dreißiger Jahre Friedhofsruhe herrschte. Hier trat offenbar das alte Dolchstoßtrauma der Weimarer Rechten wieder zutage, das auch Hitlers Politik gegenüber der Arbeiterschaft entscheidend bestimmte.[44] Wie Hermann Kaiser seinem Tagebuch anvertraute, drängte Schulenburg zum raschen Handeln, da andernfalls die Gefahr bestehe, »daß die Bewegung ins radikale Fahrwasser [gerät]. Wenn nicht vor der militärischen Katastrophe gehandelt [wird, ist] alles vorbei.«[45] Ganz ähnlich äußerte sich Carl Goerdeler Anfang 1943. Es müsse, so der ehemalige Leipziger Oberbürgermeister, »Ende Februar Schluß gemacht werden«. Die Arbeiter seien »enttäuscht [und] nicht mehr zu halten«. Die Generale hätten versagt. »Bereits mache sich der Radikalismus in breiten Massen geltend und bemerkbar.«[46]

Goerdelers und Schulenburgs Äußerungen deuten darauf hin, daß die Angst vor einem zweiten Dolchstoß als Motiv für die schrittweise erfolgende soziale Öffnung des 20. Juli nicht unterschätzt werden darf. In den ersten Monaten des Jahres 1943 hatten die Nachrichten aus Stalingrad, vielleicht aber auch die Zerschlagung der ungewöhnlich breit gefächerten kommunistischen Widerstandsgruppe um Wilhelm Knöchel[47] entsprechende Befürchtungen geweckt. Rüdiger von der Goltz erinnert sich, daß Schulenburg zu dieser Zeit der Gewinnung der Arbeiterschaft verstärkte Bedeutung beigemessen habe, weil er »den Vorteil der Geschlossenheit für das um Frieden ringende Reich« als existentiell notwendig erachtete.[48]

Freilich darf das Trauma eines zweiten Dolchstoßes von links als Motiv für den Ausbruch aus der sozialen Exklusivität, den der bürgerlich-aristokratische Widerstand unternahm, nicht überstrapaziert werden. Weit größer war die Furcht der Verschwörer, durch einen Staatsstreich mitten im Krieg selber mit dem Odium des Vaterlandsverrats belastet zu werden. Ausschlaggebend für die soziale Öffnung des 20. Juli war deshalb die Einsicht, daß ohne eine Verankerung des Widerstands in möglichst breiten Schichten der deutschen Bevölkerung das Regime nicht zu beseitigen und kein dauerhafter neuer Staat zu errichten war. Bereits lange vor dem Stalingrad-Desaster öffnete sich deshalb der Kreisauer Kreis Sozialdemokraten wie Carlo Mierendorff, Theodor Haubach und Adolf Reichwein[49], und die Kontakte Goerdelers zu dem Gewerkschaftsführer und ehemaligen hessischen SPD-Innenminister Wilhelm Leuschner gingen bis »etwa 1941« zurück.[50]

Dieser soziale Brückenschlag stand freilich lange Zeit unter einem entscheidenden Vorbehalt. Ansprechpartner blieben die »Bekehrten«, wie Hassell sie nannte, diejenigen, die »national« geläutert waren und dem Marxismus beziehungsweise dem Klassenkampfdenken abgeschworen hatten. Schulenburg, der Adolf Reichwein gut kannte und mit ihm über »Volksschulfragen« diskutierte,[51] knüpfte die Verbindung nicht zufällig erst zu Männern wie dem christlichen Gewerkschafter Jakob Kaiser und dessen Kollegen Max Habermann vom Deutschnationalen-Handlungsgehilfenverband, bevor er über den ehemaligen schlesischen Bezirkssekretär des ADGB, Oswald Wirsich, mit Wilhelm Leuschner in Verbindung trat[52] und Julius Leber für den 20. Juli gewann.[53]

Zweifellos gehörte Schulenburg zu den Vertretern des 20. Juli, die den Weg der sozialen Öffnung am konsequentesten beschritten, und dies bereits mit Blick auf ein Nachkriegsdeutschland ohne Hitler. Für die Zeit danach sei, wie Schulenburg gegenüber Graf Matuschka, einem schlesischen Bekannten, äußerte,»wieder eine stärkere Beteiligung der Arbeiterschaft in den führenden Stellen nötig. Es sollten mehrere Handarbeiter zum Beispiel an führende Stellen in der Provinz, etwa als Oberpräsidenten kommen.«[54] Wen Schulenburg dabei favorisierte, ist unschwer zu erraten: Arbeiterführer vom Schlage des verehrten August Winnig, der nach der Novemberrevolution sozialdemokratischer Oberpräsident in Ostpreußen gewesen war, bevor er im Zusammenhang mit dem Kapp-Putsch ins nationale Lager überwechselte.

Ähnlich wie Schulenburg pochte auch Goerdeler auf die Einbindung ehemaliger Arbeiterführer in die Verschwörung gegen Hitler. Dies war der kleinste gemeinsame Nenner zwischen diesen beiden herausragenden Widerstandskämpfern, die ansonsten mehr trennte als verband.[55] Zwischen ihnen stand nicht nur der Altersunterschied (Goerdeler gehörte dem Jahrgang 1884, Schulenburg dem Jahrgang 1902 an), auch ihre politischen Einstellungen wichen erheblich voneinander ab. Der Jüngere war antimonarchistisch, antiliberal und antikapitalistisch. Eingestanden oder nicht, hatte er jene Ideale noch längst nicht aufgegeben, die ihn seinerzeit auf die Seite der nationalsozialistischen Linken um Gregor Strasser gebracht hatten. Der Ältere, ein Herzensmonarchist, der aus leidvoller Erfahrung gewisse Vorzüge des ehedem von ihm abgelehnten Weimarer Staates neu hatte schätzen gelernt, blieb trotz aller zeitgebundenen autoritären Färbung ordoliberalem Denken verpflichtet.

Nicht nur bei Schulenburg, auch bei den meisten Kreisauern und selbst bei Altersgenossen wie Ulrich von Hassell galt Goerdeler als ein »an vergangenen Verhältnissen« orientierter Mann,[56] der außerdem die Opposition gegen das Hitler-Regime mit einer an Leichtsinn grenzenden Unbefangenheit betrieb.[57] Im Unterschied zu Moltke kehrte Schulenburg seine innere Distanz zu Goerdeler aber nie hervor und arbeitete mit dem ehemaligen Oberbürgermeister, dem wichtigsten Kontaktmann zu Ludwig Beck und der Gruppe der oppositionellen Generale, wo es eben ging, zusammen. Um keinen Preis wollte er das seit der Jahreswende 1942/43 verfolgte Ziel einer möglichst breiten und einheitlichen Widerstandsbewegung durch politische Meinungsverschiedenheiten und persönliche Animositäten gefährden.[58]

Nicht von ungefähr stand Schulenburg als treibende Kraft hinter der »große[n] Aussprache der ›Jungen‹ und der ›Alten‹«,[59] die am 8. Januar 1943 im Hause Yorcks stattfand. Wenig später, am 23. Januar, beteiligte er sich an einem Gespräch, das wegen des allseits unbefriedigenden Ergebnisses der vorangegangenen Aussprache im kleinen Kreis und ohne Beteiligung Goerdelers und Moltkes geführt wurde.[60] Die Unterredung am 8. Januar hatte gezeigt, wie sehr der Generationskonflikt in den bürgerlich-aristokratischen Widerstand hineinwirkte.[61] Vor allem Goerdelers Wirtschaftsliberalismus und die »väterlich-nachsichtige Art«, in der er die Ansichten der Jungen kommentierte, wurden von diesen scharf kritisiert. Sein Auftreten war, wie Eugen Gerstenmaier schreibt, »sogar Fritzi Schulenburg unangenehm«.[62] Helmuth von Moltke reagierte darauf mit ebenso eisiger wie offener Ablehnung.

Mit Moltke und seinem Kreis war Schulenburg 1942 häufiger zusammengetroffen.[63] Moltke, der im Amt Ausland/Abwehr tätige Völkerrechtler, führte seit Beginn des »Rußlandfeldzugs« einen verzweifelten Kampf um die Wahrung wenigstens der kriegsrechtlichen Mindeststandards. Im September 1943 hatte er in einer von Canaris unterzeichneten Denkschrift darauf hingewiesen, daß die unterschiedslos brutale Behandlung der Gefangenen die »Mobilisierung aller inneren Gegenkräfte Rußlands zu einer einheitlichen Feindschaft« erleichtere.[64]

Um Schulenburg bemühte sich Moltke besonders, doch scheint es zwischen den beiden nie zu einer vollständigen Übereinstimmung gekommen zu sein. »Yorck und ich haben ihn [Schulenburg] für uns geworben, und ich muß mich jetzt bemühen, die Voraussetzungen, die wir besprachen, zu schaffen«, schreibt Moltke am 14. November 1941, und im gleichen optimistischen Tenor heißt es ein knappes Jahr später, am 10. September 1942: »Um 8 erschien Fritzi in bester Form. Ich habe mich noch nie so anregend und unstreitig mit ihm unterhalten. Wir haben das gesamte Gelände besichtigt, die Gründe für meine Maßnahmen erörtert, und im ganzen war er nicht nur befriedigt, sondern auch von der Notwendigkeit gewisser Dinge, die ihm ursprünglich nicht gefallen hatten, überzeugt.« Ganz scheint diese Überzeugungsarbeit dann aber doch nicht gelungen zu sein. Zwei Monate später, am 11. November 1942, merkt Moltke nämlich an: »Es dauert lange, bis Fritzi so ganz integriert ist, aber er ist auf dem besten Wege, und ich hoffe sehr, daß es nun bald ganz gelungen sein wird. Er hatte zu den Kreisauer Texten eine ganze Menge constructive criticism zu offerieren, aber das bezog sich auf Einzelheiten, beruhte manchmal auf Mißverständnissen und ging zum Teil auf Dinge, die wir auch nie schön gefunden hatten.«

Wenige Tage später, am 25. November, scheint die Annäherung perfekt. »Der leichte Abstand«, schreibt Moltke, »den Fritzi zu uns immer hatte, hat sich sichtlich verringert und ist wohl auf dem besten Wege, ganz zu verschwinden.«[65] Aber auch dies ist offenbar ein voreiliger Schluß, denn ein Jahr später, am 5. Dezember 1943, heißt es in einem Brief Moltkes: »Fritzi scheint wieder einmal einen Weg zurück zu suchen. Ich bin gespannt, wie der Tag weitergehen wird und ob wir Fritzi wieder stärker an uns binden.« An diesem Abend gelingt das nur halb und Moltke resümiert: »Fritzi ist ganz entspannt und ohne Mißtrauen und wohl auch mit geminderter Eifersucht.«[66] Das klingt nicht nach dem von Moltke angestrebten Schulterschluß und läßt darauf schließen, daß sich der von Moltke selbst konstatierte »leichte Abstand« zu Schulenburg aufs Ganze gesehen nie hat überbrücken lassen. Diese Einschätzung wird auch von Eugen Gerstenmaier, einem engen Vertrauten Moltkes, bestätigt. Dieser erinnerte sich später: »Man kann nicht sagen, daß Graf von der Schulenburg sich in völliger Übereinstimmung mit dem Kreis befunden habe. Während Adam von Trott und ich uns mit ihm eigentlich zu jeder Zeit in nahezu völliger Übereinstimmung befanden und auch Graf Yorck nichts anderes erkennen ließ, war Graf Moltke nicht immer und in jedem Punkt, doch sehr oft anderer Meinung als Schulenburg.«[67]

Moltke galt als theoretischer Kopf, und im Kreisauer Kreis wurden »weit mehr Sachfragen als Personalfragen« erörtert.[68] Schulenburg dagegen war ein Mann der Tat. Er setzte seit dem Frühjahr 1943 auf die »Aktion und nicht länger auf nächtliches Räsonieren ... wie in Potsdam und Dahlem üblich«.[69] Offensichtlich störte ihn der intellektuelle Zuschnitt der Umgebung Moltkes. Wie Marion Yorck überliefert, nannte Schulenburg den Kreisauer Kreis »einen Verein von Literaten und Schöngeistern«.[70] Das hinderte ihn aber nicht daran, mit Moltke und nach dessen Verhaftung Anfang 1944 mit Yorck eng zusammenzuarbeiten.

Hauptstreitpunkte zwischen Schulenburg und Moltke waren »die Bereitschaft zum militärischen Aufstand und die gewaltsame Beseitigung Hitlers«. Gegen beides hat sich Moltke bis zuletzt gewehrt. Am 10. Januar 1945, nach der Urteilsverkündung, schreibt er an seine Frau: »Das Schöne an dem so aufgezogenen Urteil ist folgendes: Wir haben keine Gewalt anwenden wollen – ist festgestellt; wir haben keinen einzigen organisatorischen Schritt unternommen, mit keinem einzigen Mann über die Frage gesprochen, ob er einen Posten übernehmen wolle – ist festgestellt; in der Anklage stand es anders. Wir haben nur gedacht, und zwar eigentlich nur [Alfred] Delp, [Eugen] Gerstenmaier & ich, die anderen galten als Mitläufer und Peter [Yorck von Wartenburg] & Adam [von Trott zu Solz] als Verbindungsleute zu

146

Schulenburg etc. Und vor den Gedanken dieser drei einsamen Männer, den bloßen Gedanken, hat der N.S. eine solche Angst, daß er alles, was damit infiziert ist, ausrotten will. Wenn das nicht ein Kompliment ist. Wir sind nach dieser Verhandlung aus dem Goerdeler-Mist raus, wir sind aus jeder praktischen Handlung heraus, wir werden gehängt, weil wir zusammen gedacht haben. Freisler hat Recht, tausend Mal Recht; und wenn wir schon umkommen müssen, dann bin ich allerdings dafür, daß wir über dieses Thema fallen.«[71]

Im Falle Schulenburgs wird man dagegen annehmen dürfen, daß der Entschluß zum Widerstand um die Jahreswende 1942/43 mit der Bereitschaft zur gewaltsamen Beseitigung der Partei- und Staatsspitze zusammenfiel.[72] Politik wurde von ihm als eine Art Frontgeschehen betrachtet, politische Strukturen hat er immer auch personalisiert. Diese Sichtweise hat der Ministerialdirigent im Reichswirtschaftsministerium, Heinrich Haßmann, einfühlsam auf den Begriff gebracht. Schulenburgs Weltbild, so Haßmann, »war stark geprägt von persönlichen Zügen. Allgemeine Ideen und Systeme verdichteten sich ihm in Personen, und diese Art des Sehens bestimmte auch sein politisches Urteil. Wenn andere von einem neutral-distanzierten Beobachtungspunkt aus die Ursachen der heraufziehenden Katastrophe in allgemeinen Mängeln und Unzulänglichkeiten erblickten, faßte Schulenburg diese Ursachen durchaus in ihrer persönlichen Verkörperung ins Auge. Mit seiner Kritik wies er nicht etwa auf militärische oder wirtschaftliche Schwächen, auf politische oder diplomatische Fehler hin, sondern er zielte immer unmittelbar auf das gefährliche Triumvirat, in dem sich ihm der Urgrund unseres Abfalles darstellte . . . Himmler, Goebbels, Hitler waren für ihn das System, und wenn er davon sprach, daß das System fallen müsse, meinte er damit ganz konkret, daß diese drei Männer fallen müssen.«[73]

In diesem Denken verbanden sich zwei entscheidende Sozialisationserfahrungen: das aristokratisch-soldatische Erbe, das am nachhaltigsten der Vater verkörperte, und die Frontkämpfermentalität des Ersten Weltkrieges, die das Denken und Fühlen der militanten jungen Rechten in der Weimarer Republik geprägt hatte. Der Staatsrechtler Carl Schmitt hatte dieser ressentimentgeladenen Haltung damals mit seiner Reduzierung des Politischen auf das Freund-Feind-Denken eine pseudowissenschaftliche Legitimation nachgeliefert.[74] Während die politische Frontkämpfermentalität in den frühen dreißiger Jahren Schulenburgs Kampf gegen die Weimarer Republik entscheidend beeinflußte, entwickelte sie sich jetzt zu einem der entscheidenden Antriebsmomente für seinen kompromißlosen Widerstand.

Schulenburg handelte nach der Devise, »erst einmal müsse, koste es was es wolle, Hitler beseitigt werden. Was nachher komme, lasse sich nur schwer voraussehen. Man werde dann in vielen Einzelpunkten improvisieren müssen.«[75] Der Eid auf Hitler, an den viele oppositionelle Offiziere sich gebunden fühlten – einige gaben das später auch nur vor – stellte für Schulenburg offenbar keine Handlungsbarriere dar: »Der Eid auf diesen Verbrecher [sei] ohnehin sinnlos«, soll er gegenüber Hans Karl Fritzsche, einem jüngeren Regimentskameraden, geäußert haben.[76]

Schulenburgs Entscheidung, auf die gewaltsame Beseitigung Hitlers hinzuarbeiten, zog zwangsläufig die Vertiefung der Kontakte zu militärischen Oppositionskreisen nach sich. Dort zeichneten sich im Frühjahr 1943 folgenreiche Entwicklungen ab: Im April gelang der Gestapo ein entscheidender Schlag gegen das seit langem verhaßte Amt Ausland/Abwehr. Das Zentrum der entschlossenen militärischen Verschwörer um Hans Oster war damit ausgeschaltet. Oster selbst wurde abgesetzt, beurlaubt und unter Hausarrest gestellt. Die Gestapoaktion hatte direkt mit dem Widerstand nichts zu tun. Mitarbeiter Osters, unter ihnen Hans von Dohnanyi, waren aufgefallen, als sie »Juden mit Papieren und Geldern der Abwehr ausgestattet und ihnen als V-Männern die Ausreise in die Schweiz ermöglicht hatte[n]«.[77]

In der Folgezeit verlagerte sich der Schwerpunkt der Militäropposition zunächst auf die Umgebung des Generalmajors Henning von Tresckow bei der Heeresgruppe Mitte, später dann auf die Dienststelle des Chefs der Heeresrüstung und Befehlshabers des Ersatzheeres in der Bendlerstraße, wo anfangs Tresckow und der Chef des Heeresamtes, General Olbricht, schließlich der Oberst i.G. Claus Schenk Graf von Stauffenberg als zentrale Persönlichkeiten des militärischen Widerstands wirkten.

Seit der Katastrophe von Stalingrad war Männern wie Tresckow und Olbricht klar geworden, daß man auf die hohe Generalität im Kampf gegen Hitler wahrscheinlich nicht werde setzen können. »Die Oberbefehlshaber draußen dächten legal«, äußerte Tresckow gegenüber Rüdiger von der Goltz, »mit einer Aktivität von dieser Seite [sei] nicht zu rechnen.«[78] Da auch von dem gesundheitlich schwer angeschlagenen Beck, der Integrationsfigur der Verschwörung, eine Entscheidung zur Aktion nicht erwartet werden konnte, schlug jetzt die Stunde der Obristen und der jungen Stoßtruppoffiziere. Konkrete Pläne, Hitler bei einem Frontbesuch zu erschießen, sollen Anfang 1943 bei der Heeresgruppe Mitte erwogen, dann aber verworfen worden sein.[79]

Laut Überlieferung zündete am 13. März eine Bombe nicht, die Fabian von Schlabrendorff, Ordonnanzoffizier Tresckows, in das Flugzeug Hitlers geschmuggelt hatte. Am 21. März verließ Hitler früher als geplant eine Ausstellung von sowjetischen Beutewaffen im Berliner Zeughaus, so daß Rudolf-Christoph Freiherr von Gersdorff, ein Oberst aus dem Umfeld Tresckows, darauf verzichten mußte, die mitgebrachte Bombe zu zünden. Beide Attentatsversuche, für die es außer Schlabrendorff und Gersdorff keine sicheren Gewährsleute gibt, verliefen im Sande.[80]

Schulenburg setzte von Anfang an auf die Militärs. Aus dem Tagebuch Hermann Kaisers geht hervor, daß er bereits im Frühjahr 1943 den Kontakt zu General Olbricht aufnahm. Daneben hatte er sich allem Anschein nach in den Kopf gesetzt, auf eigene Faust Offiziere für den Widerstand zu gewinnen. Seine Cousine, Ehrengard Gräfin Rantzau, als Vorzimmerdame beim Chef des Generalstabes im stellvertretenden Generalkommando III. Armeekorps und Wehrkreiskommando III (Berlin) tätig, berichtete später: »Es mag im Herbst oder Winter 1942 gewesen sein, [als] mein Vetter Fritz-Dietlof von der Schulenburg zu mir kam und fragte, wer wohl von den Herren des Stabes in Frage käme für eine Zusammenarbeit gegen das Hitler-Regime.«[81]

Bei bloßen Anfragen ließ es Schulenburg nicht bewenden. Ebenfalls vom Frühjahr 1943 an bemühte er sich, in seinem eigenen Regiment, dem I.R. 9, jüngere Offiziere für den Widerstand anzuwerben, »damit am Tage X eine Truppe zur Verfügung stünde«.[82] Diese Anwerbeaktion hatte unangenehme Folgen. Sie führte Anfang April 1943 zu der bereits erwähnten Verhaftung Schulenburgs. Rüdiger von der Goltz hat die näheren Umstände nachträglich beschrieben: »Fritzi Schulenburg, unser Hausgenosse seit dem 1. April 1943, war eines Nachts um ½3 Uhr abgeholt worden. Ich hörte ihn an die Tür unseres Schlafzimmers klopfen. Er bat mich, sofort herunterzukommen, um einen Obersten auf seine Echtheit zu überprüfen, der zu ungewöhnlicher Zeit ihn abzuholen erschienen war. Er glaubte, daß die ›Schweine‹ ihn unter einer Tarnung in ihre Gewalt bringen, womöglich verschwinden lassen wollten. Er traute – selbst bis vor kurzem Polizeivizepräsident in Berlin – der Gestapo alles zu. Aber der Oberst, der sich vielmals entschuldigte, erwies sich in der Unterhaltung ohne Zweifel als echt. Und Schulenburg kehrte am nächsten Vormittag erleichtert zurück. Es hatte sich um ein Geschwätz gehandelt, nach dem er von der bevorstehenden Rolle des Regiments Brandenburg gesprochen haben sollte. Aber es war ihm gelungen, alles auszuräumen. ›Im übrigen habe ich mich voll Empörung auf meine alte Partei-zugehörigkeit berufen‹, so schloß er seine Schilderung.«[83]

Der Vorfall schlug Wellen. Der Chef des OKW Keitel erkundigte sich beim Chef der Heeresrüstung und Befehlshaber des Ersatzheeres Fromm nach dem Inhalt seiner letzten Unterredungen mit Schulenburg. Bei dieser Gelegenheit erteilte er Fromm eine »scharfe Rüge«, weil dieser einen »solchen Kerl wie Schulenburg« überhaupt empfangen habe.[84]

Damit hatte es jedoch sein Bewenden. Noch einmal zeigte sich jene halb herablassende, halb respektvolle Duldsamkeit, mit der die Gestapo bis weit in den Krieg hinein über defätistische Äußerungen und Aktivitäten von Offizieren und höheren Beamten hinwegzusehen pflegte. Die Angelegenheit Schulenburg war keine Ausnahme. Das zeigt der zeitgleiche Fall des Panzerkommandeurs und späteren Mitverschwörers Fritz Jäger. Unvorsichtige Äußerungen seines Sohnes, eines Oberleutnants, hatten Jäger ähnliche Schwierigkeiten wie Schulenburg eingetragen. Im Juli 1943 war auch dieser Fall erledigt.[85] Himmler sprach sich gegenüber Canaris zwar drohend »über die reaktionäre Haltung verschiedener Generale aus, die nicht mehr tragbar« seien, und nannte in diesem Zusammenhang Beck, den Militärbefehlshaber Belgien/Nordfrankreich, von Falkenhausen, und Oster.[86] Ernsthafte Konsequenzen hatte dies jedoch für keinen der Betroffenen.

Schulenburg selbst wurde bis zum Attentat nicht mehr behelligt. Auch beruflich entstanden ihm keine Nachteile, obwohl der Gestapo mit Sicherheit bekannt gewesen sein dürfte, daß er politisch zumindest als unsicherer Kantonist anzusehen war. Am 10. Mai 1943 wurde er von Staatssekretär Mussehl, der führend im Sonderstab von Unruh tätig war, gebeten, »sich dem Stabe wieder anzuschließen«, da Unruh beschlossen habe, ihn mit nach Paris zu nehmen.[87] Anfang Juni reiste Schulenburg in die französische Hauptstadt und nahm am Place de la Vendôme Quartier.[88] Unmittelbar nach seiner Ankunft traf er dienstlich mit dem Militärbefehlshaber, Karl-Heinrich von Stülpnagel, zusammen[89] und zeigte sich gleich tief beeindruckt: Stülpnagel sei »klug und voller Haltung und Würde«, schrieb er, »endlich einmal ein richtiger General«.[90]

Nur wenig später kehrte auch der Freund und Vertraute Cäsar von Hofacker aus dem Urlaub nach Paris zurück. Mit ihm sollte Schulenburg in den folgenden Wochen fast täglich zusammen sein.[91] Der Freund war frustriert; nach dem Eindruck Schulenburgs drängte es ihn »von Paris weg«.[92] Hofackers schon früh geäußerte Skepsis ge-

150

genüber der deutschen Frankreichpolitik hatte sich mittlerweile in schroffe Ablehnung verwandelt. Auch im Dienstverkehr machte er daraus keinen Hehl. Ein halbes Jahr vor Schulenburgs Ankunft hatte er in einem »streng vertraulichen« Memorandum die deutsche Politik als »zwiespältig-doppelzüngig« und »in keiner funktionellen Beziehung zu den Erfordernissen der Kriegsführung« stehend bezeichnet. In dieser zwanzigseitigen Denkschrift bekräftigte er noch einmal seine alte Ansicht: Zu einer »bündnisähnlichen Politik« mit Frankreich gebe es keine Alternative, schon gar nicht in einer Lage, in der sich der Ring der Alliierten immer enger um das deutsche Besatzungsgebiet schließe.[93]

Doch nicht nur, was die Grundzüge der deutschen Frankreich-Politik anbelangte, auch in seinem engeren Berufsfeld fühlte sich Hofacker auf verlorenem Posten. Noch immer leitete er im Verwaltungsstab des Militärbefehlshabers Frankreich das Referat »Eisen und Stahl«, und noch immer tat er das in enger Abstimmung mit seinem früheren Arbeitgeber, den Vereinigten Stahlwerken.[94] Diese verfolgten in den besetzten Gebieten Westeuropas eine Politik, die nach den Worten ihres langjährigen Vorstandsvorsitzenden Ernst Poensgen darauf abzielte, »die freundschaftlichen Beziehungen, die vor dem Kriege zwischen den Gruppen der internationalen Verbände bestanden, auch während des Krieges aufrecht[zu]erhalten«. Dagegen stand der aggressive Expansionismus der nationalsozialistisch geführten Hermann-Göring-Werke, der auf rücksichtslose Einverleibung fremder Rohstoffvorkommen und Fabrikationsstätten hinauslief.

Der Konflikt zwischen den beiden Giganten der Schwerindustrie setzte sich in der Militär- und Zivilverwaltung als Streit um Kompetenzen fort, in den sich seit 1942 als neue und bald übermächtige Kraft das Rüstungsministerium unter dem Hitler-Adlatus Albert Speer einmischte. Der Konflikt verschärfte sich durch die wachsende Tendenz, die Rüstungswirtschaft mittels staatlicher »Produktionsbefehle« zu kommandieren, ein Vorhaben, das bei der Industrie auf passiven Widerstand stieß.[95] In Frankreich und Belgien erreichte der Dirigismus bei Kohle und Stahl Mitte 1942 einen ersten Höhepunkt. Als oberste Lenkungsinstanz wurde eine »Außenstelle Zentrale Planung« eingerichtet; am 19. August ernannte Speer ausgerechnet Hofacker zu ihrem Leiter.[96]

Oberstleutnant Hofacker war eher aus Pflicht denn aus Neigung bereit, die Position anzunehmen. Über die Erfolgsaussichten machte er sich »wegen des herrschenden Vielregierens« wenig Illusionen.[97] Der Konflikt war vorprogrammiert: Interessenvertreter der privaten

Monopolindustrie und gleichzeitig Repräsentant der NS-Befehlswirtschaft, das konnte nicht gut gehen, um so weniger, als Hofackers neues Tätigkeitsgebiet auf das »eifersüchtige« Mißtrauen verschiedener militärischer und ziviler Stellen stieß, denen Kompetenzen entzogen worden waren.[98]

Hofacker sollte mit seiner Skepsis Recht behalten. Am 28. Juli 1943, in den letzten Tagen des Schulenburg-Aufenthalts, resignierte er und bat seinen Vorgesetzten, ihn vom Posten des Referatsleiters »Eisen und Stahl« zu entbinden.[99] Das Schreiben, mit dem er seinen Rücktritt begründete, war ungewöhnlich ausführlich. Hofacker stellte darin den Sinn der neuen Zentralisierungsmaßnahmen insgesamt in Frage. Die Tendenz der Planwirtschaft werde ins Uferlose wachsen, eine »ungenügende Bedarfsdeckung für die deutsche Rüstungsproduktion« sei vorherzusehen. Die »direkte Steuerung« der französischen und belgischen Eisenproduktion und Kohleförderung durch »Berliner Zentralbehörden« werde darüber hinaus die Autorität des Militärbefehlshabers bei den einheimischen Stellen schwer gefährden. In seinem Schreiben brachte Hofacker nicht nur die eigene Ansicht zum Ausdruck. Ernst Poensgen versicherte er wenig später, im November 1943, »daß ich mich wenigstens bemüht habe, in den Beziehungen der deutschen und französischen Eisenindustrie die von Ihnen geschaffene Tradition trotz aller kriegs- und zeitbedingten Schwierigkeiten hochzuhalten und weiter zu pflegen«.[100] Seine »Bestallung« als Leiter der »Außenstelle Zentrale Planung« reichte Hofacker am 13. Oktober an das Reichswirtschaftsministerium zurück.[101] Fortan wirkte er als »Stabsoffizier z.b.V.« bei Stülpnagel.

Hofackers interessenpolitische Bindungen und seine beruflichen Enttäuschungen sind in der Widerstandsliteratur bislang nicht beachtet worden. Ohne Zweifel beeinflußten sie sein vernichtendes Urteil über die Strukturen des NS-Regimes und die Ziele und Methoden der deutschen Frankreich-Politik. Mit Sicherheit blieb auch sein Entschluß zum Widerstand davon nicht unberührt. In der Folgezeit entwickelte sich der Oberstleutnant und Lobbyist der Vereinigten Stahlwerke zum »Vormann« der deutschen Opposition in Frankreich, der es am 20. Juli 1944 immerhin gelingen sollte, die örtliche Gestapo zu überwältigen.[102]

Schenkt man der Forschung Glauben, dann führte Schulenburgs Paris-Aufenthalt im Sommer 1943 zur »Bildung einer geheimen oppositionellen Zelle« im Stabe Stülpnagels. Damit sei der Grundstein zum deutschen Widerstand in Frankreich gelegt worden. Zu den Verschwörern in Paris sollen neben Hofacker und dem Militärbefehlshaber General von Stülpnagel die Kriegsverwaltungsräte Walter Bargatzky und Friedrich Freiherr von Teuchert sowie der als Bankfachmann der deutschen Botschaft arbeitende Gotthard Freiherr von Falkenhausen gezählt haben.[103]

Besonders Teuchert hat in nachträglichen Aufzeichnungen zur Mission Schulenburgs Stellung genommen. Dieser habe zur raschen Aktion gedrängt. Wenn Berlin nicht losschlage oder das Attentat mißlänge, sollte man im Westen allein die Initiative ergreifen. Dabei, so Teuchert, »erfuhren wir, daß in der zentralen Leitung noch keine einheitliche Auffassung darüber bestand, ob die Aktion mit der physischen Ausschaltung Hitlers beginnen müsse. Es wurde noch von verschiedenen Seiten die Meinung vertreten, daß der Kampf gegen die Rechtsbrecher des Dritten Reiches nicht mit einem formalen Rechtsbruch eröffnet werden dürfe. In langen und eingehenden Besprechungen konnte Schulenburg von der Unmöglichkeit einer Einzelaktion des Westens überzeugt werden. Frankreich war Etappe, und aus der Etappe konnte und durfte der Umsturz nicht kommen. Voraussetzung wäre unter den damaligen Verhältnissen gleichzeitiges Losschlagen der Front im Osten gewesen; das schien aber weder erwünscht noch durchführbar. Doch sollte, politisch gesehen, der Staatsstreich nicht nur die braune Herrschaft brechen und dem sinnlosen Morden ein Ende machen, sondern gleichzeitig einer europäischen Lösung unter der Führung der Westmächte den Boden ebnen. Dabei war man sich im klaren, daß diese eine Kapitulation nur annehmen würden, wenn sie gleichzeitig gegenüber den östlichen Alliierten erklärt würde.«[104]

Auch von mehreren Abstechern Schulenburgs nach Brüssel berichtet Teuchert. Dort sei der Graf mit dem Militärbefehlshaber Belgien/Nordfrankreich, General Alexander Freiherr von Falkenhausen, zusammengetroffen, über allgemeine Sondierungen aber nicht hinausgelangt. Wie so oft, ist auch gegenüber dieser Darstellung Vorsicht am Platze. Schulenburg selbst, zur Zeit seines Frankreichaufenthaltes ein eifriger Briefschreiber, gab zwar verschiedentlich Hinweise auf seine Gespräche mit Stülpnagel und Hofacker und kritisierte offen die Verhältnisse in der französischen Etappe. Von einem Besuch in Brüssel ist aber an keiner Stelle seiner Korrespondenz die Rede.[105] Keine Spur auch von der nervlichen Anspannung, die eine Mission, wie sie Teuchert beschreibt, unweigerlich mit sich gebracht hätte. Es scheint im Gegenteil, als habe Schulenburg die vielen Eindrücke und Begegnungen, zu denen auch ein Gespräch mit dem Schriftsteller Ernst Jünger gehörte, wie eine Art verlängerten Urlaub genossen. Seiner Frau schrieb er am 18. Juni:»Ich bin gut aufgehoben, fühle mich sehr gesund und sehe dies als Atempause vor schweren Zeiten an, die eines Tages noch heraufziehen werden.«[106] Ganz und gar unwahrscheinlich ist es schließlich, daß ein Mann wie Hofacker bereits im Sommer 1943, also ein knappes Jahr vor der Invasion der Alliierten am 6. Juni 1944, bereit gewesen sein soll, mit seinem Kampf gegen Hitler – wie Teuchert sich erinnert – »einer europäischen Lösung unter der Führung der Westmächte den Boden [zu] ebnen«. Hofacker kam wie Schulenburg aus der »konservativen Revolution«. Die auf der liberalen Gleichheitsidee aufbauenden westlichen Demokratien blieben ihm zeitlebens genauso suspekt wie der Bolschewismus. Von der Beseitigung des nationalsozialistischen Partei- und Staatsapparates versprach er sich nicht etwa eine Öffnung der Fronten im Westen, sondern umgekehrt die Möglichkeit, diese Fronten doch noch zu halten und so zu einem annehmbaren Frieden zu gelangen.[107]

Der nach der Beseitigung Hitlers erhofften Kehrtwendung in der deutschen Frankreich-Politik maß Hofacker grundlegende strategische Bedeutung zu. In seinen Denkschriften und Briefen plädierte er bis zuletzt fast verzweifelt dafür, Frankreich als Verbündeten auf die deutsche Seite zu ziehen, wenn es denn sein mußte, nach dem Grundsatz teile und herrsche.[108] Im Westen und nicht im Osten fiel für Hofacker die endgültige Entscheidung über den Ausgang des Krieges und das zukünftige Schicksal des Reiches. Noch einen Monat vor dem Attentat, am 18. Juni 1944, heißt es in einem Brief an seine Frau: »Die Schwächung der Ostfront ist zweifellos eine schwere Sorge. Aber solange man eine Möglichkeit sieht, den Feind hier [im Westen] wieder ins Meer zu werfen, ist es wichtig, den Schwerpunkt hier zu bilden. Denn hier droht die *noch* größere Gefahr, winkt die einzige Erfolgsaussicht.«[109]

Bei Lichte besehen dürfte Schulenburgs Besuch in Paris kaum die Bildung einer Widerstandsorganisation zur Folge gehabt, geschweige denn, diesem Zweck gedient haben. Dagegen spricht auch die Tatsache, daß Schulenburg und Hofacker in der Folgezeit keinen persönlichen Kontakt hielten und sich erst im April 1944 in Belgien wiederbegegneten.[110] Zweifelhaft ist auch, ob es im Sommer 1943 überhaupt eine »zentrale [Widerstands-]Leitung« gab, die Schulenburg hätte in die französische Hauptstadt entsenden können.[111]

Gewiß haben sich Schulenburg und Hofacker während dieses Besuchs ihrer gegenseitigen Entschlossenheit zum Kampf gegen das Hitler-Regime versichert, und auch mit Stülpnagel dürfte relativ offen gesprochen worden sein. Nach allem, was wir wissen, stand der Militärbefehlshaber im Sommer 1943 bereits in losem Kontakt zu Olbricht. Dem Chef des Heeresamtes gegenüber gab er Hofacker, der sich im Herbst häufiger in Berlin aufhalten sollte, als seinen Verbindungsmann an. Gleichwohl widersetzte er sich zu dieser Zeit allem, was nur entfernt nach aktivem Widerstand aussah. Trotz seiner Ablehnung der Politik Hitlers empfahl er, zunächst einmal abzuwarten.[112] Dieses Zögern war typisch für die Mehrheit der Militäropposition im Sommer 1943, sieht man von Tresckow und Olbricht ab. Es bedurfte erst des mitreißenden Einsatzes eines jungen Generalstabsoffiziers, um die bis dahin gewissermaßen vagabundierenden Widerstandskräfte zu bündeln und die Putsch- und Attentatspläne voran zu bringen. Dieser Mann war Claus Schenk Graf von Stauffenberg, der im Herbst 1943 zum Kreis der aktiven Verschwörer stieß. Der seit längerer Zeit regimefeindliche Oberstleutnant und spätere Oberst war im Sommer dieses Jahres in einem Münchener Krankenhaus, wo er sich von schwersten Verwundungen aus dem Krieg in Nordafrika erholte, endgültig für den Widerstand gewonnen worden. Maßgeblichen Anteil daran hatte der alte Schulenburg-Vertraute Nikolaus Graf Üxküll, ein Onkel Stauffenbergs.[113]

Schulenburg selbst kannte den Berufsoffizier, einen Vetter Yorcks, seit der Vorkriegszeit. Die Beziehungen waren damals jedoch eher flüchtig gewesen. Das änderte sich, als Stauffenberg am 1. Oktober 1943 als engster Mitarbeiter Olbrichts zum Chef des Stabes im Allgemeinen Heeresamt ernannt wurde. Zwischen dem Generalstäbler, der als glänzende militärische Begabung galt, und dem fünf Jahre älteren Regierungspräsidenten und Oberleutnant d. R. entwickelte sich eine enge Freundschaft. Wie Zeitzeugen berichten, war der Ältere dem Jüngeren in beinahe schwärmerischer Anhänglichkeit zugetan.[114] In der Einschätzung der politischen und militärischen Lage stimmten beide überein, ebenso in Weltanschauungsfragen und in der Kritik des real existierenden Nationalsozialismus. Gemeinsam war Stauffenberg und Schulenburg die Bindung an die Ideale der »konservativen Revolution« und die schroffe Ablehnung des Bolschewismus, den man bis zum letzten bekämpfen wollte.[115] Übereinstimmend befand man, die Nationalsozialisten hätten ihre »ursprünglichen Ideale« verraten.[116] Beide empörten sich über die Behandlung der russischen Kriegsgefangenen und der Zivilbevölkerung in der Sowjetunion, wobei Stauffenberg die moralische Entrüstung mit der fachlichen Kritik an der deutschen Kriegführung im Osten verband. Diese unterschätzte nach seiner Ansicht in kaum glaublicher militärischer Blindheit den Wert der russischen Freiwilligenverbände.

Schließlich ging man gemeinsam davon aus, »daß man keinen

entehrenden Frieden haben dürfe«[117], trotz der Konferenz von Casablanca im Januar 1943 und der dort erhobenen Forderung der Alliierten nach der bedingungslosen Kapitulation Deutschlands. Die unbedingte Voraussetzung dafür war aber, daß man Hitler beseitigte, und so standen sich die beiden Widerständler in dem Rigorismus, mit dem sie auf den gewaltsamen Umsturz drängten, in nichts nach.

Ohne den neuen Freund hätte Stauffenberg, seit Herbst 1943 Kristallisationspunkt des deutschen Widerstandes, seine Anziehungskraft kaum entfalten können. Erst über Schulenburg fand er den Kontakt zu den zivilen Widerstandskreisen. Dort wurde er längst nicht überall mit offenen Armen empfangen. Nach dem Zeugnis Gerstenmaiers war es besonders Moltke, der Stauffenberg mit »skeptischer Distanz« begegnete.[118] Der Generalstabsoffizier seinerseits war im Herbst 1943, anders als Moltke, noch nicht überzeugt von der deutschen Kriegsschuld, und anders als dieser wollte er auch nicht abwarten, bis Hitler endgültig abgewirtschaftet hatte.[119]

Problematischer noch als zu Moltke gestaltete sich Stauffenbergs Verhältnis zu Goerdeler. Dessen Vorbehalte gegen den charismatischen Offizier steigerten sich zu kaum verhüllter Abneigung.[120] Um so höher sind Schulenburgs Fähigkeiten zur Vermittlung zu bewerten, trug er doch wesentlich dazu bei, den Führungsanspruch Stauffenbergs im Widerstand zu befestigen.

Schulenburg selbst wuchs immer stärker in die Rolle des zentralen Verbindungsmannes zwischen dem neuen Zentrum in der Bendlerstraße und den unterschiedlichen Widerstandskreisen hinein.[121] Besonders bemüht zeigte er sich dabei um den Brückenschlag zu Repräsentanten der alten Arbeiterbewegung. Er brachte Stauffenberg mit den »nationalen« Gewerkschaftern Jakob Kaiser und Max Habermann zusammen,[122] und er war es auch, der die für den 20. Juli so entscheidende Verbindung zwischen Stauffenberg und Julius Leber herstellte.[123]

Seinen ersten Kontakt zu Leber, dem ehemaligen sozialdemokratischen Reichtagsabgeordneten, knüpfte Schulenburg im Herbst 1943. Am 22. November erschien er in Lebers Kohlenhandlung am Berliner Eisvogelweg als »Vertrauensmann Dr. Goerdelers«. Die Beziehungen zwischen Schulenburg und Leber sollten bald eng und vertraut werden. Anfängliche Konkurrenzgefühle schwanden rasch. Schulenburg stimmte schließlich der Nominierung Lebers zum Innenminister im Schattenkabinett des 20. Juli zu, obgleich dieses Amt ursprünglich ihm selbst zugedacht war.[124] Unter Leber sollte der Graf, der zeitweise auch als zukünftiger Ernährungsminister im Gespräch war, die Posi-

156

tion des Staatssekretärs bekleiden. Allerdings behielt er sich nach dem Zeugnis Gustav Dahrendorfs »freie Hand für den Neubau der inneren Verwaltung« vor, was ihm Leber auch ohne Vorbehalte einräumte. Ein starkes Interesse zeigte Schulenburg darüber hinaus an wirtschaftspolitischen Fragen. Die Gestapo-Protokolle verzeichneten später Gespräche mit Schwerin-Krosigk, Brücklmeier und Habermann sowie ein Treffen mit dem designierten Wirtschaftsminister des 20. Juli, Paul Lejeune-Jung. In diesen Gesprächen ging es um die »Sozialisierung der Schlüsselindustrien« und um die »künftige Handelspolitik«.[125]

Wie die Absprachen über die Regierungsbildung und die zukünftige Regierungspolitik zeigen, gelangten die Staatsstreichpläne erst mit Stauffenbergs Eintritt in den Widerstand über das Stadium von Sandkastenspielen hinaus.[126] Dank der Ankoppelung an die »Walküre«-Planungen bestand jetzt erstmals eine zwar geringe, immerhin aber reale operative Durchsetzungschance. Unter der militärischen Deckbezeichnung »Walküre« waren ursprünglich die Einsatzpläne abgefaßt worden, die die Mobilisierung des Ersatzheeres vorsahen. Am 1. Juli 1943 kamen neue Bestimmungen hinzu. Diese trugen die Handschrift des kurzzeitig in die Bendlerstraße versetzten Generalmajors Henning von Tresckow. Seit Oktober 1943 wurden sie von Stauffenberg weiter ausgearbeitet und den sich ändernden Bedingungen der Verschwörung gegen Hitler angepaßt. In den Vordergrund trat jetzt offiziell die Bekämpfung »innerer Unruhen, insbesondere die Abwehr eines Aufstandes ausländischer Arbeiter«. Tatsächlich dienten die Mobilisierungsvorschriften den Verschwörern dazu, »alle im Reich befindlichen und beweglichen militärischen Kräfte außer der SS« zur Übernahme der Regierungsgewalt im Reich einsetzen zu können. Tresckow und später Stauffenberg machten sich damit die im Staats- und Parteiapparat weitverbreitete Angst vor einer Revolte der Millionen in Deutschland eingesetzten Zwangsarbeiter und Kriegsgefangenen zunutze.[127] Stauffenberg erarbeitete außerdem ein Verzeichnis verläßlicher Verbindungsoffiziere bei den Wehrkreiskommandos, die nach Auslösung des Staatsstreiches für die Durchsetzung der Befehle der Berliner Widerstandszentrale sorgen sollten.[128]

Schulenburg versuchte, ähnliches auf zivilem Gebiet in die Wege zu leiten. Um dem Staatsstreich einen politischen Unterbau zu verschaffen, forderte er von den Zivilisten im November 1943 die Erstellung einer Liste von verläßlichen »politischen Beauftragten« bei den einzelnen Wehrkreiskommandos.[129] Er selbst entwarf zusätzlich ein Verzeichnis von Regierungspräsidenten, »wie er sie sich dachte«. Aus

»Geheimhaltungsgründen« wurden die Kandidaten allerdings nicht informiert.[130]

Die nächsten Monate waren für Schulenburg eine Zeit rastloser Unruhe. Ständig war er unterwegs, um die Stimmung für den Fall eines gewaltsamen Staatsstreichs zu sondieren. In nahezu tollkühner Weise wagte er sich dabei sogar in die Höhle des Löwen. »Im Herbst 1943 fühlte . . . Schulenburg im SS-Hauptamt vor. Er fragte den Obersturmbannführer Riedweg von der germanischen Leitstelle, mit welchem SS-Führer man offen über die politische Lage sprechen könne. Riedweg nannte dem Grafen den Höheren SS- und Polizeiführer Hildebrandt und zwei Generale der Waffen-SS, die Obergruppenführer Hausser und Steiner. Seinen ehemaligen Kompaniechef Steiner aus dem Infanterie-Regiment I hatte Schulenburg schon früher kontaktiert. In einem Berliner Café erklärte der Verschwörer dem SS-General, Hitler müsse gewaltsam beseitigt werden, wenn man den Verfall des Reiches noch aufhalten wolle. Steiner verschloß sich jedoch dem Werben des alten Regimentskameraden.«[131]

Nur wenig später, im Winter 1943/44, soll Schulenburg mit dem ihm von Riedweg genannten SS-Obergruppenführer Richard Hildebrandt zusammengekommen sein. Dieser habe sich, wie der ehemalige Schulenburg-Mitarbeiter Liedecke überliefert, als ein Mann gezeigt, der »zur Opposition« bereit war.[132] Einen dritten hohen Funktionsträger der SS, den Obergruppenführer und Reichsbevollmächtigten in Dänemark, Dr. Werner Best, hatte Schulenburg bereits im Frühjahr 1943 in Kopenhagen getroffen. Best erinnerte sich später, daß man ein »offenes Gespräch« geführt habe.[133]

Aus den Jahren 1943/44 sind zahlreiche andere, weniger brisante Kontakte Schulenburgs bezeugt. In manchen Fällen frischte Schulenburg nur alte Bekanntschaften auf. So traf er im Kriege mehrfach seine ehemaligen schlesischen Mitarbeiter Keßler, Liedecke und Koettgen.[134] Beste Beziehungen unterhielt er weiterhin ins Reichsinnenministerium. Sein Hauptgesprächspartner dort blieb der Ministerialdirektor Dr. Otto Ehrensberger. Während des Krieges machte Schulenburg auch die Bekanntschaft einiger höherer Beamter, unter ihnen Dr. Hans Globke, mit dem er sich einige Male über Fragen der künftigen Verwaltungsreform des Reiches austauschte.[135] Im Reichswirtschaftsministerium war sein Ansprechpartner Dr. Heinrich Haßmann, ein alter Parteigenosse, der sich unter dem Eindruck des Krieges mehr und mehr von der NS-Führung distanzierte.[136] Auch über Haßmann beabsichtigte Schulenburg, Verbindungen in die SS hinein zu knüpfen.

Überliefert sind daneben Unterredungen mit dem Chef der Militärverwaltung für Belgien und Nordfrankreich, Regierungspräsident Reeder,[137] mit Bischof Lilje von der Bekennenden Kirche, mit dem Pädagogen Eduard Spranger,[138] einem Mitglied des oppositionellen Freiburger Kreises, mit dem Referenten im Wirtschaftsstab Ost des Reichsernährungsministeriums, Dr. Hermann Priebe,[139] sowie Bekanntschaften mit dem Direktor der Dresdner Bank, Dr. Paul Binder, und dem völkischen Schriftsteller Friedrich Hielscher.

Die zuletzt genannten Kontakte sind nur durch die Gesprächspartner selbst belegt. Nicht in allen Fällen scheinen diese den Inhalt der Unterredungen zuverlässig wiedergegeben zu haben. Binder etwa, der Ende der dreißiger Jahre nachweislich in die massiven Arisierungsbemühungen seines Bankinstituts eingeschaltet war,[140] will mit Schulenburg im Sommer 1943 nicht nur über Elsaß-Lothringen, sondern auch über Putsch und Attentat gesprochen haben, wobei er selbst für die Erschießung Hitlers gewesen sei, während sich der Widerstandskämpfer lediglich für die Verhaftung des Diktators ausgesprochen habe.[141]

Nach allem, was wir über Schulenburg wissen, erscheint diese Äußerung wenig plausibel. Auch hinter die Nachkriegsstellungnahmen Friedrich Hielschers muß ein Fragezeichen gesetzt werden. Den Schriftsteller, der sich zu Beginn der dreißiger Jahre durch sein Buch »Das Reich« in völkischen und neokonservativen Kreisen einen Namen gemacht hatte, kannte Schulenburg aus den Gesprächsrunden bei August Winnig. 1943 traf man sich in Potsdam im Umfeld des I.R.9 wieder. Nach eigenem Bekunden wurde Hielscher in dieser Zeit von Schulenburg rückhaltlos über die Widerstands-und Staatsstreichplanungen des 20. Juli aufgeklärt. Er selbst zählte sich, wie er nach 1945 zu Protokoll gab, zu einem »nationalrevolutionären Arbeits- und Widerstandskreis«,[142] der ebenfalls ein Attentat auf Hitler geplant habe, dann aber durch die bekannten Ereignisse nicht mehr zum Zuge gekommen sei. Dieser Gruppe gehörten nach Angaben Hielschers auch SS-Mitglieder an, unter ihnen der Generalsekretär des »SS-Ahnenerbes«, Wolfram Sievers. Für Sievers, der nach dem Kriege hingerichtet wurde, setzte sich Hielscher später vergeblich bei den Besatzungsbehörden ein.[143]

Binders und Hielschers Erinnerungen sind ein weiterer Beleg dafür, wie sehr die »Faszination« des Widerstands bei manchen Zeitgenossen nach 1945 die eigene Phantasie ins Kraut schießen ließ. Gewiß wird man annehmen können, daß die geschilderten Unterredungen tatsächlich stattgefunden haben, und mit Sicherheit wird man eine Atmosphäre großer Freimütigkeit unterstellen können, besonders wenn ein Mann wie Schulenburg beteiligt war. Nach der militärischen

Katastrophe von Stalingrad mußte sich der Graf in puncto Kritik auch keine besondere Zurückhaltung mehr auferlegen. Das »Meckern« entwickelte sich jetzt zu einer Art Volkssport[144] und war – wie bereits eingehend beschrieben[145] – im Staatsapparat und in der »guten Gesellschaft« des Dritten Reiches womöglich noch weiter verbreitet als in der übrigen Bevölkerung.

Die Bereitschaft zum aktiven Widerstand erwuchs daraus jedoch nur in seltenen Ausnahmefällen, und niemand wußte das besser als Schulenburg. Während er Regimentskameraden unter Berufung auf den militärischen Ehrenkodex und die Tradition des I.R.9 für die Attentats- und Staatsstreichplanungen zu gewinnen suchte, hielt Schulenburg, wie er vor der Gestapo glaubhaft versicherte,[146] den Kreis der zivilen Gesprächspartner eng begrenzt. Für den Fall der Ausnahmesituation traute er den Militärs einfach mehr als den Zivilisten.

Die Entscheidung drängt

Nach dem Paris-Aufenthalt und einem längeren Krankenurlaub[147] konnte Schulenburg seine konspirative Vermittlungs- und Sondierungsrolle im Widerstand beinahe ungehindert durch äußere Zwänge ausüben. Bis Ende 1943 blieb er beim Stab Unruh, wurde dort aber offenbar nur noch mit Routinearbeiten betraut. Ausgeschlossen ist, daß er in dieser Zeit für den Stab größere Reisen unternommen hat.[148]

Im Januar 1944 ging Schulenburg zum Ersatzbataillon des I.R.9 nach Potsdam zurück. Dort widmete er sich der Ausbildung von Offiziersanwärtern.[149] Ein Angebot, als Stellvertreter des Reichskommissars Ostland, Hinrich Lohse, nach Riga zu gehen, zerschlug sich, und dem kurz vor dem Attentat eintreffenden Einsatzbefehl zur Militärverwaltung nach Lyon entzog sich Schulenburg durch »Unauffindbarkeit«. Vom 7. März bis 4. April reiste er quer durch das zerbombte Deutschland[150] zu einem Bataillonsführerlehrgang nach Antwerpen; es war seine letzte Reise ins Ausland. Den zweiten Teil des Kurses absolvierte er im Mai in der Infanterieschule Döberitz.

Schulenburgs Verwendung im I.R.9 erfolgte »auf Wunsch des Innenministeriums«.[151] Unklar bleibt, ob die Behörde keine geeignete Stelle für den Regierungspräsidenten fand oder ob dieser politisch kaltgestellt werden sollte. Zeitzeugen wissen zu berichten, daß er im Frühjahr 1944 zum zweiten Mal in den Verdacht politischer Unzuverlässigkeit geriet. Damit sei, auf Betreiben Himmlers, eine bereits gegebene Zusage, ihn in das Ministerium zu holen, gegenstandslos geworden.[152] Auch der Marschbefehl nach Lyon sei auf das Mißtrauen seiner vorgesetzten Behörde zurückzuführen gewesen. Schulenburg müsse »auf Vordermann gebracht werden, was sich in den besetzten Gebieten leichter bewerkstelligen ließe als in Berlin«. Mit diesen Worten soll der dem Grafen an sich gewogene Staatssekretär Stuckart die Verwendung in Frankreich begründet haben.[153]

Der Verdacht – wenn er denn überhaupt bestand – führte zu keiner Observierung. Schulenburg konnte weiterhin fast nach Belieben schalten und walten. Die infolge der Bombenzerstörungen immer unübersichtlichere Lage und sein dadurch bedingter ständiger Wohnungswechsel kamen ihm dabei zustatten.[154] Auf dem Höhepunkt der Attentatsvorbereitungen gab es »kaum einen Brückenschlag innerhalb der Widerstandsgruppen, kein zusammenwachsendes Komplott, bei dem nicht ›Fritzi‹ Schulenburg mit am Werke« gewesen war.[155]

Organisatorisches erledigte er in dieser Zeit häufig vom Büro der Holzfirma Nonn im Berliner Hotel Esplanade aus. Dort war Carola Rüdt von Collenberg, eine alte Bekannte aus seiner Referendarzeit, tätig. Freiin Rüdt hatte bereits Ende der dreißiger Jahre Aufzeichnungen und Memoranden für Schulenburg geschrieben. Seit der Jahreswende 1942/43 führte sie nach eigenen Angaben auch Botendienste aus, »fuhr abends nach Dunkelwerden in die Wohnung des Generaloberst Beck nach Lichterfelde, um Treffpunkte mit Freunden zu vereinbaren«, oder übernahm »mündlich Nachrichten-Übermittlungen in das Oberkommando der Wehrmacht an Dohnanyi und Oberst Oster«. In ihrer Wohnung in der Derfflinger Straße 10 traf sich Schulenburg mit Freunden wie Achim Freiherr von Willisen,[156] Axel von dem Bussche, Werner von Haeften, Marion Gräfin Dönhoff, aber auch mit Carl Goerdeler. Im Esplanade wurden vermutlich Flugblätter des Widerstands hergestellt. Freiin Rüdt berichtet, sie habe im Herbst 1943 die Predigten des Münsteraner Bischofs Graf Galen im Auftrage Schulenburgs vervielfältigt und »anonym« an Freunde und Bekannte geschickt.[157]

Von Januar 1944 an wird das Regiment zur zweiten Heimat Schulenburgs. Immer unregelmäßiger bekommt ihn seine Familie jetzt zu Gesicht.[158] Schulenburg reist viel. Unvermittelt taucht er »in schlecht sitzender Uniform«[159] bei alten Freunden und neuen Bekannten auf. Anfang Januar finden wir ihn in Breslau in der Wohnung seines ehemaligen Mitarbeiters Gerhard Ziegler,[160] im Februar auf Gut Neuhardenberg, zusammen mit Stauffenberg und dessen Adjutanten Werner von Haeften. Über Ostern kommt er nach Trebbow, dem Gut der Familie von Barner, in die seine Schwester Tisa eingeheiratet hat.

Wieder bringt er Stauffenberg mit und diesmal auch einen jungen Offizier, den Hauptmann Karl-Friedrich Klausing, später ebenfalls zum Tode verurteilt.[161] Im Mai hält er sich in Ostpreußen auf und spricht dort u.a. mit Marion Gräfin Dönhoff, Heinrich Graf Lehndorff und Heinrich Graf zu Dohna.[162] Den Nichteingeweihten gegenüber macht er in diesen Gesprächen dunkle Andeutungen. »Stauffenberg ist unser bestes Pferd im Stall«, äußert er vielsagend zu Ursula von Kardorff, einer jungen Journalistin bei der Deutschen Allgemeinen Zeitung, die er am 15. August 1943 in Neuhardenberg kennengelernt hat.[163] Ursula von Kardorff hat die Bekanntschaft mit Schulenburg später in ihren »Berliner Aufzeichnungen« festgehalten. Nicht alles, was sie darin schreibt, ist wörtlich zu nehmen, die Atmosphäre jener Monate hat sie jedoch zutreffend eingefangen.

Die seltene Freizügigkeit, die Schulenburg genoß, ließ ihn für das Zusammenwachsen des 20. Juli unentbehrlich werden. Es war dabei durchaus von Vorteil, daß er sich unmittelbar keinem der Widerstandskreise anschloß. In den von gegenseitigem Mißtrauen und Eifersüchteleien keineswegs freien Diskussionen der Verschwörer war er somit nie Partei und genoß deshalb beinah überall großes Vertrauen. Seine Art, weltanschauliche und persönliche Vorbehalte hinter die gemeinsame Sache zurückzustellen, wenn er seine Gesprächspartner für moralisch integer hielt und sofern – wie er sich auszudrücken pflegte – in »ihren Herzen die Glocke von Potsdam« schlug,[164] trug dazu bei, dieses Vertrauen zu festigen und auszubauen.

Die konspirative Rolle schien Schulenburg wie auf den Leib geschneidert. Kaum jemand, der ihm begegnete, vermochte sich dem Eindruck seiner Persönlichkeit zu entziehen. Manche – wie den Mitverschwörer Hans Bernd Gisevius – stieß er ab;[165] viele faszinierte er – Männer und Frauen gleichermaßen. »Worin eigentlich liegt seine Wirkung, der sich niemand entziehen kann«, fragt Ursula von Kardorff, »ob es junge Offiziere, Intellektuelle, Soldaten, Kellner oder Chauffeure sind – alle tun, was er verlangt. Dabei sieht er weder reich noch mächtig aus in seinem schäbigen blauen Anzug oder seiner abgerissenen Uniform, mit der schiefen Nase und dem absurden Monokel.« »Ich habe ihn eigentlich immer unerschrocken erlebt«, schreibt sie an anderer Stelle, »bei aller Romantik, die ihn umgibt, bleibt er doch stets Realist, kühler Beobachter. Gerade deshalb wirkt sein Optimismus so mitreißend.«[166]

Mitreißend wirkte Schulenburg besonders auf seine Regimentskameraden. Seit Anfang 1944 wurde er zum Mittelpunkt eines kleinen verschworenen Kreises zumeist blutjunger Offiziere. Friedrich-Karl

Klausing und Axel von dem Bussche kannte er bereits von früher. Hinzu stießen Oberleutnant Ewald Heinrich von Kleist, der Sohn des gleichnamigen Hitler-Opponenten, Hauptmann Hans Karl Fritzsche, Oberleutnant Widany, Leutnant Georg Sigismund von Oppen, Ludwig von Hammerstein und der Adjutant des Bataillonskommandeurs, Helmuth von Gottberg. Bevorzugter Treffpunkt war das Offizierskasino des I.R.9: »Fritzi referierte [hier] über Spenglers preußischen Sozialismus, über die Utopie des Thomas Morus, über die Steinschen Reformen und über Staatsgrundsätze eines von Hitler befreiten Deutschland.« Immer wieder, schreibt Hans Karl Fritzsche, »steigerte sich die Spannung, wenn Fritzi von irgendeiner Reise – äußerlich meist ziemlich vernachlässigt, was ihm aber gut stand – zurückkam, um Informationen zu bringen, vor allem über den Stand der landwirtschaftlichen Versorgung und über den Ausfall von Rüstungsbetrieben«.[167]

Die Freiräume für diese Reisen verdankte Schulenburg nicht zuletzt seinem Vorgesetzten, dem Major der Reserve und Kommandeur des Infanterie-Ersatzbataillons 9, Herbert Meyer, im Zivilberuf Geschäftsführer beim Deutschen Städtetag.[168] Hilfe kam auch vom Kommandeur des Grenadier-Ersatzbataillons 9, Major Ferdinand Freiherr von Lüninck.[169] Lüninck, langjähriger Oberpräsident der Provinz Westfalen und im Regiment nur der »alte Herr« genannt, hatte sich im Laufe des Krieges vom Befürworter zum entschiedenen Gegner des NS-Regimes gewandelt.[170] In Schulenburgs Absichten war er eingeweiht, lehnte aber ein Attentat auf Hitler ab. Statt dessen regte er an, den Diktator durch eine Ärztekommission untersuchen und für unzurechnungsfähig erklären zu lassen.[171] Im Zusammenhang mit dem 20. Juli wurde Lüninck später verhaftet und hingerichtet.

Auch Major Meyer ahnte, daß sich einige seiner Untergebenen mit gefährlichen Plänen trugen, hielt sich aber mit eigenen Äußerungen zurück. Gewissermaßen als »Schuß vor den Bug«[172] kommandierte er Schulenburg, Kleist, Fritzsche und Oppen Anfang April zu einer Volksgerichtshofsitzung in Potsdam ab. Es ging um vorgebliche »defätistische Äußerungen« während eines Stammtischgeplauders älterer Herren, die von einem Mithörer der Gestapo hinterbracht worden waren. Nach der Vernehmung zeigte sich Schulenburg »deprimiert«. Von Anfang an habe er gespürt, äußerte er zu Ursula von Kardorff, »daß das Todesurteil, das am Schluß gefällt wurde, bereits vor der Verhandlung festgelegt war«. Der Wiederherstellung des Rechts komme deshalb die wichtigste Aufgabe einer neuen Verfassung zu, »gleichgültig welcher Richtung« diese auch immer sein möge.[173]

Eine andere Warnung, die Schulenburg erreichte, mußte sehr viel ernster genommen werden. Es war offenbar »herum«, daß der Oberleutnant der Reserve »etwas« plante.[174] Generalleutnant Hans-Günter Rost, Chef des Generalstabs im stellvertretenden Generalkommando III. Armeekorps und Wehrkreiskommando III (Berlin), ebenfalls ein Regime-Gegner, ließ Schulenburg durch Gottberg ausrichten, er müsse sich distanzieren, wenn Schulenburg weiter so »leichtfertig« agiere.[175] Die Sorgen des Generals waren berechtigt. Noch mied die Gestapo Wehrmachtsgelände, doch kamen, je mehr sich der Krieg seinem katastrophalen Ende näherte, Denunziationen auch unter Offizieren immer häufiger vor. Die feste Klammer, die einst die gemeinsame Zugehörigkeit zum selben Regiment darstellte, lockerte sich zusehends. Der »Freiraum Kasino« war nicht mehr abhörsicher und dies lange vor dem 20. Juli 1944.[176]

Die Warnungen Meyers und Rosts hinterließen kaum Wirkung. In den letzten Monaten vor dem Attentat wuchs die Gruppe der Offiziere um Schulenburg immer enger zusammen. Das Faszinosum der verschworenen Männergemeinschaft und das Gefühl, als »verlorener Haufen« um jeden Preis, aber fast ohne jede Chance für große idealistische Ziele zu kämpfen, schweißte die Eingeweihten zusammen. Für die mehrheitlich blutjungen Offiziere verlängerte sich das Fronterlebnis, das sie alle aufgewühlt hatte, in die Heimat hinein.[177] Auf den Esprit de corps vertrauend, ging der sonst so vorsichtige Schulenburg nunmehr mit Informationen aus dem engeren Verschwörerkreis freizügiger um.[178] Auch junge Offiziere, die sich nur zeitweise bei ihrer Stammeinheit, dem I.R.9, aufhielten, zog er ins Vertrauen, so Richard von Weizsäcker, den Sohn des Staatssekretärs.[179]

Immerhin hielt Schulenburg ein gewisses Maß an Tarnung nach wie vor für geboten. »Seid klug wie die Schlangen«, flößte er seinen jungen Vertrauten ein, »niemandem trauen, jeder könnte ein Spitzel sein! Nötigenfalls den gläubigen Nationalsozialisten mimen.«[180] Die Freunde hielten selbst solche notdürftigen Vorsichtsmaßnahmen für »überflüssiges Indianerspiel«. »Wir lebten«, so Kleist später, »ständig auf dem Sprung, an den Feind zu kommen.«[181] In die Empörung über die Verbrechen des NS-Systems und die ihm angelastete militärische Katastrophe mischten sich jugendlicher Leichtsinn und Abenteuerlust. Wenn man in der Potsdamer Wohnung der Eltern Madi von Schillings, der Schreibkraft von Lüninck, zusammentraf, wurde »groß gesprochen und viel getrunken«. Einige der Eingeweihten gingen, wie Madi von Schilling sich später erinnerte, »mit wichtigen Mienen einher«.[182]

Für Martin Broszat besaß das »ebenso leidenschaftliche wie hals-
brecherisch ungeduldige Temperament, mit dem die engere Gruppe
um Stauffenberg... an die Aktion des 20. Juli heranging... etwas von
typisch aristokratischem Husarenritt und kompensatorischem Aktio-
nismus«.[183] Dieses Urteil ist sicherlich zutreffend, und gerade hier hat
die Gestapo später eingehakt: Der angeblich reichliche Alkoholgenuß
im Umfeld Stauffenbergs wurde – in diffamierender Absicht – genauso hervorgehoben wie die Tatsache, daß sich die Verschwörer im
Verbrauch des kriegswichtigen und knappen Benzins wenig Zurückhaltung auferlegt hätten.[184]

Noch aus der Rückschau wird deutlich, wie verzweifelt sich die Lage
für sie darstellte. Grenzenlos war die Enttäuschung über die zögernde
und unentschlossene Haltung der systemkritischen Generale, und mit
Beklemmung sah man, daß viele der oppositionellen Zivilisten ebenfalls in passiver Resignation verharrten. Lapidar umschrieb Hauptmann Kaiser die Situation: »Der eine will handeln, wenn er Befehl
erhält, der andere befehlen, wenn gehandelt ist.«[185] Ohnehin war die
Spannung seit der Verhaftung Dohnanyis und der Kaltstellung Osters
im April 1943 fast unerträglich geworden. Sie steigerte sich noch durch
die Festnahmen Moltkes im Januar 1944 und Oberst Staehles im Juni
1944 (im Zusammenhang mit der Entdeckung des Solf-Kreises).[186]

Was wußte die Gestapo? Arbeitete sie sich in das Berliner Ver-
schwörerzentrum vor? Spielte sie mit den Widerstandskämpfern gar
Katz' und Maus? Diese Ahnung schien zur Gewißheit zu werden, als
am 4. und 5. Juli Reichwein und Leber verhaftet wurden. Sie hatten
den im Widerstandskreis äußerst umstrittenen Kontakt mit Kommunisten aufgenommen und waren prompt der Gestapo in die Fänge
geraten. Für Schulenburg jedenfalls war klar: »Die Gestapo weiß jetzt
Bescheid. Sie kann jeden Augenblick zuschlagen. Wir befinden uns in
einer Zwangssituation.«[187] Über Ursula von Kardorff nahm er sofort
den Kontakt zu Annedore Leber, der Ehefrau des verhafteten Freundes, auf. Sie hatte sich nach einem glimpflich abgelaufenen Verhör
in ein Berliner Krankenhaus zurückgezogen. Schulenburg wollte erfahren, »wieviel die Gegenseite wisse«. Trotz seiner begreiflichen Erregung vergaß er nicht, Frau von Kardorff zu bitten, Annedore Leber
einen Strauß Rosen mitzubringen. Daraus wurde nichts. Annedore
Leber aber hat die Absicht für die Tat genommen und entsprechend
kommentiert: »Fritzi ist der letzte Ritter«, äußerte sie zu Ursula von
Kardorff.[188]

Das Klima der allgemeinen Auflösung und die offenkundige Scheu der Apparate Himmlers, gegen die deutschen Oberschichten und gegen Wehrmachtsoffiziere ähnlich rigoros vorzugehen wie gegen Angehörige anderer gesellschaftlicher Gruppen, schützte die Verschwörer bis zum Zeitpunkt des Attentats vor der Entdeckung. Anders als Schulenburg annahm, war die Gestapo – was das Widerstandszentrum in der Bendlerstraße und seine weitreichenden Kontakte anbetraf – von einem großen Schlag weit entfernt. Dagegen spricht auch nicht der auf den 18. Juli datierte Haftbefehl gegen den als Regimekritiker weithin bekannten Goerdeler.

Andererseits wurde die Ausführung eines Attentats auf Hitler immer schwieriger. Die zuständigen Stellen erweiterten ständig die Sicherheitsvorkehrungen.[189] Seit dem Desaster von Stalingrad waren dennoch eine Reihe von Attentatsplänen durchgespielt worden. Sprengstoff und Zünder lagen bereit.[190] Die »Walküre«-Planungen zur Übernahme der vollziehenden Gewalt durch das Ersatzheer mußten nur aus der Schublade gezogen werden.

In zwei dieser Attentatspläne soll Schulenburg direkt eingebunden gewesen sein. Auf Schulenburgs Initiative hin hat sich nach eigener Aussage Axel von dem Bussche Ende 1943 bereit erklärt, bei der Vorführung neuer Uniformen »eine vorbereitete Sprengladung bei sich [zu] führen, [zu] zünden, auf Hitler [zu]zuspringen und ihn bis zur Explosion umklammert [zu] halten«.[191] Die Vorführung wurde jedoch mehrfach verschoben. Bussche kam wieder an die Front, wurde dort kurze Zeit später schwer verwundet und fiel für alle weiteren konspirativen Planungen aus. An seiner Stelle erklärte sich – wiederum auf Veranlassung Schulenburgs – Ewald Heinrich von Kleist zum Selbstopfer bereit. Sein Attentatsversuch sollte am 11. Februar 1944 stattfinden. Erneut kam etwas dazwischen.[192] Bussche und Kleist überlebten den 20. Juli und die anschließenden Verfolgungen. Sie und andere Überlebende aus dem Umfeld des I.R.9 haben nach dem Krieg die Aktionen eingehend geschildert. Der bei aller Infamie professionell vorgehenden Kaltenbrunner-Kommission sind die blutjungen Attentäter allerdings verborgen geblieben.[193]

Als gesichert kann gelten, daß es zwischen März und Mai 1944 keine »konkreten Pläne« gab, Hitler allein oder zusammen mit seinen engsten Vertrauten zu töten.[194] Der Diktator kapselte sich immer mehr ab, und die Attentatspläne der Verschwörer mußten sich zwangsläufig mehr und mehr auf die Lagebesprechungen konzentrieren. Der Plan, eine geballte Sprengstoffladung in die Führerlagebesprechung einzuschmuggeln, stammte von Tresckow und wurde von Stauffenberg übernommen. Aber keiner der in die Verschwörung eingeweihten Offiziere, die in der Lage gewesen wären, ihn auszuführen, wollte zum Attentäter werden; weder Generalmajor Stieff noch die Generale Wagner und Fellgiebel.[195] Die reale Chance zum Attentat ergab sich erst, als Stauffenberg im Juni 1944 zum Chef des Stabes bei Generaloberst Friedrich Fromm, dem Chef der Heeresrüstung und Befehlshaber des Ersatzheeres, ernannt wurde. Von jetzt an hatte der Kopf der Verschwörung selbst Zutritt zu den Lagebesprechungen bei Hitler. Militärisch war es zu diesem Zeitpunkt bereits fünf Minuten nach zwölf. Außenpolitisch hatte ein von Hitler und der NSDAP befreites Deutschland kaum Handlungsspielraum. Kein auf diesem Gebiet klar Denkender konnte annehmen, an der Forderung der Alliierten nach bedingungsloser Kapitulation vorbeizukommen. Und doch scheinen sich einige Verschwörer, wie Hofacker in Paris,[196] an diese Hoffnung geklammert zu haben.

Wie Stauffenberg in den letzten Wochen vor dem Attentat dachte, läßt sich nicht mehr eindeutig feststellen. Hier gibt es widersprüchliche Aussagen. Jedenfalls hat er Peter Yorck »nicht lebhaft widersprochen«, als dieser Anfang Juni jede andere Friedensmöglichkeit als die »unconditional surrender« schlichtweg ausschloß.[197] Allerdings soll er noch am 16. Juli bei einer Zusammenkunft der Verschwörer nachdrücklich den Plan eines deutschen Zusammengehens mit den Westmächten gegen die Sowjetunion vertreten haben.[198] Die »Ostlösung« – ein Separatfrieden mit dem kommunistischen Rußland – kam für ihn dagegen in keinem Fall in Betracht. Ob er zuletzt, ähnlich wie Tresckow und ungeachtet aller für diesen Fall drohenden neuen Dolchstoßlegenden, den Sinn des Attentats hauptsächlich darin gesehen hat, vor der Welt und der Geschichte ein moralisches Zeichen des »anderen Deutschland« zu setzen, bleibt unklar.[199]

Schulenburg dachte auf außenpolitischem Gebiet ähnlich wie Stauffenberg. Er unterschied sich hier krass von seinem Onkel, Friedrich-Werner von der Schulenburg, dem letzten deutschen Botschafter in Moskau und designierten Außenminister des 20. Juli. Der später ebenfalls hingerichtete Botschafter war wohl der einzige der Verschwörer, der von der »Ostlösung ... voll eingenommen war«.[200] In der Friedensfrage – das haben Zeitzeugen überliefert – versprach sich Schulenburg seit dem Sommer 1943 keinen »großen Manövrierraum« mehr. Er rechnete selbst für den Fall eines geglückten Umsturzes mit erheblichen deutschen Gebietsabtretungen.[201] Ein Abgehen von den »unverrückbaren« nationalen Positionen, wie er sie verstand, kam für ihn bis zuletzt trotzdem nicht in Frage. Zur Not mußte man eben die Konspiration in die Besatzungszeit hinein verlängern. In diesem Sinne äußerte er sich am Krankenlager des schwerverletzten Axel von dem Bussche: »Wenn es nicht mehr gelingt, zur Tat zu kommen, so müsse man sich einen Eid geben und zu einem ›Orden‹ zusammenschließen, um nach dem Zusammenbruch Deutschlands in der dann von allen Seiten einbrechenden Fremdherrschaft ohne äußeres Band eine Gruppe von Männern zusammenzuhalten, die voneinander weiß und unverrückbar am Vaterland festhält.«[202]

Es sollte zur Tat kommen, wenngleich erst nach zwei vergeblichen Anläufen am 11. und 15. Juli. Beide Male war Stauffenberg mit einer Bombe in der Aktentasche zur Führerbesprechung gereist, einmal nach Berchtesgaden, das andere Mal nach Rastenburg. Jedesmal schien die Auslösung der Sprengladung nicht ratsam, jedesmal wurde die schon angelaufene »Operation Walküre« unter vielen Schwierigkeiten wieder abgeblasen.

Über beide Versuche war Schulenburg informiert; in ihrem Vorfeld hatte er an einer Reihe von Besprechungen im engsten Verschwörerkreis teilgenommen.[203] Wie Freiin Rüdt berichtet, überarbeitete er in den Juliwochen mehrfach Goerdelers Aufruf an das Deutsche Volk. Zusammen mit Trott soll er außerdem den Mann angeworben haben, der am Tage des Attentats die Aufrufe der Verschwörer über den Rundfunk verbreiten wollte, den als politischen Kommentator im Propagandaministerium beschäftigten Fritz Theil.[204]

Am 18. Juli gegen 17.00 Uhr wurde Schulenburg durch den Mitverschworenen Oberst Albrecht Ritter Merz von Quirnheim, den Chef des Stabes des Allgemeinen Heeresamts, darüber informiert, daß das »Unternehmen« wahrscheinlich für den 20. Juli bevorstehe.[205] Noch am selben Abend fuhr er zu seiner Familie nach Trebbow. Seine Frau hatte am 20. Geburtstag, und er wollte mit ihr und den Kindern das Ereignis vorfeiern. Bereits tags darauf, am 19. vormittags, reiste er nach Berlin zurück. »Du weißt, es steht fifty-fifty«, mit diesen Worten verabschiedete er sich von Charlotte Gräfin von der Schulenburg.[206] Kurz nach seiner Abreise traf in Trebbow eine Hiobsbotschaft ein. Der ältere Bruder, Wolf-Werner, Oberstleutnant, Ritterkreuzträger und Kommandeur eines Fallschirmjäger-Regiments, war am 14. Juli westlich von St. Lô gefallen.[207]

Die Ereignisse des 20. Juli sind oft beschrieben worden:[208] Stauffenbergs frühmorgendlicher Flug in das 500 Kilometer entfernte Rastenburg; die Führerbesprechung um 12.30 Uhr; die Deponierung der

Aktentasche mit der Bombe unter dem Kartentisch; das Verlassen des Raumes unter einem Vorwand; die geglückte Flucht aus den Sperrkreisen des Führerhauptquartiers mit dem Achtzylinder-Horch; der Rückflug Stauffenbergs nach Berlin und die Ankunft dort gegen 16.00 Uhr, wo erst jetzt, unter dem Vorwand, der »Führer« sei einem Attentat zum Opfer gefallen, »Walküre« ausgelöst wurde.

Die Operation geriet schon bald ins Stocken. Die zweifelnden Rückfragen aus den Wehrkreisen häuften sich; um 18.30 Uhr kam dann die Meldung des Deutschlandsenders, Hitler habe das Attentat überlebt. Das unglückliche Ende der Aktion war jetzt abzusehen. Gegen 23.00 Uhr war der Putsch endgültig niedergeschlagen. Ein Major tat sich dabei besonders hervor. Er sollte später dafür zum Generalmajor befördert werden. Das ihm unterstellte Erschießungskommando richtete kurz nach Mitternacht, im Lichte eines Autoscheinwerfers, die Maschinenpistolen auf vier Männer; Olbricht, Haeften, Merz von Quirnheim und Stauffenberg wurden auf Anweisung Fromms standrechtlich erschossen. Ludwig Beck, die Integrationsfigur der Verschwörung, war zu diesem Zeitpunkt bereits tot.

Auch Schulenburg hielt sich am 20. Juli im Bendler-Block auf. In das Geschehen selbst griff er allerdings nicht ein. Immerhin hatte er dafür gesorgt, daß seine jungen Offizierskameraden Kleist, Oppen, Widany und Fritzsche am 20. Juli unter einem unverfänglichen Vorwand in die Bendlerstraße abkommandiert wurden. Durch Fritzsche ist auch seine Reaktion auf das Mißlingen des Putsches überliefert: »Im Flur«, so Fritzsche, »traf ich Fritzi Schulenburg. Er bestätigte, daß alles aus sei, weil Hitler tatsächlich noch lebe. Aber er fügte hinzu: ›Wir müssen trotzdem weitermachen, wir müssen diesen Kelch bis zur Neige leeren. Wir müssen uns opfern. Später wird man uns verstehen.‹ Er zog mich in eines der leerstehenden kleinen Dienstzimmer. Wir setzten uns auf ein Feldbett. Er holte aus einer Aktentasche Papiere hervor, zerriß sie in kleine Schnipsel und warf sie in den Papierkorb. Dann erklärte er mir, seine Frau Charlotte hätte heute Geburtstag, und teilte mit mir eine frische Landwurst, die sie ihm aus Mecklenburg geschickt hatte. Dann ging er zu Stauffenberg.«[209] Kurz danach wurde Schulenburg festgenommen. Mit einer Reihe anderer Verschwörer brachte man ihn in das Hauptquartier der Gestapo, in die berüchtigte Prinz-Albrecht-Straße.

In der Prinz-Albrecht-Straße wurde Schulenburg von Angehörigen der unter Leitung des Heydrich-Nachfolgers Ernst Kaltenbrunner gebildeten Sonderkommission verhört. Anscheinend ist er passabel behandelt und nicht gefoltert worden. Diese Auskunft erhielt Charlotte von der Schulenburg von seinem Pflichtverteidiger, Justizrat Hercher, im November 1944. Hercher will Schulenburg einen Tag vor seiner Verhandlung in der Zelle zwischen Bergen von Büchern »Pfeife rauchend« angetroffen haben.[210] Die Szene erscheint gespenstisch, und vielleicht wollte Hercher mit seiner Auskunft Charlotte von der Schulenburg nur unnötiges Leid ersparen. Gleichwohl könnte die Darstellung der Realität entsprochen haben, war es doch die erklärte Absicht Kaltenbrunners, Hitler ein vollständiges Bild der Verschwörung und vor allem der Motive ihrer Akteure zu liefern.

Schulenburgs Verhalten kam dieser Absicht entgegen. Was seine Motive anbetraf, hatte er sich im Verhör äußerst freimütig geäußert, und die von der Gestapo angefertigten Protokolle scheinen seine Aussagen im großen und ganzen zutreffend wiederzugeben.[211] Während der Haft verfaßte er – ähnlich wie später Goerdeler – eine mehrseitige Abhandlung, die uns leider nur in Auszügen überliefert ist. Soviel scheint indes sicher: Schulenburg hielt den Nationalsozialisten den Spiegel vor. Er nahm ihr Gerede von den großen preußischen Werten der Pflicht, des Gehorsams und der Bescheidenheit ernst und verglich die tönende Propaganda mit der Wirklichkeit. Auch wenn die Gestapo-Beamten ihm pflichtschuldig »fanatische Gehässigkeit« unterstellten, vieles von dem, was er über die maroden Verhältnisse sagte und schrieb, hätte ein »ideological soldier«[212] wie Ernst Kaltenbrunner nahezu blind unterschreiben können.[213] So beispielsweise seine Feststellung, im »nationalsozialistischen System [sei] der Machttrieb zum Maßstab des Handelns geworden«, und auch seine Einschätzung, die nationalsozialistische Führerschicht habe sich »von den Grundsätzen der Einfachheit und Schlichtheit abgekehrt, die sie in der Kampfzeit gepredigt« habe.[214]

Schulenburgs Verhör wurde zu einer großen Abrechnung mit Hitler und dem Dritten Reich. In dieser Negativ-Bilanz fehlte weder der Hinweis auf den Kampf der Partei gegen Beamtentum und Christentum noch die Kritik am »schädlichen Zentralismus« des NS-Staates. Für Schulenburg hatte das Regime »die Rechtsbasis verlassen und sich zu einem Polizeistaat mit Eingriffen in alle Lebensbereiche hinein entwickelt«. Das Volk sei »zur Masse atomisiert« und werde »kollektivistisch mit Gewalt und Propaganda beherrscht«. Außenpolitisch habe das Regime die »ganze Welt gegen Deutschland aufgebracht« und in den besetzten Gebieten eine »kurzsichtige Politik der Unterwerfung und Ausbeutung durchgeführt, anstatt die beherrschten Völker für die Führung des Reiches zu gewinnen«.

Wie diese Äußerungen zeigen, ließ sich Schulenburg auch unter den extremen Bedingungen des Verhörs nicht brechen, geriet seine persönliche Geradlinigkeit auch jetzt nicht ins Wanken. Doch zielte seine Kritik auf das persönliche wie politische Fehlverhalten und die kriminelle Energie der nationalsozialistischen Führer ab, nicht hingegen auf die politischen Ideale, unter denen sie angetreten waren. Daß diese Ideale für sich genommen und unabhängig von den Personen, die sie in die politische Wirklichkeit umzusetzen suchten, die Keime des Mißbrauchs in sich bargen, blieb Schulenburg verschlossen. Er war zeitlebens ein politischer Romantiker; aber – um ein Wort des spanischen Malers Francisco de Goya abzuwandeln – in Deutschland gebar der Traum der politischen Romantik Ungeheuer.

Am 10. August stand Schulenburg vor dem Volksgerichtshof. Auch dort gab er seine Tatbeteiligung »unumwunden« zu.[215] Zeitzeugen rühmen die unerschrockene Haltung, mit der er Freisler gegenübertrat.[216] Leider sind die Anklageschrift und das Verhandlungsprotokoll verschollen. Dem Redakteur der Deutschen Allgemeinen Zeitung, Werner Fiedler, gelang es jedoch, mit einem Prozeßbeobachter der SS ins Gespräch zu kommen. Was dieser erzählte, übermittelte Fiedler schriftlich dem Schauspieler-Ehepaar Wiemann, das in den Kriegswirren bei Schulenburgs Schwester Tisa auf Trebbow untergekommen war.

Fiedlers Brief datiert vom 20. August 1944 und ist verschlüsselt. Der Redakteur bezieht sich darin auf vorgebliche Recherchen für einen van-Gogh-Roman. Van Gogh war das vereinbarte Codewort für Schulenburg. »Das Material«, so Fiedler, »das ich als Grundlage für meinen Roman durcharbeite, nachdem die erste Phase endgültig abgeschlossen ist [Schulenburgs Hinrichtung am 10. 8. 1944], die Briefe, Aufzeichnungen und Äußerungen seiner Verwandten und Freunde verstärkten immer mehr das beglückende Bild von der Unbeirrbarkeit und Sicherheit, mit der er seinen Weg bis zum Ende gegangen ist, und von der Tapferkeit, ja lächelnden Überlegenheit, mit der er seine Kunstanschauungen gegen die Theorien der Glatten verteidigte, im Gegensatz zu manchem anderen, der unsicher, matt und müde wurde im Streit der Meinungen und seinen Stil aufgab oder verleugnete. Solche Energien wirken weiter und machen ein nachgelassenes Werk so wertvoll.

Es macht mir Freude, diese kämpferische Seite van Goghs besonders herauszuarbeiten.«[217]

Durch Fiedler sind auch Schulenburgs Schlußworte vor dem Volksgerichtshof überliefert. Sie lauten: »Wir haben diese Tat auf uns genommen, um Deutschland vor namenlosem Elend zu bewahren. Ich bin mir klar, daß ich daraufhin gehängt werde, bereue meine Tat nicht und hoffe, daß sie ein anderer in einem glücklicheren Augenblick durchführen wird.«[218]

Das Urteil wurde am Tage der Verhandlung verkündet und in Plötzensee vollstreckt. Nur kurze Zeit blieb Schulenburg für einen Abschiedsbrief an seine Frau. »Was wir getan haben«, schrieb er darin, »war unzulänglich, aber am Ende wird die Geschichte richten und uns freisprechen. Du weißt, daß mich auch die Liebe zum Vaterland trieb.«[219] Wenig später war Schulenburg tot.

An seinem Todestag, dem 10. August 1944, hatte die Deutsche Allgemeine Zeitung mit der Schlagzeile »Gerichtet« aufgemacht. Das Blatt berichtete auf der ersten Seite über die Prozesse gegen Yorck, Witzleben, Hoepner und andere am 7. und 8. August. Auf der Rückseite, knapp unterhalb der Fotos von den Verhandlungen, befanden sich die Todesanzeigen, darunter die des Ritterkreuzträgers Wolf-Werner Graf von der Schulenburg aus dem Hause Tressow, gefallen »für den Führer und Deutschland am 14. Juli 1944«.[220]

Die »Heldentod«-Anzeige des älteren am Tage der Ächtung und Hinrichtung des jüngeren Bruders; der Zufall bietet hier Anlaß für mancherlei Betrachtung. Gehorsam und Auflehnung, beides bis zum letzten, das war die historische Spannweite im Schicksal der preußischen Aristokratie und in diesem Fall auch ein Menetekel. Der Tod der Brüder Schulenburg ging dem Ende des ostelbischen Adels als politische und soziale Klasse nur um wenige Monate voraus.

Fritz-Dietlof Graf von der
Schulenburg im Februar 1940

Aufnahme aus dem Frühjahr
1937

Im November 1939 in
Kauern, Schlesien, dem Gut
von Peter Graf Yorck von
Wartenburg

Aufnahme aus dem Jahr 1943

Trebbow, 20. Juli 1944

Fritz-Dietlof Graf von der
Schulenburg vor dem Volksgerichtshof, 10. August 1944

Selbstzeugnisse

Briefe – Aufzeichnungen – Denkschriften

Vorbemerkungen

Die Texte gehören verschiedenen Quellengruppen an. Abgedruckt werden im folgenden Briefe und Tagebuchaufzeichnungen, Vorträge sowie Denkschriften Fritz-Dietlof Graf von der Schulenburgs. Bis auf zwei Ausnahmen sind die Stücke bislang unpubliziert. Große Teile der Privatkorrespondenz sowie des Kriegstagebuchs sind, bedingt durch die Kriegsverhältnisse, fast unleserlich geworden. Daher hat Charlotte Gräfin von der Schulenburg schon vor Jahren eine maschinenschriftliche Transkription dieser Stücke vorgenommen. Der Autor hat die Originale vor ihrer Publikation noch einmal mit Gräfin Schulenburg durchgesehen. Kleinere Übertragungsfehler sind dennoch nicht ausgeschlossen.

Das Kriegstagebuch aus dem Jahre 1941 wird in einem exemplarischen Auszug abgedruckt, der das politische Denken Schulenburgs und seine Haltung zum Krieg widerspiegelt. Bei den Briefen werden Passagen ausgesprochen privaten Charakters, die ohne historischen Belang sind, in Abstimmung mit Charlotte Gräfin von der Schulenburg weggelassen. Dies wird wie üblich durch [...] gekennzeichnet.

In den Texten sind Rechtschreibung und Zeichensetzung stillschweigend normalisiert, offensichtliche Schreibfehler und irrtümliche Schreibweisen von Eigennamen bekannter Personen im allgemeinen berichtigt worden. Unterstreichungen Schulenburgs sind kursiv wiedergegeben.

Die Unterschiedlichkeit der Quellengruppen und bei den Stücken mit dienstlichem Charakter auch die Spezifität des Themas sowie die Spröde der Texte legten eine ausführliche Kommentierung nahe. Neben den textkritischen Anmerkungen, die sich auf Überlieferungen der Vorlage, Lesarten, unleserliche oder schwer lesbare Stellen beziehen, und neben den ausführlichen Sachhinweisen zur Erläuterung des Inhalts enthalten die Anmerkungen auch Interpretationen des Autors und Verweise auf historische Darstellungen.

Nr. 1

Fritz-Dietlof Graf von der Schulenburg an seine Braut,
Königsberg, 17. 10. 1932,
Privatbesitz Charlotte Gräfin von der Schulenburg, München.

Bethke[1] und Grünberg[2] sind mit ihrem Plan bei Strasser durchgedrungen. Dieser Plan – im wesentlichen ein wirtschaftlicher Plan, Hauptpunkte: Entschuldung der Wirtschaft durch einen sozialisierten Bankenapparat – ist von Strasser zum Inhalt einer Rede auf einer landwirtschaftlichen Tagung der NSDAP gemacht worden.[3] Er wird sich innerhalb der Partei durchsetzen. Buttlar, der Kammerpräsident[4], Bethke und Grünberg hielten auf der Tagung auch schon Referate darüber.

Strasser steht im Gegensatz zu einer Reihe kleiner Bonzen in München und vor allem zu Röhm.[5] Kann sich nur im Moment noch nicht ganz gegen sie durchsetzen. Die Tatsache aber, daß der Grünberg-Bethkesche Plan durchkommt, ist ein Riesenerfolg gegen die Bonzen.

Ich habe Bethke und Grünberg von Anfang an gesagt, sie sollten zu Strasser gehen.

Habe aber auch kaum an einen vollen Erfolg geglaubt. Ich habe mich selten über etwas so gefreut wie über dies.

Merkwürdigerweise will Strasser anscheinend im Herbst in die Regierung, Hitler nicht, der warten will. Strasser drängt es anscheinend zur Leistung. In diesem Fall hat H. recht. Denn die Spanne Zeit, die dann zur Erneuerung der Partei und ihrer Zucht und zur Ausscheidung der Bonzen bleibt, ist unendlich wertvoll und ist Voraussetzung für ein Vorwärtstragen der Idee. Außerdem soll man nicht wie bei Brüning[6] den Fehler machen, Papen aus der Verantwortung zu entlassen, bevor er zu Bruche geht [. . .]

An einem Tag in dieser Woche war ich in einem Fischerdorf Alt-Passarge. Das Dorf vom Verkehr abgeschnitten – zeitlos. Die Menschen knorrig und hart und doch wundervoll treu und von warmer Herzlichkeit. Köpfe wie aus Holz geschnitten. Ich sollte einen Streit schlichten, schlichtete ihn aber nicht, da er berechtigt war. Jemand, der mit einem anderen auf Treu und Glauben gearbeitet hatte, brach mit ihm, weil der andere nicht Treu und Glauben hielt. Ehrlichen Zorn soll man – so glaube ich – nicht dämpfen. Ich werde öfter in diesen Fischerdörfern sein [. . .]

Nr. 2

Fritz-Dietlof Graf von der Schulenburg an seine Braut,
Königsberg, 22. 10. 1932,
Privatbesitz Charlotte Gräfin von der Schulenburg, München.

Montagabend Hitler.[7] Stark besucht. Sprach hinreißend, rückhaltloser
Beifall, das Volk hört ihn, glaubt an ihn, warum? Er spricht mit
ungeheurem Ernst, es ist alles erlebt, was er spricht: Der Kampf und
das Leiden des ganzen Volkes, es spricht aus ihm fester Glaube, da
steht ein Mann, der an etwas glaubt, hinter jedem Wort steht der
Glaube und bei allem ist er doch schlicht geblieben. Da steht ein
Mann, der zum Führer geworden ist und sich doch nicht von uns
getrennt hat, sagt das Volk. Mag er Fehler und Schwächen haben. Er
ist Prophet, Erzieher, Glaubenspol von Millionen. Andere mögen ihn
da, wo es zum Staatsführer fehlt, ergänzen. Die Parole heißt, Hitler
und Strasser. Nachher mit Bethke, Grünberg und einigen Landwirten
zusammen, alles war aufgerüttelt.

Mittwoch Gründungssitzung des nationalsozialistischen Landvolks
für den Kreis. Man will auch örtlich den vielgestaltigen landwirtschaftlichen Organisationsapparat vereinfachen. Die neue Organisation faßt
Interessenvertretung und berufsständische Vertretung zusammen. Es
ist der erste Anfang berufsständischen Neubaus. Nach der Sitzung
Unterhaltung über die »Herren«. »Urteil der Bauern: Der Bauer galt
früher nichts. Die Herren nahmen alle Posten ein, auch wenn sie nicht
fähig waren. Sie haben sich während und nach der Revolution verkro-
chen und dann erst Anschluß an die Bauern gesucht.« Die Herren
hatten die Führerstellung, waren aber keine Führer mehr. Form ohne
Inhalt. Jedes Leben zerbricht so etwas. In das Vakuum dringt neues
Leben, das sich langsam formt. Im nächsten Jahrzehnt wird sich eine
neue Führerschicht auf dem Lande bilden. Aus Bauern und bäuerlichem Adel.

Donnerstag abend bei Bethke waren zwei Funktionäre der Partei,
anständige und kräftige Kerle da, die sich über die Bonzen beklagten
und ausschimpften. Ein Teil der Bonzen ekles Gewürm. Doch nur ein
Teil. Aufbrechen hat keinen Sinn, sie müssen planmäßig kaltgestellt
werden [. . .]

Nr. 3

Fritz-Dietlof Graf von der Schulenburg an seine Braut,
Heiligenbeil, 23. 10. 1932,
Privatbesitz Charlotte Gräfin von der Schulenburg, München.

[...] Ich kaufte Freitag »Kampf um Deutschland«. Reden und Aufsätze von Gregor Strasser[8], und las es in zwei Tagen durch. Es ist kein
logisch zergliedertes System, das er aufbaut, keine geistreichen Gedanken. Alles einfach und klar. Dahinter steht ein Kerl, steht Liebe
und Glaube, Mut und kompakte Kraft. Strasser hat irgendwo im
Mittelalter als Bürger einer wehrhaften Stadt – oder als Bauer im
Bauernkrieg – seinen Mann gestanden. Jahrhunderte der Überfrem-
dung, des politischen Katholizismus, Liberalismus und Kapitalismus
haben ihn sehend gemacht, der Krieg hat ihn gehärtet [...]
   Er kämpft wieder. Er muß Schicksal und Not fordern. Befreiung der
Deutschen von allem *Fremden* und dazu muß man kämpfen, immer
wieder kämpfen. Er kämpft aber nicht blind, sondern sehend. Trägt in
sich das Bild von einem neuen Reich, ist durch sein Blut mit den
schöpferischen Kräften des Volkes verbunden. Er hat Augenmaß und
Kraft genug *zu bauen.* Er ist einer der Baumeister des Dritten Reiches.
Das weiß ich jetzt. Wenn ich dieses Buch lese, fühle ich Schuld [...]
   Wie ist es möglich, daß ich jahrelang nach meinem Studium gelebt
habe, ohne politisch aktiv zu kämpfen? Frühjahr 30 fuhr ich nach
Berlin, um mit der NSDAP Fühlung zu nehmen. Ich kam mit einer
Gruppe ehemaliger Nat.Soz. zusammen. Im Herbst war ich mit ihnen
zusammen in der bündischen Reichsschaft. Aber es war nicht die
kämpfende Front. Es war eine Periode, die den Vorteil hatte, daß sich
in mir alles geklärt hat und nichts von außen kam [...]
   In dem Moment, wo ich *Nationalsozialist* war, kam ich mit der
Bewegung in Berührung. Eine meiner körperlichen Fähigkeiten ist,
daß ich nach Krankheiten, auch schweren, wieder vollkommen und
schnell gesunde, d.h. den Körper neu aufbaue. Die Irrlichterei ist
vorbei – in allem. Die Konzentration beginnt. Gott sei Dank gibt es
genug zu kämpfen, für Generationen in Deutschland. Es kann auch
alles nachgeholt werden [...]

Nr. 4

Fritz-Dietlof Graf von der Schulenburg an seine Braut,
Heiligenbeil, 6. 11. 1932,
Privatbesitz Charlotte Gräfin von der Schulenburg, München.

[...] Donnerstag Strasser. Haus der Technik bis auf den letzten Platz voll. Er sprach einfach wie ein Mann aus dem Volke spricht, aber ganz klar. Die Sätze sind klobig und hart, aber hinter ihnen steht eine elementare, verhaltene Leidenschaft, die ab und zu stürmisch durchbricht. Tosender Beifall. Str[asser] strahlt Kraft und Vertrauen aus. Ich sagte nur, kein vor sich ehrlicher und anständiger Mensch kann hier herausgehen, ohne überzeugt zu sein.

Er ist ein neuer Typ des Führers. Volksmann *und* Führer zugleich, mit Fingerspitzengefühl und feinsten Nuancen, wie ihn Deutschland seit den Bauernkriegen nicht hatte. Wundervoll auch der Humor, mit dem er die Leute vom Herrenklub[9] abtat. Ich glaube an Strasser [...]

Nr. 5

Fritz-Dietlof Graf von der Schulenburg an seine Braut,
Heiligenbeil, 10. 11. 1932,
Privatbesitz Charlotte Gräfin von der Schulenburg, München.

Sonnabend 8. 11. war Gramsch[10] hier zu einer Kreisbeamtentagung. Hielt vor dicken, kleinen Beamten Vortrag über Verwaltungsreform. Vortrag in der Form und auch nach Inhalt meisterhaft, logisch, sprachlich geschliffen und manchmal mit urwüchsigem Witz. Danach sprach ein Min.Rat. Sehr bedeutsam und von sich überzeugt entwickelte er ein Arbeitsprogramm, das restlos von den Nat.Soz. geklaut war (natürlich in Gedanken), auf die er schimpfte, als ich abends mit ihm sprach. Ich bediente ihn dementsprechend. Er war anscheinend gut informiert. Erzählte, daß Hitler am Tage, nachdem er von Papen in einer Rede vor Landwirten in Münster heftig angegriffen worden war, beim Bankier von Stauß[11] mit Papen usw. »gefrühstückt« hat. Die Quelle, aus der er das hatte, war sicher.[12] So etwas ist *unmöglich* und offenbart, wenn es wahr ist, ein Mangel an Instinkt und Würde. Ob Hitler der große Staatsmann ist, der das politische Schachspiel sicher und zielklar durchspielen kann, ist fraglich. Man hat das Gefühl, daß alle Entscheidungen in München nach langem quälendem Ringen fallen und daß H. vielleicht auch die letzte Härte fehlt, sie konsequent durchzuführen.

Gr[amsch] deutete an, daß die Nat.Soz. Anstalten machen, sich nach der Wahl an der Regierung zu beteiligen.[13] Diese Nachricht nehme ich mit Vorsicht auf. Ich bezweifle vorläufig die ernsthafte Absicht, wenn Fühler ausgestreckt worden sind. Wenn die nat.soz.-Führung das täte, würde sie der Partei als der politischen Kampfform der Idee den Todesstoß versetzen. Die Spießbürger schwenken schon jetzt ab. Das schadet nichts. Wenn man aber vor dem Herrenclub die weiße Fahne hißt, dann werden die besten Leute in der Partei unter einer anderen Fahne, der roten, weiterkämpfen. Man würde nichts gewinnen und alles verlieren. Vorläufig sind [es] nur Gerüchte. Es werden die Ansichten von unmaßgeblichen Leuten sein. Ich glaube daran, daß die Führer sich zum richtigen Entschluß durchringen. Die Nat.Soz.-Partei braucht im übrigen eine Atempause, in der sie von Nicht-Nat.Sozialisten gesäubert wird, eine unfähige Bonzenschicht kaltstellt und wahre Führer, die da sind, herangeholt werden. Eine Gnadenfrist bis zum Frühjahr ist ihr geschenkt. An die Idee glaube ich felsenfest. Aus diesem Grunde bin ich zur Partei gegangen. Ich bleibe bei ihr, es sei denn, daß man das Volk und seinen Glauben verrät.

Dies alles geht mir viel im Kopf herum. Ich fahre Freitag früh wie üblich nach Königsberg und werde Bethke und Grünberg sprechen, um mich genauer zu informieren. Es ist gut, daß unser Königsberger Kreis ein Block von Kameraden ist, der zusammenhält.

Wenn man alle Möglichkeiten überdenkt, dann gibt es darunter welche, die uns beide vielleicht in äußere Not bringen könnten. Ich weiß aber, daß wir beide selbst diese mit einem spöttisch zutraulichen Lächeln ansehen würden und daß sie unser Lachen nicht besiegen können [...]

Nr. 6
Fritz-Dietlof Graf von der Schulenburg an seine Braut,
Heiligenbeil, 3. 12. 1932,
Privatbesitz Charlotte Gräfin von der Schulenburg, München.

[...] Ich war die Woche wieder viel unterwegs. Dienstag – Mittwoch, Sitzungen der Landräte. Die Landräte in der Mehrzahl weder sachlich noch menschlich auf der Höhe. Ich hatte in den Tagen auch mit höheren Reichswehroffizieren zu tun. Ein Vortrag eines Generalstäblers der Reichswehr ist ein Genuß. Knapp, präzise formuliert, das Wesentliche herausgeschält, kein Wort zuviel, keins zu wenig. Die Reichswehroffiziere zeigen mir immer wieder, was unseren durchschnittlichen Verwaltungsbeamten an sachlicher Intensität und Haltung fehlt. Der Verwaltungsbeamte der Zukunft muß dann noch etwas vom Volksführer haben, d. h. er muß schlicht und selbstverständlich im Volke stehen, mit ihm leben und erleben und in seiner Sprache sprechen [. . .]

Nr. 7
Fritz-Dietlof Graf von der Schulenburg an seine Braut,
Heiligenbeil, 13. 12. 1932,
Privatbesitz Charlotte Gräfin von der Schulenburg, München.

Die Geschichte mit Strasser hat mich doch erschüttert.[14] Strasser ist von den Unterführern die stärkste aufbauende Kraft, vielleicht der einzige Mann wirklich großen Formats. Ich wüßte nicht, wer ihn in der Bewegung und später in der Aufbauarbeit des Staates ersetzen könnte. Ich sage das, obwohl ich die politische Entscheidung Hitlers für den Nichteintritt in die Regierung für richtig halte. Denn schon die Gefahren einer Trennung sind für die Bewegung riesig. Mit dem Sinken Strassers steigen Röhm, Goebbels, Göring automatisch. Im übrigen wird Strasser nicht einen Kampf im Rücken der Partei ausfechten[15] [. . .]
Ich hatte einen Artikel geschrieben, in dem ich auf die Notwendigkeit Hitler *und* Strasser hinwies. Die »Preußische Zeitung« konnte ihn, wie Grünberg sagte, nicht nehmen. Das erlaubte wohl die taktische Lage hier in Ostpreußen nicht, da Koch[16] der Mann von Strasser ist. Ich war gestern abend mit einer Gräfin Dönhoff zusammen, die Strasser kennt. Sie schickt ihm den Artikel. Ein Gedanke, der mir jetzt öfters durch den Kopf geht und mich gefangennimmt, ist: Hitler Reichspräsident, Strasser Kanzler. Das geht sogar vielleicht durchzusetzen und es wäre eine Lösung. Ich glaube, daß die beiden letzten Endes doch zusammenkommen.
Der Krach mit dem Regierungspräsidenten ist erfrischend.[17] Auf eine offene Darstellung der Stimmung unter den Fischern und eine Kritik der halben Regierungsmaßnahmen warf er mir in einer Verfügung unsachliche und ganz ungehörige Kritik vor. Ich habe ihm scharf geantwortet. Ich hatte einige so wunderschöne Sätze gebaut, daß ich sie direkt liebhaben mußte. Dir zur Freude zwei:»Nach den Grundsätzen preußischer Verwaltung kann die vorgesetzte Behörde ungeschminkte Darstellung verlangen, auch dann, wenn diese ihr nicht genehm sein sollte.« – »Ich hielt dabei für selbstverständlich, daß eine ehrliche Überzeugung auch dann geachtet wird, wenn sie für falsch gehalten wird.« [. . .] Gramsch kommt morgen zurück und bekommt morgen gleich die Akte zu lesen.

Ich freue mich schon auf sein erstauntes Gesicht. Frau Gramsch wurde als Sendbotin vorausgeschickt. Wir unterhielten uns über Politik. Es kam dabei heraus, daß sie und wohl auch ihr Mann, mich für [einen] speziellen Goebbels-Anhänger hielten. Und für dementsprechend »wild«. Sonntag war ich den ganzen Tag mit Bethke zusammen. Wir machten einen langen Spaziergang, und ich besah mir Häuser, wo ich gerne mit meinem jungen Weibe wohnen würde. Allerdings erstmal nur von außen [. . .]

Nr. 8
Fritz-Dietlof Graf von der Schulenburg an seine Braut,
Heiligenbeil, 18. 1. 1933,
Privatbesitz Charlotte Gräfin von der Schulenburg, München.

[. . .] Politisch sehe ich nach den Zeitungsmeldungen nicht mehr durch.[18] Ich habe noch keine näheren Nachrichten. Hoffe Sonnabend-Sonntag Koch zu sprechen, der in Weimar war. Ich hoffe im stillen immer noch, daß Strasser und Hitler zusammenkommen.[19] Der Zeitpunkt ist zur Austragung der inneren Gegensätze innerhalb der Partei nicht geeignet. Im Augenblick habe ich das Bedürfnis, den Kopf in den Sand zu stecken, da vorderhand irgendwelche Entscheidungen für mich nicht in Frage kommen. Du kannst beruhigt sein, er bleibt nicht im Sand. Es ist nur für ein paar Tage zum Ausruhen.
Am Montag hatte ich die Aussprache mit dem Reg[ierungs]präsidenten.[20] In der Haff-Fischer-Sache wurde der Vorwurf unsachlicher und ungehöriger Kritik darauf beschränkt, daß die Kritik sachlich nicht gerechtfertigt sei. Ich habe nichts dagegen einzuwenden, daß der Herr Regierungspräsident mir seinen Standpunkt schreibt, ich habe natürlich meinen aufrechterhalten [. . .]

Nr. 9
Fritz-Dietlof Graf von der Schulenburg an seine Braut,
Heiligenbeil, 1. 3. 1933,
Privatbesitz Charlotte Gräfin von der Schulenburg, München.

Zur Zeit ist noch nicht *ganz* sicher, ob ich in die politische Abteilung des M.d.I. [Ministerium des Innern] in Berlin oder als politischer Dezernent nach Königsberg zum O[ber] Pr[äsidenten] komme. Wahrscheinlich ist das letztere, was mir viel lieber ist. Es war ein tolles Hin und Her. Man hat in den letzten Wochen dreimal von hinten auf mich geschossen (natürlich nur bildlich). Daß die ganze Sache noch so gut gelaufen ist, verdanke ich Koch, der Vertrauen zu mir hat.

[...] Ich habe in Juditten eine Wohnung in entzückender Lage gefunden, ziemlich weit draußen, ½ Stunde Elektrische nach Königsberg, aber dafür wundervoll ruhige Gegend, Garten und auch Wald dicht am Hause. Ich habe die Wohnung auf der Stelle gemietet. Du weißt ja, daß meine schnellen Entschlüsse meistens entscheidende Dinge betreffen und richtig sind.
[...] Die mehrwöchige Hochzeitsreise fällt aus. Ich werde höchstens ein paar Tage Urlaub bekommen. Du heiratest einen Krieger, der wenig Zeit für Dich hat. Aber wenn er bei Dir ist, schenkt er Dir seine ganze Freude und Liebe. Als nett habe ich mir ausgedacht, daß wir von Berlin nach Ostpreußen fliegen werden [...]

Nr. 10
Fritz-Dietlof Graf von der Schulenburg an Hermann Göring,
Königsberg, 1. 4. 1933, Berlin Document Center,
Personalakten Fritz-Dietlof Graf von der Schulenburg.

Sehr geehrter Herr Minister!
In meiner Eigenschaft als Leiter des Politischen Amtes des Gaues Ostpreußen[21] fühle ich mich verpflichtet, Ihnen kurz folgendes vorzutragen:
Wie ich vertraulich erfahren habe, hat der Herr Oberpräsident der Provinz Ostpreußen Kutscher Herrn von Papen seine Ämter zur Verfügung gestellt. Diese Information ist absolut zuverlässig. Da ich nicht annehme, daß der Oberpräsident sich zu dieser Maßnahme entschlossen hat, um das Amt für andere freizumachen, muß ich annehmen, daß er diesen Schritt nur aus taktischen Gründen getan hat, um seine Stellung als Oberpräsident von Ostpreußen erneut zu befestigen. Ich teile diese Nachricht mit, weil ich nicht weiß, ob der Herr Minister über diesen Tatbestand informiert ist. Meines Erachtens wäre hier eine günstige Gelegenheit, um dem unerträglichen Zustand ein Ende zu bereiten, der darin besteht, daß der Oberpräsident mit der politischen Linie des Nationalsozialismus nicht übereinstimmt und seine Politik immer wieder in grundsätzlichen Fragen oft in direktem Gegensatz zu nationalsozialistischer Politik steht.[22] Die Spannungen sind infolge der Gegensätze in den grundsätzlichen Anschauungen derart, daß sie auf Dauer nicht weiter ertragen werden können. Die Unruhe in der Bevölkerung wächst. Es wird von der ostpreußischen Bevölkerung immer wieder hervorgehoben, daß auch Ostpreußen eine nationalsozialistische Provinz ist und eine nationalsozialistische Führung verlange. Meines Erachtens ist jetzt der Augenblick gekommen, um die

Gleichschaltung der ostpreußischen Politik mit der von Reich und Staat durchzusetzen. Ich fühle mich als Leiter des Politischen Amtes verpflichtet, hierauf hinzuweisen.

Falls Zweifel über die mangelnde Gleichschaltung bestehen, bitte ich eine Reihe von Fällen persönlich vertraulich vortragen zu dürfen, in denen der Mangel an Gleichschaltung außer jeder Frage steht und zu groben Mißstimmungen geführt hat. Ich werde mir erlauben, am Montag den 3. 4. den Kommissar Daluege[23] in dieser Angelegenheit anzurufen.[24]

Nr. 11
Fritz-Dietlof Graf von der Schulenburg an seine Frau,
Sulden/Südtirol, 24. 8. 1933,
Privatbesitz Charlotte Gräfin von der Schulenburg, München.

[. . .] Wenn ich die leichten Leute im Wirbel sehe, bohren sich immer meine Gedanken fest. Ich muß an das Volk hinter den Bergen denken, das heute noch im Rausch, unter Feiern, Reden, Aufmärschen seinen Schicksalsweg geht, der jahrelangen Kampf, Not und Grauen bringen wird und immer hart am Abgrund vorbeiführt. Es geht mir heute alles zu leicht. Die Zeit, in der nur Menschen von letzter Härte das Schicksal meistern werden und die Schwätzer und falschen Führer wie Spreu zerstieben, wird kommen [. . .]

Nr. 12
Fritz-Dietlof Graf von der Schulenburg an Erich Koch,
Fischhausen, 31. 12. 1935, maschinenschriftl. Abschrift,
Privatbesitz Charlotte Gräfin von der Schulenburg, München.

Sehr geehrter Gauleiter! Da ich gehört habe, daß Sie über meine Stellung zu den politischen Fragen der Provinz im Unklaren sind[25], will ich sie Ihnen klarlegen.

Die Grundgedanken der nationalsozialistischen Politik, die gerade in Ostpreußen einzuschlagen waren, traten in Ihren Handlungen und Reden bereits vor der Übernahme klar hervor: Einheitliche nat.soz. Führung aller Politik in Ostpreußen – daher Kampf gegen Interessenegoismus der Reaktion, wie überhaupt jedes Standes – weitmöglichste Einheit von Partei und Staat, Kampf gegen Bonzentum und Korruption, für ein sauberes und leistungsfähiges nat. soz. Führertum. Mein Standpunkt zu diesem Grundgedanken war und ist folgender: Sie sind richtig und ich trete für sie ein.

Bereits bald nach der Machtübernahme zeigte sich, daß zwar die Grundzüge der ostpreußischen Politik konsequent verfolgt wurden, daß aber die Anforderungen, die an das nat. soz. Führertum zu stellen waren, nicht scharf genug waren. Dabei handelt es sich hier um fundamentale Voraussetzungen, die über Erfolg oder Versagen nationalsozialistischer Politik entscheiden; denn man muß halten, was man in der Kampfzeit immer wieder gepredigt hat und was man bei anderen ausrotten wollte, darf man sich nicht selber gestatten. Sonst verliert das Volk Glauben und Vertrauen.

Ein Vierteljahr nach der Machtübernahme habe ich in einem Brief aus den Bergen vom 12. 7. 1933[26] Besorgnissen nach dieser Richtung Ausdruck gegeben. Ich sah einen gefährlichen Dreh in der ganzen Entwicklung. In der Kampfzeit hatte man jede Form des Bonzentums angegriffen und Bescheidenheit und Einfachheit gepredigt. Der Lebensstil, das Auftreten entsprach diesen Forderungen aber nicht. Persönliche Ehrungen wie Ehrenbürgerbriefe wurden nicht abgelehnt, sondern gern und wie selbstverständlich angenommen. Während nach nationalsozialistischer und preußischer Art der Name nichts und das Werk alles ist, wurde schon, als das Werk – das doch auf Jahrzehnte und Jahrhunderte errichtet ist, – gerade erst begonnen war, Ihr Name in byzantinischer und geschmackloser Form immer wieder in den Vordergrund gedrängt. Das Auto, das für den Gauleiter angeschafft wurde, war nach Größe, Kosten, Aufmachung gerade das, was das Volk nach den Reden der Kampfzeit nicht erwarten konnte. Über die Wohnung hieß es erst: Der Gauleiter bleibt in seiner Wohnung, die im Oberpräsidium ist ihm zu groß. Dann kam der Plan auf, den Hippelschen Park zu kaufen, das Haus abzureißen und einen Neubau für rund 200 000 RM. zu errichten.[27] Ich habe Ihnen damals gesagt, das sei Ihr Ende als revolutionärer Kämpfer. Die Bürokratie des Finanzministeriums erledigte dann, wie ich hinterher erfuhr, diesen Antrag. Gauleiter, das Volk weiß von diesen Dingen, es redet darüber, weil es den Widerspruch von Reden und Taten nicht verstehen kann! Es beruhigt sich auch bei der Villa nicht. Bezüglich Ihrer Beteiligungen an Verlag und Druckerei habe ich Herbst 1932 in einem Ehrengericht, in dem ich saß, für Sie einen Spruch herbeigeführt, nach dem Sie gewissermaßen als Treuhänder der Partei fungierten und keinen Gewinn bezögen. Ich weiß nicht, ob dieser Grundsatz bezüglich Verlag und Druckerei in der Folgezeit scharf innegehalten wurde.[28] Ich will Ihnen weder ehrenrührige noch gewinnsüchtige Beweggründe unterschieben. Ich will damit nur sagen, daß es in den Dingen der Haltung an der nötigen Klarheit und Entschiedenheit gefehlt hat. Daher war

189

auch die Haltung der ganzen Führerschaft schrankenloser und weniger unerbittlich als die Zeit forderte. Das Volk war an sich bereit, auch der Führung der Provinz bedingungslos zu folgen. Doch wog es die Führerschicht, da es nach den vielen Enttäuschungen Worten nicht mehr glauben konnte und Taten sich noch nicht beweisen konnten, nach der Haltung. Das Vertrauen des Volkes erlitt den ersten schweren Stoß.

Den zweiten entscheidenden Stoß erlitt das Vertrauen durch die Personalpolitik. Als ich im März 1933 das Politische Amt der Gauleitung übernahm, billigten Sie die Grundsätze für die Auslese eines nationalsozialistischen Beamtentums: Voraussetzung für den Einsatz: Politische Einsatzfähigkeit *und* Charakter *und* Können; sofortige Beseitigung aller derer, die vor einer dieser Forderungen versagten. Gegen eine solche scharfe Personalpolitik mußten naturnotwendig Gegenkräfte auf den Plan treten. Alte Parteigenossen und Kämpfer, die nicht berücksichtigt werden konnten, forderten durch PG Großherr ihr Recht. Gauorganisationsleiter Dargel meldete die Ansprüche der politischen Organisation an und machte Vorschläge, welche die Schwere der Aufgabe wie die politische Bedeutung der Verwaltung nicht ernst genug nahmen. PG Bethke machte als Vizeoberpräsident das Recht auf Gestaltung der Personalpolitik nach seinen Wünschen geltend.

Sie haben diese Gegenkräfte lange in Schach gehalten und die Personalpolitik des Politischen Amtes gestützt und gedeckt. In dem Augenblick jedoch, in dem sie eine weittragende, nach Beratung mit Dargel und mir gefällte Entscheidung rückgängig machten, die zum erstenmal den Bürgermeister einer größeren Stadt wegen mangelnder Eignung beseitigen sollte (Barkowski – Marienwerder), wurden diese Kräfte übermächtig. Die Autorität des Politischen Amtes war damit – wie ich Ihnen schon damals sagte – erledigt. Der Widerstand gegen die verantwortliche Personalpolitik wurde systematisch organisiert (Äußerung Knuth gegenüber Mitgliedern des Außenpolitischen Amtes der N.S.D.A.P.).[29] Eine verantwortungsvolle Personalpolitik wurde unmöglich gemacht durch die Anordnung, daß ich vor jedem Personalvorschlag mit PG Bethke, Großherr, Dargel und Klimmeck[30] ein Einvernehmen herstellen sollte. Trotzdem die Stellung nicht haltbar war und ich mich nicht mehr durchsetzen konnte, blieb ich im Amte, weil ich dachte, vielleicht ginge diese Welle vorüber! Das war aber nicht der Fall. Der Druck verstärkte sich, mir wurde zuletzt Sabotage der Befehle der Gauleitung vorgeworfen. Nach einem Krach mit Dargel und Großherr wurde das Politische Amt aufgelöst. Die Personalpolitik wurde von da ab von mehreren Personen gemeinsam besorgt, während sie ihrem Wesen nach nur aus letzter Verantwortung *einer* Person heraus wirklich verantwortlich und erfolgreich geführt werden kann.

Die Personalpolitik in der Politischen Organisation gehörte nicht zu meinem Bereich, doch muß ich sie berühren, da sie auch zu den Faktoren gehört, die ich entscheidend anders beurteile als die maßgebenden Führer. Daß die Politische Organisation in militärische Form gebracht wurde, war richtig, doch durfte dies immer nur Mittel zum Zweck sein, nie Selbstzweck werden. Daß das Verhältnis von Führern zu Unterführern, von Unterführern zur Gefolgschaft von einer straffen Form gehalten wird, ist gut, doch kann die Politik in diesem Rahmen nicht nur durch bedingungslosen Befehl und widerspruchslosen Gehorsam geregelt werden, besonders da nicht, wo der politische Leiter unmittelbar vor das Volk tritt. Die Tragik der Personalpolitik lag darin, daß sie mehr nach militärischen als nach politischen Maßstäben maß, wie überhaupt Dargel mehr Soldat als Politiker ist. Die Verhältnisse im vielfältigen politischen Raum liegen anders und komplizierter als im gleichförmigen militärischen Raum. Daher kann noch lange nicht jeder, der auf Führerschulen sportlich und militärisch gut abgeschnitten hat und militärische Einheiten gut führt, politisch führen; denn dazu gehört politisches Urteil, sicherer Instinkt und Zivilcourage nach oben, auch im kleinsten Bereich. Die Personalpolitik war endlich von einer falsch verstandenen Kameradschaft getragen, denn wenn jemand irgendwo offensichtlich versagt hatte, tauchte er meistens am anderen Ende der Provinz, wenn auch oft in einer anderen Organisation, wieder auf.

Der Mangel einer scharfen Zucht und Auslese ist verheerend. Sie kann den Erfolg einer an sich richtigen Politik glatt zunichte machen. Das Volk draußen kann nicht die Grundsätze sehen, sondern es sieht, wer führt, wie hält er sich, wie führt er sich im täglichen Leben. Das Volk draußen sieht, daß ein großer Teil der politischen Unterführer ihrer Aufgabe nicht gewachsen sind. Wenn dann diese Führer noch anmaßend, großschnäuzig als Diktatoren auftreten, ist es aus. Wenn sie um jeden Preis gehalten, bei offensichtlichen Fehlern gedeckt, bei Strafvergehen nicht scharf zur Verantwortung gezogen werden, leidet auch das Vertrauen zur Führung der Provinz. Die Bevorzugung jeder Art von Parteigenossen, auch vieler, die nach der Machtübernahme zur Partei gekommen, den fehlenden inneren Rang durch scharfes äußeres Auftreten zu ersetzen suchen, versteht das Volk nicht, denn es verlangt nach Gerechtigkeit.

Das Ergebnis ist: Die Politische Organisation hat in weiten Kreisen der Provinz an Boden verloren. Der tüchtige, ordentliche Bauer, Bürger, Arbeiter, auf den wir Wert legen müssen, hat, soweit er nicht unmittelbar als Pol[itischer] Leiter erfaßt ist, durchweg kein Verhältnis mehr zu ihr. Wenn planmäßig ausgestreut wird »Der Führer ist gut, aber die Partei . . .«, so ist das Verrat. Wenn aber immer wieder unmittelbar aus dem Volk, ohne äußeren Einfluß, die Rede geht, wie es weithin der Fall ist, so ist das ein bedrohliches Zeichen, wie weit sich Führung und Volk in der Provinz auseinandergelebt haben. Das Vertrauen des Volkes wird erst wieder da sein, wenn es sieht, daß die Dinge anders werden. Daher ist m.E. eine Gesundung der politischen Verhältnisse in der Provinz nur möglich, wenn die oben genannten Fehler durch wirklich entscheidende Maßnahmen ausgemerzt werden. Treibenlassen der Dinge führt m.E. auswegslos zum Verfall der Führung überhaupt.

Ich habe diese Dinge anfangs nur nebelhaft, dann aber mit steigender Gewißheit gesehen. Ich muß für mich in Anspruch nehmen, daß ich immer wieder allen maßgeblichen Führern gegenüber in großer Schärfe die Fehler und ihre Folgen schonungslos klargelegt habe. Es ist kein Satz in diesem Brief, den ich nicht Ihnen und Ihren Beratern in rückhaltloser Offenheit gesagt habe. Der Krach, aufgrund dessen mir das Politische Amt genommen wurde, war das sichtbare Zeichen dessen, daß man diese Ansicht nicht weiter haben wollte. Ich wurde ausgeschieden, weil die pessimistische Kritik des dünnblütigen Skeptikers sich nicht mit den optimistischen Ansichten des glaubensstarken Gaustabes vertrug. Die Art, in der ich, ohne angehört zu werden, hinter meinem Rücken ausgeschieden wurde, war nicht nur Form. Das war mehr, das war der Ausdruck der Tatsache, daß ein fremdes Element ausgestoßen werden sollte. Ich habe in diesen Tagen Ihr Vertrauen vermissen müssen. Ich habe aus allem, was vorausgegangen war, die Konsequenz gezogen, daß ich innerlich und äußerlich aus dem Gaustabe geschieden war, weil man weder meine Haltung noch meine Ansichten schätzte. Ich habe infolgedessen die Gauamtsleiter-Uniform, die mir Großherr nachträglich anbot, abgelehnt. An Veranstaltungen des Gaustabes habe ich seit einem Jahr nur einmal, als der Führer hier war, teilgenommen. Ich habe meine Aufgabe *nur* noch im nationalsozialistischen Aufbau des Kreises Fischhausen gesehen und habe hier bei Ihnen und Ihren Beratern gute Unterstützung gefunden.[31] Trotzdem ich den Standpunkt vertrat, daß ich seit meinem Ausscheiden Verantwortung für das Geschehen in der Provinz nicht mehr tragen kann, habe ich meine grundsätzlichen Ansichten nie verleugnet, sondern, wo sich Gelegenheit bot, klar zum Ausdruck gebracht. Ich erinnere an Gespräche mit Bethke, Plötz[32] usw. Für die Vernehmung anläßlich Ihrer Beurlaubung ergab sich für mich aus allem folgende Richtschnur, nach der ich gehandelt habe: Sachliche Aussage, Betonung des Positiven, da Negatives stark vorausgesetzt wurde, nicht die Aufgabe, persönliche schmutzige Wäsche zu waschen.

Zum Gaustab bin ich nicht mehr gekommen, da ich nicht mehr zum Gaustab gehöre und in eine Stimmung des reinen Märtyrertums mit meinen dünnblütigen skeptischen Ansichten nicht mehr hineinpasse. Nun wird mir gesagt, Sie hätten mich bestellt, ich sei trotz dieser Bestellung durch Sie nicht gekommen. Das stimmt nicht. Mich hat zwar eine Bestellung über Plötz an meinen Assessor erreicht, doch erst am Freitag, nachdem Sie am Mittwoch nach Berlin gefahren waren. Ich habe dann mit Angermann[33], Bethke gesprochen, eine Besprechung mit Plötz, die dieser herbeiführen wollte, kam nicht zustande, weil ich zwei Tage im voraus festgelegt war und Plötz trotz Verabredung nicht wieder anrief.

Ich komme jetzt nicht aus meiner Wohnung heraus, da ich an Nierensteinen krank bin, aber ich wittere, daß die Fabel von Verrat und dünnem Blut wieder steigt. Dazu nur kurz: Ich glaube bei denen, die derartige Fabeln aufbringen nicht, daß sie der Wahrheit, wohl aber, daß sie der Nützlichkeit solcher Fabeln für sich selber vertrauen. Bei denen, die solche Fabeln glauben, vermisse ich den gesunden Menschenverstand. Im übrigen glaube ich, daß Sie wissen, wie leicht der Vorwurf des Verrats erhoben, wie schwer er aber zu verantworten ist, wenn ein Mensch aus innerer Notwendigkeit den Weg seines Gewissens geht.

Wenn ich irgendwo auf diesen Vorwurf treffe, werde ich ihn als Angriff auf meine Ehre ansehen. Ich werde meine Ehre mit allen Mitteln und ohne jede Rücksicht zu verteidigen wissen.

Ich werde Ihnen gern, wenn ich gesundheitlich wieder auf der Höhe bin, alles noch mündlich näher erläutern. Für die Wünsche zum Neuen Jahr danke ich und wünsche ein gutes *Neues* Jahr.

Heil Hitler!
gez. Schulenburg

Nr. 13
Das preußische Erbe und der nationalsozialistische Staat,
Vortrag, März 1938,
BA Koblenz Nachlaß v.d. Schulenburg (NL 301/1), Bl. 114–133.

Das *Verhältnis von Preußentum und Nationalsozialismus*[34] ist vielfach umstritten. Es gibt eine Reihe von Menschen, die erklären, es gäbe nur das eine oder das andere: Preußentum oder Nationalsozialismus. Es ist daher interessant zu untersuchen, wie diese beiden Kräfte beschaffen sind, ob und wie sie sich vereinbaren lassen. Da ich im Bereich der nationalsozialistischen Staatsverwaltung tätig bin, werde ich vor allem die Frage der nationalsozialistischen Staatsverwaltung erörtern.

Alle Staaten haben Eigenschaften und Merkmale, die ihnen allen gemeinsam sind, doch hat jeder Staat sein eigenes Gesetz, das sich aus seinem Raum, dem Charakter seiner Menschen und Führer, dem Kampf mit den anderen Staatsmächten formt und prägt. So formten diese Kräfte auch den *preußischen Staat* und gaben ihm *sein Gesetz*. Der preußische Staat in seiner Urform entstand unter den großen Herrschern, dem Großen Kurfürsten, Friedrich Wilhelm I. und Friedrich dem Großen. Das Schicksal gab an Preußen den Auftrag, die Kräfte seines Raumes zusammenzufassen, zur Großmacht emporzusteigen und Deutschland zu einigen. Dieser Auftrag, gegeben an ein kleines Land mit zersplittertem Besitz und offenen Grenzen, umgeben von Großmächten, die ihm den Aufstieg nicht gönnten, mußte die Gestalt dieses Staates naturnotwendig in die schärfste Form prägen. Der gesteigerte Druck, unter dem dieser Staat dauernd stand, forderte gesteigerte Kraft, wenn er sich behaupten wollte. Und zwar mußte diese Kraft klar geordnet, einheitlich zusammengefaßt und in stärkstem Maße bewegend, dynamisch sein. Die Richtung dieser Kraft ging nach außen auf Besitzmehrung, nach innen auf Kolonisation.

Der weite ungegliederte Raum, mit kargem Boden und die Lage Preußens forderten von vornherein das Übergewicht der Führung. Dieser Staat konnte nur aufbauen und zu einer Macht werden, wenn *klarer ordnender Wille* das Regiment führt. Wenn reichere Länder in organischem Wachstum aufblühen können, dieses Land hier ergibt sich nur der strengen Ordnung, die den einzelnen nach dem Gesetz von Befehl und Gehorsam bewegt. Auch die Wirtschaftsmacht des einzelnen und des Standes erhält Ziel und Grenzen durch die Ordnung des Staates. Eigentum ist Auftrag des Ganzen und hat ihm zu dienen. Das Ganze, der Staat, herrscht also hier in diesem Raum in ordnendem Befehl und bedingungsloser Autorität.

194

Wenn größere Reiche mit gesicherten Grenzen oft lange Jahre ungestraft ihre Kraft zersplittern können, hier, dieser kleine Staat, inmitten von Feinden, mit offenen Grenzen, muß seine Kraft zusammenfassen. Nur *einheitlich eingesetzte Kraft* kann sich behaupten und die Macht gewinnen, die das Schicksal fordert. Preußen faßte daher in seinem Staat und seinem Heer alle Kräfte des Staates organisatorisch und tatsächlich zusammen und duldete keine Zersplitterung und Sonderung. Friedrich Wilhelm I. beseitigte das Gegeneinander und Ineinander der Domänen- und Steuerverwaltung und schuf zum ersten Male eine einheitliche Staatsverwaltung. Friedrich der Große sagt in seinem politischen Testament von 1752: »Eine gut geleitete Staatsregierung muß ein festgefügtes System haben, alle Maßnahmen [...] müssen Finanzen, Politik, Heerwesen auf ein gemeinsames Ziel steuern: nämlich die Stärke des Staates und das Wachstum der Macht [...] ein System kann aber nur aus einem Kopf entspringen.«[35] Die Zusammenfassung aller Staatszweige und alles Lebens im Staate und ihre Unterwerfung unter einen Willen verstärkt die Kraft des Staates und gibt ihm die richtige Durchschlagskraft.

Wenn anderswo in gesund entwickelten Reichen der Staat nur Hüter des Rechts und Mittler ist zwischen Gesellschafts- und Wirtschaftsgruppen, hier im brandenburg-preußischen Raum diktiert der Zwang der Lage und der Auftrag des Schicksals dem Staat ein anderes Gesetz. Hier, wo die innere Kraft des Landes noch nicht entwickelt, der Zusammenhang der einzelnen Teile noch nicht hergestellt ist und weite Gebiete der Kolonisation harren, gibt es keine Ruhe. Der deutsche Auftrag Preußens läßt einen Stillstand nicht zu. Will es seinen Auftrag erfüllen, muß es erobern, neuen Machtzuwachs erringen. Hier herrscht fieberhafter Aufbau, vorwärtsdrängender Wille. Hier an diesem Staat ist notwendig alles Bewegung. Er selbst ist in stärkstem Maße bewegende Kraft. »Kleine Staaten«, sagt Friedrich der Große im Grundriß der preußischen Regierung: »werden rasch zermalmt, sobald nicht alles an ihnen Kraft, Mut und Lebensfrische ist.«[36] Schnelligkeit, Beweglichkeit, doppelter Einsatz wird gefordert. Vom Heer sagt Friedrich der Große: »Wir müssen unsere Leute zweimal so viel manövrieren lassen als der Feind.«[37] Die preußische Heerführung kann sich mit Ausweichen vor Entscheidungen, das in der damaligen Zeit üblich war, nicht abgeben. Sie drängt auf die Entscheidung, auf Vernichtung des Gegners. »Die Preußen müssen allemal attackieren.« Selbst der Beamte ist nicht gesetzeskundiger Bürokrat, ruhiger Verwalter, sondern Pionier, Schaffer an der Kolonisation, am Aufbau der Wirtschaft. Der Staat entwickelt, indem er ein ganzes Land aufbaut,

ordnet und zur Kraft zusammenballt, stärkste bewegende, ja schöpferische Kraft.

Diese gesteigerte und gestraffte Kraft kann aber nur dann dauern,
wenn sie auf *inneren Grundkräften* beruht. Die Planmäßigkeit und
Ordnung, die Wucht und Schnelligkeit, mit der der Staat zu handeln
gezwungen ist, fordern die härteste *Zucht* vom Einzelnen. Äußerste
Strenge, steter Drill sorgen dafür, daß die Manneszucht nicht nur
Grundhaltung des Heeres, sondern des ganzen Staates wird. Sie wird
von allen, Führern und Geführten, in gleichem Maße verlangt. Unerbittlich wird von allen Leistung gefordert, da der Auftrag Preußens
gesteigerte Leistung verlangt. Niemals ist so hart wie in diesem Staat
nach Gelingen oder Nichtgelingen geurteilt worden. Die Härte, mit
der Friedrich der Große seinem Bruder August Wilhelm nach seiner
Niederlage den Abschied gab und ihm Feigheit vorwarf, ist beispiellos.[38] Versöhnlich war an dieser Härte nur, daß sie alle traf, ganz gleich
ob hoch oder niedrig. Nur die Leistung gibt den Rang, nicht Reichtum
oder Geburt. Friedrich der Große sagt: »Alles wäre verloren in einem
Staat, in dem die Geburt über dem Verdienst siegt.«[39] »Zur Erhaltung
der guten Sitten ist es [...] notwendig, daß einzig und allein der
Verdienst und nicht der Wohlstand ausgezeichnet wird.« Ein Staatswesen, in dem Manneszucht und Leistung das Regiment führen, kann
nicht mehr Genuß, äußeres Glück, Reichtum als die höchsten Werte
ansehen. Die spartanische Einfachheit ist das Gewand, das die großen
Züge preußischer Zucht und Haltung erst recht zur Geltung bringt.

Dienst und Pflicht müssen die höchsten Gebote dieses kraftbeweg-
ten Staates sein. Mit Zwang allein ist nichts getan. Niemals wären
diese Forderungen Wirklichkeit geworden, wenn nicht gerade die
Herrscher des Staates ihr Leben dem Werk unterworfen und sich im
Dienst des Landes verzehrt hätten. In Preußen heißt es: »Der Herrscher ist der erste Diener des Staates.« In Frankreich: »L'etat c'est
moi.« Die Gebote des Dienstes und der Pflicht fanden ihren stärksten
Antrieb in den Staatsdienern und Offizieren selber. Die großen Könige forderten vom Offizier, Soldaten, vom Beamten das letzte an
Dienst, Pflicht und Opfer, aber sie gaben ihm dafür die Ehre. »Derje-
nige Offizier, welcher seine devoirs nicht aus eigener Ambition tut,
sondern zu seinem Dienst angehalten werden muß, meritiert nicht,
Offizier zu sein.«[40] (Friedrich Wilhelm I.) Der Dienst am Staat »geschieht um Ehre«. Die Ehre fordert, daß jeder für seine Taten gerade-
steht und sich mutig zu ihnen bekennt. Der Soldatenkönig war kein
großer Psychologe, aber Prüfstein des Menschen war für ihn, ob er ein
ehrliches Auge habe. »Wir wollen die Flatterien durchaus nicht ha-

ben, man soll uns vor allem die reine Wahrheit sagen und mit nichts hinter dem Berge halten.«[41] So wird die innere Verantwortung planmäßig gestärkt, das Gefühl, nicht nur vor dem Staat und dem König, sondern vor dem Gewissen und zuletzt vor Gott verantwortlich zu sein. Der inneren Verantwortung, die die Ehre fordert, entspricht nach außen die klar abgegrenzte Befehlsgewalt und die Pflicht zur vollen Verantwortung für alles, was in diesem Befehlsbereich geschieht. So wird der Geist der Ehre und der ehrlichen Verantwortung zu der inneren Triebkraft und zu der Gewähr der Zucht, auf der der Staat beruht.

Die tiefsten Antriebe empfingen diese Grundkräfte, die den Staat durchwalten von der *Religion*. Luther hat den Sinn des protestantischen Menschen dem tätigen Leben zugewandt:»Indem er sein Amt, seinen Beruf mit freudigem Herzen erfüllt, dient er Gott.« Aus dem Gottvertrauen zieht der preußische Mensch seine Kraft zum Dienst in der straffen Ordnung des Staates. Die Verantwortung vor Gott gibt die Festigkeit, die allen Schlägen des Schicksals standhält. Sie gibt auch die innere Unabhängigkeit, die bewirkt, daß trotz der Strenge der Organisation der große Charakter bestehen kann. Die Demut vor der höheren Macht gab dem großen Preußen die Bescheidenheit, welche in dem Wort zum Ausdruck kommt:»Vieles leisten, wenig hervortreten, mehr sein als scheinen.«

Die äußeren Grundpfeiler des preußischen Staates sind – nach der damaligen Einteilung – das Heer, die Staatsverwaltung, die Finanzen und die Justiz. »Die geographische Lage Preußens zwingt uns, ein starkes Heer zu halten«, sagt Friedrich der Große. Das Heer hat in diesem Staat den ersten Rang. »Preußen ist von mächtigen Nachbarn umgeben, ihr müßt auf häufige Kriege gefaßt sein. Es folgt daraus auch, daß das Militär in Preußen die erste Stellung einnehmen muß, genau wie bei den welterobernden Römern zur Zeit ihres Aufstieges.«[42] Das Heer bildet den modernsten Teil des Staatswesens, in dem sich sein innerstes Gesetz am schärfsten ausprägt. Durch die enge Bindung von Heer und Staat teilten sich auch der Verwaltung militärische Charakterzüge mit.

Die *Staatsverwaltung*, die straff zusammengefaßt ist, wird von einem einheitlichen Beamtentum getragen und aus ihrer Abhängigkeit von den Ständen hinausgehoben. Die politische Führung lag im klassischen Preußen vollkommen in der Hand des Königs. Das Beamtentum verwaltete den Staat und baute ihn auf, gestaltete ihn aber nicht politisch. Auch in den klassischen Zeiten Preußens kam es nicht zur Bildung einer politischen Führerschicht im Beamtentum, wie es etwa zur Bildung eines höheren Offizierskorps kam. Die Einsicht in die Unzulänglichkeit der Menschen führte zu einem System von Kontrollen, die jeden finanziellen Vorgang in der Verwaltung erfaßten und ihn zur Rechenschaft vor der Oberrechnungskammer[43] zwangen. Viel übersehen wird, daß der preußische Staat keineswegs das ganze Leben des Volkes in seine Zwangsjacke einzwängte. Unterhalb der Mittelbehörden des Staates ging das Leben der Landschaft seinen ungestörten Gang. Die genossenschaftlich verbundenen, reich gegliederten Lebenskräfte der Landschaft erhielt der Staat in ihrem Eigenleben. Er spannte sie nur als kleinere Lebenskreise in sein großes Kraftfeld ein und faßte sie zur bewegenden Kraft zusammen.

Die *Finanzen* waren immer Gegenstand besonderer Sorge der alten preußischen Könige. »Die Finanzen gleichen den Nerven des menschlichen Körpers, die alles in Bewegung setzen«[44], sagt Friedrich der Große im Grundriß der preußischen Regierung. Er sieht Ordnung in den Finanzen als Grundvoraussetzung staatlicher Macht an; denn »noch nie hat eine arme Regierung sich Ansehen verschafft«. »Das Geld, das ein Herrscher empfängt, ist Blut und Schweiß des Volkes.« »Gibt der König das Beispiel der Verschwendung, so wollen seine Untertanen es ihm nachtun.« Friedrich Wilhelm I. und Friedrich der Große sparten zuerst an sich selber. Friedrich Wilhelm I. strich gleich bei Regierungsantritt die Hofhaltung auf ein Fünftel zusammen.[45] Durch ihr Vorbild hat sich dieser Grundsatz auf das ganze preußische Staatsleben übertragen. Die den ganzen Staat beherrschende altpreußische Sparsamkeit hat den Aufbau des Staates, seine Kriege, seine sozialen Taten überhaupt erst möglich gemacht. Sparsamkeit, nicht aus Geiz oder engem Herzen, sondern aus tiefer Einsicht in die Lage des Landes und aus weiter Vorschau auf das, was es wird einmal leisten müssen, ist keine kleine, sondern eine große Eigenschaft. Sie bedeutet: Auf kleine Wünsche verzichten, um alle finanziellen Kräfte für die großen Notwendigkeiten von Volk und Land einzusetzen.

Wenn auch der Staat den Untertan hart mit Zwang anfaßt, so läßt er ihm doch einen Bereich, in dem er sein *Recht* hat. Das Gesetz band alle, Herrscher und Untertanen. Vor dem Gesetz war jeder gleich. »Die preußische Justiz war die einzige Lebensform, die kein Vorrecht kannte« (Joseph Goebbels). Das Vertrauen auf diese preußische Gerechtigkeit, wurzelt tief im Volke. Der Müller von Sanssouci widersetzt sich dem König, als dieser ihm seine Mühle nehmen wollte. »Majestät, es gibt noch ein Kammergericht in Berlin.« Mit den pflichtvergessenen Richtern will er kein Erbarmen, »denn die Stimme der Witwen und Waisen fordert Vergeltung. Der Herrscher macht sich gewissermaßen mitschuldig an Verbrechen, die er ungestraft läßt.« Das Recht, das jedem Preußen bedingungslos und gleich zusteht, schafft dem Regiment soviel Vertrauen, daß auch die härtesten Anforderungen des Staates getragen werden. So ist gerade auch das Recht ein Grundpfeiler, auf dem der preußische Staat beruht.

Das ist das *Grundwesen des preußischen Staates.* Die Grundzüge der klar ordnenden, einheitlich zusammengefaßten und aufs stärkste bewegenden Kraft. Die Grundkräfte der Zucht und des Dienstes, der Ehre und der Verantwortung, die von der Religion her ihre tiefsten Kräfte erhielten. Die scharf ausgeprägten Grundpfeiler des Heeres und der Staatsverwaltung, sorgsam gepflegte Finanzen und ein Bereich des Rechts, der für alle gleich war. Die Geschichte der letzten 200 Jahre lehrt, daß dieses Grundwesen schlechthin *das Lebensgesetz der deutschen politischen und staatlichen Existenz* ist. Die Zeit reicht nicht aus um darzustellen, wie im Auf und Ab der Zeit dieses Grundwesen zeitweise verschwimmt und schwächer wird und sich dann wieder scharf und hart ausprägt. Wesentlich ist nur festzustellen, daß in allen Zeiten, in denen es um die letzte Entscheidung ging, die Grundzüge dieses Wesens sich immer wieder groß und klar herausarbeiten und dann zum Erfolge führen.

Im *Kriege* war die Tragik, daß zwar diese Grundkräfte im Heer zur äußersten Vollendung und Entfaltung gelangten, jedoch im Staate gebrochen waren. Das Heer führte den größten Kampf der Geschichte, kühn und schöpferisch allen – auch den verzweifeltsten Lagen – gegenüber. Die schöpferisch-politische Kraft der Staatsführung reichte jedoch nicht aus, um dem deutschen Volke klare Ziele zu geben und den Krieg in seiner ganzen Dauer auch zu einer Sache des Arbeiters zu machen. Da der Staatsverfassung die Kraft zu einer politisch klaren Führung fehlte, die alle Kräfte des Volkes einheitlich zusammengefaßt hätte, glitten die Zügel in die Hand der Mehrheitsparteien und zuletzt des Marxismus, die im tiefsten Grunde unschöpferisch und destruktiv waren. Die Niederlage und [die] Revolution von 1918 waren die Folge. Hier zeigte sich am krassesten, daß es weder gelungen war, im Beamtentum, noch weniger aber in den Parlamenten, eine wirklich staatsführende Schicht heranzuzüchten. Die verwaltungsmäßigen Leistungen des Beamtentums jedoch brauchen deswegen nicht verkleinert zu werden. Der Staat hat im Kriege sachlich und organisatorisch Großes geleistet – im ganzen sind immerhin die Ernährung und Rohstoffversorgung vier Jahre lang gemeistert worden. Der Führer hat dem Beamtentum des alten Reiches in seinem Buche »Mein Kampf« das schönste Denkmal gesetzt. Er spricht vom »unvergleichlichen

Beamtenkörper des alten Reiches. Deutschland war das bestorganisierte und bestverwaltete Land der Welt ... Welches Land der Welt hatte einen besser geleiteten und kaufmännischer organisierten Betrieb als Deutschland in seinen Staatsbeamten?«[46] Ebenso war das Beamtentum als Stand, als Lebensgemeinschaft eine lebendige Gemeinschaft von *sauberen* und hochstehenden Menschen.

Die Systemzeit suchte das preußische Staatswesen planmäßig zu zerstören. Die wesensfremde, westlichen Vorbildern angelehnte Verfassung machte den Weg hierzu frei. Der Versailler Vertrag beraubte uns der Unabhängigkeit, dem Grundzug eines echten Staates, und lieferte uns auswärtigen Einflüssen aus. Im Innern ergab sich der Staat den Koalitionsparteien. Diese hatten keine politische Idee, die alles hätte binden können. Die politischen, wirtschaftlichen, finanziellen Teilgewalten bemächtigten sich ihres Anteils an dem Regiment und herrschten zügellos in ihrem Teilbereich. Eine klare Ordnung, die alle Teilgewalten einheitlich zusammengefaßt, dem staatlichen Willen unterworfen und zur dynamischen Kraft erhoben hätte, war einfach nicht vorhanden. Die Grundzüge der Staatsherrschaft gingen daher immer mehr verloren.

Die *Grundkräfte* des preußischen Staatsgedankens wurden langsam unterhöhlt. Dienst und Pflicht sind keine Kräfte, die in jedem Raume gedeihen, sie können nur dann existieren, wenn sich der Dienende einer Person und einer klaren Sache verpflichtet fühlt. Das war in der Koalitionsregierung nicht denkbar. Der Beamte schwor einen Eid auf die Verfassung, nicht aber auf eine Person. Die Koalitionsparteien hatten verschiedene Ziele, die Teilgewalten verschiedene Interessen; dem Dienste fehlte daher der Führer und die Idee. Beides braucht der Dienst, um wirklich mit vollem Herzen geleistet zu werden. Die Ehre als Triebkraft des Dienstes und der Zucht wurde erschüttert, da man sie nicht achtete und schützte. Der Geist der Verantwortung mußte in einer Zeit verlorengehen, die Verantwortung scheute und auf anonyme Mehrheiten abwälzte. Die religiösen Kräfte waren im Wirbel der Nachkriegszeit verschüttet. Sie allein hätten auch im staatlich-politischen Bereich bei einer derartigen Durchbrechung des staatlichen Lebensgesetzes, seine Grundkräfte nicht erhalten können.

Der *Grundpfeiler des Staates* drohte durch Zerstörung dieser Grundlagen unterhöhlt zu werden. Staat und Beamtentum gerieten in die größte Gefahr. Die Koalitionsparteien besetzten immer mehr Stellen in Staats- und Selbstverwaltung. Die politische Geschlossenheit und die Lebensgemeinschaft des Beamtentums wurde nach und nach durchbrochen. Gerade unterhalb der Schlüsselstellen waren noch

200

weite Kreise preußisch, staatserhaltend und national gesonnen, doch
waren die wichtigsten oberen Stellen weithin von unzuverlässigen
oder wendigen Beamten besetzt. Eine Tatsache, die für die weitere
Entwicklung von Staat und Beamtentum von entscheidender Bedeutung war, daß der Nationalsozialismus niemanden vorfand, der für das
Beamtentum als Ganzes hätte verhandeln und es dem Nationalsozialismus zuführen können. Die technischen Leistungen des Beamtentums waren nach wie vor gut. Die fortwirkende Kraft der großen
Tradition war so stark, daß die äußere Zucht, dic stoische Pflichterfüllung, die technische Leistung auch ohne den Glanz der Ehre und die
Klarheit der Verantwortung, Staat und Verwaltung in Gang hielten.
Wenn auch auf die Dauer die schöpferischen Grundkräfte für das
Bestehen von Staat und Verwaltung entscheidend sind, so darf man
diesen Rest des preußischen Erbes, der in Staat und Beamtentum
geblieben war, nicht unterschätzen, da in einem derartigen Riesenap-
parat allein nur die traditionelle Disziplin und Technik, auf eine Un-
summe von ererbten Erfahrungen beruhend, für ein Funktionieren
des Apparates schlechthin Voraussetzung sind. Ein Beamtentum, das
in 250 Jahren aufgebaut und erzogen ist, kann nur schwer in wenigen
Jahren zerschlagen werden. Doch wurde das Leistungsgefüge der
Verwaltung erschüttert, da die Stellen mehr und mehr nach anderen
als sachlichen Gesichtspunkten besetzt wurden. Jede große Institution muß, wenn sie bestehen und etwas leisten will, ein bestimmtes
Leistungsgefüge haben, in dem jeder Befähigte, der die nötigen Grund-
voraussetzungen in sich trägt, nach Leistung aufsteigen kann. Durchbricht man dieses Leistungsgefüge, so muß auf die Dauer der Geist
des Beamtentums und seine Leistung darunter leiden.

Die *Finanzen gerieten in Unordnung, da die gesunden Grundsätze*
preußischer Finanzkunst als unnützer Ballast über Bord geworfen
wurden. Man glaubte, mit geborgtem Gelde reich werden zu können.
Die Schuldversklavung an das Ausland, der Bankenzusammenbruch
von 1931 und hohe Fehlbeträge in den öffentlichen Haushalten waren
die Folge.[47] Die Justiz wurde – mit einem Satz gesagt – immer mehr
zur Dirne der Politik.

Das *Heer* unterlag jetzt jedoch nicht diesen negativen Tendenzen
der Entwicklung. Die Feindmächte hatten es zwar – im Gegensatz zu
seiner Stellung zahlenmäßig klein gehalten[48] und damit seinen traditionellen Einfluß auf Volk und Staat geschwächt, doch gelang dem
überlegenen Weitblick des Generals von Seeckt[49], das Heer aus den
politischen Tageskämpfen herauszuführen und politische Einflüsse
fernzuhalten, die den Geist und das Gefüge des Heeres hätten zerset-

zen können. So konnte das kleine Kernheer nicht nur seine militärische Kraft vollenden, sondern auch die preußischen Grundkräfte der Zucht, der Ehre und Verantwortung in seiner soldatischen Gemeinschaft bewahren.

Während das *preußische Erbe* im Heer ungebrochen lebte, war es in Staat und Beamtentum als Ganzem in seinen Grundkräften und Grundzügen gebrochen, wenn es auch in vielen einzelnen Beamten weiter fortlebte. Staat und Beamtenschaft waren aber ohne schöpferische politische Kraft. Im Heer war zwar eine politische Gesamtrichtung vorhanden, sie konnte sich aber nicht aktiv entwickeln, da das Heer sich aus der Politik heraushielt. Die einzig wirkliche schöpferische politische Kraft der Nachkriegszeit war der Nationalsozialismus, dem daher mit innerem Recht die politische Macht zufiel.

Die *Idee des Nationalsozialismus* sieht das Volk als Grundlage des gesamten Lebens an. Sie will das Leben des Volkes von allen fremden Kräften befreien und es seiner Art gemäß entwickeln. Sie will die große Volksgemeinschaft, wie alle übrigen Gemeinschaften, des Berufes, der Familie, der Gemeinde, – die die destruktiven Kräfte der französischen Revolution und der Aufklärung mehr oder minder zersetzt haben – zu neuem Leben erwecken. Den Staat sieht der Nationalsozialismus nicht als Selbstzweck, sondern als Mittel zum Zweck an. Er erblickt in ihm die Lebensform des Volkes und die organisierte Macht zur Behauptung im Kampf ums Dasein, zur Erhaltung und Entfaltung des Volkstums. Nur Männer des deutschen Volkes können daher Beamte werden. Daher Ausscheiden der Juden und Judenstämmlinge. Der Führer sagt im Kampf:»Jede Organisation muß in sich die Verkörperung des Strebens sein, die Köpfe über die Massen zu stellen.« – »Die beste Staatsverfassung und Staatsform ist diejenige, die mit natürlicher Sicherheit die besten Köpfe der Volksgemeinschaft zu führender Bedeutung und zu neuem Einfluß bringt.« Der nationalsozialistische Staat ist ein Führerstaat.»Jedem Mann stehen wohl Berater zur Seite, allein die Entscheidung trifft ein Mann.«[50] Der nationalsozialistische Staat ist seiner Idee nach ein autoritärer Staat, er gründet sich »auf Verantwortlichkeit nach oben, auf Autorität nach unten«.

Wie verträgt sich nun die Idee dieses nationalsozialistischen Staates mit dem preußischen Erbe? Das Erbe, das der Nationalsozialismus im Reiche vorfand, konnte er nur als Mittel benutzen, da es nicht mehr schöpferisch lebendig war. Das Urgesetz des preußischen Staates aber, das von den großen Herrschern geprägt, in den späteren Generationen nur unvollkommen erfüllt wurde, widerspricht nicht der Idee des Nationalsozialismus; denn es ist ja nicht ein willkürliches Gesetz, das sich der preußische Staat gab, sondern das unwandelbare Gesetz seiner Lage und seines schicksalhaften Auftrages. Die deutsche Lage ist der preußischen Lage gleich: Vom Feinde umgeben, mit offenen Grenzen, nur im Kampfe sich behaupten zu können. Und der Auftrag, den das Schicksal an Preußen gab, die neue Kraft Deutschlands zu sein, geht von Preußen auf Deutschland über, eine neue reichsbildende Kraft in Europa zu sein. Der preußische Staat ist keine deutsche Schöpfung, die unserem Wesen widerspräche, sondern das Werk der deutschen Schöpferkraft selber, die sich, nachdem sie jahrhundertelang nach innen gelebt und die herrlichsten Geistestaten vollbracht, dem Leben des Volkes zuwandte und ihm die gesteigerte Kraft und die straffe, harte Form gab, die sein Schicksal fordert.

So hat auch der *Nationalsozialismus* immer den Zusammenhang mit dem *Altpreußentum* betont. Der Führer hat im Buch»Mein Kampf« dem Heer und Beamtentum das schönste Denkmal gesetzt. Daß der 21. März 1933 ein Tag von Potsdam war, ist kein Zufall, sondern ein Symbol. Der Führer huldigte am Schluß seiner Proklamation »in dem für jeden Deutschen geheiligten Raum« der Garnisonkirche dem größten König.[51] Joseph Goebbels betont die Einheit des Nationalsozialismus mit dem Altpreußentum in seiner Rede im April 1932: »Die Idee, die wir tragen, ist preußisch. Die Ziele, die wir zu erreichen trachten, sind in verjüngter Form die Ideale, denen Friedrich Wilhelm I., Friedrich der Große und Bismarck nachstrebten [...] Das Volk will, daß die preußischen Staatsgedanken wieder auferstehen.«[52] Es sind tatsächlich die alten preußischen Staatsgedanken, nur daß der Staat die Lebensform des ganzen Volkes wird, daß an die Stelle einer traditionellen Schicht, die Auslese der Besten des ganzen Volkes treten soll. Ein ganzes Volk bricht zu den Kräften seines Urwesens auf, um den Staat mit frischem Leben zu erfüllen; der Nationalsozialismus tritt aber in das unwandelbare Gesetz staatlichen Lebens ein, das im altpreußischen Staat Wirklichkeit wurde und später als stete Forderung an jede Führung bestehen bleibt. Der Nationalsozialismus hat bereits vor der Machtübernahme in der straffen Organisation der Partei, in Angriffsgeist und Widerstandskraft preußische Züge in eine neue Form gegossen. Bei der heutigen Lage von Volk und Reich stimmen die Forderungen des altpreußischen Staatsgedankens stärker denn je mit der nationalsozialistischen Aufgabe überein. Mehr denn je fordert die Lage von Volk und Reich, daß die Grundzüge des preußischen Staatsgedankens Gestalt und Handeln des Staates in scharfe kraftvolle Form bringen.

Der Staat kann in der heutigen Zeit nur als *ordnende Kraft* bestehen, die den einzelnen und den Gruppen dem Gesetz des Ganzen unterwirft. Wieder fordert das chaotische Durcheinander, das der Nationalsozialismus bei der Machtübernahme vorfand, und die Lage des Reichs klaren Plan und strenge Ordnung, Befehl und Gehorsam. Eigentum kann nur Auftrag sein.

Der Staat muß wieder *einheitlich zusammengefaßte Kraft* sein. Der nationalsozialistische Staat als Lebensform des Volkes kann es nicht dulden, daß einzelne Zweige der Verwaltung, einzelne Gruppen des Volks- und Wirtschaftslebens uneinheitlich auseinanderfallen und kraftzersplitternd wirken. Nur die Zusammenfassung gibt die Kraft, die notwendig ist, um in allen, auch den äußersten Daseinskämpfen, in höchster Form anzutreten. Deshalb hat Reichsinnenminister Frick zusammen mit Oberbürgermeister Fiehler[53] immer wieder die Notwendigkeit betont, die Staatsverwaltung einheitlich zusammenzufassen.

Ist nun der nationalsozialistische Staat *Bürokratie* oder trägt er Züge bewegender, vielleicht schöpferischer Kraft in sich? Diejenigen, die dem Staat nur die Rolle einer trockenen, gesetzesreitenden Bürokratie zuerkennen wollen, verkennen die Lage, in der sich Volk und Reich befinden und den Auftrag, der sich daraus für den Staat ergibt. Die nächsten Jahrzehnte werden unserem Volk nicht Ruhe, nicht Stille schenken, nein, wir werden durch Stürme und Kämpfe gehen. Die vier Jahre seit der Machtergreifung brachten rastlose Arbeit, große staatspolitische Reformen. Aber niemand wird behaupten können, dieser Staat sei heute schon die knappe, harte Form, die das Volk zum Lebenskampf braucht. Nein! die großen Aufgaben stehen noch bevor! Noch ist die staatliche Kraft nicht organisch von unten her aufgebaut und klar zusammengefaßt. Noch ist sie nicht von der zentralistischen Erstarrung, der zersplitternden Schwäche einer unschöpferischen Bürokratie befreit. Noch ist die soziale Ordnung nicht bis ins letzte durchgeformt. Der Aufbau der Zellen der Volksordnung, Familie, Berufsstand, Gemeinde, ist gerade erst begonnen. Wieder ist die Aufgabe der Kolonisation gestellt. Arbeiter, Bauernsöhne müssen mit dem Land verbunden, die Großstadtfrage gelöst werden. Wieder muß das Letzte an Wirtschaftskraft aus dem eigenen Boden und allen seinen Kräften herausgeholt werden. Wieder fordert alles vom Staat Bewegung, stürmischen Willen, schöpferische Kraft. Wieder werden Beamte gefordert, die Pioniere, Schaffer, Schöpfer sind. Eine trockene Bürokratie kann diese Aufgabe nicht lösen; denn Bürokratie hat immer ihr eigenes Gewicht, das zum zähen Beharren neigt. Das Schwergewicht einer erstarrten Bürokratie läßt sich nicht von außen her lenken, es würde im übrigen jeden, auch den kühnsten Flügelschlag zu Boden ziehen. Diese großen Aufgaben fordern gebieterisch, daß ihre Erstarrung gelöst wird. Sie fordern ein schöpferisches Beamtentum.

Die *Partei* kann dem *Beamtentum* diese Aufgabe nicht abnehmen. Die Partei hat kraft historischer Legitimation, die sie sich im Kampf gegen den Versailler Vertrag und gegen die volksfremde Führung erworben hat, die politische Führung. Sie ist unbestreitbar und eindeutig nach dem Willen des Führers *der* politische Willensträger der Nation. In ihr sollen sich immer von neuem die politischen Kräfte des Volkes formen, Volk und Staat mit neuem Leben erfüllen. Da der Staat nicht mehr auf ein wahrhaft preußisches Erbe im Beamtentum traf, war es eine unausweichliche Notwendigkeit, durch Entsendung einer Reihe führender Persönlichkeiten der Partei die nationalsozialistische Durchdringung der Staatsverwaltung und die Durchführung der Maßnahmen der nationalsozialistischen Regierung sicherzustellen. Daß es dabei nicht ohne Härten und Reibungen abging, ist selbstverständlich; daß die Schwierigkeiten der Übergangszeit noch nicht überwunden sind, ist klar und unausbleiblich. Je mehr das Beamtentum von der Idee durchdrungen wird, desto eher wird [sich] die Partei auf ihre wesentliche Aufgabe konzentrieren können, Wesens- und Willenskern der politischen Idee als Orden der Besten zu sein.

Dem Beamtentum bleibt daneben genug Raum zum Schaffen. Ihm bleibt der Auftrag, den lebendigen, stets neu sich formenden politischen Willen in seinem staatlichen Bereich in die Tat umzusetzen. Wie es der Auftrag des Heeres war und ist, den politischen Willen der Führer auf den Schlachtfeldern Tat werden zu lassen, die Schwungkraft des Volkes nach den nüchternen Grundsätzen von Strategie und Taktik, in Beherrschung aller Kriegsmittel zum Einsatz zu bringen, so ist es der Auftrag des Staates und seines Beamtentums, den politischen Willen auf den inneren Schlachtfeldern in die harte Wirklichkeit umzusetzen. Wie das Heer, so hat auch das Beamtentum die Aufgabe, den Nationalsozialismus in die metallisch harte preußische Form zu gießen und die erprobten Grundzüge staatlicher Herrschaft zum Wirken zu bringen. Dazu gehört das Wissen und die nüchterne Einschätzung der Kräfte von Volk und Raum, die vollendete Beherrschung des staatlichen Apparates, seiner Gesetze und seiner Funktionen, der planvolle Einsatz seiner Mittel. Das Beamtentum muß die nationalsozialistische Schwungkraft mit der preußisch-staatlichen Erfahrung verbinden.

Das Beamtentum muß sich in Form bringen und die Schlacken

einer unschöpferischen bürokratischen Zeit, Schlacken der politischen Knechtung durch das republikanische System von sich streifen. Entscheidend ist dafür, daß die *inneren Grundkräfte* wieder sein Leben und seine Arbeit durchdringen. Die *Zucht* des Dienstes muß zur äußersten Strenge gesteigert werden. Die Leistungsanforderungen müssen nach dem inneren Gesetz, auf dem der nationalsozialistische Staat aufbaut, unerbittlich hart werden. Dieses innere Gesetz befiehlt: Nur Leistung darf den Rang heben, nicht Beziehungen, Reichtum oder Geburt. Wer vor den Anforderungen versagt, muß ohne Rücksicht auf die Person ausgeschieden werden; denn Rücksicht kann nicht einzelnen, sondern nur dem Ganzen gelten. Der wahrhaft Tüchtige muß dagegen tatsächlich den Marschall-Stab im Tornister tragen. Die Aufgabe des Staates fordert eine Zucht und Strenge des Dienstes, die soldatischen Charakter trägt.

Der innere Geist des Dienstes und der Pflichterfüllung hat das Beamtentum nie ganz verlassen, selbst zu einer Zeit, wo man ihm keine *Ehre* mehr gab. Dieser Geist des Dienstes und der Pflichterfüllung wird um so lebensvoller sein, je mehr man dem Verdienst und der treuen Arbeit des Beamtentums die Ehre gibt. Nur der Beamte wird das Höchste leisten und seinen Pflichtkreis mit Leben erfüllen, der »um Ehre« dient. Das Beamtengesetz ist ein Wegweiser nach dieser Richtung.[54] Da die Idee des nationalsozialistischen autoritären Staates wieder klar abgegrenzte Befehlsgewalt und volle *Verantwortung* für alles Handeln fordert, muß wieder Raum für den Geist innerer Verantwortung werden. Wir Beamte schwören, unsere Amtspflichten »gewissenhaft« zu erfüllen, »so wahr uns Gott helfe«. Das Wort gewissenhaft ist im Sprachgebrauch verblaßt, es wird heute im Sinne von genau, gründlich, korrekt gebraucht. Es heißt aber nach seinem Ursinn: Aus dem Gewissen heraus die Amtspflicht erfüllen, aus tiefster Verantwortung vor dem Gewissen und Gott. So fordert die innere Verantwortung, auf die wir geschworen haben, eine stets aufrechte und wahrhaftige Haltung, die seit jeher der entscheidende Charakterzug gerade des nordischen Menschen ist. So werden die letzten Tiefenkräfte *echter Religion* aufgerufen, damit das Beamtentum befähigt wird, die strengen Forderungen des Dienstes und der Pflicht mit innerer Stärke und Kraft zu erfüllen.

Wir fassen zusammen:

Nationalsozialismus und Preußentum sind keine Gegensätze. Der Nationalsozialismus ist die politische Idee unseres Zeitalters, das Preußentum ist das Gesetz unseres staatlichen Lebens. Die Idee muß nach den Gesetzen des staatlichen Lebens gestaltet werden. Es gilt daher nicht, diese Kräfte gegeneinander ins Feld zu führen, sondern sie zu höchster Wirkungskraft für Volk und Reich zu verbinden. Stellung und Auftrag des Beamtentums sind klar. Die Stellung ist durch das Beamtengesetz eindeutig festgelegt, welches das Beamtentum als einen Grundpfeiler des Staates bezeichnet. Das Gesetz trägt die Unterschrift des Führers. In Anlehnung an ein altes deutsches Wort gilt auch hier: »Ein Führerwort besteht und zwar von niemand anderes zerdeutet und verdreht.« Auftrag des Beamtentums ist es, den nationalsozialistischen Zielen im staatlichen Bereich Gestalt zu geben. Dazu heißt es nicht nur, einen übersetzten staatlichen Apparat in eine knappe lebendige Form zu bringen, sondern auch die erstarrte Bürokratie selber in ein lebendiges schöpferisches Beamtentum verwandeln. Das ist vielleicht eine der schwersten Aufgaben, die heute überhaupt zu lösen ist. Sie muß gelöst werden, da ohne einen kräftigen Staat nicht nationalsozialistisch regiert werden kann. Das Beamtentum verdient bei diesem schweren Auftrag die Unterstützung aller Stellen. Kritik ist leicht. Wir sind für jede Kritik dankbar, die einem Helfenwollen entspringt und nicht dem Willen, sich zu überheben und andere herabzusetzen. Alle Stellen, alle Nationalsozialisten müssen sich immer wieder sagen, das ist unser Staat, unser Beamtentum, sein Erfolg oder Versagen trifft am Ende immer uns selber, Volk und Reich. Entscheidend ist aber, daß das Beamtentum selber sein Schicksal in die Hand nimmt. Es muß gewiß heute noch darunter leiden, daß es das Odium der Bürokratie aus der Systemzeit mit sich schleift. Es ist in der Lage einer Truppe, die durch Ungunst der Lage, aber auch durch eigene Schuld eine Schlacht verloren hat. Da hilft jedoch kein Klagen über die Mißgunst des Schicksals und die Vorwürfe der Außenwelt, kein Ausbrechenwollen in andere Berufe. Das Beamtentum muß sich die Litzen, die man ihm genommen hat, wieder verdienen. Es muß seinen Auftrag durch Leistung erfüllen. Wir müssen zeigen, daß wir Kerle sind. Wir müssen uns durch Kraft und Leistung unsere Stellung wieder erobern. Denen, die an der Aufgabe irre werden wollen, rufen wir das Wort Moltkes in der Schlacht bei Königgrätz zu, als er nach seinen Dispositionen für den Rückzug gefragt wurde: »Hier wird nicht zurückgegangen, hier geht es um Preußen!«

Nr. 14
Fritz-Dietlof Graf von der Schulenburg an seine Frau,
Potsdam, 8. 6. 1940,
Privatbesitz Charlotte Gräfin von der Schulenburg, München.

[Nach dem Tode des Bruders Adolf-Heinrich in Köln]
[...] Der Tod hat in unsere früher so »stolze« Familie mit harter Hand hineingegriffen. Beide Eltern, zwei Brüder, der eine im Jünglings-, der andere im Mannesalter, durch Unglück und Krankheit weggerissen. Wer hätte das gedacht oder geahnt? Die ganze Ohnmacht unseres Willens und Hoffens, das wirklich all-mächtige Walten Gottes wird immer in solchen Tagen noch klarer als sonst. Ich möchte, daß meine Kinder – unmerklich – so erzogen werden, daß sie wirklich von innen her fromm sind. Gott hat, nachdem die Kinderfrömmigkeit verweht war, wie ein ferner Hall in mein Leben hineingeschwungen. Erst später trat er mehr in den Mittelpunkt meines Lebens, und erst in der letzten Zeit ist er mir oft gegenwärtig und klar wie der Glockenschlag der [Potsdamer] Garnisonkirche. Kann man den Kindern die Umwege ersparen? Vielleicht nicht ganz, denn sie gehören wohl zum wahrhaften inneren Besitz des Glaubens. Aber man kann den Glauben so fest in sie einpflanzen, daß er in den Übergangszeiten im Unterbewußtsein wachbleibt und nachher durch das Leben zu wahrer Klarheit geführt wird. Ich selber bin an einem Wendepunkt meines Lebens – in einer Zeit, in der religiöse Fragen nicht im Vordergrunde standen – nur durch die Frage nach Gut und Böse und danach, wie würde Mutter diese Frage beantwortet haben, zur richtigen Entscheidung gelangt [...]

Nr. 15
Fritz-Dietlof Graf von der Schulenburg an seine Frau,
Warthegau, 11. 4. 1941,
Privatbesitz Charlotte Gräfin von der Schulenburg, München.

Ostersonnabend [...] Heute hatten wir Kirchgang in die Katholische Kirche eines ganz nahe gelegenen Ortes. Unser Divisionspfarrer Döring [d. i. Dr. Walter Doehring], der Sohn vom Domprediger, sprach. Er hat manchmal auch etwas Anlage zum Theologisieren. Heute aber sprach er eine klare, einfache Sprache, die der Soldat mag. Sonst ärgere ich mich oft über die Pastöre, weil sie über lauter theologischen Begriffen den Soldaten nicht ansprechen... Das Wesen des Christentums überzeugt mich immer wieder. Mit dem Verstand fasse ich es vielleicht gar nicht ganz, aber ich fühle, daß es unabdingbare heilige Werte gibt, die über Zweifel und Kritik hinausragen wie die hohen weißen Gletscher über Nebel und Dunst. Nachher ging ich mit Döring in unser Gutshaus. Er freute sich, daß zum Abendmahl eine ganze Reihe von Soldaten gekommen waren und sagte, daß in der letzten Zeit die Einzelseelsorge außerordentlich zugenommen habe. In Bezug auf die Kirchenverhältnisse im Reich sah er im Augenblick schwarz. Man rollt diese Frage gerade im Warthegau und Westpreußen mitten im Kriege auf, in Gegenden, wo tatsächlich die Kirche die tragende Institution des Volkstumskampfes war. Ein trauriges Bild für die Volksdeutschen, wenig geeignet, sie innerlich zu gewinnen. Ein für die Polen unverständlicher Vorgang, der wenig überzeugend wirken wird, und ohne zu überzeugen, kann niemand herrschen und im übrigen dumm und gemein [. . .]

Nr. 16
Fritz-Dietlof Graf von der Schulenburg an seine Frau,
Warthegau, 19. 4. 1941,
Privatbesitz Charlotte Gräfin von der Schulenburg, München.

[. . .] Du hältst viel zu viel von mir. Im Grunde bin ich doch auch nur ein armes, suchendes, schwankendes Rohr, das der Wind bewegt. Und gerade in dieser Wartezeit, die mit vielen Nichtigkeiten und mit vielem Herumsitzen ausgefüllt ist, gewinnt der Eindruck immer mehr Klarheit, wie wenig man am großen Geschick zu ändern vermag und wie das Schicksal eines Menschenlebens davon abhängt, daß es sich nach seinem Gesetz, nach dem es angetreten, in das große Schicksal einfügen kann. Du bist in diese Frage unwiderruflich hineinverwoben, da Du Dich mir verschworen hast. Ich weiß, was für einen Berg von Verantwortung ich mit mir herumschleppe, es gibt aber keine Last, die ich lieber trüge. Und trotzdem muß ich den holperigen und stolperigen Weg gehen. Und ich bin wirklich froh und dankbar, daß Du unbekümmert und unverzagt an meiner Seite gehst. Wir müssen eben so gehen, als lustwandelten wir auf einer Promenade. Vielleicht legt das Schicksal, weil wir uns für den holperigen Weg entschieden haben, nochmal ein Stück Promenade ein. An kleine Stückchen glaube ich mich zu erinnern [. . .]

Nr. 17
Fritz-Dietlof Graf von der Schulenburg an seine Frau,
Warthegau, 24. 5. 1941,
Privatbesitz Charlotte Gräfin von der Schulenburg, München.

[...] Ich reite als dienender Bruder – nicht als befehlender, aber als gern und freudig dienender – im Bataillonsstab mit, jederzeit gewärtig, nach dem Wink des Herrn Oberstleutnant, wenn es etwa anfängt zu schießen, die Kompagniechefs reitend im Galopp nach vorne zu holen oder im Gefecht die Melder zu dirigieren und Befehle zu übermitteln. Sicher alles reizvoll, aber doch nur ein schwacher Abklatsch des Ernstes. Werde ich ihn in Ehren bestehen? Im Innern hoffe ich, daß es mir geht wie so oft schon, daß sich vorher alles bis zum letzten spannt, um dann in den entscheidenden Augenblicken der Ruhe und Gelassenheit die Herrschaft zu übergeben. Ich fühle mich frei von dumpfen Ahnungen. Aber manchmal denke ich, daß so das Leben eigentlich gar nicht weitergehen kann. Das Glück hat mich in meinem Beruf, trotz vieler Fehlschläge und bitteren Enttäuschungen – die allerdings auch wieder notwendig waren, um mich sehend zu machen – nicht verlassen, sondern geradezu beschämend verfolgt.

Auch hat mich – glaube ich jedenfalls – im vorigen Jahr das Glück begleitet, als ich, meinem Gewissen gehorchend, aus der Verwaltung ausschied und den Soldatenrock anzog. Ich habe viele Länder, Provinzen, Menschen gesehen und viel Neues gelernt – ich glaube sogar mehr als mir irgendeine Verwaltungsstellung gegeben hätte. Abgesehen davon habe ich das Gesetz der Institution, in der ich jetzt diene, an mir erfahren, das in Organisation und Technik gleich überzeugend wirkt und in seinem Geist mir doch die *Gewißheit* gibt, daß in diesem Lager Deutschland steht [...]

Ich glaube daher, daß diese Soldatenzeit für mich nicht verloren, sondern gewonnen ist. Ich kann also nur dankbar sein, daß Gott mit mir bisher immer gnädig verfahren ist. Auch sonst hat er in meinem Leben die Lose mit Wohlwollen geschüttelt.

Ich sehe in allem, daß ich geführt werde. Das ist eigentlich die Summe meiner Lebenserfahrungen: wie klein, unendlich klein ist der Einfluß des Menschen auf sein Geschick und wie groß Gottes Hand. Wenn ich auf mein Leben zurückblicke, dann ist aus dieser Hand so viel Glück und Segen geflossen, daß ich mir sagen muß: so viel Glück kann doch auf die Dauer gar nicht so weitergehen! [...] Wenn mich das Geschick treffen sollte, dann bin ich nicht zu früh weggegangen, weil ich ein mit Arbeit, Kampf und Liebe erfülltes Leben gehabt habe. Und der Begriff langes oder kurzes Leben ist demgegenüber schal und leer, wie er wohl vor der Ewigkeit überhaupt kein Gewicht hat. Vielleicht zählen vor ihr nur die Augenblicke, in denen man nicht schwer einhergetrottet, sondern geflogen ist.

Nr. 18
Fritz-Dietlof Graf von der Schulenburg an seine Frau,
auf dem Weg nach Südostpreußen, 1. 6. 1941,
Privatbesitz Charlotte Gräfin von der Schulenburg, München.

[...] Gestern Nacht Übungsmarsch, nachmittags hatte ich noch in einem kleinen Fluß gebadet und mich im breiten Urstromtal gesonnt. Eine Bewohnerin der Stadt, nett, aber hinkend, erzählte von den Zuständen in der Stadt. Landrat ist ein ehemaliger Kreisleiter, ehemals klein, jetzt natürlich ganz groß. Mit Tattersall, auf dessen Pferden nicht nur Frau und Kinder, sondern auch die Stenotypistinnen reiten. Landrat und Bürgermeister gehen mit Reitpeitsche umher und machen mitunter davon Gebrauch. Wir übernachteten auf Stroh, was uns sehr gut bekam. In einer Art Armenhaus mit größtem Elend und größtem Dreck. Mir sticht es immer in das Herz, wenn ich die Kinder mit hohlen blassen Gesichtern und großen ernsten Augen sehe. Daß wir Offiziere gerade in dem scheußlichsten Viertel untergebracht wurden, während eine ganze Reihe von Privatquartieren in gut gebauten Häusern offen standen, drückt offensichtlich die Einstellung der Partei und Zivilstellen gegen die Wehrmacht aus. Wenn man in Lokalen sitzt und die Gesichter und Gesten dieser neuen Herrenschicht beobachtet, wenn sie über Offiziere ihre Glossen machen, erübrigt sich jedes weitere Wort: Der Tatbestand ist klar, es gehört schon viel Kälte und Vermessenheit dazu, daß man zu einem solchen schiefen Urteil über den Typ des Soldaten und die im ganzen sauberste und leistungskräftigste Institution Deutschlands gelangt [...]
[...] Wir hörten auch von dem Märchenschloß von Erich Koch, anstelle eines abgerissenen Schlosses des Fürsten Radziwill neu aufgebaut in kurzer Zeit von Frühjahr bis Spätsommer 40. Zeitweise mit Heeren von Arbeitern mit einem Kostenaufwand von 1,5 Millionen. Man sagt, es sei wunderbar eingerichtet mit kostbaren Möbeln und Gegenständen. E[rich] K[och] soll gesagt haben, es sei nicht für persönliche Bedürfnisse errichtet, sondern für Staatszwecke, denn die obersten Führer sollten, wenn sie Südostpreußen besuchen, standesgemäß untergebracht werden. Aber warum baut man mitten im Kriege? Wo nur das Notwendige geschehen soll und wo selbst für das

Notwendige die Rohstoffe und die Mittel fehlen [...] Der Takt fehlt und die Verbundenheit mit dem Volk scheint auch nicht mehr vorhanden. Was wird die Geschichte über diese Männlein sagen, die jetzt im Krieg an den harten, klaren Maßstäben des Notwendigen gemessen werden müssen! [...] Ich registriere alles und runde mein Urteil über manche Züge des Aufbaus im Osten ab und ebenso über die Führerschicht gerade in Ostpreußen. Eine gewisse Genugtuung kann ich darüber nicht unterdrücken, daß der weitere Verlauf der ganzen politischen Entwicklung meiner Entscheidung Recht gibt, daß ich mich von Erich K[och] trennte, denn das, was ich damals erkannte, hat sich jetzt voll entwickelt und klar entpuppt. Die Entscheidung, die sich mir damals in manchen Zweifeln schwer entrang, steht jetzt als klare Gewißheit vor mir [...]

Nr. 19
Fritz-Dietlof Graf von der Schulenburg an seine Frau,
Südostpreußen, 18. 6. 1941,
Privatbesitz Charlotte Gräfin von der Schulenburg, München,
zitiert nach Krebs, Schulenburg, S. 148–150.

[...] Im Mittelpunkt der Erziehung muß der Glaube an Gott stehen, das Wissen um seine Allmacht und Führung. Die Erziehung soll die Kinder unmerkbar dahin führen, daß sie auf die Stimme des Gewissens horchen, das in jedem Menschen schlägt und ihm, wenn er nur recht hinhört, schon den richtigen Weg weist. Sie soll die Kinder lehren, daß auch in den besten Menschen helle und dunkle Mächte miteinander ringen und daß man sich im Leben jeden Tag neu zu entscheiden hat.

Du mußt die Kinder lehren, daß nur Gott groß und der Mensch dagegen winzig klein ist. Daß er im Grunde nichts sich selbst verdankt, sondern alles Gott und seinen Gaben, mögen diese nun in den Anlagen, die ihm seine Voreltern als Erbe überliefert haben, oder in Gottes Führung und Gnade das Leben hindurch bestehen. Wenn sie dessen stets gedenken, werden sie demütig und bescheiden sein und sich nicht über ihren lieben Mitmenschen mit all seinen Schwächen und Fehlern erheben.

Sie werden dann die Welt als Feld betrachten, auf dem Gott schafft, und sich als seine Helfer. Tief muß sich in ihr Herz graben, daß all ihr Tun und Wirken vor Gottes Auge bestehen muß. Und daß ein Werk nur dann gelingt, wenn Gottes Kraft es trägt.

An alles, was sie an Arbeit anfangen, lehre sie, ihre ganze Kraft, ihr ganzes Herz zu wenden, nichts Halbes, nichts ohne Lust zu tun, nicht an der Oberfläche haften, sondern vom Grunde her schaffen. Darum lehre die Kinder zu arbeiten und zeige ihnen das Ziel, freudig zu arbeiten.

Meine Kinder sollen nebenbei ein Handwerk lernen, damit sie den Segen der kunstgerechten Händearbeit erfahren und gezwungen sind, gründlich zu arbeiten.

Lehre die Kinder, in allen Dingen auf das Wesen zu sehen und sich nicht vom Unwesentlichen beirren zu lassen, das sich wie ein Ballast an alles Leben hängt, es niederzuziehen sucht. Wer in dem Wesen der Dinge lebt, kann nur einfach leben und handeln. Verlange von den Kindern, daß sie unerbittlich wahr sind, und mache ihnen klar, daß Gott alle Lügen durchschaut und am Ende straft, am meisten dadurch, daß er Gesicht, Charakter, Geist des Lügners von Lüge zu Lüge mehr verzerrt, häßlich und klein macht.

Leicht sind wir verführt, andere Menschen zu verspotten und zu verachten, doch wirken in Spott, Verachtung, Haß niederziehende unfruchtbare Kräfte. Nur die Liebe, die das Gute im Menschen sucht und anspricht, entfaltet schöpferische Kraft. Der edle Mensch sieht auch noch im schlechtesten Menschen das Gute und schenkt ihm seine Liebe und Hilfe, wie es Christenlehre ist.

Jede Bildung bildet nur dann wahrhaft, wenn sie die guten Kräfte im Menschen stärkt und entfaltet. Daher trage an die Kinder Gutes, Schönes, Großes heran und stärke hierfür Sinn und Freude.

Meine Kinder sollen mit Dir viel sehen durch Reisen und Wandern, sie sollen aber nicht entwurzeln, sondern dem Boden verbunden bleiben und klar sehen, daß der Boden die Wurzel der Kraft des Volkes ist und daß keine Familie dauert, die sich von dieser Wurzel trennt. Meine Kinder sollen daher alle – Töchter und Sohn – nach der Schule auf einem geeigneten Gut bei einer typisch ländlichen Familie Haus- bzw. Landwirtschaft lernen, damit sie den Segen des Landes erfahren. Dabei soll ihnen Tressow Heimat bleiben.

Meine Kinder sollen ihren Körper als von Gott anvertrautes Gut betrachten, dessen Kräfte sie zu bilden, mehren, stärken haben. Dazu gehört, daß der Körper Arbeit und Anstrengungen ausgesetzt, in vielen Sportarten gestählt wird und auf dauernde äußere Genüsse verzichtet.

Genüsse, als Seltenheiten genossen und als Festtage in den Alltag gestreut, sind dazu bestimmt, gehörig ausgekostet zu werden. Aber nur, wenn ›diu maze‹ nicht verlorengeht, bleiben sie kostbar. Dann allerdings erquicken sie mit frischer Freude wie ein klarer Wasserquell und geben Geist und Körper Flügel.

Ich will, daß meine Kinder einfache, klare, gläubige Menschen werden, die in Leben und Taten Gott lieben und dienen, die mitten in das Leben und das Volk gehend im Leben und im Volk stehen – wie die besten Schulenburgs, seine Sprache sprechen und, ohne sich zu überheben, mit allem Gemeinen ringend, danach streben, edle Menschen zu werden voller Liebe und Kraft wie klare reine Gefäße für Gottes Kraft und Gnade.

Ich werde mit ihnen, wohin ich auch immer gehe, in Liebe verbunden bleiben [. . .]

Nr. 20
Fritz-Dietlof Graf von der Schulenburg an seine Frau,
Südostpreußen, 19. 6. 1941,
Privatbesitz Charlotte Gräfin von der Schulenburg, München,
zitiert nach Krebs, Schulenburg, S. 150–152.

[. . .] Ich glaube an Gott, die überirdische Macht, die auf geheimnisvolle Art in unser Leben hineinragt, für uns mit dem Verstand nicht erkennbar und nur mit dem Herzen erfaßbar ist. Ich glaube an eine Führung durch Gott; ich habe sie in meinem Leben des öfteren gespürt. Ich glaube, daß man seiner Kraft teilhaftig wird, wenn man ihn liebt, sich ihm hingibt und zu ihm betet. Worum ich noch ringe, ist, daß ich ganz in Gott ruhe, mich mit Zweifel, Sorge, Not an ihn wende und nicht versuche, ihrer mit meinem kleinen menschlichen Verstande Herr zu werden. Ich ringe um seine Gegenwart, daß er *die* beherrschende Kraft in meinem Leben werde. Alle Gebresten unserer Zeit – soweit sie eben nicht die ewigen Gebresten der Menschheit sind – rühren daher, daß wir weitgehend den Glauben an Gott und die Demut vor ihm verloren haben und schon munter um das goldene Kalb tanzen.

Ohne die Scheidung in Gut und Böse und ohne das Gebot, dem Guten zu folgen, also ohne feste Moral, kommen die Menschen nicht aus. Christus hebt auch die Moral nicht auf, er begnügt sich aber nicht damit, daß man nur die äußeren Gebote befolgt, er fordert, daß man ihrem Geist entsprechend lebt, und verdammt die Selbstgerechten. Die Scheidung in Gut und Böse wird auch dadurch nicht aufgehoben, daß seine Liebe und Gnade den ärmsten Sünder erreicht; denn Christus weiß, daß jeder Mensch in Sünde und Schuld gerät und daß die Unterschiede in der Schwere der Sündenlast vor Gott gering wiegen. Kommt es doch am Ende nur darauf an, wie weit sich das Herz Gott und seiner Liebe öffnet. Und dem kommt der tief in Schuld Verstrickte, dem das Gewissen zum Zerspringen schlägt, näher als der mit kleinen Sünden behaftete, der über sie hinwegtänzelt.

Ich glaube, daß die Liebe – der Kerninhalt der Lehre Christi – die einzige wahrhaft schöpferische Kraft im Leben ist. Nur Gottes Sohn konnte ganz Liebe werden und sich für uns hingeben. Alle anderen können nur danach trachten, sich ›ins Meer der Liebe zu versenken‹, und werden doch nie ganz dahin gelangen. Aber trotzdem liegt die einzigartige Größe der christlichen Lehre darin, daß sie die Liebe zum obersten Gesetz erhebt.

Ich glaube an ein Fortleben nach dem Tode in einem höheren Reich, in das uns der Blick verwehrt ist. Und daß die Art des Fortlebens sich danach bestimmt, wie weit man in diesem Leben der göttlichen Kraft verbunden war. Das ist auch der Sinn des Himmels der christlichen Lehre. Überhaupt dürfen wir nicht vergessen, daß die damalige Zeit in Mythen und Bildern dachte und in deren Gleichnissen die Wahrheit erkannte, wozu uns modernen Menschen schon weitgehend das Vermögen fehlt. Die Bibel ist in einer Sprache geschrieben, die das Volk zur Zeit Luthers sprach und die die heutige Zeit nicht mehr versteht. Es gilt also, die christliche Verkündigung, deren Kern ewig wahr ist, in eine Form zu bringen, die den Erkenntnissen und dem Erkenntnisvermögen der Zeit entspricht und in eine Sprache, die das Volk versteht. Ob die Kirchen dazu imstande sind, ist fraglich. Sie sind weitgehend erstarrt, und ich bezweifle, ob die jüngeren Kräfte, die sich in ihnen regen, stark genug sind, um sie zu reformieren. Im Grunde ist der Gegensatz katholisch–evangelisch längst überholt und wesenlos geworden. Der Gegensatz dieses Jahrhunderts ist Christentum und Atheismus. Wenn die katholische Kirche klug wäre, würde sie große Züge machen und entgegenkommen in Ritus und Lehre, um die Einheit wiederherzustellen.

Ich bin immer wieder erschüttert, wenn ich Pfarrer reden höre, auch Wehrpfarrer. Das Volk hat die guten Wertungen noch in den Knochen, und keiner dieser Männer kann sie ihm vom Christentum her klarmachen, weil sie die erstarrte Sprache der Theologie sprechen [. . .]

Nr. 21
Fritz-Dietlof Graf von der Schulenburg, Kriegstagebuch (Auszüge), Privatbesitz Charlotte Gräfin von der Schulenburg, München.

9. 7. [1941]:[55]
Morgens unterhalte ich mich mit einer deutschsprechenden Frau über die Bolschewikenherrschaft. Die Bolschewiken führten die staatliche

Kolchoswirtschaft ein. Es war an sich jedem Bauern freigestellt, ob er sich beteiligen wollte oder nicht. Es beteiligten sich von 180 Bauern 80, 100 blieben dem Kolchos fern. Die Bauern, die sich beteiligten, wurden praktisch Deputatarbeiter des staatlichen Betriebes und nach der Zahl ihrer Arbeitstage entlohnt. Künstlicher Dünger und gute landwirtschaftl[iche] Maschinen wurden geliefert. Den Bauern, die sich nicht beteiligten, wurde gutes Land für den Kolchos fortgenommen und weniger und schlechtes Land dafür wiedergegeben, für das sie aber die volle Steuer für das gute Land zahlen mußten. Außerdem konnten die nichtbeteiligten Bauern praktisch nichts kaufen, mußten wieder selber weben. Im Dorfe von etwa 1000 Einwohnern gibt es keinen Krämer. Der Vorsitzende des Kolchos sei ein vorbestrafter Bandit gewesen. Ebenso der politische Kommissar in Stolpce, der nächsten größeren Stadt. Geklagt wird auch hier über die Willkürherrschaft, Verschleppung von Menschen und zwar Trennung von Familienmitgliedern untereinander. Die Bolschewiken wollten den Kindern beibringen, daß es keinen Gott mehr gebe. »Sie waren gegen Gott, Vater, Mutter!« Dem Popen nahmen sie alles weg, er hatte nur sein Hemd auf dem Leibe und keinen Pfennig mehr. Er war auf die Gaben der Bauern, die sich am Kolchos nicht beteiligten, angewiesen. Der Pope, griechisch-orthodox, amtiert aber noch. Mit der Polenherrschaft[56] waren die Bauern zufrieden. Sie herrschten gerecht und die Wirtschaft gedieh unter ihnen!

Nachmittags besuchen wir im nahen Kirchdorf den Popen. Er spricht nur wenig Deutsch. Wohnt in einem Haus, das als geräumiges Bauernhaus anzusprechen ist. Er ist verheiratet! und hat mehrere frisch und nett dreinschauende Jungen. Er sitzt in einer speckigen Breecheshose und in Hemdsärmeln in seinem Zimmer und lernt Deutsch! Als er aber seinen mattbraungrünen Talar anzieht, gewinnt er Haltung. Die Kirche, die er zeigt, ist eine schmucklose Holzkirche mit künstlerisch wertlosen Holzaltären, Jesus- und Heiligendarstellungen. Aber wie viel verehrende Gebete, wieviel Liebe hängt an ihnen! Er erzählte uns, daß die Bolschewiken die Lehre der Kirche unangetastet ließen, wohl aber die Zahl der Messen auf eine am Sonntag von 8–10 [Uhr] beschränkten. Dem Popen, dessen Einkünfte im wesentlichen auf den Kirchenländereien beruhten, nahmen die Bolschewiken das Pfarrland und überführten es in die Kolchoswirtschaft des Staates. Also das System des kalten Wasserabgrabens!

Abends verzehrten wir, d. h. Constantin und ich mit Bussche ein gebratenes Hähnchen im schattigen Garten eines Kulaken, d. h. Großbauern. Ich wie im Schlaraffenland auf dem Rücken liegend und mir das Hühnchenstück in den Mund hineinhängend. Es war im übrigen ordnungsmäßig bezahlt. Um 22.15 Uhr Abmarsch. Ich zur Verkehrsregelung an der Hauptstraße voraus. Es gab gleich Marschstockungen, da eine Division, die 7., noch auf der Hauptstraße vorbeiziehen mußte. An der Straße Stabsarzt Dr. Sturm, Stabsveterinär Dr. Ott, Ord[onnanz] Offizier Zimmermann.[57] Stabsarzt Dr. Sturm erzählte, daß er viele Marschkranke behandele, aber nur solche, die schon zu lange bei der Truppe geblieben seien trotz Marschbeschwerden mit Vereiterungen, Phlegmonen usw. Ein gutes Zeichen für die verbissene Energie der Truppe. Der Zustand der Pferde soll nach Dr. Ott befriedigen. Im übrigen herrscht bei allen das gleiche lähmende Entsetzen über die angebliche Öde, der das hochzivilisierte Deutschland, vor allem im Westen, mit seinen Genüssen und Annehmlichkeiten des Lebens gegenübergestellt wird. Alle haben die Nase vom Osten schon jetzt voll. Kein Schimmer des Verstehens findet man für die großartige Natur im Osten in ihrer Eigenart, keine Funken des Begreifens, was für eine Riesenaufgabe an die Deutschen im Osten herantritt. Und das geschieht am grünen Holze. Was will man dann vom Landser, vor allem vom großstädtischen Berliner Landser verlangen? Tatsächlich auch dringen nur die wenigsten in die Größe und Schönheit des Ostens ein, verstehen die Aufgabe, die sich hier stellt. Kann man mit diesem Volk den Osten mit neuer Kraft erfüllen und aufbauen? Auf jeden Fall kann man nicht zwei Aufgaben auf einmal lösen, die Koloniale *und* die Östliche. Schon der Osten fordert alle unsere wurzelkräftigen Menschen, unsere ganze Kraft. Mit Freiwilligen allein würde man im Osten wenig ausrichten. Man muß den Aufbau im Osten als großes soziales Befreiungswerk von der Enge und Not des deutschen Raumes verkünden und das Gros der Leute nach großem Plan, wenn nötig mit Zwang in Marsch setzen. Man muß das deutsche Volk noch einmal zu Glück und Größe zwingen. Eine Riesenaufgabe, die darüber entscheidet, ob das Volk endgültig der städtischen Zivilisation verfällt oder hier im Osten noch einmal Wurzeln schlägt und sich von seiner Kraft her erneuert. Eine Aufgabe, die der Arbeit eines Menschenlebens schon wert ist. Ich bin bereit, meines dafür in die Waagschale zu werfen.

Der Rundfunk verbreitet am 10. früh, Amerika besetzt Island.[58] Das bedeutet, Amerika übernimmt mit seiner Kriegsmacht den Geleitschutz. Der Wirtschaftskrieg mit England-Amerika verlängert sich ins Unübersehbare. An einen schnellen Erfolg des U-Bootkrieges kann ich nicht mehr glauben. Die harte Not kommender Kriegsjahre steigt am Horizonte auf. Die Parole heißt trotz allem: Und dennoch!

6. 8. [1941]:[59]

Nachmittags Spähtrupp. Bisher haben die drei Spähtrupps, die von meinem Zuge gingen, weit und breit nichts von Russen gesehen. Auch wir erspähen nichts, trotzdem wir mit Pausen fünf Stunden unterwegs sind. Wir gehen bis zu einer Hügelkette vor, von der man weit ins Land schaut, kilometerweit. Wieder das für Rußland typische Bild: Lang ziehen sich die Hügelwellen in die Weite, überschneiden sich. Das Gelbgold der reifen Ährenfelder wird punktiert durch das Grün der spärlich gesäten Bäume, Büsche und einzelner Waldstücke, die in der Ferne winzig klein werden und sich dann im graublauen Dunst verlieren, und durch das monotone Grau der Bauernhäuser, die immer gleichförmig gebaut, eben aus den grünen Mulden, in die sie eingebettet sind, ihre Dächer erheben. Alle Dörfer liegen in Mulden eingebettet, die in die weiten Züge dieser Landschaft merkwürdig scharf eingekerbt und fast immer von einem Bach durchflossen sind. Wir ziehen durch Dörfer. Vor jedem Haus ein Haufen Kinder. Da das Sowjetsystem nicht nach Kindern verlangt, offenbart sich hier die urhafte natürliche Kraft des slawischen Volkstums. Die Bevölkerung ist nicht feindlich, aber scheu abwartend, wenn man freundlich auftritt, geneigt, darauf einzugehen. Eine stürmische Begrüßung kann man nach allem, was sie erlebt hat, nicht erwarten. Die Entscheidung steht offen. Wir haben die Bevölkerung mit gewonnen, wenn wir ihnen klar sagen, ihr erhaltet Eigentum an Haus, Hof, Garten, das und das Deputat reichlich bemessen. Die Kolchose, die bis auf weiteres bestehen bleiben muß, wird Gemeindeeigentum. Der Ertrag fließt den Gemeindemitgliedern zu, allerdings hohe Umlage an den Staat abzuführen. Recht und keine Willkür! Dann entscheidet sich die Bevölkerung für uns, denn bisher hat auf dem Lande namenloses Elend geherrscht. Der ganze sowjetische Apparat und was überhaupt aufgebaut ist, hat sich vom Lande ernährt und die Bevölkerung dabei in Hunger und Elend verstoßen, das die Gesichter der Dorfbevölkerung widerspiegeln.

In der Kirche eines Dorfes, durch das wir ziehen, anscheinend Gemeinschaftsraum der Kommunisten. Alle Kirchen, die wir bisher sahen, zu weltlichen Zwecken mißbraucht!

Im letzten Dorf vor unserer Stellung wasche ich mich. Ein Bauer mit gutmütigem, breitknochigem, bärtigem Gesicht sieht interessiert zu und macht seine Bemerkungen. Wir rauchen einen Friedenszigarillo. Als aber eine Angehörige im Eifer ein deutsch-russisches Lesebuch heranschleift, das rein kommunistisch ist, und ich von Lenin und Stalin laut zu lesen anfange, schleicht er sich, ohne daß ich ihn noch

218

halten kann, bedripst zur Seite. Der Bevölkerung ist das Mal der Knechtschaft, die seit der Tatarenherrschaft über ihr die Peitsche geschwungen hat, untilgbar in Gesicht und Charakter gebrannt [...]

21. 8. [1941]:[60]

[...] Lange geschlafen. Dann die erste Laus entdeckt! Das macht trotz aller Erhabenheit doch traurig, denn irgendetwas von diesem russ[i-schen] Schmutz und Ungeziefer kommt damit über einen. Ich bin nun in Quartieren übernachtend in einer ganzen Reihe von Wohnungen in Kleinstädten und auf dem Lande gewesen und habe, so glaube ich, ein Urteil darüber gewonnen, was an ihnen typisch zu nennen ist. Ich übergehe ganz, daß sie alle vor Schmutz starren und von Ungeziefer, Wanzen, Läusen usw. wimmeln. Das scheint aber eine bisher unausrottbare russische allgemeine Eigenschaft darzustellen, über die man nicht länger zu sprechen braucht – Wesentlich erscheint dagegen, daß alle russischen Wohnungen wenig Raum enthalten – entweder es sind von vornherein kleine Wohnungen oder die ehemals großräumigen Wohnungen sind geteilt. Kurz, es herrscht überall erdrückende Enge, die dazu beiträgt, den Menschen zu nivellieren, gleichzumachen und ihm das Vermögen abschneidet, seine Persönlichkeit nach allen Seiten zu entfalten. Hier kann sich kein Familienleben entwickeln, denn dazu gehört schon Abgeschlossenheit und Raum. Überhaupt braucht der Mensch Raum, um Kultur zu entwickeln, ebenso wie Luft, Licht und Sonne, die in diese engen Behausungen keinen Eingang finden. Kleine Fenster, winkliger Bau geben nur düsteren Schatten Raum, aber nicht der Helle! Die Einrichtungsgegenstände entsprechen den Räumen, die sie füllen. Nur alte Möbel habe ich vorgefunden, abgeschabt und abgeschunden. Geld, um neue Möbel zu schaffen, schien nicht vorhanden zu sein. Ich stieß auf kein einziges Stück wirklich gediegener Wertarbeit – weder Fabrik, geschweige denn echter handwerklicher Arbeit. Der Bildschmuck war überall Kitsch, der aus den Druckereien der Bolschewiken geliefert wurde: billige Propaganda für das System. Nichts, was auf persönlichen Geschmack hätte schließen lassen. Überall die gleichen Bilder von Stalin, Lenin, von stürmenden Arbeitern, der Roten Armee usw. Die Bücher, die man vorfand, waren russische Lesebücher und russische Propagandaschriften. Ich habe in keiner einzigen Wohnung irgendetwas anderes gefunden. Alles in allem, die Wohnungen wie ihre Einrichtungen geben ein treffendes Bild, wie weit es den Russen gelungen ist, die Menschen wenigstens äußerlich gleichzumachen, d. h. sie verflachen, verkümmern zu lassen, damit sie zur Masse werden, die sich von den Machthabern auf Grund des

Mangels an Persönlichkeit und Urteilskraft kneten und knechten läßt. Eine Ausnahme bilden nur eine ganze Reihe von Bauernhäusern, in denen in einer Ecke nachgedruckte Heiligenbilder hängen. Und das nach 25 Jahren bolschewist[ischen] Systems beweist die konservative bewahrende Kraft des russischen Bauerntums und daß hier der einzig wahre Gegner des Systems steht und durch alle Stürme geblieben ist!

Ich blätterte in Lesebüchern und zwar in deutsch-russischen Lesebüchern. Verherrlicht wird in ihnen die Revolution, der revolutionäre Elan, Stalin als der gütige und allmächtige Vater des Volkes, auf dem Lande die Kolchoswirtschaft. Im übrigen wird die Technik in allen Spielarten förmlich angebetet, das ganze Herz hängt man an die Flieger, die überhaupt *die* Waffe der Bolschewiken zu sein scheinen. An menschlichen Eigenschaften, die in Geschichten und Fabeln gepriesen werden, treten hervor der Mut, z. B. bei Fallschirmspringern und -springerinnen, die körperliche Bildung und Ausdauer, Frohsinn und Freude in der Freizeit, Gemeinschaftssinn, Einsatz und Hilfsbereitschaft in allen Lebenslagen. In den Gedichten herrscht der Rhythmus der Maschine und das revolutionäre Pathos! Von Gott und göttlichen Kräften schweigt das Buch, ebenso aber auch – bezeichnend – vom Lande, von der Natur, ihrem Rhythmus und ihren Kräften. Dafür spricht es um so mehr vom Menschen und was er vermag, wenn er nur will. Der Mensch wird zum Gott und sein Verstand zur alles wirkenden Kraft [. . .]

27. 8. [1941]:

Vor einigen Tagen erhalte ich einen Brief von Wedelstaedt, Landeshauptmann von Ostpreußen. Koch habe mich als Generalkommissar für die Ukraine[61] vorgesehen. Der Minister d[es] I[nneren] wollte mich zum Reg[ierungs]P[räsidenten] in Düsseldorf machen. Ob ich mit Verwendung Kiew einverstanden sei. Ich überlege hin, überlege her. Viel spricht für, viel gegen Kiew. In Düsseldorf gewinne ich Verbindungen zur Industrie, zum Westen. Ich würde mich dort auch wohl durchsetzen können, obwohl Gauleiter und Oberpräsident – verschiedene Personen – gegeneinander schießen.[62] Gegen Düsseldorf spricht, dort verläuft alles in festgefahrenem Geleise, gilt als kostspielig, politisch spielt im Altreich der verruchte Gegensatz Partei–Staat eine wichtige Rolle. Der Westen und die rheinische Zivilisation lieg[en] mir im Grunde wenig. Politisch könnte man in diesem Bezirk, in dem vielleicht doch sachliche Arbeit im Vordergrund steht, allerdings die Entwicklung abwarten. Auf der anderen Seite lockt der Osten. Hier liegt in Zukunft der Schwerpunkt des Reiches, das Schwergewicht seiner Aufgaben. Hier kann noch schöpferisch verwaltet werden. Ob wir den Krieg durchstehen, hängt entscheidend davon ab, wie weit es gelingt, die wirtschaftlichen Kräfte der Ukraine, Korn, Kohle, Erz für uns nutzbar zu machen. Dieser Zwang der Sache wird das Regiment sachlich machen. Außerdem kann man in einem Land, das gerade vom Bolschewismus befreit ist, nur nach Grundsätzen regieren, die den bolschewistischen entgegengesetzt sind. Eigentum, Freiheit der Person, der Meinungsäußerung, der Religion, sind die unabdingbaren Elemente der Politik. Die Ukraine kommt für uns als Siedlungsraum nicht in Frage. Daher ist sie kein Bereich für Experimente auf dem Gebiet der Siedlung. Alles dies spricht dafür, den Sprung zu wagen. Aber wie wird die Grenze gezogen? Wer bestimmt die Politik? Wie weit betrachtet man die Ukraine als Beuteobjekt für Beutehungrige? Wie weit kann ich – was sehr wesentlich, wenn nicht entscheidend ist – über die Personalien entscheiden? Dies ist noch ein weites ungeklärtes Feld! Ich entschließe mich, nachdem ich mit Hardenberg[63] gesprochen und zwei Nächte darüber geschlafen habe, zuzustimmen, vorbehaltlich dieser noch zu klärenden Fragen.

28. 8. [1941]:

Hardenberg besucht, mit ihm die Lage angepeilt. Wir werden bis Mitte Oktober Leningrad, Moskau und das Donezbecken nehmen.[64] H[ardenberg] hat Bedenken, ob auch dieses noch glückt, doch ich glaube fest daran. Im Grunde haben die Russen, vor allem die älteren Jahrgänge, wenig Lust mehr. Die jüngeren Jahrgänge sind schlecht ausgebildet. Die russische Wehrmacht wird nur durch eisernen Zwang, vor allem dargestellt durch das Regiment der Kommissare, zusammengehalten. Aber gerade dieses Regiment, das die an sich energische Führung und Kommandogewalt untergräbt, trägt den Zersetzungskeim in sich. Wir haben dann, wenn wir dieses Feldzugsergebnis voraussetzen, die russische Wehrmacht als Instrument großer Operationen zerschlagen. Die Russen werden noch Kleinkrieg führen, keinen Krieg, der große Truppenmassen ins Gefecht führen kann und große Truppenmassen von uns bindet!

Wir haben dann 2/3 des Erzes, 2/3 der ohnehin nicht reichenden Kohle in der Hand, ebenso das Gros der Rüstungsindustrien. Das Problem, das dann noch zu lösen ist, bleibt das Erdöl von Baku. Das wird in diesem Jahr kaum noch gelingen. Brauchen wir dieses Öl zur Kriegführung? Wahrscheinlich! Hoffen wir, daß es der Anspannung aller Kraft gelingt, es im Frühjahr zu gewinnen.

England hat seine Stellung in diesem Sommer in gewissen Bezie-

hungen gestärkt. Das Gros unserer Luftwaffe mußte im Osten eingesetzt werden. Zahl, Kraft, Wirkung unserer Luftangriffe auf England
sind daher stark gemindert, *entscheidende* Zerstörungsarbeit ist nicht
mehr geleistet. Wenn der Feldzug im Osten vorübergeht, ist auch die
beste Zeit für Luftangriffe vorüber, die Luftwaffe der Engländer wird
sich erholt und mit amerikanischer Hilfe verstärkt haben. Diese Entwicklung setzt sich im Winter fort, so daß, wenn wir im Frühjahr mit
größeren Luftangriffen einsetzen, eine verstärkte Gegenkraft dagegen
steht. Angriff und Abwehr werden sich vielleicht in etwa die Waage
halten.

Der U-Bootkrieg ist bereits auf eine verstärkte Abwehr gestoßen.[65]
Die Engländer haben anscheinend die Luftwaffe wirksam bei den
Geleitzügen eingesetzt. Die Versenkungsziffern haben sich gemindert
und zwar erheblich. Unsere Propaganda schlägt – woraus sich auch
allerhand schließen läßt – nicht mehr auf diese Trommel. Obwohl wir
unsere Taktik anpassen werden, scheint mir auch hier ein Gleichgewicht der Kräfte sich herzustellen.

Eine entscheidende Wirkung ist in absehbarer Zeit m. E. gegenüber
England weder von der U-Bootwaffe noch von der Luftwaffe zu erhof-
fen, wenn sie auch sicher stark an der Kraft Englands nagen werden.
Die amerikanische Hilfe[66] verhindert aber das Abgleiten in den Abgrund, an dessen Rand England haargenau entlangschnurt.

Als letzter und notwendiger Ausweg wird von vielen der Angriff
über den Kanal bezeichnet, m. E. wird er kaum kommen. Seine Durchführung ist denkbar schwierig – von stetigem Wetter abhängig. Der
Gedanke des Angriffs baut auf der Voraussetzung des entscheidend
angeschlagenen Englands auf. Vor allem auf dem Luftgebiet mußte
die absolute Herrschaft errungen sein. Davon kann m. E. nicht die
Rede sein. England hat ein Jahr Zeit gehabt, seine Stellung zu Lande
und zur Luft zu festigen. Dieser Angriff würde daher ungeheure
Risiken in sich tragen, ohne daß der Erfolg sicher oder wahrscheinlich
wäre. M. E. wird der Angriff als Drohung bestehen bleiben, aber nicht
Tat werden. Das Mutterland England wird nach meinem beschränkten
Untertanenverstand weder zu Wasser noch zu Luft, noch zu Lande,
auf die Knie gezwungen werden.

Läßt sich nun die englische Macht im Mittelmeer oder in Afrika
entscheidend angreifen? Wir haben große Erfolge im Mittelmeerraum
errungen: Balkanfeldzug, Kreta, Nordafrika.[67] Der Weg durchs Mittelmeer Gibraltar-Suez ist gefährdet. Eine Aktion gegen Gibraltar: entscheidende Angriffe unserer Luftwaffe auf den Suezkanal können
diesen Weg sperren. Aber auch diese vorläufig noch ungewissen Er-

folge würden die englische Stellung in Afrika und Vorderasien zwar schwieriger machen, aber nicht untergraben. England hat die Position in Afrika und Vorderasien inzwischen ausgebaut. Es weiß, warum es bei Tobruk so hartnäckig verteidigt. Es hat inzwischen Massen und Material herangeschafft. Syrien, Irak, Iran[68] bedeuten den Ausbau der vorderasiatischen Position. Der Nachschubweg unter Umgehung des Mittelmeers ist erschwert, m. E. aber auch durch amerikanische Hilfe gesichert. Für große Unternehmungen von unserer Seite ist die Frage des Nachschubs wohl kaum zu lösen. Auf der andren Seite stehen hier die Reserven des Empires und die amerikanische Materialhilfe. Ein Angriff auf die englische Position in Afrika und Vorderasien wird zwar Einzelerfolge erzielen, aber die Position im ganzen nicht aus den Angeln heben.

Die Summe ergibt: England wird zwar schwere Verluste erleiden, schwerste Lasten tragen, ungeheure Opfer an Menschen und Material bringen müssen, es wird aber, wenn die Faktoren gleich bleiben, nicht geschlagen werden.

Kann England-Amerika uns schlagen? Daß sie uns zu Lande schlagen, ist utopisch und unvorstellbar. Sie werden versuchen, Rußland zu galvanisieren, seine Menschenmassen neu auszurüsten und gegen uns ins Feld zu schicken.[69] Aber die Materialverluste sind zu groß, durch eigene Produktion der Russen können sie nicht ausgeglichen werden.[70] Die Zufuhr über Wladiwostok kann nur gering sein, wenn sie nicht überhaupt gesperrt wird. Der neue Weg über den Iran wird auch nicht viel schaffen. Im Winter wird der Hunger über Rußland kommen, in grausigster Gestalt.[71] Vielleicht wird er sogar die Stimmung, die ohnehin gegen Krieg ist, im Frühjahr zur Revolution entfachen. Einen Sieg zu Lande wird ihnen das Schicksal nicht gönnen. Die Entwicklung des Luftkampfes wird vielleicht zu einer gewissen Ausgeglichenheit der Kräfte führen, aber nicht zu einem Sieg. Bleibt ihnen ihre Hoffnung auf die Revolution im Innern und die wirtschaftliche Atemnot. Jeder Mann weiß aber heute in Deutschland, was uns blüht, wenn wir den Krieg verlieren. Die alliierten Mächte werden daher vergebens auf eine defätistische Revolution warten.

Wirtschaftlich sitzt uns der Leibriemen sehr eng. Von Hunger war aber bisher noch nicht die Rede, wenn man dagegen die wahre Not und das wahre Elend in Rußland und Polen hält. Wenn es sein muß, können wir uns eine gewisse Zeit auch den Leibriemen noch enger schnallen. Wir gewinnen in diesem Feldzug ertragreiche Gebiete des Baltikums, Weißrußlands und vor allem die Ukraine, *die* Kornkammer Rußlands. Wenn wir die Kräfte der im Osten besetzten Gebiete mit aller Kraft erfassen und entfalten, haben wir genug zu essen. Dasselbe gilt für die wirtschaftlichen Kräfte. Die einzig ungelöste Frage könnte m. E. das Erdöl sein. Doch glaube ich, daß sparsamste Bewirtschaftung, Eigenerzeugung uns weiterhelfen kann. Vielleicht gelingt es doch noch, Baku zu erobern und diese Frage gewaltsam zu lösen.

Entscheidend ist aber, daß die Führung des Reiches einen Auftrag des Schicksals vollzieht. Ihr ist vom Schicksal übertragen die Auslöschung des Bolschewismus,[72] die Schaffung des Reiches und Großwirtschaftsraumes Europa mit östlichen Aufbaugebieten, die Auflösung Rußlands und die Ersetzung des parasitären Kapitalismus durch eine neue Gemeinschaftsordnung. Das sind die Ideen unserer Zeit, die durch unsere Führung und durch unser Schwert vollzogen werden. Demgegenüber sind die Ideen, welche die angelsächsischen Mächte zu vertreten vorgeben, nur Feigenblätter des altgewordenen Kapitalismus und Imperialismus. Und das entscheidet! Der Krieg wird m. E. enden damit, daß wir Europa und den Osten nach schweren Kämpfen behaupten. Die angelsächsischen Mächte werden einsehen, daß sie uns nicht schlagen können. Die schweren Verluste an Menschen, Geld und Gut werden die Völker zur Einsicht bringen, zumal wenn sie sehen, daß die geistigen Fronten, gegen die sie anrennen, Windmühlenflügel sind, gegen die dieser Einsatz an Geld und Blut nicht lohnt. Vielleicht ergibt sich in einem bestimmten Zustand der Ausblutung sogar die Möglichkeit, sich à la Hubertusburger zu verständigen, etwa 1943.[73]

Für uns ergibt sich die Notwendigkeit, Krieg mit aller Kraft fortzuführen, Luftwaffe, U-Bootwaffe so stark wie möglich zu machen nach Zahl und Schlagkraft. Ein Massenheer dagegen, wie wir es gegen Rußland aufgeboten haben, wird nicht mehr benötigt. Die Verteidigung des Ostwalls erfordert eine begrenzte Anzahl von Normaldivisionen, die Aktionen, die zu Lande bevorstehen, eine kleine Anzahl hochwertiger motorisierter und Panzereinheiten. Das Schwergewicht der Kraft muß in den Wirtschaftskrieg gelegt werden. Der Wirtschaftskrieg entscheidet den Krieg von jetzt ab. Millionen von Menschen müssen die Wirtschaft in Heimat und neuen Gebieten stärken. Die Menschen müssen dem zweckvollsten Einsatz zugeführt werden. Unser gesamter schreibender, registrierender und verwaltender Apparat in Verwaltung und Wirtschaft ist überkompliziert, übersetzt an Organisation und Menschen, überschneidet sich vielfach. Die gesamte Organisation muß im Kriege reformiert werden, mit dem Ziel, zu dezentralisieren, zu vereinfachen, überflüssige Reibungen auszuschalten, die Einheit der Befehlsgewalt herzustellen. Die Zeit der großen

Verwaltungsreformen ist gekommen. Notwendig ist, sie *im* Kriege durchführen, denn nur die harte Faust des Krieges vermag diesen gordischen Knoten durchzuhauen, da er das gebietet, was die Not wendet, d.h. das Notwendige wieder in den Vordergrund drängt. Die Doppelorganisation von Partei und Staat auf den sachlichen Arbeitsgebieten muß verschwinden, die besten Männer müssen im Staate an das Ruder, da es gilt, Stürme zu durchschiffen.

Wenn es die Schwäche der widernatürlich vereinten Verbündeten ausmacht, daß sie keine klaren Grundsätze ehrlich vertreten können, so müssen sich um so klarer unsere anti-bolschewistischen Grundsätze im Regiment – im Altreich wie in den neuen Gebieten – hervorheben: Über allem das Wohl der Gemeinschaft, ja unter der Ausschaltung der Kriegsgewinnler, Beutemacher und Wirtschaftshyänen, aber unter Wahrung der grundsätzlichen Freiheit der Person, des Eigentums, der Meinungs- und Religionsäußerung. Recht statt Willkür! Wir müssen auch im inneren Regiment die Bannerträger gegen den Bolschewismus werden! Wenn die imperialistische Politik der Verbündeten ein Volk nach dem anderen einem Zwangsregiment unterwirft, so muß unser Regiment den Völkern, die unter unserer Führung stehen, ihre völkische Eigenart, die Freiheit, sich politisch und kulturell zu entfalten, ungehindert lassen und über ihr das Fundament einer neuen Ordnung errichten, die sich sowohl auf eine Neugeburt der abendländischen Werte wie auf eine europäische Großraumwirtschaft gründet und zwar mit möglichst wenig Apparat und Zwang. Wir haben die Kraft und das Können, ein neues Europa mit Ostglacis zu planen, [zu] ordnen, aufzubauen. Wir vollziehen damit den Auftrag des Schicksals! Daher wird die innere Zustimmung der unter unserem Schutz stehenden Völker sich auf Dauer von selbst ergeben, wenn die Politik nur von der Sache bestimmt wird und von dem Maß, das die Sache fordert. Je höher die Ordnung steht, desto mehr wird sie sich von innen festigen, selbstverständlich werden und den Gegnern die Waffen der Propaganda aus der Hand schlagen. Dann wird unter den chaotischen Wehen der Neugeburt aus den Trümmern des Krieges ein erneuertes Europa entstehen.

Dazu gehört, daß wir im Innern mit allem aufräumen, was nicht diese höhere Ordnung darzustellen vermag an Menschen und Einrichtungen, daß wir die besten Männer in die besetzten Gebiete zu unseren Schutzvölkern entsenden, Männer von sachlichem Können, persönlicher Sauberkeit und überlegenem Menschentum.

Nr. 22

Fritz-Dietlof Graf von der Schulenburg, Denkschriftfragment,
BA Koblenz Nachlaß v. d. Schulenburg (NL 301/2), Bl. 2–21.[74]

Sozialpolitik ist die Fürsorge für Menschen, die nicht in der Lage sind, aus eigener Kraft das Leben zu meistern. Man muß unterscheiden zwischen Menschen, die ihrem Geschick an sich und solchen, die einzelnen Schicksalsschlägen nicht gewachsen sind. Unüberwindliche Schicksalsschläge können einen jeden treffen. Dem Geschick nicht gewachsen sein, ist das Los derer, die nach Anlage oder infolge widriger allgemeiner Lebensverhältnisse die Kraft und den Willen zur Selbsthilfe nicht aufbringen. In einem gesunden Volk darf dies nur ein geringer Bruchteil der Bevölkerung sein. Das Zeitalter der Großindustrie und Großstadt hat diesen Bruchteil zur gewaltigen Mehrheit der industrialisierten Bevölkerung anwachsen lassen.

Diesen Tatbeständen haben die Völker mit einem Ausbau des Versicherungswesens, sei es auf privatwirtschaftlicher, sei es auf staatlicher Grundlage geantwortet. Insbesondere glaubte Deutschland mit einem gewaltigen Fürsorge- und Versicherungswesen ihr abhelfen zu können.[75]

Es ist das Wesen aller Fürsorge, daß sie die Drohung des Lebens beseitigen will. Die Drohung des Lebens ist aber ein wesentlicher Bestandteil des Lebens überhaupt. Sie beseitigen zu wollen, heißt, das Leben selbst gefährden, indem eine falsche Sicherheit erzeugt wird, die demoralisierend wirkt. In dieser Lage befinden wir uns heute. Zahlreiche Grundsätze des Fürsorgewesens sind in der gegenwärtigen Form fragwürdig und zu einer Gefährdung des Lebenswillens unseres Volkes geworden.

Bei der Neugliederung unserer Sozialpolitik ist von folgenden Erwägungen auszugehen:

Die großen Schicksalsschläge sind engbegrenzter Natur. Es handelt sich um Verluste des Lebens, der Gesundheit durch Unfall und Krankheit oder des Vermögens infolge Naturereignisse (Brand, Wasser, Hagel, Sturm), böswilliger Taten Fremder (Diebstähle), eigene Fahrlässigkeit (Haftpflicht) oder kriegerische Ereignisse. Derartige Schicksalsschläge erlebt ein jeder – unabwendbar. Das Risiko ist demnach für alle gleich groß. Es ist ein billiges Verlangen, die Folgen derartiger Ereignisse auf eine tragfähige Mehrheit abzuwälzen. Gegen diesen Wunsch ist nichts zu sagen, da ja hierdurch lediglich der Zufall ausgeschaltet wird, also ein Element, das außerhalb der Menschen steht. Bei dem Ausbau des Schutzes muß man sich jederzeit vor Augen halten, daß lediglich die unabwendbaren, existenzvernichtenden Schläge aufgefangen werden sollen. Dabei ist zu bedenken, daß der normale Alterstod (z. B. Mann ab 63 Jahre) kein unerwarteter Schicksalsschlag sein kann. Alle kleinen, normalen Unfälle des Lebens hat der Betroffene selbst zu tragen. Damit ist schon festgelegt, daß auch bei der Abwendung der Folgen von Schicksalsschlägen eine Selbstbeteiligung zu erfolgen hat. Aufgabenträger für diese allgemeine Versicherung können nicht private Gesellschaften etc. sein. Der Katastrophenschutz ist eine gemeindliche Aufgabe.[76] Besondere Verwaltungskosten entstehen keine. Die Wohngemeinde kennt zudem genau die persönlichen Verhältnisse. So ist ein jeder an der Vermeidung der Verluste, die Gemeinde aber auch an ehrlicher Handhabe interessiert, da sie die Risiken aus der Steuer decken, also auf alle umlegen muß (Personen-, Grund-, Gewerbe-, Wagnissteuer). Die eine gewisse Leistungsfähigkeit übersteigenden Spitzen werden von den Ländern getragen, die diese ebenfalls aus dem Steueraufkommen (Landeshauptmann) bestreiten.

Lediglich für die Großwirtschaftswerte sind besondere Versicherungsträger erforderlich, die sich zu einer Reichsausgleichsstelle zusammenschließen, der freisteht, internationale Rückendeckung zu suchen und der als letzte Möglichkeit das Reich als Bürge dienen kann.

Die Fürsorge für diejenigen, die dem Geschicke nicht gewachsen sind, ist die andere Aufgabe der Sozialpolitik. Hier sind wiederum zwei Gruppen von Menschen zu unterscheiden:

1) Das Gesindel, das weder Willen noch Können besitzt, das Leben zu meistern, das allen Einrichtungen feindlich gesinnt ist, jede Fürsorge ausnutzt, in der Not meutert und alle Lebensnöte der Allgemeinheit auflastet.

2) Die Lebensschwachen, denen natürliche Anlage oder ungesunde Lebensverhältnisse die Kraft und schließlich auch den Willen nehmen, für sich selbst zu sorgen. In dieser Lage befinden sich nicht nur die Dauerkranken, Irren und Krüppel, sondern auch der größte Teil der heutigen Arbeiterschaft, ja selbst des Mittelstandes, vor allem in den Industriegebieten. Ein Eingehen auf die Belange des Gesindels ist nicht erforderlich. Hier gilt nur eines: Der Staat muß die volle Schärfe des Gesetzes gegen sie zur Anwendung bringen: Den besten Erfolg versprechen schonungslose Maßnahmen.

Dagegen ist die Frage nach dem Geschick des größten Teiles der Arbeiterschaft von ausschlaggebender Bedeutung für den Bestand des Ganzen.

Schon die vorstehende Aufgliederung läßt erkennen, daß es darauf ankommen muß, die Ungunst der Lebensverhältnisse abzustellen, so daß ein jeder mit dem normalen Geschick alleine fertig werden kann; sofern aber eine Fürsorge erforderlich bleibt, ist diese in einer Form zu gewähren, die keinesfalls zu einer Schwächung der Kraft oder gar des Willens zur Selbsthilfe führt, sondern im Gegenteil alle Kräfte zur Selbsthilfe mobilisiert.[77]

Diese Forderungen sind das Kernstück der Sozialpolitik, dem sich jede einzelne Maßnahme einzuordnen hat.

Die Ungunst der Lebensverhältnisse wird durch das Hineinstellen in natürliche Bindungen und Herrschaftsverhältnisse abgeändert. Heimstätten[78] (auch in privater Form), Gartenversorgung, Deputate und im Alter eine kleine Rente sind gesunde Leistungen der Betriebsherrn. Diese Verpflichtungen werden durch Vorleistungen (Beihilfe zur Errichtung der Heimstätte) und Rückstellungen im Betriebe gesichert. Eine Unternehmerhypothek haftet vor allen anderen Schulden für die Erfüllung.[79] Die Aufsicht kann beim Finanzamt liegen. Der Anspruch auf Altersrente entsteht mit 63 Jahren, bei Frauen mit 55 Jahren; in Fällen von Notstand darf auf die Dauer von 7 Jahren, bei Frauen von 5 Jahren, halbtagsweise Arbeitsleistung gefordert werden.[80]

Im Krankheitsfalle bleibt die Familie im Genuß von Haus, Garten und Deputat. Die Verzinsung ruht. Der Betriebsherr hat Barvorschüsse zu entrichten, auf deren Rückzahlung bei guter Führung verzichtet werden kann. Krankenhausaufenthalte, Arzt und Medikamente sind frei. Für Krankenhausbehandlung haftet die Wohngemeinde, für sonstige Behandlung haftet der Betriebsherr. Sofern der Arzt die überflüssige Inanspruchnahme bestätigt, erhält der Betriebsherr ein Rückgriffrecht.

Der Betriebsherr gewährt Kinderbeihilfe in Form von zusätzlichem Gartenland. Unterverpachtung führt zur Einziehung.

Im Invalidenfalle erhält die Familie des Invaliden von der Gemeinde entsprechend der Erwerbsminderung günstig gelegenes Gartenland auf Lebenszeit des Invaliden. Unterverpachtung führt zur Einziehung. Geldzulage wird nur ausnahmsweise gewährt, wenn der Invalide völlig hilflos und keine mitverdienende Familie vorhanden ist.[81]

Im Alter erhält jeder Staatsbürger und seine Ehefrau eine Staatsleistungsrente, die sich nach Dauer und Dienstgrad in Wehr- oder Staatsdienst, Auszeichnung etc. richtet, die ferner wesentlich nach Zahl und Einkommen der Kinder gestaffelt ist. Mitarbeit in der Familie oder im Berufsleben ist Steigerungsgrund.

Die Altersrente des Betriebsherrn soll zusammen mit der staatlichen Rente bei einer durchschnittlichen Leistung und Kinderzahl unter Berücksichtigung von Nutzung des Hauses und Gartenlandes so bemessen werden, daß ein bescheidener Lebensabend gesichert ist. Je geringer die Belastung für das Alter ist, je länger ein jeder für sich selbst sorgt, desto leistungsfähiger bleib[en] Staat und Wirtschaft.[82] Das kommt der Jugend zugute. Eine gesunde, gutrassige Jugend aber ist die beste Bürgschaft für den Lebensabend kinderreicher Eltern. So wird es möglich sein, ohne große Belastungen eine hervorragende, gesunde Sozialpolitik durchzuführen, die mit einem Minimum an baren Mitteln und ein Höchstmaß an Selbsthilfeleistung arbeiten wird. Eine solche Fürsorge aber ist nicht lebensfeindlich, sondern eine starke Stütze für jede Familie und für jedes Volk.

Gemeindeordnung

Das Erfordernis, den Menschen in stärkere Bindungen und Herrschaftsverhältnisse hineinzustellen, führt dazu, die Grundlagen nicht nur für gesunde Familien- und Arbeitsverhältnisse, sondern auch für ein gesundes Gemeindeleben zu schaffen.

Die Gemeinde erfaßt die engere Schicksalsgemeinschaft der Nachbarschaft. Sie ist Voraussetzung für alle kulturelle Betätigung, gewährt Spielraum dem überpersönlichen Beschäftigungs-, Unterhaltungs- und Geltungsbedürfnis, trägt die gemeinsamen Aufgaben so gut wie die Schicksalsschläge der einzelnen und grenzt schließlich die Rechte und Pflichten der Nachbarn gegeneinander ab.

Aufgabe der Gemeinde[83] ist demnach: Unterhaltung der Gemeinschaftsanlagen, des Gotteshauses, Rathauses, Schulhauses und sonstiger gemeindlicher Kulturstätten, der Straße, Versorgungs- und Verkehrseinrichtungen, der Befestigungswerke, der Sport-, Spiel- und Badeeinrichtungen und der für die Gemeinschaft notwendigen Maschinen. Schädlingsbekämpfung, Dreschen etc., Ordnung der Benutzung des Gotteshauses durch die Glaubensbekenntnisse, Bestellung und Besoldung von Bürgermeister, Pfarrer, Lehrer und Beamten, Anstellung von haupt- oder ehrenamtlichen Kirchen-, Schul- und Gemeindedienern. Gestaltung der Feste, Marktwesen (Wochenmarkt, Jahrmarkt, Messe), Fürsorgewesen (Versicherungs- und Invalidenfürsorge), Notwehrwesen (Feuerwehr-, Luftschutz-, technische Nothilfe), Milizwesen (Wachmannschaften, Schützenvereine, Kriegerkameradschaften), Volkstumspflege (Turnen, Sport, Spiel, Gesang und Schauspiel), Schiedsgerichtsbarkeit (bei Beleidigungen, leichter Körperverletzung etc.), Markt-, Feld-, Sauberkeits-, Notstandspolizei,

Standesamtswesen, Bezugsscheinwesen, Konzessionen. Zur Erfüllung aller dieser Aufgaben verfügt die Gemeinde über 3 Organe: Bürgermeister, Gemeinderat, Gemeindetag.

Die Dorfbürgermeister der Dorfgemeinden, normal bis zu tausend Einwohnern, werden vom Landrat ernannt und abberufen.[84] Sie müssen als Bauer der Gemeinde angehören. Ihre Tätigkeit ist ehrenamtlich. Die Kreisbürgermeister der Kreisstädte, normal bis zu 5000 Einwohnern, werden vom Landrat, die Bezirksbürgermeister der Stadt, normal bis zu 5000, der Landes- und Hauptstädte werden vom Oberbürgermeister vorgeschlagen und vom Reichsstatthalter bestätigt. Wechsel der Landräte bzw. Oberbürgermeister ermöglicht Abberufung. Ihre Tätigkeit ist hauptamtlich. Sie erhalten Dienstwohnung und Gehalt durch die Gemeinde.

Der Bürgermeister ordnet die Angelegenheit der Gemeinde, ist Hoheitsträger der Partei,[85] leitet den Beamtenstab und sorgt dafür, daß die Gesetze und Weisungen beachtet werden. Er ist für den inneren Frieden seiner Gemeinde verantwortlich. Ihm steht zur Seite der Gemeinderat.[86] Dieser tritt monatlich zusammen und hat alle vorkommenden Gemeindefragen mit dem Bürgermeister zu besprechen. Ihm gehören an: Im Dorfe der Pfarrer, Hauptlehrer, je ein Unternehmer, Handwerker, Großbauer, Kleinbauer und zwei (von den Vorgenannten unabhängig) Arbeiter. In der Stadt: der Stadtpfarrer, Studiendirektor, leitende Arzt, Steueramtmann, ein Unternehmer, zwei Handwerker und zwei von den Vorgenannten unabhängige Arbeiter. Die Mitglieder des Gemeinderates werden vom Bürgermeister ernannt, soweit sie nicht kraft ihres Amtes hinzugehören. Sie üben ihre Tätigkeit ehrenamtlich aus.

Kontrollorgan ist der Gemeindetag.[87] Er setzt sich zusammen aus 60–120 verheirateten Bürgern, die Hausbesitzer oder Inhaber einer Dienst- oder Werkswohnung sind. Die Sitzungen sind öffentlich. Die Mitglieder des Gemeinderates haben Sitz und Stimme. Die Zahl der stimmberechtigten Bürger z. B. 1000 wird durch die Zahl der Sitze geteilt z. B. 100. Ein jeder Teilnehmer muß demnach 10 Vollmachten vorweisen. Der Besitz von mehr als 10 Vollmachten ist unerheblich, da jeder Teilnehmer nur eine Stimme hat. Auf diese Weise ist es jedem Bürger möglich, nach Einigung mit Gesinnungsfreunden am Gemeindetag teilzunehmen. Der Gemeindetag tritt alljährlich viermal zusammen. Der Bürgermeister hat Bericht zu erstatten. Des weiteren legt der Bürgermeister nach Beratung mit dem Gemeinderat den Haushalts- und Steuerplan vor. Lehnt ein Drittel der überhaupt Stimmberechtigten seine Annahme ab, so hat die Abstimmung nochmals schriftlich zu erfolgen. Die Ablehnung soll kurz von jedem einzelnen begründet werden. In diesem Fall hat der Landrat oder Bürgermeister nach erfolgter Teilnahme an einem Gemeindetag zu entscheiden.[88] Er muß den Bürgermeister abberufen oder den Haushalts- und Steuerplan genehmigen.

Wird der Haushaltsplan nur durch ein Drittel der Stimmberechtigten genehmigt, so ist der Reichsstadthalter zu verständigen, damit jeder Mißbrauch der Macht vermieden wird. Anläßlich der Gemeindetage findet eine Bürgerpflichtversammlung in der Kirche statt, die, in bestimmten Formen verlaufend, der Gemeinde über alles Trennende hinweg ihre Zusammengehörigkeit ins Bewußtsein rufen soll. Reden, Ansprachen und Meinungsäußerungen von oben oder von unten sind unzulässig.

Die ländlichen Pfarrer und Lehrer erhalten als Besoldung freie Dienstwohnung mit Wirtschaftsgebäuden. Acker- und Gartenland, naturale Festleistungen (keine Zehnten), die der Bürgermeister zu überbringen hat und ein Bargehalt. Eine Unterverpachtung ist unzulässig. Die städtischen Beamten erhalten Dienstwohnung und Besoldung. Die Stadtgemeinden verfügen über höhere Schulen, Krankenhaus, Bewahrungshaus (Irren- und Altersheim), Bibliothek und mannigfache kulturelle Einrichtungen, die sich jeweils um die Grundfaktoren von Kirche, Schule und Krankenhaus zu gliedern haben.

Im Interesse der Abrundung und vollen Lebenswirksamkeit der Städte als starker Kulturträger haben Notare, Rechtsanwälte, Architekten, Apotheker, Ärzte – auch Zahnärzte und Dentisten – beratende Ingenieure, Wirtschaftsberater, -treuhänder, -prüfer, Makler und Bankinstitute und Kapitalgesellschaften ihren Sitz in einer Stadt zu nehmen, während auf dem Lande lediglich Sprechstunden und Betriebsstätten, jedoch auch selbständige Betriebsherrn zulässig sind.[89]

Regierungsträger und Aufsicht
In Zeiten, die von Soldaten bestimmt werden, besteht die große Gefahr, daß die militärisch bewährten Formen auch dem politischen Aufbau zugrunde gelegt werden.

Es wird hierbei übersehen, daß eine jede Aufgabe sich eine besondere Form prägen muß.

Ein Aufzwingen wesensfremder Formen führt zum Verderben.

Die Aufgabe des Heeres ist im wahrsten Sinne des Wortes nicht eine einfache: die Vernichtung des Feindes.

Die Aufgabe der Politik ist eine zwiespältige: das Wohl des Ganzen und das Wohl des einzelnen. Hiernach hat sich der politische Aufbau des Staates zu richten. Er kann entsprechend der doppelten Art seiner Aufgaben auch nur zwei Befehlsstellen kennen: Die für das Ganze entscheidende Reichsregierung und die für Einzelwesen sorgenden Regierungsträger.

Zwischen diesen muß es entsprechend der Vielzahl der Regierungsträger Aufsichtsorgane geben, die aber nicht selbst Regierungsträger sein können.

Bei der Größe der vor uns liegenden Aufgaben muß entschieden werden, welche Stellen Regierungsträger sein sollen, die Reichsstatthalter, Gauleiter, Landesregierungsoberpräsident, Regierungspräsident oder Landräte und Oberbürgermeister.

Der Entscheid kann nach der Erfahrung unserer langen Geschichte nicht mehr schwerfallen: Je größer der Machtbereich ist, desto volksfremder, bürokratischer wird der Regierungsträger, der ja seinen Bereich nicht mehr »erleben« kann, und auf den Bericht untergeordneter, oft »subalterner« Dritter angewiesen ist. Die natürlichen Regierungsträger sind die Persönlichkeiten, die noch in der Lage sind, einen Lebenskreis zu überschauen. Das aber sind die Landräte und Oberbürgermeister. Je größer ihre Macht ist, desto leistungsfähiger werden sie. Und trotzdem besteht keine Gefahr einer eigenen reichsfeindlichen Politik oder gar Separatismus: Denn die Einzelmacht ist im Verhältnis zur Macht der Reichsregierung allzu gering.

Ihre Regierungsbereiche bauen sich auf den Gemeinden auf. Die Gemeinde umschließen die Familien und Betriebe der näheren und weiteren Nachbarschaft. Sie dürfen nie so groß sein, daß nicht die persönliche Verbindung, die Tuchfühlung gewahrt bleibt. Selbst die Landes- und Hauptstädte müssen sich diesem Erfordernis unterordnen und eine aufgelockerte Weiträumigkeit mit kleinster City anstreben.[90]

Die Gemeinden werden zusammengefaßt. Soweit es sich um Dörfer handelt, werden diese mit einer Kleinstadt zu einem Landkreis verbunden, der unter Führung eines Landrates steht.

Liegen die Gemeinden in städtischer Bindung zusammen, so bilden sie je nach Größe einen Stadtkreis (Landes- oder Hauptstadt) unter einem Oberbürgermeister.

Die Landkreise und Landesstädte werden bis zu 50000, die Hauptstädte bis zu 200000 Einwohner umfassen.

Das sind Größen, die hervorragende Männer noch übersehen können. Ihre Aufgabe besteht in der Fürsorge für das Schicksal von Kreis oder Stadt. Es ist ihre Pflicht, jede wichtige Familie ihres Bereiches zu kennen. Der Landrat ist ständig auf Reisen, während der Oberbürgermeister durch ein reges gesellschaftliches Leben nach allen Richtungen Fühlung behält. So können alle Fragen der Not oder der Kultur persönlich besprochen werden. Landrat und Oberbürgermeister sind Rater, Helfer und Mahner. Ihrem persönlichen Einfluß ist keine Grenze gesetzt. Ihrer Weisung unterstehen alle in ihrem Bereich tätigen Behörden, Dienststellen, Verbände, Vereine, Finanzamt, Bauamt, Arbeitsamt, Amtsanwaltschaft, Gendarmerie, Sparkasse. Sie können Anklage erheben, Polizeistrafen aussprechen, unter Vormundschaft stellen und enteignen. Sie sind kraft Gesetzes Mitglied aller Aufsichtsräte von Kapitalgesellschaften, Genossenschaften. Sie haben das Vorschlagsrecht für die Bestellung von Pfarrern, Lehrern, Ärzten, Beamten.[91] Ihnen gleichgeordnet ist lediglich der Richter, der standortälteste Offizier, der amtierende Rektor von der Hochschule oder Bischof einer Kirche.

Ihre Besoldung erfolgt durch die Bewirtschaftung eines großen Gutes, das durch einen Amtsmann verwaltet wird und durch ein reichliches Bargehalt. Annahme von Tantiemen etc. ist ihnen untersagt. Die ordentlichen Etats sowie alle Gehälter der nachgeordneten Kreis-, Landes- oder Hauptstadtbeamten werden von der Reichsfinanzierungsverwaltung festgelegt und ausgezahlt.

Die Finanzierung von besonderen Stadt- oder Kreisaufgaben hat durch die Gemeinden zu erfolgen, auf deren Steueraufkommen der Landrat oder Oberbürgermeister einen bestimmten vom Reich festgelegten Höchstzuschlag erheben kann. Über diese Mittel kann der Landrat oder Oberbürgermeister frei verfügen.[92] So eignen sich diese Stellungen für hochgesinnte, kluge, tatkräftige und großzügige Persönlichkeiten,[93] die befähigt sind, einen umfangreichen, jedoch übersehbaren Aufgabenkreis zu meistern. Sie werden als Regierungsträger das Fundament des ganzen Reichsaufbaues. Ihre Vielzahl verlangt einen gesunden Wettbewerb, der die beste Sicherheit dafür ist, daß der Reichsgedanke nicht in Vergessenheit gerät. Besondere Bedeutung erhalten die Oberbürgermeister der Hauptstädte, die durch ihren großen Einfluß in Führung und Wirtschaft ihrer Landschaft die wichtigsten Mitarbeiter des Reichsstatthalters sind und durch ihre Zusammenarbeit in den Stadtringen wesentliche Stützen der Reichspolitik werden.

Die Größe der bei den Regierungsträgern liegenden Macht birgt die Gefahr des Mißbrauches in sich. Jeder Mißbrauch der Macht muß verhütet werden. Daher bedürfen die zahllosen Funktionen von Schule, Polizei und Steuer, Wirtschaft, Arbeit, Technik einer Kontrolle durch Organe, die außerhalb des persönlichen Einflußbereiches der

Landräte und Oberbürgermeister stehen. Dieses Kontrollorgan ist der Reichsstatthalter.[94] Er hat die Dienstaufsicht über die Landräte und Oberbürgermeister, über den Landeshauptmann als Behördenleiter aller überstädtischen und überkreislichen Landesaufgaben, ferner über die Präsidenten des Oberlandesgerichtes, Landesfinanzamt, Landesarbeitsamt, Reichsbahndirektion und Reichspostdirektion. Alle Beschwerde- und Klagemöglichkeiten laufen bei ihm zusammen. So ist der Reichsstatthalter der Anwalt des Volkes in seiner Heimatlandschaft, der kraft seines hohen Amtes jeden Mißbrauch der Gewalt anprangern und in Fällen von Notständen auch zur Beurlaubung schreiten kann. Zugleich aber ist er Treuhänder des Reiches, der darauf zu achten hat, daß die Interessen des Reiches allen kleinen Bedenken übergeordnet die großen Linien der Reichspolitik beachtet und die Gesetze sinngemäß und volksnah gehandhabt werden.

So wird durch die Teilung von Befehl und Aufsicht der persönlichen Initiative und dem Bürgerstolz weiter Raum gegeben. Eine Gefährdung der Reichseinheit, die mit der Machtansammlung bei den Ländern unvermeidbar wäre, kann nicht eintreten, so daß trotz großer Selbständigkeit im kleinen eine straffe Reichspolitik durchführbar ist.

Städteringe
Die Zahl und Größe der Hauptstädte (bis zu 200000 Einwohner) richtet sich nach Landschaft und Wirtschaftsfunktion. Die Leitung liegt in den Händen regierender Oberbürgermeister. Um jeden Partikularismus auszuschließen, sind die Städte gleichartiger Aufgaben unabhängig von ihrer Landschaftsgebundenheit zu Ringen zusammengeschlossen, die das Ziel haben, Zusammenarbeit, Erfahrungsaustausch, Leistungssteigerung und eine einheitliche Reichspolitik in der Funktionsbehandlung zu gewährleisten. Die Städteringe bilden so eine wesentliche Säule des Reichsgedankens.

1. Ring. Funktion des Hafens. Küstenschiffahrt. Bindung zu den nordischen Völkern zur Welt. Hansischer Kreis.
Vorort Hamburg/Lübeck.
Hauptstädte:
Königsberg, Ostpr.
Danzig, Westpr.
Stettin, Pommern
Rostock, Mecklenbg.
Kiel, Schlesw.
Bremen, Nordnieders.
Reval, Riga, Liebau, Rotterdam, Antwerpen.

234

2. Ring. Funktion der Brücke, Kanalschiffahrt, Verkehrsknoten, Zentralen der landwirtschaftlichen Selbstversorgung, Ostsiedlung.
Vorort Berlin/Frankfurt/Oberland.
Hauptstädte:
Thorn, Südpreuss.
Posen, Warthel.
Magdeburg, Elbeland
Hannover, Südnieders.
Münster, Westf.
Wesel, Niederrh.
Dünaburg, Wilna, Minsk, Bialystok, Brest, Lublin, Radom, Warschau, Groningen.

3. Ring. Funktion der technischen Werke, Brücken, Knoten, Ostsiedlung, polnischer Kreis.
Vorort Breslau/Niederschlesien.
Hauptstädte:
Oppeln, Schlesien
Dresden, Sachsen
Erfurt, Thüringen
Kassel, Hessen
Bonn, Mittelrh.
Litzmannsstadt, Tschenstochau, Krakau, Przemysl, Lemberg, Czernowitz, Lüttich.

4. Ring. Funktion der Rohstoffausbeute, Schwerindustrie, Zentralkreis, Kohlenkreis.
Vorort Dortmund/Ruhrkohle.
Hauptstädte:
Beuthen, Oberschl.
Leipzig, Sachsen
Saarbrücken, Saarland
Luxemburg-Lille.

5. Ring. Funktion der Banken und Zusammenbauwerke, Eingliederung Böhmens und Mährens. Böhmischer Kreis.
Vorort Nürnberg/Franken.
Hauptstädte:
Frankfurt/M., Nassau
Mannheim, Pfalz
Frankfurt, Brünn, Prag.

235

6. Ring. Funktion west- bis südosteuropäischer Zusammenarbeit.
Vorort Wien/Niederösterreich.
Hauptstädte:
Linz, Oberösterr.
München, Bayern
Stuttgart, Württemb.
Straßburg.

7. Ring. Führungsfunktion – Reichskreise.
Vorort Berlin/Brandenburg Reichshauptstadt.
Hauptstädte:
Die Vororte der 6 Ringe.
Hamburg, Frankfurt, Breslau, Dortmund, Nürnberg, Wien, dazu Königsberg und Stuttgart.

Die Großstadt.
Wesen – Organisation – Aufbau.
Die große Stadt hat – wie jede Organisationsform – nur Daseinsberechtigung, soweit sie wesentliche Aufgaben im Leben unseres Volkes erfüllt.

Über ihre Voraussetzungen und über ihre Gefahren ist oft genug gesprochen worden. Zudem werden alle Worte der Kritik durch den gegenwärtigen Bombenkrieg nachdrücklichst unterstrichen. Das Kriegsgeschehen hat sie als die grandioseste Fehlinvestition aller Zeit ausgewiesen.[95] Es ist daher gestattet, alle Betrachtungen losgelöst von überkommenen wirtschaftlichen Erwägungen anzustellen. Trotz aller Bedenken wird man auch im währenden Krieg und in einem kommenden Frieden der großen Stadt bestimmte Funktionen zuerkennen müssen.

So sehr eine Auflösung der industriellen Zusammenballungen angestrebt werden und erfolgen muß, so ist doch eine gewisse Schwerpunktbildung an allen Stellen erforderlich, an denen sich technisch-wirtschaftliche, politisch-verwaltungsmäßige und kulturelle Schnittpunkte ergeben.

1) Derartige technisch-wirtschaftliche Schnittpunkte liegen dort vor, wo bestimmte Tatsachen einen Monopolcharakter tragen. Der Hafen, die Brücke, Verkehrsknoten, der Bergbau, technische Werke (nicht zu verwechseln mit den heutigen industriellen Wirtschaftseinheiten) verlangen das Beieinandersein zahlreicher Arbeitskräfte.

2) Politisch-verwaltungsmäßige Schnittpunkte ergeben sich aus der

landschaftlichen Regierung und Verwaltung größerer Gebiete, die auch bei stärkster Dezentralisation vielköpfige Stäbe erfordern.

3) Die Zusammenlegung der politisch-verwaltungsmäßigen mit den technisch-wirtschaftlichen Schnittpunkten führt eine Vielzahl verschiedenartiger Begabungen zusammen, die in Verbindung mit Stammescharakteren selbständige kulturelle Strahlungsmittelpunkte der Landschaften ermöglichen.

4) Die Tatsache der Schnittpunktbildung an sich verursacht schließlich zahlreiche Bedürfnisse, zu deren Befriedigung eine zusätzliche Menschenansammlung erforderlich ist.

5) Auch muß wehrmäßig eine derartige große Stadt geschützt und bis zur Unverwundbarkeit befestigt werden. Damit wäre die Befestigung und das Wehrbarsein die letzte anzuerkennende Funktion.

Soweit die Großstadt diesen Rahmen nicht sprengt, ist sie vom Leben des Volksganzen aus gesehen erforderlich und insoweit unbedenklich. Jedes Hinauswuchern über dieses Maß ist jedoch schädlich und muß verhindert werden. Es ist daher anzustreben, daß die künftigen Hauptstadtgebilde eine Zusammenballung von 200000 Einwohnern nicht überschreiten, während die normale Landesstadt auf höchstens 50000 Einwohner kommen darf. Dabei muß dafür gesorgt werden, daß zahlreiche Teilgemeinden eine gefährliche Zentralisierung verhindern und zugleich eine möglichst ungehinderte Fortführung der wesentlichen Aufgaben sichern, auch wenn ein Teil der Stadt durch Zerstörung ausfallen sollte. Von diesen Gesichtspunkten aus gesehen ist die Zahl der Großstädte mit der Zahl der Landschaften in den bestehenden wirtschaftlich-technischen Funktionen in Einklang zu bringen.[96] Die Leitung der Stadt liegt in der Hand eines regierenden Oberbürgermeisters, der unmittelbar der Aufsicht des Reichsstatthalters untersteht. Entsprechend der erforderlichen Weiträumigkeit werden die gemeindlichen Angelegenheiten durch Bezirksbürgermeister geordnet. Das Wohnrecht ist einzuschränken. Bürger kann nur der sein, der ein Haus besitzt und sei es auch noch so bescheiden.[97] Außer Eigentumswohnungen darf es nur Dienst- oder Werkswohnungen geben. Gewerbliche Vermietungen sind unstatthaft. Die nicht an Monopoltatsachen gebundenen Industrien haben kein Heimrecht. Das Wohnrecht hat der Geistes-, Schwert- und Werksadel, das freie Handwerk, die Beamtenschaft und eine ausgesuchte Arbeiterschaft der Funktions-, Verkehrs-, Versorgungsbetriebe. Außer den ansässigen Familien soll auch der Grundadel der weiteren Landschaft über ein Stadthaus verfügen.[98] Diese Maßnahmen verhindern jeden Ansatz einer Proletariatsbildung und gewähren der Großstadt enge Bindung zu den edlen Geschlechtern ihrer Landschaft. Damit ist ihre kulturelle Schwerkraft gesichert. Die neuen Großstädte wird man vorwiegend auf den Trümmern der alten errichten. Da diese selbst nach gewaltigen Zerstörungen doch zahlreiche Anlagen bewahren und andererseits für erheblich größere Einwohnerzahlen eingerichtet sind, wird der Aufbau rein technisch gesehen keine gewaltigen Aufgaben stellen.

Die Stadtplanung hat zu bedenken:
1. den Stadtzweck,
2. das Wehrbarmachen,
3. Erhaltung der vorhandenen Kulturstätten,
4. den Abbruch der wesensfremden Bauten,
5. Ergänzung zu verschiedenen unabhängigen Stadtkernen.

Der Aufbau auf den alten Plätzen setzt voraus, daß eine befriedigende Auflösung der alten Konzentration erfolgt ist. Damit wird die Organisation der Auflösung zur vordringlichsten Aufgabe der Großstadtneuordnung.

Handwerk und Technik[99]

Das heutige Handwerk gliedert sich je nach dem Gebrauch von Maschinen in 3 Gruppen mit etwa folgenden Berufen:

1) das maschinenfreie Handwerk:
Zimmerer, Maurer, Tüncher, Dachdecker.
Diese Gruppe ist gewöhnt, in einer maschinenreichen Organisation unter Hinzuziehung von zahlreichen Hilfskräften zu arbeiten. Oft mehr Bauunternehmer oder Arbeiter als Handwerker.

2) das maschinenarme Handwerk:
Fleischer, Bäcker, Schuster, Schneider, Frisör.
Diese Tätigkeit gestattet im allgemeinen nur einen kleinen Gehilfenkreis.

3) das maschinenreiche Handwerk:
Schreiner, Elektriker, Schlosser, Schmiede, Spengler, Kraftfahrhandwerker.
Bei dieser Gruppe würde man bei allem handwerklichen Können zumeist besser von Kleinindustrie sprechen. Zumindest läßt sich durch Mehraufstellen von Maschinen und Mehrzuteilen von Hilfskräften eine industrieartige Ausweitung erreichen.

Es ist von Bedeutung, daß die erste Gruppe der eigentlichen Bauhandwerker schon vor Jahrhunderten in hochwertigen Formen (Bauhütte etc.) zusammengearbeitet hat, daß die zweite Gruppe ihre bescheidene, aber oft einträgliche Existenz wahren konnte, während sich aus der dritten Gruppe unsere heutige Industrie im wesentlichen entwikkelt haben dürfte. Diese Grundtatsachen sind zu beachten. Die maschinenarme Gruppe wird im wesentlichen unverändert bestehen bleiben. Vielleicht läßt sich durch Konzessionserteilung ein ungesunder Wettbewerb zugunsten leistungsfähiger Meister mit mehr Hilfskräften beschränken.

Das Bauhandwerk dagegen braucht neue Organisationsformen, die sich auf den Erfahrungen der alten Bauhütten aufbauen und die vor allem verhindern, daß das gute Zusammenspiel durch ständigen Wechsel von Bau zu Bau immer wieder unterbrochen wird. Durch Einbeziehung in die Bauhütte wird auch das Bauunternehmertum zur finanziellen wie auch kulturellen Verantwortung herangezogen. Wovon Leistung, Güte und Baugesinnung den Vorteil haben.[100]

Man wird besondere Aufmerksamkeit den maschinenreichen Handwerken schenken; denn so wie diese der Ausgangspunkt der technischen Entwicklung waren und zwar so sehr, daß einzelne Berufe überhaupt kaum noch bestehen (Weber, Spinner), so liegen hier auch weitreichende Auffangmöglichkeiten.

Durch eine gute Organisation des kaufmännischen/verwaltungsmäßigen Aufgabenkreises (Einschalten von Bauleiter und Bauunternehmer) wird hier eine technische Kapazität von beachtlichen Ausmaßen frei. Man gebe den maschinenreichen Handwerksberufen mehr Maschinen und Hilfskräfte und es wird möglich sein, die Erzeugung auf diesen Gebieten sowohl schnellstens umzulegen, als auch gewaltig zu steigern. Man muß immer bedenken, daß die Anfertigung von Einzelteilen und selbst der Zusammenbau nach vorgebauten Plänen erfolgt. Hier liegt eine wesentliche Aufgabe unserer Tage; denn wir können die Handwerker der ländlichen Bezirke (z.B. Landmaschinenhandwerk) noch stärkstens heranholen. Wir können die Kleinstbetriebe der bombengefährlichen Gebiete verlagern. Wir können selbst Mittel- und Großbetriebe der Industrie (unter verbleibender einheitlicher-kaufmännischer Leitung) verlagern, auseinanderziehen und um ein Vielfaches verstärken. So wird der Ausgangspunkt zum Endpunkt und das von der Maschine bedrängte, ja zerstörte Handwerk wird zum Herrn über die Maschinen, übernimmt staatliche Rüstungsaufträge und kann darüber hinaus mit den Maschinen auch der allgemeinen Wirtschaft besser dienen, als es den großen Fabriken nach Feierabend möglich ist.

Diese Produktionsverlagerung unter Heranziehung von 10 000 kleinen Werkstätten erfordert eine verstärkte Normung. Es ist unverständlich, wenn heute noch zahllose verschiedenartige Erzeugnisse für den gleichen Zweck hergestellt werden. Wir brauchen nicht nur eine Normung, sondern auch eine Beschränkung auf bestimmte Vorzugsnormen, die für hundert ähnliche Zwecke ausreichen. Wichtiger z.B., daß ein Motorrad 30 Stunden km mehr oder weniger leisten kann, ist die Tatsache, daß alle Motorradersatzteile zusammenpassen, daß man aus drei beschädigten Motorrädern zwei brauchbare herstellen kann. Diese »höhere« Leistungsfähigkeit ist letzten Endes entscheidend.

Wir stehen heute im technischen Weltkampf der Kontinente. Da kommt es außer auf Spitzenleistungen in einzelnen Punkten auf eine zuverlässige Breitenleistung an. Zudem das gleiche Zahnrad, das am Motorrad erforderlich ist, soll möglichst auch für die Reparatur einer Drehbank, Nähmaschine, Lastwagen oder Flugmotores Verwendung finden können. Das ist anzustreben und zwar in allen Dingen der Technik. Zum anderen; alle Dinge, die maschinenmäßig hergestellt werden, fallen aus dem Rahmen der Kultur heraus. Es ist daher kulturell unbedenklich, wenn es in Deutschland nur noch eine Form und Größe des Tintenfasses, des Bleistifts, der Zahnbürste, des Rasierapparates, Becher, Teller, Schüssel, Messer, Gabel, Baumwollstoff, Bürostuhl, Lampe, Konservenglas etc. etc. etc. gibt. Alle nichtgenannten Industrieprodukte werden verboten.

Die Einheitsware, die genau wie die Einzelteile an hundert verschiedenen Stellen hergestellt wird, verhindert, daß die notwendigen Dinge bei einem währenden Krieg unter Bombenterror knapp werden können. Wer aber vor dieser (an sich ja heute nur oberflächlich versteckten) Normung erschrickt, dem ist unbenommen, sich mit seiner eigenen Hände Arbeit oder durch Beschäftigung des Kunsthandwerkes nach seinem eigenen Geschmack zu gestalten.

Die Geburtsstunde der Einheitsware dient nicht nur der Herbeiführung der technischen Spitzenleistung auf allen Gebieten und der Sicherung aller notwendigen Bedürfnisse, sondern ist auch die Geburtsstunde des neuen Kulturwillens, der durch Selbsthilfe und Förderung des Kunsthandwerkes einen neuen Aufstieg findet. So sehen wir die neuen wirtschaftlichen Falten. An hunderttausend Stellen werden genormte Teile hergestellt; überall verhindern große Zwischenlager eine Verknappung. – Die Normung und Herstellung in ländlichen Verhältnissen gleicht die höheren Transportkosten aus. Besondere Zusammenbauwerkstätten erstellen wiederum die Zellen, die dann in wenigen, besonders geschützten Endwerken zum Endprodukt gefügt werden. In gleicher Weise wird der Rüstungsbedarf und der Zivilbedarf gedeckt. Die wenigen, einheitlichen, doch schönen Formen verbunden mit der großen persönlichen Freiheit in den eigenen Dingen führen aber die Steigerung des Selbsthilfewillens zum neuen Kunsthandwerk.

Die neuen Wirtschaftsformen aber gestatten die Auflösung der alten Formen von Industrie und Großstadt.

Nr. 23

Fritz-Dietlof Graf von der Schulenburg, Denkschrift:
Bombenzerstörung und Aufbau, September 1943,
BA Koblenz Nachlaß v. d. Schulenburg (NL 301/4), Bl. 6-8.

A. Grundsätzliches.[101]

Die Schäden.
Durch Bombenangriffe, besonders des letzten Jahres sind eine Reihe von deutschen Städten zerstört worden. Millionen von Menschen sind heimatlos und haben irgendwo ein notdürftiges Obdach gefunden. Hunderttausende von Familien sind auseinandergerissen. Millionen von Wohnungen sind in Asche gelegt, der in Geschlechterfolgen angesammelte Besitz ist vernichtet. Zu den zerstörten Wohnungen tritt noch der Raumbedarf, den der Krieg mit sich brachte, da er den Wohnungsbau im Großen stillegte.

Hunderttausende von Betrieben, Werkstätten, Handels- und Bürobetrieben sind durch Bombenangriffe zerstört oder stillgelegt. Das Werk von Generationen ist dahin, das Volksvermögen zu einem großen Teil in Rauch und Asche aufgegangen.

Die Schäden drängen sich auf bestimmte Gebiete zusammen. Der Westen ist schwer betroffen, der Süden mittelmäßig, der Osten nicht wesentlich getroffen. Die Schäden konzentrieren sich fast ganz auf die Städte und da vor allem auf die Großstädte. Innerhalb der Städte ist selbst bei denen, die am schwersten gelitten haben, immer nur ein Teil der Bevölkerung betroffen. Da es widersinnig ist, einen Teil des Volkes die gesamten Schäden tragen zu lassen, die ihn als Volk des Gesamtschicksals unverschuldet treffen, muß die Last der Schäden vom gesamten Volke getragen werden.

Die Wahrheit.
Daß die Zerstörung vor allem die Großstadt trifft, ist kein Zufall. Es ist die schicksalhafte Antwort darauf, daß sich die Großstadt seit langer Zeit treibhausartig entwickelt und von den gesunden Grundlagen des Lebens gelöst hat. Dem muß man ins Auge sehen, denn nur dann, wenn man den Sinn dieses Geschehens erkennt, der tiefer liegt als

Willensakte, Befehle und Maßnahmen des Feindes, ist man in der Lage, aus der Zerstörung einen wahren Aufbau zu machen.

Die Restauration.

Wenn man sich Gedanken über den Wiederaufbau macht und dabei den Umfang der Zerstörungen bedenkt, so stutzt man vor der Aufgabe, die Großstädte in ihren alten Zügen wiederaufzubauen. Man sieht, wenn man nur wiederherstellen, also restaurieren will, daß man zunächst die ungeheueren Schuttmassen wegräumen, abfahren und unterbringen muß. Erst dann könnte man an die Aufbauarbeiten gehen. Sieht man sich die Menge Schutt an, bei Köln sind es 9 Millionen Kubikmeter, die 500 000 Eisenbahnwagen zum Abfahren benötigen würden, so wird einem klar: Schon das Aufräumen würde ein solches Übermaß an Menschen, Geld und Verkehrsmitteln erfordern, daß es eine namenlose Verschwendung an Zeit, Kraft und Gütern wäre. Beides zugleich tun – die Schuttmenge zu bewältigen und wiederaufzubauen – das wäre ein weiter Umweg, der die meiste Zeit auf unproduktive Arbeit vergeuden würde.

Die Großstadt. Ihre Schwäche.

Man kann aber diesen Weg gar nicht gehen wollen! Wir haben jetzt im Kriege die tödliche Schwäche der Großstadt zur Genüge kennengelernt. Nicht nur die betroffenen Teile des Volkes, die Hab und Gut verloren haben, sondern auch Wirtschaft und Staat erzittern bei jedem schweren Bombenangriff in ihren Fugen und ringen schwer damit, das Gleichgewicht zu bewahren. Die Gewalt des Krieges bringt jedoch nur die Schwächen und Gefahren der Großstadt zur Entzündung, die schon im Frieden, verborgen unter der Oberfläche, wie schwere Krankheitsstoffe die Blutbahn verseuchen.

Krankheitsherd.

Die Großstädte über ein gewisses Maß hinaus – über 200 000 Einwohner – (kurz Massengroßstädte genannt) sind Krankheitsherde, die an Körper und Geist unseres Volkes fressen. Hinter ihrem trügerischen Glanz lebt eine atomisierte Masse von Menschen, die sich von ihren Heimatwurzeln gelöst, auf engem Raum, in der Mehrzahl in Mietskasernen, zusammengedrängt hat. Ohne Luft und Licht verkümmern sie als einzelne, sterben als Familien ab und zehren von der Gesundheit und Kraft des ganzen Volkes. So sind diese Massegebilde Stätten des körperlichen und geistigen Verfalls geworden, der sich jedoch unter der glasklaren Organisation und dem wirbelnden Betrieb der Großstadt verbirgt und sich so langsam vollzieht, daß es dem oberflächlichen Beobachter entgeht.

Verfehlte Anlage.

Gewiß ist es kein Spiel der Willkür, daß größere Städte entstanden sind. In den Großstädten fanden sich zwangsläufig Elemente der politischen Führung und Verwaltung, der Wirtschaft und Kultur zusammen. Aber für die Sehenden ist kein Zweifel: Die Zusammenballung in diesem Ausmaß war nicht notwendig. Wir trieben vielmehr seit dem vorigen Jahrhundert eine Politik, die alle Ballungen von Menschen, Betrieben, Geld ständig begünstigte, ihren Sog immer reißender machte, und damit das natürliche Gleichgewicht zwischen zentraler Stadt und Landschaft zerstörte, dem Land Menschen, Kraft und Seele nahm. Das Ergebnis ist: Die Massengroßstadt, ohne das Bild einer wahren Gestalt entstanden, war von Anfang an und in der Anlage verfehlt; denn man nahm die gestaltlose Masse als gegebene Größe hin, förderte sie bewußt und baute die Stadt als Massengebilde aus.

Der Krieg.

Der Krieg hat diesen Grundfehler jäh enthüllt. Die dichte Zusammenballung wurde so zum vorbestimmten Gegenstand konzentrierter Vernichtung. Die wenigen Stränge, auf denen die Massengroßstädte ihre Versorgung aller Art bezogen, lagen der Zerstörung offen. Der Krieg hat das Zeitmaß des Verfalls, dem die Massengroßstädte unabwendbar entgegengingen, um einige Umdrehungen schneller gedreht und aus dem langsamen Siechen eine rasche Zerstörung gemacht. Daher wäre ein Wiederaufbau der Großstädte nach ihrem alten Plan ein unverantwortlicher Unsinn! Ein vernünftiger Mensch kann so etwas gar nicht wollen.

Ziel des Aufbaus.

Was soll man aber dem Wiederaufbau als Ziel setzen? Betrachten wir den gegenwärtigen Zustand näher: Der Krieg hat, indem er eine Reihe von Großstädten zerstörte, mit seiner Feuerlohe die Verfallsherde ihrer Massenquartiere ausgebrannt. Wir erkennen: Das, was unsere Gegner uns als Zerstörung zudachten, kann zu einem Gesundungsvorgang werden, wenn wir die Klarheit und Kraft haben, es zu verwandeln.

Halbe Maßnahmen?
Mit halben Maßnahmen ist allerdings nichts getan. Wenn man etwa in
den Großstädten herumflicken sich vornehmen wollte, die alten Betriebe, Häuser, Menschen auf einer erweiterten Fläche wieder ansie-
deln und nur den Schwerpunkt innerhalb der Großstädte verlagern, so
würde man nur die Erscheinungen, nicht die Wurzeln des Übels
anpacken. Zudem würde der Sog die übrigen Großstädte vergrößern,
Menschen und Betriebe anziehen und das Land weiter entvölkern
(siehe heute schon Leipzig). Man würde Wesentliches an dem Krank-
heitsbilde der Großstadt nicht ändern.

Klare Entscheidung!
Man muß sich klar darüber werden, daß die Großstadt als Massengebilde ein Grundübel ist und ihr mit ganzen Maßnahmen zu Leibe
gehen. Man muß erkennen: Das Schicksal, das in der einen Hand die
grausige Zerstörung trug, hält in der anderen Hand die einmalige
unwiederbringliche Gelegenheit, den Hebel einer ungesunden Entwicklung ganz herumzuwerfen, *eine neue Ordnung zu beginnen, welche
die Landschaft stärkt.* Man muß sich nur klar dafür entscheiden, den
neuen Weg zu gehen, die Kraft des ganzen Volkes auf dieses Ziel
zusammenzufassen!

B. Der Aufbau.

Rang des Wiederaufbaus. Konzentration:
1) Sofort nach dem Krieg beginnt der Wiederaufbau, der allen anderen Maßnahmen des Friedens gegenüber den Vorrang hat. Der Aufbau muß zu einer wahren Volksbewegung werden. Alle Kräfte des
Volkes werden hierfür aufgerufen, vor allem die Kräfte der Selbsthilfe.
Alle Mittel werden hierfür zusammengefaßt.

Wende zur Landschaft.
2) Der Aufbau stellt nicht den alten Zustand wieder her (Restauration). Er schreitet zu einer neuen Ordnung des Raumes, indem er
nach einheitlichem Plan für das ganze Reich die Massenballungen ab-
baut, Menschen und Betriebe neu gliedert und ansetzt. Er leitet bewußt
eine Wende von der Großstadt zur Landschaft ein. Stärkt deren Kraft,
die bisher von der Großstadt aufgesogen wurde. Er bringt daher nur
diejenigen Menschen und Betriebe in die Großstadt, die dort notwendig gebraucht werden. Die übrigen siedelt er in die Landschaft an, vor
allem im deutschen Osten, der noch in den Anfängen seiner Entwick-

lung steht. Der Aufbau schafft allen heimatlosen Menschen eine wirkliche Heimat, indem er sie mit dem Boden verwurzelt und so den Fluch der Zerstörung in einen Segen verwandelt.

Wende der gesamten Politik.
3) Nicht nur soziale Gründe fordern eine derartige Richtung des Aufbaus. Die Wirtschaftslage nach dem Kriege läßt uns keine andere Wahl, wenn wir nicht ein Millionenheer von Arbeitslosen haben wollen. Nach dem Kriege wird nur noch eine geringe Ausfuhr-Industrie bleiben, da wir mit unseren Ausfuhrwaren von den meisten Märkten endgültig verdrängt sind. Uns bleibt aus diesen Gründen, wenn wir als Volk leben wollen, im Großen nur noch der Weg zum Land. Während bisher die Politik die Großindustrie wie die Großstadtmassenballung mit allen Mitteln gefördert hat, indem sie ein Lohn-, Preis- und Steuergefälle zur Großstadt hin schuf, muß sich die gesamte Politik mit diesen Mitteln von der Großstadt weg zur Landschaft, zum Lande – Klein- und Mittelstadt – hinwenden, damit sie deren Wirtschafts- und Kulturwerk stärkt, ihre Menschen hält, beschäftigt und zufrieden macht.

Förderung der landschaftsgebundenen Wirtschaftszweige.
3a) Die landschaftsgebundenen Wirtschaftszweige werden gefördert: Landwirtschaft, Handwerk, Klein- und Mittelindustrie werden durch geeignete Wirtschaftsformen und Gemeinschaftsmaßnahmen belebt. Kleine Betriebe werden im Rahmen des Wirtschaftlichen gefördert, Großbetriebe, besonders bei der Umsiedlung, so weit möglich in kleine zerlegt. In der Landschaft muß sich eine Siedlung in Bewegung setzen, die nur mit der Kolonisation des Deutschen Ordens und der preußischen Könige zu vergleichen ist. Jedem sparsamen, tüchtigen Deutschen, der siedeln will, muß dafür Land gegeben werden.

Die Evakuierten.
4) Die aus den Großstädten Evakuierten sind in dem Land, das die Großstadt umgibt, unterzubringen. Wenn die Möglichkeiten eines Landes nicht ausreichen, springt das Nachbarland ein.

Das Amt.
5) Es wird das Amt des Staatssekretärs für den Aufbau im Reichswirtschaftsministerium geschaffen (St.A)[102], der den Plan für den Aufbau aufstellt und die Weisungen für die Durchführungen gibt. Wiederaufbauangelegenheiten sind Reichssachen.

Die Länder.

6) Der Aufbau erfordert Länder, die groß genug sind, um wirkliche Verwaltungskraft herzugeben und den Ausgleich jeder Art (wirtschaftlich, siedlungsmäßig) weitgehend in sich zu vollziehen. Erfordert ferner eine einheitliche Führung in ihnen, welche die Arbeit der Fachsparten zusammenfaßt. Bei den Ländern liegt der Schwerpunkt der Durchführung des Wiederaufbaus, sie errichten hierfür Aufbauämter. Der St.A. gibt den Ländern und den ihnen nachgeordneten Behörden Weisungen und sorgt für den Ausgleich zwischen den Ländern.

Aufgabe des St.A.

7) Der St.A. leitet den Aufbau im ganzen Reich. Er stellt die Schäden und Geschädigten nach Art und Berufsgruppen fest und entwirft mit den übrigen Fachsparten den Aufbauplan.

In ihm legt er nach Art und Umfang fest: Wieviel geschädigte Behörden, Betriebe, Einrichtungen (Einheiten) und Menschen in den alten Wohngebieten wieder anzusetzen sind, und wieviel von den übrigen im Osten, wieviel in dem Lande des Schadensortes oder im Nachbarlande anzusiedeln sind.[103]

In den Plan wird von vornherein einbezogen, der Abbau der nicht notwendig standortgebundenen Einheiten und Menschen aus den unbeschädigten Massengroßstädten und ihrer Ansiedlung in der Landschaft (zweite Stufe des Aufbauplanes).

Aufbau der Länder.

8) Das Land (Aufbauamt) stellt nach den Weisungen des St.A. im einzelnen fest, welche Einheiten und Menschen in den zerstörten Orten wieder anzusetzen sind. Dabei wird der schärfste Maßstab angelegt und nur das wieder aufgebaut, was unbedingt standortgebunden ist. Der Aufbau soll gerade in den Großstädten Licht, Luft und Raum bringen, Grün- und Freiflächen erweitern.[104]

Selbsthilfe. Familien, Betriebe, Gemeinde.

9) Der Aufbau muß in erster Linie von den Kräften der Selbsthilfe getragen werden. Sein oberstes Ziel ist es, das deutsche Volk wieder mit dem Boden zu verwurzeln.

Die Selbstverwaltungs-Körperschaften, Gemeinde, Kreise, Länder schaffen das Land. Jeder, der siedeln will, erhält ein Stück Land, das als Gartenland für ihn und seine Familie ausreicht. Darauf baut er zunächst mit den Kräften seiner Familie, des Betriebes, der Gemeinde, stufenweise sein Heim auf – von der primitiven Laube bis zum fertigen Hause (Einzel- oder Reihenhaus). Geldmittel, die benötigt werden, tragen Reich und Länder gemeinsam.

Bauweise.
10) Bautypen und Bauteile werden, soweit zweckmäßig, genormt. Durch Massenerzeugung werden z. B. billige kleine Einzelbaracken in Teilen geliefert, die der Siedler selber mit seiner Familie zusammenbaut.[105]

Verfahren.
11) Alle Genehmigungsverfahren für die Besiedlung mit Landbeschaffung werden weitgehend vereinfacht und beschleunigt.

Zeitraum.
12) Die erste Stufe des Aufbauplanes (Wiederansetzung der bombengeschädigten Einheiten und Menschen) wird in 10 Jahren durchgeführt.[106]

Nr. 24
Fritz-Dietlof Graf von der Schulenburg an seine Frau,
Berlin, 4. 4. 1943,
Privatbesitz Charlotte Gräfin von der Schulenburg, München.

Es ist Sonntagmorgen. Ich sitze im ersten Stock des Goltzschen Hauses[107] in meinem Zimmer, in einem einfachen, blitzblanksauberen Zimmer mit Wandbett, weißem Bücherbord und einer Schreibplatte am Fenster, und sehe über den Terrassengarten auf den Wannsee hinaus, der heute im Ganzen Ruhe wahrt, aber doch im Spiel seiner Wellen verrät, daß er nicht stillesteht, sondern sich ständig bewegt und strömt. Eine einzelne Weide leuchtet in frischem Grün und kündet den Frühling. Und meine Lieblinge, die Vögel, zwitschern und tirilieren aus voller Brust. Sonst ist Ruhe und vom Lärm, von der Hast und dem Trubel der Großstadt dringt nichts hierher [. . .]
Gleichzeitig fällt von mir eine Last ab, weniger die der Arbeit als die der Verantwortung im Reichsernährungsministerium, wo ich mich am 31. 3. von Backe und Willikens[108] verabschiedete. Damit bin ich der Mühe und Hast enthoben, die eine Arbeit an zwei Dienststellen doch immer mit sich bringt. Und gleichzeitig schwindet der Alpdruck der Verantwortung, die ich, wie mir immer klarer wird, zu vollem Recht immer sehr ernst genommen habe. Die Politik von Backe hat sich in

politische Abhängigkeiten begeben, die sich mit den Notwendigkeiten, die heute die Stunde fordert, nicht mehr vertragen. Trotzdem bereue ich nicht, ins Ernährungsministerium gegangen zu sein, denn ich habe in dem halben Jahr meiner Tätigkeit ein mir ganz neues Arbeitsgebiet mit Menschen und Dingen und seinen großen, ungelösten Fragen kennengelernt. Einiges habe ich leisten können, für ganze Arbeit war die Zeit nicht reif. Die sachlich Denkenden bedauern, daß ich gehe, das Heer der Interessenten, denen ihre Person über die Sache geht, freuen sich. Wie kann es auch anders sein? Das erste ist mir doch eine gewisse Genugtuung, das letztere berührt mich nicht. Leid tut es mir, daß ich wieder einmal die treuen Diener der Sache im Stich lassen muß. Aber da ich als Abteilungsleiter für Personal und Organisation Verantwortung trage, muß ich gehen, wenn ich sie nach bestem Wissen und Gewissen nicht mehr tragen kann. Ich kann die Sache nicht im Stich lassen, um einigen ihrer treuen Diener die Treue zu bewahren. Tröstend ist für mich, daß man diesen Männern innerlich verbunden bleibt. Ich bin sehr froh darüber, daß ich in diesem Ministerium einige Edelsteine gefunden habe, deren Leuchtkraft auch in der Atmosphäre des Ministeriums nicht gebrochen ist.

Es war für mich nicht ohne Reiz, als Abteilungsleiter, wenn auch nur als beauftragter, in diese neue, fremde Atmosphäre einzudringen, zumal mich die Fragen des Beamtentums immer wieder stark angezogen haben. Bestätigt fand ich meine alte Ansicht, daß das Gros der Beamten immer noch im Ganzen von der Sache her denkt und handelt und wahrhaft zäh und unbeirrt daran festhält, und daß Begabung, Können, Fleiß in reichem Maße vorhanden sind. Das ist nach dem, was das Beamtentum in den letzten 25 Jahren erlebt hat, doch irgendwie erstaunlich und zugleich beruhigend, wenn es auch nichts anderes als eine schlichte Voraussetzung für jede sachliche Arbeit im Großen ist, wie sie die schwere Zukunft von uns fordern wird.

Erstaunt war ich aber doch, wie sehr das Gros der Beamten zu Knechten geworden ist, d. h. daß sie ihre Ansicht nicht mehr frei und unabhängig vertreten, sondern ängstlich und vorsichtig nach dem Vorgesetzten schielen. Es hat mir öfters wirklich weh getan, wenn tüchtige und anständige Beamte fast ängstlich um Entschuldigung baten, wenn sie eine abweichende Meinung äußerten, was früher unter Herren Pflicht und selbstverständlich war. Und doch kann man sich eigentlich, wenn man die Entwicklung recht bedenkt, nicht wundern. Man hat aus dem Beamtentum etwas ganz anderes gemacht als es früher war, aus einer führenden Schicht eine rein ausführende. Und da die Politik der jetzt führenden Schicht autonom ist und der Tradition des Staates und seinem inneren Gesetz zuwiderläuft, heißt es für das Beamtentum als Ganzes biegen oder brechen. Viele sind gebrochen, entweder äußerlich aus ihren Stellungen gestoßen oder innerlich, indem sie nach anfänglichem Kampf den Widerstand aufgegeben haben. Die Mehrzahl biegt sich, d. h. sie geht ängstlich den Weg der Vorsicht und sucht ihre Ansichten nur noch durch Hintertüren durchzusetzen. Die in einem so großen Apparat ohnehin vorhandene Neigung zur Intrige gedeiht üppig. Das Beamtentum als Gemeinschaft, als Stand, der den einzelnen trug, ist nur noch in Resten vorhanden und hat für das Gros der Beamten keine Tragkraft mehr. Die Mehrzahl der Menschen ist dazu geboren, in Ordnungen zu leben. Und da die wahre innere und äußere Ordnung des Staates wie des Standes fehlt, die den Beamten angemessen wäre, kann man im Grunde nichts anderes erwarten, als daß die innere Unabhängigkeit des Beamten immer mehr verschwindet und nur noch als Gedanke der Erinnerung wie der Sehnsucht lebt und sich noch in wenigen einzelnen verkörpert.

Und doch glaube ich, daß ein wahres Beamtentum wieder entstehen kann. Die sachlichen Elemente sind gegeben, die sittlichen und geistigen können sich wieder bilden, wenn das Beamtentum aus der Rolle des reinen Technikers wieder zu einer führenden aufsteigt, die ihm geistige Weite und Freiheit wie innere Unabhängigkeit gestattet und von neuem die Ordnung eines Standes ermöglicht; wenn weiter Vorbilder vor seinen Augen stehen, die der Gestalt des Standes wie des Staates entsprechen, während es heute »Vorgesetzte« sind, die aus einer ganz anderen, ihm fremden Welt stammen und daher auf das Beamtentum als solches keinen formenden Einfluß ausüben können.

Ich glaube nicht, daß Dich dies langweilen wird, da Du ja gerne an allem Anteil nimmst, was meine Arbeit bedeutet. Die ruhigen Stunden, die ich jetzt wohl mehr haben werde als früher, sind angetan, wieder unter einen Abschnitt des Lebens einen Strich zu setzen und die Summe zu ziehen. Das vergangene halbe Jahr verlief wie im Wirbel. Die Flut der Eindrücke, sich ständig verändernd nach dem Wechsel der Lage, die Last der Arbeit, seit Januar in zwei verschiedenen Ämtern, hat mich geistig wie körperlich stark beansprucht. Ich erkenne immer mehr, wie notwendig es ist, möglichst einfältig zu werden und einfältig zu leben. Das ist heute wirklich schwer. Bisher ist es mir eigentlich nur gelungen, zu einem Rhythmus von Wirbel und Ruhe zu kommen, wobei die Ruhe und Sammlung im Urlaub bei Dir und im Soldatsein lag. Ich hoffe sehr, daß es mir glückt, Ende dieser kommenden Woche (etwa 8. oder 9.) zu Dir zu kommen, vielleicht sogar auf mehrere Wochen. Mussehl[109] will mich noch zu einer Prüfung nach Paris mitnehmen, die Ende des Monats beginnt, doch weiß ich nicht, ob das Sinn hat.

Ich lese jetzt Cromwell von Oncken.[110] Wie sehr hat dieser Mann ständig in Gott gelebt, wie sehr war es auch bei Bismarck – worüber O[ncken] auch schreibt – der eine Pol in der Ellipse seines Lebens.[111] Wie weit bin ich noch davon entfernt, aber wieviel näher werde ich durch mein ganzes bisheriges Leben wie durch die letzten Sturmjahre an Gott herangeführt. Es ist wie ein Geheimnis, auf das ich immer wieder stoße, es ist wie eine Kraft, die sich im scheinbar wirren Trubel unserer Zeit, wenn man in Ruhe tief hineinsieht, immer wieder in wunderbar klaren Zusammenhängen offenbart. Ich staune immer wieder, wie im mächtigen Strom der Zeit, in dem sich Menschen und Dinge in sich und zueinander ständig verändern und bewegen, sich doch immer alles »fügt«. So glaube ich auch hinter dem tobenden Wirbel unserer Zeit zu sehen, wie sich die guten Kräfte zusammenfügen und wie trotz Sturm und Not, trotz allem, was wir noch an Menschen und Dingen verlieren werden, eine wahre Ordnung tief im Innern wie in den Zügen der staatlichen Ordnung im Werden ist. Ich selber spüre in allem, was mich betrifft, deutlich, wie sich alles fügt, wobei es gleichgültig ist, ob mich das Schicksal zu einer Aufgabe erwählt oder als Opfer fordert. Es kommt nur darauf an, daß ich meinem Gewissen folge, durch das Gott zu mir spricht. Daß das Lebensschiff dabei nicht so ruhig liegen kann wie die alten Haffkähne, die unserer Verlobung zusahen, ist klar, schwankte doch selbst im Spiegelbild nichts als Ruhe. Dafür haben wir jetzt Sturm, und am Sturm liegt es, wenn das Schiff auf und ab und hin und her geschleudert wird. Das kann auch gar nicht anders sein, wenn man sich schon aufs Meer herausgewagt hat. Sonst hätte man sich entschließen müssen, Flußschiffer zu werden. Entscheidend ist nur, daß Kurs gehalten wird [. . .]

Nr. 25
Fritz-Dietlof Graf von der Schulenburg an seine Frau,
Paris, 10. 6. 1943,
Privatbesitz Charlotte Gräfin von der Schulenburg, München.

[. . .] Unser Quartier liegt am Place Vendôme, der – um die Vendômesäule gebaut mit Häusern eines Stils, der ein wunderbares Maß verrät – einer der schönsten Plätze ist, die ich kenne.[112] Abends bei Mil. Befehlshaber St[ülpnagel], der klug und sympathisch ein würdiger

Repräsentant der Generalität ist. Es gab von tief dunkelblauem Porzellan gut zu essen und zu trinken. Einmal ganz schön! Pappi (Unruh) leuchtete fast lila von gutem Burgunder. [...]

Nr. 26
Fritz-Dietlof Graf von der Schulenburg an seine Frau,
Paris, 11. 6. 1943,
Privatbesitz Charlotte Gräfin von der Schulenburg, München.

Gestern vor- und nachmittags Besprechungen, um einen allgemeinen Überblick zu gewinnen. Das Bild ergibt eine bunte Fülle von Dienststellen, die sich gegenseitig bekriegen und sich dick aufgebläht haben. Ein Heer von Menschen, die alle angeblich mit kriegsentscheidenden Dingen beschäftigt, nicht entbehrlich sind und doch ein Leben führen, das mit der Härte dieses Krieges keine Berührung mehr hat und auch die Maßstäbe für Ehre und Sauberkeit nicht mehr besitzt. Es ist ein Augiasstall. In dem Augenblick, in dem man hineinfaßt, wird sich alles dagegen stemmen.

Merkwürdig ist: Wir sind mit den Franzosen irgendwie nicht fertig geworden. Das Gros unserer Männer hier in Paris ist dem französischen Geist erlegen, ist formlos und matt geworden. Über den meisten liegt ein Hauch von Resignation und Müdigkeit. Wir vertragen die französische weiche Luft und Art zu leben nicht. Die Gesamtbilanz der drei Jahre ist negativ, weil man sich weder zur Klarheit einer schroffen noch zu einer versöhnlichen Politik hat durchringen können. Mir geht es oft so: Wenn einzelne Leute sich noch aufblähen und spreizen, dann sehe ich klar vor Augen, wie ein unerbittliches Schicksal sie wieder kleinmachen wird, ebenso wie eine verfehlte Politik sich rächt. Die Franzosen fühlen sich im Grunde genommen heute schon als Sieger. Im Anfang waren sie von den deutschen Siegen und von der Armee auch innerlich überwältigt. Dann merkten sie, daß im deutschen Lager in Paris nicht eingleisig, sondern auf vier bis fünf Gleisen gefahren wurde und spielten nun die einzelnen Stellen gegeneinander aus. Die Straßen platzen voller Menschen, auch müßiggehenden, die Lokale sind voll und voller Leben. Gewiß, man trifft auch manche verhungerte und verbissene Gesichter, aber die Franzosen können noch lachen, was wir anscheinend langsam verlernt haben. Und hinter diesem bunten Leben mit seinem grellen Widerspruch verbergen sich die Züge der kommenden Entwicklung.

Eben unterhielt ich mich mit Iffland[113], dem Beauftragten Bormanns, darüber, daß die meisten Deutschen der französischen Le-

bensform erliegen. Er meinte, das hinge zusammen mit den Kavaliers-
auffassungen der deutschen Offiziere, die für Schonung der Gegner
stets zu haben waren und auch gegen die Erschießung der Polen in den
besetzten Gebieten Stellung nahmen!! [. . .] Heute abend fahre ich für
drei Tage an die Küste, dann beginnt die Arbeit in Paris [. . .]

Nr. 27
Fritz-Dietlof Graf von der Schulenburg an seine Frau,
Paris, 14. 6. 1943,
Privatbesitz Charlotte Gräfin von der Schulenburg, München.

Sonnabendabend war ich nach längerer Zeit mit Seifarth[114] zusammen, der politisch etwas angeschossen ist und stark darauf zeichnet. Er
gab erschütternde Bilder davon, wie die französische Stimmung sich
entwickelt hat. Franzosen, die sich überhaupt mit Deutschen abgeben,
werden von der übrigen französischen Bevölkerung gemieden und
geschmäht [. . .]
   Den Pfingstsonntag an der Küste in Bou[logne], dann Fahrt über
Ca[en] nach Dü[nkirchen], überall die großen Bauwerke der Org.
Todt[115] besichtigt. Gewaltige Leistungen in der Organisation, im Einsatz von Massen von Menschen und Stoff. Die Vortragenden erzählen
auch immer nur von Millionen von cbm, die geschafft, von Zehntau-
senden von Menschen, die eingesetzt wurden. Aber schon bei den
Befestigungswerken setze ich hinter das Massenhafte ein Fragezeichen! Die Führer entsprechen ihrem Werk, rücksichtslos, ganz auf
Schnelligkeit des Bauens bedacht. Sinnvoll die U-Bootstützpunkte,
wo man über die Liegehallen, Werften, Unterkunftsräume 6 m Beton
stülpt, »massenhafte« Bauten schafft, die dem massenhaften Gesetz
der Kriegsführung entsprechen!
   Die flache Landschaft, die ich schon kannte, mit Hügelwellen,
bescheidenen etwas gedrückten Häusern, die in der Landschaft unter-
tauchen, sich ihrem Rhythmus einfügen. In Ca[en], in der Hafenstadt,
ein ganzes Viertel dem Erdboden buchstäblich gleichgemacht. Auf
einem Teil dieser völlig zerstörten Mauern wuchert schon wieder das
Grün!! Ich muß an das Schicksal unserer Großstädte denken!
   Im Abendsonnenschein sahen wir dann das Meer liegen, das sich
mit tiefem Blau gegen das Helle des Himmels abhob. In St. Na[zaire]
am Unterlauf der Loi[re], die sich hier zu einem Meerbusen ausdehnt,
besichtigten wir noch U-Bootstützpunkte und Befestigungen. Dann in
den Badeort Pr[èfailles], in dem alles wohnt, da St. Na[zaire] völlig
zerstört. Wir badeten im liebenswert blauen Meer und ich fühlte mich

in Urzeiten zurückversetzt [...] Wir zogen uns an und aus im Haus eines Oberbauleiters der O[rganisation] T[odt], fein mit allem Komfort eingerichtet [...] Abends gaben sie uns ein Essen, das bezeichnend war: Suppe, *zwei* Fischgänge, darunter Hummer – allerdings hier keine Seltenheit – dann Fleischgang, den ich daraufhin ausliës, köstliche Früchte, mehrere Weine. Ich trinke nur einen – zwischendurch immer Sprudel – da ich ja nicht meine Form verlieren will [...]

Heute nacht Regen. Luftalarm ohne Folgen. Heute früh ausgiebig im eiskalten Meer gebadet, wieder seit langem zum ersten Mal gelaufen. Ich bin doch noch nicht so verfallen, wie ich manchmal denke!

Mittags Gäste der U-Bootflottille X. Chef, wie alle diese Typen, gesammelt, beherrscht und klar. Eine Fülle junger Gestalten, ein breiter Ausschnitt aus unserer Jugend. Ein schwerer Ernst lag über dem Ganzen, da zur Zeit die Abwehrkraft der Gegner stark gewachsen. Aber trotz allem keine Pessimisten. Entsetzt über die Stimmung in der Heimat [...]

Nr. 28
Fritz-Dietlof Graf von der Schulenburg an seine Frau,
Paris, 17. 6. 1943,
Privatbesitz Charlotte Gräfin von der Schulenburg, München.

[...] Gestern nachmittag fuhren Mussehl, ein Major Trummer[116] aus unserem Stabe und ich nach Ch[artres], um eine Feldkommandantur zu revidieren. Unterwegs kurz in Vers[ailles] haltgemacht, das mir fremd bleibt, obwohl ich die Großzügigkeit anerkenne. Die Herren der Feldkom[mandantur] waren auf der Jagd gewesen, mußten zurückgeholt werden. Fazit: 1/3 der Offiziere (alles Lehrer), die Hälfte der Schreiber zu viel. Dann Kathedrale in Ch[artres] angesehen, die älteste der großen Kathedralen. In Lang- und Querschiff innen und außen einfach und dabei erschütternd großzügig und klar. Wunderbare Bildwerke in den Torbögen und ein herrlicher Umgang um den Chor. Was haben die Menschen für eine Kraft in sich gehabt, die so etwas schaffen konnten [...]

Nr. 29
Fritz-Dietlof Graf von der Schulenburg an seine Frau,
Paris, 21. 6. 1943,
Privatbesitz Charlotte Gräfin von der Schulenburg, München.

Sonnabend nachmittag war ich draußen [. . .] im Fliegerheim bei Frau Constantin[117] [. . .] Ich schenkte ihr ein Stück von meinem Tagebuch, was sie sichtlich erfreute. Sie gab einen Ausschnitt aus der Herrschaft der Deutschen in Frankreich, der erschütternd war. Wir haben nicht nur politisch, sondern auch moralisch unseren Kredit verspielt, den wir 1940 in reichem Maße besaßen. Sie sagte, das einzige, was noch geblieben ist, ist eine gewisse Furcht vor uns, die aber auch nicht mehr genügt, um Sabotageakte auszuschließen. Ein trauriger Rest! Und wenn hohe Offiziere in gleicher Weise das Gesicht verlieren wie einfache Soldaten und Zivilisten, dann sieht man, wie tief die Werte zersetzt sind, die sie äußerlich noch darstellen. Dieses Volk muß ja vom Schicksal erbarmungslos hart geschlagen werden, damit die Scheinwerte zerbrechen und der echte Kern wieder wachsen kann. An der Front in den unerbittlichen Kämpfen und in den Großstädten, über die der Luftkrieg apokalyptisch hinwegbraust, glühen schon die letzten Schlacken aus. Aber wir sind noch nicht am Ende dieser Not. Das ganze Volk wird noch hindurchmüssen. Ich glaube nicht, daß es zerbricht oder auseinandergerissen wird. Aber erst dann kann es wieder gesunden! [. . .] Nachmittags mit einem Pariskenner durchs Quartier Latin gegangen und die schönen Kirchen St. Germain des Pres, die älteste Kirche in Paris in romanischem Stil, dann St. Etienne du Mont, spätgotisch mit Anklängen der Renaissance und dem Grabmal der Heiligen Genoveva sowie Pascals in mich aufgenommen. Wir saßen dann im Freien und ließen das französische Sonntagsleben an uns vorüberwirbeln, alt und jung bis zu den Kleinstkindern unter dem Arm des Papas in schneller Bewegung auf der Straße. Radler auf Tandems zu zweien, Rädern mit komischen Anhängern, in die Weib oder Kind verpackt waren. Viele gut gekleidete Kleinbürger, Geschäftsleute, Advokaten, maßvoll liebenswürdig ihren Eßlokalen zustrebend.

Abends saß ich mit Mussehl, dem liebenswerten Patriarchen, und unserem Führer, der Dolmetscher ist, in einem kleinen Restaurant an der Seine, von dem aus man die schöne Fassade der Notre Dame ständig vor Augen hatte. Du weißt ja, wie sehr ich die Kathedralen liebe, ich mußte sie immer wieder ansehen. Wir schlenderten durch die rue de Rivoli, eine Anfang vorigen Jahrhunderts *völlig einheitlich* gebaute Straße gegenüber dem Louvre. So etwas gibt es eben leider in Berlin nicht, wo nur einzelne Gebäude Stil haben, aber nicht ganze Straßen wie hier in Paris. Und jedes Viertel hat seinen besonderen Charakter, seinen besonderen Berufseinschlag, wie z. B. im Quartier Latin die Studenten wohnen und halbverhungerte, bohemehaft gekleidete Künstler gute und schlechte Bilder verkaufen. Ja, es soll sogar so weit gehen, daß die Angehörigen bestimmter Provinzen sich in bestimmten Vierteln konzentrieren, d. h. Paris ist eine alte Großstadt, die sich gliedert, während in Berlin tatsächlich alles durcheinandergewürfelt ist.

Dann kamen wir an der Jungfrau von Orleans vorbei, deren Standbild ich im Herbst 40 in alter Patina, gestern aber frisch vergoldet sah! So demonstriert der Franzose!

Gestern träumte ich am wachen Tag in hellem Sonnenschein von der Zukunft. Wenn meine Kinder groß sind, möchte ich Abschied nehmen aus dem öffentlichen Dienst und Pfarrer werden, denn in der religiösen Wiedererneuerung liegt die entscheidende Aufgabe unseres Jahrhunderts. Dann wollte ich mit Dir ein Jahr in Paris und ein Jahr in Rom studieren [...]

Nr. 30
Fritz-Dietlof Graf von der Schulenburg an seine Frau,
Paris, 24. 6. 1943,
Privatbesitz Charlotte Gräfin von der Schulenburg, München.

Gestern und heute begann die Überprüfung der Firmen, d. h. die einzelnen Büro- oder Firmenleiter kommen zu uns, etwa 10–20 am Vormittag und verhandeln mit uns über die Abgabe von Menschen. Ein abwechslungsreicher, reizvoller Film, der sich abrollt. Gestalt über Gestalt taucht auf, steht uns Rede und Antwort und verschwindet wieder. Deutschland ist doch reich an Typen. Was für Unterschiede der Gesichter und Temperamente! Grundverschieden auch der Grad der Anpassung an das französische Wesen. Einzelne kommen so hereingetänzelt wie der Marquis in der Minna von Barnhelm auf der Bühne, andere haben gar nichts von der deutschen Bärenhaftigkeit verloren. Alle haben aber an Präzision und Schärfe des Ausdrucks gewonnen. Das vorläufige Ergebnis meines Nachdenkens darüber, wie die Berührung von französischem und deutschem Wesen sich ausdrückt, ist das: Wenn ein kernloser Deutscher in die französische Sphäre gerät, zerfließt er; ein kernhafter dagegen gewinnt an Klarheit, Schärfe und Feinheit. Hoffentlich darf ich mich zu den letzteren zählen! [...]

Nachmittags sind dann die längeren Besprechungen, in denen wir uns über die organisatorischen und grundsätzlichen Fragen unterrichten. Sie enden – das heißt nur im übertragenen Sinne – mit der Feststellung, daß die Armut von der pauverté kommt, daß alle Überorganisation daher kommt, daß man eben übermäßig organisiert. Radikale Heilmittel gibt es, doch werden sie zur Zeit nicht angewandt. Deshalb müssen wir uns darauf beschränken, wenigstens das kleine Gestrüpp wegzuräumen. Das ist natürlich im Erfolg bescheiden und kann durch große Fehler wieder verschüttet werden [...]

Nr. 31
Fritz-Dietlof Graf von der Schulenburg an seine Frau,
Paris, 24. 7. 1943,
Privatbesitz Charlotte Gräfin von der Schulenburg, München.

[...] Am nächsten Tag waren wir mittags bei der Luftfahrtindustrie, intelligenten, energischen Leuten, die herzhaft das genießen, was der Tisch bringt und auch den Trunk nicht verschmähen. Aber durch alle Scherze klang der Galgenhumor durch und ein Hauch der Skepsis gegenüber der Entwicklung. Wohl jeder spürt, wie unter der Oberfläche die Erde bebt. Mir geht es immer so, daß ich im bunten Leben, das an mir vorüberzieht, mit allem Geist, aller Schönheit und allem Charme nur das farbige Spiel der Oberfläche sehe, während in den tieferen Zonen mit dumpfem Donner das wahre Leben seinen Gang geht und die unerbittlichen Lose für dieses und unser Land in seiner Hand trägt. Wir können nur ahnen oder glauben und nur Gott weiß, was dem Abendland beschieden ist. Die tiefste Not, damit es sich erneuere oder das Verlöschen, der Untergang, aus dem sich nur noch ein paar Propheten und Heilige erheben. Du weißt ja, daß ich an die Erneuerung glaube [...]

Abends im Rothschild ein schillernder und verworrener Vortrag von einem Reg[ierungs] Rat über die Kunstdenkmäler von Paris, der für Hermann die Großeinkäufe besorgt.[118] Manche Menschen tragen ständig eine Maske und wissen selber, daß ihr wahres Gesicht beim Lachen unter ihr erschauert. Nachmittags wurde uns von einem Beamten des Präfekten die städtebauliche Entwicklung von Paris vorgetragen. Es ist eben eine alte Stadt, die sich wie ein Baum Ring um Ring erweitert hat. Und wenn auch Haussmann, der Präfekt unter Napoleon III., mit roher Gewalt ganze Straßenzüge niedergerissen hat, um die drückende Enge der alten Straßen zu beseitigen und Licht und Raum zu schaffen und dabei vielleicht viel schönes Altes beseitigt hat, ja wahrscheinlich beseitigen mußte, so stehen im Stadtkern doch noch schöne alte Winkel und Straßenzüge, und selbst unter Napoleon III. sind noch einheitliche neue Straßenzüge entstanden. Jeder große Städtebauer von Henri Quatre bis Napoleon III. hat für große Linien, weite Blicke, große Gebäude gesorgt und damit an der Gesamtform gearbeitet. Paris hat in der Kernstadt ausgesprochen Form, und das können wohl wenige andere Weltstädte von sich sagen. Das Problem beginnt nur bei den Vorstädten.

Mittwoch kam Unruh mit seinen Trabanten an, braungebrannt und frisch, billigte unsere Arbeit, er weiß ja auch weshalb! Krull hatte ein Gutachten gefertigt, das sehr offen die Organisationsfragen der gewerblichen Wirtschaft behandelt (Vergangenheit und Gegenwart).[119] Der Vertreter des Sicherheitsdienstes erschien und sprach das grundsätzliche Einverständnis mit den grundsätzlichen Ausführungen aus, was wir in so ausgesprochener Form nicht erwartet hatten. Stü[lp]nagel], mit dem ich mittags sprach, erzählte, daß der S. D. mit ihm denkbar sachlich zusammenarbeite. Wir haben bisher auch keine anderen Erfahrungen gemacht. Ich glaube, daß die Schwere der Lage und der Verantwortung, geläutert durch die Einsicht, die bei den hiesigen örtlichen Dienststellen des S. D. evident ist, hier schon ein gewichtiges Wort mitspricht. Auch ausgesprochene Schreier sind klein geworden.

Nächsten Tag sahen wir im Hotel de Cluny den Basler Altar, der sonst für die Öffentlichkeit nicht zugänglich ist, ein Relief aus Goldblech in byzantinischer Art geschmiedet, angeblich deutsche Arbeit, worüber die Gelehrten aber nicht einig sind. Das Hotel de Cl[uny] ist ein kleines altes Kloster aus spätgotischer Zeit, in dem das Spätgotische sparsam als Ornament an Fenstern, Türen, Dachgiebeln auftritt und die einfachen Bauformen in liebenswürdiger Form schmückt.

[...] Gestern früh fuhr ich mit dem Mil[itär]verw[altungs]chef von Paris[120] den ganzen Vormittag durch die Vorstädte in einem halben Bogen um die Stadt. Einige Vorstädte mit schönen Häusern und Palästen hinter Mauern, hinter denen blühende Rosen und üppige Gärten leuchten, wie in St. Cloud. Aber im Ganzen erstarrt man vor Grauen, wenn man dies bauliche Chaos immer und immer wieder in hundert, aberhundert Abwandlungen sieht, dieses Elend und diese Not [...] Die Vorstädte sind die Kehrseite von Paris!!

Der Pariser Städtebau ist mit der modernen kapitalistischen Entwicklung nicht fertig geworden [...] Die Bevölkerung der Vorstädte schleicht ausgehungert mit schmalen Gesichtern, in die die Not ihre Runen geritzt hat, verbittert und mit haßerfüllten Augen durch die

Straßen. Sicher sind das Gros der Leute Kommunisten. Kann man eine andere Antwort erwarten? Ein Lichtblick war der Besuch der Kathedrale von St. Denis, von der die Gotik ausging, äußerlich der erste Übergang von der romanischen zur gotischen Baukunst, im Innern von einfacher, schöner Klarheit. In der Krypta die Gebeine fast aller französischen Könige, die hier an einem Ort versammelt sind. Dies Volk hat doch einen unverrückbaren Sinn für Tradition! Trotz Revolution und Rationalismus!

Dann ein Besuch bei den hochintensivierten Gemüsegärten, [. . .] in Stains. Der Garten eben wie ein Teppich, mit Gemüse, das regelmäßig wie ein Ornament gepflanzt war, und der Boden so zart und krümelig wie Sandtorte. Der Gemüsegärtner lud uns, obwohl er mit Familie und Gehilfen beim Mittagessen saß, zum Glase Wein ein und setzte uns köstlich frische Melonen vor. Er unterhielt sich mit uns und tat uns Bescheid in einfacher, liebenswürdiger Freundlichkeit, formvollendet und selbstverständlich, selber wie ein Graf. Er und seine Tochter, hoch gewachsen, schlank, gut aussehend. Das waren eigentlich die nettesten französischen Menschen, die ich bisher kennengelernt habe. Der gute Geist des Volkes, der mir hier entgegentrat. Ich will nochmal hinaus und ihnen Zigaretten bringen.

Nachmittags 3 Stunden bei Damrath[121], sehr klug, sehr ansprechend als Charakter. Er hat mir einige gute Dinge gesagt: Daß Gott zu Noah gesagt hat, er solle in der Arche ein Fenster nach oben machen und keines nach den Seiten! Der 73. Psalm! Ich bin sehr froh, daß ich ihn gesprochen habe. Vielleicht bin ich doch auf dem Wege, Gott näher zu kommen als jemals bisher!

Heute früh Unruh mein Gutachten über die Verwaltung von Groß-Paris abgegeben.[122] Dazu alle meine Vorstudien über Paris. Das Gros der Arbeit ist für uns abgeschlossen. In 6 Tagen setzt sich der Zug nach Deutschland in Bewegung. Ich freue mich auf dieses Land [. . .]

Nr. 32
Fritz-Dietlof Graf von der Schulenburg,
Abschiedsbrief aus Plötzensee, 10. 8. 1944,
Privatbesitz Charlotte Gräfin von der Schulenburg, München.

Mein über alles geliebter Liebling,
Du wirst Dich ja auf alles gefaßt gemacht haben. Ich bin heute in der Sitzung des Volksgerichtshofs zum Tode verurteilt und zur Vollstreckung des Urteils in der Strafanstalt Plötzensee. Meine Gedanken waren am schwarzen 20. 7. bei Dir und suchten Dich. Auch in den

258

folgenden Wochen, wo ich beim Geheimen Staatspolizeiamt einsaß, habe ich täglich mit Dir über die Ferne weg gesprochen und jedes meiner Kinder gestreichelt. Alle meine heißen Liebesgedanken umfingen Dich und die Kinder.

Mein berufliches Leben ist nur ein Fragment geblieben, wenn auch voller Sehnsucht und Abenteuer. Ein vollendetes Glück habe ich bei Dir gefunden, mein liebes Du, und dafür danke ich Dir aus ganzem vollen Herzen. Unsere Liebe ist unvergänglich und bleibt bestehen. Trauert nicht um mich, sondern lebt so, als ob ich Euch über die Schulter sähe und mit Euch lebte und lachte! Du mußt, was kommen mag, in Trebbow bleiben und Dich da anklammern. Es ist bestimmt richtig. Küsse jedes meiner Kinder, an denen ich nur Freude gehabt habe, meine heiteren Genien. Und Du, lieber Liebesgenius, behalte mich so lieb wie ich Dich, ganz fest und ganz vertraut wie von Urbeginn an. Was wir getan, war unzulänglich, aber am Ende wird die Geschichte richten und uns freisprechen. Du weißt, daß mich auch die Liebe zum Vaterland trieb. Verzeih allen Kummer, Sorge, Not, die ich über Dich bringe! Grüße alle Freunde. Alles, alles Liebe, immer Dein Fritzi.

Jemand muß sich um Vaters schriftlichen Nachlaß kümmern.

Feder ist schlecht, bald ist alles vorüber.[123]

Anmerkungen

Kapitel I

1 Dietrich Werner Graf von der Schulenburg, Hans Wätjen, Geschichte des Geschlechts von der Schulenburg, 1237–1983, Wolfsburg o.J. (1984), S. 361ff.

2 Tisa von der Schulenburg, Zeichnungen – Aufzeichnungen, Gütersloh o.J. (1975) (als Taschenbuch erschienen unter dem Titel »Ich hab's gewagt«, Freiburg i. Brsg. 1980).

3 Vgl. Geschichte des Geschlechts von der Schulenburg, S. 361ff.

4 Tisa von der Schulenburg an den Autor, 5.2.1989.

5 Erinnerungsbericht Tisa von der Schulenburgs. Privatbesitz Tisa von der Schulenburg, Dorsten.

6 Vgl. ausführlich die sehr lesenswerte Biographie von Albert Krebs, Fritz-Dietlof Graf von der Schulenburg. Zwischen Staatsräson und Hochverrat, Hamburg 1964, S. 19.

7 Tonbandprotokoll Karl Graf von der Groeben, Lübeck. Der Autor dankt Graf von der Groeben und Detlef Graf Schwerin, Berlin, für die freundliche Überlassung.

8 Erinnerungsbericht Tisa von der Schulenburgs, Privatbesitz Tisa von der Schulenburg, Dorsten.

9 Für das folgende vgl. Krebs, Schulenburg, S. 64ff.

10 Vgl. die unveröffentlichten Erinnerungen Friedrich-Bernhard von der Schulenburgs, BA/MA Freiburg N 58/1, S. 247-263.

11 Der Aufsatz befindet sich im Privatbesitz Tisa von der Schulenburgs, die dem Autor freundlicherweise eine Abschrift überließ.

12 Vgl. unten, S. 182.

13 Ernst Günther Gründel, Die Sendung der jungen Generation. Versuch einer umfassenden revolutionären Sinndeutung der Krise, München 1932, S. 439ff.

14 Vgl. dazu Krebs, Schulenburg, S. 63.

15 Schulenburg an Bärbel Borchmeyer, 14.7.1929, Privatbesitz Bärbel und Joseph Borchmeyer, Recklinghausen.

16 Mündliche Auskunft Bärbel Borchmeyers an den Autor vom 11.12.1984. Rückblickend hat Schulenburg seine Tätigkeit in Recklinghausen als eine »notwendige Entwicklungsstufe« beschrieben. Schulenburg an Bärbel Borchmeyer, 11.11.1933, Privatbesitz Bärbel und Joseph Borchmeyer, Recklinghausen.

17 Vgl. Krebs, Schulenburg, S. 69.

18 Schulenburg an Bärbel Borchmeyer, 4.2.1933, Privatbesitz Bärbel und Joseph Borchmeyer, Recklinghausen.

19 Vgl. dazu die Aktenvermerke Schulenburgs im Kreisarchiv Recklinghausen, Akten der Seegesellschaft-Haltern, 1927–1937.

20 Kreisausschußprotokolle, Akten-Nr. A74, ebenda. Vgl. zu seiner Tätigkeit

in einem der größten Industriekreise Deutschlands, Krebs, Schulenburg, S. 67-86.

21 Zu Jünger vgl. zusammenfassend Wolfgang Kämpfer, Ernst Jünger, (= Metzler-Realienband, 201), Stuttgart 1981, passim.

22 Angaben dazu macht Tisa von der Schulenburg in einem Schreiben an den Autor vom 7.12.1982.

23 Adolf Damaschke (1865–1935) nahm sich als Pädagoge und Publizist besonders der sozialen Bedeutung der Wohnungsfrage in Großstädten an und war zeitweise Vorsitzender des »Bundes der Bodenreformer«. Er hinterließ ein vielzitiertes Hauptwerk, vgl. Adolf Damaschke, Die Bodenreform, 16. durchges. Auflage, Jena 1919.

24 Ebenda, S. 502.

25 Vgl. Dr. Erich Keßler an Dr. Heinrich von zur Mühlen, 2.2.1948, BA Koblenz Kl. Erw., Nr. 759.

26 Vgl. Krebs, Schulenburg, S. 69.

27 Anfang der dreißiger Jahre, inzwischen nach Ostpreußen versetzt, sollte er über die Partei noch kräftigere Worte finden. Hier war die Rede von »Saustall«, »Nachlässigkeit, Unsauberkeit, überall wo man hinfährt«. Schulenburg an Bärbel Borchmeyer, 8.9.1932, Privatbesitz Bärbel und Joseph Borchmeyer, Recklinghausen.

28 Zu August Winnig vgl. Wilhelm Ribhegge, August Winnig. Eine historische Persönlichkeitsanalyse, Bonn-Bad Godesberg 1973. Vgl. auch Louis Dupeux, »Nationalbolschewismus« in Deutschland 1919–1933, München 1985, S. 235ff.

29 August Winnig, Vom Proletariat zum Arbeitertum, Hamburg 1930, S. 169f.

30 Schulenburg an Bärbel Borchmeyer, 14.7.1929, Privatbesitz Bärbel und Joseph Borchmeyer, Recklinghausen.

31 Zur Popularität der sog. kolonialen Frage bei vielen Linksliberalen vgl. Jürgen C. Heß, »Das ganze Deutschland soll es sein«. Demokratischer Nationalismus in der Weimarer Republik am Beispiel der Deutschen Demokratischen Partei, Stuttgart 1978, S. 238f.

32 Zum Zusammenhang zwischen politischer Radikalisierung und sozialem Abstieg vgl. Mathilde Jamin, Zwischen den Klassen. Zur Sozialstruktur der SA-Führerschaft, Wuppertal 1984, S. 319ff.

33 München 1926.

34 Die Botschaft des Romans hat der Germanist Rolf Geissler zusammengefaßt: »Einer Zeit«, so Geissler, »der es an Werten, an Hierarchien und Gliederungen fehlt, die in Alltäglichkeit, Monotonie und Unbedeutendheit eines nivellierten Massendaseins nichts Darstellungswürdiges ... aufzuweisen hat, sollte nach Grimm mit dem exorbitanten Gegenstand ›Raum‹ begegnet werden. Dieser Raum, konkret politisch verstanden als Land und Besitz, würde die Entmassung fördern, er würde individualisierend wirken. Während der einzelne in der Bevölkerungsdichte eines Industriegebietes in namenloser Unterschiedslosigkeit untergehe, bekäme er in der Weite einer afrikanischen Farm neue Bedeutung und individuelle Bestimmtheit.« Rolf Geissler, Dekadenz und Heroismus. Zeitroman und völkische Literaturkritik, Stuttgart 1964, S. 142.

35 Schulenburg an Bärbel Borchmeyer, 14.7.1929, Privatbesitz Bärbel und Joseph Borchmeyer, Recklinghausen.

36 Mündliche Auskunft Charlotte Gräfin von der Schulenburgs an den Autor vom 4.12.1984.

37 Vgl. unten, S. 185.

38 Während vor 1914 jährlich rund 120 Regierungsassessoren die Befähigung zum höheren Verwaltungsdienst erwarben, war ihre Zahl in der Mitte der zwanziger Jahre auf rund 30 gesunken. Dies erhöhte noch den elitären Anstrich des Regierungsreferendariats. Das 1906 eingeführte Referendariat wurde nicht zuletzt deshalb 1927 vom sozialdemokratischen Innenminister Preußens Albert Grzesinski abgeschafft. Vgl. dazu Ernst Rudolf Huber, Deutsche Verfassungsgeschichte seit 1789, Bd. 6. Die Weimarer Reichsverfassung, Stuttgart, Berlin, Köln, Mainz 1981, S. 764f. Vgl. auch Wolfgang Runge, Politik und Beamtentum im Parteienstaat. Die Demokratisierung der politischen Beamten in Preußen zwischen 1918 und 1933, Stuttgart 1965, S. 47.

39 Vgl. unten, S. 182.

40 Zur »Bündischen Reichsschaft« vgl. R. Kneip, Jugend in der Weimarer Zeit. Handbuch der Jugendverbände 1919–1938, Frankfurt/M. 1974.

41 Hofacker hielt eine Reihe von Referaten in der »Reichsschaft«, die auch als Manuskripte kursierten. Ein Beispiel dafür ist der Mitte Oktober 1930 verfaßte Aufsatz »Die welt- und nationalwirtschaftlichen Gründe der Arbeitslosigkeit«. Diese und einige andere Manuskripte Hofackers befinden sich im Privatbesitz Bärbel und Joseph Borchmeyers, Recklinghausen.

42 Pleyer an Schulenburg, 4.11.1930, ebenda.

43 Vgl. dazu Walter Laqueur, Die deutsche Jugendbewegung, Köln 1962, S. 206. Pleyer begründete später auch den deutschen Hegemonialanspruch in Europa und die Berechtigung des Überfalls auf die Sowjetunion. Vgl. Kleo Pleyer, Die Reste des Grenzkampfes in Ost-Mitteleuropa, Hamburg 1937, S.5–16, 20f., 31f. und 40ff. Vgl. ders., Volk im Feld, Hamburg 1943, S. 234-245.

44 Hinweise dazu bei Joachim Petzold, Wegbereiter des deutschen Faschismus. Die Jungkonservativen in der Weimarer Republik, Köln 1978, S. 200.

45 Hofacker an Schulenburg, 15.11.1930, Privatbesitz Bärbel und Joseph Borchmeyer, Recklinghausen.

46 Fritz-Dietlof Graf von der Schulenburg, Preußisches Beamtentum, BA Koblenz Nachlaß v.d. Schulenburg (NL 301/2), Bl. 19-24.

47 Ebenda, Bl. 19f.

48 Ebenda, Bl. 22f.

49 Fritz-Dietlof Graf von der Schulenburg, Partei und Beamtentum, in: Deutschlands Erneuerung. Monatsschrift für das deutsche Volk, VI, 1932, S. 347-353, hier S. 347.

50 Ebenda, S. 351.

51 Vgl. dazu Schulenburgs Denkschrift »Neubau des höheren Beamtentums« vom April 1933 in BA Koblenz Nachlaß v.d. Schulenburg (NL 301/1), Bl. 43-57, hier Bl. 45.

52 Vgl. Hans-Peter Ehni, Bollwerk Preußen? Preußen-Regierung, Reich-Länder-Problem und Sozialdemokratie 1928–1932, Bonn, Bad-Godesberg 1975, S. 47-56.

53 Vgl. Arnold Koettgen, Die Entwicklung des deutschen Beamtenrechts und die Bedeutung des Beamtentums im Staat der Gegenwart, in: Gerhard Anschütz, Richard Thoma (Hrsg.), Handbuch des deutschen Staatsrechts, 2. Bd., Tübingen 1932, S. 1-19; vgl. auch Arnold Koettgen, Das deutsche Berufsbeamtentum und die parlamentarische Demokratie, Berlin, Leipzig 1929, S. 266f.

54 Vgl. Hans Hattenhauer, Zum Beamtenleitbild des 20. Jahrhunderts, in: NS-Recht in historischer Perspektive. Kolloquium des Instituts für Zeitgeschichte, München, Wien 1981, S. 124.

55 Oswald Spengler, Neubau des Reiches, München 1924, S. 39.

56 Vgl. dazu Walter Patt, Zur Kritik der bürgerlichen Demokratie bei Carl Schmitt und Herbert Marcuse, in: Politik und Kultur, H. 4, 11. Jg. (1984), S. 47-60, hier S. 52.

57 Schulenburg, Preußisches Beamtentum, Bl. 22.

58 Vgl. die Aussagen von Bärbel Borchmeyer gegenüber dem Autor vom 15.12.1985.

59 Schulenburg, Preußisches Beamtentum, Bl. 23.

60 Diese Stilisierung preußischer Beamtentugenden zieht sich durch die Aufsätze und Denkschriften der Jahre 1932-37. Vgl. dazu den Aufsatz »Das Erbe des preußischen Staates«, in: Württembergische Verwaltungszeitschrift (Neue Folge), Nr. 8/9, 33. Jg. (1937), S. 146-154.

61 Arthur Moeller van den Bruck, Das Dritte Reich, Berlin 1923.

62 Ebenda, S. 64, 80, 105, 108, 110.

63 Schulenburg hat diese Gedanken zusammengefaßt in seinem Gutachten »Über eine Reform der Verwaltung der kreisangehörigen Gemeinden« aus dem Jahre 1937. Das Gutachten findet sich in BA Koblenz Ost-Dok. 19, Nr. 103 (Sammlung Liedecke). Vgl. auch Schulenburgs Aufsatz »Der Landkreis«, in: Deutsches Recht. Zentralorgan des Nationalsozialistischen Rechtswahrerbundes, 6. Bd., Berlin 1936, S. 318-321, hier S. 318.

64 Vgl. dazu Schulenburg, Partei und Beamtentum, S. 352; vgl. auch die Pfingsten 1934 entstandene Denkschrift »Reichsreform«, BA Koblenz Nachlaß v.d. Schulenburg (NL 301/1), Bl. 58-93, hier Bl. 80.

65 Schulenburg, Partei und Beamtentum, S. 353. Krockow, Die Deutschen, S. 195

66 Schulenburg, Das Erbe des preußischen Staates, S. 151ff.

67 So hieß es 1929 in einer Verlautbarung der katholischen Windthorstbünde, die sich zum Zentrum bekannten: »Ein neuer Führergedanke hat sich in der Jugend durchgesetzt. Dem wahren Führer, der die Idee einer Bewegung am klarsten in sich verkörpert und Willen und Macht genug in sich trägt, sie der Verwirklichung zuzuführen, bringt die Jugend den Willen zur Gefolgschaft entgegen. Dieser Führergedanke ist im neuen deutschen Staat erst wenig ausgeprägt. Es geht im neuen Volksstaat um die Heraushebung eines von Zahl- und Parteilaune unabhängigen politischen Führertums. Gegenüber den Parteien herrscht vielfach Skepsis. Man sieht in ihnen zuviel Interessententum und zu wenig politische Weltanschauung, zuviel Selbstsucht und zu wenig staatliche Verantwortung. Man sieht das Eindringen anonymer Wirtschaftsmächte in die Politik und in die Parteien, sieht, wie die Politik der Wirtschaft zu erliegen droht. Jugend erstrebt eine starke Konzentration der Politik aus volksnationalem Gesichtspunkt gegen das rein interessenmäßige, den Durchbruch des politischen Führergedankens gegen die Alleinherrschaft der Parteien und Fraktionen.« Vgl. Heinrich Krone, Die junge katholische Generation in der deutschen Politik, in: K.H. Schulte (Hrsg.), Nationale Arbeit. Das Zentrum und sein Wirken in der Deutschen Republik, Berlin o.J. (1929), S. 467f.

68 Vgl. Hans-Adolf Jacobsen, »Kampf um Lebensraum«. Karl Haushofers ›Geopolitik‹ und der Nationalsozialismus, in: Aus Politik und Zeitgeschichte, B 34-35/79, S. 21.

69 Vgl. dazu Franz Focke, Sozialismus aus christlicher Verantwortung. Die Idee eines christlichen Sozialismus in der katholisch-sozialen Bewegung und in der CDU, 2. Aufl., Wuppertal 1981, S. 86.

70 Vgl. Bernd Faulenbach, Ideologie des deutschen Weges. Die deutsche Geschichte in der Historiographie zwischen Kaiserreich und Nationalsozialismus, München 1980, S. 188ff.; vgl. auch Hans Schleier, Die bürgerliche deutsche Geschichtsschreibung der Weimarer Republik, Köln 1975, S. 182ff.

71 Für diese Ausrichtung auf Preußen steht prototypisch ein Politiker wie Otto Braun. Vgl. dazu Hagen Schulze, Otto Braun oder Preußens demokratische Sendung. Eine Biographie, Frankfurt/M. 1977.

72 Vgl. dazu Wolfgang Wippermann, Nationalsozialismus und Preußentum, in: Aus Politik und Zeitgeschichte B 52-53/81, S. 13-22.

73 Zum Begriff des Mythos vgl. Roland Barthes, Mythen des Alltags, Frankfurt/M. 1982, passim.

74 Vgl. unten, S. 198. Schulenburg kolportierte hier die Legende vom Müller von Sanssouci. In der Realität hatte sich diese Episode ganz anders zugetragen. Der Wassermüller Arnold aus Pommerzig, Kreis Züllichau, der mit seinem Gutsherrn, dem Landrat von Schmettau, wegen nicht gezahlter Mühlenpachtzinsen in einen Rechtsstreit geriet, war Anlaß einer in der preußischen Geschichtsschreibung vielzitierten »Justizkatastrophe«. Friedrich der Große nahm 1779 den Ausgang des Müller-Arnold-Prozesses zum Anlaß für einen »Machtspruch«. Aus mißverstandener Sorge um eine unparteiische Justiz kassierte er die Entscheidung seiner Behörden und der mit dem Fall befaßten Gerichte, die vollkommen zu Recht gegen den Müller ergangen war, und ließ die beteiligten Beamten und Richter in Festungshaft überführen. Zu diesem Prozeß vgl. Eberhard Schmidt, Kammergericht und Rechtsstaat. Eine Erinnerungsschrift, in: Otto Büsch, Wolfgang Neugebauer (Hrsg.), Moderne preußische Geschichte, Bd. II, S. 622-648, hier S. 635ff.

75 Vgl. dazu Klaus Fritzsche, Politische Romantik und Gegenrevolution. Fluchtwege in der Krise der bürgerlichen Gesellschaft: Das Beispiel des »Tat«-Kreises, Frankfurt/M. 1976, S. 128.

76 Hugo von Hofmannsthal, Das Schrifttum als geistiger Raum der Nation, in: Die Neue Rundschau Nr. 38 (1927), Bd. 2, S. 11-26, hier S. 25f.

77 Schulenburg an Bärbel Borchmeyer, 9.7.1929, Privatbesitz Bärbel und Joseph Borchmeyer, Recklinghausen.

78 Dieses Schreiben Schulenburgs an Bärbel Borchmeyer trägt kein Datum. Nach der Erinnerung Bärbel Borchmeyers stammt es aus den Jahren 1930/31. Vgl. das Schreiben Bärbel Borchmeyers an den Autor vom 26.4.1985.

79 Schulenburg an Bärbel Borchmeyer, 14.7.1929, Privatbesitz Bärbel und Joseph Borchmeyer, Recklinghausen.

80 Grundlegend dazu noch immer Hans Rosenberg, Bureaucracy, Aristocracy and Autocracy. The Prussian Experience 1660-1816, Cambridge/Mass. 1958. Vgl. für Süddeutschland Bernd Wunder, Privilegierung und Disziplinierung. Die Entstehung des Berufsbeamtentums in Bayern und Württemberg (1780-1825), München 1978, passim.

81 Ernst Ludwig von Gerlach, Aufzeichnungen aus seinem Leben und Wirken, 1795-1877, hrsg. v. Jakob von Gerlach, 1. Bd., Schwerin 1903, S. 541.

82 Zitiert nach Krockow, Die Deutschen, S. 180f.

83 Schulenburg, Preußisches Beamtentum, Bl. 35.
84 Ebenda, Bl. 32.
85 Vgl. Klaus-Jörg Siegfried, Universalismus und Faschismus. Das Gesellschaftsbild Othmar Spanns. Zur politischen Funktion seiner Gesellschaftslehre und Ständestaatskonzeption, Wien 1974, S. 157-164. Zum Scheitern der Spannschen Ideen nach 1933 vgl. Avraham Barkai, Das Wirtschaftssystem des Nationalsozialismus. Der historische und ideologische Hintergrund 1933-1936, Köln 1977, S. 77ff.
86 Vgl. dazu Hans Mommsen, Fritz-Dietlof Graf von der Schulenburg und die preußische Tradition, in: Vierteljahrshefte für Zeitgeschichte, H. 2 (1984), S. 228ff.
87 Vom »gestaltlosen Gesetz der Masse« spricht Schulenburg in seinem Bericht »Reise nach Frankreich« vom Juli 1940, S. 6f., Privatbesitz Charlotte Gräfin von der Schulenburg, München.
88 Schulenburg an Bärbel Borchmeyer, 14.7.1929,. Privatbesitz Bärbel und Joseph Borchmeyer, Recklinghausen.
89 Vgl. unten, S. 182.
90 Berlin Document Center, Personalakten Schulenburg.
91 Friedrich-Bernhard Graf von der Schulenburg an Hitler, 14.6.1932, BA Koblenz NS 26, Bd. 555.
92 Krebs, Schulenburg, S. 87.
93 Von der Gauleitung wurden die NSDAP-Mitglieder aufgefordert, je zwei Schweine und eine Kuh für den Fleischbedarf der Städte zu spenden, und die städtische SA wurde angehalten, auf dem Lande freiwillige Erntehilfe zu leisten. Vgl. Ronald M. Smelser, Die nationalsozialistische Machtergreifung als sozial-integrierender Prozeß: Überlegungen zur NS-Sozialpolitik, in: Wolfgang Michalka (Hrsg.), Die nationalsozialistische Machtergreifung, Paderborn, München, Wien, Zürich, 1984, S. 220-230, hier S. 221.
94 Vgl. dazu Friedbert Schenk, Die Einstellung der deutschen Beamten zur Weimarer Republik, Diss. jur., Mannheim 1984, S. 194ff., bes. S. 206-218.
95 Vgl. dazu den Überblick von Martin Vogt, Das »Versagen« der politischen Parteien in der Weimarer Republik, in: Michalka (Hrsg.), Die nationalsozialistische Machtergreifung, S. 60-73. Für die Landwirtschaft vgl. Dieter Gessner, Die Landwirtschaft und die Machtergreifung, ebenda, S. 124-136.
96 Vgl. dazu A. Gies, Richard Walther Darré und die nationalsozialistische Bauernpolitik in den Jahren 1930-1933, Diss. phil., Frankfurt/M. 1966, passim.
97 Vgl. das Schreiben Willi Bludaus an Albert Krebs, 11.8.1960, Nachlaß Albert Krebs, Privatbesitz Richard Krebs, Hamburg.
98 Seiner Vertrauten Bärbel Borchmeyer schrieb Schulenburg in einem undatierten Brief aus Ostpreußen:»Die Landbevölkerung wird unnachgiebig vorbereitet. Noch darf ich darüber nichts sagen.« Privatbesitz Bärbel und Joseph Borchmeyer, Recklinghausen.
99 Vgl. unten, S. 181.
100 Krebs, Schulenburg, S. 94ff. Vgl. auch Tonbandprotokoll Karl Graf von der Groeben, Lübeck.
101 Vgl. unten, S. 184.
102 Tonbandprotokoll Karl Graf von der Groeben, Lübeck.
103 Vgl. unten, S. 181.
104 Schulenburg an Charlotte Kotelmann, 20.3.1932, Privatbesitz Charlotte Gräfin von der Schulenburg, München.

105 Vgl. unten, S. 183.
106 Peter D. Stachura, Gregor Strasser and the Rise of Nazism, London 1983, bes. S. 512-560.
107 Vgl. unten, S. 181.
108 Vgl. ebenda.
109 Vgl. unten, S. 183.
110 Vgl. unten, S. 185.
111 Vgl. unten, S. 184.
112 Schulenburg, Reichsreform, Bl. 77.
113 Ebenda.
114 Ebenda, Bl. 59.
115 Vgl. dazu Mommsen, Schulenburg, S. 230.
116 Schulenburg, Reichsreform, Bl. 84.
117 Schulenburg, Preußisches Beamtentum, Bl. 35.
118 Schulenburg, Reichsreform, Bl. 69.
119 Vgl. dazu Eberhard Laux, Führung und Verwaltung in der Rechtslehre des Nationalsozialismus, in: Dieter Rebentisch, Karl Teppe (Hrsg.), Verwaltung contra Menschenführung im Staat Hitlers. Studien zum politisch-administrativen System, Göttingen 1986, S. 33-64.
120 Gottfried Neeße, Partei und Staat (= Der Deutsche Staat der Gegenwart, H.20, hrsg. v. Carl Schmitt), Hamburg 1936, S. 58f.
121 Schulenburg, Reichsreform, Bl. 86.
122 Ebenda, Bl. 67.
123 Mommsen, Schulenburg, S. 228.
124 Vgl. dazu Schulenburgs Denkschrift »Verwaltungsvereinfachung«, die er als Regierungspräsident in Schlesien verfaßte. BA Koblenz Nachlaß v. d. Schulenburg (Nl 301/1), Bl. 108-112. Vgl. auch die Denkschrift »Vereinfachung der Verwaltung im Reichswirtschaftsministerium« vom 8. April 1942, die Schulenburg mit anderen im Reichswirtschaftsministerium erstellte, ebenda (Nl 301/2), Bl. 69-86.
125 Max Weber, Wirtschaft und Gesellschaft. Grundriß der verstehenden Soziologie. 5. revidierte Aufl., besorgt von Johannes Winckelmann, Tübingen 1980, S. 129f.
126 Vgl. Schulenburg, Reichsreform, Bl. 81ff.
127 Vgl. dazu Lothar Burchardt, Technischer Fortschritt und sozialer Wandel. Am Beispiel der Taylorismus-Rezeption, in: Deutsche Technik-Geschichte. Vorträge vom 31. Historikertag am 24.9.1976 in Mannheim, hrsg. v. Wilhelm Treue, Göttingen 1977, S. 55ff.
128 Schulenburg, Reichsreform, Bl. 80.
129 Vgl. unten, S. 39ff.
130 Schulenburg, Reichsreform, Bl. 59f.
131 Schulenburg, Preußisches Beamtentum, Bl. 21.
132 Schulenburg, Reichsreform, Bl. 62.
133 Ebenda.
134 Vgl. unten, S. 181.
135 Schulenburg, Reichsreform, Bl. 70f.
136 Vgl. Schulenburg, Preußisches Beamtentum, Bl. 36. Das Vertrauen des Volkes in seine Führer, so Schulenburg schon 1931, sei in der Vergangenheit verlorengegangen. Dieses Vertrauen könne nur wieder errungen werden, »wenn die Führer in Opfer und Kampf die Ersten und Größten sind«, ebenda.
137 Vgl. Schulenburg, Neubau des höheren Beamtentums, Bl. 43ff.

138 Schulenburg, Reichsreform, Bl. 69.
139 Schulenburg, Preußisches Beamtentum, Bl. 34.
140 Ebenda.
141 Schulenburg, Reichsreform, Bl. 69f.
142 Schulenburg, Neubau des höheren Beamtentums, Bl. 48.
143 Schulenburg, Preußisches Beamtentum, Bl. 37.
144 Detlef Bald, Der deutsche Offizier. Sozial- und Bildungsgeschichte des deutschen Offizierskorps im 20. Jahrhundert, München 1982, S. 107.
145 Zu dieser »Entente« vgl. Klaus-Jürgen Müller, Nationalkonservative Eliten zwischen Kooperation und Widerstand, in: Der Widerstand gegen den Nationalsozialismus. Die deutsche Gesellschaft und der Widerstand gegen Hitler, hrsg. v. Jürgen Schmädeke und Peter Steinbach, München, Zürich 1985. S. 24-49.
146 Schulenburg, Preußisches Beamtentum, Bl. 24ff.
147 Die neue Führerschaft müsse, so Schulenburg, »aus dem Mutterboden des Volkes« stammen. Von der Auslese müsse »das ganze Volk in allen seinen biologischen Bestandteilen und seinen Lebensströmungen« erfaßt werden. Ebenda, Bl. 34ff.
148 Vgl. dazu Sabine Höner, Der nationalsozialistische Zugriff auf Preußen. Preußischer Staat und Nationalsozialistische Machteroberungsstrategie 1928-1934, Bochum 1984, S. 472f.
149 Schulenburg, Preußisches Beamtentum, Bl. 41.
150 Schulenburg schrieb am 5. Juni 1933 an Cäsar von Hofacker, der mit dem Gedanken spielte, ins Auswärtige Amt zu gehen: »Im Auswärtigen Amt ist zur Zeit furchtbares Gedränge an Persönlichkeiten. Wer von der Partei hereingebracht wird, weiß ich nicht. Auf jeden Fall ist es von entschiedener Bedeutung, daß jetzt endlich Männer ins Auswärtige Amt kommen. Ich halte noch immer daran fest, daß auch Nux [d. i. Nikolaus Graf von Üxküll] hinein muß.« Nachlaß Cäsar von Hofacker, Privatbesitz Albrecht von Hofacker, München. Es gibt Hinweise darauf, daß Hofacker das Scheitern seiner Pläne, in den Auswärtigen Dienst zu gelangen, bis in die letzten Kriegsjahre hinein lebhaft bedauert hat. Vgl. unten, S. 301.

Kapitel II

1 Bemerkenswerterweise galt Schulenburgs Hauptsorge in den ersten Tagen des neuen Regimes dem ostpreußischen Grenzschutz. Am 4.2.1932 schrieb er an Bärbel Borchmeyer: »Hoffentlich hat die nationale Konzentration wenigstens die Wirkung, daß von Berlin aus das in Angriff genommen wird, was an wirtschafts- und wehrpolitischen Maßnahmen für Ostpreußen notwendig ist. Ich glaube, daß die Gefahr eines Poleneinfalles gebannt ist, wenn es gelingt, durch intensive Vorbereitungen, Polen in den nächsten Jahren von einem Einfall abzuhalten ... Vom heutigen Stand der Vorbereitungen aus sehe ich für den Fall eines Poleneinfalles schwarz.« Privatbesitz Bärbel und Joseph Borchmeyer, Recklinghausen.
2 Geheimes Staatsarchiv Berlin-Dahlem Rep. 77, Preußisches Innenministerium, Bd. 4947, Bl. 26. Die Verfügung datiert vom 27.2.1933.
3 Eine Übersicht über das Tätigkeitsfeld der Referate beim Oberpräsidium in Königsberg findet sich in BA Koblenz Ost-Dok. 10, Bd. 5, Bl. 2ff.

4 Dr. Wilhelm Kutscher, Jahrgang 1876, Sohn eines Rittergutsbesitzers, war bis 1922 im höheren preußischen Staatsdienst tätig (zuletzt als Regierungspräsident in Hildesheim). Nach seiner Versetzung in den Ruhestand wurde er geschäftsführendes Vorstandsmitglied des Deutschen Landwirtschaftsrates im Verband der Deutschen Landwirtschaftskammern. Nach dem »Preußenschlag« Papens, im Juli 1932, wurde er zum Oberpräsidenten in Ostpreußen ernannt.

5 Schulenburg an Göring, 1.4.1933, und Schulenburg an Daluege, 1.4.1933, Berlin Document Center, Personalakten Schulenburg.

6 Vgl. dazu Friedrich Richter, Industriepolitik im agrarischen Osten. Ein Beitrag zur Geschichte Ostpreußens zwischen den Weltkriegen, Wiesbaden 1985, S. 57. Koch nahm am 2. Juni 1933 seine Amtsgeschäfte auf. Vgl. dazu BA Koblenz R 43 I, Bd. 1859, Bl. 220. Kutscher wurde als Ausgleich für seine Ablösung von Göring zum Mitglied des Preußischen Staatsrates ernannt. Vgl. dazu Klaus von der Groeben, Verwaltung und Politik 1918 – 1933 am Beispiel Ostpreußens (= Quellen zur Verwaltungsgeschichte, Nr. 4) Heidelberg 1986, S. 339.

7 Vgl. BA Koblenz R 43 I, Bd. 1859, Bl. 174. Vgl. auch die Erinnnerungen von Rüdiger von der Goltz, BA Koblenz Kl. Erw. Nr. 653, Bl. 13-15. In diesem Zusammenhang war Koch zur Tat geschritten und hatte seinerseits den ehemaligen Generallandschaftsdirektor von Hippel verhaftet.

8 BA Koblenz R 43 I, Bd. 1859, Bl. 174.

9 Vgl. Tonbandprotokoll Karl Graf von der Groeben, Lübeck. Dohna war noch vor der Machtergreifung Hitlers wegen eines publizistischen Angriffs auf Hugenberg aus der DNVP ausgeschlossen worden. Vgl. von der Groeben, Verwaltung und Politik, S. 579.

10 Vgl. Tonbandprotokoll Karl Graf von der Groeben, Lübeck.

11 Ebenda.

12 Zu den Ereignissen in Ostpreußen vgl. den Erlebnisbericht des Sozialdemokraten Wilhelm Matull, Erlebte Geschichte zwischen Pregel und Rhein, Dortmund 1980, S. 75-85.

13 Berlin Document Center, Personalakten Dr. Sanden/Königsberg.

14 Tonbandprotokoll Karl Graf von der Groeben, Lübeck.

15 Berlin Document Center, Personalakten Koch. Vgl. auch Peter Hüttenberger, Die Gauleiter. Studie zum Wandel des Machtgefüges in der NSDAP, Stuttgart 1969, S. 108.

16 Tonbandprotokoll Karl Graf von der Groeben, Lübeck. Litzmann war ein ehemaliger General. Von ihm ging das Gerücht, Hitler habe ihn als Oberpräsident für Ostpreußen vorgesehen, aber Göring und Goebbels hätten sich mit dem Vorschlag Koch durchgesetzt. Vgl. von der Groeben, Verwaltung und Politik, S. 574.

17 Schulenburg, Reichsreform, Bl. 65ff.

18 Zu diesem Begriff vgl. die Erläuterung bei Peter D. Stachura, Gregor Strasser, S. 51ff.; vgl. auch oben, S. 25f.

19 Eine Reihe von Konzepten zum»Ostpreußen-Aufbauplan« finden sich in BA Koblenz R 43 I, Bd. 1859, Bl. 237-259. Vgl. dazu auch Hans Bernhard von Grünberg, Das neue Ostpreußen. Rechenschaft über den Aufbau einer Provinz, Königsberg 1936.

20 Zur Erich-Koch-Stiftung vgl. Richter, Industriepolitik, S. 271ff.

21 Tonbandprotokoll Karl Graf von der Groeben, Lübeck.

22 Dr. Carl Budding, Jahrgang 1870, war seit 1898 im Staatsdienst und seit 1926 Regierungspräsident in Marienwerder.

23 Vgl. von der Groeben, Verwaltung und Politik, S. 380f.

24 Vgl. Tonbandprotokoll Karl Graf von der Groeben, Lübeck. Dr. Aloys Zimmer wurde nach dem Zweiten Weltkrieg Innenminister in Rheinland-Pfalz.

25 Vgl. ebenda.

26 So die schriftliche Auskunft Hans Heinrichs an Albert Krebs vom 7.5.1961. Nachlaß Albert Krebs, Privatbesitz Richard Krebs, Hamburg. Heinrich war ein Mitarbeiter Schulenburgs in Fischhausen.

27 Vgl. Krebs, Schulenburg, S. 112.

28 Schulenburg an Bärbel Borchmeyer, 11.11.1933, Privatbesitz Bärbel und Joseph Borchmeyer, Recklinghausen.

29 Krebs, Schulenburg, S. 115.

30 Vgl. unten, S. 185.

31 Carl Schmitt, Der Führer schützt das Recht, Deutsche Juristenzeitung, 39. Jg., H. 15 v. 1. August 1934, Sp. 945. Vgl. dazu auch Bernd Rüthers, Entartetes Recht. Rechtslehren und Kronjuristen im Dritten Reich, München 1988, S. 118ff.

32 Das Schreiben findet sich als Kopie im Privatbesitz Tisa von der Schulenburgs, Dorsten.

33 Krebs, Schulenburg, S. 115.

34 Schulenburg an seine Frau, 16.10.1934, Privatbesitz Charlotte Gräfin von der Schulenburg, München.

35 Ebenda.

36 Vgl. Sammelvorschlag des Innenministeriums, 6.6.1935, und Schreiben des Oberpräsidiums der Provinz Ostpreußen an das Innenministerium, 16.8.1935, Geheimes Staatsarchiv Berlin-Dahlem Rep. 77, Bd. 4935, Bl. 195 und Bl. 198.

37 Vgl. Innenministerium an Schulenburg, 27.8.1935, ebenda, Bl. 200.

38 Oberpräsidium der Provinz Ostpreußen an Innenministerium, 16.8.1935, ebenda, Bl. 198.

39 Vgl. Klaus von der Groeben, Landräte in Ostpreußen. Ein Beitrag zur Verwaltungsgeschichte des Samlandes, Köln, Berlin 1972, S. 100–105, hier S. 100.

40 Vgl. dazu besonders Schulenburg, Landkreis, S. 318ff.

41 Vgl. dazu Wolfgang Wippermann, Der »deutsche Drang nach dem Osten«. Ideologie und Wirklichkeit eines politischen Schlagwortes, Darmstadt 1981.

42 Schulenburg an Bärbel Borchmeyer, 16.10.1933, Privatbesitz Bärbel und Joseph Borchmeyer, Recklinghausen.

43 Vgl. Krebs, Schulenburg, S. 119ff.

44 Sammelvorschlag des Innenministeriums, 6.6.1935, Geheimes Staatsarchiv Berlin-Dahlem Rep 77, Bd. 4935, Bl. 195.

45 Dazu zusammenfassend Krebs, Schulenburg, S. 119ff.

46 Von der Groeben, Landräte, S. 101.

47 Hellmuth von Wedelstaedt schreibt zu den Ursachen dieser Affäre: »Der entscheidende Grund war wohl sein [Kochs] schlechtes Verhältnis zu den SS-Dienststellen, insbesondere zu dem SS-Gruppenführer [Erich] von dem Bach-Zelewski.« Wedelstaedt an Albert Krebs, 30.8.1961, Nachlaß Albert Krebs, Privatbesitz Richard Krebs, Hamburg.

48 Kurt Angermann an Albert Krebs, 9.6.1961, ebenda.

49 Zu den von Himmler geführten Vernehmungen vgl. BA Koblenz Ost-Dok. 10, Bd. 3, Bl. 47-58. Über die eigene Vernehmung schrieb Schulen-

burg an Koch: »Für die Vernehmung anläßlich Ihrer Beurlaubung ergab sich für mich aus allem folgende Richtschnur, nach der ich gehandelt habe: Sachliche Aussage, Betonung des Positiven, da Negatives stark vorausgesetzt wurde, nicht die Aufgabe, persönliche schmutzige Wäsche zu waschen.« Vgl. unten, S. 193.

50 So heißt es in einem undatierten Schreiben Schulenburgs an seine Frau vom Dezember 1935: »Groeben gesprochen, dem Pan [d.i. Erich Koch] erklärt hat, er wolle zurücktreten, da er in der Auseinandersetzung der P.O. [d.i. Politische Organisation] mit den Gegenkräften nicht unter die Räder kommen wolle. Die einzige Lösung, aber dann sofort und nicht dies Treibenlassen. Dieser Rücktritt durch die Hintertür ist aber eine große Inkonsequenz gegenüber den Parteigenossen, die er jahrelang aufgeputscht hat.« Ebenda.

51 Koch wurde am 24.12.1935 wieder in seine Ämter eingesetzt, BA Koblenz Nachlaß Darré, Bd. 65a, Bl. 40.

52 Vgl. unten, S. 188 ff.

53 Vgl. die Auskunft Charlotte Gräfin von der Schulenburgs an den Autor.

54 Charlotte Gräfin von der Schulenburg schreibt dazu in ihren Aufzeichnungen für Albert Krebs: »Wir hörten, Koch, der auf den Brief nicht geantwortet hat, weil er ihn lächerlich fand, meinte, daß es mit meinem Mann in Ostpreußen nicht mehr lange ginge.« Privatbesitz Charlotte Gräfin von der Schulenburg, München.

55 Schulenburg an seine Frau, 7.5.1936, ebenda.

56 Vgl. unten, S. 211 f.

57 Am 25. Januar 1938 erfolgte die endgültige Ernennung, vgl. Innenministerium an Schulenburg, 25.1.1938, Geheimes Staatsarchiv Berlin-Dahlem Rep. 77, Nr. 4935, Bl. 208.

58 Dieses Vorhaben schien mit der faktischen Auflösung Preußens und der Verschmelzung des preußischen Innenministeriums mit dem Reichsinnenministerium in greifbare Nähe gerückt zu sein. Vgl. Walter Baum, Reichsreform im Dritten Reich, in: Vierteljahrshefte für Zeitgeschichte, 3. Jg. (1955), S. 36-59.

59 Schulenburg an seine Frau, 7.5.1936, Privatbesitz Charlotte Gräfin von der Schulenburg, München. Aus Anlaß der nicht abreißenden Querelen mit Koch hatte Wedelstaedt Schulenburg versichert, »es sei selbstverständlich, daß ich nicht als Regierungsrat irgendwohin versetzt werden sollte«.

60 Ebenda.

61 Vgl. Wilhelm Stuckart, Zentralgewalt, Dezentralisation und Verwaltungseinheit, in: Festgabe für Heinrich Himmler, hrsg. v. Wilhelm Stuckart u.a., Darmstadt 1940, S. 1-32, hier S. 22.

62 Vgl. Wilhelm Stuckart, Grundgedanken zur Neuordnung des Ausbildungsganges der Höheren Verwaltungsbeamten (5.8.1940), BA Koblenz Nachlaß v.d. Schulenburgs (Nl. 301/2), Bl. 29 ff.

63 Vgl. BA Koblenz R 18, Bd. 3371.

64 Vgl. Helldorf an Daluege, 18.3.1937, Berlin Document Center, Personalakten Graf Helldorf.

65 Daluege an Helldorf, 15.3.1937, ebenda.

66 Vgl. dazu insgesamt Christoph Graf, Politische Polizei zwischen Demokratie und Diktatur, Berlin 1983.

67 Vgl. Schulenburg an seine Frau, 31.7.1937, Privatbesitz Charlotte Gräfin von der Schulenburg, München.

68 Ebenda.

69 Daluege wollte das Weisungsrecht des Vizepolizeipräsidenten gegenüber den Kommandeuren der Schutz- und Kriminalpolizei aufheben. Diese Tendenz wurde, wie Schulenburg an seine Frau schrieb, »von den führenden Polizeileuten unterstützt«. Letztlich ging es um die Frage, ob der Vizepolizeipräsident nur reine Verwaltungsaufgaben erledigen sollte, was Schulenburg als »Kastration« begriff. Schulenburg an seine Frau, 1.8.1937, ebenda.

70 Vgl. Kanstein an Albert Krebs, 19.6.1960, Nachlaß Albert Krebs, Privatbesitz Richard Krebs, Hamburg. Dazu ausführlich auch Krebs, Schulenburg, S. 155f.

71 Nr. 4, 15.2.1938.

72 Vgl. Schulenburg, Preußisches Beamtentum, passim.

73 Zum »Grafenkreis« vgl. Eberhard Zeller, Geist der Freiheit. Der zwanzigste Juli 1944, 4. Auflage, München 1969, S. 203ff. Eine Darstellung des »Grafenkreises« bereitet Dr. Detlef Graf Schwerin, Berlin, vor. Vgl. auch ders., Der Weg der »jungen Generation« in den Widerstand, in: Schmädeke, Steinbach (Hrsg.), Widerstand, S. 460-471.

74 Schulenburg an seine Frau, 22.9.1937, Privatbesitz Charlotte Gräfin von der Schulenburg, München.

75 Blomberg war durch die Heirat mit Luise Margarethe Gruhn, die in ihrer Jugend wegen »öffentlicher Aufforderung zur Unzucht und Beischlafdiebstahl« erkennungsdienstlich behandelt worden war, in Reichswehrkreisen schwer diskreditiert.

76 Vgl. dazu Harold C. Deutsch, Das Komplott oder die Entmachtung der Generale. Blomberg- und Fritschkrise. Hitlers Weg zum Krieg, Eichstätt 1974.

77 Vgl. dazu Klaus-Jürgen Müller, Struktur und Eigenart der nationalkonservativen Opposition bis1938: Innenpolitischer Machtkampf und militärpolitische Alternativpositionen, in: Militärgeschichtliches Forschungsamt (Hrsg.), Der militärische Widerstand gegen Hitler und das NS-Regime 1933-1945 (= Vorträge zur Militärgeschichte, Bd. 5), Herford, Bonn 1984, S. 220.

78 Zu Canaris vgl. Heinz Höhne, Canaris, Patriot im Zwielicht, München 1976, S. 205ff. Zu Beck vgl. Klaus-Jürgen Müller, General Ludwig Beck. Studien und Dokumente zur politisch-militärischen Vorstellungswelt und Tätigkeit des Generalstabschefs des Heeres 1933-1938 (= Schriften des Bundesarchivs, Nr. 30), Boppard am Rhein 1980, S. 138-141.

79 Zitiert nach Helmut Krausnick, Zum militärischen Widerstand gegen Hitler von 1933-1938. Möglichkeiten, Ansätze, Grenzen und Kontroversen, in: Militärgeschichtliches Forschungsamt (Hrsg.), Der militärische Widerstand gegen Hitler, S. 58.

80 So Schulenburg in seiner aus dem Juli 1940 stammenden Aufzeichnung »Reise nach Frankreich«, S. 5, Privatbesitz Charlotte Gräfin von der Schulenburg, München.

81 Vgl. Rüdiger Graf von der Goltz, Tatsachen aus meinen Erinnerungen an Fritzi Graf Schulenburg, ebenda.

82 Vgl. Romedio Galeazzo Graf von Thun-Hohenstein, Der Verschwörer. General Oster und die Militäropposition, Berlin 1982, S. 105.

83 Vgl. Krebs. Schulenburg, S. 164 u. S. 313 (Anm. 123).

84 Vgl. unten, S. 201f.

85 Ebenda, S. 205.

86 Ebenda.

87 Die Beschäftigung mit Fragen der Beamtenausbildung und der Beamtenpolitik machten Schulenburg schon in seinen ostpreußischen Jahren über
die Grenzen der Provinz hinaus bekannt. So wurde ihm im Februar 1934
vorgeschlagen, an der Universität Tübingen eine »alle 14 Tage stattfin-
dende Arbeitsgemeinschaft über Führung und Staat« zu leiten. Schulenburg an seine Frau, 16.2.1934, Privatbesitz Charlotte Gräfin von der
Schulenburg, München. Im Juli 1937 hielt er auf Einladung des württembergischen Innenministeriums in Stuttgart einen Vortrag über »das preußische Erbe« in der Verwaltung. Vgl. dazu Berliner Tageblatt vom
13.7.1937.

88 Vgl. Sabine Höner, Der nationalsozialistische Zugriff auf Preußen, S. 473.

89 Vgl. dazu Ralph Angermund, Die geprellten »Richterkönige«. Zum Niedergang der Justiz im NS-Staat, in: Hans Mommsen, Susanne Willems
(Hrsg.), Herrschaftsalltag im Dritten Reich. Studien und Texte, Düsseldorf 1988, S. 304–337, hier S. 308f.

90 § 1, Abs. 2, zitiert nach Hanns Seel, Das deutsche Beamtengesetz mit
Durchführungsvorschriften und Beispielen für die Praxis, Berlin 1937,
S. 37.

91 Vgl. dazu Peter Diehl-Thiele, Partei und Staat im Dritten Reich. Untersuchungen zum Verhältnis von NSDAP und allgemeiner innerer Staatsverwaltung 1933–1945 (= Münchener Studien zur Politik, Bd. 9), München
1969, S. 179.

92 In einer Denkschrift aus dem Jahre 1941 schrieb Frick an Hitler: »Ich
habe, mein Führer, meine Pflicht als Ihr Beamtenminister seit 1933
stets darin erblickt, Ihnen für die großen staatspolitischen Aufgaben ein
hochqualifiziertes Berufsbeamtentum bereitzustellen ... Der Verlauf der
letzten Jahre läßt es mir jedoch zweifelhaft erscheinen, ob meinen Bemühungen überhaupt ein Erfolg beschieden sein kann. In immer steigendem Maße greifen nach meinen und aller übrigen Ressorts überein-
stimmenden Beobachtungen im Berufsbeamtentum verbitterte Gefühle
mangelnder Würdigung seiner Leistung und Verdienste sowie ungerech-
ter Zurücksetzung um sich. Das entmutigende Gefühl schutzlosen Ver-
lassenseins beginnt die besten schöpferischen Kräfte zu lähmen, und jetzt
zeigt sich infolgedessen ein erschreckender Nachwuchsmangel in allen
Zweigen der Verwaltung. Von einer Heraushebung des Berufsbeamtentums als eines Trägers besonderen Vertrauens der Staatsführung kann
überhaupt nicht mehr gesprochen werden ... Darüber hinaus ist das
Berufsbeamtentum in der Öffentlichkeit, ja sogar in der Parteipresse, allen
möglichen Angriffen ausgesetzt, die ... auf ... böswilliger Entstellung
beruhen und gelegentliche Fehler ... zum Ausgangspunkt für verantwor-
tungslose, an die schlimmsten Zeiten des Klassenkampfes erinnernde
Verallgemeinerungen nehmen ... Das Beamtentum leidet ferner darunter, daß neue Aufgaben nicht ihm, sondern Parteiorganisationen übertragen werden.« Ebenda, S. 178.

93 Vgl. Hans Mommsen, Beamtentum im Dritten Reich (= Schriftenreihe
der Vierteljahreshefte für Zeitgeschichte, Nr. 13), Stuttgart 1966, S. 56, 83
u. 90.

94 Vgl. BA Koblenz Nachlaß v.d. Schulenburg (NL 301/1), Bl. 103–106.

95 Ebenda, Bl. 2–4.

96 Die bislang nicht veröffentlichten Aufzeichnungen Goerdelers aus dem
Jahre 1938 wurden dem Autor freundlicherweise von Dr. Michael Krüger-
Charlé, Witten/Ruhr, zur Verfügung gestellt.

97 Schulenburg an seine Frau, 21.8.1939, Privatbesitz Charlotte Gräfin von der Schulenburg, München.

98 Vgl. dazu Documenta Occupationis, Bd. XI, Potożenie Ludnosci w Rejencji Katowickiej w latach 1939–1945, Poznań 1983, S. LVIf. Die Documenta Occupationis sind in der deutschen Forschung bislang wenig berücksichtigt worden. Vgl. dazu den Literaturbericht von Michael Geyer, Krieg als Gesellschaftspolitik. Anmerkungen zu neueren Arbeiten über das Dritte Reich im Zweiten Weltkrieg, in: Archiv für Sozialgeschichte XXVI, 1986, S. 590.

99 Vgl. dazu Krebs, Schulenburg, S. 179ff.

100 Seifarth an den Archivar beim Bundesarchiv Koblenz, Dr. Hans Hopf, 10.1.1961, BA Koblenz Ost-Dok. 13, Nr. 56/61. »Ost-Dok.« ist die Abkürzung für die Ost-Dokumentation im Bundesarchiv Koblenz, die Anfang der sechziger Jahre von dem Archivar Dr. Hans Hopf zusammengestellt wurde und die u.a. Lebenserinnerungen und Zeitzeugenschilderungen deutscher Beamter und Funktionäre in den besetzten Gebieten Polens enthält. In der historischen Literatur ist diese Ost-Dokumentation jüngst als »einzige riesige Reinwaschungsanlage« bezeichnet worden. Hans Hopf kannte die Dinge aus eigener Anschauung. Er war seit Dezember 1939 damit beauftragt, Archivbestände und Aktenregistraturen in Warschau zu sichern und genealogisch bzw. »volkstumspolitisch« auszuwerten. Mitte 1940 wechselte er in die Abteilung Bevölkerungswesen und Fürsorge, wo er die Abteilung I, »Deutsches Volkstum«, leitete. Über Hopf schreiben Susanne Heim und Götz Aly: »Hopf war im besetzten Polen als Angehöriger der inneren Verwaltung, Abteilung Bevölkerungswesen und Fürsorge, selbst in einer Abteilung beschäftigt, die maßgeblich an der Vernichtung der Juden beteiligt war.« Vgl. dies., Die Ökonomie der »Endlösung«. Menschenvernichtung und wirtschaftliche Neuordnung in: Sozialpolitik und Judenvernichtung. Gibt es eine Ökonomie der Endlösung? (= Beiträge zur nationalsozialistischen Gesundheits- und Sozialpolitik, Nr. 5) Berlin 1987, S. 11–90, hier bes. S. 18 u. S. 84 (Anm. 13).

101 Vgl. dazu die Schulenburg-Denkschrift »Verwaltungsvereinfachung«, in: BA Koblenz Nachlaß v. d. Schulenburg (NL 301/1), Bl. 108-112.

102 Auf Schulenburg soll die Gründung des »Landesamtes für Handwerkspflege und industrielle Formgebung« zurückgehen, zu dessen Leiter der mit dem Regierungspräsidenten seit den Berliner Tagen befreundete Hugo Kükelhaus berufen wurde. Vgl. dazu das Schreiben der ehemaligen Mitarbeiterin von Kükelhaus, Annelise Honus, an Albert Krebs, 21.6.1960, Nachlaß Albert Krebs, Privatbesitz Richard Krebs, Hamburg.

103 Vgl. dazu Krebs, Schulenburg, S. 186. Vgl. insgesamt Konrad Fuchs, Wirtschaftsgeschichte Oberschlesiens 1871–1945, Dortmund 1981, S. 197ff.

104 Krebs, Schulenburg, S. 184.

105 Seifarth an Dr. Hopf, 10.1.1961 (Anm. 100). Vgl. auch Friedrich C. Seifarth, Das Wirken des Grafen von der Schulenburg (1939/40), handschriftliches Manuskript vom 10.1.1961, BA Koblenz Ost-Dok. 10, Nr. 583. Ders., Regierungspräsident Fritz Dietlof Graf von der Schulenburg, mschr. Man. (im Internierungslager Altenstadt bei Schongau/Obb. 1945/46 verfaßt), Nachlaß Albert Krebs, Privatbesitz Richard Krebs, Hamburg.

106 Vgl. Dieter Rebentisch, Innere Verwaltung, in: Deutsche Verwaltungsgeschichte (im Auftrag der Freiherr-vom-Stein-Gesellschaft e.V., hrsg. v. Kurt A. Jeserich), Bd. 4. Das Reich als Republik und in der Zeit des Nationalsozialismus, Stuttgart 1985, S. 757.

107 Erich Kuby, Als Polen deutsch war: 1939 bis 1945, Ismaning bei München, 1986, S. 128.
108 Vgl. Raul Hilberg, Die Vernichtung der europäischen Juden. Die Gesamtgeschichte des Holocaust, Berlin 1982, S. 150f.
109 Diemut Majer, »Fremdvölkische« im Dritten Reich. Ein Beitrag zur nationalsozialistischen Rechtssetzung und Rechtspraxis in Verwaltung und Justiz unter besonderer Berücksichtigung der eingegliederten Ostgebiete und des Generalgouvernements (= Schriften des Bundesarchivs, Nr. 28), Boppard am Rhein 1981, S. 35.
110 Documenta Occupationis, Bd. X, Praca Przymusowa Polaków pod panowaniem Hitlerowskim 1939–1945, Poznań 1976, S. 139ff.
111 Ebenda, S.143f.
112 Nur die als »staatsfeindlich« bezeichneten Polen sollten umgehend ausgewiesen werden. Bei den B- und C-Fällen sollten sich Landrat und Gestapo über die zu treffenden Maßnahmen einigen. Bei Meinungsverschiedenheiten behielt sich Schulenburg als Vertreter des Oberpräsidenten die letzte Entscheidung vor, vgl. ebenda.
113 Documenta Occupationis, Bd. XI, S. 148/49.
114 Der Fehlbedarf an Landarbeitern im Jahre 1939 betrug in Schlesien 43.000 Personen. Aus den offiziellen Zuweisungen an Auslandsarbeitern konnte der Bedarf an landwirtschaftlichen Kräften nur zu 57%, an Gesindekräften nur zu 27% befriedigt werden, vgl. dazu Documenta Occupationis, Bd. X, S. 251ff.
115 Documenta Occupationis, Bd. XI, S. 145. Der Regierungspräsident von Kattowitz, Walter Springorum, hatte sich schon vorher negativ über den Vorschlag ausgesprochen. Am 21.11.1939 regte er an, daß die »Ersatzarbeiter lieber aus den kleinbäuerlichen Kreisen entnommen werden sollen, als daß an anderen Stellen der Ersatz aus Galizien oder Kongreßpolen nach hierher beschafft wird«, ebenda, S. 140.
116 Vgl. ebenda, S. 145.
117 Schulenburg an den Regierungspräsidenten in Kattowitz, 21.12.1939, WAP Katowice rejencja Kattowicka, 4550 K 78 (Staatsarchiv Breslau, Oberpräsidium der Provinz Schlesien. Der Autor dankt dem Staatsarchiv Breslau für die freundliche Überlassung dieses Dokuments).
118 Zum folgenden vgl. Documenta Occupationis, Bd. X, S. LIX u. S. 249ff., bes. 252f.
119 Graf von der Schulenburg an den Regierungspräsidenten in Kattowitz, 11.12.1939, WAP Katowice rejencja Kattowicka, 4550 K 79 (Staatsarchiv Breslau, Oberpräsidium der Provinz Schlesien).
120 Vermerk Koettgens vom 29.6.1940, Documenta Occupationis, Bd. X, S. 142f.
121 Vgl. Koettgen an Charlotte Gräfin von der Schulenburg, 9.12.1948, Privatbesitz Charlotte Gräfin von der Schulenburg, München.
122 Vgl. Documenta Occupationis, Bd. X, S. 142f.
123 Vgl. Majer, »Fremdvölkische«, S. 355. Über diesen Konflikt zwischen SS und allgemeiner Verwaltung ging es auch in einem Aktenvermerk von dem Bach-Zelewskis vom 26.11.1939. Zelewski schrieb: »Die Verhältnisse im Bereich des höheren SS- und Polizeiführers Schlesien sind erheblich schwieriger als diejenigen im Warthegau oder in Westpreußen. Durch das persönliche Einschalten des Gauleiters Josef Wagner, der sowohl bei Hermann Göring wie auch beim Führer jederzeit ein- und ausgeht, muß der höhere SS- und Polizeiführer mit besonderer Vorsicht vorgehen, da

die SS-gegnerische Einstellung des Gauleiters allgemein bekannt und offenbar ist.« Documenta Occupationis, Bd. XI, S. 138.

124 Documenta Occupationis, Bd. X, S. 237ff. In diesem Zusammenhang schrieb der Landrat von Tarnowitz am 27.2.1940 an den Regierungspräsidenten in Kattowitz:»Die scharfe Auslegung der im Erlaß des Reichsministers des Inneren vom 29.3.1939 für den Erwerb der deutschen Staatsangehörigkeit in den eingegliederten Gebieten gegebenen Richtlinien muß dazu führen, einem sehr großen Teil der Bevölkerung die deutsche Staatsangehörigkeit zu versagen. Der überwiegende deutsche Charakter der Bewohner des Kreises Tarnowitz wurde während der Polenherrschaft systematisch unterdrückt und ausgemerzt. Das Festhalten an deutscher Sprache, Erziehung und Kultur war nur einem verhältnismäßig geringen Teil der Bevölkerung möglich. Der weitaus größte Teil mußte dem polnischen Bevölkerungsdruck nachgeben und jede Betätigung und Einstellung für deutsche Sprache, Kultur und Erziehung unterlassen ... Es würde sich am Schluß der Überprüfung das Bild ergeben, daß der Kreis [Tarnowitz] zum überwiegenden Teil polnische Staatsangehörige umfaßt; ein Zustand, der m. E. nicht gewünscht werden kann. Ich bitte unter Berücksichtigung der hiesigen Verhältnisse noch weitere Richtlinien für die Beurteilung der deutschen Volkszugehörigkeit herauszubilden.« Vgl. Documenta Occupationis, Bd. XI, S. 9.

125 Documenta Occupationis, Bd. X, S. 239.

126 Vgl. dazu Kazimierz Śmiegiel, Die katholische Kirche im Reichsgau Wartheland, 1939–1945 (Veröffentlichungen der Forschungsstelle Ost-Mitteleuropa an der Universität Dortmund, Reihe A, Nr. 40), Dortmund 1984, S. 314ff.

127 Vgl. dazu Aufzeichnung des Generalvikars im Bistum Kattowitz, Strzyż, undatiert (März 1940), Documenta Occupationis, Bd. XI, S. 15f.

128 Vgl. Schreiben des Regierungspräsidenten an die Landräte, Polizeipräsidenten und Oberbürgermeister seines Regierungsbezirks vom 10.5.1940, ebenda, S. 17-19.

129 Ebenda, S. 19.

130 Ebenda, S. 18.

131 Vgl. dazu den geheimen Vermerk des Regierungspräsidenten von Kattowitz an den Oberpräsidenten Breslau, 15.2.1940, ebenda S. 7f.

132 Zum folgenden vgl. Martin Broszat, Nationalsozialistische Polenpolitik 1939–1945, Frankfurt 1965, S. 40.

133 Die Denkschrift und ein Protokoll der Besprechung vom 27.2.1940 finden sich im Institut für Zeitgeschichte München NG 3750 (Nürnberger Dokumente).

134 Ebenda.

135 Broszat, Polenpolitik, S. 36.

136 Vgl. Majer, »Fremdvölkische«, S. 919, vgl. insgesamt auch Czeslaw Madajczyk, Die Okkupationspolitik Nazideutschlands in Polen 1939–1945, Berlin 1987, S. 499-512.

137 Vgl. dazu die deutsche Zusammenfassung des Aufsatzes von Edward Jędrzejewski, Administracja i NSDAP w Systemie Okupacyjnym Ziem Polskich Włączonych do Trzeciej Rzeszy (1939–1945), (Verwaltung und NSDAP in dem Besatzungssystem der dem Dritten Reich eingegliederten polnischen Gebiete), in: Biuletyn Głównej Komisji Badania Zbrodni Hitlerowskich w Polsce XXVII, Warszawa 1977, S. 131ff.

138 Wagner wurde im Oktober 1942 von Hitler persönlich aus der Partei

ausgeschlossen und ist – wahrscheinlich im Frühjahr 1945 – in einem Konzentrationslager umgebracht worden.

139 Dazu die beiden undatierten Briefe Schulenburgs an seine Frau, Juni 1940, Privatbesitz Charlotte Gräfin von der Schulenburg, München.

140 Vgl. Heim, Aly, Die Ökonomie der Endlösung, S. 49ff.

141 Die schlesischen Wehrmachtsstäbe dachten ganz ähnlich wie die Verwaltung der Provinz. So hieß es in einer Denkschrift der Wehrmachtsinspektion VIII, Breslau: »Bei jeder Grenzziehung wurde durch Gewalt der Bevölkerungsanteil von dem jeweils herrschenden Lande zu seinen Gunsten korrigiert. Um eine solche Korrektur kommt auch Deutschland nicht herum, gleichviel wie einmal die Gebiete aufgeteilt werden. In allen Gebieten werden die tragenden Schichten verdeutscht werden müssen. Auch liegt eine solche Berichtigung durch Um- und Aussiedlungen, Heranziehung von deutschen Elementen aus dem Reich usw. durchaus im Bereich der Möglichkeit. Dazu wird ein Germanisierungsprozeß im Laufe der Zeit sein übriges tun müssen.« Vgl. dazu BA/MA Freiburg RW 19/Wi, I D 1/31, Bl. 1-22, hier Bl. 10.

142 Der Historiker Christian Streit hat diese Unterscheidung zwischen einer »genuin-nationalsozialistischen« und einer »konservativeren« Linie in die Literatur eingeführt und am Beispiel der Wehrmacht im Rußlandfeldzug exemplifiziert. Vgl. Christian Streit, Keine Kameraden. Die Wehrmacht und die sowjetischen Kriegsgefangenen 1941–1945 (= Studien zur Zeitgeschichte, Bd. 13), Stuttgart 1978, S. 302f., Anm. 15.

143 Undatierter Brief Schulenburgs an seine Frau, September 1940, Privatbesitz Charlotte Gräfin von der Schulenburg, München.

144 Schulenburg an seine Frau, 23.3.1941, ebenda.

145 Brief Schulenburgs an seine Frau, 14.6.1941, ebenda.

146 Freya von Moltke, Michael Balfour, Julian Frisby, Helmuth Graf James von Moltke. Anwalt der Zukunft, Stuttgart 1975, S. 128.

147 Undatierter Brief Schulenburgs an seine Frau (Juni 1940), Privatbesitz Charlotte Gräfin von der Schulenburg, München.

148 Krebs, Schulenburg, S. 195.

149 Vgl. unten, S. 81.

150 Vgl. Krebs, Schulenburg, S. 201.

Kapitel III

1 Zitiert nach Wolfgang J. Mommsen, Max Weber und die deutsche Politik 1890–1920, 2. überarbeitete und erweiterte Auflage, Tübingen 1974, S. 74.

2 Schulenburg, Reichsreform, Bl. 75.

3 Schulenburg, Landkreis, S. 321.

4 Schulenburg, Reichsreform, Bl. 75.

5 Schulenburg, Das Erbe des preußischen Staates, S. 154f.

6 Vgl. Müller, Nationalkonservative Eliten, S. 37.

7 Vgl. unten, S. 92f.

8 Vgl. Erich Kordt, Nicht aus den Akten, Stuttgart 1950, S. 270.

9 Schulenburg an seine Frau, 27.8.1938, Privatbesitz Charlotte Gräfin von der Schulenburg, München.

10 Schulenburg an seine Frau, 28.3.1939, ebenda.

11 Schulenburg an seine Frau, 4.9.1939, ebenda.
12 Schulenburg an seine Frau, 14.6.1940, ebenda.
13 Schulenburg »Reise nach Frankreich«, ebenda, S. 5.
14 Ebenda, S. 2 u. S. 5.
15 Krebs, Schulenburg, S. 193.
16 Dieses Zitat ist einem zweiseitigen, maschinenschriftlichen Manuskript entnommen, das dem Autor freundlicherweise von Tisa von der Schulenburg zur Verfügung gestellt wurde. Unter der ersten Seite steht in der Handschrift Tisa Schulenburgs der Satz: »Dies schrieb Fritzi im Frühjahr 1942 als Nachtrag zu seinem Kriegstagebuch auf und gab es mir«. Die zweite Seite enthält einen offenbar aus der Kriegszeit stammenden, handschriftlichen Zusatz Tisas, der wie folgt lautet: »Fritzi an Charlotte aus Rußland 1942«.
17 Joseph A. Schumpeter, Zur Soziologie der Imperialismen, in: ders., Aufsätze zur Soziologie, Tübingen 1953, S. 147-213.
18 Schulenburg, »Reise nach Frankreich«, S. 5.
19 Vgl. Fritz-Dietlof Graf von der Schulenburg, Kriegstagebuch, S. 121, Privatbesitz Charlotte Gräfin von der Schulenburg, München.
20 Vgl. Schulenburg an seine Frau, 22.7., 25.7. und 27.8.1938, ebenda. Schulenburg war zu dieser Wehrübung als Feldwebel einberufen worden.
21 Vgl. dazu Ekkehard Klausa, Preußische Soldatentradition und Widerstand. Das Potsdamer Infanterieregiment 9 zwischen dem »Tag von Potsdam« und dem 20. Juli 1944, in: Schmädeke, Steinbach (Hrsg.), Widerstand, S. 533-545. Vgl. auch Wolfgang Paul, Das Potsdamer Infanterieregiment Neun, 1918-1945. Preußische Tradition in Krieg und Frieden, Textband, Osnabrück 1983.
22 Albrecht von Kessel, Die verborgene Saat. Das »andere« Deutschland, S. 74, Privatbesitz Kurt-Albrecht von Kessel Moers.
23 Constantin war im I.R. 9 zunächst Zugführer in der 10. Kompanie, später Chef der 5. Kompanie, vgl. dazu Paul, Infanterieregiment Neun, S. 177, S. 566.
24 Vgl. dazu Hans-Joachim Mauch, Nationalistische Wehrorganisationen in der Weimarer Republik. Zur Entwicklung und Ideologie des »Paramilitarismus«, Frankfurt/M., Bern 1982, S. 84ff.
25 Die Schrift erschien unter dem Titel »Ein Leutnant von der Infanterie. Gedenkblatt für einen Gefallenen von Detlev Friedrichsen« im Verlag Philipp Reclam jun., Leipzig 1942.
Schulenburg war in diesem Zusammenhang erfolgreich bei der Reichsschrifttumskammer um die Erlaubnis eingekommen, das Pseudonym »Detlev Friedrichsen« benutzen zu dürfen, vgl. dazu Berlin Document Center, Personalakten Schulenburg. Der Verleger Gotthold Müller erinnert sich in einer unveröffentlichten Aufzeichnung »Meine Beziehungen zum Grafen Fritz von der Schulenburg« an die Entstehung des Manuskripts: »Damals [im Winter 1941] übergab mir der Graf das Manuskript seines Gedenkblattes ›Ein Leutnant von der Infanterie‹, das ich bald darauf in der sogenannten Jubiläumsserie von Reclams Universalbibliothek in einer sehr hohen Auflage (etwa 250.000) erscheinen ließ. An und für sich war dieses kurze Manuskript für ein Reclam-Bändchen ungeeignet. Da es uns aber darauf ankam, in der Armee, besonders aber unter den jüngeren Offizieren, die dem NS-Geist mehr und mehr verfielen, den alten preußischen Soldatengeist zu wecken, machte ich aus dieser kurzen Schrift durch Verwendung eines ungewöhnlich großen Schriftgrades etc.

ein Reclam-Bändchen und forcierte den Betrieb über die Wehrmachts-
dienststellen, die auch das Papier bewilligten.« Institut für Zeitgeschichte
München, VS/A 29/3. Müller bestätigte diese Angaben in einem Gespräch mit dem Autor am 3.12.1984.

26 Im April 1933 hatte Schulenburg über sein Beamtenideal geschrieben:
»Der Beamte der Zukunft muß sich vom Beamten der Jetzt-Zeit so
unterscheiden, wie der Stoßtruppführer des Weltkriegs vom Wachsoldaten der Duodez-Fürstenzeit«, Schulenburg, »Neubau des höheren Beamtentums«, Bl. 49.

27 Vgl. unten, S. 224.

28 Ebenda, S. 220.

29 Ebenda, S. 219.

30 Schulenburg, Kriegstagebuch, 28.6.1941.

31 Ebenda, 29.6.1941.

32 Vgl. dazu Helmut Krausnick, Hans-Heinrich Wilhelm, Die Truppe des
Weltanschauungskrieges. Die Einsatzgruppen der Sicherheitspolizei und
des SD 1938–1942, Stuttgart 1981, passim.

33 Vgl. Manfred Messerschmidt, Fritz Wüllner, Die Wehrmachtsjustiz im
Dienste des Nationalsozialismus. Zerstörung einer Legende, Baden-
Baden 1987, S. 212f.

34 Vgl. unten, S. 225.

35 Schulenburg »Reichsreform«, Bl. 64f.

36 Schulenburg, Ein Leutnant, S. 10.

37 Vgl. unten, S. 217.

38 Ebenda.

39 Ebenda, S. 224.

40 Schulenburg, Kriegstagebuch, 17.8.1940.

41 Vgl. Moltke an seine Frau, 10.9.1942, in: Moltke u.a., Anwalt der Zukunft,
S. 199.

42 Vgl. Streit, Keine Kameraden, S. 296-300.

43 Krebs, Schulenburg, S. 202.

44 Vgl. oben, S. 63.

45 Schulenburg, Kriegstagebuch, 31.7.1941.

46 Vgl. unten, S. 225.

47 Schulenburg an seine Frau, 14.6.1941, Privatbesitz Charlotte Gräfin von
der Schulenburg, München.

48 Vgl. dazu Manfred Schmid, Cäsar von Hofacker, Der 20. Juli 1944 in Paris,
in: Der Widerstand im deutschen Südwesten 1933–1945, hrsg. v. Michael
Bosch, Wolfgang Niess, Stuttgart, Berlin, Köln, Mainz 1984, S. 210f.

49 Zur Rolle Hofackers in Paris vgl. Gerhard Mollin, Montankonzerne und
»Drittes Reich«. Der Gegensatz zwischen Monopolindustrie und Be-
fehlswirtschaft in der deutschen Rüstung und Expansion 1936–1944
(= Kritische Studien zur Geschichtswissenschaft 78), Göttingen 1988,
S. 218ff.

50 Hofacker an Schulenburg, 27.10.1941, Nachlaß Cäsar von Hofacker, Privatbesitz Alfred von Hofacker, München.

51 Carlo Schmid, Erinnerungen, Bern, München, Wien 1979, S. 198.

52 Diese Formel stammt vom 20.6.1941. Vgl. Institut für Zeitungsforschung
Dortmund, Sammlung Sänger, Nachrichtenbüro, 22.6.1941, Bl. 1.

53 Unter dem 26./27.6.1941 schreibt Schulenburg in sein Kriegstagebuch:
»Am Horizont der rote Flammenschein des brennenden Bialystok. Als wir
Bialystok durchziehen, liegen auf den Straßen erschlagene Juden. Die SS

hat die Gelegenheit benutzt, um auf die Juden Hetzjagd zu machen.« Am 28. heißt es: »Es wird erzählt, daß sie, wie so oft, die Juden in die Synagoge zusammengetrieben und diese dann angesteckt haben.«

54 Vgl. unten, S. 221.

55 Ebenda, S. 210.

56 Der Historiker Hans-Erich Volkmann schreibt dazu: »Es war kaum zu ermitteln, was die Truppe eigenmächtig konfiszierte ... Die offizielle Untermenschenpropaganda war für viele Soldaten eine bequeme Rechtfertigung ihres Tuns. Menschen und Güter wurden entsprechend behandelt; große Mengen an Nahrungsmitteln durch bewußten oder unbewußten Vandalismus vernichtet.« Im April 1942 sah sich der Oberbefehlshaber der Heeresgruppe B zu einem Appell an die Soldaten genötigt. Hierin wurde schärfstens gerügt, daß die Truppe vielfach »in geradezu unverantwortlicher Weise« mit Vorräten umgehe. Hans-Erich Volkmann, Landwirtschaft und Ernährung in Hitlers Europa 1939–1945, in: Militärgeschichtliche Mitteilungen, 35. Jg. (1/84), S. 48-51.

57 Vgl. unten, S. 225.

58 Schulenburg an seine Frau, 2.6.1942, Privatbesitz Charlotte Gräfin von der Schulenburg, München.

59 Krebs, Schulenburg, S. 253.

60 Schulenburg an seine Frau, 11.6., 14.6. und 21.6.1943, Privatbesitz Charlotte Gräfin von der Schulenburg, München.

61 Vgl. dazu Das Deutsche Reich und der Zweite Weltkrieg, Bd. 5, 1. Halbband. Kriegsverwaltung, Wirtschaft und personelle Ressourcen 1939–1941 von Bernhard R. Kroener, Rolf-Dieter Müller, Hans Umbreit (hrsg. vom Militärgeschichtlichen Forschungsamt, Freiburg), Stuttgart 1988, S. 1005ff.

62 Vgl. unten, S. 225.

63 Ebenda.

64 Ebenda, S. 224.

65 Die Nationalsozialisten hatten diese Denkfigur ihrer Propaganda einverleibt. Vgl. dazu Michael Geyer, The State in National Socialist Germany, in: Charles Bright, Susan Harding, State Making and Social Movements. Essays in History and Theory, Ann Arbor, 1984, S. 198.

66 Schulenburg, Ein Leutnant, S. 31.

67 Schmid, Erinnerungen, S. 197.

68 Vgl. Schulenburg an seine Frau, 10.1.1941, Privatbesitz Charlotte Gräfin von der Schulenburg, München.

69 Vgl. Schulenburg an seine Frau, 26.1.1944, ebenda.

70 Schulenburg an seine Frau, 10.1.1941, ebenda.

71 Schulenburg erhielt Ende August Kenntnis davon, daß er als Regierungspräsident in Düsseldorf in Erwägung gezogen wurde. Zu diesem Zeitpunkt waren er und ein anderer Kandidat, der Zivilverwaltungschef in Belgien, Reeder, schon nicht mehr im Gespräch. Reichsinnenminister Frick hatte am 2.8.1941 vermerkt: »Ich bin mit dieser schleppenden, dem Staatsinteresse durchaus abträglichen Behandlung der Personalfragen gar nicht einverstanden. Fest steht, daß weder Reeder noch Schulenburg derzeit verfügbar sind.« Für die Besetzung dieser Position wurde dann im September 1941 der als Kriegsverwaltungschef in der Ukraine tätige Dr. Burand in Aussicht genommen. Vgl. zu diesem Vorgang BA Koblenz R 18, Bd. 5533. Den Hinweis darauf verdankt der Autor Herrn Dr. Horst Romeyk vom nordrhein-westfälischen Hauptstaatsarchiv, Düsseldorf.

72 Vgl. unten, S. 220.

73 Koch scheint im Frühjahr und Sommer 1941 seine alten Vorbehalte gegen Schulenburg überwunden zu haben. Schulenburg besuchte den Gauleiter im Juni dieses Jahres in Südostpreußen. Beim Abschied hatte Koch gefragt: »Willst Du nicht unter mir im Osten arbeiten? ja, sage ich, erst will ich den Feldzug zu Ende mitmachen, dann können wir darüber reden!« Schulenburg an seine Frau, undatiert (Anfang Juni 1941), Privatbesitz Charlotte Gräfin von der Schulenburg, München.

74 Vgl. unten, S. 220f.

75 Die Aufgabe, die Schulenburg übernahm, hatte Staatssekretär Landfried am 4.2.1942 in einem Schreiben an die Hauptabteilungsleiter der Abteilungen II und V und die Abteilungsleiter des Reichswirtschaftsministeriums wie folgt umschrieben: »In der Besprechung mit den Reichsbeauftragten der Reichsstellen des Reichswirtschaftsministeriums am 18.1. d.J. habe ich bereits darauf hingewiesen, daß der Personalbestand bei den Reichsstellen in kürzester Frist auf die Hälfte des gegenwärtigen Bestandes gesenkt werden muß. Ich habe den Regierungspräsidenten Graf von der Schulenburg, dem Oberregierungsrat Gäthgens beigegeben ist, beauftragt, Vorschläge auszuarbeiten, die darauf abzielen, eine Verminderung des Personalbestandes bei den Reichsstellen durch Zusammenlegungen, Vereinfachungen der Organisation des Geschäftsgangs und -verfahrens u.ä. herbeizuführen. Es ist jedoch nicht anzunehmen, daß sich das Ziel allein durch organisatorische Maßnahmen wird erreichen lassen. Notwendig ist es daher, durch Vereinfachung der Bewirtschaftung einerseits und durch Verminderung jeder Doppelarbeit von Reichsstellen und dem Reichswirtschaftsministerium andererseits allgemein eine Entlastung der Arbeitslage bei den Reichsstellen anzustreben, durch die weitere Personalfreistellungen ermöglicht werden.« BA Koblenz Nachlaß v. d. Schulenburg (NL 301/2), Bl. 88. Vgl. auch Willi A. Boelcke, Die deutsche Wirtschaft 1930–1945. Interna des Reichswirtschaftsministeriums, Düsseldorf 1983, S. 301.

76 Abschlußbericht über die Situation, den Personalstand der Reichsstellen des Reichswirtschaftsministeriums vom 8. April 1942, BA Koblenz Nachlaß v.d. Schulenburg (NL 301/2), Bl. 69-86.

77 Die 1934 eingerichteten Überwachungsstellen, deren ursprüngliche Aufgabe in der Kontrolle der Importe lag und die sich seit Kriegsbeginn einheitlich Reichsstellen nannten, waren die Träger der Rohstofflenkung und unterstanden offiziell der Dienstaufsicht des Reichswirtschaftsministeriums. Ihre Kompetenzen hatten sich im Laufe der Aufrüstung und des Krieges ständig erweitert. Zur devisentechnischen Kontrollfunktion trat die Rohstoffbewirtschaftung und die Kontrolle über die Zuteilung der Rohstoffe sowie die Einflußnahme auf die Investitionstätigkeit der Betriebe. Außerdem kam den Reichsstellen eine entscheidende Bedeutung für die Planung des Außenhandels zu. Sie lieferten – zusammen mit den Preisprüfungsstellen – die Unterlagen für die Import- und Exportpläne, die das Reichswirtschaftsministerium zu erstellen und mit den Wehrmachtsinstanzen sowie mit dem Auswärtigen Amt abzustimmen hatte. Bei Kriegsbeginn bestanden 27 Reichsstellen für die wichtigsten Wirtschaftsbereiche, vgl. Dietmar Petzina, Autarkiepolitik im Dritten Reich. Der nationalsozialistische Vierjahresplan (= Schriften der Vierteljahrshefte für Zeitgeschichte, Nr. 26), Stuttgart 1968, S. 153; vgl. auch Ludolf Herbst, Der totale Krieg und die Ordnung der Wirtschaft. Kriegswirtschaft im Spannungsfeld von Politik, Ideologie und Propaganda 1939–1945 (= Studien zur Zeitgeschichte, Bd. 21), Stuttgart 1982, S. 348f., Anm. 17.

78 Vgl. unten, S. 97 f.

79 Schulenburg an Bärbel Borchmeyer, 22.4.1943, Privatbesitz Bärbel und Joseph Borchmeyer, Recklinghausen.

80 Herbert Backe an Ursula Backe, 28.7.1944, BA Koblenz Nachlaß Backe, Mappe 1-9. Bereits die Berufung Schulenburgs ins Reichswirtschaftsministerium soll »auf ausdrücklichen Wunsch, ausgerechnet der Parteikanzlei« erfolgt sein, »um deren Vertrauensursache er sich wiederholt befragte«. Vgl. Erinnerungen von Rüdiger von der Goltz, BA Koblenz Kl. Erw., Nr. 653, Bl. 99.

81 Die Ernennung des Generals der Infanterie, Walter von Unruh, zum Sonderbeauftragten des »Führers« hing eng zusammen mit der Intensivierung der deutschen Kriegsanstrengungen nach der Winterkrise 1941/42. Unruh erhielt am 26. April 1942 den Auftrag, die Effizienz des Menscheneinsatzes in der Wehrmacht zu überprüfen. Die Kompetenzen seines »Sonderstabes« griffen jedoch schon bald auf den zivilen Bereich über. Zunächst durchforstete sein Stab zivile und militärische Dienststellen in den Reichskommissariaten Ostland und Ukraine und im Generalgouvernement. Am 22. November 1942, dem Tag der Einschließung Stalingrads, erweiterte Hitler Unruhs Kompetenzen, die sich nunmehr auch auf das Reichsgebiet, später auf die deutsche Militärverwaltung in Frankreich erstreckten. Vgl. dazu Herbst, Der totale Krieg, S. 138f.

82 Vgl. Krebs, Schulenburg, S. 249ff.

83 Seine Tätigkeit in Frankreich hat Schulenburg in einer Reihe von Briefen an seine Frau kommentiert. Vgl. die Schreiben vom 10.6., 11.6, 14.6., 17.6., 18.6., 21.6., 23.6., 24.6., 15.7. und 24.7.1943, unten S. 247 ff.

84 Vgl. dazu »Gutachten über die Verwaltung von Groß-Paris«, BA Koblenz Nachlaß v. d. Schulenburg (NL 301/3), Bl. 22-28. Schulenburg machte in diesem Gutachten den Vorschlag, den Militärverwaltungsbezirk Paris u.a. zur Erleichterung der polizeilichen Arbeit und der Bekämpfung der Résistance auf das Gebiet der Ile de France zu erweitern. Dieser Vorschlag wurde nicht realisiert. Er widersprach den Interessen der übergeordneten deutschen Stellen und auch den Absichten der französischen Behörden, die über die Schaffung von Regionen zu einer stärkeren Dezentralisierung der Verwaltung in den bezeichneten Gebieten gelangen wollten. Vgl. dazu das Schreiben des Mitarbeiters im Militärgeschichtlichen Forschungsamt Freiburg, Dr. Hans Umbreit, an den Autor vom 4.3.1985.

85 Vgl. dazu den Bericht über das Heereswaffenamt, den Schulenburg »unter dem Gesichtspunkt der Personaleinsparungen« zusammen mit Oberst Dr. Krull und Staatssekretär a.D. Mussell im Januar 1943 abfaßte und der das Kompetenzwirrwarr in der deutschen Kriegswirtschaft und die Konkurrenz der einzelnen Wehrmachtsteile um die immer knapper werdenden Rüstungsgüter schonungslos aufdeckte. Krebs, Schulenburg, S. 249ff.

86 Ebenda, S. 253.

87 Schulenburg an Bärbel Borchmeyer, 4.4.1943, Privatbesitz Bärbel und Joseph Borchmeyer, Recklinghausen.

88 Dies beweisen die Akten der Zentralabteilung des Reichsinnenministeriums (Unterabteilung IA, Verfassung, Verwaltung, Gesetzgebung). Dort findet sich eine Fülle von Planungsvorhaben zur Reichsreform. Vgl. BA Koblenz R 18, Bde. 365-390.

89 Vgl. dazu Diehl-Thiele, Partei und Staat, S. 257.

90 Vgl. dazu die Einleitung bei Dieter Rebentisch, Karl Teppe (Hrsg.), Verwaltung contra Menschenführung im Staate Hitlers. Studien zum politisch-administrativen System, Göttingen 1986, S. 7-32.

91 Herbert Krüger, Der Wille des Gesetzgebers, in: Reich, Volksordnung, Lebensraum. Zeitschrift für völkische Verfassung und Verwaltung, IV. Bd., 1943, S. 108–115, hier S. 213.

92 Heinrich Muth, Der Staat als Anstalt. Eine Untersuchung zur deutschen Behörden- und Beamtengeschichte, in: ebenda, IV. Bd., 1943, S. 200–241, hier 241. Vgl. auch ders., Die verfassungsrechtliche Stellung des Beamtentums, in: ebenda, III. Bd., 1942, S. 329-340, hier S. 337.

93 Vgl. Helmut Stellrecht, Die Bedeutung des Vorbildes für die Erziehung des Verwaltungsnachwuchses, in: ebenda, IV. Bd.,1943, S. 9–12, hier S. 10.

94 Vgl. Wilhelm Stuckart, Gedanken zur künftigen Ausbildung des Verwaltungsnachwuchses, in: ebenda, IV. Bd., 1943, S. 105–142, hier S. 106. Vgl. ders., Aufgaben und Ziele einer neuen Verwaltungswissenschaft, in: ebenda, II. Bd., 1942, S. 53-74, hier S. 57 u. S. 64.

95 Paul Ritterbusch, Wege zur Neuordnung der Ausbildung für den öffentlichen Dienst, in: ebenda, IV. Bd., 1943, S. 142-157, hier S. 156.

96 Vgl. Wilhelm Stuckart, Kriegsausbildung, Verwaltung, Wirtschaft und Kriegsdienst, in: ebenda, V. Bd., 1943, S. 447ff.

97 Ders., Aufgaben und Ziele, S. 57 u. S. 67.

98 K. Rudolf Werner, Die Erziehung zum öffentlichen Dienst, in: ebenda, IV. Bd., 1943, S. 158-200, hier S. 170 u. S. 172.

99 Vgl. unten, S. 248f.

100 Ähnlich wie Schulenburg dachte auch ein guter Bekannter, der Landeshauptmann von Westfalen, Friedrich Karl Kolbow. Kolbow, wie Schulenburg ebenfalls ein alter Kämpfer, verglich – etwa zur gleichen Zeit, im April 1943 – in einem vertraulichen Brief die Illusionen von einst mit der Realität des Dritten Reiches im Kriege.»Die Zeit war«, so Kolbow,»voller Hoffnung, voll Idealismus und besten Willens, voller Ehrlichkeit und persönlicher Uneigennützigkeit, ohne Geltungssucht und Eitelkeit. Wir sahen wirklich den Himmel voller Geigen und hätten tatsächlich viel Gutes stiften können, wenn wir alle diesem Geist des Frühlings von 1933 treugeblieben wären.« An die Stelle der»naiven alten Kämpfer der Partei« seien jedoch»Strebernaturen« getreten,»welche nicht nach ihrem Gewissen und Empfinden handeln, sondern in allem und jedem das Wohlwollen und die Anerkennung des Vorgesetzten . . . zu erhalten und zu sichern trachteten«. Anstelle»nordischer Charakterhaltung (habe) ein erbärmliches und byzantinisches Kriecher- und Schmeichlertum« Platz gegriffen.»Diejenigen Männer in Deutschland, die nach Familientradition, Neigung und Tätigkeit zum öffentlichen Dienst bestimmt« gewesen seien, wären»daraus entfernt und durch Leute ersetzt« worden, die sich als»weniger unabhängig« gezeigt hätten. Karl Teppe, Provinz-Partei-Staat, Zur provinziellen Selbstverwaltung im Dritten Reich. Untersucht am Beispiel Westfalens, Münster 1977, S. 251f.

101 Vgl. unten, S. 249.

102 Vgl. unten, S. 254.

103 Vgl. unten, S. 250.

Kapitel IV

1 Zu Peter Graf Yorck von Wartenburg vgl. ausführlich Ger van Roon, Neuordnung im Widerstand. Der Kreisauer Kreis innerhalb der deutschen Widerstandsbewegung, München 1967, S. 76ff.
2 Vgl. Henry O. Malone, Adam von Trott zu Solz, Werdegang eines Verschwörers 1909–1938, Berlin 1986, S. 29.
3 Vgl. dazu Kessel, Die verborgene Saat, passim.
4 Für die Jahre nach Kriegsausbruch läßt sich zwischen Schulenburg und dem Auswärtigen Amt keine »enge Beziehung« nachweisen. Vgl. dazu Marion Thielenhaus. Zwischen Anpassung und Widerstand. Deutsche Diplomaten 1938–1941, Paderborn 1985, S. 154.
5 Kessel, Die verborgene Saat, S. 24.
6 Vgl. dazu Rainer H. Blasius, Für Großdeutschland – Gegen den großen Krieg. Staatssekretär Ernst Freiherr von Weizsäcker in den Krisen um die Tschechoslowakei und Polen 1938/39, Köln, Wien 1981, S. 9ff. Zu einer entgegengesetzten Ansicht kommt Leonidas E. Hill, Alternative Politik des Auswärtigen Amtes bis zum 1. September 1939, in: Schmädeke, Steinbach (Hrsg.), Widerstand, S. 664-690.
7 Vgl. Marion Gräfin Yorck von Wartenburg, Die Stärke der Stille. Erzählungen eines Lebens aus dem deutschen Widerstand, Köln 1984, S. 57.
8 A.P. Young, The »X«-Documents. The Secret History of Foreign Office Contacts with the German Resistance 1937–1939, London 1974, S. 152. Wie sehr die Frage »Wer kommt nach den Juden an die Reihe?« die Deutschen bewegte, zeigen die Deutschlandberichte der Sopade, 1938, Frankfurt/M. 1980, S. 1205.
9 Otto Ehrensberger, Meine Zusammenarbeit mit der Widerstandsbewegung des 20. Juli, in: Institut für Zeitgeschichte München ZS/A-18, Bd. 3.
10 Vgl. unten, S. 123.
11 Vgl. unten, S. 202.
12 Krebs, Schulenburg, S. 163f.
13 Vgl. dazu Helmuth Großcurth, Tagebücher eines Abwehroffiziers 1938–1940, hrsg. v. Helmut Krausnick u.a. (= Quellen und Darstellungen zur Zeitgeschichte, Bd. 19), Stuttgart 1970, S. 174.
14 Über das Treffen berichtet Schulenburg in einem Brief an seine Frau vom 20.6.1939, Privatbesitz Charlotte Gräfin von der Schulenburg, München. Über Heinz, vgl. Höhne, Canaris, S. 79 u. S. 134.
15 Vgl. dazu die Abschrift einer Aussage Walter Huppenkothens, des Gestapo-Beamten, der später Canaris und Oster verhörte. Die Abschrift trägt den Titel »Der 20. Juli 1944« und datiert von 1953. Vgl. Institut für Zeitgeschichte München ZS 249/II, S. 4.
16 Vgl. Alfred Kube, Pour le mérite und Hakenkreuz. Hermann Göring im Dritten Reich, München 1986, S. 312ff.
17 Paulus van Husen, ein Mitglied des Kreisauer Kreises, berichtet von einem Gespräch, an dem auf Moltkes Einladung Husen, Yorck und Schulenburg im Sommer 1940 teilgenommen haben. Bei diesem Gespräch sei es darum gegangen, »ob eine Veränderung der politischen Verhältnisse auf gewaltsamem Wege angestrebt werden sollte oder nicht«. Nach Husens Aussage plädierte Schulenburg »energisch für einen Gewaltakt und versuchte, seine Gesprächspartner zu seiner Anschauung zu bekehren, was ihm aber nicht gelang. Die drei anderen Herren waren

dagegen, weil 1. eine militärische Möglichkeit zur Durchführung eines gewaltsamen Systemwechsels angesichts des damaligen Siegestaumels (Frankreichfeldzug, Dünkirchen), nicht gegeben sei, weil 2. das deutsche Volk auf einen politischen Systemwechsel innerlich gar nicht vorbereitet sei, weil 3. ein Systemwechsel in diesem Augenblick nur eine Dolchstoßlegende hervorrufen werde, die einerseits gar nicht widerlegt werden könne, andererseits aber nach gelungenem Putsch das neue Regierungssystem schwerstens belasten müsse, weil 4. schwerwiegende sittliche und religiöse Bedenken einem Staatsstreich entgegenständen. Hinzu kam noch 5. Moltkes Ansicht, daß das Volk erst ›durch den ganzen Dreck hindurch‹ müsse, und Moltkes ethischer Sühnebegriff. Diese Gründe bewogen Moltke, Yorck und van Husen, die von Schulenburg vertretene Idee der Aktivität abzulehnen.« Vgl. Dr. Heinrich von zur Mühlen, Interview mit Dr. jur. Paulus van Husen, BA Koblenz Nachlaß Gerhard Ritter, Bd. 151.

18 Vgl. Peter Hoffmann, Widerstand, Staatsstreich, Attentat. Der Kampf der Opposition gegen Hitler, 4. neu überarbeitete und ergänzte Ausgabe, München, Zürich 1985, S. 325f.

19 Vgl. unten, S. 223, und Schulenburg an seine Frau, 5.6.1941. Privatbesitz Charlotte Gräfin von der Schulenburg, München.

20 Vgl. oben, S. 68.

21 Diese Aussage stammt aus einem Brief an Bärbel Borchmeyer vom 8.3.1942. Schulenburg fügte hinzu:»Da Du mich verstehst, wirst Du auch diesen Gedanken verstehen.« Privatbesitz Bärbel und Joseph Borchmeyer, Recklinghausen. Das zweite Zitat ist einem Brief Schulenburgs an seine Frau vom 23.4.1942 entnommen. Privatbesitz Charlotte Gräfin von der Schulenburg, München.

22 Krebs, Schulenburg, S. 232.

23 Der Militärhistoriker Michael Geyer unterscheidet für die Vorkriegs- und Kriegszeit eine »feudale Gruppe« von einer »professionellen Richtung« im deutschen Militär. Manstein gehörte danach zu der »professionellen Richtung«, während die »feudale Gruppe« nach Geyer auf die »Präponderanz« der alten Eliten in Militär und Gesellschaft ausgerichtet gewesen sei. Vgl. Michael Geyer, Die Geschichte des deutschen Militärs von 1860–1945. Ein Bericht über die Forschungslage (1945–1975), in: Die moderne deutsche Geschichte in der internationalen Forschung 1945–1975, Göttingen 1978 (= Geschichte und Gesellschaft, Sonderheft 4), S. 256-286, hier S. 282f. Zu Manstein vgl. Joachim Engelmann, Manstein. Stratege und Truppenführer. Ein Lebensbericht in Bildern, Friedberg 1982, S. 75ff.

24 Vgl. August Winnig. Aus 20 Jahren, Hamburg 1948, S. 149.

25 An seine Frau schrieb Schulenburg»Der Herkules, der die Etappe ausmistet, ist noch nicht gefunden«, zitiert nach Krebs, Schulenburg, S. 231f.

26 Schulenburg an seine Frau, 14.6.1942, Privatbesitz Charlotte Gräfin von der Schulenburg, München.

27 Winnig, Aus 20 Jahren, S. 149. Schulenburg an seine Frau, 23.6.1942. Privatbesitz Charlotte Gräfin von der Schulenburg, München.

28 Dieses Urteil soll Schulenburg gegenüber Heinrich Haßmann, einem Bekannten aus dem Reichswirtschaftsministerium, geäußert haben. Vgl. Heinrich Haßmann, Persönliche Erinnerungen an Fritz-Dietlof von der Schulenburg und Dr. Arvid Harnack, unveröffentlichtes Manuskript (geschrieben im Winter 1946/47), S. 31, Privatbesitz Dr. Heinrich Haßmann, Holzminden.

29 Daß damit der Winter 1942/43 gemeint ist, geht aus dem Verhör vom 27. Juli 1944 eindeutig hervor. Vgl. Hans-Adolf Jacobsen (Hrsg.), »Spiegelbild einer Verschwörung«: Die Opposition gegen Hitler und der Staatsstreich vom 20. Juli 1944 in der SD-Berichterstattung. Geheime Dokumente des ehemaligen Reichssicherheitshauptamtes, Stuttgart 1984 (im folgenden zitiert als Kaltenbrunner-Berichte), S. 87.

30 Ebenda, S. 453.

31 Krebs, Schulenburg, S. 189.

32 Moltke, u.a., Anwalt der Zukunft, S. 192.

33 Krebs, Schulenburg, S. 175.

34 Vgl. ebenda, S. 224.

35 Ebenda, S. 202. Wenig wahrscheinlich ist, daß Schulenburg, wie Eberhard Zeller meint, dabeigewesen sei, als Beck, Popitz, Jessen und Planck das sogenannte »vorläufige Staatsgrundgesetz« entworfen haben. Dieses »Gesetz über die Wiederherstellung geordneter Verhältnisse im Staats- und Rechtsleben« soll in der zweiten Jahreshälfte 1940 konzipiert worden sein. Es sah neben einer mit beträchtlichen Vollmachten ausgestatteten Reichsregierung einen »Staatsrat« als Vertretung des Volkes vor, »bis unter Mitwirkung aller Schichten des Volkes dem Deutschen Reich eine endgültige Verfassung gegeben werden kann« und »bis die Festigung der allgemeinen Lebensverhältnisse des deutschen Volkes die Bildung einer Volksvertretung auf breitester Grundlage gestattet«. Vgl. Eberhard Zeller, Geist der Freiheit. Der zwanzigste Juli 1944, 4. Auflage, München 1969, S. 170. Zum »vorläufigen Staatsgrundgesetz« vgl. Gerhard Schulz, Johannes Popitz, in: Rudolf Lill, Heinrich Oberreuther (Hrsg.), 20. Juli. Portraits des Widerstands, Düsseldorf, Wien 1984, S. 248f.

36 Vgl. Die Hassell-Tagebücher 1938–1944. Ulrich von Hassell. Aufzeichnungen vom anderen Deutschland. Nach der Handschrift revidierte und erweiterte Ausgabe, unter Mitarbeit von Klaus-Peter Reiß hrsg. v. Friedrich Freiherr Hiller von Gaertringen, Berlin 1988, S. 298 (im folgenden zitiert als Hassell-Tagebücher).

37 Ebenda, S. 263.

38 Ebenda, S. 259.

39 Ebenda, S. 273.

40 So die Interpretation von Karl-Heinz Janßen in seiner Besprechung der Neuausgabe der Hassell-Tagebücher. Vgl. Karl-Heinz Janßen, Widerstand ohne Wenn und Aber, in: Die Zeit, Nr. 13 vom 24. März 1989, S. 15f., hier S. 16.

41 Klaus Scholder (Hrsg.), Die Mittwochs-Gesellschaft. Protokolle aus dem geistigen Deutschland 1932–1944, Berlin 1982, S. 37.

42 Vgl. Ursula Laack-Michel, Albrecht Haushofer und der Nationalsozialismus. Ein Beitrag zur Zeitgeschichte (= Kieler Historische Studien, Bd. 15), Stuttgart 1974, S. 242ff.

43 Vgl. unten, S. 115ff.

44 Laack-Michel, Albrecht Haushofer, S. 255.

45 Hassell-Tagebücher, S. 289, sowie Krebs, Schulenburg, S. 176.

46 Der Schulenburg-Biograph Albert Krebs beruft sich hier vor allem auf die Aussagen des ehemaligen schlesischen Mitarbeiters Schulenburgs, Dr. Keßler, vgl. Krebs, Schulenburg, S. 225.

47 Abschrift der Vernehmung des Zeugen Axel von dem Bussche vor dem Militärgericht Nürnberg (Wilhelmstraßen-Prozeß) vom 2.7.1948, S. 1154. Hektografiertes Manuskript, Privatbesitz Charlotte Gräfin von der Schulenburg, München.

48 Überhaupt fällt es schwer, diese Rede Weizsäckers als Aufruf zur Opposition oder gar zum Widerstand zu deuten. In seinen Schlußbetrachtungen führte der Staatssekretär vor den Offizieren aus:»1. Unsere Politik möge da einsetzen, wo zwischen den sogenannten ›Vereinten Nationen‹ oder in deren Völkern selbst Lücken klaffen, in die sich der Spaltpilz senken läßt und 2. – dieses ist noch wichtiger – sehen wir zu, daß wir militärisch in Form sind, wenn wir zum Endrennen um den Frieden politisch starten.« Vgl. Die Weizsäcker-Papiere 1933–1950, hrsg. v. Leonidas Hill, Frankfurt, Berlin, Wien 1974, S. 329-334, bes. S. 333.

49 Vgl. Erinnerungen Rüdiger von der Goltz, BA Koblenz Kl. Erw. 653, Bl. 98. Rüdiger von der Goltz, der Rechtsanwalt Generaloberst von Fritschs, war nach dem Ersten Weltkrieg Oberbefehlshaber der Freikorps im Baltikum gewesen. Vgl. dazu Rüdiger Graf von der Goltz, Meine Sendung in Finnland und im Baltikum, Leipzig 1920.

50 Sicher erinnerte sich die Gestapo auch daran, daß Schulenburgs Vater nicht nur General, sondern auch SS(Ehren)-Obergruppenführer gewesen war. Am Staatsakt anläßlich seines Todes hatten Hitler, Himmler und andere nationalsozialistische Größen teilgenommen. Hitler hatte am Abend des Staatsakts eine größere Rede vor hohen Militärs gehalten. Vgl. dazu Max Domarus, Hitler-Reden und Proklamation 1932–1945, kommentiert von einem deutschen Zeitgenossen, Bd. 2. Untergang (erster Halbband) Würzburg 1963, S. 1189-1199.

51 Vgl. dazu Peter Hüttenberger, Vorüberlegungen zum »Widerstandsbegriff«, in: Geschichte und Gesellschaft, Sonderheft 3, Göttingen 1977, S. 117-134.

52 Vgl. Müller, Nationalkonservative Eliten, S. 39. Ders. General Ludwig Beck. Studien zur politisch-militärischen Vorstellungswelt und Tätigkeit des Generalstabschefs des deutschen Heeres 1933-1938, Boppard am Rhein 1980, S. 260.

53 Christof Dipper, Der Widerstand und die Juden, in: Schmädeke, Steinbach (Hrsg.), Widerstand, S. 598-616, hier 601.

54 Vgl. dazu Hans Bernd Gisevius, Bis zum bittern Ende, 2 Bde., Hamburg 1947.

55 Niederschrift der kommissarischen Besprechung über die Pressebehandlung des Thälmann-Prozesses vom 5.2.1936, Berlin Document Center, Personalakten Gisevius.

56 Vgl. Janßen, Widerstand ohne Wenn und Aber, S. 15. Goerdeler hat seinen englischen Gewährsleuten gegenüber voller Empörung von der sogenannten Reichskristallnacht gesprochen. Die »Clique der Obernaziführer«, so führte er aus, sei mittlerweile »exempt«, und die »Guillotine der Nazi-Revolution« arbeite seit Jahren völlig unsichtbar »in den Folterkammern der Konzentrationslager«. Ihr fielen politische Gegner des Systems ebenso zum Opfer wie Juden, die Hitler »mit gnadenlosem Haß« verfolge und Vertreter der Kirchen, die nicht bereit seien, »die antichristlichen Irrlehren« der Partei widerstandslos hinzunehmen. Vgl. dazu Michael Krüger-Charlé, Revision ohne Krieg. Carl Goerdeler und Großbritannien 1937–1939, unveröffentlichtes Manuskript, S. 37 (dem Autor freundlicherweise zur Verfügung gestellt).

57 So die gängige Interpretation, zuletzt zusammengefaßt bei Peter Steinbach, Widerstandsforschung im politischen Spannungsfeld, in: Aus Politik und Zeitgeschichte, B 28/88 vom 8. Juli 1988, S. 19.

58 Martin Wein, Die Weizsäckers. Geschichte einer deutschen Familie, Stuttgart 1988, S. 257.

59 Ebenda, S. 292.
60 Ebenda, S. 291.
61 Vgl. dazu Fritz Fischer, Griff nach der Weltmacht. Die Kriegszielpolitik des kaiserlichen Deutschland 1914/18, Nachdruck der Sonderausgabe 1967, Düsseldorf 1977, S. 87ff.
62 Martin Broszat, Elke Fröhlich, Alltag und Widerstand. Bayern im Nationalsozialismus, München 1987, S. 44.
63 Hassell-Tagebücher, S. 365.
64 Ebenda.
65 Vgl. dazu Ger van Roon (Hrsg.), Helmuth James Graf von Moltke, Völkerrecht im Dienste der Menschen, Berlin 1986, passim.
66 Vgl. dazu Streit, Keine Kameraden, S. 118. Über Hoepner schrieb der Chef der Einsatzgruppe A, SS-Brigadeführer Dr. Franz Stahlecker:»Von vornherein kann betont werden, daß die Zusammenarbeit mit der Wehrmacht im allgemeinen gut, in Einzelfällen, wie z.B. mit der Panzergruppe 4 unter Generaloberst Höppner [d.i. Hoepner] sehr gut, ja fast herzlich war«, ebenda, S. 112.
67 Vgl. dazu Hansjoachim W. Koch, Volksgerichtshof. Politische Justiz im 3. Reich, München 1988, S. 313.
68 Vgl. Angela Ebbinghaus, Gerd Preissler, Die Ermordung psychisch-kranker Menschen in der Sowjetunion (Dokumentation), in: Aussonderung und Tod. Die klinische Hinrichtung der Unbrauchbaren (= Beiträge zur NS-Gesundheits- und Sozialpolitik: 1), Berlin 1985, S. 80ff.
69 Beschwert hatte sich SS-Obergruppenführer Heißmeyer vom SD. Himmler antwortete ihm:»Die Wünsche des Grafen Helldorf sind mir sehr gut bekannt. Gerade deswegen habe ich meinen Befehl vom 14.1.1943 gegeben, um nämlich Graf Helldorf die Gründe zu entziehen, auf die er seine Wünsche stützen könnte. Wenn Sie das schon vorher getan hätten, wären die Wünsche des Grafen Helldorf bestimmt nie so groß geworden.« Der Schriftwechsel befindet sich im Berlin Document Center, Personalakten Helldorf.
70 Gotthold Müller, Meine Beziehung zum Grafen Fritzi v.d. Schulenburg, Privatbesitz Charlotte Gräfin von der Schulenburg, München.
71 Vgl. dazu Krüger-Charlé, Revision ohne Krieg, passim. Auch Trott zu Solz reiste im offiziellen Auftrag des Auswärtigen Amtes nach Kriegsbeginn mehrfach ins Ausland. Allein 1940/41 fuhr er insgesamt fünfmal in die Schweiz. Er reiste auch in die Türkei, mehrfach nach Holland und nach Schweden. Vgl. dazu Malone, Adam von Trott zu Solz, S. 213ff.
72 Die Protokolle der »Mittwochs-Gesellschaft« hat Klaus Scholder veröffentlicht, vgl. Scholder, Mittwochs-Gesellschaft, passim.
73 Vgl. Janßen, Widerstand ohne Wenn und Aber, S. 15f.
74 Hans Mommsen, Der Widerstand gegen Hitler und die deutsche Gesellschaft, in: Schmädeke, Steinbach (Hrsg.), Widerstand, S. 8.
75 Broszat, Fröhlich, Alltag und Widerstand, S. 45.
76 Martin Broszat spricht in diesem Zusammenhang von »enge[n] verwandtschaftliche[n] und familiäre[n] Beziehungen, insbesondere unter den adeligen Mitgliedern der Verschwörung, auch in einigen wenigen Familien des mit Adel, Bürokratie und Militär versippten Bildungsbürgertums (hervorragendes Beispiel die Familienverbindung der Bonhoeffers, Dohnanyis, von Haases, Schleichers und Leibholtz' in Berlin), von exklusive[n] aristokratisch-bildungsbürgerliche[n] Gesprächskreisen wie der Kreisauer Kreis um Graf Moltke, der Solf-Kreis oder die Mittwochs-Gesellschaft

in Berlin sowie von einige[n] wenige[n] verläßliche[n] Personen-Klientelen in einzelnen hohen militärischen Stäben, so in der militärischen Abwehr, gruppiert um Hans Oster, im OKH um General Olbricht, in der Rechtsabteilung des Heeres um Generalrichter Sack, im Generalstab der Heeresgruppe Mitte um Generalmajor von Tresckow«. Martin Broszat, Zur Sozialgeschichte des deutschen Widerstandes, in: Vierteljahrshefte für Zeitgeschichte, 34. Jg. (1986), S. 307.

77 Broszat, Fröhlich, Alltag und Widerstand, S. 45.

78 Mündliche Auskunft von Dr. Werner Best an den Autor vom 30.1.1985. Ähnliches brachte auch der Diplomat Albrecht von Kessel zum Ausdruck, der sich früh in systemkritischen Kreisen bewegte. Nach seiner Ansicht war »die Gestapo ... viel dümmer als gemeinhin angenommen« wurde, was man nicht statistisch erfassen konnte, entging ihnen leicht«, Albrecht von Kessel, Die verborgene Saat, S. 99.

79 »Erst jetzt kommt eine unbefangene Jugend«. Marion Gräfin Yorck von Wartenburg über den 20. Juli, Korps-Geist und die Justiz im Gespräch mit Martin-Jochen Schulz, in: Frankfurter Rundschau, Nr. 164, 20. Juli 1987, S. 6.

80 Vgl. dazu Höhne, Canaris, S. 485.

81 Vgl. dazu ders., Orden unter dem Totenkopf, S. 484ff.

82 Vgl. dazu van Roon, Helmuth James Graf von Moltke, S. 28.

83 Die Vermutung, SS und Gestapo hätten sich nach Stalingrad mit stillschweigender Billigung Himmlers zu Oppositionskreisen hin offengehalten, stützt sich auf die schon legendären Gespräche des Reichsführers SS mit dem Rechtsanwalt Carl Langbehn, die der Vorbereitung einer Unterredung Himmlers mit dem Widerständler Johannes Popitz gedient haben sollen. Daß Himmler hier ein Doppelspiel trieb, ist oft vermutet worden, konnte aber nie bewiesen werden. Vgl. dazu Jochen von Lang, Der Stellvertreter. Martin Bormann. Der Mann, der Hitler beherrschte, Stuttgart 1977, S. 297.

84 Vgl. dazu Schulenburg an seine Frau, undatiert (Anfang Juni 1941), Privatbesitz Charlotte Gräfin von der Schulenburg, München.

85 An den Bruder Fritz-Dietlof von der Schulenburgs, J. Albrecht, schrieb Himmler in Beantwortung zweier Schreiben, die dieser nach dem Attentat an den Reichsführer SS geschickt hatte: »Meine Einstellung zu Ihrem Herrn Vater, diesem verehrungswürdigen Manne, sowie zu Ihrer Familie haben sich in keiner Weise geändert.« Himmler an J. Albrecht Graf von der Schulenburg, 15.8.1944, ebenda.

86 Mit Belegen aus dem Berlin Document Center bei Koch, Volksgerichtshof, S. 444ff. und S. 620 (Anm. 132 und 133).

87 Arno J. Mayer, Der Krieg als Kreuzzug. Das Deutsche Reich, Hitlers Wehrmacht und die »Endlösung«, Reinbek bei Hamburg, 1989, S. 23 und passim.

88 Vgl. Martin Broszat, Der Staat Hitlers. Grundlegung und Entwicklung seiner inneren Verfassung, München 1969.

89 Vgl. das Geleitwort von Hans Mommsen zu den Hassell-Tagebüchern, S. 14.

90 Hassell-Tagebücher, S. 28f.

91 Vgl. [Werner Best], Herrenschicht oder Führungsvolk?, in: Reich, Volksordnung, Lebensraum. Zeitschrift für völkische Verfassung und Verwaltung, III. Bd. 1942, S. 123-141, hier besonders S. 138-141. Best wußte, wovon er sprach. Seit 1939 Chef des Amtes I des Reichssicherheitshaupt-

amtes, gehörte er zu Heydrichs engsten Mitarbeitern beim Aufbau der Gestapo. Später überwarf er sich mit Heydrich und wurde 1940 Kriegsverwaltungschef in Frankreich, 1942 Reichsbevollmächtigter in Dänemark. Zur Rolle der Zeitschrift »Reich, Volksordnung, Lebensraum« bei der »wissenschaftlichen« Begründung der NS-Lebensraum-Doktrin vgl. Lothar Gruchmann, Nationalsozialistische Großraumordnung, Stuttgart 1962.

92 Vgl. Wilhelm Stuckart, Zentralgewalt, Dezentralisation und Verwaltungseinheit, in: Festgabe für Heinrich Himmler zum 40. Geburtstag, hrsg. v. Wilhelm Stuckart u.a., Darmstadt 1941, S. 1-32.

93 Zum folgenden vgl. Bericht der vom GBV (Erlaß vom 3.6.1942) eingesetzten Kommission, BA Koblenz R 18, Bd. 2898a.

94 Vgl. dazu Lothar Gruchmann, Die »Reichsregierung« im Führerstaat. Stellung und Funktion des Kabinetts im nationalsozialistischen Herrschaftssystem, in: Günther Doeker, Winfried Steffani (Hrsg.), Klassenjustiz und Pluralismus. Festschrift für Ernst Fraenkel zum 75. Geburtstag, Hamburg 1973, S. 187-223.

95 Dr. Erich Keßler schrieb an den Autor: »Eine Resonanz hat die Kommissionsarbeit leider nicht gehabt. Die gerügten Mißstände erhielten sich weiter.« Keßler an den Autor, 19.12.1984.

96 Vgl. dazu die Denkschrift des Staatssekretärs im Justizministerium Ernst Rothenberger, Gedanken über eine nationalsozialistische Justizreform vom 31.3.1942, BA Koblenz R 22, Bd. 4722. Der Autor verdankt diesen Hinweis Herrn Dr. Ralph Angermund, Bonn.

97 Vgl. Angermund, Die geprellten »Richterkönige«, S. 314ff.

98 Vgl. dazu Werner Durth, Niels Gutschow, Träume in Trümmern, Planungen zum Wiederaufbau zerstörter Städte im Westen Deutschlands 1940-1950, Bde. 1 u. 2, Braunschweig 1988.

99 In dem Entwurf, der vom 9. September 1943 datiert, heißt es unter anderem: »Das Besondere des europäischen Problems besteht darin, daß auf einem verhältnismäßig engen Raum eine Vielheit von Völkern in einer Kombination von Einheit und Unabhängigkeit bei im übrigen völliger Verschiedenheit der einzelnen Völker zusammenleben soll. Ihre Einheit muß so fest sein, daß zwischen ihnen in Zukunft niemals wieder Krieg geführt werden wird, und daß die Interessen Europas nach außen hin gemeinsam gewahrt werden können. In diesem Sinne [sollen] aber die europäischen Staaten ihre Freiheit und Unabhängigkeit behalten, damit sie in der Lage sind, ihren durchaus verschieden nationalen Aufgaben gerecht zu werden und ihre besonderen Funktionen im Rahmen des Ganzen schöpferisch und freudig zu erfüllen. Nicht auf der gezwungenen oder geforderten Unterordnung der einen europäischen Macht unter die andere, sondern auf ihrer Einigkeit beruht die Kraft und Sicherheit Europas. Jeder Versuch, der einen oder anderen europäischen Macht politische Maßnahmen aufzuzwingen, müßte in Europa wieder die Gegensätze zur Wirksamkeit bringen. Andererseits würde die europäische Macht, die nicht bereit ist, ihre Politik den europäischen Notwendigkeiten anzupassen, sich außerhalb der europäischen Gemeinschaft stellen. Die Lösung der europäischen Staaten kann nur auf föderativer Basis herbeigeführt werden, indem die europäischen Staaten sich aus freiem, der Einsicht in die Notwendigkeit entsprungenen Entschluß zu einer Gemeinschaft souveräner Staaten zusammenschließen.« Europastrategien des deutschen Kapitals 1900–1945, hrsg. v. Reinhard Opitz, Köln 1977, S. 957-966, hier S. 958f.

100 Vgl. Volkhard Laitenberger, Ludwig Erhard. Der Nationalökonom als Politiker, Göttingen, Zürich 1986, S. 36ff. Vgl. auch Werner Plumpe, Vom Plan zum Markt. Wirtschaftsverwaltung und Unternehmerverbände in der britischen Zone, Düsseldorf 1987, S. 39ff. Vgl. Schwerin von Krosigk, Memoiren, S. 238.
101 Vgl. Bernd Wegner, Hitlers politische Soldaten. Die Waffen-SS 1933–1945, Paderborn 1982, S. 182–185.

Kapitel V

1 Vgl. dazu Diehl-Thiele, Partei und Staat, S. 70. Im März 1935 hatte Hitler angeordnet, daß künftig »jegliche öffentliche Erörterung über die Reichsreform, vor allem über [territoriale] Neugliederungsfragen in schriftlicher und mündlicher Form zu unterbleiben habe«. Vgl. dazu Broszat, Der Staat Hitlers, S. 157.
2 Schulenburg an seine Frau, 15.7.1942, Privatbesitz Charlotte Gräfin von der Schulenburg, München.
3 Schreiben des Referenten in der Parteikanzlei und Beobachters des Moltke-Prozesses Lorenz an Martin Bormann, 10.1.1945, zitiert nach: van Roon, Helmuth James Graf von Moltke, S. 315.
4 Vgl. dazu Gert Gröning, Joachim Wolschke-Bulmahn, Die Liebe zur Landschaft. Teil III: Der Drang nach Osten, München 1987, S. 33.
5 Vgl. Heim, Aly, Die Ökonomie der »Endlösung«, S. 54.
6 Gröning, Wolschke-Bulmahn, Die Liebe zur Landschaft, S. 90.
7 Ebenda, S. 195. Zum Planungsehrgeiz der Reichsstelle in den letzten Kriegsjahren vgl. die Handakten Isenbergs in BA Koblenz R 113, Bd. 25. Darin besonders das Protokoll über das »Ergebnis der Tagung der Reichsstelle für Raumordnung in Luther-Stadt-Wittenberg« vom 3. und 4. Mai 1944.
8 Gröning, Wolschke-Bulmahn, Die Liebe zur Landschaft, S. 195.
9 Isenberg an Heinrich von zur Mühlen, 10.2.1943, BA Koblenz Kl. Erw., Nr. 759.
10 Vermerk Isenbergs vom 23.2.1943 über eine Besprechung mit Schulenburg am 20.2.1943, BA Koblenz Nachlaß v. d. Schulenburg (NL 301/4), Bl. 3.
11 Krebs, Schulenburg, S. 269.
12 Dies ergibt sich aus den handschriftlichen Randnotizen zu diesem Vermerk. Dort heißt es: »Staatssekretär Backe hat Graf v. d. Schulenburg . . . gesagt, man könne, wenn es zweckmäßig ist, bei den Marktverbänden von den Gaugrenzen abweichen.« Vermerk Isenbergs vom 23.2.1943 (Anm. 10).
13 Vgl. dazu den Schriftwechsel Herbert Backes mit seiner Frau, in dem sich der Staatssekretär bis zuletzt als überzeugter Nationalsozialist erwies. BA Koblenz Nachlaß Backe, Mappe 1-9.
14 Prof. Dr. Heinz Haushofer an Dr. Ulrich Kluge/Freiburg, 22.1.1985. Der Verfasser dankt Herrn Kluge für die freundliche Überlassung der entsprechenden Passagen.
15 Muthmann an Charlotte Gräfin von der Schulenburg, 6.8.1948, Privatbesitz Charlotte Gräfin von der Schulenburg, München.

16 Nach Muthmanns eidesstattlicher Erklärung vom 13.10.1948 (im Privatbesitz von Charlotte Gräfin von der Schulenburg, München) hat Schulenburg die RfR auch zur Klärung weiterer, ihn interessierender Neuord-
nungsprobleme benutzt. In diesem Zusammenhang seien Ausarbeitungen über den Wiederaufbau »unter besonderer Berücksichtigung der
sinnvollen Zuordnung von Stadt und Land« entstanden. Auch für diese
Planungen gilt, daß sie im ureigensten Interesse der Reichsstelle lagen,
und daß es hier keines besonderen Auftrages Schulenburgs bedurft hätte.
Muthmann selbst will schon 1941 über Hermann Kaiser mit Schulenburg
bekannt gemacht worden sein.

17 Vgl. Krebs, Schulenburg, S. 269ff. Vgl. demnächst auch Detlef Graf
Schwerin, Die junge Generation im deutschen Widerstand. Der Autor
dankt Dr. Detlef Graf Schwerin dafür, daß er ihm freundlicherweise
Einblick in das noch nicht veröffentlichte Manuskript gewährt hat.

18 Vgl. Gröning, Wolschke-Bulmahn, Die Liebe zur Landschaft, S. 88f.

19 Zum folgenden Krebs, Schulenburg, S. 269f.

20 Auch die Bezugnahme auf die »stammesmäßigen« Gesichtspunkte kann
nicht, wie Krebs behauptet, als eine Art verkappter föderalistischer Grundzug interpretiert werden. Sie lag ganz auf der Linie der herrschenden
Weltanschauung. Ähnliches wurde auch von nationalsozialistischen
Agrarexperten vertreten. In einem agrarwissenschaftlichen Standardwerk
der Zeit hieß es dazu: »Die stammesmäßige Gliederung [verlange] Beachtung, denn die Kräfte des Blutes, des Bodens und des gemeinsamen
geschichtlichen Erlebens [hätten] aus [den] stammesmäßig gegliederten
Bauernschaften Urgemeinschaften mit besonderen körperlichen, geistigen und seelischen Eigenschaften und Verhaltensweisen werden lassen.«
Diese habe selbst der »Führer« als »gottgewollte Bausteine des Volkes«
und als »Ordnungsglieder des Volksganzen« bezeichnet. Konrad Meyer
(Hrsg.), Gefüge und Ordnung der deutschen Landwirtschaft, Berlin 1939,
S. 16f.

21 In dem Bericht Isenbergs vom 17.3.1944 hieß es: »Die zentralen Orte, die
1940 für den Osten untersucht worden sind, müssen nunmehr in der
ganzen Breite für das Altreich bearbeitet werden«, BA Koblenz R 113,
Bd. 25 (zitiert nach Gröning, Wolschke-Bulmahn, Die Liebe zur Landschaft, S. 88).

22 Dieses Modell der »großen ... stammestümlichen ... Einheiten« umfaß-
te die Länder Ostpreußen, Schlesien, Brandenburg, Obersachsen, Nieder-
sachsen, Nordsachsen, Niederrhein-Westfalen, Rhein-Main, Schwaben
und Bayern. Vgl. Werner Münchheimer, Die Verfassungs- und Verwaltungsreformpläne der deutschen Opposition gegen Hitler am 20. Juli
1944, in: Politisches Archiv, 5. Jg., 14. Folge, 20. Juli 1950, S. 3190f.

23 Vgl. dazu Schwerin, Die junge Generation, S. 295f.

24 Ebenda.

25 Vgl. oben, S. 115.

26 Die von Albert Krebs gegebene Erklärung, Schulenburg habe die Denkschrift beim Innenministerium nur eingereicht, um von Otto Ehrensberger, dem Chef der Abteilung »Zivile Reichsverteidigung«, empfangen zu
werden, »ohne daß es Verdacht erregte«, überzeugt nicht. Gegen diese
Version spricht der zitierte handschriftliche Zusatz und auch die Tatsache, daß Schulenburg gleich zwei andere Stellen, das Arbeitsministerium
und die Reichsstelle für Raumordnung, mit einem Exemplar bedachte.
Vgl. Krebs, Schulenburg, S. 261.

27 »Anderenfalls«, so heißt es weiter, »werden alle Fehler der vergangenen Zeit nicht nur wiederholt, sondern überboten werden, [wird] selbst der Kollektivismus neue Triumphe feiern, wobei im innersten Grunde die Interessen des Kapitals die Richtung geben werden«, vgl. unten, S. 330.

28 Vgl. Schwerin, Die junge Generation, S. 109.

29 Kaltenbrunner-Berichte, S. 145f.

30 Ebenda, S. 206-209.

31 Ebenda.

32 So Schwerin, Die junge Generation, S. 109.

33 Vgl. oben S. 29.

34 Stuckart, Zentralgewalt, S. 5. Dort heißt es weiter: »Je größer und menschenreicher das Reich wird, desto unabweisbarer wird die Notwendigkeit, die Zentralstellen immer mehr von denjenigen Aufgaben zu entlasten, die entweder ebenso gut oder besser lokal oder regional erfüllt werden können«, ebenda, S. 14.

35 Zitiert nach Gröning, Wolschke-Bulmahn, Die Liebe zur Landschaft, S. 66f. Unter den von Mäding gesetzten völkischen Vorzeichen fiel es auch Heinrich Himmler als Reichsinnenminister nicht schwer, sich für die kommunale Selbstverwaltung auszusprechen und hier besonders die »ehrenamtliche Arbeit als lebenswichtigen Teil der Selbstregierung und Selbstverwaltung« hervorzuheben. Vgl. dazu Himmlers Rede vor Oberbürgermeistern und Gaugrößen in Posen am 13.2.1944, in: BA Koblenz NS 19, Bd. 15. Der Autor verdankt diesen Hinweis Frau Birgit Schulze, Bochum.

36 Offenbar verband ein Mann wie Gerhard Isenberg nach 1945 mit seinen Äußerungen zur Neuordnungsprogrammatik des 20. Juli immer auch die Kritik an der verfassungspolitischen Entwicklung in der frühen Bundesrepublik. In diesem Sinne leitete er ein Schreiben an Heinrich von zur Mühlen, den Mitarbeiter des Freiburger Historikers Gerhard Ritter, mit der Bemerkung ein: »Wie ich . . . erfahre, suchen Sie nach Material, aus dem man ersehen kann, daß die Kreise des 20.7. im Gegensatz zu der rückschauenden Gedankenwelt von Bonn vorwärtsschauende konstruktive Pläne entwickelt haben.« Wie bei Isenberg findet sich auch in den Äußerungen anderer Zeitzeugen diese kritische Sicht auf den Bonner Zeitgeist der frühen 50er Jahre, den man als zu stark westlich und zu sehr auf Weimar bezogen empfand. Es wäre wert zu untersuchen, inwieweit diese, in der Regel konservative Sichtweise der demokratischen Entwicklung in der Bundesrepublik die Aussagen der Zeitzeugen zusätzlich gefärbt hat. Fundgruben für solche Äußerungen sind der Nachlaß des Schulenburg-Biographen Albert Krebs (Privatbesitz Richard Krebs, Hamburg) und Teile des Nachlasses von Gerhard Ritter im BA Koblenz (etwa die Bände 131, 137, 149, 151/52, 156 und 158).

37 Vgl. unten, S. 226ff.

38 Das betrifft den Teil »Die Großstadt«, der von den gleichen Grundgedanken wie die Denkschrift »Bombenzerstörung und Aufbau« ausgeht. Das gilt für den Abschnitt »Sozialpolitik«, dem man den Einfluß Hugo Kükelhaus' und seiner schaffenden Selbsthilfe anmerkt, und dies reicht weiter in die Passagen über »Regierungsträger« und »Gemeindeordnung« mit ihrer Hervorhebung der charismatischen Führung und dem prinzipiellen Mißtrauen gegen den Repräsentationsgedanken. Schon in seinen frühen Denkschriften wie auch im Kriegstagebuch hat Schulenburg überdies immer wieder die Bedeutung des »technischen Weltkamp-

fes der Kontinente« hervorgehoben. Charlotte Gräfin von der Schulenburg, Albert Krebs und Hans Mommsen haben das Denkschriftfragment übereinstimmend als eine Arbeit Schulenburgs bezeichnet.

39 Nach einer Aussage Erich Keßlers hat der persönliche Referent Wilhelm Stuckarts, Ministerialrat Kettner, die Denkschrift Schulenburgs, die über die Gestapo ins Reichsinnenministerium gelangt war, in seinem dienstlichen Panzerschrank aufbewahrt. Kettner hat Keßler diesen Sachverhalt in einem Schreiben vom 12.7.1948 mitgeteilt. Vgl. dazu Keßler an Heinrich von zur Mühlen, 7.9.1948, BA Koblenz Kl. Erw. 759. Vgl. dazu auch die Briefe Keßlers an Gerhard Ritter vom 12.5.1948 und 28.3.1952, ebenda.

40 Arthur Moeller van den Bruck, Das Dritte Reich, Berlin 1923; zitiert nach der von Hans Schwarz herausgegebenen 3. Auflage (Hamburg 1931), S. 177f.

41 Vgl. unten, S. 244. Bezeichnenderweise heißt es hier im Hinblick auf Zerstörungen der Großstädte: »Dem muß man ins Auge sehen, denn nur dann, wenn man den Sinn dieses Geschehens erkennt, der tiefer liegt als Willensakte, Befehle und Maßnahmen des Feindes, ist man in der Lage, aus der Zerstörung einen wahren Aufbau zu machen.« Ebenda.

42 Vgl. dazu Klaus Vondung, Die Apokalypse in Deutschland, München 1988, passim.

43 Sowohl das Denkschriftfragment als auch das Memorandum »Bombenzerstörungen und Aufbau« sind unten abgedruckt und ausführlich kommentiert. An dieser Stelle werden nur die argumentativen Grundzüge wiedergegeben.

44 Vgl. Mommsen, Schulenburg, S. 237.

45 Vgl. unten, S. 234.

46 Ebenda, S. 231 ff.

47 Die »Reichsstatthalter« sind auch in die Neuordnungspläne eingegangen, die durch die Kaltenbrunner-Berichte überliefert wurden. Dort waren sie identisch mit den Oberpräsidenten, die, weil man Regierungsbezirke und -präsidien aufgelöst wissen wollte, auch die Rolle der Regierungspräsidenten übernahmen. Die Reichsstatthalter fungierten als Aufsichtsorgane des Reiches. Als Oberpräsidenten sollten sie keine Weisungsbefugnis gegenüber den Gaubehörden besitzen. Abstimmungen und Kompetenzabgrenzungen sollten in regelmäßigen Besprechungen erfolgen. Als Reichsstatthalter hatten die Oberpräsidenten ihre Aufsicht durch »Inspekteure« auszuüben, die im »Gau herumreisen, die Dinge und Menschen an Ort und Stelle sehen und sprechen ... Erfahrungen sammeln, Rat erteilen ... und dann den Oberpräsidenten Bericht erstatten«. Abgesehen von der Tatsache, daß diese Ansätze zu einer Verwaltungsreform juristisch viel zu unbestimmt blieben, zeigt gerade die genannte Aufsichtsfunktion der Inspekteure, wie stark der 20. Juli den Ideen vergangener Epochen zwischen altpreußisch-friderizianischem Verwaltungsverständnis und Steinscher Selbstverwaltungsidee anhing. Vgl. dazu Kaltenbrunner-Berichte, S. 206 ff.

48 Vgl. dazu vor allem Hans Mommsen, Gesellschaftsbild und Verfassungspläne des deutschen Widerstandes, in: Hermann Graml (Hrsg.), Widerstand im Dritten Reich. Probleme, Ereignisse, Gestalten, Frankfurt/M. 1984, S. 14ff. Sowohl der Kreisauer als auch der Goerdeler-Kreis ging, bei allen Unterschieden im einzelnen, was die Fragen von Wahlrecht und Wahlverfahren betraf, von stark antiegalitären Überlegungen aus. Beide Kreise sahen ein gestuftes Stimmrecht, abhängig von Familienstand und

Beruf, vor und schränkten das passive Wahlrecht für bestimmte Berufsgruppen (Soldaten, Beamte) ein. Einhellig war auch die Ablehnung des Verhältnis- und Listen-Wahlrechts, das nur zur Bildung »großer Weltanschauungsströme« führen würde, und strikt sprach man sich gegen Parteien als zentrale Träger der politischen Willensbildung aus. Goerdeler vertrat, wie Mommsen schreibt, die Konzeption eines »Honoratiorenliberalismus« (S. 67), Kreisau favorisierte eine organizistische Stufenlehre, die ihren Ausgangspunkt in den sogenannten kleinen Gemeinschaften (Familien, Gemeinde, sonstige Gliedeinheiten) nahm.

49 Vgl. unten, S. 231.

50 Vgl. Kaltenbrunner-Berichte, S. 206ff.

51 In Kenntnis des Denkschriftfragments aus dem Jahre 1943 erscheint es unwahrscheinlich, daß Schulenburg, wie Otto Ehrensberger berichtet, schon vor dem Krieg im »Grafenkreis« an einem demokratischen Zweikammer-Modell mitgewirkt haben soll. Nach diesem Modell ging die erste Kammer »entweder aus unmittelbaren Wahlen der gesamten Reichsbürger ... oder aus staffelweisen Wahlen aus Gemeindevertretungen, Kreistagen, Länderparlamenten« hervor. Für die Besetzung der zweiten Kammer waren die »Beauftragten der Länderregierungen« oder Delegierte aus den Länderparlamenten vorgesehen. Vgl. dazu Ehrensberger an von zur Mühlen, 15.7.1948, BA Koblenz Kl. Erw., Nr. 759.

52 Vgl. unten, S. 242.

53 Ebenda, S. 229ff.

54 Ebenda, S. 237f.

55 Ebenda, S. 226.

56 Noch im Mai 1944 schrieb Schulenburg über Kükelhaus an seine Frau: »Hugo voller Pläne über die schaffende Selbsthilfe, mit der er gut vorankommt. Ich kann mir denken, daß seine Arbeit bei den Lebensverhältnissen, denen wir entgegengehen, zum Keim einer neuen Entwicklung werden kann ... Kü[kelhaus] erzählte mir von seinem Buche, das er allerdings nicht da hatte. Er sagte, es liefe im Grundsatz in allem auf das Gegenteil von Versicherung jeder Art heraus, an der das Leben heute leidet.« Schulenburg an seine Frau, 16.5.1944, Privatbesitz Charlotte Gräfin von der Schulenburg, München.

57 Vgl. dazu Marie-Luise Recker, Nationalsozialistische Sozialpolitik im Zweiten Weltkrieg (= Studien zur Zeitgeschichte, Bd. 29), München 1985, S. 120ff. u. S. 152ff.

58 Vgl. unten, S. 228.

59 Zu Goerdelers Vorstellungen der zukünftigen Gewerkschaftsarbeit vgl. die elfseitige Denkschrift: »Die Aufgaben der deutschen Zukunft« vom Juli/August 1944 (entstanden vor Goerdelers Verhaftung), in: BA Koblenz Nachlaß Goerdeler. Vgl. auch die Denkschrift »Grundsätze für die Friedenswirtschaft« vom Oktober 1940, S. 22f. Diese Hinweise verdankt der Autor Herrn Dr. Michael Krüger-Charlé, Witten. Zum Kreisauer Kreis vgl. Dossier: Kreisauer Kreis. Dokumente aus dem Widerstand gegen den Nationalsozialismus. Aus dem Nachlaß von Lothar König S.J., hrsg. und kom. v. Roman Bleistein, Frankfurt/M. 1987, S.120, S. 237, S. 317, S. 334. Vgl. insgesamt Michael Schneider, Zwischen Standesvertretung und Werksgemeinschaft. Zu den Gewerkschaftskonzeptionen der Widerstandsgruppen des 20. Juli 1944, in: Schmädeke, Steinbach (Hrsg.), Widerstand, S. 520-532.

60 Diese Abkehr ging weit über die Grenzen der Sozialpolitik hinaus und

drückte sich auch in einer allgemeinen Skepsis gegenüber der Demokratie als Staatsform aus. Wie Hans Mommsen schreibt, äußerte selbst Julius Leber,»daß die Übernahme westlicher Verfassungsvorbilder zum Niedergang der Weimarer Demokratie maßgeblich beigetragen habe. Theodor Haubach und Carlo Mierendorff, die noch 1932 für den Bestand der Republik gekämpft hatten, näherten sich christlich-sozialen und korporatistischen Positionen.« Hans Mommsen, Der lange Schatten der untergehenden Republik. Zur Kontinuität politischer Denkhaltungen von der späten Weimarer zur frühen Bundesrepublik, in: Karl Dietrich Bracher, Manfred Funke, Hans-Adolf Jacobsen (Hrsg.), Die Weimarer Republik 1918–1933, Politik–Wirtschaft–Gesellschaft, Bonn 1987, S. 553-586, hier S. 565.

61 Vgl. dazu Richard Albrecht, Carlo Mierendorff und das Konzept einer demokratischen Volksbewegung, in: Schmädeke, Steinbach (Hrsg.), Widerstand, S. 838-848, hier S. 839.

62 Vgl. unten, S. 234.

63 Vgl. dazu Rüdiger Hachtmann, Industriearbeit im »Dritten Reich«. Untersuchungen zu den Lohn- und Arbeitsbedingungen in Deutschland 1933–1945 (= Kritische Studien zur Geschichtswissenschaft, Bd. 82), Göttingen 1989, S. 302ff.

64 Vgl. dazu Herbst, Der totale Krieg, S. 320-327.

65 Vgl. unten, S. 240.

66 Vgl. Herbst, Der totale Krieg, S. 320ff.

67 Vgl. Mommsen, Der lange Schatten, S. 558 u. S. 573.

Kapitel VI

1 Vgl. dazu Francis L. Carsten, Geschichte der preußischen Junker, Frankfurt/M. 1988, S. 189ff.

2 Vgl. Hans-Peter Schwarz, Adenauer. Der Aufstieg: 1876–1952, Stuttgart 1986, S. 408.

3 Süddeutsche Zeitung vom 22./23.11.1986.

4 Hans Mommsen, Der Widerstand gegen Hitler und die deutsche Gesellschaft, in: Schmädeke, Steinbach (Hrsg.), Widerstand, S. 13.

5 David Schoenbaum, Die braune Revolution. Eine Sozialgeschichte des Dritten Reiches, München 1980, S. 346. Hans-Ulrich Thamer schreibt dazu:»So lag die Dynamik des Regimes nicht ausschließlich im Führerwillen und dem politisch-ideologischen Durchsetzungsdrang der nationalsozialistischen Führungsgruppen begründet; sie kam auch aus den Aufstiegs- und Partizipationsbedürfnissen junger Kräfte aus dem Mittelstand, denen der Nationalsozialismus Amt und soziale Anerkennung, neue Führungsmöglichkeiten und den Aufstieg in eine neue Elite versprach. Das waren Schichten, die sich der nationalsozialistischen Ideologie zur Legitimation ihres Durchsetzungswillens bedienten; ihre Dynamik, die sich auf langfristige soziale Schubkräfte gründete, machte den alten Machtgruppen Rang und Einfluß streitig. Damit trugen sie zu jener Unterhöhlung des Normenstaates bei, ohne die eine Verselbständigung und Durchsetzung der nationalsozialistischen Weltanschauungspolitik schließlich gar nicht möglich gewesen wäre.« Hans-Ulrich Thamer, Verführung und Gewalt. Deutschland 1933–1945, Berlin 1986, S. 775.

6 Zu dieser Heterogenität schreibt Schoenbaum:»Es gab keine neue Klasse, noch weniger eine neue Elite. Es gab allenfalls eine neue Sammlung von Klassen und eine Sammlung miteinander konkurrierender Eliten.« Schoenbaum, Die braune Revolution, S. 346.

7 Vgl. dazu Bernhard R. Kroener, Von der Wehrmacht zur Bundeswehr, in: Von Stalingrad zur Währungsreform. Zur Sozialgeschichte des Umbruchs in Deutschland, hrsg. v. Martin Broszat, Klaus-Dietmar Henke, Hans Woller (= Quellen und Darstellungen zur Zeitgeschichte, Band 26), München 1988, S. 651-750, hier S. 682.

8 Im Bericht »Reise nach Frankreich« vom Juli 1940 heißt es zum Problem der Einstufung von Ärzten, Veterinärmedizinern und Beamten als Offiziere: »Liegt hier vielleicht auch die Absicht vor, einen Keil in die Einheit des Offizierkorps zu treiben?!« Schulenburg, Reise nach Frankreich, S. 17.

9 Vgl. Schulenburg an seine Frau, 1.6.1941, Privatbesitz Charlotte Gräfin von der Schulenburg, München.

10 Schulenburg an seine Frau, undatiert (Juni 1941), ebenda.

11 Vgl. Schulenburg, »Reise nach Frankreich«, S. 16.

12 Vgl. Schulenburg, Kriegstagebuch, 17.10.1941.

13 Vgl. dazu Martin Broszats Besprechung der Hassell-Tagebücher, Die Ambivalenz von Patriotismus und Widerstand, in: Süddeutsche Zeitung, Nr. 101 vom 3./4. Mai 1989. Hassell schrieb in sein Tagebuch unter dem 6.3.1943: »Eine große Goebbels-Rede ersteigt einen Gipfel wüster Demagogie gegen die Oberschicht. Bezeichnend für die Wirkung auf die verblödeten Gemüter: Die Frau des Gesandten Thomsen steigt aus der Untergrundbahn. Ein Uniformierter mit dicken Raupen – sie glaubt ein Polizeioffizier – stürzt auf sie zu, reißt ihr einen einfachen alten, eher abgetragenen Glacéhandschuh von der Hand und brüllt: ›Haben Sie nicht gehört, daß Goebbels Glacéhandschuhe verboten hat?‹, und eine Platinkäte geht vorbei mit den Worten ›Recht so!‹«, Hassell-Tagebücher, S. 351.

14 Kessel, Die verborgene Saat, S. 35.

15 Kaltenbrunner-Berichte, S. 453.

16 Vgl. Michael Prinz, Vom neuen Mittelstand zum Volksgenossen. Die Entwicklung des sozialen Status der Angestellten in der Weimarer Republik bis zum Ende der NS-Zeit (= Studien zur Zeitgeschichte, Band 30), München 1986, S. 326.

17 Vgl. Kaltenbrunner-Berichte, S. 146.

18 Ralf Dahrendorf, Gesellschaft und Demokratie in Deutschland, München 1966, S. 442f.

19 Bei Bourdieu heißt es:»Jene Fraktionen der herrschenden Klassen, deren Reproduktion nicht mehr problemlos verläuft und die in ihrer kollektiven Zukunft bedroht (sind, können) ihre Geltung und ihren Wert nur dadurch noch wahren ..., daß sie sich auf die Vergangenheit berufen und zurückziehen, daß sie Wertsysteme geltend machen ..., die einer überholten strukturellen Verfassung der sozialen Klassen (entsprechen).« Pierre Bourdieu, Die feinen Unterschiede. Die Kritik der gesellschaftlichen Urteilskraft. 3. durchgesehene Aufl. Frankfurt/M.1984, S. 617.

20 Schulenburg an seine Frau, 20.5.1936, Privatbesitz Charlotte Gräfin von der Schulenburg, München.

21 Schulenburg an seine Frau, 25.5.1936, ebenda. Unter dem Eindruck des Todes seines Bruders, Wilhelm Graf von der Schulenburg, der – im Februar 1914 geboren – 1936 mit dem Auto tödlich verunglückte, schrieb

Schulenburg an seine Frau am 18.11.1936:»Dieses Jahr ist wie ein Wende-jahr für mich. Früher habe ich nur selten nach dem, was nach dem Leben kommt, gefragt. Jetzt ist mit Wilhelms Unglück der Tod in mein Leben getreten. Nicht als eine Schreckgestalt, aber doch wie etwas Fremdes, mit dem man sich auseinandersetzen muß. Und ich spüre immer deutlicher, wie kurz die Spanne Leben ist. Nur ein Augenblick gegenüber der Ewig-keit. Wenn wir wesentlich leben, werden wir langsam in die Fremdheit und Unfaßbarkeit des Todes und der ewigen Welten und in diesen Raum hineinwachsen. Ich möchte so fest und tief in Gott verwurzelt sein, daß ich dem Tod, wo und wie er mich auch trifft, wie einem Freund begegne.« Ebenda.

22 Schulenburg an seine Frau, 19.6.1941 und 4.4.1943, ebenda. Im Schrei-ben vom 21.6.1941 findet sich auch folgender Passus:»Wenn meine Kinder groß sind, möchte ich Abschied nehmen aus dem Öffentlichen Dienst und Pfarrer werden.«

23 Krebs, Schulenburg, S. 151f.

24 Kaltenbrunner-Berichte, S. 146.

25 Vgl. dazu Werner K. Blessing,»Deutschland in Not, wir im Glauben . . .« Kirche und Kirchenvolk in einer katholischen Region 1933-1944, in: Von Stalingrad zur Währungsreform, S. 3-111, hier S.76ff.; vgl. ebenfalls Cle-mens Vollnhals, Die Evangelische Kirche zwischen Traditionswahrung und Neuorientierung, in: ebenda, S. 113-167, hier S. 145 und S. 164.

26 Wilhelm Ritter von Schramm, Beck und Goerdeler. Gemeinschaftsdoku-mente für den Frieden 1941-1944, München 1965, S. 604ff.

27 Kaltenbrunner-Berichte, S. 450f.

28 Vgl. oben, S. 95.

29 Krebs, Schulenburg, S. 174.

30 Vgl. oben, S. 56.

31 Schulenburg, Kriegstagebuch, 27./28.6.1941.

32 In einem Brief Schulenburg aus dem Warthegau vom September 1940 heißt es etwa:»Die Juden dürfen nicht auf den Bürgersteigen gehen, müssen uns grüßen, wir sollen sie nicht wiedergrüßen. Sie treten täglich an, um Zwangsarbeit zu machen.« Unter dem 23.3.1941 schreibt Schulen-burg ebenfalls aus dem Warthegau:»Wir fuhren auch durch das jüdische Viertel und sahen im Vorbeifahren nur Jammergestalten mit der Beugung tiefsten Elends. In den Geschäften alles teuer, Einkaufen lohnt nicht.« Privatbesitz Charlotte Gräfin von der Schulenburg, München.

33 Offenbar hat Schulenburg sein Wissen um die Judenvernichtung auch gegenüber Bekannten geheimgehalten. Udo Klausa erinnert sich an ein Gespräch mit Schulenburg im Frühsommer 1943 in Paris:»Von Verga-sung und Verbrennung, von ›Holocaust‹ wußte ich ebensowenig wie Schulenburg, oder wußte er es doch? Dann sagte er es nicht.« Udo Klausa, Erlebt – überlebt, 1910-1946, unveröffentlichtes Manuskript, S. 193. Dem Autor freundlicherweise von Dr. Ekkehard Klausa zur Verfü-gung gestellt.

34 Mündliche Auskunft Ewald Heinrich von Kleists an den Autor vom 5.12.1984.

35 Kaltenbrunner-Berichte, S. 455.

36 Ebenda, S. 146.

37 Vgl. dazu vom Hamburger Institut für Sozialforschung herausgegebe-nen»Beiträge zur nationalsozialistischen Gesundheits- und Sozialpolitik«, hier vor allem Band 1 (Aussonderung und Tod. Die klinische Hinrichtung

sich Schulenburg »über die Notwendigkeit der physischen Vernichtung [Hitlers] völlig im klaren gewesen«. Der Bankier Paul Binder erklärt dagegen, im Sommer 1943 sei Schulenburg der Ansicht gewesen, »es würde völlig genügen, Hitler festzusetzen«, während er [Binder] für ein Attentat auf den Diktator plädiert habe. Vgl. dazu Gotthard Freiherr von Falkenhausen, Erinnerungen an die deutsche Widerstandsbewegung (geschrieben Juli-August 1945), S. 6, Nachlaß Cäsar von Hofacker, Privatbesitz Alfred von Hofacker, München. Vgl. Goltz, Zur Vorgeschichte, S. 2. Vgl. Paul Binder, Meine Zusammenarbeit mit Fritz Graf von der Schulenburg, in: Otto Kopp (Hrsg.), Widerstand und Erneuerung. Neue Berichte und Dokumente vom inneren Kampf gegen das Hitlerregime, Stuttgart 1966, S. 234. Die Erklärung Zieglers befindet sich im Privatbesitz Charlotte Gräfin von der Schulenburgs, München.

73 Heinrich Haßmann, Persönliche Erinnerungen an Fritz-Dietlof von der Schulenburg und Dr. Arvid Harnack, unveröffentlichtes Manuskript (Winter 1946/47), S. 27, Privatbesitz Dr. Heinrich Haßmann, Holzminden.

74 Vgl. Carl Schmitt, Der Begriff des Politischen, Text von 1932 mit einem Vorwort und 3 Corollarien, Berlin 1963, S. 26-28.

75 Kessel, Die verborgene Saat, S. 204.

76 Fritzsche, Ein Leben, S. 69.

77 Höhne, Orden unter dem Totenkopf, S. 448.

78 Goltz, Zur Vorgeschichte, S. 2.

79 Vgl. Peter Hoffmann, Der militärische Widerstand in der zweiten Kriegshälfte 1942-1944/45, in: Aufstand des Gewissens. Militärischer Widerstand gegen Hitler und das NS-Regime 1933-1945. Katalog zur Wanderausstellung des Militärgeschichtlichen Forschungsamtes, hrsg. vom Militärgeschichtlichen Forschungsamt, Herford und Bonn 1985, S. 395-420, hier S. 409. Daß man sich nach der Katastrophe von Stalingrad nicht nur bei der Heeresgruppe Mitte, sondern auch bei der Heeresgruppe Nord mit Attentatsplanungen getragen habe, ist kolportiert worden. Die Beweise dafür sind jedoch dürftig. Vgl. dazu Wolfgang Schieder, Zwei Generationen im militärischen Widerstand gegen Hitler, in: Schmädeke, Steinbach (Hrsg.), Widerstand, S. 436-459, hier S. 437.

80 Vgl. dazu Fabian von Schlabrendorff, Offiziere gegen Hitler, Frankfurt/ M., Hamburg 1959, S. 92-99. Vgl. auch Rudolf Christoph Freiherr von Gersdorff, Soldat im Untergang, Frankfurt/M., Berlin, Wien, 1977, S. 126-133.

81 Ehrengard Gräfin Rantzau, Erinnerungen an die Vorbereitungen zum 20. Juli 1944, Institut für Zeitgeschichte München ZS/A29/3.

82 Fritzsche, Ein Leben, S. 64.

83 Rüdiger von der Goltz, Erinnerungen, BA Koblenz Kl.Erw. 653, Bl. 98.

84 Kaiser Tagebuch, S. 28f.

85 Vgl. Hoffmann, Widerstand, S. 344f.

86 Kaiser Tagebuch, S. 37.

87 Krebs, Schulenburg, S. 251.

88 Wilhelm Ritter von Schramm hat in seiner Darstellung über den »Aufstand der Generale« dem Aufenthalt Schulenburgs breiten Raum gegeben und ihm zentrale Bedeutung für den Aufbau einer Widerstandsorganisation in Paris zugemessen. Doch gibt der Autor schon die äußeren Daten des Aufenthalts äußerst ungenau an. Nach Schramm hielt sich Schulenburg »mit Unterbrechungen von Ende Juli bis ungefähr Ende November in Paris und Frankreich auf« (S. 17). Nachweislich dauerte der

Aufenthalt, wie aus der Korrespondenz hervorgeht, jedoch vom 8. oder 9. Juni bis zum 30. Juli 1943. Ein Paris-Aufenthalt Schulenburgs in den Herbstmonaten dieses Jahres ist nicht nachzuweisen. Er hätte bestimmt zu weiterer privater Korrespondenz geführt. Vgl. Wilhelm von Schramm, Aufstand der Generale. Der 20. Juli 1944 in Paris, München 1978, S. 14ff. Vgl. dagegen die nachstehend aufgeführte Korrespondenz Schulenburgs mit seiner Frau.

89 Schulenburg an seine Frau, 10.6.1943, Privatbesitz Charlotte Gräfin von der Schulenburg, München.

90 Schulenburg an seine Frau, 13.6.1943, ebenda.

91 Hofacker berichtete seiner Frau darüber:»Jeden zweiten Morgen Ausritt mit Fritzi«. Hofacker an seine Frau, 18.7.1943, Nachlaß Cäsar von Hofacker, Privatbesitz Alfred von Hofacker, München.

92 Schulenburg an seine Frau, undatiert (Juni 1943), Privatbesitz Charlotte Gräfin von der Schulenburg, München.

93 Die Denkschrift vom 6.1.1943 (»streng vertraulich!«) findet sich im Nachlaß Cäsar von Hofackers, Privatbesitz Alfred von Hofacker, München.

94 Auf ein quasi-dienstliches Verhältnis deuten zahlreiche Vermerke Hofackers für seinen früheren Arbeitgeber hin. Vgl. Mollin, Montankonzerne, S. 323, Anm. 60–64.

95 Vgl. ebenda, S. 272 und S. 277.

96 Vgl. Der Beauftragte für den Vierjahresplan – Zentrale Planung – an den Militärbefehlshaber Frankreich, 19.8.1942, Nachlaß Cäsar von Hofacker, Privatbesitz Alfred von Hofacker, München.

97 Hofacker an seine Frau, 21.8.1942, ebenda. Hofacker kommentierte diese Berufung ursprünglich als»besonderen Vertrauensbeweis« und stand der Zentralisierung zunächst durchaus positiv gegenüber (»der Versuch muß gemacht werden, auch wenn ich bezüglich seines Gelingens mehr als skeptisch bin«). Weiter heißt es in diesem Schreiben:»Auf fachlichem Gebiet sind keine Lorbeeren, sondern nur Dornen zu ernten. Zudem läßt mich jeder Aufstieg auf dem sekundären, rein wirtschaftlichen Gebiet innerlich eiskalt, bringt keine Ehrgeizfeder zur Spannung. Hier liegen weder meine Fähigkeiten noch Neigungen, hier fühle ich mich letztendlich unsicher. Hier komme ich nur deshalb vorwärts, weil ich in gewissen allgemeinen Eigenschaften – Diplomatie, Menschenbehandlung, Energie, Unterscheidung des Wesentlichen vom Unwesentlichen, Zivilcourage usw. – vielen reinen Wissenschaftlern überlegen erscheine, nicht aber, weil ich die wirtschaftliche Materie beherrsche, in der ich im Gegenteil Dilettant bin. Wie anders wäre es, wenn jene Eigenschaften, die ja letztlich nur Mittel zum Zweck sind, sich auf einem Gebiet auswirken könnten, wo mir auch die Materie liegt und ich daher aus dem Vollen schöpfen könnte! Wenn mein neues Amt mir nur einmal die Gelegenheit zuspielen sollte, mit dem Minister Speer, der z. Zt. der wirtschaftlich mächtigste Mann in Deutschland und persona gratissima beim Führer ist, eine Stunde unter vier Augen über politische Dinge zu sprechen, so wäre mir das wichtiger als alles andere, was mit meinem neuen Amt zusammenhängt. Denn was hilft alle wirtschaftliche Kärrner-Arbeit, wenn die politische Konstruktion falsch ist?«

98 Etwas später berichtet Hofacker aus Berlin von der»Gefahr eines Kesseltreibens gekränkter Größter gegen mich«, Hofacker an seine Frau, undatiert (Café Unter den Linden), ebenda.

99 Für das folgende vgl. Hofacker an den Chef der Militärverwaltung, 28.7.1943, ebenda.

100 Hofacker an Poensgen, 18.11.1943, ebenda. Der Saar-Industrielle Hermann Röchling schrieb am 26. September 1943 an Hofacker: »Lag mir auch ein Teil Ihrer Tätigkeit fern, so haben wir auf den Gebieten, in denen wir zusammengeschaltet waren, immer an dem gleichen Strang gezogen.« Röchling an Hofacker, 26.9.1943, ebenda.

101 Hofacker an Reichswirtschaftsministerium, 13.10.1943, ebenda.

102 Vgl. Schramm, Aufstand, S. 3 und S. 63ff. In der Widerstandsforschung findet sich über diese ganz praktischen Enttäuschungen Hofackers keine Spur. Hier heißt es: »Zu denjenigen, die sich entschlossen und kompromißlos von Anfang an den Widerstandsplänen zur Verfügung stellten, gehörte auch der aus Tradition und Überzeugung konservativ und national eingestellte Cäsar von Hofacker. Aus der Erkenntnis einiger Irrtümer hat er für sich die radikalste politische Konsequenz gezogen. Mitgetragen wurde diese Entscheidung von stark religiös-christlichen Motiven, moralischer Empörung und patriotischer Sorge.« Schmid, Hofacker, S. 213.

103 Vgl. Schramm, Aufstand, S. 17.

104 Ebenda.

105 Mit Falkenhausen ist Schulenburg dagegen im Herbst 1940 in Brüssel zusammengetroffen. Vgl. Krebs, Schulenburg, S. 201.

106 Schulenburg an seine Frau, 18.6.1943, Privatbesitz Charlotte Gräfin von der Schulenburg, München.

107 Am 28.8.1943 heißt es in einem Brief Hofackers an seine Frau: »Haltet uns beide Daumen für den September, und daß es uns mit unseren schwachen Kräften gelingt, des feindl. Großangriffs auf Süd- und wahrscheinlich auch Westfrankreich Herr zu werden. Die in den Jahren 40 u. 41 versäumten franzos. Gelegenheiten beginnen bitterste Wahrheit zu werden und werden sich furchtbar rächen, soweit sie es nicht schon getan haben. Man fühlt sich wie auf einem Pulverfaß.« Privatbesitz Alfred von Hofacker, München.

108 Vgl. dazu das Memorandum Hofackers (»geheim«) vom 20.10.1943. Hier entwickelte der Oberstleutnant einen verwegenen Plan deutsch-französischer Annäherung. Er sprach sich für die Zurückverlegung der deutschen Besatzungstruppen in bestimmte »Bereitstellungsräume« und für die Räumung weiter Teile des besetzten Frankreichs aus, darunter das »gesamte Gebiet von Groß-Paris«. In diesem Falle erwartete er, daß die »unter der Decke vorhandenen internen französischen Gegensätze zur Aufspaltung [der] französischen Einheitsfront ... vom linksradikalen Kommunisten bis zum rechtsradikalen Bürgerlichen« führen würden, daß die »Angst des Bürgertums vor der Kommune ... ungeahnte Formen annehmen«, und daß sich »die Besatzungsmacht automatisch vom Objekt des allgemeinen Hasses zum ... Zünglein an der Waage« entwickeln würde. Damit sei, so Hofacker, »eventuell eine völlig neue sachliche und psychologische Grundlage für eine echte, weil mit dem franz. Staatsinteresse koinzidierende, deutsch-französische Cooperation geschaffen.«

109 Hofacker an seine Frau, 18.6.1944, ebenda.

110 Vgl. Schulenburg an seine Frau, 27.3.1944. Aus Antwerpen, von einem Bataillonsführerlehrgang, schrieb Schulenburg: »Mittags mit Cäsar zusammen, den ich seit Paris nicht mehr sah.« Privatbesitz Charlotte Gräfin von der Schulenburg, München.

111 Vgl. dazu die Aussagen Hoepners, Stieffs und Witzlebens vor dem Volksgerichtshof. Koch, Volksgerichtshof, S. 303ff.

112 Müller, Stauffenberg, S. 334.

113 Ebenda, S. 293.
114 Dies erklärten Ewald von Kleist, Helmut von Gottberg und Friedrich Hielscher übereinstimmend dem Autor.
115 Müller, Stauffenberg, S. 340.
116 Ebenda, S. 348.
117 Ebenda, S. 377.
118 Gerstenmaier, Streit und Friede, S. 179f.
119 Müller, Stauffenberg, S. 368f.
120 Ebenda, S. 365.
121 Zeller, Geist der Freiheit, S. 170.
122 Müller, Stauffenberg, S. 372.
123 Für das folgende vgl. Dorothea Beck, Julius Leber. Sozialdemokrat zwischen Reform und Widerstand, Berlin 1983, S. 193ff.
124 Die verschiedenen Regierungslisten sind in den Kaltenbrunner-Berichten erhalten geblieben. Vgl. dazu Kaltenbrunner-Berichte, Bd. 2, S. 1015f.
125 Ebenda, S. 211 und S. 541.
126 Vgl. dazu Heinrich von zur Mühlen, Zusammenfassung der Besprechung mit Herrn Gustav Dahrendorf in Hamburg im Mai 1948, Institut für Zeitgeschichte München ZS/A-18, Bd. 2, S. 2.
127 Vgl. Hoffmann, Staatsstreich, S. 355-370. Vgl. auch Ulrich Herbert, Fremdarbeiter. Politik und Praxis des »Ausländer-Einsatzes« in der Kriegswirtschaft des Dritten Reiches, Berlin, Bonn 1985, S. 314f.
128 Hoffmann, Staatsstreich, S. 413.
129 Wie Müller schreibt, überbrachte Goerdeler diese Forderung Schulenburgs »dem Kreise Leuschners und Kaisers, nachdem Schulenburg Kaiser und Wirmer schon mitgeteilt hatte, es würde gegen Hitler nur gehandelt, wenn die Liste übergeben sei. Jakob Kaiser ... entschloß sich nicht leicht, die Namen schriftlich festzulegen und die Liste aus der Hand zu geben. Ihn bedrückte die Größe der Gefahr für die Namensträger ... Es kam noch zu einer kurzen Aussprache mit Wirmer, der sich für die Erfüllung der Forderung der Soldaten, die Aufzeichnung der Namen zu erhalten, einsetzte, obwohl man sonst gegen eine schriftliche Festlegung von Namenslisten war, ein Grundsatz, der allerdings nicht von allen befolgt wurde – besonders nicht von Goerdeler. Aus der Hand von Kaiser und in dessen Berliner Wohnung in der Wittelsbacherstraße übernahm Graf Schwerin von Schwanenfeld die Liste in Gegenwart von Joseph Wirmer.« Müller, Stauffenberg, S. 352.
130 Koch, Volksgerichtshof, S. 431.
131 Höhne, Orden unter dem Totenkopf, S. 475. Nach eigenem Bekunden hat Riedweg, der Schwiegersohn des ehemaligen Reichskriegsministers Blomberg, Schulenburg im Frühsommer 1943 über die systemkritische Einstellung der SS-Generale Hauser, Keppler, Bittrich und Steiner aufgeklärt. Vgl. Schreiben Riedwegs an den Autor, 11.5.1983. In seinen Erinnerungen berichtet Felix Steiner über das Treffen mit Schulenburg, vgl. Felix Steiner, Die Armee der Geächteten, 2. Aufl., Göttingen 1962, S. 185f.
132 Liedecke an Charlotte Gräfin von der Schulenburg, 25.10.1960, Privatbesitz Charlotte Gräfin von der Schulenburg, München.
133 Mündliche Auskunft Dr. Werner Bests an den Autor vom 6.1.1985.
134 Zu Keßler, Koettgen und Liedecke vgl. oben, S. 55ff.
135 Der Mitkommentator der Nürnberger Rassengesetze und nachmalige Adenauer-Vertraute Dr. Hans Globke war im Innenministerium ein en-

ger Mitarbeiter Stuckarts gewesen. Er hat nach dem Krieg seine Bekanntschaft zu Schulenburg betont und sich damit zumindest indirekt in die Nähe des 20. Juli gebracht. An Dr. Erich Keßler schrieb er: »Ich habe ... vor dem 20.7.1944 die territoriale Neugliederung des Reiches zusammen mit ihm [Schulenburg] und dem gleichfalls hingerichteten Rechtsanwalt Wirmer wiederholt erörtert.« Globke an Keßler, 29.9.1948, in: BA Koblenz Kl. Erw. Nr. 759.

136 Vgl. Haßmann, Persönliche Erinnerungen, vgl. auch mündliche Auskunft Dr. Heinrich Haßmanns an den Autor vom 19.11.1982.

137 Vgl. Institut für Zeitgeschichte München ZS 1724 (Zeugnis Gunther Heym, S. 24).

138 Vgl. dazu Krebs, Schulenburg, S. 259f.

139 Vgl. dazu die mündliche Auskunft Prof. Dr. Hermann Priebes an den Autor vom 17.10.1984.

140 Zu Binders Aktivitäten im Rahmen der Arisierung vgl. Raul Hilberg, Die Vernichtung der europäischen Juden, Berlin 1982, S. 76, Anm. 52 und S. 77, Anm. 58. Vgl. auch Opitz (Hrsg.), Europastrategien, S. 1046.

141 Vgl. dazu Binder, Meine Zusammenarbeit, S. 234ff.

142 Der Historiker Otto-Ernst Schüddekopf hat nach eigenen Aussagen dem gleichen Kreis angehört. Vgl. Schüddekopf an den Autor, 17.10.1983. Vgl. auch Hielscher, Bericht über die unterirdische Arbeit, passim.

143 Zu diesen Bemühungen Hielschers um Sievers vgl. Michael H. Kater, Das »Ahnenerbe« der SS 1935–1945. Ein Beitrag zur Kulturpolitik des Dritten Reiches, Stuttgart 1974, S. 29ff. und S. 313–336.

144 Vgl. dazu Martin Broszat u.a. (Hrsg.), Bayern in der NS-Zeit, Bd. IV, München, Wien 1981, S. 697.

145 Vgl. oben, S. 110ff.

146 Rüdiger von der Goltz stellte nachträglich klar, »daß in den eigentlichen Umsturzplan, jedenfalls zu Anfang und wohl auch später, nur diejenigen eingeweiht waren, die unmittelbar damit zu tun hatten, also Vertrauensleute der Wehrmacht und der Ämter und die für die Tat unmittelbar vorzusehenden Personen zu gegebener Zeit. Im übrigen war es, wie mir Schulenburg schon im Herbst 1942 gesagt hatte, nur ein ganz kleiner Kreis, der verständlicherweise bewußt klein gehalten werden sollte.« Vgl. Goltz, Erinnerungen, Bl. 99. Schulenburg hat dies später vor der Gestapo bestätigt. Vgl. Kaltenbrunner-Berichte, S. 256.

147 Vgl. Krebs, Schulenburg, S. 259.

148 Dies hätte sich in der Privatkorrespondenz Schulenburgs niedergeschlagen.

149 Schulenburg an seine Frau, 29.2.1944, Privatbesitz Charlotte Gräfin von der Schulenburg, München.

150 Schulenburg an seine Frau, 5.3.1944, ebenda.

151 Schulenburg an seine Frau, 2.2.1944, ebenda. Hier hieß es: »Die Entscheidung über meine Zukunft noch in der Schwebe. Vorläufig bleibe ich auf Wunsch des Innenministeriums beim Ersatz. Batl. Riga Mil.-Verwaltung steht noch zur Debatte.«

152 Himmler soll im Juni 1944 Schulenburgs Berufung ins Ministerium zugestimmt haben. Dies ist aber nicht verbürgt. Vgl. Krebs, Schulenburg, S. 293.

153 Vgl. ebenda, S. 294.

154 Seit Herbst 1943 wohnte Schulenburg zeitweise bei einem ehemaligen Schulfreund, dem Pastor Werner Berndt, und zeitweise im Haus des

Juristen Hans von Heppe. Die letzten Monate übernachtete er immer häufiger im Kasinogebäude seines Potsdamer Regiments. Sein Zimmernachbar dort war Ewald Heinrich von Kleist-Schmenzin. Vgl. Krebs, Schulenburg, S. 259, und die Aussage Kleists gegenüber dem Autor vom 5.12.1984.

155 Zeller, Geist der Freiheit, S. 170.

156 Der Forstwirt Achim Freiherr von Willisen, der spätere Ehemann Carola von Rüdts, war als politischer Beauftragter im Wehrkreis II (Stettin) vorgesehen.

157 Vgl. dazu Carola Freiin Rüdt von Collenberg, Aufzeichnungen über die Männer des 20. Juli 1944, August 1945, vgl. dazu auch dies. (Freifrau von Willisen) an Ger van Roon, 18.11.1962, in: Institut für Zeitgeschichte München ZS/A-18, Bd. 9.

158 Charlotte Gräfin von der Schulenburg schrieb nachträglich: »1944 sah ich meinen Mann an folgenden Tagen: 22.1.–24.1., am 23.1. war die Taufe unserer jüngsten Tochter Adelheid in Trebbow; 9.2.–10.2., war ich in Berlin bei ihm; 25.2.–27.2., in Trebbow; 4.3.–5.3., in Trebbow; 6.4.–17.4., Urlaub in Trebbow, aus Belgien zurück; Ostern 9.4., Stauffenberg und Klausing bei uns; 22.–25.4., in Trebbow; 29.4.–1.5., kam er aus Berlin nach Kyritz, wo ich bei meiner Mutter war; 18.5.–23.5., in Trebbow; 27.5.–31.5., in Trebbow, von dort reiste er nach Ostpreußen; 9.6.–12.6., in Trebbow; 17.6.–20.6., waren wir von Berlin aus zusammen in Alt-Friedland bei Oppens und bei Hardenbergs in Neuhardenberg; 24.6.–27.6., in Trebbow; 30.6.–3.7., in Trebbow; 18.7. abends bis 19.7. morgens in Trebbow.« Privatbesitz Charlotte Gräfin von der Schulenburg, München.

159 Ursula von Kardorff, Berliner Aufzeichnungen. Aus den Jahren 1942–1945, München 1976, S. 119.

160 Anlaß dieses Treffens war eine Tagung der Regierungspräsidenten, die Himmler als Reichsinnenminister für den 8. Januar nach Breslau einberufen hatte. Ob allerdings in Zieglers Wohnung nochmals die »Personalbesetzung nach dem Umsturz« im einzelnen durchgesprochen wurde, steht sehr in Zweifel. (Vgl. dazu Ziegler an Charlotte Gräfin von der Schulenburg, 29.9.1948, Privatbesitz Charlotte Gräfin von der Schulenburg, München.) Richtig ist freilich, daß auf dieser Tagung die Vertreter des Innenministeriums harte Kritik am Zustand der kommunalen Selbstverwaltung und besonders an der Praxis der NSDAP in Städten, Kreisen und Gemeinden geübt haben. Dabei wurde besonders angemerkt, daß die Bürgermeister »heute stark im Schatten der Partei stünden«. Sprechzettel für die Einleitungsrede Stuckarts, BA Koblenz R 18, Bd. 3751.

161 Über Hauptmann Karl-Friedrich Klausing vgl. Koch, Volksgerichtshof, S. 449.

162 Vgl. Krebs, Schulenburg, S. 291.

163 Kardorff, Berliner Aufzeichnungen, S. 119 und S. 326.

164 Zeller, Geist der Freiheit, S. 170.

165 Für Gisevius hatte Schulenburg etwas »Landsknechtartiges«. Er bezeichnete ihn als »durch und durch konspirativen Mensch(en)«. Hans Bernd Gisevius, Bis zum bittern Ende, Zürich 1946, S. 569.

166 Kardorff, Berliner Aufzeichnungen, S. 122 und S. 147.

167 Fritzsche, Ein Leben, S. 66.

168 Zu Meyer vgl. ebenda, S. 64.

169 Lüninck ist häufiger Bitten Schulenburgs nachgekommen und hat Reservisten, die dieser empfahl, in seine Einheit aufgenommen. Auch sorgte er

auf Betreiben Schulenburgs dafür, daß sich der Krankenurlaub bestimmter Soldaten verlängerte. Vgl. Schulenburg an Lüninck, 16.12.1942, Nachlaß Ferdinand Freiherr von Lüninck, Privatbesitz Freifrau von Lüninck, Haus Ostwig bei Bestwig, Westfalen.

170 Über Lünincks Tätigkeit als Oberpräsident von Westfalen vgl. Teppe, Provinz–Partei–Staat, S. 19-21.

171 Vgl. dazu die Auskunft seines Potsdamer Adjutanten Helmut von Gottberg an den Autor vom 29.11.1984. Zum Verhältnis Schulenburgs zu Lüninck, wenn auch mit dichterischer Ausschmückung, vgl. Friedrich Hielscher, 50 Jahre unter Deutschen, Hamburg 1954, S. 331ff.

172 Vgl. mündliche Auskunft Madi Freifrau von Schillings an den Autor vom 19.11.1984.

173 Kardorff, Berliner Aufzeichnungen, S. 131.

174 Mündliche Auskunft Madi Freifrau von Schillings an den Autor vom 19.11.1984.

175 Mündliche Auskunft Helmut von Gottbergs an den Autor vom 19.11.1984.

176 Vgl. dazu mit Belegen Georg Meyer, Auswirkungen des 20. Juli 1944 auf das innere Gefüge der Wehrmacht bis Kriegsende und auf das soldatische Selbstverständnis im Vorfeld des westdeutschen Verteidigungsbeitrags bis 1950/51, in: Aufstand des Gewissens, S. 465-500.

177 Vgl. mündliche Auskunft Ewald Heinrich von Kleists an den Autor vom 5.12.1984.

178 Wie Fritzsche berichtet, hat Schulenburg ihn »ein paarmal« zu Stauffenberg mitgenommen, vgl. Fritzsche, Ein Leben, S. 64f.

179 Mündliche Auskunft Charlotte Gräfin von der Schulenburgs an den Autor vom 1.7.1989.

180 Fritzsche, Ein Leben, S. 64.

181 Mündliche Auskunft Ewald Heinrich von Kleists an den Autor vom 5.12.1984.

182 Mündliche Auskunft Madi Freifrau von Schillings an den Autor vom 19.11.1984.

183 Vgl. Broszat, Zur Sozialgeschichte des deutschen Widerstandes, S. 308. Auch dem Schulenburg-Biographen Albert Krebs ist dieser Sachverhalt nicht verborgen geblieben. Er schrieb:»Gewiß manches, was in jenen Jahren an der inneren Front geschah, kann man ›abenteuerlich‹ nennen, und auch ein Mann wie Schulenburg dürfte die ›Freude am Abenteuer‹ gekannt haben. Für die Erkenntnis des Wesens der Widerstandsbewegung ist das jedoch von geringer Bedeutung.« Krebs, Schulenburg, S. 236.

184 Vgl. Kaltenbrunner-Berichte, S. 416.

185 Hoffmann, Der militärische Widerstand in der zweiten Kriegshälfte, S. 411.

186 Zum Solf-Kreis vgl. Koch, Volksgerichtshof, S. 335.

187 Kardorff, Berliner Aufzeichnungen, S. 329.

188 Ebenda, S. 158.

189 Vgl. Hoffmann, Widerstand, S. 640ff.

190 So die Aussagen Stieffs und v. Hagens vor Freisler. Vgl. Koch, Volksgerichtshof, S. 343ff. und S. 355.

191 Hoffmann, Widerstand, S. 401.

192 Vgl. dazu Dieter Ehlers, Technik und Moral einer Verschwörung. 20. Juli 1944, Frankfurt/M. 1964, S. 127. Vgl. dazu auch Bodo Scheurig, Ewald von Kleist-Schmenzin. Ein Konservativer gegen Hitler, Oldenburg 1968,

S. 186f. Vgl. auch Müller, Stauffenberg, S. 382f. Schulenburg sagte im Verhör aus, »daß die Bekleidungsvorführung immer wieder aus irgendwelchen Gründen aufgeschoben oder abgesagt worden sei, so daß der Plan nicht mehr verwirklicht werden konnte, bevor der Führer nach Berchtesgaden ging. In . . . Berchtesgaden sei nach Lage der Dinge das Attentat in diesem Rahmen unmöglich gewesen.« Kaltenbrunner-Berichte, S. 90.

193 Vor dem Volksgerichtshof hat Generalmajor Stieff von Plänen der Verschwörer gesprochen, Hitler bei der Vorführung neuer Soldatenausrüstungen umzubringen. Nach Stieff sollten aber »drei einfache (ahnungslose) Soldaten . . . zu diesem Auftrag abkommandiert werden«. Vgl. dazu Deutsche Allgemeine Zeitung, 83. Jg, Nr. 219 vom 10.8.1944. Nach Peter Hoffmann hat man Stieff diese Aussage untergeschoben. Vgl. Hoffmann, Widerstand, S. 401.

194 Dies geht aus Schulenburgs Aussage vor der Gestapo hervor, vgl. Kaltenbrunner-Berichte, S. 90.

195 Vgl. die Aussage Stieffs gegenüber Freisler, Koch, Volksgerichtshof, S. 346.

196 Vgl. oben, S. 154.

197 Aussage Yorcks gegenüber Freisler, Koch, Volksgerichtshof, S. 427.

198 Vgl. dazu Winfried Heinemann, Außenpolitische Illusionen des nationalkonservativen Widerstands in den Monaten vor dem Attentat, in: Schmädeke, Steinbach (Hrsg.), Widerstand, S. 1061–1070, besonders S. 1065. Vgl. auch Müller, Stauffenberg, S. 451.

199 Folgende Äußerung Tresckows ist vielfach überliefert worden. Das Attentat müsse, koste es, was es wolle, erfolgen, »denn es kommt nicht mehr auf einen praktischen Zweck an, sondern darauf, daß die deutsche Widerstandsbewegung vor der Welt und vor der Geschichte den entscheidenden Wurf gewagt hat. Alles andere ist daneben gleichgültig.« Zitiert nach Schlabrendorff, Offiziere, S. 138.

200 Bernd Martin, Das außenpolitische Versagen des Widerstands 1943/44, in: Schmädeke, Steinbach (Hrsg.), Widerstand, S. 1037-1060, hier S. 1043.

201 Binder, Meine Zusammenarbeit, S. 227. Vgl. auch Ziegler an Heinrich von zur Mühlen, 15.2.1949, BA Koblenz Kl. Erw. Nr. 759. Gegenüber Binder soll Schulenburg auch das von Goerdeler vorgeschlagene Projekt eines autonomen elsaß-lothringischen Pufferstaates zwischen Deutschland und Frankreich favorisiert haben. Ein solches Projekt wäre jedoch von vornherein zum Scheitern verurteilt gewesen. Die Bevölkerung Elsaß-Lothringens war angesichts der beispiellos brutalen deutschen Besatzungspolitik in ihrer überwiegenden Mehrheit antideutsch eingestellt. Vgl. dazu die umfassende Untersuchung von Lothar Kettenacker, Nationalsozialistische Volkstumspolitik im Elsaß, Stuttgart 1973.

202 Zeller, Geist der Freiheit, S. 523.

203 Vgl. Kaltenbrunner-Berichte, S. 179. »Am 11.7. ist nach Aussagen Schulenburgs nur ein ganz kleiner . . . Kreis vorgewarnt gewesen, weil sich Stauffenberg zu diesem Anlauf Hals über Kopf entschieden habe.« Ebenda, S. 91.

204 Vgl. dazu Theil an Marion Gräfin Dönhoff, 28.5.1948, BA Koblenz Nachlaß Gerhard Ritter, Bd. 137.

205 Vgl. Kaltenbrunner-Berichte, S. 21.

206 Mündliche Auskunft Charlotte Gräfin von der Schulenburgs an den Autor.

207 Charlotte Gräfin von der Schulenburg an den Autor, 15.11.1989.

208 Sehr eingehend und prägnant bei Karl Dietrich Bracher, Auf dem Weg zum 20. Juli 1944, in: Richard Löwenthal, Patrick von zur Mühlen (Hrsg.), Widerstand und Verweigerung in Deutschland 1933–1945, Berlin, Bonn 1982, S. 143-172, hier besonders S. 160-165.

209 Fritzsche, Ein Leben, S. 81.

210 Mündliche Auskunft Charlotte Gräfin von der Schulenburgs an den Autor vom 12.3.1985.

211 Insgesamt ist der Aussagewert der Kaltenbrunner-Berichte sicherlich begrenzt, vor allem wegen der offenkundigen Schmähungen und persönlichen Herabsetzungen, welche die Widerstandskämpfer durch die Verhörbeamten erfuhren. Gleichwohl muß man die Berichte – bei entsprechend kritischer Behandlung – als »wichtige Quelle« über Umfang, Organisation, Motive und Ziele des 20. Juli einstufen. Dies trifft gerade auf den Fall Schulenburgs zu, dem die Gestapo spürbaren Respekt zollte und bei dem die inhaltliche Übereinstimmung zwischen den protokollierten Äußerungen im Verhör und den Selbstzeugnissen evident ist. Zur Einschätzung der Kaltenbrunner-Berichte als Quelle vgl. die Einleitung von Hans-Adolf Jacobsen zu ihrer Neuausgabe.

212 Zu Kaltenbrunner vgl. Peter R. Black, Ernst Kaltenbrunner. Ideological Soldier of the Third Reich, Princeton N.J. 1984, S. 160ff. und 277ff.

213 Gestapo-Beamte haben Briefe Schulenburgs aus dem Jahre 1944 mit »Gedanken über [den] Wiederaufbau nach dem Krieg« bei Charlotte Gräfin von der Schulenburg beschlagnahmt und dabei bezeichnenderweise »beifällige Äußerungen über ihren interessanten Inhalt« gemacht. Vgl. Erinnerungsbericht (1980), S. 22, Privatbesitz Charlotte Gräfin von der Schulenburg, München.

214 Für das folgende Kaltenbrunner-Berichte, S. 145f.

215 Der Gauleiter von Mecklenburg, Friedrich Hildebrandt, äußerte gegenüber Charlotte von der Schulenburg am 29.8.1944: »Fritzi . . . habe in der Verhandlung des Volksgerichtshofs alles unumwunden eingestanden«. Das kurz nach diesem Gespräch angefertigte Gedächtnisprotokoll befindet sich im Privatbesitz Charlotte Gräfin von der Schulenburgs, München.

216 Vgl. dazu Koch, Volksgerichtshof, S. 447f.

217 Der Brief befindet sich im Privatbesitz Charlotte Gräfin von der Schulenburgs, München.

218 Krebs, Schulenburg, S. 304.

219 Vgl. unten, S. 259.

220 Deutsche Allgemeine Zeitung, 83. Jg., Nr. 219 vom 10.8.1944.

Selbstzeugnisse

1 Dr. Hermann Bethke, seit 1932 Präsident der Landwirtschaftskammer in Ostpreußen. Nach der Machtergreifung Vize-Oberpräsident in Ostpreußen.

2 Dr. Hans-Bernhard Grünberg, Schriftleiter der nationalsozialistischen »Preußischen Zeitung« in Königsberg. Nach der Machtergreifung Professor für Volkswirtschaftslehre in Königsberg.

3 Strasser hatte sein Wirtschaftsprogramm einer breiteren Öffentlichkeit erstmalig in einer vielbeachteten Reichstagsrede vom 10. Mai 1932 vorgestellt. Dieses Programm, beeinflußt von Ideen des Freigeld-Theoretikers Silvio Gesell, den Staatssozialismusplänen Walter Rathenaus und den Ständegedanken des »Tat«-Kreises, forderte neben Arbeitsbeschaffungsmaßnahmen im großen Stil ein autarkes und staatlich gelenktes Wirtschaftssystem, eine Verstaatlichung der Banken und eine Bevorzugung der landwirtschaftlichen vor der industriellen Produktion, um so den Krisen gegenzusteuern. Vgl. Udo Kissenkötter, Gregor Strasser und die NSDAP (= Schriftenreihe der Vierteljahrshefte für Zeitgeschichte, Nr. 37), Stuttgart 1978, S. 94–122, bes. S. 112–122.

4 Hans-Burkhard von Buttlar-Brandenfels, Gutsbesitzer in Ostpreußen, war seit 1925 Mitglied der ostpreußischen Landwirtschaftskammer, trat 1929 der NSDAP bei und wurde 1932 zum Präsidenten der Landwirtschaftskammer gewählt. Als nationalgesinnter Monarchist geriet Buttlar schon bald mit der Partei in Konflikt, besonders mit Gauleiter Koch, so daß er Ende 1932 sein Präsidentschaftsamt niederlegte und aus der NSDAP austrat. Anlaß war der Anspruch der NSDAP-Gauleitung, die Kasse der Landwirtschaftskammer für Parteizwecke zu nutzen. Buttlar zog sich danach ganz auf sein Gut zurück. Der Rücktritt löste einigen Wirbel aus. Schriftliche Auskunft von Joachim von Buttlar-Brandenfels an den Autor.

5 Zum Verhältnis Strasser–Röhm schreibt der Strasser-Biograph Kissenkötter: »Strasser brachte ... dem aus Bolivien zurückgekehrten Röhm eher eine gewisse Antipathie entgegen. Außerdem war Röhm als Führer der SA tatsächlich der einzig wirklich mächtige Mann innerhalb der Bewegung, der Strasser bei einem hypothetischen Ausscheiden Hitlers den Führungsrang hätte streitig machen können.« Kissenkötter, Strasser, S. 80.

6 Die Regierung Brüning wurde am 1. 6. 1932 durch die Regierung von Papen abgelöst.

7 Hitler hielt am 17. Oktober 1932 in Königsberg im Haus der Technik eine Wahlrede. Vgl. dazu Domarus, Hitler-Reden, Bd. 1, S. 140.

8 München 1932.

9 Der von dem neokonservativen Intellektuellen Heinrich von Gleichen und von Hans Bodo von Alvensleben im November 1924 gegründete »Deutsche Herrenclub« zählte im Jahre 1932 etwa 5000 Mitglieder, darunter alle namhaften Großindustriellen sowie die Spitzen der Ministerialbürokratie, der Großlandwirtschaft und der Reichswehr. Vgl. dazu Petzold, Wegbereiter des deutschen Faschismus, S. 179–182.

10 Dr. Friedrich Gramsch, Landrat von Heiligenbeil. Schulenburg vertrat Gramsch als Landrat in Heiligenbeil, vgl. Krebs, Schulenburg, S. 89.

11 Emil Georg v. Stauß, Direktor der Deutschen Bank AG.

12 Über ein solches Treffen liegen keine gesicherten Informationen vor. Allerdings hatten sich die Beziehungen Hitlers zur deutschen Industrie seit seiner berühmten Ansprache vor dem Düsseldorfer Industrieclub am 26. Januar 1932 merklich verbessert. Doch obwohl die Spenden aus der deutschen Wirtschaft jetzt reichlicher flossen, geriet die Partei im Herbst 1932 – seit März dieses Jahres hatten vier große Wahlen stattgefunden – in eine prekäre finanzielle Situation. Mitte Oktober 1932 schrieb Goebbels in sein Tagebuch:»Die Geldbeschaffung ist außerordentlich schwer. Die Herren von Besitz und Bildung stehen alle bei der Regierung.« Joseph Goebbels, Vom Kaiserhof zur Reichskanzlei, München 1934, S. 173 ff. Zu den Treffen Hitlers mit Industriellen vgl. Allan Bullock, Hitler. Eine Studie über Tyrannei, 4. Aufl. Düsseldorf 1954, S. 192–195.

13 Es war nicht Hitler, wie Schulenburg zu diesem Zeitpunkt offensichtlich noch annahm, sondern Strasser, der sich an einer Regierungsbeteiligung der NSDAP außerordentlich interessiert zeigte. Die von Strasser gewünschte»Querfront« von den freien Gewerkschaften über die SA bis zur Reichswehr scheiterte jedoch am Veto Hitlers, der starrköpfig für sich die unumschränkte, auf präsidialen Vollmachten basierende Kanzlerschaft forderte. Vgl. dazu Kissenkötter, Strasser, S. 145–154.

14 Strasser trat am 8. Dezember 1932 von seinem Amt als Reichsorganisationsleiter der NSDAP zurück. Der Alles-oder-Nichts-Standpunkt Hitlers im Hinblick auf die politische Macht und die Tatsache, daß der»Führer« den desolaten Zustand der Partei nach der Niederlage in den Novemberwahlen 1932 ignorierte, hatten Strasser zur Aufgabe veranlaßt. Vgl. dazu ebenda, S. 162–177.

15 In dieser Beziehung sollte Schulenburg recht behalten. Strasser zog sich resigniert ins Privatleben zurück. Der lange Arm seiner Gegner in der NSDAP reichte jedoch weit. Am 30. Juni 1934 wurde Strasser im Zusammenhang mit den Aktionen gegen Röhm und die SA von der Gestapo verhaftet und noch am gleichen Tag im Gebäude der Geheimen Staatspolizei in der Berliner Prinz-Albrecht-Straße erschossen. Vgl. ebenda, S. 190–195.

16 Erich Koch (1896–1986), Eisenbahnbeamter, Freikorpsangehöriger in Oberschlesien und an der Ruhr, 1922–1928 Mitglied der Gauleitung Ruhr der NSDAP, 1928 Gauleiter von Ostpreußen, 1930 Mitglied des Reichstags, 1933 Oberpräsident von Ostpreußen, 1941 Generalkommissar der Ukraine, beteiligt am Judenmassaker von Kiew im September 1941, 1945 in Schleswig-Holstein untergetaucht, 1949 festgenommen und 1950 nach Polen ausgeliefert, 1959 Todesurteil, nicht vollstreckt. Koch lebte bis zu seinem Tode am 12. 11. 1986 in der Haftanstalt Barczewo.

17 Anlaß des von Schulenburg geschilderten Konflikts war eine Fischerversammlung in Königsberg am 22. 10. 1932, in der es um unzumutbare Arbeitsbedingungen und Gesundheitsgefährdung der Fischer ging. Über diese Versammlung schreibt Schulenburg am 22. 10. 1932 an seine Braut: »Heute Fischer-Versammlung in Königsberg. Vertreter der See- und Frischhaff-Fischer. Haffkrankheit. Ursache ziemlich einwandfrei auf Abwässer zurückzuführen. Laues Vorgehen gegen Zellulose-Fabrik, der Hauptzuführer[in] von schädlichen Abwässern. Einfluß der Großaktionäre. Nichtssagende Erklärung der Regierung. Prachtvoller Sturm der Entrüstung. Es wurde Fraktur gesprochen. Und mit Recht. Ich sprach kurz für die Fischer und forderte ganze Maßnahmen, allerdings sachlich und ohne Demagogie, die ich an sich manchmal sehr liebe. Ein anderer

Landrat, Zentrumsmann, bat darauf um Glauben und Vertrauen für die Regierung. Er stieß auf wilde, höhnische Ablehnung.«

18 Schulenburg spricht hier die in der Tat verwirrenden Presseberichte über die Regierungsbildung in Berlin an. Über die Vielzahl der politischen Gespräche, die in diesen Tagen geführt wurden, schreibt der »Vorwärts« am 20. Januar 1933: »Hitler bei Papen, Strasser bei Schleicher, Hugenberg bei Hitler, Alvensleben schiebt vorne, Thyssen schiebt hinten [...] Wer findet sich noch zurecht in der Geheimpolitik, die um das deutsche Volk betrieben wird.«

19 Am 12. und 16. Januar berichteten die Zeitungen über Zusammenkünfte Hitlers mit Strasser. Die Treffen fanden in Lippe bzw. in Weimar statt. Vgl. dazu Manfred Overesch, Friedrich-Wilhelm Saal, Chronik deutscher Zeitgeschichte. Politik, Wirtschaft, Kultur, Bd. 1. Die Weimarer Republik, Düsseldorf 1982, S. 631.

20 Werner Friedrich, Regierungspräsident in Königsberg.

21 Schulenburgs Ernennung am 27. 2. 1933 waren massive Einflußnahmen der Partei vorausgegangen. Im Auftrage von Gauleiter Koch schrieb der stellvertretende Gauleiter Großherr an Daluege im preußischen Innenministerium am 23. Februar 1933: »(Wir) haben Sie durch die Sekretärin des Herrn Koch darauf aufmerksam gemacht, daß der Regierungsrat Biedermann, ein Demokrat im Alter von 32 Jahren [...] als Leiter des Politischen Dezernats fungiert und an dieser Stelle auch weiterhin Gelegenheit bekommt, seine unfreundliche Haltung gegenüber den Nationalsozialisten unter Beweis zu stellen. Regierungsrat Biedermann hat sich schon während seiner Tätigkeit bei der Regierung in Gumbinnen als haßerfüllter Nazigegner gezeigt und uns die größten Schwierigkeiten bereitet [...] Gauleiter Koch bittet Sie, dafür einzutreten, daß der im Interesse der Regierungspolitik notwendige Wechsel im Politischen Dezernat bei der Regierung in Königsberg eintritt. Gleichzeitig bittet Sie Gauleiter Koch, den Regierungsassessor Graf von der Schulenburg, der ein absolut zuverlässiger Nationalsozialist ist und zur Zeit Kommissarischer Landrat von Heiligenbeil ist, an die Regierung nach Königsberg versetzen zu lassen, da uns dieser Parteigenosse als Personalreferent der Politischen Abteilung der Gauleitung unentbehrlich ist.« Berlin Document Center, Personalakten Fritz-Dietlof Graf von der Schulenburg.

22 Kutscher stand durch seine früheren Funktionen als Geschäftsführendes Vorstandsmitglied des Deutschen Landwirtschaftsrates den Groß-Agrariern der Provinz nahe. Die Nationalsozialisten erhoben gegen ihn den Vorwurf, Osthilfe-Gelder veruntreut zu haben. Vgl. BA Koblenz R43 I, Bd. 859, Bl. 174.

23 Kurt Daluege war in der Machtergreifungsphase einer der schärfsten Rivalen Himmlers in der SS. Von Göring protegiert, wurde er Staatskommissar zur besonderen Verfügung in der preußischen Regierung und Chef der preußischen Ordnungspolizei. Im Reichsinnenministerium bekleidete er das Amt eines Ministerialdirektors. Vgl. Höhne, Orden unter dem Totenkopf, S. 75, vgl. auch Jacques Delarue, Geschichte der Gestapo, Düsseldorf 1964, S. 65.

24 An Daluege schrieb Schulenburg ebenfalls am 1. April 1933: »... ich habe mich nach längerer Überlegung für verpflichtet gehalten, als Angehöriger der Partei dem Herrn Reichsminister in seiner Eigenschaft als Parteigenosse von dem Rücktrittsangebot Mitteilung zu machen, da ich nicht weiß, ob der Herr Minister hierüber informiert worden ist. Ich würde

besonderen Wert darauf legen, Ihnen oder dem Herrn Minister darüber Vortrag halten zu dürfen, wie unerträglich auf die Dauer der Mangel an Gleichschaltung hier in Ostpreußen ist. Ich kann es anhand von Tatsachen beweisen.« Berlin Document Center, Personalakten Fritz-Dietlof Graf von der Schulenburg.

25 Koch hatte gerade eine aufsehenerregende Parteiuntersuchung überstanden. Die Affäre Koch wurde von dem Stadtrat und Personaldezernenten in Königsberg, Paul Wolff, ins Rollen gebracht. Wolff hatte am 20. September 1935 eine 75seitige Gedenkschrift »über gesetzwidrige Zustände in Partei und Verwaltung« direkt an Hitler gesandt. Wolffs Denkschrift führte zu einer Untersuchung, die Himmler leitete und die bis zum 10. Dezember 1935 dauerte. Koch ging zeitweise seiner Ämter verlustig und mußte sich in Berlin einer Vernehmung durch Hitler stellen. Es war schließlich Hitler selbst, der seinen Gauleiter vor den unangenehmen Untersuchungsergebnissen rettete und die Wiedereinsetzung Kochs in alle seine Ämter anordnete. Ende Januar 1936 wurde Koch in der Königsberger Stadthalle vor den Behördenchefs und leitenden Beamten des Gaues, den Gauamts- und Kreisleitern von Hermann Göring feierlich wieder in seine Funktionen eingesetzt. Zur Affäre Koch vgl. die wegen ihrer persönlichen Färbung nicht immer sachliche Darstellung bei Paul Wolff, Ohne Maske, Hamburg 1948, S. 68–87.

26 Ein Auszug aus diesem Schreiben findet sich bei Krebs. Hier heißt es: »Unser ganzes Leben muß sozialistisch sein. Wir haben in der Repräsentation, im gesellschaftlichen Verkehr, kurz in allem, was außerhalb des unmittelbaren Kampfes und der Arbeit liegt, noch nicht überall die letzten Konsequenzen des Sozialismus gezogen [...] Das Volk legt in unbeirrbarem Instinkt auf diese scheinbar äußeren Dinge entscheidenden Wert, weil es in ihnen den Ausdruck eines inneren Zustandes sieht. Ostpreußen hat als historisches Preußenland, glaube ich, die Berufung, den preußischen Lebensstil des Kampfes und der Arbeit endlich zum Durchbruch zu bringen. Wir haben uns auch im Nationalsozialismus stellenweise weit davon entfernt [...] Die preußischen Könige haben Hofschranzen und Byzantiner, die sich stets um Regierende versammeln, rücksichtslos beiseite geschoben, sind zum Volke gegangen und haben sich sagen lassen, wo der Schuh drückt. Das ist auch heute noch möglich. Eine unmittelbare Aussprache mit dem Volke, z. B. bei einem Besuch von Arbeitern in Elendswohnungen, haffkranken Fischern, armen Siedlern, Bauern, Grenzgefährdeten schafft mehr Kontakt als irgendeine Propaganda könnte, und schafft Ihnen den Einblick in die Seele des Volkes, den Ihnen niemand anders geben kann.« Krebs, Schulenburg, S. 111.

27 Wie Wolff berichtet, hat Koch im Jahre 1934 ein zweitausend Morgen großes Gut (Groß-Friedrichsberg) von der ostpreußischen Landesbauernschaft geschenkt erhalten. 1935 hat die Stadtgemeinde Königsberg nach den Ausführungen Wolffs an Koch 500 Morgen eines in ihrem Besitz befindlichen Nachbargutes abgegeben. Vgl. dazu Wolff, Ohne Maske, S. 55.

28 Koch gründete 1932 die Sturm Verlags-GmbH, die die »Preußische Zeitung« herausgab. Die Mittel für die Verlagsgründung hatte Koch von den ostpreußischen NSDAP-Ortsgruppen aufbringen lassen, indem er ihnen sog. »Bausteine« mit dem Versprechen verkaufte, jede Ortsgruppe erhalte die Möglichkeit, in der Zeitung ihre Meinung frei zu veröffentlichen. Bald schon hatte Koch jedoch die Redaktion diktatorisch seinem Einfluß unterworfen. Vgl. Hüttenberger, Gauleiter, S. 56.

29 Ferdinand Großherr war stellvertretender Gauleiter, Paul Dargel Organisationsleiter des Gaus Ostpreußen der NSDAP.
    Walter Barkowski war zeitweise Bürgermeister von Marienwerder, Knuth Kreisleiter im ostpreußischen Angerburg. Im Herbst 1941 folgte er Koch in die Ukraine, wo er als Leiter des Quartier- und Beschaffungsamtes im Reichskommissariat tätig war. Diese Informationen verdankt der Autor Karl Graf von der Groeben.

30 Max Klimmeck war Leiter des Amtes für Kommunalpolitik im Gaustab der NSDAP in Königsberg und nach der Machtergreifung Stadtrat und Grundstücksreferent der Königsberger Stadtverwaltung. Vgl. dazu Wolff, Ohne Maske, S. 52.

31 Im preußischen Ministerialblatt von 1934 wurde Schulenburgs vertretungsweise Beauftragung mit der Verwaltung des Landratsamtes Fischhausen unter dem 12. 12. 1934 bekanntgegeben. Nach Zeitzeugenberichten war Schulenburg aber bereits seit Oktober 1934 in Fischhausen. Das Ministerialblatt vom 4. 9. 1935 verzeichnet dann seine endgültige Ernennung zum Landrat.

32 Dietrich von Plötz war der Nachfolger Schulenburgs als persönlicher Referent des Oberpräsidenten Koch in Königsberg. Diese Angabe verdankt der Autor Karl Graf von Groeben.

33 Kurt Angermann, später Regierungspräsident in der Provinz Ostpreußen, war zusammen mit Schulenburg in den Jahren 1928–30 als Regierungsassessor im Kreis Recklinghausen tätig.

34 Das Thema war für Schulenburg nicht neu. Schon am 5. Juli 1937 hatte er auf Einladung von Dr. Dill aus dem württembergischen Innenministerium in Stuttgart einen ähnlichen Vortrag gehalten, der den Titel »Das preußische Erbe« trug. Über diesen Vortrag wurde auch in der Presse berichtet. Im Nachlaß Schulenburgs (NL 301/1), Bl. 6 findet sich eine Pressenotiz aus dem »Berliner Tageblatt« vom 13. 7. 1937. Darin heißt es: »Die engen Verbindungen zwischen der östlichen Provinz des Reiches und Württemberg haben sich in den Jahren seit 1933 mehr und mehr vertieft. Nicht nur auf siedlungstechnischem Gebiet herrscht ein regsamer Austausch. Besuche führender Männer wurden gewechselt, wissenschaftliche Gemeinschaftsforschung schlug die Brücke über den Main, die Diagonale Königsberg–Stuttgart, eine der weitesten Entfernungen im Dritten Reich überhaupt, wurde zum verbindenden Glied, wie es früher zwischen zwei geistig und voraussetzungsmäßig so unterschiedlichen Gebieten kaum gedacht werden konnte. Wenn nun in diesen Tagen in Stuttgart ein ostpreußischer Landrat vor der württembergischen Verwaltungsakademie den Begriff Preußentum in seinen Abwandlungen vom ›Altpreußentum‹ zum ›Berliner Preußentum‹ vor einigen württembergischen Zuhörern auseinanderzusetzen versucht hat, so weist dieses Beginnen von neuem auf den engen geistigen Verschmelzungsprozeß zwischen dem eigentlichen Kernland Preußen und Süddeutschland hin.
    Der Landrat von der Schulenburg aus Fischhausen konnte, und dies mit Recht, betonen, daß man in Ostpreußen sehr wohl wisse, was in der württembergischen Verwaltung an guter Tradition enthalten ist. Daneben wurde aber in dem Stuttgarter Vortrag nicht vergessen, auf die Gesetzmäßigkeit hinzuweisen, die ehedem nach dem Chaos des Dreißigjährigen Krieges den Begriff ›Altpreußentum‹ mit eigener Prägnanz formulierte. Staatstreue, Sparsamkeit und Verantwortlichkeit, dies die Grundpfeiler des norddeutschen Gebäudes, für die aufmerksamen

württembergischen Zuhörer in deutlicher Abhebung von dem einer neueren und wieder vergangenen Zeit angehörenden Begriff jenes ›Berliner Preußentums‹ hingestellt, das den Süddeutschen die Nachkriegsjahre hindurch nie recht einleuchten wollte. Nur im H e e r, so von der Schulenburg, war dieser altpreußische Geist erhalten geblieben. Der ostpreußische Landrat sieht in der heutigen Zeit Parallelerscheinungen zu den Aufbaujahren nach dem Dreißigjährigen Kriege und gründet darauf die Kausalität jenes ›preußischen Auftrages‹, der nunmehr an das Reich übergegangen ist. Was besagen will, daß die Grundgesetze der altpreußischen Beamtenschaft hart und klar zur Anwendung gebracht werden müssen. Die Aufgaben Preußens im Reiche sind hier einmal in kurzer und ebenso prägnanter Form von einem Ostpreußen in Württemberg klar und deutlich umrissen worden, wie es manch wissenschaftliche Alternativthese oder staatsrechtlich formal juristische Betrachtung kaum einprägsamer darzustellen vermocht hat. Die Verantwortung, die das deutsche Beamtentum für den Neuaufbau des Reiches trägt, ist zweifellos schwer und von außerordentlicher Bedeutung für das gesamte Staatswohl. Daß bei dieser großen Aufgabe eines gewaltigen Apparates auch in Süddeutschland ›Preußisches‹ heute Anerkennung findet, bewies die Zustimmung des Staatssekretärs Waldmann zu den Ausführungen des Gastes aus dem Nordosten. Vor allem in Württemberg mit seiner langerprobten Verwaltungspraxis dürften Anregungen dieser und ähnlicher Art stets auf den fruchtbaren Boden des Verständniswillens fallen, überhaupt dann, wenn auch umgekehrt, wie es im Verkehr zwischen Württemberg und Ostpreußen ja der Fall ist, ein reicher Schatzkasten an Erfahrungen und Erfolgen freimütig aufgeschlossen werden kann.«

35 Im politischen Testament Friedrichs des Großen von 1752 heißt es dazu wörtlich:»Eine gut geleitete Staatsregierung muß ein ebenso festgefügtes System haben wie ein philosophisches Lehrgebäude. Alle Maßnahmen müssen gut durchdacht sein, Finanzen, Politik und Heerwesen auf ein gemeinsames Ziel zu steuern: nämlich die Stärkung des Staates und das Wachstum seiner Macht. Ein System kann aber nur aus einem Kopfe entspringen; also muß es aus dem des Herrschers hervorgehen.« Friedrich der Große, Die politischen Testamente. Übersetzt von Friedrich von Oppeln-Bronikowski. Mit einer Einführung von Gustav Berthold Volz (= Klassiker der Politik, hrsg. v. Friedrich Meinecke und Hermann Oncken, Bd. 5), Berlin 1922, S. 42.

36 Wörtlich heißt es im»Abriß der preußischen Regierung und der Grundsätze, auf denen sie beruht, nebst einigen politischen Betrachtungen« (1776):»Große Monarchien gehen trotz eingerissener Mißbräuche ihren Weg von selber und erhalten sich durch ihre eigene Schwerkraft und ihre innere Stärke. Kleine Staaten aber werden rasch zermalmt, sobald nicht alles bei ihnen Kraft, Nerven und Lebensfrische ist.« Die Werke Friedrichs des Großen. In deutscher Übersetzung. 7. Bd. Antimachiavell und Testamente, hrsg. v. Gustav Berthold Volz, deutsch von Eberhard König, Friedrich von Oppeln-Bronikowski, Willy Rath, Berlin 1913, S. 216.

37 Im vollen Wortlaut klingt das Zitat eher resignativ:»Unserem Staat fehlt noch die innere Kraft. Alle preußischen Provinzen umfassen nur 5 Millionen Seelen. Das Heer ist ansehnlich, aber nicht stark genug, um den Feinden, die uns umgeben zu widerstehen [. . .] Mühsam ziehen wir uns aus der Verlegenheit, indem wir unsere Truppen zweimal soviel manövrieren lassen als der Feind und ihm stets dieselben Leute entgegenstellen,

von welcher Seite er auch komme. Das ermüdet sie sehr und setzt bei ihren Führern große Wachsamkeit voraus.« Friedrich der Große. Politische Testamente, S. 69. Im gleichen Sinne heißt es schon in den Instruktionen Friedrichs des Großen für seine Generale von 1747 unter der Überschrift »Von den Gründen meiner neuen Kavallerie- und Infanteriemanöver«: »Ihr werdet aus meinen eingehenden Ausführungen über den Krieg ersehen haben, daß die Schnelligkeit viel zu den Erfolgen bei den Märschen und vor allem in den Schlachten beiträgt. Unsere Armee ist deshalb so diszipliniert, daß sie schneller handelt als die anderen.« Die Instruktionen Friedrichs des Großen für seine Generale von 1747, hrsg. v. Richard Fester (= Schriften des Reichsinstituts für Geschichte des neuen Deutschland), Berlin 1936, S. 117.

38 Wilhelm August, Prinz von Preußen, von Friedrich II. zum Thronfolger ausersehen, hatte im Siebenjährigen Krieg ein hohes militärisches Kommando inne. Er verspielte aber, wie Theodor Schieder schreibt, seine Chancen durch Fehler bei dem verlustreichen Rückzug aus Böhmen nach der Schlacht bei Kolin im Herbst 1757, wurde vom König in Unehren entlassen und starb im Zerwürfnis mit Friedrich. Vgl. dazu Theodor Schieder, Friedrich der Große. Ein Königtum der Widersprüche, Frankfurt/M., Berlin, Wien 1983, S. 55 und S. 186.

39 Schulenburg zitiert hier aus einer Abhandlung Friedrichs des Großen von 1769 »Über die Erziehung«, in der es heißt: »Der Dienst in der Justiz, Finanzwirtschaft, Diplomatie und Armee ist für den Edelmann gewiß ruhmvoll. Aber alles wäre verloren in einem Staat, wenn die Geburt über die Verdienste siegte.« So sehr das hier von Schulenburg gezeichnete Bild Friedrichs in der deutschen Geschichtsschreibung und politischen Publizistik des 19. und 20. Jahrhunderts auch gang und gäbe war, so wenig entsprach es der »Staatspraxis der späten Friderizianischen Epoche«. Gerade Friedrich war es, der – entgegen seinen eigenen aufklärerischen Schriften – das Adelsmonopol in Offizierkorps und höherer Verwaltung durchsetzte, dem Adel die materielle Basis sicherte und »mit rigoroser Strenge auf eine möglichst vollständige Isolierung, eine Trennung von den nichtadeligen bürgerlichen Schichten« sah. Schieder, Friedrich der Große, S. 61 und S. 77. Diese »Dichotomie in Denken und Handeln Friedrichs« (Schieder) hat der sozialdemokratische Historiker Franz Mehring in seiner »Lessing-Legende« schon in den Jahren 1893/94 in unnachahmlich sarkastischer Art und Weise kommentiert. Vgl. dazu Franz Mehring, Die Lessing-Legende, mit einer Einleitung von Rainer Gruenter, Frankfurt/M., Berlin, Wien 1972, S. 119ff.

40 Vgl. dazu das Dienstreglement für Offiziere von 1726, Teil XI, Titel I, Artikel 8 abgedruckt bei Otto Büsch, Militärsystem und Sozialleben im alten Preußen von 1713 bis 1807. Die Anfänge der sozialen Militarisierung der preußisch-deutschen Gesellschaft, Berlin 1962, S. 91. Das von Schulenburg angeführte Zitat wurde in der zeitgenössischen Literatur über den Soldatenkönig häufig verwandt. Vgl. etwa Friedrich von Oppeln-Bronikowski, Der Baumeister des preußischen Staates, Leben und Wirken des Soldatenkönigs Friedrich Wilhelm I., Jena 1934, S. 243.

41 Vgl. ebenda, S. 184.

42 Das Zitat stammt aus dem politischen Testament Friedrichs des Großen von 1752. Dort heißt es: »Preußen ist von mächtigen Nachbarn umgeben, darunter von einem unversöhnlichen Feinde, dem Hause Österreich. Ihr müßt daher auf häufige Kriege gefaßt sein. Es folgt daraus, daß das Militär

in Preußen die erste Stelle einnehmen muß, genau wie bei den welterobernden Römern in der Periode ihres Aufstiegs, genau wie in Schweden,
als Gustav Adolf, Karl X. und Karl XII. die Welt mit ihrem Ruhm
erfüllten, und der Ruf des schwedischen Namens bis in die fernsten
Lande gelang[te].« Politisches Testament, S. 82.

43   Die preußische Oberrechenkammer ging aus der 1714 für die Aufsicht in
Finanzangelegenheiten gegründeten General-Rechenkammer hervor. Sie
hatte von Anfang nicht nur die Rechnungsprüfung der preußischen Kas-
sen, sondern auch die Aufsicht über das materielle Finanzgebaren der
Behörden zu führen. Mit der Gründung des Generaldirektoriums verlor
die nun Oberrechenkammer genannte Behörde ihre Immediatstellung,
erlangte diese jedoch 1796 wieder und stand nunmehr mit erweitertem
Aufgabenbereich (Prüfung auch der Generaldomänen- und General-
kriegskasse) neben dem Generaldirektorium. Vgl. dazu Wolfgang Neugebauer, Zur neueren Deutung der preußischen Verwaltung im 17. und
18. Jahrhundert in vergleichender Sicht, in: Büsch, Neugebauer (Hrsg.),
Moderne preußische Geschichte, S. 541–597, hier S. 575ff.

44   Im Grundriß der preußischen Regierung (S. 210) heißt es:»Ich beginne
mit den Finanzen. Sie gleichen den Nerven im menschlichen Körper, die
alle Glieder in Bewegung setzen.« Im Politischen Testament, Abschnitt
Finanzwirtschaft (S. 6), heißt es:»Soll das Land glücklich sein, will der
Fürst geachtet werden, so muß er unbedingt Ordnung in seinen Finanzen
halten. Noch nie hat eine arme Regierung sich Ansehen verschafft.« Im
Abschnitt Innere Politik (S. 37) heißt es unter der Überschrift:»Soll ein
Fürst geizig oder verschwenderisch sein?«:»Ich glaube, es ist für den
Herrscher ebenso wenig ratsam, geizig wie verschwenderisch zu sein. Er
soll vielmehr sparsam und freigebig sein. Sparsam, weil er die Güter des
Staates verwaltet, weil das Geld, das er empfängt, Blut und Schweiß des
Volkes ist und er es zum Besten des ganzen Staatskörpers verwenden
muß.«

45   Diese Information findet sich ebenfalls bei Friedrich von Oppeln-Bronikowski, Der Baumeister des preußischen Staates, S. 67.

46   Adolf Hitler, Mein Kampf, 370.-371. Aufl., München 1938, S. 308f.

47   Gemeint sind hier der Dawes-Plan von 1924, der Deutschland eine von
1 auf 2,1 Mrd. Goldmark ansteigende Reparationssumme auferlegte, der
Young-Plan (1929), der den Dawes-Plan ablöste und für 59 Jahre eine
Annuität von durchschnittlich 1988 Mill. Goldmark jährlich vorsah, sowie
der Zusammenbruch der Darmstädter und Nationalbank am 13. Juni
1931, der einen Sturm ausländischer Gläubiger auf deutsche und österrei-
chische Banken einsetzen ließ.

48   Der Versailler Vertrag gestand dem Deutschen Reich eine Armee von
100000 Mann zu, die aus Berufssoldaten bestehen mußte. Schwere Waffen, Panzer, Flugzeuge, U-Boote und größere Schiffe durfte diese Armee
nicht führen. Eine interalliierte Kommission überwachte die Abrüstung.

49   Hans von Seeckt (1866–1936) war von 1920 bis 1926 Chef der Heereslei-
tung. Seeckt besaß eine relativ unabhängige Position, da er nicht dem
Reichswehrminister unterstand und dem Reichspräsidenten direkt verantwortlich war. Zum Wirken Seeckts in der Reichswehr der Weimarer
Republik vgl. Hans Meier-Welcker, Seeckt, Frankfurt/M. 1976, S. 197ff.

50   Hitler, Mein Kampf, S. 500f.

51   Die Rede Hitlers ist auszugsweise abgedruckt in Schulthess' Europäi-
scher Geschichtskalender. Neue Folge, 39. Jg., 1933, München 1934,

S. 60–63. Die von Schulenburg zitierte Passage findet sich dort jedoch nicht.

52 Vermutlich handelt es sich um eine Rede, die Goebbels am 12. April 1932 im Königsberger Haus der Technik anläßlich der am 24. April stattfindenden Landtagswahlen in Preußen hielt. Unter dem Datum des 11. April 1932 notierte Goebbels in sein Tagebuch:»Der Preußenkampf ist fertig. Es geht ohne Atempause weiter [...] 14 Tage stehen uns zur Verfügung. Da wollen wir ein Meisterstück der Propaganda liefern.« Goebbels, Kaiserhof, S. 78 f.

53 Karl Fiehler, seit 1930 Leiter des Hauptamtes für Kommunalpolitik bei der Reichsleitung der NSDAP, wurde im März 1933 Oberbürgermeister von München und im Mai desselben Jahres Vorsitzender des Deutschen Gemeindetages. Wilhelm Frick war von Januar 1933 bis August 1943 Reichs- und Preußischer Minister des Innern.

54 Vgl. zur Entstehung und Wirkung dieses Gesetzes, Mommsen, Beamtentum, passim.

55 Das Regiment Schulenburgs hatte an diesem Tag während seines Marsches auf die Beresina einen Ruhetag eingelegt. Es befand sich noch immer in der Nähe von Bialystok, das am 29. Juni 1941 von deutschen Truppen eingenommen worden war. Vgl. dazu Paul, I.R. 9, S. 177.

56 Das Gebiet um Bialystok gehörte ursprünglich zu Polen und war nach dem deutschen Überfall auf Polen im September 1939 an die Sowjetunion gefallen. Am 19. September 1939 hatte das OKH die neue, mit der Roten Armee vereinbarte Grenzlinie bekanntgegeben. Vgl. Klaus A. Meier u. a., Das Deutsche Reich und der Zweite Weltkrieg, Bd. 2, Die Errichtung der Hegemonie auf dem europäischen Kontinent, Stuttgart 1979, S. 129.

57 Oberleutnant Zimmermann war Adjutant im Panzergrenadierregiment 9.

58 Amerikanische Truppen landeten am 7. Juli 1941 auf Island und lösten dort die Engländer ab, die schon am 10. Mai des Jahres die seit 1928 in Personalunion mit Dänemark verbundene Insel besetzt hatten. Zu den strategischen Überlegungen, die zur Besetzung Islands durch amerikanische Truppen führten, vgl. Gerhard Schreiber u. a., Das deutsche Reich und der Zweite Weltkrieg. Bd. 3. Der Mittelmeerraum und Südosteuropa, Stuttgart 1984, S. 525 f.

59 Das Regiment befand sich an diesem Tag nach der Schlacht bei Mogilew im Vormarsch auf Moskau. Es stand im Verteidigungsabschnitt Roslawl, der am 7. 8. an die 197. Infanteriedivision abgegeben werden sollte. Vgl. Paul, I.R. 9, S. 191.

60 Am 18. 8. hatte das I.R. 9 den mittleren Abschnitt der 23. Infanteriedivision übernommen. Kurze Zeit später wurde es in Kämpfe mit russischen Waldstellungen am Ostufer des Flusses Desna verwickelt, vgl. Paul I.R. 9, S. 191 f.

61 Eine Bestätigung dieser Information findet sich in den Akten des Bundesarchivs (BA Koblenz R2 Bd. 30579). Einen endgültigen Bescheid über die dann doch nicht zustande gekommene Verwendung in Kiew erhielt Schulenburg erst am 5. 11. 1941, vgl. Krebs, Schulenburg, S. 218.

62 Die politischen Verhältnisse in der Rheinprovinz, zu der das Regierungspräsidium Düsseldorf gehörte, waren noch komplizierter als anderenorts im Dritten Reich. Neben dem Oberpräsidenten (1935–1940), dem Gauleiter von Essen, Joseph Terboven, der 1940 als Reichskommissar nach Norwegen ging, agierten drei Gauleiter (Karl Florian, Gau Düsseldorf; Joseph Grohé, Gau Köln/Aachen; Gustav Simon, Gau Koblenz/Trier). Vgl. dazu Diehl-Thiele, Partei und Staat, S. 117 f.

63 Wilfried Graf von Hardenberg, im Zivilberuf Forstmeister, gehörte als Offizier zu Schulenburgs Bataillon.

64 Die 4. Armee in der Heeresgruppe Mitte, zu der die 23. Infanteriedivision Schulenburgs zählte, sollte laut Planung Halders den Hauptstoß gegen Moskau führen. Vgl. Horst Boog u. a., Das Deutsche Reich und der Zweite Weltkrieg. Bd. 4. Der Angriff auf die Sowjetunion, Stuttgart 1983, S. 585.

65 Im Oktober 1940 hatten die deutschen U-Boote das beste Versenkungsergebnis pro U-Boot-Seetag während des ganzen Krieges erzielt. Im Winter 1940/41 verringerten sich die Erfolge. Die Ursache hierfür lag zwar auch in den durch die Jahreszeit bedingten Wetterverhältnissen im Nordatlantik, aber weitaus wesentlicher war die Verstärkung der englischen Abwehr. Durch den sog. »Destroyer Naval Base Deal«, der am 5. September unterschrieben wurde, erhielt England 50 US-Zerstörer aus dem I. Weltkrieg, wofür den USA insgesamt 8 Stützpunkte in den amerikanischen Besitzungen Englands überlassen wurden. Außerdem kamen nun die Korvetten an die Front, ein primitiver, schnell zu bauender Schiffstyp, der bald die Hauptlast der U-Boot-Abwehr tragen sollte. Ein erstes Radargerät, noch mit geringer Reichweite, wurde ab November 1940 auf den Zerstörern im Bereich der »western approaches« eingesetzt, und auch die übrigen Geleitfahrzeuge erhielten Funksprechgeräte. Ein brauchbares Funkpeilgerät konnte aber in diesem Zeitraum noch nicht entwickelt werden. Ab April 1941 konnte auch Island wirkungsvoll als Luftstützpunkt genutzt werden. Insgesamt versenkten die deutschen U-Boote in dieser Phase des Krieges von Juni 1940 bis März 1941 381 Schiffe mit 2 042 027 Bruttoregistertonnen, Fernkampfflugzeuge vernichteten weitere 52 Schiffe mit 207 889 Bruttoregistertonnen. Nur in einem Monat hat die deutsche U-Bootwaffe mehr als 300 000 Bruttoregistertonnen versenken können. Damit war sie von den Leistungen des Ersten Weltkrieges noch weit entfernt. Vgl. Boog u. a., Der Angriff auf die Sowjetunion, S. 348.

66 Churchill hatte in der Tat von Anfang an auf das Bündnis mit den USA gesetzt. Seit Sommer 1940 stand er in einem so engen Verhältnis zum amerikanischen Präsidenten Roosevelt, daß er alle wichtigen Entscheidungen mit diesem abstimmte. Britisch-amerikanische Stabsbesprechungen dienten der Vorbereitung eines künftigen Kriegsbündnisses. Seit Sommer 1940 überließen die USA Großbritannien vermehrt Kriegsmaterial. Am 2. September 1940 schlossen die USA und Großbritannien ein Zerstörer-Stützpunkt-Tauschabkommen.

67 Der deutsche Balkanfeldzug, ausgelöst durch Italiens Übergriff auf Albanien (7. 4. 1939), vor allem aber durch den italienischen Einmarsch in Griechenland (28. 10. 1940), begann am 6. 4. 1941 mit einem überraschenden Luftangriff auf Belgrad. Am 17. 4. kapitulierte die jugoslawische Armee in Bosnien. Zwischen dem 6. und 27. 4. gingen die deutschen Armeen bis Athen vor, das am 27. 4. eingenommen wurde. Es folgte die Besetzung des Peloponnes und (bis 11. 5. 1941) die Einnahme der griechischen Inseln. Zwischen dem 20. 5. und dem 1. 6. wurde Kreta erobert. Die Kämpfe in Afrika, im unmittelbaren Zusammenhang mit der italienischen Eroberung Britisch-Somalilands (6.–19. 8. 1940), dem italienischen Vorstoß über die Grenze zwischen Libyen und Ägypten (12. 9. 1940) sowie dem entsprechenden britischen Gegenangriff (17. 12. 1940–8. 2. 1941), begannen mit der Aufstellung des deutschen Afrika-Korps unter General Rommel im Februar 1941. Das Unternehmen schien zu-

nächst erfolgversprechend zu sein. Es gelang die Einschließung Tobruks, und am 1. Juni 1941 gingen deutsche Truppen gegen die britischen El Alamein-Stellungen vor, die letzte Hürde auf dem Vormarsch nach Ägypten. Die extremen Versorgungsschwierigkeiten, besonders der Mangel an Treibstoff, vor allem aber die Landung amerikanischer und britischer Truppen in Nordwestafrika am 8. 11. 1941 ließen das Unternehmen jedoch scheitern.

68 Am 8. Juni 1941 marschierten britische Truppen und Verbände der französischen Exilregierung in Syrien in. Sie nahmen dabei zum Anlaß, daß die französische Vichy-Regierung das unter französischem Mandat stehende Syrien veranlaßt hatte, deutschen Flugzeugen in Damaskus Stützpunkt zu gewähren. Mit der am 17. Dezember 1941 proklamierten Republik Syrien, die unter britischem Einfluß stand, gewann England einen wesentlichen territorialen Vorteil. Britische Truppen rückten am 1. Juni 1941 auch im Irak ein und stürzten den am 3. 4. desselben Jahres durch einen Staatsstreich an die Macht gekommenen Raschid Ali, der mit den Achsenmächten paktiert hatte. Am 25. 8. 1941 rückten sowjetische und britische Truppen unter Bruch der Neutralität in Iran ein. Sie wollten damit, wie Churchill erklärte, einen »Aufmarschraum des faschistischen Deutschland« beseitigen.

69 Am 12. 7. 1941 wurde in Moskau ein erstes sowjetisch-britisches Abkommen über gegenseitige Beistandsleistungen abgeschlossen, und am 2. 8. 1941 erklärte die Regierung der USA, ungeachtet der formal noch bestehenden Neutralität, den militärischen Widerstand der UdSSR als im Interesse der eigenen nationalen Verteidigung liegend und sicherte den Sowjets jede durchführbare wirtschaftliche Unterstützung zu. Vgl. Boog u. a., Der Angriff auf die Sowjetunion, S. 800.

70 Wie beinahe alle der damit beschäftigten militärischen und politischen Stellen und Personen unterschätzte auch Schulenburg die Leistungskraft der sowjetischen Rüstungsindustrie. Diese produzierte in den sechs Kriegsmonaten des Jahres 1941 eine bedeutend größere Anzahl an Waffen und Kriegsmitteln als im Friedenshalbjahr zuvor. Beispiele dafür finden sich ebenda, S. 734.

71 In der Tat sank die landwirtschaftliche Erzeugung der Sowjetunion im Jahre 1941 verglichen mit der des Vorjahres. Aber auch hier schafften die Sowjets im Laufe der Zeit Abhilfe. Arbeitspflicht und Erhöhung der Arbeitsnormen kamen in der Sowjetunion weit schärfer und konsequenter zum Tragen als in Deutschland. Das Prinzip des totalen Krieges wurde bald in allen gesellschaftlichen Bereichen verankert. Beispiele hierfür ebenda, S. 735.

72 Am Schluß des Tagebuchs nimmt Schulenburg diesen vorgeblich antibolschewistischen Kampfauftrag Deutschlands noch einmal auf. Bezogen auf die Wehrmacht, ihre Offiziere und ihre Mannschaften heißt es dort: »Alle haben die absolute Unfähigkeit des Bolschewismus erkannt, das Leben menschenwürdig zu gestalten. Auch ein verschwiegener Kommunist ist zum Kommunistengegner geworden. Die Gegenwerte gewinnen an Kraft, das Eigentum, das eigene Haus, die Familie, das Echte, die Gliederung. Auch die Gestalt des Offiziers wird durch das Gegenbeispiel, einer fehlenden Auslese oder einer negativen Auslese, hell erleuchtet. Der Offizier als Typ genießt in den Augen der Mannschaft unbedingtes Vertrauen. Bis zum letzten Schritt, bis zu der Erkenntnis, daß der Gegenwert gegen den Bolschewismus in Gott und Christus liegt, ist freilich noch ein weiter Weg.« Eintragung am 13. 10. 1941.

73 Der Friede von Hubertusburg (1763) beendete den Siebenjährigen Krieg. Es war ein Frieden des Status quo ante. Aus der Sicht Preußens war mit diesem Frieden der Durchbruch zur europäischen Großmacht erreicht. Doch auch Rußland konnte seinen machtpolitischen Einfluß steigern. Vgl. zu diesem Frieden und seinen Bedingungen Schieder, Friedrich der Große, S. 203 ff.

74 Die Denkschrift beginnt mit der Seite 8, die Seiten 1-7 waren weder im Nachlaß Schulenburg im Bundesarchiv Koblenz noch im Privatbesitz von Charlotte Gräfin von der Schulenburg aufzufinden. Das Denkschriftsfragment wurde von Gräfin Schulenburg in ihrer Einführung zum Nachlaß auf die Jahre 1942/43 datiert. Es dürfte jedoch erst im Jahre 1943 entstanden sein, da es »den Bombenterror« reflektiert. Zwar gab es bereits Anfang 1942 Flächenbombardements auf deutsche Städte (Lübeck, Rostock), und am 30./31. 5. 1942 fiel beim ersten Tausend-Bomber-Angriff die Kölner Innenstadt in Schutt und Asche. Die Bombardements im großen Stil setzten jedoch erst nach der Casablanca-Konferenz vom 14.-24. Januar 1943 und der entsprechenden Einigung Churchills und Roosevelts ein. Am 24./25. Juli 1943 wurde Hamburg weitgehend zerstört, und im November 1943 begann die systematische Bombardierung Berlins. Vgl. dazu Erhard Klöss (Hrsg.), Der Luftkrieg über Deutschland 1939-1945. Nach den Dokumenten deutscher Kriegsschäden, München 1963. Nach den Angaben von Albert Krebs soll das Fragment auch dem Reichsinnenministerium vorgelegen haben (Krebs, Schulenburg, S. 266). Krebs schlußfolgert daraus, daß bei der Argumentation auch Tarnungsrücksichten eine Rolle gespielt haben. Der Autor kann solche Rücksichten nicht ausschließen, würde dieses Argument jedoch nicht überbewerten. Er schließt sich hier Dr. Erich Keßler an, der schreibt: »Die wirtschafts- und sozialpolitischen Grundsätze [des Fragments] wurden von Schulenburg wohl schon vom Ende seiner Studentenzeit an vertreten.« Erich Keßler an Heinrich von zur Mühlen, 2. 12. 1948, BA Koblenz Kl. Erw. Nr. 759.

75 Die ersten bedeutsamen Sozialversicherungsgesetze entstanden in Deutschland in der zweiten Hälfte des 19. Jahrhunderts unter der Reichskanzlerschaft Bismarcks. Mit dem »Gesetz betreffend die Krankenversicherung der Arbeiter« vom 15. Juni 1883, dem »Unfallversicherungsgesetz« vom 6. Juli 1884 und dem »Gesetz betreffend die Invaliditäts- und Alterssicherung« vom 22. Juni 1889 wurde zum erstenmal versucht, die arbeitende Bevölkerung durch öffentlich-rechtliche Zwangsversicherung in den bedeutsamsten Wechselfällen des Lebens vor Not zu schützen. Die Bismarcksche Sozialgesetzgebung wurde durch die Kodifizierung der einzelnen Versicherungsgesetze in einem einheitlichen Gesetzeswerk, der Reichsversicherungsordnung vom 19. Juli 1911, weiterentwickelt, die seitdem das grundlegende Gesetz für die Sozialversicherung ist. Für die Angestellten wurde mit dem »Versicherungsgesetz für Angestellte« vom 20. Dezember 1911 eine selbständige und unabhängige Angestelltenversicherung geschaffen. Vgl. dazu Albin Gladen, Geschichte der Sozialpolitik. Eine Analyse ihrer Bedingungen, Formen, Zielsetzungen und Auswirkungen, Wiesbaden 1974. Ein Reichsgesetz über die privaten Versicherungsunternehmen wurde am 12. Mai 1901 erlassen. Vgl. dazu Kurt A. Jeserich u. a., Deutsche Verwaltungsgeschichte, Bd. 3, Das Deutsche Reich bis zum Ende der Monarchie, Stuttgart 1984, S. 232.

76 Die hier vorgeschlagene Aufhebung einer festen Bindung der Sozialpoli-

tik an den Staat und die Stärkung der Gemeinden in diesem Bereich knüpft an frühindustrielle sozialpolitische Modelle an, wie sie etwa die Armenfürsorge des sogenannten Elberfelder Systems von 1853 darstellt. Die bürgerliche Armenverwaltung des frühen 19. Jahrhunderts, deren Hauptträger die Gemeinden waren, verknüpften sozialpatriarchalische Fürsorge, humanitären Erziehungsanspruch, ökonomischen Anpassungsdruck und – nicht zuletzt – polizeilichen Zwang. Diese Armenpflege, die sich ausdrücklich die »Hilfe zur Selbsthilfe« zum Prinzip gesetzt hatte, war mit einem ausgeprägten Herrschaftsanspruch gegenüber den Unterstützungsempfängern gekoppelt und wurde unter diskriminierenden Begleitumständen gewährt, die sich etwa im Entzug des Wahlrechts und anderen Beschränkungen bürgerlicher Rechte und Pflichten ausdrückten. Vgl. dazu Bernd Weisbrod, Wohltätigkeit und »symbolische Gewalt« in der Frühindustrialisierung. Städtische Armut und Armenpolitik in Wuppertal, in: Hans Mommsen, Winfried Schulze (Hrsg.), Vom Elend der Handarbeit. Probleme historischer Unterschichtenforschung, Stuttgart 1981, S. 334–358. Vgl. dazu insgesamt Christoph Sachße, Florian Tennstedt, Geschichte der Armenfürsorge in Deutschland. Vom Spätmittelalter bis zum Ersten Weltkrieg, Stuttgart, Berlin, Köln, Mainz 1981, passim.

77 Der Gedanke der Selbsthilfe, in Deutschland besonders stark im Genossenschaftsdenken der liberalen Bewegung und im Subsidiaritätsprinzip der katholischen Soziallehre, ist Schulenburg offensichtlich von Hugo Kückelhaus nahegebracht worden. In einem entscheidenden Punkte unterschied sich der Selbsthilfegedanke, wie er von Schulenburg vertreten wurde, allerdings vom Genossenschaftsgedanken der Liberalen. Plädierten Genossenschaftstheoretiker wie Hermann Schulze-Delitzsch (1808–1883) für die Überwindung der geburtsständischen Gesellschaft und für eine »nivellierte Gesellschaft mittelständischer Produzenten«, so ging es Schulenburg in erster Linie um die Wiederherstellung traditionaler patriarchalischer Bindungen, um das persönliche Unterordnungsverhältnis des Schutzbefohlenen zum Herren. Damit unterschied sich Schulenburg aber auch vom Genossenschaftsgedanken, wie er in der christlichen Soziallehre des 19. Jahrhunderts vertreten wurde. Diesen hatte der Würzburger Rechtsrat Johann Joseph Roßbach auf dem Würzburger Katholikentag von 1864 beispielhaft beschrieben: »Vom wirtschaftlichen Standpunkt aus müssen wir den vierten Stand emporheben suchen zur Mittelklasse [...] Das wichtigste für ihn aber ist die Assoziation [...] Sie vernichtet den ›sozialen Krieg‹, in dem sich alle auf Leben und Tod vernichten; dieser Kampf findet in der genossenschaftlichen Verbindung sein Ende. Gleichwohl werden die Vorteile der freien Konkurrenz gewahrt, namentlich die Produktionserträgnisse gesteigert, weil jeder Arbeiter zugleich Unternehmer ist, und neben dem Arbeitslohn auch Anteil am Unternehmergewinn hat, und weil in der Assoziation die Arbeitsteilung, die Maschine, auch ihre Anwendung findet.« Vgl. dazu Helga Grebing (Hrsg.), Geschichte der sozialen Ideen in Deutschland, München, Wien 1969, S. 353.

78 Die Gründung »Gemeinnütziger Heimstätten« geht auf das Jahr 1918 zurück. Am 26. Juni dieses Jahres entstand als erste gemeinnützige Baugesellschaft mit Staatsbeteiligung die »Westfälische Heimstätte«. Schwerpunkt der Heimstätten waren der Bau von Kleinsiedlungen und Einfamilieneigenheimen, später trat auch die Errichtung von Mietwohnungen

hinzu. Im Dritten Reich verschmolz der Heimstätten- mit dem Siedlungs-
gedanken und bekam eine antiurbane Ausrichtung. Der Siedlungsbau
war nach 1933 außerdem eine Maßnahme der Arbeitsbeschaffung. Im
Krieg wurde der Eigenheimbau zugunsten des Baus von Mietwohnungen
zurückgestellt. Vgl. dazu Ute Peltz-Dreckmann, Nationalsozialistischer
Siedlungsbau. Versuch einer Analyse der die Siedlungspolitik bestim-
menden Faktoren am Beispiel des Nationalsozialismus, Diss. phil.,
Bochum 1977, S. 292 ff.

79 Diese umfassende sozialpolitische Einbindung der Unternehmer war
auch ein Kernpunkt der nationalsozialistischen Betriebspolitik. In den
Forderungskatalog, den die Deutsche Arbeitsfront an die Unternehmer-
schaft stellte, gehörten auch Werkswohnungen und Werkssiedlungen,
Fabrikküchen, Kindergärten, Einrichtungen von Betriebskrankenkassen
und Krankenhäusern, Anlage von Schulungs- und Bildungseinrichtun-
gen, daneben die Bereitstellung zusätzlicher Altersversorgung und sogar
Gewinn- oder Kapitalbeteiligung. In aller Regel wurde dieser ideologische Anspruch an die nationalsozialistische Betriebspolitik aber auch in
NS-Musterbetrieben nicht eingelöst. Vgl. dazu zeitgenössisch Johannes
Gernhardt, Deutsche Arbeits- und Sozialpolitik, Berlin 1939, S. 74 ff.

80 In diesem Punkte geht Schulenburg über die gesetzlichen Regelungen,
die bestanden, hinaus. In der Rentenversicherung der Arbeiter lag die
Altersgrenze seit dem 1. 1. 1916 bei 65 Jahren (vorher hatte sie bei
70 Jahren gelegen). Für Angestellte war die Grenze seit dem Versicherungsgesetz für Angestellte von 1911 bei 65 Jahren angesiedelt. In der
Rentenversicherung der Arbeiter waren noch im Jahre 1937 nur diejenigen
Witwen rentenberechtigt, die das 65. Lebensjahr vollendet hatten oder
dauernd Invalide waren. 1937 wurde auch den Witwen die Rente zuge-
sprochen, die zur Zeit des Todes des versicherten Ehemanns mehr als
drei waisenrentenberechtigte Kinder erzogen und seit 1942 den Witwen,
die das 55. Lebensjahr vollendet und mindestens vier lebende Kinder
geboren hatten. Vgl. dazu Ludwig Preller, Sozialpolitik in der Weimarer
Republik, Düsseldorf 1949, S. 60. Die nationalsozialistische Regierung
hatte jedoch ganz entgegen dem ideologischen Anspruch durch das »Gesetz zur Erhaltung der Leistungsfähigkeit der Invaliden-, der Angestellten-
und der knappschaftlichen Versicherung« vom 7. 12. 1933 (Reichsgesetzblatt, Bd. 1, S. 1039 ff.) eine merkliche Kürzung der Rentenbezüge vorgenommen. Die Politik des nationalsozialistischen Regimes lief insgesamt
auf eine Thesaurierung der Sozialversicherungsbeiträge zugunsten der
Rüstungsfinanzierung hinaus. Vgl. dazu Gladen, Sozialpolitik, S. 111–113.

81 Über den formalen Rahmen des Gesetzes zur Ordnung der nationalen
Arbeit vom 20. Januar 1934 ging Schulenburgs Anspruch an die Fürsorgepflicht des Unternehmers allerdings weit hinaus. Dort gab es im § 2 zwar
eine soziale Alleinverantwortlichkeit des Betriebsführers. Wörtlich hieß
es: »Er [der Führer des Betriebes] hat für das Wohl der Gefolgschaft zu
sorgen. Diese hat ihm die in der Betriebsgemeinschaft begründete Treue
zu halten [Reichsgesetzblatt Bd. 1, 1934, S. 45].« Doch stand dem Gesetz
eher der »nüchtern kalkulierende und planende Wirtschaftsführer« als
der »Patriarch« oder gar »Despot« vor Augen. Dazu Wolfgang Spohn,
Betriebsgemeinschaft und innerbetriebliche Herrschaft, in: Carola Sachse
u. a. (Hrsg.), Angst, Belohnung, Zucht und Ordnung. Herrschaftsmecha-
nismen im Nationalsozialismus, Opladen 1982, S. 145 f. und S. 206.
Schulenburgs Beschreibung der Fürsorgepflicht des »Betriebsherrn« er-

innert stark an das Allgemeine Preußische Landrecht von 1794, wo es im 7. Titel »Vom Bauernstande«, 3. Abschnitt »Von unterthänigen Landbewohnern und ihren Verhältnissen gegen die Herrschaften« unter »allgemeine Pflichten der Gutsherrschaften« einen ganz ähnlich beschriebenen Katalog von Pflichten gibt. So lautet § 122: »Eine jede Gutsherrschaft ist schuldig, sich ihrer Unterthanen in vorkommenden Nothfällen werkthätig anzunehmen.« § 123: »Sie muß denjenigen unter ihnen, welche noch nicht angemessen sind, zum Erwerbe ihres Unterhalts, so viel an ihr liegt, Gelegenheit verschaffen.« § 124: »Kann sie dieses nicht: so muß sie ihnen, auf gebührendes Ansuchen, erlauben, ihr Brot auswärts zu verdienen, und ihnen dazu die erforderliche Kundschaft ertheilen.« § 130: »Sind ansäßige Unterthanen, nach erlittenen harten Unglücksfällen, fremden Beystandes bedürftig, so ist die Herrschaft, sich derselben nach ihren Kräften werkthätig anzunehmen, vorzüglich verpflichtet.« § 131: »Sie muß die Unterthanen gegen wucherliche Behandlungen und Uebervortheilungen zu sichern bemüht seyn.« § 132: »Zur Erstattung der von ihr selbst den Unterthanen gemachten Vorschüsse, müssen denselben billige Termine gesetzt, und sie bey deren Ablaufe nicht übereilt werden.« Die sogenannte Bauernbefreiung in Preußen hatte diese Unterstützungspflichten aufgehoben. Vgl. dazu Friedrich Lütge, Geschichte der deutschen Agrarverfassung vom frühen Mittelalter bis zum 19. Jahrhundert (= Deutsche Agrargeschichte, hrsg. v. Günther Franz, Bd. 3), 2. verbreiterte und stark erweiterte Aufl., Stuttgart 1967, S. 222–246.

82 Schulenburg reflektiert hier den Zusammenbruch der Weimarer Sozialpolitik in der Weltwirtschaftskrise, für viele, gerade auf der politischen Rechten, eine Begründung für das Scheitern der Republik überhaupt. Ebenfalls von dieser Grundlage ausgehend, aber mit anderer Zielrichtung hat auch Carl Goerdeler die Sozialpolitik reformieren wollen. In seinen »Gedanken eines zum Tode Verurteilten«, die er im September 1944 im Gestapo-Gefängnis niederlegte, schrieb er über die Aufgaben der von ihm und Wilhelm Leuschner konzipierten »deutschen Gewerkschaft«: »Diese Gewerkschaft muß die Sozialversicherung, mit Ausnahme der Unfallversicherung aller Art, selbst betreuen, nur die Arbeiter und Angestellten zahlen – gegen entsprechende Lohnerhöhung – Beiträge. Die von der Gewerkschaft verwalteten Versicherungsanstalten stehen unter der Aufsicht des Staates.« Ritter, Goerdeler, S. 559.

83 Die Tatsache, daß Schulenburg die Anlage von Befestigungswerken zu den gemeindlichen Aufgaben zählt, zeigt, wie sehr die Kriegsereignisse das planende Denken des Widerstandskämpfers beeinflußt haben. Das Plädoyer für die Pfarrerbestellung und Besoldung durch die Gemeinden deutet auf Schulenburgs Skepsis gegenüber der Institution Kirche hin. Während sich Schulenburg aber für eine enge Verzahnung von kirchlichen (seelsorgerischen) und staatlichen (gemeindlichen) Tätigkeiten ausspricht, gehen Moltke und Yorck aus dem Kreisauer Kreis davon aus, in einem zukünftigen Deutschland die Verbindung von Staat und Kirche eher lockerer zu gestalten. Als Grundsatz hatte nach ihrer Ansicht zu gelten, daß der Staat der Kirche lediglich einen freien Raum für ihre Wirksamkeit erhalten, ihr aber kein Monopol und keinen Zwangscharakter, nicht einmal mehr Finanzgewalt geben könne. In der Forderung nach Abschaffung der Kirchensteuer dürften sich die Kreisauer wieder mit Schulenburg getroffen haben. Vgl. Roon, Neuordnung im Widerstand, S. 353. Bei Schulenburg mag darüber hinaus der Aspekt eine Rolle

gespielt haben, daß die feste Organisationsstruktur der evangelischen und noch mehr der katholischen Kirche eine ökumenische Verbindung beider Kirchen und damit die Möglichkeit, staatliches Leben auf einheitlicher religiöser Grundlage aufzubauen, auf Dauer verhinderte. Für die »Vereinigung der Religionen« hatte sich schon der junge Schulenburg in seiner Recklinghäuser Zeit ausgesprochen. So die Aussage Frau Bärbel Borchmeyers gegenüber dem Autor vom 11. 12. 1984, vgl. auch Krebs, Schulenburg, S. 152.

84 Bei der Berufung von Bürgermeistern und Oberbürgermeistern hat Schulenburg kommunale Repräsentationsorgane gänzlich ausgeschaltet und demgegenüber die Funktion des Landrats bzw. des Reichsstatthalters und damit den Staatseinfluß auf die Gemeinde stärker betont. Schulenburg folgte hier der Deutschen Gemeindeordnung aus dem Jahre 1935. In gewissem Gegensatz zu Schulenburg hat Goerdeler später im Gefängnis gefordert, die Bürgermeisterpositionen »öffentlich auszuschreiben« und dann den übergeordneten Stellen (etwa dem Reichsinnenministerium) drei Bewerber durch den Gemeinderat vorschlagen zu lassen. Im Gemeinderat selbst räumte Goerdeler dem dienstältesten Mitglied eine herausragende Stellung ein. Vgl. Kaltenbrunner-Berichte, S. 890 f.

85 In diesem Punkte wich Schulenburg von der Deutschen Gemeindeordnung ab. Diese sah – gewissermaßen neben bzw. über dem Bürgermeister – den »Beauftragten der NSDAP« vor, der »zur Sicherung des Einklangs der Gemeindeverwaltung mit der Partei wirken« sollte und auch bei der Berufung bzw. Abberufung des Bürgermeisters ein gewichtiges Mitspracherecht besaß (§ 6 der Deutschen Gemeindeordnung, Reichsgesetzblatt 1935, Teil 1, S. 50). Es bedeutete faktisch eine Schwächung der Partei gegenüber dem Staat, wenn Schulenburg die Ernennung bzw. Abberufung von Bürgermeistern und Oberbürgermeistern allein in die Kompetenz der staatlichen Instanzen (Landrat, Reichsstatthalter) stellte. Zwar verankerte auch er die NSDAP in der Gemeindeverfassung, und er schien auch in der von ihm favorisierten Personalunion von Bürgermeister und Hoheitsträger der Partei zu dem schon 1934 geforderten »Einheitsführer« zurückzukehren. Für die Eignung des Bürgermeisters bzw. Oberbürgermeisters als Regierungsträger war jedoch, wie Schulenburg weiter ausführte, nicht so sehr die nationalsozialistische Gesinnung, sondern vielmehr die persönliche und fachliche Fähigkeit ausschlaggebend. Auch Carl Goerdeler kam in der Gefängnishaft von der Institution des »Beauftragten der Partei« ab und forderte ihre Abschaffung, da sie der »Überorganisation Tür und Tor« öffnete und da der »Beauftragte« ohnehin an die Weisungen des Gauleiters gebunden sei. Vgl. Kaltenbrunner-Berichte, S. 883.

86 Die hier geforderte Besetzung des Gemeinderats ist ein Plädoyer für die Ständeordnung als Grundriß des Sozialgefüges und zeigt deshalb starke Ähnlichkeiten mit dem Allgemeinen Preußischen Landrecht. Vgl. dazu Reinhard Koselleck, Preußen zwischen Reform und Revolution. Allgemeines Landrecht, Verwaltung und soziale Bewegung von 1791–1848, Stuttgart 1967, S. 55. In der Frage der berufsständischen Bindung der Mitglieder des Gemeinderates geht Schulenburg auch über die Deutsche Gemeindeordnung von 1935 hinaus, die als Kriterien für die Mitgliedschaft im Gemeinderat »nationale Zuverlässigkeit, Eignung und Leumund« voraussetzt. Zwar sollten auch nach der Deutschen Gemeindeordnung die Mitglieder des Gemeinderats Persönlichkeiten sein, »de-

ren Wirkungskreis der Gemeinde ihre besondere Eigenart oder Bedeutung gibt oder das gemeindliche Leben wesentlich beeinflußt«, der Kreis der Mitglieder war aber nicht wie bei Schulenburg enumerativ umschrieben, und die berufsständische Bindung der Mitglieder war auch nur indirekt aus dem Gesetz zu ersehen. Goerdeler hat im Gefängnis die Mitwirkung des Bürgermeisters bei der Berufung des Gemeinderats – im Gegensatz zu Schulenburg – als »unorganisch« bezeichnet, weil dadurch »nicht nur der berechtigte Anspruch der politischen Partei gekürzt, sondern auch die Klarheit der Verantwortung des Bürgermeisters getrübt« werde. Goerdeler schlug statt dessen folgende Lösung vor: »Die Gemeinderäte werden durch die Gemeindebürger berufen. Die Berufung erfolgt in den Bezirken der Ortsgruppen der NSDAP.« Außerdem wollte Goerdeler die Mitsprache der Gemeinderäte bei der Entscheidungsfindung in kommunalen Angelegenheiten gestärkt wissen. Der »Beauftragte der Partei« sollte durch die nationalsozialistischen, aber quasi demokratisch gewählten Gemeinderäte ersetzt werden. Kaltenbrunner-Berichte, S. 883–886.

87 Die Deutsche Gemeindeordnung von 1935 kannte, weil strikt am Führerprinzip orientiert, keinen Gemeindetag. Auch bei Schulenburg besaß dieser Gemeindetag, wie unschwer zu ersehen ist, nur rudimentäre Partizipationsfunktion in einer Art suspensivem Veto. Dagegen wird jedoch in der »Bürgerpflichtversammlung« seine Legitimations- und Integrationsfunktion offenkundig. Im Gegensatz zu Schulenburg kannten die Kreisauer eine echte Partizipation der Bürger auf kommunaler Ebene und banden das Wahlrecht auch nicht wie Schulenburg an den Besitz eines Hauses bzw. einer Werks- oder Dienstwohnung. Nach den Vorstellungen des Kreisauer Kreises hatte bei der Wahl der Gemeindevorstände jeder, der 21 Jahre alt oder Kriegsteilnehmer war, das aktive und jeder, der 27 Jahre alt, kein Waffenträger war und dessen Name von einer bestimmten Zahl Wahlberechtigter vorgeschlagen wurde, das passive Wahlrecht. Vgl. dazu Roon, Neuordnung im Widerstand, S. 407.

88 War bei Schulenburg der Reichsstatthalter, so war in der Deutschen Gemeindeordnung (§ 107) das Reichsministerium des Innern oberste Aufsichtsbehörde. Von einer offenbar sehr viel weniger ausgeprägten Staatsaufsicht gingen Moltke und der Kreisauer Kreis aus, doch wird dieses Problem in den Texten des Kreises nicht näher spezifiziert. Vgl. Roon, Neuordnung im Widerstand, S. 403 f.

89 Dieser Absatz erinnert an die Ausführungen des Allgemeinen Preußischen Landrechts, 8. Titel, 2. Abschnitt, § 86, in dem es heißt: »Städte sind hauptsächlich zum Aufenthalte solcher Einwohner des Staates bestimmt, welche sich mit der Verarbeitung oder Verfeinerung der Naturerzeugnisse und mit dem Handel beschäftigen.« Hans Hattenhauer (Hrsg.), Allgemeines Landrecht für die preußischen Staaten von 1794, Frankfurt/M., Berlin 1970, S. 455.

90 In der Deutschen Gemeindeordnung, § 4, heißt es dazu: »Das Gebiet jeder Gemeinde soll so bemessen sein, daß die örtliche Verbundenheit der Einwohner gewahrt und die Leistungsfähigkeit der Gemeinde zur Erfüllung ihrer Aufgabe gesichert ist.« Die Kreisauer und auch Goerdeler hatten ähnlich lautende Forderungen gestellt. In dem Kreisauer Postulat der »kleinen Gemeinschaften« wurde die Überschaubarkeit der sozialen und politischen Räume ebenso nahegelegt wie in Goerdelers »Gedanken zur Neuordnung der Selbstverwaltung« aus den Jahren 1944/45. Bei

Goerdeler heißt es:»Man zieht nach oben nur das, was durch noch größere Zusammenfassung und Vereinheitlichung noch besser, noch wirtschaftlicher, noch schneller [...] durchgeführt werden kann [...] Dagegen bleibt alles das von der Zusammenfassung nach oben ausgenommen, was dank der Verschiedenheit der Veranlagung der Menschen, auch infolge der Verschiedenartigkeit der natürlichen Lebensbedingungen, infolge der Abweichungen der historischen Entwicklungen voneinander [...] ohne Schaden für die Gesamtheit in kleineren Gemeinschaften zusammengefaßt werden kann. Gemeinschaften, die besser in der Lage sind, sich diesen Verschiedenartigkeiten anzupassen, Gemeinschaften, in denen sich die einzelnen auch schneller gegenseitige Hilfe gewähren können.« Kaltenbrunner-Berichte, S. 877.

91 Die Rechte des Bürgermeisters bzw. des Oberbürgermeisters waren in der Deutschen Gemeindeordnung wesentlich enger gefaßt (§ 36, § 37). Ein Vorschlagsrecht etwa in Hinblick auf Lehrer und Pfarrer stand ihm nicht zu. Bei Schulenburg erinnert letzteres wiederum stark an die Vorschriften betreffend das Kirchenpatronat im Allgemeinen Preußischen Landrecht (§ 43). Vgl. dazu Hattenhauer, Allgemeines Landrecht, S. 535.

92 In jeder Beziehung band die Deutsche Gemeindeordnung die Bürgermeister weit stärker. So hieß es im § 89:»Der Bürgermeister hat die Verwaltung nach der Haushaltssatzung zu führen. Er darf die Haushaltsmittel nur insoweit [...] in Anspruch nehmen, als es bei einer wirtschaftlichen und sparsamen Verwaltung erforderlich ist.« § 91 schrieb vor:»Überplanmäßige und außerplanmäßige Ausgaben, die zum außerordentlichen Haushaltsplan gehören, dürfen nur nach Änderung der Haushaltssatzung geleistet werden.«

93 Im entscheidenden Unterschied zu seinen frühen Denkschriften, in denen das höhere Beamtentum»mit der politischen Staatsidee des Nationalsozialismus durchdrungen« sein sollte (»Neuaufbau des höheren Beamtentums«), legt Schulenburg in dieser Denkschrift aus der späten Kriegszeit besonderen Wert auf die sittlich moralischen Eigenschaften der»Regierungsträger«. In diesen Überlegungen trifft er sich bezeichnenderweise mit gleichgerichteten Forderungen des Kreisauer Kreises. Die Betonung der Eigenständigkeit von »Regierungsträgern« aller Stufen hängt sicherlich auch damit zusammen, daß gerade in der Kriegszeit Bürgermeister und Landräte, als personifizierte Selbstverwaltung, stärker als je zuvor durch die Partei und gleichzeitig durch die zunehmende staatliche Aufsicht in ihrem Handlungsspielraum eingeengt waren. Vgl. dazu Erhard Forndran, Die Stadt- und Industriegründung Wolfsburgs und Salzgitters. Entscheidungsprozesse im nationalsozialistischen Herrschaftssystem (= Wolfsburger Beiträge zur Stadtgeschichte und zur Stadtentwicklung), Frankfurt/M., New York 1984, S. 120.

94 Die Reichsstatthalter sind eine im Prozeß der Gleichschaltung der Länder nach der Machtergreifung Hitlers entstandene Institution. Das am 7. April 1933 verkündete»Zweite Gesetz zur Gleichschaltung der Länder mit dem Reich« bestimmte die Einrichtung von Reichsstatthaltern in allen deutschen Ländern. Diese durften nicht gleichzeitig Mitglied der Länderregierungen sein, sondern hatten»für die Beobachtung der vom Reichskanzler aufgestellten Richtlinien in der Politik zu sorgen« (§ 1). Ihnen oblag laut Gesetz die Ernennung und Entlassung des Vorsitzenden der Landesregierung und auf dessen Vorschlag die der übrigen Mitglieder der Landesregierung. Außerdem gehörte zu ihren Aufgaben die Ausferti-

gung und Verkündung der Landesgesetze und, auf Vorschlag der Landesregierung, die Ernennung und Entlassung der unmittelbaren Staatsbeamten und Richter. Das Recht zur Ernennung der Reichsstatthalter verblieb zunächst beim Reichspräsidenten Hindenburg, der aber – zum Mißvergnügen der konservativen Kabinettsmehrheit in der Regierung Hitler-Papen – ausschließlich NSDAP-Gauleiter zu Reichsstatthaltern ernannte. In der Praxis bedeutete das einen immer konfliktreicheren Dualismus zwischen den Gauleitern/Reichsstatthaltern und den Landesministern bzw. ihren Behörden, so daß das Reichsministerium des Inneren schon seit November 1934 eine entsprechende Gesetzesänderung ins Auge faßte, mit der die noch am 7. 4. 1933 verfügte Unvereinbarkeit des Reichsstatthalteramtes mit einem Amt der Landesregierung aufgehoben werden sollte. Das Ministerium wünschte sich eine generelle Personalunion zwischen Gauleiter/Reichsstatthalter und Ministerpräsidentenamt (außer in Preußen und in Bayern). Doch kam in dem am 30. Januar 1935 verkündeten zweiten Reichsstatthaltergesetz auf Drängen Hitlers statt der von Innenminister Frick favorisierten obligatorischen Personalunion nur eine »Kann-Möglichkeit« zustande. Hier kam Hitlers Scheu vor einer Verschmelzung von Partei und Staat zum Ausdruck, die sich auch schon am 21. April 1933 mit der offiziellen Ernennung eines »Stellvertreters des Führers« (für alle Parteifragen) angekündigt hatte. Es verwundert daher nicht, daß Hitler auch in der Folgezeit – wie in den Fällen Württembergs, Badens und Thüringens im Mai 1935 – davor zurückschreckte, die Reichsstatthalter zu Ministerpräsidenten zu machen. Vgl. zu dieser Darstellung Diehl-Thiele, Partei und Staat, S. 42 ff. Der von dem Kreisauer Kreis propagierte »Landesverweser«, der an der Spitze eines Landes stehend, für die Realisierung der Reichspolitik im Lande verantwortlich zeichnen sollte, ähnelt dem von Schulenburg genannten Reichsstatthalter. Vgl. Roon, Neuordnung im Widerstand, S. 408.

95 Das Unbehagen an der Stadt reicht bis zum Beginn des 20. Jahrhunderts zurück, wo es etwa in der Jugendbewegung des Wandervogels einen seiner Ausgangspunkte nahm. In der Weimarer Republik war die Großstadtfeindlichkeit geradezu ein verbindendes Element der deutschen Rechten, so sehr sich die verschiedenen Gruppierungen auch sonst voneinander unterschieden. Vgl. dazu Jost Hermand, Frank Trommler, Die Kultur der Weimarer Republik, München 1978, S. 64 ff. Oswald Spengler, von dem sich gerade Schulenburg stark inspiriert fühlte, hatte dieses Unbehagen an der großstädtischen Lebensweise beispielhaft zum Ausdruck gebracht, als er schrieb: »Der Steinkoloß ›Weltstadt‹ steht am Ende des Lebenslaufs einer jeden großen Kultur. Der vom Lande seelisch gestaltete Kulturmensch wird von seiner eigenen Schöpfung, ihrem ausführenden Organ, endlich zu ihrem Opfer gemacht. Diese steinerne Masse ist die absolute Stadt. Ihr Bild, wie es sich mit seiner großartigen Schönheit auf die Lichtwelt des menschlichen Auges zeichnet, enthält die ganze erhabene Todessymbolik des endgültig ›Gewordenen‹. Der durchseelte Stein gotischer Bauten ist im Verlauf einer tausendjährigen Stilgeschichte endlich zum entseelten Material dieser dämonischen Steinwüste geworden.« Oswald Spengler, Der Untergang des Abendlandes. Umrisse einer Morphologie der Weltgeschichte, 2. Bd., Welthistorische Perspektiven, München 1922, S. 117.

96 Eine Reihe der von Schulenburg hier und im folgenden niedergelegten Gedanken findet sich auch in den Arbeiten Gottfried Feders, der als einer

der wichtigsten Theoretiker der nationalsozialistischen Städteplanung angesehen werden kann. In seinen Arbeiten wandte sich Feder gegen die Zusammenballung der Bevölkerung, besonders in den schwerindustriellen Gebieten, beklagte die Aufhebung der Seßhaftigkeit, die übersteigerte Vergnügungs- und Genußsucht, die Kinderarmut durch ungesunden Wohnraum der Mietskasernen und die Bindungslosigkeit der Bewohner, die er durch das »chaotische Ineinandergreifen von Wohn- und Industriegebieten« verursacht sah. Feder plädierte für einen Rückzug aus den Gebieten der Stadt, für städtische Neugründungen in schwachbesiedelten Gebieten und für die »Verpflanzung erbgesunder Arbeiterfamilien aus der Stickluft der Groß- und Weltstädte«. Ideal nannte er »eine Stadt von 20000 Einwohnern«, die groß genug sei, um ein selbständiges soziales, kulturelles und wirtschaftliches Leben zu führen. Sie müsse alle öffentlichen Einrichtungen einer normalen Kreisstadt, alle Schulen und sonstigen Bildungs- und Erziehungseinrichtungen für die heranwachsende Bevölkerung enthalten. »Sie braucht keinerlei besondere Verkehrsmittel, da sowohl die Wege von der Wohnstätte zur Arbeitsstätte als auch die Einkaufswege der Hausfrau und die Schulwege bequem in höchstens 10–15 Minuten zurückgelegt werden können.« Gottfried Feder, Die neue Stadt, Berlin 1930, S. 14 und passim. Zur Interpretation vgl. Gert Albers, Entwicklungslinien im Städtebau. Ideen, Thesen, Aussagen 1875–1945. Texte und Interpretationen, Düsseldorf 1975.

97 Diese sehr rigide Beschränkung geht weit über die Deutsche Gemeindeordnung von 1935 hinaus, in der es heißt: »Einwohner der Gemeinde ist, wer in der Gemeinde wohnt. Bürger ist, wer das Bürgerrecht der Gemeinde besitzt« (§ 5). Bürger waren nach dem Gesetz diejenigen »deutschen Staatsbürger, die das fünfundzwanzigste Lebensjahr vollendet haben, seit mindestens einem Jahr in der Gemeinde wohnen und die bürgerlichen Ehrenrechte besitzen« (§ 19).

98 Die Variante, den Adel in den Städten anzusiedeln, findet sich allerdings nirgendwo in der nationalsozialistischen Städtebaupolitik. In dem, was Schulenburg unter Adel verstand, und welche Funktion er diesem zumaß, dürfte er sicherlich von Oswald Spengler beeinflußt worden sein. Für Spengler war Adel »der eigentliche Stand, [. . .] der Inbegriff von Blut und Rache«, ein »höheres Bauerntum«. Der Adel hatte nach Spengler »das Schicksal der Kultur in den Händen«, und der Schriftsteller begeisterte sich sowohl für den »schöpferischen Aufstieg zur lebendigen Form« in der Frühzeit des Adels als auch für »die Macht der Tradition«, die dem entwickelten Adel innewohnte. Zur geschichtlichen Bedeutung des Adels bemerkte Spengler: »Aber deshalb ist auch Adel im welthistorischen Sinne unendlich viel mehr als [. . .] eine Summe von Titeln, Rechten und Zeremonien, sondern ein innerer Besitz, der schwer zu erwerben und schwer zu halten ist und der, wenn man ihn begreift, schon das Opfer eines ganzen Lebens wert erscheint. Ein altes Geschlecht bedeutet nicht einfach eine Reihe von Vorfahren, Ahnen [. . .], sondern von Vorfahren, die durch ganze Geschlechterfolgen auf den Höhen von Geschichte lebten und Schicksal nicht nur hatten, sondern auch waren, in deren Blut durch jahrhundertelange Erfahrung die Form des Geschehens bis zur Vollendung gezüchtet worden ist.« Vgl. dazu Oswald Spengler, Untergang des Abendlandes, 2. Bd., S. 417–420.

99 Das Kapitel Handwerk und Technik ist deutlich geprägt von der Diskussion um Rationalisierung und Modernisierung, die nach dem Scheitern

der Blitzkriegstrategie und infolge der Umstellung der deutschen Wirtschaft auf den »totalen Krieg« zur Jahreswende 1941/42 innerhalb der Machteliten des nationalsozialistischen Staates einsetzte und die auch Schulenburg, der ab Januar 1942 im Reichswirtschaftsministerium arbeitete, hautnah miterlebt haben dürfte. Zunächst von Todt, später von Speer und seinem Ministerium vorangetrieben, aber auch vom Reichswirtschaftsministerium – und hier besonders vom stellvertretenden Staatssekretär Otto Ohlendorf – aufgegriffen, rückten Serienproduktionen nach dem Baukastensystem, Typisierung und Normung der Fertigung in den Mittelpunkt des Interesses. Zwar blieb der Begriff der Industrie weiterhin negativ besetzt, dafür erfuhr jedoch der Begriff der Technik, nachdem er bereits in Hitlers Weltanschauung eine zentrale Rolle gespielt hatte, eine immer positivere Bewertung. Allerdings mußte die Spannung zwischen der Ratio der Technik und dem »völkischen Ideal« entschärft werden. Hier zeigte sich die Tendenz, das industrielle System, das durch den Krieg und die Zerstörungen aufs äußerste angespannt war, gewissermaßen »ideologisch einzukapseln« (Ludolf Herbst), es auf die größtmögliche Effizienz auszurichten, ohne die ideologischen Vorgaben, den Primat handwerklicher und vorindustrieller Produktionsstrukturen, zu tangieren. In der Presse dieser Zeit wurde etwa ein »deutscher Stil der Serienfertigung« kreiert, der der Massenproduktion ihren anonymen, qualitativ minderwertigen Charakter nehmen sollte. Die Zeitungen propagierten seit 1942/43 die Technik als »Waffe im deutschen Daseinskampf«. Der Wiederaufbau nach dem Krieg sollte nach Möglichkeit eine ständische Sozialverfassung mit moderner industrieller Produktion verbinden. Dies wurde als spezifische »deutsche Chance« gesehen. Schulenburgs nachfolgende Reflektionen lesen sich wie ein Ergebnis dieses Diskussionsprozesses. Dies trifft besonders auf die in den Jahren 1943/44 für Ausgebombte angestrebten eigenen Produktionsmaßnahmen zu, die sich auf lebensnotwendige Produkte wie Becher, Teller, Schüsseln etc. bezogen und für die man insbesondere handwerkliche Betriebe heranziehen wollte, weil angesichts der weiter auf Hochtouren laufenden Rüstungsproduktion in der Großindustrie dafür keine Kapazitäten freigemacht werden konnten. Vgl. Herbst, Der totale Krieg, S. 320–327.

100 Dieser Vorschlag Schulenburgs spiegelt sein idealisiertes Bild von der zünftigen Produktion wider. Gerade die Bauhütten des ausgehenden Mittelalters hatten aber die zünftige Produktionsweise bereits hinter sich gelassen. Sie beschäftigten, bei hochgradig arbeitsteiliger Produktion und strikter Trennung von Führung und Ausführung der Arbeiten, neben einer Vielzahl von Gesellen verschiedener Bauberufe bereits Hilfsarbeiter in großer Zahl, die im Tage- oder Akkordlohn standen, mithin also nach Leistung bezahlt wurden und zumeist kurzfristig kündbar waren. Die Baumeister, denen unternehmerische Fähigkeiten abverlangt wurden, waren nicht selten gleichzeitig an verschiedenen Bauprojekten tätig. Vgl. Artikel: Baubetrieb, in: Lexikon des Mittelalters, München, Zürich 1980, S. 1552–1561.

101 Die Denkschrift trägt den handschriftlichen Vermerk »September 43«. Als gesicherte Empfänger können das Reichsinnenministerium, das Reichsarbeitsministerium und die Reichsstelle für Raumordnung gelten. Darüber hinaus sandte Schulenburg die Denkschrift an Erna Hanfstängl, wahrscheinlich eine Schwester des ehemaligen Hitler-Vertrauten Ernst Hanfstängl. In seinem Begleitschreiben vom 12. Juni 1944, das Schulen-

burg an Erna Hanfstängl richtete, heißt es:»Zu bemerken ist dabei, daß die Niederschrift im September 1943 verfaßt ist, ohne daß irgendwelche Unterlagen zahlenmäßiger oder tatsächlicher Art zur Verfügung standen und ohne daß ich außer dem bombenzerstörten Berlin andere Großstädte eingehend besichtigt habe.« BA Koblenz, Nachlaß v. d. Schulenburg (NL 301/4), Bl. 2. Zu diesem Problem finden sich allerdings im Schulenburg-Nachlaß weitere Unterlagen; neben der Kopie eines Zeitungsaufsatzes von H. G. v. Studnitz über die»Stadt der Zukunft« (27. 4. 1944) statistisches Material zum Luftkrieg und eine aus dem Reichsarbeitsministerium stammende Denkschrift»Grundsätzliches zur luftkriegsmäßigen Unterbringung der Bevölkerung«.

102 In der frühen Weimarer Zeit gab es einen Reichsminister für Wiederaufbau (erstmalig seit dem 25. Oktober 1919, Otto Gessler DDP, entbunden von seinen Dienstgeschäften am 24. März 1920). Es mag sein, daß sich Schulenburgs Überlegungen an diesem Beispiel orientierten.

103 In den Text hat Schulenburg hier einen handschriftlichen Zusatz eingefügt:»Was in Betrieben und Einrichtungen überflüssig [ist], nicht wieder aufbauen, zum Beispiel Luxusindustrien.«

104 Ursprünglich besaß der Text einen Punkt»8a«, der mit»Büroraum-Wohnraum« überschrieben war, den Schulenburg jedoch aus dem Text herausgestrichen hat. Der Punkt lautete:»Der vorhandene Büroraum ist auf überorganisierte Verwaltungen mit übersteigerten Raumansprüchen zugeschnitten. Bei der quälenden Wohnungsnot werden zunächst die Ansprüche aller Verwaltungen gedrosselt, dann mit fortschreitender Verwaltungsvereinfachung weiter abgebaut. Das Verhältnis von Büro- und Wohnraum muß rücksichtslos zugunsten des Wohnraumes verschoben werden. Jeder Landrat, Oberbürgermeister überprüft den gesamten Büroraum öffentlicher und privater Art in seinem Bereich, drängt ihn auf das notwendige Maß zusammen und stellt den freiwerdenden Teil für Wohnzwecke zur Verfügung, soweit nicht geschädigte Verwaltungen Raumbedarf anmelden.«

105 Schulenburg hat hier den Satz gestrichen:»Kollektivistische Massenbauweise (Beton, Stahl), die niemals dem Siedler ein Heim schaffen können, werden verboten.«

106 Am Schluß des Manuskripts befindet sich ein handschriftlicher Zusatz Schulenburgs, der mit»Bedeutung der Vorarbeiten« überschrieben ist. Er lautet:»Es ist notwendig, daß die Vorbereitungen aller Art unbedingt sofort ergriffen werden, da von dem Tage an, an dem die Waffen schweigen, mit Macht der Wiederaufbau einsetzen muß. Nur dann ist ein organischer Aufbau möglich, wenn über seine Richtung zwischenzeitlich entschieden ist und die Vorbereitungen auf allen Gebieten im Plane fertig sind. Anderenfalls werden alle Fehler der vergangenen Zeit nicht nur wiederholt, sondern überboten werden, [wird] selbst der Kollektivismus neue Triumphe feiern, wobei im innersten Grunde die Interessen des Kapitals die Richtung geben werden.«

107 Gemeint ist das Haus von Rüdiger Graf von der Goltz.

108 Werner Willikens, Staatssekretär im Reichsernährungsministerium.

109 Mussehl, Staatssekretär a. D., Verwaltungsdirektor im Sonderstab von Unruh.

110 Hermann Oncken, Cromwell, Vier Essays über die Führung einer Nation, Berlin 1935. Hermann Oncken war am 23. Juli 1935 von seinem Berliner Lehrstuhl »entpflichtet« worden und hatte danach praktisch Berufsverbot.

111 Das Wort vom »Pol in der Ellipse des Lebens« ist von Oncken entlehnt. Bismarck und Cromwell vergleichend, hatte Oncken geschrieben: »Freilich von ihm [Bismarck] aus gesehen, wirkt die Religiösität Cromwells ursprünglicher, einfacher, elementarer als bei dem modernen Menschen, der durch den Zweifel hindurchgegangen ist: Was bei dem einen das Zentrum des Lebenskreises, ist bei dem anderen nur der eine Pol in der Ellipse.« Oncken, Cromwell, S. 71.

112 Der Place Vendôme wurde Ende des 17. Jahrhunderts von Hardouin-Mansart gebaut und liegt im Herzen von Paris, nahe dem Jardin des Tuileries.

113 Iffland konnte nicht ermittelt werden.

114 Dr. Friedrich-Constanz Seifarth war als Beamter in der Militärverwaltung Frankreichs tätig, und zwar im Bereich der Wirtschaftsverwaltung, Abteilung VI, Preisregelung. Im August 1943 wurde er wegen Wehrkraftzersetzung angeklagt. Schulenburg kannte Seifarth aus der Zeit seiner Tätigkeit in Schlesien. Vgl. dazu Schramm, Aufstand der Generale, S. 21, und Krebs, Schulenburg, S. 255f. und S. 335.

115 Die Organisation Todt [OT] war der Zusammenschluß von Bauverwaltungen, privaten Firmen und dienstverpflichteten Angestellten und Arbeitern zu einer eigenständigen Organisation unter der Leitung von Dr. Fritz Todt (1891–1942) anläßlich der Westwallplanung 1937–38. Fritz Todt war seit 1933 Generalinspekteur für das deutsche Straßenwesen, im Rahmen des Vierjahresplanes seit 1936 Generalbevollmächtigter für die Regelung der Bauwirtschaft und seit 1940 Minister für Bewaffnung und Organisation. Den eigentlichen Aufbau und die Leitung der Organisation übernahm Xaver Dorsch. Sie entwickelte sich zu einer Bautruppe, die zunehmend im militärischen Auftrag arbeitete. So errichtete sie den Atlantikwall an der französischen Atlantikküste als Sicherung gegen alliierte Landung und eine Kette von U-Boot-Bunkern (Unterständen). Den einzelnen Heeresgruppen waren OT-Einsatzkommandos zugeteilt und den OT-Bauleitungen wurden schließlich auch die Bauformationen der Wehrmacht unterstellt. Neben den OT-Angehörigen in den Frontkommandos, die einer quasimilitärischen Dienstpflicht unterstanden, beschäftigte die Organisation Todt auf ihren Baustellen Hunderttausende von ausländischen Zivilarbeitern, Kriegsgefangenen, zwangsarbeitsverpflichteten Juden und KZ-Häftlingen. Vgl. dazu Broszat, Der Staat Hitlers, S. 328ff.

116 Major Kurt Trummer arbeitete im Sonderstab von Unruh.

117 Mutter von Leutnant Constantin, der in Rußland fiel. Vgl. oben. S. 70ff.

118 Schulenburg spielt hier auf den Kunstraub der Nazionalsozialisten an, in dem Hermann Göring als leidenschaftlicher Kunstsammler eine besondere Rolle spielte. Der »Einsatzstab der Dienststellen des Reichsleiters Rosenberg für die westlichen besetzten Gebiete und die Niederlande« war in Frankreich damit beschäftigt, eine große Anzahl von Kunstwerken aus dem »zur Zeit herrenlosen jüdischen Besitz« zu beschlagnahmen und nach Deutschland zu transportieren. Göring kam persönlich nach Paris, um den jüdischen Kunstbesitz in vom Sonderstab eigens für ihn veranstalteten Ausstellungen zu sichten und Werke zum Abtransport auszuwählen. Seit dem Frühjahr 1942 arbeitete der ehemalige Kunstschutzsachbearbeiter der Militärverwaltung, Dr. Hermann Bunjes, nur noch für Göring. Vgl. dazu Hans Umbreit, Der Militärbefehlshaber von Frankreich 1940–1944 (= Militärgeschichtliche Studien, Bd. 7), Boppard am Rhein 1968, S. 184ff.

119 Dr. Christian Krull, Oberst im Stab des Generals von Unruh, unterzeichnete die am 10. Juli abgeschlossene Denkschrift. Vgl. dazu Krebs, Schulenburg, S. 254f.

120 Dr. Elmer Michel.

121 Damrath konnte nicht ermittelt werden.

122 Schulenburgs Gutachten findet sich in BA Koblenz Nachlaß v. d. Schulenburg (NL 301/3), Bl. 22–28.

123 Die Überlieferung dieses Abschiedsbriefes ist nicht mehr im einzelnen rekonstruierbar. Ebenso ist unklar, ob es sich beim vorliegenden Text um den authentischen Wortlaut handelt. Charlotte von der Schulenburg hat diesen Brief ihres Mannes ungefähr zehn Jahre nach dessen Tod durch Annedore Leber erhalten. Übermittlerin dieses Briefes war höchstwahrscheinlich die Angestellte im Reichsjustizministerium, Milly Ruth. Sie schrieb am 7. 3. 1954 an Gräfin Hardenberg: »Während meiner Tätigkeit beim ehemaligen Justizministerium ist es mir lediglich möglich gewesen, die Abschiedsbriefe von Graf Fritz Schulenburg und Graf Berthold Stauffenberg abzuschreiben. Außerdem fertigte ich Abschriften von weiteren Abschiedsschreiben. Leider ist mir aber der Name des Schreibers dieser Briefe entfallen. Ich habe diese Briefe zunächst während der Dienstzeit mit der Schreibmaschine geschrieben und mit nach Hause genommen. Auf Anraten eines Freundes habe ich sie dann ins Stenogramm übertragen und mit anderen Namen überschrieben, die die gleichen Anfangsbuchstaben wie die Namen der Schreiber hatten. Den Brief des Grafen Schulenburg überschrieb ich mit ›Schulze‹.«

Quellen- und Literaturverzeichnis

A Unveröffentlichte Quellen

I Archivalien

1. Bundesarchiv Koblenz (BA Koblenz)
   - Reichskanzlei (R 43 I)
   - Reichsministerium des Innern (R 18)
   - Sonderstab von Unruh (R 43II, 681)
     Ostdokumentation (u. a. Ost-Dok. 10)
   - Korrespondenz Erich Keßler (Kl. Erw., Nr. 759)
   - Erinnerungen Rüdiger Graf von der Goltz (Kl. Erw., Nr. 653)
   - Reichsstelle für Raumordnung (R 113)
   - Hauptarchiv der NSDAP (NS 26)
   - Parteiamtliche Prüfungskommission zum Schutze des NS-Schrifttums (NS 11)
   - Nachlaß Fritz-Dietlof Graf von der Schulenburg
   - Nachlaß Gerhard Ritter
   - Nachlaß Rudolf Pechel
   - Nachlaß Herbert Backe
2. Bundesarchiv/Militärarchiv Freiburg i. Br.
   - Nachlaß Friedrich Hoßbach
   - Nachlaß Rohowski
   - Friedrich-Bernhard von der Schulenburg (Erinnerungen)
3. Geheimes Staatsarchiv Berlin-Dahlem
   - Preußisches Innenministerium
4. Kreisarchiv Recklinghausen
   - Akten der Seegesellschaft Haltern 1927–1930
5. Institut für Zeitgeschichte München
   - Materialien van Roon (ZSA 18)
   - Materialien über Prof. Friedrich Klausing (ZSA 29/1)
   - Anklageschrift Bonhoeffer (ZSA 29/2)
   - Reichsministerium des Innern (NG-3750)
   - Erinnerungen Rüdiger von der Goltz (ZS 49)
   - Aussagen Huppenkothen (ZS 249/I)
   - Reichsstelle für Raumordnung (MA 206)
   - Erinnerungen Friedrich Hielscher (ZS 850)
   - Zeugnis Heym (ZS 1724)
6. Berlin Document Center
   - Personalakten Fritz-Dietlof Graf von der Schulenburg
   - Personalakten Franz Riedweg

- Personalakten Josef Wagner
- Personalakten Hans-Bernd Gisevius
- Personalakten Wolf Heinrich Graf von Helldorf

II Privatbesitz

1. Privatbesitz Charlotte Gräfin von der Schulenburg
   - Nachlaß Fritz-Dietlof Graf von der Schulenburg
2. Privatbesitz Tisa von der Schulenburg
   - Erinnerungen an Fritz-Dietlof Graf von der Schulenburg
3. Privatbesitz Dr. Alfred von Hofacker
   - Nachlaß Cäsar von Hofacker
4. Privatbesitz Dr. Heinrich Haßmann
   - Erinnerungen an Fritz-Dietlof Graf von der Schulenburg und
     Arvid von Harnack
5. Privatbesitz Richard Krebs
   - Nachlaß Albert Krebs
6. Privatbesitz Dr. Peter M. Kaiser
   - Tagebuch Hermann Kaiser
7. Privatbesitz Kurt-Albrecht Kessel
   - Erinnerungen Albrecht von Kessel (»Die verlorene Saat«)
8. Privatbesitz Dr. Ekkehard Klausa
   - Erinnerungen Udo Klausa
9. Privatbesitz Gottfried Freiherr von Lüninck
   - Nachlaß Ferdinand Freiherr von Lüninck
10. Privatbesitz Bärbel und Joseph Borchmeyer
    - Briefe Fritz-Dietlof Graf von der Schulenburg
    - Materialien Cäsar von Hofacker

III Mündliche und schriftliche Auskünfte von

- Prof. Dr. Eugen Gerstenmaier
- Hans von Herwarth
- Dr. Walter Hasche
- Prof. Dr. Reinhard Höhn
- Dr. Erich Keßler
- Dr. Erhard Mäding
- Gotthold Müller
- Edelgarde Reimer
- Dr. Franz Riedweg
- Dr. Otto-Ernst Schüddekopf
- Charlotte Gräfin von der Schulenburg
- Tisa Gräfin von der Schulenburg
- Albrecht Graf von der Schulenburg
- Dr. Clarita von Trott zu Solz
- Dr. Marion Gräfin Yorck von Wartenburg
- Bärbel Borchmeyer

- Ewald von Kleist
- Helmut von Gottberg
- Karl Graf von der Groeben
- Klaus von der Groeben
- Dr. Friedrich Hielscher
- Prof. Dr. Hermann Priebe
- Dr. Werner Best
- Dr. Walter Doehring
- Madi Freifrau von Schilling

B Literatur

Albrecht, Richard: Carlo Mierendorff und das Konzept einer demokratischen Volksbewegung, in: Der Widerstand gegen den Nationalsozialismus. Die deutsche Gesellschaft und der Widerstand gegen Hitler, hrsg. v. Jürgen Schmädeke, Peter Steinbach, Berlin, Zürich 1985, S. 838–848

Angermund, Ralph: Die geprellten »Richterkönige«. Zum Niedergang der Justiz im NS-Staat, in: Hans Mommsen, Susanne Willems (Hrsg.), Herrschaftsalltag im Dritten Reich. Studien und Texte, Düsseldorf 1989, S. 304–373

Ayaß, Wolfgang: »Ein Gebot der nationalen Arbeitsdisziplin«. Die Aktion »Arbeitsscheu Reich« 1938, in: Feindererklärung und Prävention. Kriminalbiologie, Zigeunerforschung und Asozialenpolitik. Beiträge zur nationalsozialistischen Gesundheits- und Sozialpolitik, Band 6, Berlin 1988, S. 43–74

Bald, Detlef: Der deutsche Offizier. Sozial- und Bildungsgeschichte des deutschen Offizierkorps im 20. Jahrhundert, München 1982

Barkai, Avraham: Das Wirtschaftssystem des Nationalsozialismus. Der historische und ideologische Hintergrund 1933–1936, Köln 1977

Barthes, Roland: Mythen des Alltags, Frankfurt/M. 1982

Baum, Walter: Reichsreform im Dritten Reich, in: Vierteljahrshefte für Zeitgeschichte, 3. Jg. (1955), S. 36–59

Beck, Dorothea: Julius Leber. Sozialdemokrat zwischen Reform und Widerstand, Berlin 1983

Best, Werner: Herrenschicht oder Führungsvolk? in: Reich, Volksordnung, Lebensraum. Zeitschrift für völkische Verfassung und Verwaltung, III. Bd., 1942, S. 122–141

Binder, Paul: Meine Zusammenarbeit mit Fritz Graf von der Schulenburg, in: Otto Kopp (Hrsg.): Widerstand und Erneuerung. Neue Berichte und Dokumente vom inneren Kampf gegen das Hitler-Regime, Stuttgart 1966, S. 226–240

Blasius, Rainer H.: Für Großdeutschland – Gegen den großen Krieg. Staatssekretär Ernst Freiherr von Weizsäcker in den Krisen um die Tschechoslowakei und Polen 1938/39, Köln, Wien 1981

Bleistein, Roman (Hrsg.): Dossier: Kreisauer Kreis. Dokumente aus dem Widerstand gegen den Nationalsozialismus. Aus dem Nachlaß von Lothar König S. J., Frankfurt/M. 1987

Blessing, Werner K.: »Deutschland in Not, wir im Glauben . . .« Kirche und Kirchenvolk in einer katholischen Region 1933–1944, in: Martin Broszat, Klaus-Dietmar Henke, Hans Woller (Hrsg.): Von Stalingrad zur Währungsreform. Zur Sozialgeschichte des Umbruchs in Deutschland, München 1988, S. 3–111

Boelcke, Willi A.: Die deutsche Wirtschaft 1930–1940. Interna aus dem Reichswirtschaftsministerium, Düsseldorf 1983

Boog, Horst u.a.: Das Deutsche Reich und der Zweite Weltkrieg. Bd. 4. Der Angriff auf die Sowjetunion, Stuttgart 1983

Bourdieu, Pierre: Die feinen Unterschiede. Die Kritik der gesellschaftlichen Urteilskraft. Dritte durchgesehene Aufl., Frankfurt/M. 1984

Broszat, Martin: Die Ambivalenz von Patriotismus und Widerstand, in: Süddeutsche Zeitung, Nr. 101 vom 3./4. Mai 1989

Broszat, Martin: Nationalsozialistische Polenpolitik 1939–1945, Frankfurt/M. 1965

Broszat, Martin: Der Staat Hitlers. Grundlegung und Entwicklung seiner inneren Verfassung, München 1969

Broszat, Martin: Zur Sozialgeschichte des deutschen Widerstandes, in: Vierteljahrshefte für Zeitgeschichte, 34. Jg. (1986), S. 293–309

Broszat, Martin, Fröhlich, Elke: Alltag und Widerstand. Bayern im Nationalsozialismus, München 1987

Broszat, Martin u.a. (Hrsg.): Bayern in der NS-Zeit, Bd. IV, München, Wien 1981

Büsch, Otto: Militärsystem und Sozialleben im alten Preußen von 1713–1807. Die Anfänge der sozialen Militarisierung der preußisch-deutschen Gesellschaft, Berlin 1962

Bullock, Allan: Hitler. Eine Studie über Tyrannei, 4. Aufl., Düsseldorf 1954

Burchardt, Lothar: Technischer Fortschritt und sozialer Wandel. Am Beispiel der Taylorismus-Rezeption, in: Deutsche Technik-Geschichte. Vorträge vom 31. Historikertag am 24. 9. 1976 in Mannheim, hrsg. v. Wilhelm Treue, Göttingen 1977, 52–98

Butterfield, H.: The Origins of Modern Science, Princeton 1957

Carsten, Francis L.: Geschichte der preußischen Junker, Frankfurt/M. 1988

Damaschke, Adolf: Die Bodenreform, 16. durchgesehene Aufl., Jena 1919

Dahrendorf, Ralf: Gesellschaft und Demokratie in Deutschland, München 1966

Delarue, Jacques: Geschichte der Gestapo, Düsseldorf 1964

Deutsch, Harold C.: Das Komplott oder die Entmachtung der Generale. Blomberg- und Fritschkrise. Hitlers Weg zum Krieg, Eichstädt 1974

Deutschlandberichte der Sopade, 1938, Frankfurt/M. 1980

Diehl-Thiele, Peter: Partei und Staat im Dritten Reich. Untersuchungen zum Verhältnis von NSDAP und allgemeiner innerer Staatsverwaltung 1933–1945 (= Münchener Studien zur Politik, Bd. 9), München 1969

Dipper, Christoph: Der Widerstand und die Juden, in: Schmädeke, Steinbach (Hrsg.), Widerstand, S. 598–616

Documenta Occupationis, Bd. X, Praca Przymusowa Polaków pod panowaniem Hitlerowskim 1939–1945, Poznań 1976

Documenta Occupationis, Bd. XI, Połżenie Ludnośći w Rejencji Katowickiej w latach 1939–1945, Poznań 1983

Domarus, Max: Hitler-Reden und Proklamationen 1932–1945. Kommentiert von einem deutschen Zeitgenossen, 2 Bde., Würzburg 1962/1963

Dupeux, Louis: »Nationalbolschewismus« in Deutschland 1919–1933, München 1985

Durth, Werner, Gutschow, Niels: Träume in Trümmern. Planungen zum Wiederaufbau zerstörter Städte im Westen Deutschlands 1940–1950, Bde. 1 u. 2, Braunschweig 1988

337

Ebbinghaus, Angela, Preissler, Gerd: Die Ermordung psychisch kranker Menschen in der Sowjetunion (Dokumentation), in: Aussonderung und Tod. Die klinische Hinrichtung der Unbrauchbaren (= Beiträge zur NS-Gesundheits- und Sozialpolitik, Nr. 1), Berlin 1985, S. 75–107

Ehni, Hans-Peter: Bollwerk Preußen? Preußen-Regierung, Reich-Länder-Problem und Sozialdemokratie 1928–1932, Bonn, Bad-Godesberg 1975

Engelmann, Joachim: Manstein. Strategie und Truppenführer. Ein Lebensbericht in Bildern, Friedberg 1982

Faulenbach, Bernd: Ideologie des deutschen Weges. Die deutsche Geschichte in der Historiographie zwischen Kaiserreich und Nationalsozialismus, München 1980

Feder, Gottfried: Die neue Stadt, Berlin 1930

Fischer, Fritz: Griff nach der Weltmacht. Die Kriegszielpolitik des kaiserlichen Deutschland 1914/18, Nachdruck der Sonderausgabe 1967, Düsseldorf 1977

Focke, Franz: Sozialismus aus christlicher Verantwortung. Die Idee eines christlichen Sozialismus in der katholisch-sozialen Bewegung und in der CDU, Wuppertal 1981

Friedrich der Große: Die politischen Testamente. Übersetzt von Friedrich v. Oppeln-Bronikowski. Mit einer Einführung von Gustav Berthold Volz (= Klassiker der Politik, hrsg. v. Friedrich Meinecke und Hermann Oncken, Bd. 5), Berlin 1922

Friedrich der Große: Die Werke. In deutscher Übersetzung, 7. Bd., Antimachiavell und Testamente, hrsg. v. Gustav Berthold Volz. Deutsch von Eberhard König, Friedrich v. Oppeln-Bronikowski, Willy Rath, Berlin 1913

Friedrich der Große: Die Instruktionen für seine Generale von 1747, hrsg. v. Richard Fester (= Schriften des Reichsinstituts für Geschichte des neuen Deutschland), Berlin 1936

Fritzsche, Hans Karl: Ein Leben im Schatten des Verrats. Erinnerungen eines Überlebenden an den 20. Juli 1944, Freiburg, Basel, Wien 1984

Fritzsche, Klaus: Politische Romantik und Gegenrevolution. Fluchtwege in der Krise der bürgerlichen Gesellschaft: Das Beispiel des »Tat«-Kreises, Frankfurt/M. 1976

Fuchs, Konrad: Wirtschaftsgeschichte Oberschlesiens 1871–1945, Dortmund 1981

Geissler, Rolf: Dekadenz und Heroismus. Zeitroman und völkische Literaturkritik, Stuttgart 1964

Gerlach, Jakob von: Ernst Ludwig von Gerlach. Aufzeichnungen aus seinem Leben und Wirken, 1795–1877, 1. Bd., Schwerin 1903

Gernhardt, Johannes: Deutsche Arbeits- und Sozialpolitik, Berlin 1939

Gersdorff, Rudolf Christoph Freiherr von: Soldat im Untergang, Frankfurt/M., Berlin, Wien 1977

Gerstenmaier, Eugen: Streit und Friede hat seine Zeit. Ein Lebensbericht, Frankfurt/M., Berlin, Wien 1985

Gessner, Dieter: Die Landwirtschaft und die Machtergreifung, in: Michalka, Wolfgang (Hrsg.), Die nationalsozialistische Machtergreifung, Paderborn, München, Wien, Zürich 1984, S. 124–136

Geyer, Michael: Die Geschichte des deutschen Militärs von 1860–1945. Ein Bericht über die Forschungslage (1945–1975), in: Die moderne deutsche Geschichte in der internationalen Forschung 1945–1975, Göttingen 1978 (= Geschichte und Gesellschaft, Sonderheft 4), S. 256–286

Geyer, Michael: Krieg als Gesellschaftspolitik. Anmerkungen zu neueren Arbeiten über das Dritte Reich im Zweiten Weltkrieg, in: Archiv für Sozialgeschichte XXVI, 1986, S. 557–601

338

Gies, A.: Richard Walther Darré und die nationalsozialistische Bauernpolitik in den Jahren 1930–1933, Diss. phil., Frankfurt 1966

Gisevius, Hans-Bernd: Bis zum bittern Ende, Bde. 1 u. 2, Hamburg 1947

Gladen, Albin: Geschichte der Sozialpolitik. Eine Analyse ihrer Bedingungen, Formen, Zielsetzungen und Auswirkungen, Wiesbaden 1974

Goebbels, Joseph: Vom Kaiserhof zur Reichskanzlei, München 1934

Goltz, Graf Rüdiger von der: Meine Sendung in Finnland und im Baltikum, Leipzig 1920

Graf, Christoph: Politische Polizei zwischen Demokratie und Diktatur, Berlin 1983

Grebing, Helga (Hrsg.): Geschichte der sozialen Ideen in Deutschland, München, Wien 1969

Groeben, Klaus von der: Landräte in Ostpreußen. Ein Beitrag zur Verwaltungsgeschichte des Samlandes, Köln, Berlin 1972

Groeben, Klaus von der: Verwaltung und Politik 1918–1933 am Beispiel Ostpreußens (= Quellen zur Verwaltungsgeschichte, Nr. 4), Heidelberg 1986

Gröning, Gert, Wolschke-Bulmahn, Joachim: Die Liebe zur Landschaft. Teil III: Der Drang nach dem Osten, München 1987

Großcurth, Helmuth: Tagebücher eines Abwehroffiziers 1938–1940, hrsg. v. Helmut Krausnick u. a. (= Quellen und Darstellungen zur Zeitgeschichte, Bd. 19), Stuttgart 1970

Gruchmann, Lothar: Nationalsozialistische Großraumordnung, Stuttgart 1962

Gruchmann, Lothar: Die »Reichsregierung« im Führerstaat. Stellung und Funktion des Kabinetts im nationalsozialistischen Herrschaftssystem, in: Günther Doeker, Winfried Steffani (Hrsg.): Klassenjustiz und Pluralismus. Festschrift für Ernst Fraenkel zum 75. Geburtstag, Hamburg 1973, S. 187–223

Grünberg, Hans-Bernhard von: Das neue Ostpreußen. Rechenschaft über den Aufbau einer Provinz, Königsberg 1936

Gründel, Ernst-Günther: Die Sendung der jungen Generation. Versuch einer umfassenden revolutionären Sinndeutung der Krise, München 1932

Hachtmann, Rüdiger: Industriearbeit im »Dritten Reich«. Untersuchungen zu den Lohn- und Arbeitsbedingungen in Deutschland 1933–1945 (= Kritische Studien zur Geschichtswissenschaft, Bd. 82), Göttingen 1989

Hassell, Ulrich von: Die Hassell-Tagebücher 1938–1944. Aufzeichnungen vom Andern Deutschland. Nach der Handschrift revidierte und erweiterte Ausgabe. Unter Mitarbeit von Klaus Peter Reiß hrsg. v. Friedrich Freiherr Hiller von Gaertringen, Berlin 1988

Hattenhauer, Hans (Hrsg.): Allgemeines Landrecht für die preußischen Staaten von 1794, Frankfurt/M., Berlin 1970

Hattenhauer, Hans: Zum Beamtenleitbild des 20. Jahrhunderts, in: NS-Recht in historischer Perspektive. Kolloquien des Instituts für Zeitgeschichte, München, Wien 1981, S. 109–133

Heim, Susanne, Aly, Götz: Die Ökonomie der »Endlösung«. Menschenvernichtung und wirtschaftliche Neuordnung, in: Sozialpolitik und Judenvernichtung. Gibt es eine Ökonomie der Endlösung? (= Beiträge zur nationalsozialistischen Gesundheits- und Sozialpolitik, Nr. 5), Berlin 1987, S. 11–90

Heinemann, Ulrich: Fritz-Dietlof Graf von der Schulenburg. Das Problem von Kooperation und Opposition und der Entschluß zum Widerstand, in: Schmädeke, Steinbach (Hrsg.), Widerstand, S. 417–435

Herbert, Ulrich: Fremdarbeiter. Politik und Praxis des »Ausländer-Einsatzes« in der Kriegswirtschaft des Dritten Reiches, Berlin, Bonn 1985

Herbst, Ludolf: Der totale Krieg und die Ordnung der Wirtschaft. Die Kriegswirtschaft im Spannungsfeld von Politik, Ideologie und Propaganda 1933–
1945 (= Studien zur Zeitgeschichte, Bd. 21), Stuttgart 1982

Hermand, Jost, Trommler, Frank: Die Kultur der Weimarer Republik, München 1978

Heß, Jürgen C.: »Das ganze Deutschland soll es sein«. Demokratischer Nationalismus in der Weimarer Republik am Beispiel der deutschen Demokratischen Partei, Stuttgart 1978

Hilberg, Raul: Die Vernichtung der europäischen Juden. Die Gesamtgeschichte
des Holocaust, Berlin 1982

Hill, Leonidas E.: Alternative Politik des Auswärtigen Amtes bis zum 1. September 1939, in: Schmädeke, Steinbach (Hrsg.), Widerstand, S. 664–690

Hill, Leonidas E. (Hrsg.): Die Weizsäcker-Papiere 1933–1950, Frankfurt/M.,
Berlin, Wien 1974

Hitler, Adolf: Mein Kampf, 370.–371. Aufl., München 1938

Hoffmann, Peter: Der militärische Widerstand in der zweiten Kriegshälfte
1942–1944/45, in: Aufstand des Gewissens. Militärischer Widerstand gegen
Hitler und das NS-Regime 1933–1945. Katalog zur Wanderausstellung des
Militärgeschichtlichen Forschungsamtes, hrsg. vom Militärgeschichtlichen
Forschungsamt, Herford und Bonn 1982, S. 395–420

Hoffmann, Peter: Widerstand, Staatsstreich, Attentat. Der Kampf der Opposition gegen Hitler, 4. neubearbeitete und ergänzte Ausgabe, München 1985

Hofmannsthal, Hugo von: Das Schrifttum als geistiger Raum der Nation, in:
Die Neue Rundschau 38 (1927), Bd. 2, S. 11–26

Höhne, Heinz: Der Orden unter dem Totenkopf. Die Geschichte der SS,
München 1967

Höhne, Heinz: Canaris. Patriot im Zwielicht, München 1976

Höner, Sabine: Der nationalsozialistische Zugriff auf Preußen. Preußischer
Staat und nationalsozialistische Machteroberungsstrategie 1928–1934 (= Bo-
chumer historische Studien, Neuere Geschichte, Nr. 2), Bochum 1984

Huber, Ernst-Rudolf: Deutsche Verfassungsgeschichte seit 1789, Bd. 6, Die
Weimarer Reichsverfassung, Stuttgart, Berlin, Köln, Mainz 1981

Hüttenberger, Peter: Die Gauleiter. Studie zum Wandel des Machtgefüges in
der NSDAP, Stuttgart 1969

Hüttenberger, Peter: Vorüberlegungen zum »Widerstandsbegriff«, in: Geschichte und Gesellschaft (Sonderheft 3), Göttingen 1977, S. 117–134

Institut für Sozialforschung, Hamburg (Hrsg.), Beiträge zur nationalsozialistischen Gesundheits- und Sozialpolitik, Band 1, Aussonderung und Tod. Die
klinische Hinrichtung der Unbrauchbaren, Berlin 1985

Jacobsen, Hans-Adolf: »Kampf um Lebensraum«. Karl Haushofers »Geopolitik« und der Nationalsozialismus, in: Aus Politik und Zeitgeschichte,
B 34–35/79, S. 17–29

Jacobsen, Hans-Adolf (Hrsg.): »Spiegelbild einer Verschwörung«: Die Opposition gegen Hitler und der Staatsstreich vom 20. Juli 1944 in der SD-
Berichterstattung. Geheime Dokumente des ehemaligen Reichssicherheitshauptamtes, Stuttgart 1984

Jamin, Mathilde: Zwischen den Klassen. Zur Sozialstruktur der SA-Führerschaft, Wuppertal 1984

Janßen, Karl-Heinz: Widerstand ohne Wenn und Aber, in: Die Zeit, Nr. 13 vom
24. März 1989, S. 15–16

Jędrzejewski, Edward: Administracja i NSDAP w Systemie Okupacyjnym Ziem
Polskich Włączonych do Trzeciej Rzeszy (1939–1945), (Verwaltung und

NSDAP in dem Besatzungssystem der dem Dritten Reich eingegliederten polnischen Gebiete), in: Biuletyn Głównej Komisji Badania Zbrodni Hitlerowskich w Polsce, XXVII, Warszawa 1977, S. 131-147

Jünger, Ernst: Der Arbeiter. Herrschaft und Gestalt, 2. Aufl., Hamburg 1932

Kämpfer, Wolfgang: Ernst Jünger, Stuttgart 1981

Kater, Michael H.: Das »Ahnenerbe« der SS 1935-1945. Ein Beitrag zur Kulturpolitik des Dritten Reiches, Stuttgart 1974

Kissenkötter, Udo: Gregor Strasser und die NSDAP (= Schriftenreihe der Vierteljahrshefte für Zeitgeschichte, Nr. 37), Stuttgart 1978

Klöss, Erhard (Hrsg.): Der Luftkrieg über Deutschland 1939-1945. Nach den Dokumenten deutscher Kriegsschäden, München 1963

Kneip, R.: Jugend in der Weimarer Zeit. Handbuch der Jugendverbände 1919-1938, Frankfurt/M. 1974

Koch, Hansjoachim W.: Volksgerichtshof. Politische Justiz im 3. Reich, München 1988

Koettgen, Arnold: Das deutsche Berufsbeamtentum und die parlamentarische Demokratie, Berlin, Leipzig 1929

Koettgen, Arnold: Die Entwicklung des deutschen Beamtenrechts und die Bedeutung des Beamtentums im Staat der Gegenwart, in: Gerhard Anschütz, Richard Thoma (Hrsg.), Handbuch des deutschen Staatsrechts, 2. Bd., Tübingen 1932, S. 1-19

Kordt, Erich: Nicht aus den Akten, Stuttgart 1950

Koselleck, Reinhard: Preußen zwischen Reform und Revolution. Allgemeines Landrecht, Verwaltung und soziale Bewegung von 1791-1848, Stuttgart 1967

Krausnick, Helmut, Wilhelm, Hans-Heinrich: Die Truppe des Weltanschauungskrieges. Die Einsatzgruppen der Sicherheitspolizei und des SD 1938-1942, Stuttgart 1981

Krausnick, Helmut: Zum militärischen Widerstand gegen Hitler 1933-1938. Möglichkeiten, Ansätze, Grenzen und Kontroversen, in: Der Militärische Widerstand gegen Hitler und das NS-Regime 1933-1945, hrsg. vom Militärgeschichtlichen Forschungsamt Freiburg/Br. (= Vorträge zur Militärpolitik, 5), Herford 1984, S. 27-81

Krebs, Albert: Fritz-Dietlof Graf von der Schulenburg. Zwischen Staatsräson und Hochverrat, Hamburg 1964

Krockow, Christian Graf v.: Die Deutschen in ihrem Jahrhundert 1890-1990, Reinbek bei Hamburg, 1990

Kroener, Bernhard R.: Von der Wehrmacht zur Bundeswehr, in: Broszat u. a. (Hrsg.): Von Stalingrad zur Währungsreform, S. 651-750

Krone, Heinrich: Die junge katholische Generation in der deutschen Politik, in: K. H. Schulte (Hrsg.), Nationale Arbeit. Das Zentrum und sein Wirken in der deutschen Republik, Berlin o. J. (1929), S. 459-470

Krüger-Charlé, Michael: Revision ohne Krieg. Carl Goerdeler und Großbritannien 1937-1939, unveröffentlichtes Manuskript, Bochum 1987

Krüger-Charlé, Michael: Carl Goerdelers Versuche der Durchsetzung einer alternativen Politik 1933-1937, in: Schmädeke, Steinbach (Hrsg.), Widerstand, S. 383-404

Krüger, Herbert: Der Wille des Gesetzgebers, in: Reich, Volksordnung, Lebensraum. Zeitschrift für völkische Verfassung und Verwaltung, IV. Bd., 1943, S. 108-215

Kube, Alfred: Pour le Mérite und Hakenkreuz. Hermann Göring im Dritten Reich, München 1986

Kuby, Erich: Als Polen deutsch war: 1939 bis 1945, Ismaning bei München 1986

Laack-Michel, Ursula: Albrecht Haushofer und der Nationalsozialismus. Ein Beitrag zur Zeitgeschichte (= Kieler historische Studien, Bd. 15), Stuttgart 1974

Laitenberger, Volkhard: Ludwig Erhard. Der Nationalökonom als Politiker, Göttingen, Zürich 1986

Lang, Jochen von: Der Stellvertreter. Martin Bormann. Der Mann, der Hitler beherrschte, Stuttgart 1977

Laqueur, Walter: Die deutsche Jugendbewegung, Köln 1962

Lüdtke, Alf:»Gemeinwohl«, Polizei und»Festungspraxis«. Staatliche Gewaltsamkeit und innere Verwaltung in Preußen 1815–1850 (= Veröffentlichungen des Max-Planck-Instituts für Geschichte, Nr. 73), Göttingen 1982

Lütge, Friedrich: Geschichte der deutschen Agrarverfassung vom frühen Mittelalter bis zum 19. Jahrhundert (= Deutsche Agrargeschichte, hrsg. v. Günter Franz, Bd. 3), 2. verbreiterte und stark erweiterte Aufl., Stuttgart 1967

Madajczyk, Czeslaw: Die Okkupationspolitik Nazideutschlands in Polen 1939–1945, Berlin 1987

Majer, Diemut:»Fremdvölkische« im Dritten Reich. Ein Beitrag zur nationalsozialistischen Rechtssprechung und Rechtspraxis in Verwaltung und Justiz unter besonderer Berücksichtigung der eingegliederten Ostgebiete und des Generalgouvernements (= Schriften des Bundesarchivs, Nr. 28), Boppard am Rhein 1981

Malone, Henry O.: Adam von Trott zu Solz. Werdegang eines Verschwörers 1909–1938, Berlin 1986

Mason, Timothy W.: Arbeiterklasse und Volksgemeinschaft. Dokumente und Materialien zur deutschen Arbeiterpolitik 1936–1939, Opladen 1975

Matull, Wilhelm: Erlebte Geschichte zwischen Pregel und Rhein, Dortmund 1980

Mauch, Hans-Joachim: Nationalistische Wehrorganisationen in der Weimarer Republik. Zur Entwicklung und Ideologie des»Paramilitarismus«, Frankfurt/M., Bern 1982, S. 84ff.

Mayer, Arno J.: Der Krieg als Kreuzzug. Das Deutsche Reich, Hitlers Wehrmacht und die»Endlösung«, Reinbek bei Hamburg 1989

Meier, Klaus A. u. a.: Das Deutsche Reich und der Zweite Weltkrieg, Bd. 2, Die Errichtung der Hegemonie auf dem europäischen Kontinent, Stuttgart 1979

Meier-Welcker, Hans: Seeckt, Frankfurt/M. 1976

Messerschmidt, Manfred, Wüllner, Fritz: Die Wehrmachtsjustiz im Dienste des Nationalsozialismus. Zerstörung einer Legende, Baden-Baden 1987

Meyer, Konrad (Hrsg.): Gefüge und Ordnung der deutschen Landwirtschaft, Berlin 1939

Moeller van den Bruck, Arthur: Das Dritte Reich, Berlin 1923

Mollin, Gerhard: Montankonzerne und»Drittes Reich«. Der Gegensatz zwischen Monopolindustrie und Befehlswirtschaft in der deutschen Rüstung und Expansion 1936–1944 (= Kritische Studien zur Geschichtswissenschaft 78), Göttingen 1988

Moltke, Freya von, Balfour, Michael, Frisby, Julian: Helmuth Graf James von Moltke. Anwalt der Zukunft, Stuttgart 1975

Mommsen, Hans: Beamtentum im Dritten Reich (= Schriftenreihe der Vierteljahrshefte für Zeitgeschichte, Nr. 13), Stuttgart 1966

Mommsen, Hans: Widerstand gegen Hitler und die deutsche Gesellschaft, in: Schmädeke, Steinbach (Hrsg.), Widerstand, S. 3–23

Mommsen, Hans: Der lange Schatten der untergehenden Republik. Zur Kontinuität politischer Denkhaltungen von der späten Weimarer zur frühen

Bundesrepublik, in: Bracher, Karl Dietrich, Funke, Manfred, Jacobsen, Hans-Adolf (Hrsg.): Die Weimarer Republik 1918-1933, Politik-Wirtschaft-Gesellschaft, Bonn 1987, S. 552-586

Mommsen, Hans: Fritz-Dietlof Graf von der Schulenburg und die preußische Tradition, in: Vierteljahrshefte für Zeitgeschichte, 32. Jg. (1984), S. 213-239

Mommsen, Hans: Gesellschaftsbild und Verfassungspläne des deutschen Widerstandes, in: Hermann Graml (Hrsg.), Widerstand im Dritten Reich. Probleme, Ereignisse, Gestalten, Frankfurt/M. 1984, S. 14-91

Mommsen, Wolfgang J.: Max Weber und die deutsche Politik 1890-1920, 2. überarb. und erw. Aufl., Tübingen 1974

Müller, Christian: Oberst i. G. Stauffenberg. Eine Biographie, Düsseldorf 1970

Müller, Klaus Jürgen: General Ludwig Beck. Studien und Dokumente zur politisch-militärischen Vorstellungswelt und Tätigkeit des Generalstabschefs des Heeres 1933-1938 (= Schriften des Bundesarchivs, Nr. 30), Boppard am Rhein 1980

Müller, Klaus-Jürgen: Nationalkonservative Eliten zwischen Kooperation und Widerstand, in: Schmädeke, Steinbach (Hrsg.), Widerstand, S. 24-49

Münchheimer, Werner: Die Verfassungs- und Verwaltungsreformpläne der deutschen Opposition gegen Hitler zum 20. Juli 1944, Europa-Archiv, 5 (1950), S. 3188-3195

Muth, Heinrich: Der Staat als Anstalt. Eine Untersuchung zur deutschen Behörden- und Beamtengeschichte, in: Reich, Volksordnung, Lebensraum. Zeitschrift für völkische Verfassung und Verwaltung, IV. Bd., 1943, S. 200-241

Muth, Heinrich: Die verfassungsrechtliche Stellung des Beamtentums, in: Reich, Volksordnung, Lebensraum. Zeitschrift für völkische Verfassung und Verwaltung, III. Bd., 1942, S. 329-340

Neeße, Gottfried: Partei und Staat (= Der Deutsche Staat der Gegenwart, Heft 20, hrsg. v. Carl Schmitt), Hamburg 1936

Oncken, Hermann: Cromwell. 4 Essays über die Führung einer Nation, Berlin 1935

Opitz, Reinhard (Hrsg.): Europastrategien des Deutschen Kapitals 1900-1945, Köln 1977

Oppeln-Bronikowski, Friedrich von: Der Baumeister des preußischen Staates. Leben und Wirken des Soldatenkönigs Friedrich Wilhelm I., Jena 1934

Overesch, Manfred, Saal, Friedrich-Wilhelm: Chronik deutscher Zeitgeschichte. Politik, Wirtschaft, Kultur, Bd. 1. Die Weimarer Republik, Düsseldorf 1982

Patt, Walter: Zur Kritik der bürgerlichen Demokratie bei Carl Schmitt und Herbert Marcuse, in: Politik und Kultur, Heft 4, 11. Jg. (1984), S. 47-60

Paul, Wolfgang: Das Potsdamer Infanterieregiment Neun. 1918-1945. Preußische Tradition in Krieg und Frieden, Textband, Osnabrück 1983

Petzina, Dietmar: Autarkiepolitik im Dritten Reich. Der nationalsozialistische Vierjahresplan (= Schriftenreihe der Vierteljahrshefte für Zeitgeschichte, Nr. 26), Stuttgart 1968

Petzold, Joachim: Wegbereiter des deutschen Faschismus. Die Jungkonservativen in der Weimarer Republik, Köln 1978

Peukert, Detlev: Die KPD im Widerstand. Verfolgung und Untergrundarbeit an Rhein und Ruhr 1933-1945, Wuppertal 1980

Pleyer, Kleo: Volk im Feld, Hamburg 1943

Plumpe, Werner: Vom Plan zum Markt. Wirtschaftsverwaltung und Unternehmerverbände in der britischen Zone, Düsseldorf 1987

Prinz, Michael: Vom neuen Mittelstand zum Volksgenossen. Die Entwicklung des sozialen Status der Angestellten in der Weimarer Republik bis zum Ende der NS-Zeit (= Studien zur Zeitgeschichte, Band 30), München 1986

Rebentisch, Dieter, Teppe, Karl (Hrsg.): Verwaltung kontra Menschenführung im Staate Hitlers. Studien zum politisch-administrativen System, Göttingen 1986

Rebentisch, Dieter: Innere Verwaltung, in: Deutsche Verwaltungsgeschichte (= im Auftrag der Freiherr-vom-Stein-Gesellschaft e.V., hrsg. v. Kurt A. Jeserich), Bd. 4, Das Reich als Republik und in der Zeit des Nationalsozialismus, Stuttgart 1985, S. 732–772

Recker, Marie-Luise: Nationalsozialistische Sozialpolitik im Zweiten Weltkrieg (= Studien zur Zeitgeschichte, Bd. 29), München 1985

Ribhegge, Wilhelm: August Winnig. Eine historische Persönlichkeitsanalyse, Bonn-Bad Godesberg 1973

Richter, Friedrich: Industriepolitik im agrarischen Osten. Ein Beitrag zur Geschichte Ostpreußens zwischen den Weltkriegen, Wiesbaden 1985

Ritter, Gerhard: Carl Goerdeler und die Deutsche Widerstandsbewegung, Stuttgart 1954

Ritterbusch, Paul: Wege zur Neuordnung der Ausbildung für den öffentlichen Dienst, in: Reich, Volksordnung, Lebensraum, Zeitschrift für völkische Verfassung und Verwaltung, IV. Bd., 1943, S. 142–157

Roon, Ger van (Hrsg.): Helmuth James Graf von Moltke. Völkerrecht im Dienste der Menschen, Berlin 1986

Roon, Ger van: Neuordnung im Widerstand. Der Kreisauer Kreis innerhalb der deutschen Widerstandsbewegung, München 1967

Rosenberg, Hans: Bureaucracy, Aristocracy and Autocracy, The Prussian Experience 1660–1815, Cambridge (Mass.) 1958

Rüthers, Bernd: Entartetes Recht. Rechtslehren und Kronjuristen im Dritten Reich, München 1988

Runge, Wolfgang: Politik und Beamtentum im Parteienstaat. Die Demokratisierung der politischen Beamten in Preußen zwischen 1918 und 1933, Stuttgart 1965

Schenk, Friedbert: Die Einstellung der deutschen Beamten zur Weimarer Republik, Diss. jur., Mannheim 1984

Schieder, Theodor: Friedrich der Große. Ein Königtum der Widersprüche, Frankfurt/M., Berlin, Wien 1983

Schieder, Wolfgang: Zwei Generationen im militärischen Widerstand gegen Hitler, in: Schmädeke, Steinbach (Hrsg.), Widerstand, S. 436–459

Schlabrendorff, Fabian von: Offiziere gegen Hitler, Frankfurt/M., Hamburg 1959

Schleier, Hans: Die bürgerliche deutsche Geschichtsschreibung der Weimarer Republik, Köln 1975, S. 182ff.

Schmid, Carlo: Erinnerungen, Bern, München, Wien 1979

Schmid, Manfred: Cäsar von Hofacker. Der 20. Juli 1944 in Paris, in: Der Widerstand im deutschen Südwesten 1933–1945, hrsg. v. Michael Bosch, Wolfgang Niess, Stuttgart, Berlin, Köln, Mainz 1984, S. 207–215

Schmidt, Eberhard: Kammergericht und Rechtsstaat. Eine Erinnerungsschrift, in: Otto Büsch, Wolfgang Neugebauer (Hrsg.), Moderne preußische Geschichte, Bd. II, Berlin, New York 1981, S. 622–648

Schmitt, Carl: Der Begriff des Politischen. Text von 1932 mit einem Vorwort und drei Corollarien, Berlin 1963

Schmitt, Carl: Der Führer schützt das Recht, Deutsche Juristenzeitung, 39. Jg., Heft 15 vom 1. August 1934

Schmitt, Carl: Legalität und Legitimität, München 1932

Schoenbaum, David: Die braune Revolution. Eine Sozialgeschichte des Dritten Reiches, München 1968

Scholder, Klaus (Hrsg.): Die Mittwochs-Gesellschaft. Protokolle aus dem geistigen Deutschland 1932–1944, Berlin 1982

Schramm, Wilhelm Ritter von: Aufstand der Generale. Der 20. Juli 1944 in Paris, München 1978

Schramm, Wilhelm Ritter von: Beck und Goerdeler. Gemeinschaftsdokumente für den Frieden 1941–1944, München 1965

Schreiber, Gerhard u. a.: Das Deutsche Reich und der Zweite Weltkrieg, Bd. 3, Der deutsche Mittelmeerraum und Südosteuropa, Stuttgart 1984

Schulenburg, Dietrich Werner Graf von der, Wätjen, Hans: Geschichte des Geschlechts von der Schulenburg, 1237–1983, Wolfsburg o. J. (1984)

Schulenburg, Fritz-Dietlof Graf von der (Pseudonym, Detlev Friedrichsen): »Ein Leutnant von der Infanterie«. Gedenkblatt für einen Gefallenen, Leipzig 1942

Schulenburg, Fritz-Dietlof Graf von der: Das Erbe des preußischen Staates, in: Württembergische Verwaltungs-Zeitschrift 1937, Nr. 8/9, S. 152–156

Schulenburg, Fritz-Dietlof Graf von der: Der Landkreis, in: Deutsches Recht. Zentralorgan des nationalsozialistischen Rechtswahrerbundes, Bd. 6, Berlin 1936, S. 318–321

Schulenburg, Fritz-Dietlof Graf von der: Partei und Beamtentum, in: Deutschlands Erneuerung. Monatsschrift für das deutsche Volk, VI, 1932, S. 347–353

Schulenburg, Tisa: »Ich hab's gewagt«, Freiburg i. Brsg. 1980

Schulz, Gerhard: Johannes Popitz, in: Rudolf Lill, Heinrich Oberreuther (Hrsg.), 20. Juli. Portraits des Widerstands, Düsseldorf, Wien 1984, S. 237–251

Schulze, Hagen: Otto Braun oder Preußens demokratische Sendung. Eine Biographie, Frankfurt 1977

Schumpeter, Joseph A.: Aufsätze zur Soziologie, Tübingen 1953

Schwarz, Hans-Peter: Adenauer. Der Aufstieg: 1876–1952, Stuttgart 1986

Schwerin, Detlef Graf: Die junge Generation im deutschen Widerstand, unveröffentlichtes Manuskript, Berlin 1988

Schwerin, Detlef Graf: Der Weg der »Jungen Generation« in den Widerstand, in: Schmädeke, Steinbach (Hrsg.), Widerstand, S. 460–471

Seel, Hans: Das deutsche Beamtengesetz mit Durchführungsvorschriften und Beispielen für die Praxis, Berlin 1937

Seifarth, Friedrich C.: Regierungspräsident Graf von der Schulenburg, in: Der Landkreis, Nr. 7, 1964, S. 198–200

Śmiegiel, Kazimierz: Die katholische Kirche im Reichsgau Wartheland, 1939–1945 (Veröffentlichungen der Forschungsstelle Ost-Mitteleuropa an der Universität Dortmund, Reihe A, Nr. 40), Dortmund 1984

Speer, Albert: Der Sklavenstaat. Meine Auseinandersetzung mit der SS, Stuttgart 1981

Spengler, Oswald: Neubau des Reiches, München 1924

Spengler, Oswald: Preußentum und Sozialismus, München 1920

Spengler, Oswald: Der Untergang des Abendlandes. Umrisse einer Morphologie der Weltgeschichte, 2. Bd., Welthistorische Perspektiven, München 1922

Stachura, Peter D.: Gregor Strasser and the Rise of Nazism, London 1983

Steinbach, Peter: Widerstandsforschung im politischen Spannungsfeld, in: Aus Politik und Zeitgeschichte, B 28/88 vom 8. Juli 1988, S. 3–21

Steiner, Felix: Die Armee der Geächteten, 2. Aufl., Göttingen 1962

Stellrecht, Helmut: Die Bedeutung des Vorbildes für die Erziehung des Verwaltungsnachwuchses, in: Reich, Volksordnung, Lebensraum. Zeitschrift für völkische Verfassung und Verwaltung, IV. Bd., 1943, S. 9–12

Steltzer, Theodor: 60 Jahre Zeitgenosse, München 1966

Strasser, Gregor: Kampf um Deutschland, Reden und Aufsätze, München 1932

Streit, Christian: Keine Kameraden. Die Wehrmacht und die sowjetischen Kriegsgefangenen 1941–1945 (= Studien zur Zeitgeschichte, Bd. 13), Stuttgart 1978

Stuckart, Wilhelm: Gedanken zur künftigen Ausbildung des Verwaltungsnachwuchses, in: Reich, Volksordnung, Lebensraum. Zeitschrift für völkische Verfassung und Verwaltung, IV. Bd., 1943, S. 105–142

Stuckart, Wilhelm: Kriegsausbildung, Verwaltung, Wirtschaft und Kriegsdienst, in: Reich, Volksordnung, Lebensraum. Zeitschrift für völkische Verfassung und Verwaltung, V. Bd., 1943, S. 447 ff.

Stuckart, Wilhelm: Zentralgewalt, Dezentralisation und Verwaltungseinheit, in: Festgabe für Heinrich Himmler zum 40. Geburtstag, hrsg. v. Wilhelm Stuckart u. a., Darmstadt 1941, S. 1–32

Stuckart, Wilhelm: Aufgaben und Ziele einer neuen Verwaltungswissenschaft, in: Reich, Volksordnung, Lebensraum. Zeitschrift für völkische Verfassung und Verwaltung, II. Bd., 1942, S. 53–74

Thielenhaus, Marion: Zwischen Anpassung und Widerstand. Deutsche Diplomaten 1938–1941, Paderborn 1984

Thun-Hohenstein, Romedio Galeazzo Graf von: Der Verschwörer. General Oster und die Militäropposition, Berlin 1982

Vogt, Martin: Das »Versagen« der politischen Parteien in der Weimarer Republik, in: Michalka (Hrsg.), Die nationalsozialistische Machtergreifung, S. 60–73

Volkmann, Hans-Erich: Landwirtschaft und Ernährung in Hitlers Europa 1939–1945, in: Militärgeschichtliche Mitteilungen, 35. Jg. (1/84), S. 9–74

Vollnhals, Clemens: Die Evangelische Kirche zwischen Traditionswahrung und Neuorientierung, in: Martin Broszat, u. a.: Von Stalingrad zur Währungsreform, S. 113–167

Vondung, Klaus: Die Apokalypse in Deutschland, München 1988

Wartenburg, Marion Gräfin Yorck von: Die Stärke der Stille. Erzählungen eines Lebens aus dem deutschen Widerstand, Köln 1984

Weber, Max: Wirtschaft und Gesellschaft. Grundriß der verstehenden Soziologie. 5. rev. Aufl., besorgt von Johannes Winckelmann, Tübingen 1980

Wegner, Bernd: Hitlers politische Soldaten. Die Waffen-SS 1933–1945, Paderborn 1982

Wein, Martin: Die Weizsäckers. Geschichte einer deutschen Familie, Stuttgart 1988

Werner, K. Rudolf: Die Erziehung zum öffentlichen Dienst, in: Reich, Volksordnung, Lebensraum. Zeitschrift für völkische Verfassung und Verwaltung, IV. Bd., 1943, S. 158–200

Wheeler-Bennett, John W.: The Nemesis of Power. The German Army in Politics, 1918–1945, London 1953

Winnig, August: Aus 20 Jahren, Hamburg 1948

Winnig, August: Vom Proletariat zum Arbeitertum, Hamburg 1930

Wippermann, Wolfgang: Der »deutsche Drang nach dem Osten«. Ideologie und Wirklichkeit eines politischen Schlagwortes, Darmstadt 1981

Wippermann, Wolfgang: Der konsequente Wahn. Ideologie und Politik Adolf Hitlers. Mit einem Essay von Saul Friedländer, Gütersloh 1989

Wippermann, Wolfgang: Nationalsozialismus und Preußentum, in: Aus Politik und Zeitgeschichte B 52–53/81, S. 13–22

Wolff, Paul: Ohne Maske, Hamburg 1948

Wunder, Bernd: Privilegierung und Disziplinierung. Die Entstehung des Berufsbeamtentums in Bayern und Württemberg (1780–1825), München 1978

Young, A. P.: The »X«-Documents. The secret History of Foreign Office
Contacts with the German Resistance 1937–1939, London 1974

Zeller, Eberhard: Geist der Freiheit. Der zwanzigste Juli 1944, 4. Aufl., München 1969

Namenregister

Adenauer, Konrad 132
Angermann, Kurt 193
Arlt, Fritz 62
Arndt, Ernst-Moritz 6

Bach-Zelewski, Erich von dem
 56
Backe, Herbert 83, 117, 247
Bargatzky, Walter 153
Barkowski, Walter 40, 190
Barlach, Ernst 2
Barner, von s. Elisabeth von der
 Schulenburg
Beck, Ludwig 41, 67, 99–101, 103,
 105, 107, 110, 144, 148, 150, 161,
 169
Best, Werner 85, 108, 111, 158
Bethke, Hans 24, 40, 180 f., 184,
 186, 190, 193
Bethmann Hollweg, Moritz August
 von 105
Beumelburg, Werner 6
Binder, Paul 159
Bismarck, Otto Fürst von 20, 203,
 250
Blomberg, Werner von 49
Bonhoeffer, Dietrich 106
Borchmeyer, Bärbel 6–9, 18 f., 41,
 43, 84
Borchmeyer, Joseph 6
Bormann, Martin 85, 251
Bourdieu, Pierre 136
Bracht, Fritz 62
Brauchitsch, Walter von 49, 100
Braun, Otto 13, 51
Broszat, Martin 62, 105, 132, 165
Brücklmeier, Eduard 92 f., 157
Brüning, Heinrich 180
Budding, Carl 39
Bussche, Axel von dem 102, 161,
 163, 166, 168, 216
Buttlar-Brandenfels, Hans Burkhard
 180

Canaris, Wilhelm 49, 95, 108, 145,
 150
Christaller, Walter 118
Claß, Heinrich 105
Constantin, Dietrich 70, 216, 254

Dahrendorf, Gustav 157
Dahrendorf, Ralf 136, 142
Daluege, Kurt 47, 188
Damaschke, Adolf 7 f.
Damrath 258
Dargel, Paul 24, 40, 42, 190 f.
Darré, Richard Walther 23, 38
Delp, Alfred 146
Deutsch, Carl W. 135
Diels, Rudolf 37
Doehring, Walter 208 f.
Dönhoff, Marion Gräfin 161 f., 185
Dohna, Heinrich Graf zu 162
Dohna-Finckenstein, Hermann Graf
 zu 36
Dohnanyi, Hans von 108, 148, 161,
 165
Dzubba, Bruno 39

Egidi, Hans 4
Ehrensberger, Otto 81, 92, 94, 115,
 119, 158
Erhard, Ludwig 113 f.

Falkenhausen, Alexander Freiherr
 von 65, 150
Falkenhausen, Gotthard Freiherr
 von 153
Fellgiebel, Erich 167
Fiedler, Werner 171 f.
Fiehler, Karl 204
Frank, Hans 51
Franz 40
Freisler, Roland 147, 171
Frick, Wilhelm 42, 47, 52, 204
Friedrich II., König von Preu-
 ßen 16, 70, 194–198, 203

Friedrich, Werner 10, 43, 185 f.
Friedrich Wilhelm, Großer Kurfürst 16, 194
Friedrich Wilhelm I., König von Preußen 16, 194–196, 198, 203
Fritsch, Werner Freiherr von 49 f., 67
Fritzsche, Hans Karl 148, 163, 169
Fromm, Friedrich 150, 167, 169

Galen, Clemens August Graf von 161
Gerlach, Ernst-Ludwig von 19
Gersdorff, Rudolf-Christoph Freiherr von 149
Gerstenmaier, Eugen 96, 145 f., 156
Gisevius, Hans Bernd 104, 162
Globke, Hans 158
Goebbels, Joseph 49, 77, 104, 147, 185 f., 198, 203
Goerdeler, Carl Friedrich 48 f., 53, 94 f., 99–101, 103–105, 107, 110, 122, 128, 132, 139, 142–145, 156, 161, 166, 168, 170
Göring, Hermann 36 f., 44, 49, 56, 95, 107, 110, 141, 185, 187, 256
Goethe, Johann Wolfgang von 5, 134
Goltz, Rüdiger Graf von der 49, 143, 148 f., 247
Gottberg, Helmuth von 163 f.
Goya, Francisco de 171
Gramsch, Friedrich 10, 183, 185 f.
Grauert, Ludwig 47
Greiser, Richard 60, 63, 75 f.
Grimm, Hans 8 f.
Groeben, Karl Graf von der 3, 24, 36 f., 39
Groeben, Klaus Graf von der 24, 44, 46
Großcurth, Helmuth 95
Großherr, Ferdinand 24, 42, 190, 192
Grünberg, Hans-Bernhard von 24, 38, 180 f., 184 f.
Gründel, Ernst-Günther 6

Habermann, Max 143, 156 f.
Haeften, Werner von 161, 169
Hammerstein, Ludwig von 163
Hanke, Karl 81 f.
Hardenberg, Wilfried Graf von 221

Hassel, Ulrich von 100–107, 110 f., 132, 135, 143 f.
Haßmann, Heinrich 147, 158
Hattenhauer, Hans 13
Haubach, Theodor 128, 143
Haushofer, Albrecht 101, 105, 117, 119
Haushofer, Heinz 117
Haushofer, Karl 6, 16, 101
Hausser, Paul 158
Haussmann, Georges Baron 256
Heinz, Friedrich-Wilhelm 95
Helldorf, Wolf Heinrich Graf von 46–50, 95, 106
Herbst, Ludolf 130
Hercher 170
Heß, Rudolf 42, 101
Heydrich, Reinhard 63, 104, 170
Hildebrandt, Richard 158
Hielscher, Friedrich 159
Himmler, Heinrich 44, 47, 49, 56, 63, 75, 78, 84, 104, 106, 108 f., 112, 114, 116, 140, 147, 150, 160, 166
Hindenburg, Paul von 23, 36 f.
Hitler, Adolf 12, 20, 22–27, 30, 33, 35 f., 41, 44, 49, 51, 53, 55 f., 62, 67 f., 75, 83–85, 91, 93–96, 98, 100–106, 108–111, 113–115, 117 f., 130, 132, 142–144, 146–149, 153–159, 163, 166 f., 169 f., 180 f., 183, 185 f., 199, 202 f., 205
Höhn, Reinhard 85
Hoepner, Erich 106, 172
Hofacker, Cäsar von 11 f., 34, 77, 92–94, 99, 150–155, 167
Hoffmann, Peter 96
Hofmannsthal, Hugo von 18
Hoßbach, Friedrich 49
Hugenberg, Alfred 33
Husen, Paulus von 119

Iffland 251
Isenberg, Gerhard 116–119

Jacob 55
Jäger, Fritz 150
Jaspers, Karl 131 f.
Jünger, Ernst 6 f., 18, 153

Kaiser, Hermann 139, 142 f., 149, 165
Kaiser, Jakob 156

Kaltenbrunner, Ernst 170
Kanstein, Paul 48
Kapp, Wolfgang 8
Kardorff, Ursula von 162 f., 165
Keitel, Wilhelm 49, 150
Kessel, Albrecht von 92 f., 135
Keßler, Erich 55, 60, 119 f., 158
Klausing, Karl-Friedrich 162
Kleist, Ewald Heinrich von 140,
 163 f., 166, 169
Kleist-Schmenzin, Ewald von 108,
 163
Klimmeck, Max 190
Klopfer, Gerhard 85
Knöchel, Wilhelm 143
Knuth 190
Koch, Erich 24, 30, 35–39, 42–46,
 66, 75, 81 f., 134, 137, 185 f., 188,
 211 f., 220
König, Pater 119
Koettgen, Arnold 13 f., 55, 59, 158
Kollwitz, Käthe 2
Kordt, Erich 67
Kotelmann, Charlotte s. Charlotte
 von der Schulenburg
Krebs, Albert 4, 40 f., 54 f., 58 f., 64,
 68, 117, 139, 212, 214
Krüger, Herbert 85
Krull, Christian 257
Kükelhaus, Hugo 48, 126
Kutscher, Wilhelm 35 f., 187

Laak-Michel, Ursula 101
Lammers, Hans-Heinrich 84 f.
Lautz, Julius von 95, 156 f.
Leber, Annedore 165
Leber, Julius 128, 143, 165
Lehndorff, Heinrich Graf 139, 162
Lejeune-Jung, Paul 157
Lenin, Wladimir I. 218 f.
Leuschner, Wilhelm 128, 143
Liedecke, Hermann 55, 57, 158
Lilje, Bischof 159
Litzmann, Karl-Siegmund 38
Lohse, Hinrich 81, 160
Lüdtke, Alf 141
Lüninck, Ferdinand Freiherr von
 163 f.
Lüttwitz, Heinrich Freiherr von 8

Mäding, Gerhard 120
Majer, Diemut 56

Manstein, Erich von 97
Marx, Karl 8
Matuschka, Michael Graf von
 144
Meinecke, Friedrich 133
Merz von Quirnheim, Albrecht
 Ritter 168 f.
Meyer, Herbert 163 f.
Meyer-Hetling, Konrad 116
Mierendorff, Carlo 128, 143
Moellendorff, Wichard von 6
Moeller van den Bruck, Arthur 6,
 15, 25, 121
Moltke, Helmuth Graf von 207
Moltke, Helmuth James Graf
 von 64, 75, 99–101, 106, 108–110,
 144–146, 156, 165
Morus, Thomas 163
Müller, Heinrich 109
Munch, Edvard 2
Muß 118
Mussehl 150, 250, 253 f.
Muth, Heinrich 85
Muthmann, Walter 116–118

Napoleon III. 256 f.
Naumann, Friedrich 3
Nebe, Arthur 106

Olbricht, Friedrich 107, 142, 148 f.,
 169
Oncken, Hermann 250
Oppen, Georg Sigismund von 163,
 169
Oppermann 37
Oster, Hans 49 f., 67, 93, 95, 99,
 103 f., 106–108, 110, 148, 150, 161,
 165
Ott 217
Otto, Egbert 38

Papen, Franz von 26, 33, 180, 183,
 187
Pfundtner, Hans 82
Phillipp 37
Pleyer, Kleo 11 f.
Plötz, Dietrich von 193
Poensgen, Ernst 151 f.
Popitz, Johannes 100 f., 103, 105,
 107, 115, 119, 132, 139
Priebe, Hermann 159
Prinz, Michael 135

Radziwill, Janusz Fürst 211
Rantzau, Ehrengard Gräfin 149
Reeder, Eggert 159
Reichenau, Walter von 95
Reichwein, Adolf 128, 143, 165
Ribbentrop, Joachim von 67
Riedweg, Franz 158
Ritterbusch, Paul 86
Roeder, Manfred 109
Röhm, Ernst 24, 38, 41, 180, 185
Rosenthal 5
Rost, Hans Günter 164
Rüdt von Collenberg, Carola
Freiin 161, 168

Salomon, Ernst von 11
Schacht, Hjalmar 95, 107, 110
Schauwecker, Franz 6
Schencking, Max 7
Schenk von Stauffenberg, Berthold
Graf 139
Schenk von Stauffenberg, Claus
Graf 107, 139, 148, 155-157,
161f., 165, 167-169
Schilling, Madi von 164
Schlabrendorff, Fabian von 149
Schleicher, Kurt von 26
Schmid, Carlo 77
Schmitt, Carl 14, 19, 41, 147
Schoenbaum, David 133
Schulenburg, Adolf-Heinrich 208
Schulenburg, Charlotte Gräfin von
der 3f., 6, 9f., 25f., 35, 42, 45, 47,
54, 63f., 67f., 78, 86, 91, 98, 115,
135, 137, 146, 153f., 168-170, 172,
179, 181-186, 188, 208-212, 214,
247, 250-256
Schulenburg, Elisabeth (Tisa) Gräfin
von der 1-3, 22, 161, 171
Schulenburg, Freda-Marie Gräfin
von der 1, 137, 208
Schulenburg, Friedrich Bernhard
Graf von der 1-4, 11, 22f., 41, 50,
99, 101f., 137, 147, 208, 259
Schulenburg, Friedrich Werner Graf
von der 167
Schulenburg, Wilhelm Graf von der
137
Schulenburg, Wolf Werner 3, 168,
172, 208
Schumpeter, Joseph 69
Schwarz, Hans-Peter 132

Schwerin von Krosigk, Lutz Graf
107, 157
Schwerin von Schwanenfeld, Ulrich
Wilhelm Graf 92, 99
Seifarth, Friedrich-Constanz 54f.,
142, 252
Sievers, Wolfram 159
Spahn, Martin 12
Spahn, Ottmar 21
Speer, Albert 113, 151
Spengler, Oswald 13, 17f., 20, 25,
27, 163
Spranger, Eduard 159
Springorum, Walter 55-60
Staehle, Wilhelm 165
Stalin, Josef W. 218-220
Stauß, Emil Georg von 183
Stein, Karl Freiherr von 14, 30, 43,
163
Steiner, Felix 158
Stellrecht, Helmut 85
Stieff, Hellmuth 167
Stoecker, Adolf 3
Strasser, Gregor 22, 25f., 30,
38, 42, 44, 49, 66, 144, 180-183,
185f.
Stuckart, Wilhelm 46, 85f., 112,
120f., 161
Stülpnagel, Karl Heinrich von
83, 106, 150, 152-154, 250,
257
Sturm, Stabsarzt 217

Taylor, Frederick W. 29
Terboven, Joseph 81
Teuchert, Friedrich Freiherr von
153f.
Thälmann, Ernst 104
Theil, Fritz 168
Thierack, Otto Georg 109
Tresckow, Henning von 99, 107,
148f., 155, 157, 167
Trott zu Solz, Adam von 92f.,
99-101, 137, 146, 168
Trummer, Kurt 253

Unruh, Walter von 150, 160, 251,
257f.
Üxküll-Gyllenband, Nikolaus Graf
von 34, 48, 92-95, 99, 139, 155

Vincke, Ludwig Freiherr von 30

Wagner, Josef 54–56, 61–63, 139
Wagner, Siegfried 167
Weber, Alfred 2
Weber, Max 29, 66
Wedelstaedt, Hellmuth von 24, 46, 220
Wein, Martin 105
Weizsäcker, Ernst von 93, 95, 102, 105
Weizsäcker, Richard von 164
Werne, Familie 7, 42
Werner, K. Rudolf 86
Widany, Paul 163
Wiemann, Matthias 171
Wilhelm II., Deutscher Kaiser und König von Preußen 2, 5
Wilhelm, Kronprinz von Preußen 2, 102
Wilhelm August, Prinz von Preußen 196
Willikens, Werner 247

Willisen, Achim Freiherr von 161
Winkler 55
Winnig, August 8, 98, 144, 159
Wirsich, Oswald 143
Witzleben, Erwin von 50, 92, 99, 172
Wolff, Paul 44
Wrangel, Fritz von 55, 57

Yorck von Wartenburg, Marion Gräfin 93, 108, 146
Yorck von Wartenburg, Peter Graf 48, 67, 81, 92f., 95, 99–101, 108, 115, 119, 137, 144–146, 155, 167, 172

Zehrer, Hans 131
Ziegler, Gerhard 55, 57, 161
Zimmer, Alois 40
Zimmermann 217

CIP-Titelaufnahme der Deutschen Bibliothek

[Deutscher Widerstand neunzehnhundertdreiunddreißig bis neunzehnhundertfünfundvierzig]
Deutscher Widerstand 1933–1945: Zeitzeugnisse und Analysen /
hrsg. von Karl Otmar von Aretin ... - Berlin: Siedler.
Teilw. hrsg. von Ger van Roon u. Hans Mommsen. -
Teilw. mit d. Verlagsangabe Severin u. Siedler, Berlin
NE: Aretin, Karl Otmar Frhr. von [Hrsg.];
Roon, Ger van [Hrsg.]
Heinemann, Ulrich: Ein konservativer Rebell. - 1. Aufl. - 1990

Heinemann, Ulrich:
Ein konservativer Rebell: Fritz Dietlof Graf von der
Schulenburg und der 20. Juli / Ulrich Heinemann. - 1. Aufl. -
Berlin: Siedler, 1990
(Deutscher Widerstand 1933–1945)
ISBN 3-88680-373-2

Der Siedler Verlag ist ein gemeinsames
Unternehmen der Verlagsgruppe Bertelsmann
und von Wolf Jobst Siedler

© 1990 by Wolf Jobst Siedler Verlag GmbH, Berlin

Satz: Dörlemann-Satz, Lemförde
Lithos: Faesser, Berlin
Umschlag: Hans-Peter Willberg, Eppstein
Druck: Bosch, Landshut
Buchbinder: Lüderitz & Bauer, Berlin
Printed in Germany 1990
ISBN 3-88680-373-2